ACTES DU CONGRÈS LANGUE ET SOCIÉTÉ AU QUÉBEC

TOME IV

L'ÉDUCATION ET LE FRANÇAIS AU QUÉBEC

ACTES DU CONGRÈS LANGUE ET SOCIÉTÉ AU QUÉBEC

TOME IV

Québec, Centre municipal des congrès
11, 12 et 13 novembre 1982

L'éducation et le français au Québec

Textes colligés et présentés

par

Gilles Bibeau

La revue *Québec français*
L'Association québécoise des professeurs de français
Le Conseil de la langue française

Cet ouvrage a été publié
par le service des communications
sous la direction de Léo Gagné

Collaboration:

Line Bilodeau
Sylvie Dugas
Service des communications

Dépôt légal – 3ᵉ trimestre 1984
Bibliothèque nationale du Québec
ISBN 2-551-06416-3

Table des matières

Introduction

Gilles BIBEAU

Le thème des relations entre l'éducation et le français au Québec doit être envisagé au moins sous deux aspects généraux : (1) celui de la qualité du développement linguistique dans le système éducatif moderne ; (2) celui de la place du français comme langue nationale dans ce système, si on la compare à l'anglais, langue minoritaire au Québec, mais majoritaire au Canada et surtout en Amérique du Nord.

Le développement linguistique

Les exigences de plus en plus élevées du système scolaire dans le domaine des sciences, des mathématiques, des sciences humaines, des langues secondes et maintenant de l'informatique, le jeu des options dès l'école secondaire et des spécialités au collégial, de même que l'espace occupé par les arts et l'éducation physique, retranchent à chaque décennie quelques heures à l'étude de la langue maternelle, et cela à travers tout l'Occident, de sorte qu'on est passé de quelque chose comme une quinzaine d'heures par semaine accordées à la langue en 1950 à cinq petites périodes de 40 minutes en 1980. De plus, là où on consacrait les énergies de la classe de langue maternelle à l'écriture, à l'organisation et à l'expression des idées, à la « correction » de l'utilisation de la langue, à la connaissance des « grands auteurs » et à leur imitation, à la recherche de la précision et de la nuance, on consacre aujourd'hui une bonne partie du temps à l'expression orale spontanée, à des documents de presse, aux situations de la vie courante, à l'intégration des matières. Les normes de l'évaluation ont changé et personne n'échoue plus son année scolaire à cause de la langue.

Dans ces conditions, il n'est pas étonnant que si peu d'élèves et d'étudiants maîtrisent leur langue maternelle, du moins d'après les critères traditionnels : écrire sans fautes d'orthographe, organiser l'expression de ses idées d'après un plan, posséder un vocabulaire précis et étendu et un style un peu travaillé. En tout cas, plusieurs se plaignent aujourd'hui de ce que beaucoup d'enfants ne savent ni lire ni écrire à leur sortie de l'école secondaire.

Par ailleurs, les systèmes éducatifs antérieurs se comparent difficilement aux systèmes actuels beaucoup plus démocratiques, plus décentralisés et moins axés sur des types précis de performance. L'inquiétude à propos du développement linguistique des jeunes peut avoir de multiples sources et l'interrogation que ce congrès a lancée n'a pas été sans réactions.

Diverses enquêtes sur la qualité du français écrit au secondaire, au collégial et à l'université ont révélé des lacunes importantes aussi bien dans la formulation des idées que dans l'orthographe grammaticale et dans l'orthographe d'usage. Par ailleurs, cette situation n'empêche pas un pourcentage de jeunes qu'on situe habituellement autour de dix pour cent de très bien maîtriser la langue écrite et un pourcentage encore plus élevé d'entre eux de s'exprimer oralement avec une grande aisance. Plusieurs s'alarment de cette situation, certains la trouvent normale dans les circonstances et l'acceptent comme un fait culturel, d'autres considèrent que si les jeunes sont moins solides en langue, ils sont beaucoup plus ouverts et ont accès à beaucoup plus de connaissances, de savoir-faire et d'informations qu'auparavant. Et cela non plus dans le système scolaire seulement, mais dans une structure de communication et d'interaction très étendue dans toute la société.

La place du français dans l'éducation québécoise

Le développement linguistique des jeunes Québécois n'est pas seulement marqué par ce qu'on pourrait appeler l'adaptation à l'ère postindustrielle de la civilisation occidentale, mais aussi par la présence constante de l'anglais dans l'environnement.

L'anglais occupe évidemment la première place pour la proportion d'anglophones qui vit au Québec (20 %) et le français est pour eux une langue seconde ou même le plus souvent une langue étrangère, pourvus qu'ils sont d'une structure éducative complète, d'une tradition culturelle abondante, aujourd'hui largement occupée par des Américains, et d'un support massif de la majorité anglophone du reste du pays aussi bien que de notre voisin du sud. Mais cette population non francophone ne constitue pas un bloc homogène totalement indifférent au français. Au contraire. Plusieurs groupes non francophones apprennent le français : les enfants anglophones, les enfants des communautés ethniques, les enfants d'immigrants récents (classes d'accueil), les immigrants adultes récents (COFI) ainsi que de nombreux autres adultes dans les cégeps, dans les universités, dans l'industrie, dans les commissions scolaires, dans les écoles privées. Dans certains cas, l'enseignement est obligatoire ; dans d'autres cas, il est encouragé plus ou moins fortement ; pour le reste, il est facultatif. Toutes ces personnes n'apprennent pas le français pour les mêmes raisons ; par ailleurs, elles n'atteignent pas toutes les objectifs qu'on leur a fixés ou qu'elles se sont fixés elles-mêmes. Il existe toute une problématique du français pour les non-francophones que le congrès a essayé de dessiner en y consacrant une conférence générale et trois ateliers, sous le thème de l'éducation et le français, en plus de deux ateliers qui ont été consacrés aux non-francophones dans une autre section du congrès (voir le vol. 2 des Actes, *Le statut culturel du français au Québec*).

Mais ce qui a retenu l'attention de la majorité des ateliers, ce sont les données et les considérations sur la manière de vivre en français, d'apprendre le français langue maternelle, de l'enseigner, d'organiser les programmes, d'utiliser les manuels et les auteurs québécois, de faire des études supérieures en français au Québec, de former les gens de lettres et les linguistes et d'aborder les questions de norme, d'enseignement technique et de rattrapage en français.

On y constate une vie francophone très intense, même une espèce de fébrilité qui nous pousse à avoir confiance dans le milieu social et plus particulièrement dans le milieu de l'éducation pour que le français vive et prospère malgré les obstacles et les pressions exercées par la démographie massivement anglophone de l'Amérique du Nord.

Cet ouvrage présente les travaux de plusieurs chercheurs et les réflexions de plusieurs praticiens dans le domaine de la langue. Il suit le plan du Congrès lui-même et respecte l'originalité des intervenants. Les textes publiés ici sont inédits (sauf dans un seul cas) et constitueront certainement, à cause de leur qualité et de leur pertinence, une somme remarquable sur les rapports entre le français et l'éducation au Québec.

Nos enfants connaissent-ils le français à leur sortie de l'école?

Président de séance : Jacques GENEST, secrétaire général, Université Laval

Présentateur : Fernand GRENIER, administrateur, Université du Québec

Conférencier : Gilles BOULET, président, Université du Québec

Commentateur : Claude BENJAMIN, président, Conseil supérieur de l'éducation

La proposition de conférence qui avait été faite à Gilles Boulet était la suivante.

On a souvent répété que nos enfants ne savaient ni lire ni écrire à leur sortie de l'école. Qu'en est-il au juste ? Ont-ils également du mal à s'exprimer oralement ? Quels sont les facteurs intérieurs et extérieurs à l'école qui sont sous-jacents à l'acquisition de la compétence linguistique entre 6 et 18 ans ? S'agit-il d'un phénomène qui dépasse le monde de l'éducation ou encore qui dépasse le Québec ?

Le conférencier s'est donné la peine de consulter différentes personnalités de l'enseignement pour essayer de répondre à quelques-unes des questions soulevées. Il aborde son sujet en utilisant la métaphore de la lumière et de l'obscurité et fait ressortir alternativement les côtés positifs et les côtés négatifs de la situation actuelle avant d'examiner brièvement quelques éléments qui expliquent les aspects négatifs.

Le commentaire de Claude Benjamin porte, lui, sur quelques caractéristiques de la pratique québécoise du discours français. Après avoir remarqué que le discours des jeunes Québécois est « plus élaboré que jadis », il s'arrête sur leurs difficultés à s'exprimer de façon cohérente, sur leurs drôles d'habitudes de lecture, sur leur ignorance de l'écrit et leur manque d'intérêt pour une vie intellectuelle un peu personnelle.

Comme on le verra au moment de la discussion qui suivra les exposés, certains membres de l'assistance ont reproché aux conférenciers leur pessimisme et leur analyse « traditionnelle » de la situation ; d'autres ont renchéri sur les aspects négatifs.

De l'ensemble il ressort assez clairement que la proposition faite au conférencier et au commentateur était pour ainsi dire piégée en ce sens que les réponses aux questions allaient de toute manière satisfaire une partie des participants et indisposer l'autre partie. On a fait encore une fois la preuve que les données qui nous permettraient de décrire objectivement l'ensemble de cette situation et de porter un jugement sur ce qui pourrait se faire pour la corriger, si besoin était, n'existent tout simplement pas. Nous ne savons pas par quel bout prendre la question et nous sommes confinés à l'exprimer dans des perspectives limitées sinon fallacieuses. Peut-être faudrait-il retenir la proposition du conférencier de mander une commission d'études pour rassembler des données plus complètes et pour suggérer des voies à suivre dans le traitement de cette question.

Nos enfants connaissent-ils le français à leur sortie de l'école ?

Gilles BOULET

Je me suis rarement trouvé aussi fasciné et aussi inquiet devant un sujet sur lequel on me proposait de prononcer une conférence. Fasciné, qui ne le serait pas quand il a consacré une large partie de sa vie à l'enseignement de disciplines qui touchent au français ! Qu'on soit ou qu'on ait été responsable de l'enseignement des premiers éléments de notre langue, de son orthographe, de sa grammaire, de sa syntaxe, de sa morphologie, ou encore de sa littérature, de sa poésie, de son histoire ou de la philosophie qu'elle véhicule, on demeure profondément marqué par le désir indestructible de sa perfection et de sa transmission.

Mais je suis profondément inquiet d'avoir à traiter ce sujet et, surtout, d'avoir à le faire devant vous. Vous êtes tous et toutes des spécialistes de ces questions, quel que soit le niveau scolaire où vous intervenez. Vous connaissez profondément la réalité quotidienne de son enseignement. Vous la vivez, vous la palpez, vous l'analysez et vous la constatez dans chacun des gestes et chacun des actes de votre profession.

J'ai enseigné la littérature . . . autrefois ! En belles-lettres et en rhétorique tout d'abord, c'est-à-dire dans les dernières années du cours secondaire, et ensuite comme chargé de cours et professeur à mi-temps à la Faculté des lettres de l'Université Laval. Mais c'était durant les années 50. Je l'ai fait avec un amour enthousiaste et profond de cette discipline dans laquelle je nageais avec beaucoup de bonheur. Cependant j'ai bien conscience que si Rabelais, Ronsard, Corneille, Racine, Montesquieu, Voltaire, Diderot, Mme de Staël, Hugo, Balzac, Valéry, Blaise Cendrars et tous les autres génies qui ont marqué la littérature française peuvent être le sujet d'intéressantes analyses et d'admirables discussions, ils ne préparent guère à répondre à la question qu'on me pose ce matin : nos enfants connaissent-ils le français à leur sortie de l'école ?

Il s'agit là en effet d'une question extrêmement précise à laquelle il serait tout à fait inadéquat de répondre par des hypothèses ou des opinions qui ne soient pas assises sur un minimum d'informations de première main. Car si j'analyse la question qu'on m'a posée, je dois bien admettre qu'elle ne se prête à aucune interprétation facile qui permettrait d'échapper à la rigueur du jugement qu'elle demande de poser en réponse.

La connaissance du français dont il est question ici ne peut être que celle qui permet un usage régulier et correct, oral et écrit, selon les capacités d'un enfant normal. Le français dont il est question ne peut être que celui du bon usage international tel qu'il est pratiqué au Québec par ceux et celles qui ont à coeur de bien parler et de bien écrire. Quant à l'école dont il s'agit, ce ne peut être que l'école au sens rabelaisien du terme. Elle englobe tous les niveaux d'enseignement, de la première année de l'élémentaire jusqu'à la dernière année du doctorat universitaire. Nous devons admettre là, cependant, quelques nuances. Il est en effet bien plus difficile d'admettre qu'on connaisse mal son français quand on est étudiant au doctorat que lorsqu'on en est encore au premier cycle du secondaire. De même il est plus facile de reconnaître que les grands efforts d'apprentissage de la langue doivent se faire d'abord à l'élémentaire et au secondaire plutôt qu'au niveau supérieur. La notion d'école que nous utiliserons par conséquent devra tenir compte de ces distinctions.

Cette analyse du sujet étant faite, je ne me sentais pas plus apte à le cerner correctement. J'ai donc décidé d'appeler à l'aide un certain nombre de collègues. J'ai prié quelques professeurs du collège Garneau à Québec, du collège de Trois-Rivières et du cégep du Vieux-Montréal de même que certains professeurs de l'Université Laval et de l'Université du Québec à Trois-Rivières, de me faire part de leurs réflexions ou de leurs réactions à la question que pose notre sujet. La plupart d'entre eux ont accepté de le faire avec beaucoup de bienveillance et une vision des choses extrêmement enrichissante. Plusieurs d'entre eux m'ont même mis sur la piste de recherches qui ont été faites, d'études et d'analyses qui éclairent considérablement la question que nous nous posons, de même que les réponses qu'on peut lui faire. L'ensemble de ces réponses et de ces travaux me permettent donc une démarche mieux éclairée, une analyse plus factuelle, et une réponse plus réaliste. Je ne me leurre pas cependant. Une réponse véritablement complète à la question demanderait des années de recherche à tous les niveaux de notre enseignement scolaire. Elle n'existe pas. Nous devons donc nous satisfaire de certains éclairages, de certaines bornes. Nous devons essayer, à partir de là, de suivre notre chemin et d'y voir clair. C'est ce que je tenterai de faire avec vous, profondément conscient que ce travail est imparfait. Qu'il ne sera qu'une tentative largement intuitive et parfois passionnée de fournir les premiers éléments d'une réponse que les réactions et les discussions qu'elle soulèvera permettront de préciser et de mieux définir jusqu'au jour où nous aurons communautairement la volonté de procéder à une étude globale et totale qui nous permettra non seulement de trouver des réponses mais, en même temps, de corriger ce qu'il faudrait corriger et d'améliorer ce qui mérite de l'être.

Ce qui ressort, à mes yeux, pour le moment, de l'analyse que j'ai ainsi faite de la connaissance du français qu'ont nos enfants à leur sortie de l'école, est une sorte de clair-obscur. Non pas la grisaille qu'on désigne aujourd'hui par cette expression mais bien le clair-obscur de ces tableaux, les jeux précis et nettement délimités de la lumière et de l'ombre qui fixent les éléments du dessin selon leur importance relative tout en les distinguant mieux par un jeu de nuances que viennent préciser des lumières tamisées dont on joue avec un art consommé. Je pense ici à la *Ronde de nuit* ou encore à la *Leçon d'anatomie* de Rembrandt. Ou mieux encore, si c'est possible, à ce *Nouveau-Né* de Georges de La Tour qui demeure à mes yeux le chef-d'oeuvre de l'utilisation des lumières et des couleurs dans l'expression des sentiments. Je ne suis pas un peintre. Loin de là. Je dois cependant constater que la situation de la connaissance du français qu'ont nos enfants est identique à ces tableaux. Je veux avec vous essayer d'en saisir les lumières, d'en pénétrer les ombres et d'en exprimer les nuances qui caractérisent les réalités qui se situent entre ces deux pôles.

1. Les lumières

Les lumières c'est d'abord la conscience profonde qu'ont de leurs tâches et des moyens à mettre en place pour améliorer la langue de leurs étudiants tous les professeurs avec lesquels je suis entré en contact. À travers eux, à travers les documents qu'ils m'ont fournis ou qu'ils m'ont indiqués, j'ai aussi découvert, au niveau des collèges d'enseignement général et professionnel en particulier, une sorte de mouvement d'ensemble, plus ou moins articulé qui dénote déjà un effort remarquable de redressement de la langue maternelle exercé singulièrement par les professeurs de français d'un grand nombre d'établissements. Je n'en veux pour exemple que cet article du professeur André Bougaïeff, dans la livraison de septembre du bulletin d'information de la section de Trois-Rivières de l'Association québécoise des professeurs de français, *La bivoie*. Après avoir affirmé les efforts manifestés par les cégeps de la Mauricie pour venir à bout des problèmes et difficultés rencontrés par les étudiants dans leur utilisation du français, le professeur Bougaïeff nous donne une idée du travail qui se fait :

« Au Cégep de Trois-Rivières, on se sert du test TEFEC du ministère de l'Éducation pour dépister les étudiants les plus faibles . . . Selon les besoins décelés, les étudiants sont ensuite dirigés vers des cours de récupération, pour les plus faibles, ou des cours de consolidation, pour les étudiants de niveau plus avancé . . . »

« Au Collège Laflèche on a engagé deux personnes-ressources pour rencontrer les étudiants au rythme de deux heures par jour. Il n'y a pas de test de dépistage mais les professeurs de français ont mis sur pied un laboratoire de français écrit qui centralise les activités et sert de centre de renseignements pour les étudiants en difficulté . . . »

« Au Cégep de Victoriaville on a organisé depuis 1975 des cours communs en séquence. Un cours porte sur l'étude normative de la langue écrite. Un cours porte sur l'orthographe et la structure du texte. Un cours porte sur les différents types de développement. Le Conseil d'administration du collège se montre favorable à une telle séquence et soutient une telle démarche . . . »

« Au Cégep de Sherbrooke, le cours II est crédité comme cours de base mais seulement pour les étudiants recommandés par un professeur. On a prévu d'organiser des groupes de 15 étudiants mais en fait on en trouve plutôt de 15 à 20 régulièrement . . . »

« Au Cégep de Drummondville, les professeurs ont mis en place un cours correctif qui se donne par tutorat à 10 étudiants environ. Les résultats sont très encourageants et incitent à poursuivre l'expérience . . . La mise en disponibilité de certains professeurs a permis de créer un centre de dépannage pour le français écrit . . . ».

Et il ne s'agit là que de quelques exemples. Il faudrait que nous allions beaucoup plus loin pour rendre justice à tout le monde. Il faudrait, par exemple, parler de la magistrale étude des professeurs Beaulieu, Bourgeau et Paquin, des cégeps de Bois-de-Boulogne et Lionel-Groulx, sur les interventions pédagogiques correctives en français écrit au niveau collégial. Il faudrait en faire ressortir tout ce dont témoigne l'inventaire qu'on y fait des formules pédagogiques adoptées dans différents collèges pour l'amélioration du français écrit.

Cette démarche, dont on sent la profondeur et l'amplitude à travers le réseau des collèges du Québec, nous permet beaucoup d'espérance. J'ai bien conscience qu'en la faisant ressortir, je ne réponds pas directement à la question qui fait l'objet de nos échanges. J'ai cependant cru nécessaire de le faire pour indiquer qu'il y a là une richesse incalculable qu'on devrait davantage exploiter si nous voulons pousser plus outre la connaissance du phénomène qui nous préoccupe.

D'autres taches de lumière apparaissent encore. Plusieurs de mes correspondants insistent sur l'amélioration du français oral quand celui-ci est utilisé dans des circonstances que je qualifierais « d'officielles » pour les distinguer des situations de vie courante. Cette amélioration est mise en relief par deux professeurs de collège et deux professeurs d'université. L'un d'entre eux, le professeur Maurice Borduas de l'Université du Québec à Trois-Rivières, écrit en particulier :

> « Selon moi, la réforme de l'éducation au Québec a produit un double impact : d'abord, un effet très positif concernant le français oral : pour les étudiants qui arrivent des cégeps, *le joual est mort*. Dans les réunions publiques : classes, comités ou réunions ils sont tous capables de s'exprimer avec aisance dans un français correct ».

Les quelques commentaires de ce type que j'ai reçus témoignent du comportement d'étudiants qui sont inscrits à des programmes dont la spécialisation est le français, la littérature, la linguistique, etc. Il s'agit donc d'étudiants qui manifestent à la fois plus de goût et plus d'aptitudes pour la langue française et son expression écrite ou parlée. Cependant il y a là un mouvement vers une plus grande perfection qu'il m'apparaissait important de retenir.

Nous pourrions nous attacher encore à d'autres taches de lumière qui parsèment notre tableau. Plusieurs études comme, par exemple, *l'Enquête sur la qualité du français écrit des étudiants de la Faculté des lettres de l'Université Laval* du professeur Conrad Bureau, démontre que l'anglicisme est nettement en décroissance dans les populations étudiantes soumises à l'enquête. Le professeur Bureau écrit, par exemple :

> « En parcourant le tableau 16 on remarque que c'est pour la grammaire et l'orthographe, dans l'ordre, que les moyennes sont les plus élevées ; viennent ensuite les moyennes observées pour la syntaxe puis pour la sémantique. Enfin aussi étonnant que cela puisse paraître, la moyenne d'anglicismes qui n'est que de 0,097 se situe juste avant la moyenne de renvois ambigus (0,027) qui est la plus basse — résultats qui contredisent beaucoup d'affirmations gratuites à propos du « franglais » de nos étudiants. On pourrait faire la même remarque à propos de la syntaxe. Une conclusion importante en effet se dégage de la lecture de ce tableau : la moyenne de fautes par page est, pour la grammaire et l'orthographe, plus de deux fois supérieure à la moyenne de fautes de syntaxe et plus de huit fois supérieure à celle des anglicismes ».

Il y a donc, dans un certain nombre de domaines et pour certaines catégories d'étudiants, des situations nettement positives. Je voudrais même terminer cette partie de mon exposé sur la réflexion la plus optimiste que j'ai reçue :

« Depuis une douzaine d'années que je suis à l'Université du Québec à Trois-Rivières — écrit le professeur Gilles de LaFontaine — j'ai eu affaire surtout à des étudiants qui avaient déjà pris une orientation en lettres, ce qui réduit sensiblement mon champ d'observation à une minorité privilégiée. Dans cette aire restreinte, il m'a semblé, dans l'ensemble, (mis à part quelques cas d'espèce) que la qualité de la langue des étudiants était fort convenable, ne présentant pas de grosses lacunes, mais guère plus que ces irrégularités courantes et relativement mineures, susceptibles d'être facilement corrigées, pour peu que soit maintenu ou alerté le souci de la faire . . . J'ai cette heureuse impression que la situation s'est nettement améliorée et le climat s'avère beaucoup plus propice à l'avènement des progrès qui restent à faire ».

2. Les obscurités

Une chose m'apparaît certaine à l'analyse des commentaires que j'ai reçus et des documents que j'ai analysés. On trouve beaucoup moins de satisfaction quant au français utilisé par leurs étudiants chez les professeurs d'université qui enseignent d'autres disciplines que celles qui sont reliées directement à la langue française. De même, chez les professeurs de collège, la majorité des commentaires, tout en étant fort bien nuancés, sont beaucoup plus marqués par l'inquiétude devant une situation que certains qualifient de catastrophique, que par des espoirs que justifierait une évolution positive qu'on ne parvient vraiment pas à constater objectivement.

Les réflexions qu'on fait à ce propos, vont des constatations froides, objectives et nuancées jusqu'aux plus passionnées.

Les professeurs Claire Brouillet et Damien Gagnon, responsables d'un cours de récupération destiné aux élèves qui ont de sérieux problèmes en français écrit au niveau collégial, du cégep du Vieux-Montréal, nous fournissent, en quelques lignes, une froide description de la situation :

> » . . .
>
> — Nous organisons, à chaque session, environ dix groupes de français écrit. Il y a donc environ 400 élèves qui y passent par année, en dehors des cours du soir.
>
> — Ces étudiants font de 20 à 125 fautes dans un texte simple de 250 mots, soit en moyenne une erreur tous les 12,5 mots jusqu'à une erreur tous les 2 mots. Leurs principales faiblesses sont relatives à l'accord élémentaire, à l'orthographe d'usage, à la ponctuation . . .
>
> — Leurs difficultés, surtout, à structurer des phrases qui se tiennent et des textes cohérents est grande.
>
> — Comme ces étudiants fréquentent, en général, peu l'écrit, ils ont grand peine à distinguer les structures de l'oral et celles de l'écrit. Ce dernier est souvent pour eux, un monde qu'ils découvrent au collégial . . . ».

Aussi objectif, le professeur Bougaïeff de l'Université du Québec à Trois-Rivières donne les résultats d'une enquête faite auprès des professeurs de cette université où il est chargé d'aider, comme il le dit, « à mettre un peu d'ordre dans le français écrit des étudiants ». La conclusion de son enquête est très nette :

> « Le cri d'alarme lancé par la journaliste Lysiane Gagnon dans le journal *La Presse* en 1975, dans sa série d'articles sur le drame de l'enseignement du français, me semble plus que jamais d'actualité. D'une manière générale, on peut dire qu'à l'Université du Québec à Trois-Rivières, le pourcentage des étudiants en difficulté se situe au moins à

20 %, probablement beaucoup plus. On voit maintenant ces difficultés se répercuter au niveau de la maîtrise où les étudiants ne rédigent parfois leur thèse qu'avec difficulté, quand ils ne sont pas tout simplement entravés par leur méconnaissance de leur langue écrite ».

Ces quelques mots dessinent avec netteté l'acuité des problèmes que connaît actuellement la langue de nos étudiants qui atteignent les plus hauts niveaux de l'enseignement universitaire. La méconnaissance du français oral ou écrit, à ce niveau, peut rapidement devenir catastrophique quand on songe à la nécessité quasi quotidienne où seront les diplômés de nos universités d'utiliser le français dans des documents écrits ou dans des présentations orales. Quand on arrive à constater que les travaux de maîtrise ou de doctorat de nos étudiants peuvent atteindre à l'incompréhension la plus complète en raison d'une mauvaise utilisation du français, on en est à une situation dramatique, pour ne pas dire davantage.

« Votre lettre du 17 septembre m'arrive le jour même où je viens de terminer la lecture d'une thèse de maîtrise en économie d'un de nos étudiants dans laquelle le français est, encore une fois, horriblement maltraité. Je dis encore une fois parce que ce problème est devenu chronique : rares sont les étudiants qui arrivent à s'exprimer correctement dans leur langue maternelle. Sans vouloir crier à la catastrophe, la situation m'apparaît suffisamment sérieuse et, pire encore, elle ne fait que s'aggraver avec le temps ».

L'auteur de cette citation, le professeur Ayoub, de l'Université Laval, précise ses affirmations :

« Cette constatation est vraie tant pour le français écrit que pour le français oral. Le vocabulaire est rachitique ; la forme grammaticale est déficiente ; la construction des phrases est inexistante ; l'orthographe laisse à désirer. Il suffit, en effet, de lire la première version d'une thèse de maîtrise ou de doctorat de la plupart des étudiants pour se convaincre rapidement de ce que j'avance. D'ailleurs, il m'arrive souvent de me demander s'il ne vaut pas mieux réécrire la thèse en entier que d'en corriger les fautes de français ».

Le directeur du programme de journalisme de l'Université Laval, Jacques Guay, confirme cette situation :

« Le vocabulaire est pauvre, la construction des phrases est dans bien des cas barbare et la grammaire inconnue de plusieurs. Je ne parle pas de l'orthographe. Nous en sommes à nous réjouir quand dans une copie nous ne trouvons que de vulgaires fautes d'orthographe qu'il est si simple de régler par le seul usage du dictionnaire. Il en va tout autrement quand l'étudiant, par exemple, n'a aucune idée de l'usage des pronoms, des adjectifs possessifs et qu'il sursaute quand il entend des remarques sur l'attribut ou le complément d'objet direct, notions qui lui sont tout aussi étrangères que l'emploi des temps des verbes ou de l'article défini ».

Poussant enfin jusqu'à ses confins l'analyse de la situation, certains, comme les professeurs Thibaux du cégep de Trois-Rivières et Florian Sauvageau, de l'Université Laval, affirment que chez plusieurs étudiants c'est la possibilité même d'élaborer et d'exprimer logiquement une pensée qui est au centre de toutes les difficultés. Mais comme une étude dans cette direction risquerait de dépasser largement le sujet que nous nous sommes proposé, je préfère laisser de côté cette hypothèse pourtant séduisante à analyser.

Si je résume l'impression que je tire de toutes les informations dont je vous ai fait part, je ne peux éviter de conclure que notre tableau, s'il comporte quelques taches de lumière, présente de larges pans d'obscurité. Le jugement ne peut être que pessimiste quand on constate que les étudiants qui ont atteint au plus haut niveau d'enseignement de notre société, les étudiants de maîtrise et de doctorat universitaires, ont des difficultés telles dans l'usage de leur langue écrite ou parlée qu'en désespoir de cause les professeurs parlent de la nécessité d'une rédaction entièrement nouvelle des travaux soumis tellement il serait inutile de les corriger. S'il en est ainsi, qu'en est-il de la masse des écoliers et des étudiants qui ont cessé leurs études bien avant d'atteindre à ce niveau ? Dans l'ensemble, il apparaît que la connaissance du français qu'ont nos enfants au sortir de l'école est bien pauvre, à ce point qu'elle ne permet pas un usage correct de l'oral ou de l'écrit sauf pour quelques groupes d'étudiants dont la langue devient une spécialité.

3. Les causes

La plupart de ceux qui acceptent de donner leur opinion sur l'état de notre français parlé ou écrit essaient, en même temps, d'analyser certaines des causes, qui, selon eux, sont responsables de la situation. Ces causes dont on affirme l'influence, vous les connaissez toutes. On accuse aussi bien les méthodes pédagogiques modernes, la faiblesse de la formation des maîtres de français, la constitution et le constant renouvellement des programmes que le manque d'efforts exigés des étudiants, l'architecture d'ensemble de l'enseignement élémentaire et secondaire actuel, l'évolution du milieu socioculturel environnant, et le laisser-aller qui caractérise toutes les cultures contemporaines. Chacun d'entre nous a fréquemment entendu parler de chacune de ces sources d'instabilité de notre langue maternelle et de la connaissance qu'on en a. Chacun d'entre nous a même entendu certains professeurs affirmer comme une déclaration de désespoir, que de toute façon le mal est identique aussi bien en Europe qu'en Amérique et que, partant, il s'agit là d'un mal de civilisation dont on n'accepte pas de porter la responsabilité.

Le danger de pareille attitude, qui n'est pas loin de caractériser la plupart d'entre nous, c'est qu'on accepte d'identifier un si grand nombre de causes que chacun peut en reconnaître plusieurs qui rejettent la faute sur les autres et qui évitent la nécessaire prise de conscience des erreurs dont chacun d'entre nous est soit le vecteur, soit l'auteur. La multitude des causes est si grande qu'elle désespère l'analyste, évite l'identification formelle et n'ouvre plus la porte qu'à un laisser-aller encore plus marqué.

Le travail de « récupération » qu'on opère admirablement dans beaucoup de collèges et dans plusieurs universités, n'est, malgré l'admiration qu'il doit susciter chez ceux qui l'analysent, qu'un cataplasme dont le professeur Roch Valin, un de nos grands maîtres, dénonçait déjà le caractère factice car il risque de nous faire oublier la nécessité d'aller jusqu'à la racine du mal pour l'arracher.

Loin de moi l'idée de vouloir faire cesser ces actions de récupération à propos desquelles j'ai dit mon admiration. Au contraire, tant que durera le mal, c'est le seul antidote que l'on puisse offrir aux étudiants qui sont parvenus au niveau plus avancé du collège et de l'université. Cependant c'est bien au-delà qu'il faut nous résoudre à parvenir.

Conclusion

Car c'est de cela qu'il s'agit. Il nous faut parvenir jusqu'à l'éradication la plus totale possible des causes de nos problèmes. Et il faut parvenir du même coup à l'utilisation la plus rapide possible de tous les moyens qui puissent nous permettre de changer profondément la situation.

Les voies qui s'offrent à nous ne sont pas nombreuses mais elles sont clairement identifiables. Ce qu'il nous faut c'est une véritable étude de la situation et de ses causes. Nous menons, à tous les niveaux de notre système d'enseignement, des milliers de recherches sur tous les sujets imaginables. Pourquoi l'Association québécoise des professeurs de français ne serait-elle pas mandatée, par le gouvernement de cette province, pour mener une étude profonde et totale de la situation qui nous permette d'en connaître véritablement toutes les coordonnées, tous les paramètres, tous les aspects et, surtout toutes les causes. Pourquoi l'Association québécoise des professeurs de français ne serait-elle pas mandatée pour nous indiquer sereinement, après une enquête qui s'adresserait à la majorité des instituteurs et des professeurs qui se consacrent à l'enseignement du français, les défauts à corriger et les voies à suivre ? En raison des personnes que votre association regroupe, elle est le seul organisme qui puisse intelligemment procéder à de tels travaux. L'admirable étude sur la *Conscience linguistique des jeunes Québécois* réalisée sous l'égide du Conseil de la langue française par Mme Bédard et MM. Monnier et Georgeault, montre jusqu'à quel point on peut atteindre la réalité de nos étudiants quand on s'en donne la peine et qu'on en a les moyens. C'est cette voie qu'il faut suivre dans une analyse définitive du phénomène que nous avons analysé ensemble. Il y a désormais suffisamment de temps que nous nous satisfaisons de diagnostics approximatifs. Il y a assez longtemps que nous nous satisfaisons d'évaluations approximatives des causes du mal. Il y a assez longtemps que nous nous satisfaisons de discours et d'affirmations souvent gratuites.

Il ne reste qu'à passer à l'action. Que signifierait d'ailleurs un congrès comme celui-ci s'il ne devait déboucher que sur la publication de deux ou trois volumes fort savants en face d'une réalité qu'on laisserait pourrir.

Il n'y a pas dix conclusions à tirer de tout cela. Il n'y en a qu'une. Il faut identifier le mal, identifier ses causes et le guérir. Il vous appartient de le faire.

Je remercie singulièrement les personnes suivantes dont la collaboration m'a été essentielle dans la préparation de cette conférence.

CONSEIL DE LA LANGUE FRANÇAISE
Mme Édith Bédard, agent de recherche, Direction des études et recherches.

COLLÈGE FRANÇOIS-XAVIER GARNEAU
M. Jean-Marie Rousseau, responsable du Département de français.

COLLÈGE DE TROIS-RIVIÈRES
M. Alain Lallier, directeur des services pédagogiques ; M. Pierre Gagnon, responsable du Département des langues ; M. Jean-Jacques Malby, professeur, Département des langues ; M. Roger Thibaux, professeur, Département des langues.

CÉGEP DU VIEUX-MONTRÉAL
M. Damien Gagnon, professeur, Département de français ; Mme Claire Brouillet, professeur, Département de français ; M. Alexandre Lazarides, professeur, Département de français ; M. Jacques G. Mercier, professeur, Département de français.

UNIVERSITÉ LAVAL
M. Antoine Ayoub, professeur, Département d'économique ; M. Jacques Guay, professeur, Département d'information et communication ; M. Conrad Bureau, professeur, Département de linguistique ; M. Florian Sauvageau, professeur, Département d'information et communication.

UNIVERSITÉ DU QUÉBEC À TROIS-RIVIÈRES
M. Gilles de LaFontaine, professeur, Département de français ; M. Francis Parmentier, professeur, Département de français ; M. Maurice Borduas, vice-doyen, Unité organisationnelle pour les programmes spéciaux ; M. Étienne F. Duval, professeur, Département de français ; M. Clément Légaré, professeur, Département de français ; M. André Bougaïeff, professeur, Département de français ; M. Maurice Carrier, professeur, Département d'histoire.

Commentaire de Claude BENJAMIN

> *« . . . c'est la langue qui met la pensée au monde et*
> *en faisant de la langue à l'école un usage raisonné,*
> *on apprend la maîtrise de l'une et de l'autre. »*
>
> (CSE, Rapport annuel 1979-1980)

« Hallucine pas ! C'est crampant ! Le prof nous a fait rusher ! Où est-ce ? Je ne sais trop . . . »

Voilà quelques-unes parmi les formes étrangères à ma formation classique qui n'est pas celle de mon fils ni de la grande majorité des vôtres, quelques-unes des formes, dis-je, qu'emprunte l'expression spontanée et imagée des jeunes qui fréquentent nos écoles secondaires, qu'elles soient publiques ou privées. Ces expressions sont l'objet de mes plus constants étonnements, parfois me font sourire, mais le plus souvent demeurent pour moi incompréhensibles. De l'étonnement, je passe donc à l'incompréhension. Comment pourrait-il en être autrement ?

Comment en effet comprendre que l'on vous réponde : « J'espère ! », lorsque vous cherchez à savoir si le lit est fait et si la chambre est propre. Vous êtes pour le moins, me semble-t-il, en droit de vous demander si on ne se paie pas votre tête. Vous constatez toutefois qu'il n'en est rien : « j'espère » signifie évidemment, bien sûr. Les mots n'ont tout simplement plus le sens qu'ils avaient jusqu'à maintenant pour vous et le petit Robert. Disons plus justement que les mots empruntent des sens que leur ont donné des rêves qui viennent d'autres galaxies. Bien comprendre, « capter » conviendrait peut-être davantage, le sens de ce que l'on veut nous communiquer, exige de nous que l'on veuille bien pour un instant que la logique de l'image l'emporte sur celle de la mémoire des peuples. Peut-être n'ai-je rien compris ?

Permettez-moi quand même de continuer à réfléchir à haute voix et de vous soumettre quelques constats irréfutables, du moins je l'espère. J'aurais souhaité que les spécialistes que sont certains d'entre vous puissent assister à une autre séance que la présente . . . Qu'à cela ne tienne, je vous soumets quelques constats et quelques commentaires.

- Les jeunes sont capables d'exprimer un certain nombre de sentiments. C'est ainsi qu'il leur importe grandement de bien « se sentir ». Sociologues et autres ne leur demandent-ils pas régulièrement : « Comment vous sentez-vous ? » Parfois ils « se sentent bien », parfois ils « se sentent mal ». Ils ne manquent pas d'ailleurs de nous le faire savoir : on a tellement insisté pour leur permettre de s'exprimer oralement. Ils ont aussi entendu et comprennent beaucoup de choses. Le *discours* est plus élaboré qu'il ne l'était jadis. Quelqu'un me faisait remarquer dernièrement que le langage de Pépino et Capucine a triste mine lorsqu'on le compare avec celui de Passe-Partout. Mais même si leur discours est plus élaboré, il me semble que bon nombre de jeunes ne sont pas certains de bien savoir ce dont ils traitent ou du moins redoutent de mal s'exprimer. C'est ce qui faisait dire à un élève du premier cycle du secondaire : « On comprend, mais on ne sait pas comment dire qu'on comprend et elle (le professeur) pense qu'on comprend pas ». Comment se surprendre alors de les entendre nous harceler de leurs « t'sé veux dire ». Le monde de l'image les a éveillés ; il parvient toutefois difficilement à les nourrir. N'ont-ils pas été abandonnés par la télévision au sortir du primaire ? Même la télévision éducative ne semble pouvoir s'adresser qu'aux jeunes du préscolaire et du primaire. Ceux du secondaire doivent donc se contenter de *Chips*. *Génies en herbe* s'adresse à ceux qui savent et qui ont peu de temps pour le faire savoir. Les jeunes n'en continuent pas moins de fréquenter le petit écran et je m'en voudrais de ne pas signaler ici ce que certains d'entre eux nous disaient il y a à peine deux ans :

« J'aime mieux la télé que le journal, avoue un garçon : c'est moins fatigant et l'image est en couleur. Le journal, c'est plein de menteries ; des fois, je lis juste les titres ». Un autre, qui écoute exclusivement les émissions de la télévision anglaise, explique son choix ainsi : « Les émissions françaises, c'est plate à mort ! Les Anglais, juste les gestes qu'ils font, tu comprends. Essayez : éteignez le son d'une émission française, vous comprendrez rien ; éteignez le son anglais, vous allez comprendre ». Et il cite le cas du film *La tour infernale*.

● Les jeunes me semblent difficilement capables de tenir un discours consistant, c'est-à-dire un discours qui exprime, un peu longuement, une pensée de façon claire, logique et articulée. L'onomatopée, n'utilisez surtout pas ce mot en leur présence, est employée plus souvent qu'à son tour. À force de lire et de voir des bandes dessinées, on finit par en devenir une des vedettes. Habituellement, ces vedettes se contentent de vivre et se soucient fort peu de penser, ou du moins expriment-elles une pensée qui ne connaît que le biais de la langue parlée et fort peu celui de la langue écrite. Or, l'écrit est indispensable pour le développement d'une pensée autonome et pour le moins bien structurée. L'expression orale et l'expression écrite des jeunes ne doivent peut-être pas être comparées. Retenons qu'elles se distinguent : l'expression écrite nous révèle plus clairement que ne le fait l'expression orale que la connaissance des règles qui sont la base du génie de notre langue fait largement défaut. Qu'il s'agisse de syntaxe, de règles grammaticales, de la construction des phrases, le résultat s'apparente trop souvent au langage des signes et des sons. « Une pédagogie qui s'éloigne de l'usage éloigne de l'usage » disions-nous au Conseil supérieur de l'éducation. Les idées que l'on veut transmettre en subissent alors le contrecoup.

● Les jeunes lisent-ils plus, lisent-ils moins que les jeunes d'antan ? Il ne m'est pas possible de répondre à cette question et je n'ai pas tellement le désir d'y répondre. En supposant même qu'ils lisent davantage, il me paraît plus important de faire ressortir qu'ils ne lisent pas suffisamment et qu'on ne s'acharne pas assez à leur faire prendre goût à la lecture. Il leur viendra bien ce goût : à condition toutefois qu'on les mette en contact avec les écrits de manière vivante, presque amoureuse. J'ai foi dans les vertus et les charmes de l'écrit. Je suis de ceux qui croient que sans la lecture il ne peut y avoir d'apprentissage valable d'une langue. Les maîtres d'une langue sont ceux qui s'astreignent à guerroyer contre les embûches secrètes que pose cette langue : les écrivains sont de ceux-là et ils peuvent nous éviter de buter sur certaines difficultés ou du moins peuvent-ils nous indiquer les voies qui permettent de les surmonter. Mais encore faut-il les fréquenter. C'est tout le contraire de certaines « opérations lectures » que certains d'entre eux nous ont illustrées par l'exemple suivant :

« Il y a dix lettres, tu marques combien il y a de «a» là-dedans; là, ça passe en fractions de secondes. Tu prends un crayon et tu fais des tours... pour pratiquer tes yeux à se promener, sans que la tête bouge... ».

- Bon nombre de jeunes, dès l'école primaire, apprennent à lire la musique parce qu'elle les fait vibrer de tout leur être. Il faudrait qu'ils puissent vibrer de la sorte dans l'apprentissage de la langue de leurs pères. Gérard Philippe jadis faisait vibrer même ceux qui se retrouvaient dans la dernière rangée du dernier balcon du théâtre Saint-Denis. Faisons découvrir à nos jeunes le génie de notre langue par personnes interposées, c'est-à-dire en les mettant en contact avec ceux de nos contemporains qui à leur manière et dans des genres différents ont accédé à une maîtrise certaine de la langue : Vigneault, Nathalie Petrowski, Prévert, Gabrielle Roy, René Lecavalier. Les jeunes ne pourraient pas par exemple ne pas comprendre l'importance de l'écrit s'il leur était donné de voir et d'entendre Marie Uguay dans ce film de J.-C. Labrecque que diffusait dernièrement Radio-Canada et où celle qui avait repris le nom de son grand-père nous faisait frissonner par l'angoisse et l'emballement qu'elle ressentait devant l'écriture. Ou encore, comment pourraient-ils résister à l'humour d'un Sol qui les fascinerait par ses jongleries ? Faisons-leur prendre conscience aussi des insipidités que l'on retrouve dans certaines chansons de Diane Tell ou encore dans certaines émissions de télévision, telle *Les Brillant*. Qu'ils prennent conscience qu'on y abuse de la langue au sens propre et plein du terme, c'est-à-dire qu'on la dénature ou qu'on en use à l'excès.

- N'est-il pas significatif que l'analphabétisme continue de sévir parmi les nôtres ? On compterait 350 000 analphabètes au Québec selon certaines études et plus de 500 000 selon d'autres. On conviendra qu'il y en a beaucoup, beaucoup trop. Or, nombre de ceux-là sont encore fort jeunes ; ils ont quitté l'école secondaire depuis moins de 10 ans. Parfois, on les qualifie d'analphabètes « fonctionnels ». On veut dire qu'ils ne fonctionnent pas. Ne sont-ils pas devenus ainsi parce qu'ils n'avaient pas maîtrisé les règles de base de notre langue et parce qu'ils n'avaient jamais pris goût à la lecture ? L'écrit n'était pas de leur monde ni parfois de celui du milieu scolaire qui fut le leur. Comment aurait-il pu en être autrement alors qu'au cours de l'implantation du programme-cadre, comme nous le rappelait Édith Bédard dans le document préparatoire au colloque tenu par le Conseil de la langue française en 1979, « au lieu de parler de lecture et d'écriture, on parlait désormais de parole et de communication ».

Heureusement, il me semble que le pendule revient. Le Livre orange, comme on le dénomme en certains milieux, faute de vocabulaire sans doute, car, faut-il le souligner, il s'agit d'un énoncé de politique, n'a pas manqué d'insister sur l'importance de la langue et s'est traduit depuis peu en des propositions de programmes de l'enseignement du français qui permettront entre autres à l'écrit de reprendre sa place. Raymond Joly, en conclusion du colloque de 1979, après nous avoir rappelé le diagnostic féroce que l'on dresse dans la population, à savoir que :

> « Le diplômé qui parle et écrit correctement est un phénix ; celui qui sait lire intelligemment à haute voix un texte écrit, un oiseau rare ; celui qui rédige de manière qu'on comprend ce qu'il veut dire, une perle précieuse »,

nous invitait à nous donner un objectif, soit un enseignement d'une langue de qualité, c'est-à-dire qui assure une maîtrise d'un outil de communication *pleine et authentique*. Un tel objectif, nous disait-il, « nécessite de toute évidence un enseignement structuré, qui encadre formellement le processus d'apprentissage et qui fasse leur juste place aux modes écrit et oral de l'expression. Cela n'implique nullement qu'on renonce aux orientations établies depuis les années 60 pour revenir à je ne sais quel enseignement des règles de grammaire pour elles-mêmes, ou à un normativisme obtus qui dévalorise l'élève et l'empêche de désirer ce qu'on cherche précisément à lui faire acquérir, à savoir l'épanouissement de son aptitude à communiquer ».

Il me semble que l'on y vient. Par ailleurs, on le sait bien, les programmes ne sauraient suffire. Les maîtres importent. Leur préparation me paraît dans l'ensemble satisfaisante. Il suffira qu'ils se familiarisent avec les nouveaux programmes. Il faudra davantage « travailler » les attitudes et doter les écoles de certains moyens. Je terminerai là-dessus en insistant sur quelques-unes de mes marottes.

En tout premier lieu, il nous faut engager toutes les enseignantes et tous les enseignants du primaire et du secondaire à s'exprimer correctement dans leurs paroles et dans leurs écrits. Lorsque les jeunes ne découvriront plus de failles importantes dans les exigences de **tous** ceux qui leur enseignent, ils redoubleront d'efforts pour s'exprimer à leur tour correctement. À ceux qui ont charge d'enseigner la langue, pourraient-ils inviter davantage à la lecture et faire en sorte que leur invitation soit pressante et ne souffre pas de refus ? Qu'ils invitent aussi les jeunes à qui ils enseignent à pratiquer l'écriture, en espérant qu'ils pourront peut-être un jour emprunter ces mots de Yolande Villemaire dans *Québec français* : « Écrire, pour moi, c'est une façon d'être heureuse ». Ne pourrait-on pas prétendre que les jeunes ont fort peu à dire et à écrire à l'école secondaire, compte tenu du type d'enseignement qu'on y pratique généralement ? Permettons-leur de s'exprimer, bon sang ! Que les journaux étudiants se multiplient ! Que la radio étudiante diffuse autre chose que cette musique infernale qui les abrutit au point où ils se sentent bien assis par terre ! Invitons-les à écrire dans les journaux locaux et régionaux comme on l'a fait dans la région des Bois-Francs à l'occasion d'une opération « récupération des déchets » : les jeunes ont besoin de coller au réel et d'être valorisés. L'écrit n'est pas fait que d'imaginaire. Comme nous le disions encore là dans notre Rapport annuel de 1979-1980 :

« Le comble de la fiction n'est-il pas, dans une école sans journal, d'avoir à écrire un article de journal . . . pour le cours de français ? ».

Quant aux moyens à fournir à l'école, je rêve du jour où on en viendra à décerner des prix littéraires qui consisteront à assurer les auteurs que leurs livres se retrouveront, du moins en une copie, dans chaque établissement scolaire du Québec, pour autant qu'ils soient adaptés aux élèves et aux étudiants qui les fréquentent. Je rêve aussi du jour où toutes les bibliothèques scolaires pourront accueillir les élèves le midi. Quant à rêver, je veux aussi anticiper le jour où des troupes de théâtre effectueront tournée sur tournée dans tous nos établissements scolaires, de Rouyn à Gaspé, de Hull à Port-Cartier, d'Alma à Valleyfield. Ces troupes auront besoin de subventions de l'État qui ne devrait pas négliger les efforts en faveur de projets qui s'adressent aux jeunes qui, pour la grande majorité d'entre eux, quitteront nos établissements scolaires au sortir du secondaire. Il faudrait leur permettre de devenir « malades » de théâtre comme cela nous fut permis, jeunes adolescents, lors d'une représentation du *Malade imaginaire* interprété par le magicien qu'était Guy Hoffman.

Les Affaires culturelles et l'Éducation devraient s'acharner à trouver les moyens de mettre les auteurs en contact avec les jeunes, qu'il s'agisse de poésie, de roman, de théâtre, d'essais. Une politique de la culture se bâtit sur ceux sans qui notre peuple ne saura assurer son avenir, c'est-à-dire les jeunes. Samedi dernier, dans le journal *Le Soleil*, Marc Samson écrivant sur la difficile rentabilité des orchestres, tant financièrement que politiquement, traduisait bien les propos que je tente de tenir. Il concluait :

« À moins que nos dirigeants fassent volte-face et prennent conscience de leur rôle dans la société face aux arts. Et qu'ils y investissent, à l'exemple des trafiquants de drogue qui offrent gratuitement leurs produits à de jeunes écoliers, pour s'en faire ensuite des clients assurés et exigeants . . . ».

De tous les temps, la langue a été l'instrument privilégié de découverte, d'appropriation et d'expression du patrimoine culturel. Quant à rêver, rêvons. Nous rappelant les mots de Marie Uguay qui nous disait de sa voix qui refusait de s'éteindre : « Je n'imaginais pas que la splendeur pût exister », faisons en sorte que les jeunes du secondaire puissent approcher la réalité et l'exprimer.

Pour reprendre les termes du début, j'espère ne pas avoir trop « halluciné » ni ne vous avoir fait « cramper ». Quant à savoir si vous devez « rusher », n'est-ce pas le but de tout congrès ?

Discussion

1er INTERVENANT : André Dugas, professeur à l'Université du Québec à Montréal

Je vais devoir être le critique acerbe que M. Benjamin n'a pas été, car il y a plusieurs propos du conférencier qui étonnent.

Le 1er commentaire que j'aurais à faire porte sur la référence nostalgique au français parlé par de grands auteurs littéraires ou encore par certains commentateurs sportifs ou certains journalistes de Radio-Canada. Je dirai que le français actuel, parlé par nos enfants, n'a rien qui doive susciter la nostalgie du passé : si on doit faire une analyse de ce français on doit la faire dans sa réalité actuelle.

Il y a un autre commentaire que je voudrais faire c'est qu'on mêle allègrement la variété de français parlé et le français que les enfants doivent apprendre à écrire à l'école. M. Benjamin a rapporté plusieurs expressions de nos enfants qu'on connaît tous et pourtant je ne pense pas qu'on demande aux enfants d'écrire ces expressions. Je pense qu'il s'agit d'une variété de français qu'on peut trouver dans d'autres pays à quelques différences près.

Il y a une troisième observation que je voudrais faire : je pense que pour bien situer l'enseignement du français au primaire, il faut d'abord savoir comment les enfants parlent et comment ils écrivent et non pas seulement les fautes d'orthographe qu'ils commettent. À ce sujet, il y a plusieurs études qui ont été faites au Québec depuis 20 ans, notamment à l'Université du Québec à Montréal et il me semble que les recherches des linguistes peuvent constituer un apport des plus intéressants pour comparer la variété de français parlé par nos enfants et la variété qu'ils doivent apprendre à écrire.

Gilles Boulet : Je suis d'accord avec ce que dit monsieur Dugas. J'admets ne pas avoir distingué dans mon exposé l'oral de l'écrit, je n'aurais pas eu le temps de le faire dans un exposé de trois quarts d'heure ni de rendre compte des études faites sur la façon dont écrivent ou parlent les enfants du primaire, mais j'ai pris soin de dire, et j'en demeure profondément conscient à la fin, que ceci n'est qu'un ensemble d'impressions qu'ont accepté bien volontairement de me fournir quelques collègues et que c'est par des études, des enquêtes et des recherches qu'il faudra trouver la véritable réponse. J'ai même dit qu'il fallait cesser de faire des discours qui sont trop intuitifs et j'ai bien conscience de n'avoir pas fait une enquête, mais je crois qu'il faut encore pousser plus loin et je crois qu'il en faudrait une à tous les niveaux de notre enseignement et j'ai suggéré qu'elle soit menée par l'Association québécoise des professeurs de français.

2ᵉ INTERVENANT : Emmanuel Rioux, enseignant, Trois-Pistoles

Je voudrais seulement retenir la suggestion qui m'apparaît extrêmement pertinente, que l'Association québécoise des professeurs de français se donne comme tâche de mener une vaste enquête qui impliquerait tous les professeurs de français au moins au niveau du primaire et du secondaire, puisque c'est la base. Cependant, à l'heure où les mises en disponibilité se multiplient à un rythme plus grand peut-être que les fautes d'orthographe dans les copies de nos élèves, je m'inquiète du sort qui est réservé au statut des professeurs de français dans nos écoles du secondaire et du primaire. Étant donné qu'on s'est acharné à nous dire que la spécialisation était importante pendant X années et que maintenant on vient pratiquement de nous dire que n'importe qui peut enseigner n'importe quoi, et c'est ce qui se réalise depuis quelques années et de plus en plus, je pense que notre conscience de professeur de français est secouée et je m'inquiète pour le sort de la Nation.

3ᵉ INTERVENANT : (Une dame)

Je voudrais pour ma part déplorer le parti pris de pessimisme qui plane sur nous dans certaines conférences de ce congrès. Vous avez cité des cas de gens qui ont mis sur pied un cours de récupération accessible à des étudiants qui ont des difficultés en français : c'est normal qu'il y en ait qui aient plus de difficultés à l'écrit pour différentes raisons que vous avez énumérées. Mais il y en a beaucoup d'autres que vous avez passés sous silence et qui s'exprimaient beaucoup mieux qu'ils ne le faisaient il y a quelques années. Je pense aussi qu'on a passé sous silence le fait de la démocratisation de l'enseignement : il y a 20 ans, les enfants n'écrivaient même pas : ils n'allaient pas à l'école. Je pense que le peuple québécois est en croissance et je souhaite qu'on arrête de nous écraser avec les difficultés : nous sommes ici pour travailler et je pense que nous avons conscience de faire quelque chose.

Gilles Boulet : Je suis bien d'accord avec ce que vous avez dit : il se fait énormément de travail. J'ai essayé de prendre quelques exemples positifs que j'ai appelés les lumières et quelques exemples négatifs que j'ai appelés les obscurités, j'ai peut-être davantage insisté sur celles-ci par coup de fouet. Et si cela provoquait ce que j'ai souhaité dès le départ, des réactions comme celles qui viennent d'avoir lieu, des discussions qui mènent dans le même sens, j'en serais profondément heureux.

4ᵉ INTERVENANT : Conrad Bureau, Université Laval

Je voudrais d'abord dire qu'à force de répéter aux gens qu'ils parlent mal et qu'ils écrivent mal, on tue la communication. En second lieu, il faut avouer que le français n'est pas facile : tout le monde ici sait qu'il y a 20 façons d'écrire le son « è » en français et 40, pour le son « o ». De plus, les enseignants eux-mêmes ne sont pas à l'abri de tout reproche.

5ᵉ INTERVENANT : Jacques Girard, Université de Montréal

Je me permets de faire trois remarques personnelles qui sont peut-être des notes d'optimisme.

Il est dommage que vous ayez traité la question comme la plupart des gens la traitent dans la plupart des langues depuis qu'on écrit sur les langues : vous avez porté un jugement qui, à mon point de vue, est un jugement de génération. La plupart des gens qui ont écrit, ont toujours dit que les enfants connaissaient moins bien la langue qu'eux-mêmes. C'est dommage, car lorsqu'on regarde les analyses scientifiques, les faits contredisent les opinions répandues.

Deuxième note d'espoir : la langue, toute langue, est l'affaire de toute une vie. C'est un idéal qu'on poursuit toute sa vie sans jamais l'atteindre. On commence à sa naissance et on y travaille jusqu'à sa mort et, si possible on travaille à maîtriser plus d'une langue, parce que l'apprentissage des autres langues nous fait mieux connaître et mieux maîtriser notre première langue.

Dernière remarque d'espoir : il y a au Québec une grande conscience de la qualité de la langue, et des efforts inouïs pour l'améliorer, notamment de la part des adultes. Je laisse à votre réflexion les faits suivants : un cours de français écrit de niveau universitaire qui s'appelle le CAFÉ, cours autodidactique de français écrit, offert depuis 6 ans au Québec, est pris chaque année par 12 000 à 15 000 personnes. 5 000 personnes prennent ce cours pour obtenir des crédits, et 10 000 dans le cadre d'une formation personnelle, comme étudiants libres, sans postuler de grade. Vous allez peut-être dire que c'est le signe des carences ou de la faiblesse de leur langue : pour moi, c'est un grand signe d'espoir qu'on ne retrouve pas dans beaucoup de pays. Depuis vingt ans et encore plus depuis les dix dernières années, il y a un souci de la qualité de la langue au Québec qui est à peu près unique au monde.

6ᵉ INTERVENANT : Une dame de Baie-Saint-Paul

Ce n'est pas un commentaire mais bien une question. J'aimerais juste savoir s'il y a lieu de continuer à nourrir les inquiétudes ou à les calmer ? Est-ce qu'on est en mesure de dire si la situation est liée à une classe sociale en particulier ? On dit toujours que le milieu défavorisé est celui qui connaît le plus grand nombre d'échecs.

Gilles Boulet : À propos des influences des milieux sociaux sur l'évolution de la langue d'un certain nombre de groupes, il y a des recherches qui indiquent qu'il existe des liens, mais il y a aussi d'autres recherches qui relient ces faits à tellement d'autres causes qu'il est difficile d'en tirer des conclusions bien nettes aujourd'hui.

7ᵉ INTERVENANT : Jean-Pierre Drapeau, journaliste

Je veux apporter un témoignage qui va peut-être faire mal au coeur des professeurs de français qui sont dans cette salle. Après avoir vu six cents lettres écrites par des enfants d'une école primaire, de la 1ʳᵉ jusqu'à la 6ᵉ année, envoyées à une autre école dans un échange entre écoles, et constaté qu'il y en avait plus de 80 % qui avaient des fautes à peu près à tous les mots je me demande dans quelle mesure nos professeurs de français enseignent à nos enfants la langue que nous, on nous a demandé d'apprendre ?

8ᵉ INTERVENANT : Hélène Mercadier, enseignante au préscolaire

Je veux juste dire que le tiers de mes enfants de maternelle ne savent pas me demander correctement «Est-ce que je peux m'absenter ?» ou «Est-ce que je peux aller à la salle de toilette ?» Je me dis que les gens qui savent parler correctement n'ont pas appris cela à l'école, ils l'ont habituellement appris à la maison. Le premier travail doit être fait au départ, dans la famille.

Le français pour les non-francophones

Président de séance : Jacques D. GIRARD, président, Association canadienne de linguistique appliquée

Présentateur : William F. MACKEY, professeur, Université Laval

Conférencier : Lorne LAFORGE, professeur, Université Laval

Commentatrice : Lise BISSONNETTE, éditorialiste en chef, *Le Devoir*

Lorne Laforge a insisté dans sa conférence sur l'ambiance qui règne dans le milieu de l'enseignement-apprentissage du français aux non-francophones qui vivent au Québec et qui doivent soit se soumettre à la Loi 101 dans le système scolaire, soit s'intégrer au milieu du travail dans les centres d'orientation et de formation des immigrants (COFI), soit se préparer à exercer des professions auprès de la population du Québec. Il y aborde successivement les attitudes des Anglo-Américains à l'égard de l'anglais, leurs attitudes à l'égard du français, le contenu de l'enseignement, la démarche pédagogique, et l'attitude des enseignants. Il fait ressortir avec insistance les nombreux problèmes sociaux, politiques et pédagogiques auxquels se confrontent les francophones dans l'enseignement de leur langue à des non-francophones. Il y prône la nécessité pour les francophones d'intégrer les immigrants et même un certain nombre d'anglophones si le Québec veut survivre comme société distincte en Amérique du Nord. Il cite des travaux qui indiquent que c'est l'isolement social qui est souvent la cause de l'échec linguistique et non l'inverse.

Au total, son argumentation est axée davantage sur les aspects sociaux de l'intégration que sur les aspects pédagogiques et linguistiques. C'est d'ailleurs ce que lui reproche la commentatrice Lise Bissonnette. Elle n'accepte pas l'utilisation que fait le conférencier du mot « intégration » qu'elle soupçonne d'avoir un sens trop proche du mot « assimilation » : elle suggère à la place la « coexistence pacifique » qui peut correspondre à la participation, mais non à l'adhésion obligatoire aux aspirations mêmes des francophones. Les commentaires de la salle ont également porté principalement sur la terminologie.

Le français pour les non-francophones

Lorne LAFORGE

Quelques remarques liminaires semblent s'imposer d'entrée en jeu. J'avais pensé vous brosser un tableau complet de la situation actuelle dans les milieux divers de l'enseignement du français, langue seconde, statistiques à l'appui. J'avais pensé également analyser les multiples composantes de cet ensemble très particulier et hétérogène, à savoir, les programmes, les guides pédagogiques, les méthodes, les idéologies ou les principes didactiques de l'heure ; les maîtres, leur formation, leur condition de travail, les commissions scolaires ; les élèves de la maternelle, des cours réguliers, les enfants d'immigrants récents, les adultes immigrants récents, les adultes non francophones ; les classes d'accueil, les cours de français dans les cégeps, dans les universités, dans les industries ; les cours par immersion, les cours intensifs ; la confessionnalité ; le programme d'enseignement des langues d'origine mieux connu sous le sigle PELO ; les écoles ethniques ; les cours du samedi ; les rôles que s'attribuent les divers ministères des divers paliers de gouvernement, etc.

Je me suis vite rendu compte qu'un brutal étalage de chiffres et de faits ne pourrait suffire pour vous sensibiliser au **climat** qui prévaut dans ce milieu, ni de la **motivation** et des **attitudes** des groupes en présence. Je me suis rendu compte que la plupart des colloques réunissant des professeurs de français, langue seconde, et des spécialistes en didactique des langues concentrent leur réflexion sur la méthodologie, sur l'apprenant, sur les stratégies d'apprentissage, mais rarement sur les obstacles psycho-sociologiques, politico-culturels qu'ils rencontrent dans l'exercice de leur fonction. C'est un sujet qu'on aborde dans des conversations apparemment « décontractées » mais qui trahissent le vrai stress des professeurs de langue, leur hantise, leur purgatoire, car les plus consciencieux parmi eux savent, se rendent compte pleinement ou du moins s'imaginent que tout le poids de l'application de certaines dispositions de la Loi 101, et surtout sa réussite et son efficacité, reposent en grande partie sur leurs frêles épaules.

Cette énorme responsabilité, que je voudrais voir partager non seulement par les professeurs de français, langue seconde, mais également par les différentes composantes que j'ai énumérées plus haut, m'apparaît comme l'enjeu d'une course à obstacles ou plutôt la participation d'une équipe spécialisée à une sorte de course à relais où le point d'arrivée serait une fontaine que surmonterait une banderole sur laquelle serait inscrit en lettres bleues : « Bienvenue dans la société québécoise francophone » ! La morale de l'histoire est à imaginer, mais la mieux connue s'énonce comme suit : « . . . rendu(e)s à la fontaine, ils (elles) ne voulurent point boire . . . » !

Petite fable me direz-vous ? Non, triste constatation ! La majorité des non-francophones se plient aux exigences formelles des cours de français, langue seconde, mais ils se font encore tirer l'oreille pour condescendre à fréquenter les francophones, à parler la langue de la majorité, à s'intégrer à la société québécoise majoritairement francophone. La Loi 101 n'aurait-elle eu aucun effet ? Il semble que les meilleurs effets se notent du côté des francophones qui se sentent sécurisés et s'obstinent en plus grand nombre à n'utiliser que le français en situation de communication. Ce n'est qu'une étape, nous dit-on ; il y a lieu tout de même de faire un examen de conscience collectif sur le thème suivant : les non-francophones québécois (les anglophones et les allophones) s'intègrent difficilement par la langue et la culture à la société québécoise majoritairement francophone. Quels sont les obstacles qui les en empêchent ? Dans quelle mesure les francophones peuvent-ils faire évoluer cette situation vers une harmonie sociale et linguistique ? Quels sont les griefs des non-francophones ? Quelle est la signification de leur résistance ? Comment faire admettre aux non-francophones l'utilité d'apprendre le français et de l'utiliser dans leur vie de tous les jours ?

Est-ce donc ce qui caractérise l'enseignement du français, langue seconde, au Québec en 1982 ? Question insidieuse et brûlante s'il en est une, car elle requiert de celui qui aura la témérité d'y répondre une vue d'ensemble de tout ce qu'a vécu le Québec et les Québécois et Québécoises dans cet environnement anglophone nord-américain durant ces dernières années, mais également une vue prospective des conditions d'épanouissement et de l'avenir politique du Québec et des Québécois et Québécoises de demain. C'est dans la mesure où la société québécoise francophone aura réussi à s'ouvrir aux autres, à intégrer les autres, que cet avenir sera assuré, et la clef de cette intégration est le contact créé par la langue et la culture québécoises dans le respect de l'apport diversifié et enrichissant des diverses cultures au patrimoine national. « L'enrichissement mutuel que provoque l'intégration d'un groupe à un autre implique une maturité respective, donc une prise de conscience des apports de chacun à un ensemble dont tous bénéficieront ». (Rapport de la Commission Gendron, 1972). Dans une perspective aussi large, l'apprentissage du français, langue seconde, ne peut être perçu que comme une étape dans le processus d'intégration et l'école, humble cellule de la société, que comme un des agents privilégiés de cette intégration.

L'enseignement du français, langue seconde, ne peut donc pas prétendre régler tous les problèmes sociaux du Québec, atténuer les tensions entre les ethnocultures, faire disparaître les préjugés raciaux et linguistiques issus des cicatrices de l'histoire. Sans nier le fait que la classe de français, langue seconde, se trouve à la jonction ou à l'interface des parties et des intérêts en présence et que le professeur de langue est à la fois un chef d'orchestre, un diplomate, un interprète ou un commis voyageur qui peut transformer le fragile équilibre que constitue ce micro-dialogue des cultures en une cacophonie, une lutte de tranchée, en « un retour de Babel » ou en une faillite irréversible, j'exprime bien haut mon admiration pour ceux qui ont accepté de relever le défi de transformer ce secteur mieux connu par ses cuisants revers, ses échecs retentissants que par ses modestes réussites.

Et pourtant, une multitude de gens depuis des siècles parlent et comprennent plusieurs langues et plus tard les écrivent et les lisent sans que cela ne fasse problème ! Pourquoi avons-nous des difficultés avec deux langues alors que la majorité des pays du monde ont à choisir une ou des langues de communication parmi une quantité variable mais importante de dialectes parlés sur leur territoire ? Ces problèmes ne viennent donc pas des langues elles-mêmes mais des personnes qui les parlent ou qui, grâce à ces langues, exercent une domination politique, économique et sociale.

Ces considérations générales et de caractère philosophique risquent de nous écarter de notre propos. Qu'est-ce donc qui caractérise l'enseignement du français, langue seconde, au Québec, en 1982 ? Si en 1978, après la tenue du colloque organisé par Participation-Québec pour les professeurs de français, langue seconde, aux adultes, Christophe Hopper pouvait écrire dans *Québec français*, organe officiel de l'AQPF : « Il semble que la situation politique ait grandement contribué à promouvoir l'enseignement du français, langue seconde. Le français est devenu une nécessité dans le Québec d'aujourd'hui . . . En même temps que les uns évoquent les retombées bénéfiques de la Loi 101, d'autres affirment que de telles mesures ne font qu'accroître la résistance de certains anglophones à l'apprentissage du français », on peut affirmer qu'en 1982 cette résistance s'est effectivement cristallisée et a pris appui sur la Charte canadienne des droits et libertés, pièce maîtresse de la nouvelle Constitution canadienne. Ce litige, qui est toujours devant les tribunaux, est révélateur de l'état d'esprit du groupe qui demande d'appliquer la Loi 101 de façon « plus humaine » et d'amnistier les quelques 1 500 élèves « illégaux » inscrits dans une commission scolaire anglophone de l'Île-de-Montréal.

En 1982, un très grand nombre d'anglophones ne voit pas encore la nécessité de parler français au Québec et certains jeunes que nous avons interrogés à l'Université Concordia envisagent de quitter le Québec plutôt que de s'astreindre aux exigences d'un test de connaissance de français les habilitant à pratiquer une profession. Ils argumentent à tort ou à raison que ces tests sont si difficiles que la majorité des francophones ne pourraient pas y réussir. Il y a donc une distance inouïe entre l'enseignement et l'apprentissage du français, langue seconde, et la sensibilisation à la réalité francophone du Québec et l'intégration à la société francophone majoritaire.

Et pourtant, les témoignages de bonne volonté farcissent les agences de presse. La Presse canadienne titrait de Montréal tout récemment : *Parents anglophones plus sensibles au bilinguisme*, et l'article continuait : « Sans égard à ce que certains d'entre eux pensent de la Loi 101, la plupart des parents anglophones (30 %) du Québec semblent déterminés à voir leurs enfants devenir bilingues ». Il fallait prononcer les mots magiques « bilinguisme » et « immersion » ! Voilà qui change tout ! Avec ces deux mots les anglophones ont la nette impression qu'ils sont en sécurité, qu'ils prennent les commandes de la situation, que le bilinguisme ne peut leur être dommageable puisqu'il est inscrit dans la Loi sur les langues officielles du Canada ! Peut-être si la Loi 101 parlait de bilinguisme . . . peu importent les objectifs poursuivis ! Avec le bilinguisme on se sent dans la majorité confortable, tandis que faire partie d'un groupe minoritaire, voilà qui est inacceptable !

Les anglophones veulent bien apprendre le français à la condition que ce soit eux qui en fixent les modalités, selon leur propre évaluation de la situation et à l'intérieur de leurs propres systèmes socio-culturels et politiques. Ce qui signifie qu'à Montréal, les anglophones continueront à considérer la sation de métro McGill comme étant la limite extrême à l'est de leur habitat et persisteront à ne pas dépasser cette limite.

Tout ce folklore est dépassé me direz-vous. Ce n'est hélas qu'un plan partiel du décor planté pour la classe de français, langue seconde, et un mince échantillon de l'ambiance dans laquelle évolue le professeur de langue. Il faut donc penser que cette attitude de la part des anglophones prend ses racines à des profondeurs insoupçonnées. Elle prend ses racines partiellement dans les attitudes et les perceptions qu'ont les Anglo-Américains à l'égard de leur propre langue et à l'égard de la langue des francophones vivant en Amérique du Nord, attitudes que partagent malheureusement un trop grand nombre de ces francophones.

Attitudes des Anglo-Américains à l'égard de l'anglais

« Le fait de naître dans un pays dont la langue sert de *lingua franca* constitue en quelque sorte un seigneuriage, comme le fait de vivre dans un pays dont la monnaie est utilisée comme moyen international de paiement ». Cette citation de Albert Breton tirée de son ouvrage *Le Bilinguisme, une approche économique*, publié en 1978, introduit un des chapitres de l'étude manuscrite de René-Jean Ravault terminée l'année dernière (novembre 1981) et intitulée : *Étude sur les relations des communautés de langues officielles au Nouveau-Brunswick*. L'auteur y analyse finement les attitudes des deux communautés. Nous nous en inspirons et nous nous mettons dans la peau d'un Anglo-Américain.

Les Anglo-Américains croient à l'unanimité que l'anglais est la langue des affaires : *« English is the language of business, it's a fact of life »* ! Quiconque veut réussir économiquement sur ce continent se doit de maîtriser la langue anglaise. On reconnaît qu'il est parfois possible d'obtenir un petit succès local et temporaire dans les « ghettos » francophones du Québec et du nord du Nouveau-Brunswick, mais si l'on veut que cette réussite soit durable et prenne de l'expansion, il faudra inévitablement parler anglais. L'anglais est devenu la *lingua franca* du commerce international et on peut se faire comprendre en n'utilisant que l'anglais. C'est une langue simple, pragmatique, utilisée par les savants et les chercheurs du monde entier et dans les nouvelles technologies de télécommunication et d'informatique, comme langue de manipulation, de programmation et de dialogue avec ces instruments de l'avenir. L'anglais, dans un schéma d'application de la loi de Darwin au domaine des langues, est, pour le moment, dans une position particulièrement favorable et même sur le point d'en supplanter ou d'en éclipser d'autres.

> « On peut penser, écrit Ravault, que la présentation par les anglophones d'arguments dont l'effet est de retarder la mise en place de mesures gouvernementales visant à stopper ‹ artificiellement › le recul d'une autre langue est viscéralement motivée par la croyance que plus on gagne de temps pour que selon la loi de Darwin, ‹ les choses évoluent naturellement › plus la domination de la langue anglaise sera ‹ irréversible ›. »

Cependant, si certains Anglo-Américains semblent croire en l'irréversibilité de l'expansion de leur propre langue sur la scène internationale, ils croient néanmoins que l'on évolue aussi de façon irréversible vers l'implantation du bilinguisme au Québec !

Une autre opinion bien implantée chez les Anglo-Américains de souche britannique à l'égard de leur propre langue est la croyance en la neutralité de la langue anglaise comme véhicule de communication. Le premier facteur qui contribue à leur donner cette impression de neutralité culturelle ou ethnique voire même d'objectivité scientifique, langue qui aurait réussi à se débarasser des préjugés culturels et ethnocentriques, repose sur la croyance que l'anglais est la langue de la technologie avancée, la langue qu'un nombre toujours croissant de savants du monde entier utilise pour publier les résultats de leurs recherches. Cette conception a été bien perçue et analysée par le communicologue américain James W. Carey, qui la cerne de façon critique dans les termes suivants :

« *We understand that other people have culture in the anthropological sense and we regularly record it — often mischievously and patronizingly. But when we turn critical attention to American culture the concept dissolves into a residual category useful only when psychological and sociological data are exhausted. We realize that the underprivileged live in a culture of poverty, use the notion of middle class culture as an epithet, and occasionally applaud our high and generally scientific culture. But the notion of culture is not a hard edged term of intellectual discourse for domestic purposes. This intellectual aversion to the idea of culture derives in part from our obsessive individualism which makes psychological life the paramount reality, from our Puritanism which leads to a disdain for the significance of human activity that is not practical and work oriented, and from our isolation of science from culture ; science provides culture-free truth where culture provides ethnocentric error.* » (« *A cultural Approach to Communication* », dans *Communication*, v. 2, 1975, pp. 6-7).

Le second facteur qui contribue à renforcer cette impression de neutralité repose sur la croyance que, contrairement à la perception qu'ils ont des francophones, les anglophones ne constituent pas un groupe culturellement et ethniquement homogène. En plus des variétés ethniques que regroupe la Grande-Bretagne (Anglais, Écossais, Irlandais, etc.) les anglophones agglomèrent facilement les autres communautés d'origine ethnique sans que l'apprentissage de l'anglais par celles-ci entraînent nécessairement une acculturation à la civilisation anglo-saxonne. La croyance dominante serait qu'en gros, l'anglais est devenu l'expression d'un *melting pot* où le meilleur des uns et des autres aurait été retenu. Cette croyance doit cependant être nuancée par la volonté de certains loyalistes et orangistes de sauvegarder la pureté des traditions et de la culture britanniques.

Le troisième facteur qui pourrait confirmer l'impression qu'il n'existe pas de liens entre l'anglais et une culture spécifique, c'est la pauvreté de l'enseignement traditionnel du français, langue seconde, dans certaines écoles du Québec. Certains anglophones dénoncent le fait qu'ils sont soumis à un apprentissage mécanique des règles de grammaire, à un choix de textes qui donne l'impression d'une langue de salons cultivés et démodés, sans liens évidents avec la réalité géographique et historique immédiate. Pour certains, la façon dont cette langue est enseignée leur donne l'impression qu'ils apprennent un « anglais codé » ou encore une façon différente d'exprimer les mêmes sentiments, les mêmes valeurs, les mêmes opinions, les mêmes attitudes, la même vision de la réalité. Trop souvent hélas, l'accent est mis sur une langue française neutre ou aseptisée alors que l'on devrait surtout insister sur les liens qu'il peut y avoir entre la langue d'un peuple et son histoire, sa culture, sa psychologie, ses attitudes sociologiques, ses idéologies, c'est-à-dire sa façon de voir et de concevoir la réalité ainsi que sa façon d'agir et de se comporter envers celles-ci.

Il faut dire cependant que les cours d'immersion, les cours intensifs ou les cours pour adultes qui favorisent une approche basée sur le français comme langue de communication ont eu pour effet d'ébranler cette croyance en la neutralité de la langue anglaise. Au sein des élites anglophones, même si certains considèrent que les différences entre francophones et anglophones sont principalement d'ordre historique, religieux ou autres et n'ont pas grand-chose à voir avec la langue parlée, la majorité d'entre eux considèrent que ces différences sont plus ou moins liées à la langue, quelques-uns ne remettant pas en question pour autant la neutralité ethnique et culturelle de leur propre langue, certains autres ayant tendance à croire que toute langue implique une façon de penser, de voir les choses et un style de vie qui lui est propre. Sans rentrer dans les détails des querelles de linguistes telles que celle qui oppose les théories de Sapir-Whorf à Chomsky, ce dernier sous-groupe voit un lien entre la culture et la langue et admet donc volontiers que l'anglais comme toutes les autres langues, n'est pas un véhicule de communication neutre.

Attitudes des Anglo-Américains à l'égard du français

De ce qui précède il faut retenir les attitudes négatives que peut générer à l'égard du français la faiblesse de son enseignement. Chez les adultes anglophones qui ont suivi des cours de français, langue seconde, pendant sept, huit, dix et parfois douze ans, nombreux sont ceux qui se disent être à peine en mesure de dire « oui » ou « non » (plutôt « non » que « oui »). Le français apparaît donc comme une langue extrêmement difficile. Ces adultes ne voudraient pour rien au monde avoir à se replonger dans ce pénible apprentissage maintenant qu'ils sont d'âge mûr et parfois avancé.

En plus de l'aspect difficile et rébarbatif du français, ils ont conservé de leurs cours de langue l'impression que le français est une langue sinon morte du moins moribonde ou vieillotte qui véhicule une culture classique et démodée. Dans le meilleur des cas cette langue des vieux pays est tout juste bonne, en Amérique du Nord, à être utilisée occasionnellement, comme l'illustre à merveille le film : *American Gigolo*, par certaines dames de la haute société pour rehausser leur panache au cours de rencontres mondaines ou libertines. Aussi, même si l'on admet assez volontiers que le français est une langue belle et plaisante qui peut donner accès à des oeuvres culturelles subtiles, raffinées et fort agréables, on s'empresse néanmoins de souligner que le français que l'on apprend à l'école n'a pas grand-chose à voir avec le français que l'on entend aux quatre coins du Québec.

Toutes les raisons invoquées pour justifier la pauvre connaissance de la langue française ne sont pour un certain nombre d'anglophones que des excuses ; le problème fondamental provient du manque de motivation. On n'a pas trouvé jusqu'à maintenant d'arguments suffisamment sérieux et forts pour motiver certains d'entre eux à s'intéresser à la langue française au point de vouloir l'apprendre, encore moins de s'intégrer à la majorité québécoise francophone. Toutes les mesures gouvernementales tendant à franciser certains secteurs de la société québécoise, en particulier, sont presque toujours présentées par les médias anglophones comme des mesures coercitives et autoritaires, allant à l'encontre des principes mêmes de la démocratie, du parlementarisme et du « laisser faire » si chers à la tradition britannique.

Le constat que nous établissons ici ce matin est connu depuis longtemps de tous les professeurs de français, langue seconde. Les attitudes négatives de la part d'un grand nombre d'anglophones, attitudes qui peuvent se manifester par un blocage psychologique devant le fait français et une certaine résistance à l'apprentissage d'une langue qui représente une culture avec laquelle ils n'ont aucune affinité, culture menaçante et extérieure, ces attitudes, dis-je, trouvent parfois leur contrepartie chez certains professeurs de français, langue seconde. Christophe Hopper rapporte les faits suivants : « Certains professeurs, inconsciemment, auraient un mépris, un dédain pour leurs étudiants. Ils se diraient tout bas : ‹ Ces fichus de têtes carrées, ils n'apprendront jamais, il n'y a rien à faire. › Ils auraient beau le dire tout bas, de telles attitudes négatives finissent par se faire sentir et ne peuvent que renforcer la résistance à l'apprentissage. Ce qu'il faut dans la classe, c'est une attitude de réceptivité de part et d'autre, un climat affectif qui balaye les stéréotypes si usés et qui établisse entre professeurs et étudiants des liens de respect et d'amitié. Le professeur ne peut oublier que c'est lui qui, en quelque sorte, incarne le fait français, les francophones. Sa chaleur ou son désintérêt sera remarqué ». Et Hopper termine : « Si le professeur peut déterminer la motivation affective, la motivation première est largement tributaire de la situation socio-politique en général. L'étudiant doit sentir le besoin, la nécessité impérieuse de pouvoir s'exprimer convenablement en français. Le professeur n'y peut rien ; c'est à l'État de promouvoir et de rendre non seulement utile mais essentielle la connaissance du français dans toutes les sphères de la vie publique. La Loi 101 est un bon début. » (Hopper, 1978).

Au début des années 70, dans le rapport de synthèse des recherches effectuées pour la Commission Gendron dans le domaine de l'enseignement du français, langue seconde, j'attirais l'attention des commissaires sur le rôle de la motivation dans l'apprentissage des langues en ces termes : « On comprendra que tout ce qui touche l'enseignement, l'école, le climat social et politique, l'attitude des individus et des groupes, les moyens pédagogiques, l'intervention des maîtres, etc., peut devenir élément de motivation ou de démotivation. On devra adopter des mesures générales qui auront des effets d'entraînement motivants dans tous les sous-secteurs des activités langagières des Québécois. Sans recommander nécessairement des travaux forcés pour accélérer l'apprentissage du français, langue seconde, pour reprendre en quelque sorte le ‹ temps perdu ›, ce qui aurait pour effet de cristalliser une hostilité latente, hostilité qui n'apparaît pas à la surface d'un questionnaire d'enquête . . . on devra se rappeler que 80 % des Québécois s'attendent à la promotion de leur langue comme véhicule officiel de communication à l'intérieur du Québec. On comprendra surtout que les effets de telles mesures seront **à longue échéance** plus motivants que de laisser le sort de la langue française à la bonne volonté des individus, ce qui n'est pas en soi une cause de motivation, mais un effet de motivation éphémère qui peut régresser lorsque toutes les raisons d'être favorables à l'apprentissage du français, langue seconde, auront disparu . . . On devrait donner aux non-francophones des raisons non seulement valables mais indiscutables de vouloir exercer cette bonne volonté à apprendre le français. Une de ces raisons pourrait être que la connaissance fonctionnelle du français devienne pour tous les Québécois une condition essentielle donnant accès au marché du travail québécois . . . On ne devrait pas recommander de forcer qui que ce soit, à l'heure actuelle, à opter pour l'apprentissage ou contre l'apprentissage du français, langue seconde. On devra définir la situation, les règles du jeu, la priorité au français dans toutes les formes de relations sociales. » (Laforge, 1973).

Je suis toujours convaincu que l'essentiel du problème de l'apprentissage du français, langue seconde, se ramène à la recherche de mesures génératrices de motivation. La Loi 101 en est-elle une ? Oui, si elle finit par passer le test du maintien de ses objectifs fondamentaux par les différents gouvernements qui se succéderont et qui présideront aux destinées de tous les Québécois. Cependant, d'autres mesures immédiates s'imposent au niveau de la classe de français, langue seconde, mesures qui peuvent, à leur façon, être génératrices de motivation. D'abord, sérions les problèmes par clientèle.

Certains ont déjà sommairement conclu que l'enseignement du français, langue seconde, aux adultes est un échec parce que les professeurs ne sont pas suffisamment préparés ou recyclés dans la perspective de l'enseignement aux adultes et que les méthodes ne sont pas adéquates ni par la langue qu'elles véhiculent, ni par le contenu culturel québécois. Dans une étude préparée pour le Conseil de la langue française et publiée il y a quelques mois, Archambault et Corbeil posent un jugement sévère sur l'organisation et le contenu de l'enseignement du français, langue seconde, dans ce secteur. Après inventaire, il apparaît de manière saisissante que les institutions qui s'occupent de cet enseignement aux adultes se livrent à une féroce concurrence. Celle-ci oppose deux ministères, celui de l'Immigration et celui de l'Éducation et à l'intérieur de ce dernier les dossiers se distribuent dans les dédales d'un labyrinthe de Directions et de Services entre lesquels il existe peu de coordination administrative et encore moins de concertation pédagogique. Elle touche trois niveaux d'enseignement — secondaire, collégial, universitaire — est soumise aux normes des multiples conventions collectives proposant des frais de scolarité, des honoraires de professeurs d'une très grande disparité. « Du point de vue des élèves et des professeurs, la concurrence entre les niveaux est un fouillis de dispositions où règnent l'arbitraire et l'injustice. » (Archambault et Corbeil, 1982). Elle met également en opposition les institutions francophones et anglophones. La clientèle est la même pour tous sauf pour les COFI qui s'occupent des immigrants récents. « N'apparaît-il donc pas nécessaire de s'interroger en profondeur sur l'organisation administrative actuelle de l'enseignement des langues secondes aux adultes ? », soulève le rapport.

Quant au contenu de l'enseignement et à sa démarche pédagogique, une rapide analyse des méthodes démontre que les professeurs et les administrateurs n'ont pas encore trouvé les moyens de satisfaire les besoins spécifiques de cette clientèle. L'adulte a besoin de communiquer le plus rapidement possible, dans la langue réelle, langue qui tienne compte des diverses manifestations de la variation linguistique et des implicites du vécu culturel des Québécois francophones, avec des locuteurs qui ne s'en tiennent pas au français fondamental.

« L'élève est frustré de ne pas comprendre ce qu'il entend et réagit de diverses manières : le professeur est incompétent, la méthode n'est pas bonne, les Québécois parlent mal, le français est une langue trop difficile, le français de la méthode ne correspond pas à ses besoins. Il ne peut cependant pas en être autrement puisque les méthodes excluent ce qui fait la vie même d'une langue, c'est-à-dire la variation des usages. » (Corbeil, 1982).

Les professeurs sont coincés entre la méthode et la nécessité d'introduire du matériel d'appoint, des documents dits « authentiques » pour sacrifier au simulacre de la communication et pour le reste ils improvisent avec un subconscient normatif omniprésent (c'est mal ! c'est correct !).

« En ce qui concerne plus spécifiquement le ‹ français québécois ›, le malaise est plus grand encore. Pour les professeurs d'origine québécoise, c'est tout le problème ou de l'acceptation, ou du refus, ou de la reconnaissance conditionnelle de cet aspect de nous-mêmes. Pour les professeurs d'origine non québécoise la question se pose de leur connaissance des particularités de l'usage québécois et de leur attitude à leur égard : enthousiasme d'intégration, refus, mépris. Pour les uns et les autres, il est toujours difficile, voire impossible, de distinguer ce qui est proprement québécois de ce qui pourrait s'observer ailleurs dans le monde francophone. » (Corbeil, 1982).

Il apparaît évident que l'enseignement du français, langue seconde, aux adultes est très exigeant, l'une de ces exigences étant la pratique de la langue. On vient à peine de se rendre compte que si l'objectif pour l'adulte est d'acquérir une compétence de communication dans une langue seconde, il nous faut modifier certains de nos comportements et certains contenus. Nous traversons périodiquement dans le monde de la didactique des langues, au niveau des théories et des méthodologies, une crise qui se caractérise par un « vide pédagogique ». Toutes les méthodes sont mises au pilori selon les termes d'Alvarez, sous l'inculpation de fausse représentation : elles n'ont pas tenu leur promesse, à savoir rendre l'élève capable de communiquer avec les interlocuteurs autochtones dans les situations courantes de la vie quotidienne. Nous serions donc en train de vivre une situation de dispersion, de pluralisme méthodologique, de pédagogie libérée, de pédagogie de l'expression spontanée, du refus d'une normalité étroite. Si l'on observe attentivement la réalité pédagogique, force nous est de nuancer ces affirmations.

« Il s'en faut de beaucoup que cette flexibilité tant souhaitée soit effectivement entrée dans les mœurs scolaires, et la mort du manuel dont on nous annonçait l'imminence n'est sans doute pas pour demain. Le discours pédagogique et le discours politique ont ceci de commun qu'ils décrivent souvent une situation que ceux qui ont à la vivre quotidiennement ne reconnaissent pas. » (Alvarez, 1979).

Ainsi donc, parmi les priorités que nous pourrions identifier comme porteuses de motivation, nous plaçons facilement en premier la création d'un matériel didactique typiquement québécois et l'élaboration d'une pédagogie d'utilisation de documents authentiques, c'est-à-dire des documents reflétant la vie de tous les jours des Québécois, leur réalité langagière dans toutes ses variables.

Le second problème auquel il faut s'attaquer, c'est celui de l'intégration des non-francophones à la société francophone majoritaire et de l'insertion sociale des immigrants, problème qui dépasse de beaucoup la simple connaissance du français, langue seconde, même si cette connaissance est la condition de départ de ce processus. Je persiste à croire que le désir d'intégration naît à l'occasion d'une classe de français, langue seconde, au moment où entre le maître et les élèves s'établit une communication authentique qui ira s'amplifiant.

> « L'authenticité jaillit non seulement du désir spontané ou de l'intention irrésistible de parler (communiquer), mais surtout, à l'origine, de la dynamique d'intégration au groupe cible générée par une conduite de la classe de type communautaire qui fait graduellement reculer les barrières entre la langue 1 et la langue 2 ; c'est ce que nous appelons une intégration sociale ou une socialisation intégrative grâce à la langue. » (Laforge, 1982).

Il semble qu'après un niveau d'intégration de fonctionnement, c'est-à-dire le niveau où l'adulte est capable de communiquer en français et gagner sa vie en toute autonomie, on puisse reconnaître un deuxième niveau d'intégration désigné par Archambault et Corbeil comme étant un niveau de participation ; l'adulte est actif dans la société québécoise et il veut jouer un rôle dans un domaine d'activité quelconque : la politique, le syndicalisme, les mouvements sociaux, etc. Enfin, un troisième niveau d'intégration, c'est-à-dire l'intégration d'aspiration où l'adulte décide de lier son avenir et celui de ses enfants aux projets d'avenir du groupe comme membre à part entière de la société. Cependant, rien ne garantit que celui qui connaît le français évoluera vers l'intégration de participation, encore moins d'aspiration. La connaissance du français, langue seconde, permet une intégration de fonctionnement.

Pour certains non-francophones, les Québécois pure laine n'ont pas le choix d'intégrer ou d'écarter les Québécois « polyester-coton » ! Les Québécois francophones ont le taux de natalité le plus bas au Canada. Pour éviter la stagnation, ils leur faut intégrer les « autres ». Évidemment, ces « autres » ont une conception bien pragmatique de ce qu'est l'intégration :

> « Si les portes de ces entreprises, de ces hôpitaux, de ces centres sociaux, de cette Fonction publique s'ouvrent aux travailleurs non francophones, leur intégration à la société québécoise sera assurée. Ils fonctionneront en français à l'intérieur d'une société française, tout en gardant leurs propres langues et cultures s'ils le veulent. Certains voudront sans doute assimiler d'emblée tous ces gens : c'est-à-dire les rendre francophones. Ce sera l'attitude de la majorité envers l'intégration qui déterminera par après si les membres des minorités prendront la décision individuelle de suivre le chemin des Burns, Johnson et O'Neil d'antan. » (Weeks, G., 1980).

Encore un terme qui ne fait pas référence à la même notion. Nous parlons tous d'intégration et nous ne semblons pas savoir ce qu'elle implique au juste ; nous n'avons pas encore identifié tous les facteurs de ce que j'appelais plus haut « une socialisation intégrative », dans laquelle la langue et la culture de la société d'accueil peuvent jouer le rôle de barrière ou de tremplin.

Nous savons que chez les adultes et en particulier chez les immigrants (voir D'anglejan *et al.*, 1981) les activités pédagogiques sont peu propices à favoriser l'apprentissage et qu'elles peuvent même constituer un obstacle à l'acquisition de la langue ; que les problèmes des étudiants immigrants semblent être exacerbés par des particularités au niveau de l'aptitude et du comportement socio-culturel et par une pédagogie peu appropriée ; que la salle de classe ne fournit pas nécessairement les meilleures conditions pour l'acquisition d'une langue surtout en ce qui concerne la personne peu scolarisée ; que, laissé à lui-même, l'immigrant gravite vers son propre groupe socio-culturel où il trouve la sécurité qui l'aide à affronter le choc culturel ; que l'indifférence de la part de la population hôtesse renforce la distance sociale qui crée un obstacle à l'apprentissage.

« C'est souvent à tort, croyons-nous, qu'on attribue l'isolement des individus et des groupes à l'insuffisance de leurs moyens linguistiques. Nous pensons, au contraire, affirment D'anglejan et son équipe, que c'est l'inverse qui est vrai : l'isolement social est la cause de l'échec linguistique. Ainsi, nous sommes frappés par le paradoxe des centres de formation linguistique, isolés de la vie quotidienne de la communauté socio-linguistique cible dans lesquels les immigrants se retrouvent entre eux pour apprendre la langue. Nous aurions voulu voir l'intégration de ces centres dans la vie communautaire du quartier. Il nous semble indispensable que la société soit davantage impliquée dans le processus d'intégration des immigrants et plus consciente de ses responsabilités dans ce domaine. Elle ne peut pas se contenter de rejeter cette charge sur les éducateurs. Des attitudes positives des Québécois face à l'immigrant non francophone aideraient celui-ci à persévérer dans ses tentatives, souvent longues et pénibles, pour apprendre la langue. » (D'anglejan *et al.*, 1981).

Quant aux classes d'accueil et aux classes de francisation au primaire nous avons la prétention, nous Québécois, de donner l'exemple dans ce domaine. Il est peut-être vrai que nous avons mis en place des structures uniques dont le but est de permettre à l'enfant non francophone de pouvoir s'intégrer, sans trop de difficulté, au système scolaire du Québec. Le français dans les classes d'accueil devrait être un français de transition. Il demeure encore trop souvent un français, langue seconde ! Nombreux sont les problèmes à régler dans ce secteur où la clientèle augmente théoriquement, où on identifie quotidiennement des lacunes sérieuses sur le plan des ressources humaines, sur le plan du matériel didactique, sur le plan des programmes. Les enseignants qui y sont affectés ont une formation insuffisante pour ce type de classe ; certains manquent de motivation, cet enseignement leur étant imposé parce qu'ils sont en disponibilité. Les commissions scolaires improvisent et manquent de direction ; elles ne fournissent pas d'encadrement pédagogique pour les enseignants eux-mêmes. Quant au nouveau programme d'études du primaire, *Français, classe d'accueil et classe de francisation,* MEQ 1982, version février 1982, l'AQPF a chargé un comité d'en faire l'analyse et un rapport a été remis à sa présidente en juin 1982. La principale conclusion s'énonce comme suit : « Nous croyons que, dans sa forme actuelle, le programme des classes d'accueil pour le primaire, version 1982, est inacceptable et ne saurait convenir ni aux enseignants, ni aux enseignés, surtout au niveau auquel il s'adresse. » (AQPF, 1982). Et plus loin les auteurs du rapport justifient : « D'un dogmatisme dénoncé, on est passé à un nouveau dogmatisme. Si le ministère imposait ce programme, il faudrait reprendre les aspects théoriques, recommencer les modules lecture et écriture, réviser les actes de parole en fonction de la démarche préconisée, abandonner la prétention de « créer » une grammaire et abandonner le lexique. » (AQPF, 1982).

Les classes d'accueil sont des points névralgiques de la nouvelle politique linguistique du Québec. Le ministre de l'Éducation du Québec doit accorder toute son attention aux critiques formulées, car c'est dans ces classes que se joue l'avenir de la société québécoise. C'est grâce à ces classes que les Québécois francophones montreront qu'ils ont une volonté d'accueillir de façon ouverte, généreuse, respectueuse et efficace les écoliers non francophones et qu'ils pourront perfectionner cet accueil avec un grand souci de professionnalisme. Il ne faut donc pas s'étonner si certains citoyens expriment des critiques sévères car ils ont à coeur l'épanouissement de tous les Québécois.

L'intention des organisateurs du congrès *Langue et Société au Québec* de situer cette rencontre dans le prolongement des grandes manifestations « linguistiques et culturelles » qui ont eu lieu au XXe siècle, est certainement louable à divers points de vue. Elle met surtout en relief le fait qu'à l'occasion de telles manifestations, reflets de la pensée et des activités de l'époque, peu d'attention et de travaux aient été consacrés à l'enseignement du français aux non-francophones. Il faut croire que le peuple québécois était beaucoup plus préoccupé par la propagation de sa foi, par la « survivance » de sa langue, par la diffusion et par la qualité de celle-ci, que par le souci d'enseigner aux « autres » comment il concevait l'univers et comment il l'exprimait. Car, pour le peuple québécois d'avant une époque qu'on pourrait situer approximativement vers les années 60, les autres c'étaient soit « les *boss* », soit les concurrents, les « immigrants-voleurs-de-*jobs* », pour la plupart des « Juifs-qui-avaient-crucifié-Notre-Seigneur » ou des « di pi » (D.P.) d'après guerre 39-45 !

Par exemple, en relisant le rapport Parent publié en 1964 et qui témoigne des préoccupations de l'époque, on est frappé de constater jusqu'à quel point la polémique entourant la question d'un enseignement obligatoire ou non obligatoire du latin et du grec dans les écoles du Québec occupe la majeure partie du chapitre consacré à l'enseignement des langues anciennes et vivantes. On parle peu ou pas du tout des problèmes de l'enseignement du français aux non-francophones, encore moins d'une langue de transition ou d'une langue d'intégration. Pour tout dire, à cette époque, ces problèmes ne sont pas encore identifiés.

Il est assez hasardeux de remonter le temps et de recueillir comme dans une émission du type *Les Grands Esprits* les témoignages des personnages politiques ou de premier plan représentant une certaine opinion de la société québécoise de 1912, de 1937 et de 1952, dates respectives des premier, deuxième et troisième congrès de la langue française au Canada. Que pense-t-on des immigrants tout court ? Il serait assez embarrassant de faire témoigner des Henri Bourassa, Maurice Duplessis, Rodrigue Villeneuve et Lionel Groulx. Ces témoignages nous paraîtraient déplacés aujourd'hui ! Aucun personnage bien en vue et qui désire conserver une certaine crédibilité n'oserait commettre de tels excès de langage ou de pensée aujourd'hui !

La société québécoise a donc évolué politiquement et socialement, du moins au niveau de la minorité pensante et agissante. Du réflexe d'auto-défense, de l'expérience « où les enjeux avaient été jusqu'à récemment des enjeux de survie », le Québécois taxé de racisme, de xénophobie et d'ethnocentrisme a mis en place des mécanismes pour assurer « sa sécurité socio-affective » (Bibeau, G. *et al.*, 1979). Pour changer ses attitudes et vaincre ses sentiments d'insécurité, le Québécois s'est-il vraiment persuadé qu'il avait acquis un plus grand pouvoir ou une plus grande autonomie ou tout simplement une plus grande connaissance des « autres », connaissance libératrice et génératrice d'une plus grande tolérance ?

BIBLIOGRAPHIE

ALVAREZ, G. (1979), « Bilan critique des méthodes actuelles d'enseignement du français et orientations nouvelles », dans *Québec français*, n° 35, pp. 62-69.

A.Q.P.F. 1982, *Rapport sur le programme d'études de français en classe d'accueil et en classe de francisation au primaire*, multigr. 69 p.

ARCHAMBAULT, A. et J.-Cl. CORBEIL, (1982), *L'enseignement du français, langue seconde, aux adultes*, Notes et documents n° 23, Québec, Conseil de la langue française, 141 p.

BIBEAU, G. *et al.* (1979), « L'accueil des non-francophones à l'école québécoise », dans *Québec français*, n° 34, pp. 68-72.

BRETON, A. (1978), *Le bilinguisme : une approche économique.*

CAREY, J.W. (1975), « A Cultural Approach to Communication », dans *Communication*, v. 2, pp. 6-7.

CORBEIL, J.-Cl. (1982), « Myrtille ou bleuet », dans *Le français dans le monde*, n° 169, pp. 56-60.

D'ANGLEJAN, A. *et al.* (1981), *Difficultés d'apprentissage de la langue seconde chez l'immigrant adulte en situation scolaire : une étude dans le contexte québécois*, CIRB, publication B-101, Québec, 127 p.

HOPPER, C. (1978), « L'enseignement du français, langue seconde, aux adultes : un échec ? », dans *Québec français*, n° 31, pp. 52-55.

LAFORGE, L. (1973), *L'enseignement du français, langue seconde, dans le monde du travail et dans les écoles au Québec*, Synthèse S 2, Éditeur officiel du Québec, 544 p.

LAFORGE, L. (1982), *Les variations linguistiques dans les documents authentiques*, miméo (communication présentée au colloque annuel de l'ACLA), 45 p.

Rapport GENDRON (1972), livre III — *Les groupes ethniques*. Éditeur officiel du Québec, 570 p.

Rapport PARENT (1964), tome II — *Les structures pédagogiques du système scolaire*, Éditeur officiel du Québec, 404 p.

RAVAULT, R.J. (1981), *Étude sur les relations entre des communautés de langue officielle au Nouveau-Brunswick*, miméo. 240 p.

WEEKS, G. (1980), « L'intégration des non-francophones au Québec de l'avenir », dans *Québec français*, n° 39, pp. 68-69.

Commentaire de Lise BISSONNETTE

Il y a maintenant près de quinze ans, en 1967-1968, j'ai tenté d'enseigner l'anglais langue seconde à des étudiantes du secondaire, en face de la station de métro Mont-Royal. Catastrophe. Échec total. Le jour où j'ai remis ma démission, il faisait soleil sur une des grandes libérations de ma vie. La fin du stress, celui qu'évoque M. Laforge au début de son texte, me faisait doucement oublier ma faillite. Elle était pédagogique, bien sûr — on m'avait parachutée là parce que je baragouinais un peu d'anglais — mais je n'ai jamais douté qu'elle tenait aussi de facteurs politiques. Mes élèves détestaient l'anglais, instinctivement. Ce n'était pas pour elles une vraie langue étrangère, pour laquelle elles auraient éprouvé de la curiosité, mais bien une langue québécoise étrangère, où elles voyaient de l'obligation pure.

Voilà pourquoi je suis convaincue, comme le lance d'emblée M. Laforge, que les obstacles psycho-sociologiques ou politico-culturels sont les plus fondamentaux pour l'apprentissage d'une langue seconde, dans les sociétés où majorité et minorité sont de langues différentes. Mais à part saisir intuitivement ce phénomène, nous sommes loin d'avoir réussi à le décortiquer. Après avoir lu le texte de M. Laforge, et de nombreux autres qui portent sur les rapports minorité-majorité au Québec, je garde toujours la même impression : tant que nous n'aurons pas défini ce que nous entendons par « intégration » dans notre société, nous serons incapables de vaincre le moindrement ces obstacles. Il nous faut dire à ceux qui apprennent le français si c'est l'assimilation que nous voulons, ou une coexistence pacifique plus moderne.

Pour M. Laforge, si je m'en tiens à son texte, l'intégration n'est pas très loin d'une forme d'assimilation. Il déplore que les anglophones et les allophones « s'intègrent difficilement par la langue et la culture à la société majoritairement francophone », ou que les anglophones refusent de « faire partie d'un groupe minoritaire ». Certes, on ne parle pas de faire disparaître les autres langues et cultures mais elles ne sont appelées qu'à jouer un rôle d'appoint, à être un « apport » à un patrimoine central qui est celui de la langue et de la culture québécoises françaises. On « s'ouvre » aux autres mais sans manquer de les « intégrer » aussitôt, et c'est cela le but, reconstituer une sorte d'unité nationale harmonieuse qui ne nie pas les différences, mais qui leur demande de céder du terrain au profit d'un projet commun. En tout respect pour l'auteur, nous voilà très proche du multiculturalisme fédéral, qui encourage les folklores à se manifester, mais espère également que se crée de leur fusion une sorte d'essence canadienne qui les transcende. L'assimilation n'a pas le visage brutal d'autrefois, du *melting pot* américain par exemple — qui n'est pas si *melting pot* qu'on pense — mais elle suppose toujours que l'un, le nouveau venu ou le minoritaire, cède beaucoup plus que l'autre.

Et comme avec les mêmes remèdes on obtient la plupart du temps les mêmes résultats, la résistance des non-francophones à apprendre le français ressemble en tous points à la résistance des francophones à s'assimiler à la langue et à la culture majoritaires canadiennes.

Certes, cette résistance des non-francophones, et surtout des anglophones, s'abreuve aussi à la tradition qu'évoque M. Laforge : les attitudes des Anglo-Américains à l'égard de l'anglais, langue universelle qui leur semble traverser les cultures, et à l'égard du français, pour eux langue régionale d'ornement. Pour contrer ces attitudes défavorables, poursuit-il, il faut résoudre le problème de la motivation.

Pour lui, la Loi 101 a amené une motivation économique : le français est devenu une nécessité. Il faudrait compléter cette incitation par d'autres mesures, moins coercitives et plus chaleureuses « au niveau de la classe de français » : meilleure coordination des programmes, enseignement d'une langue « réelle » et pratique, meilleurs instruments didactiques, et « communication authentique » entre élèves et enseignants. La communauté dans la classe mènerait l'étudiant à un désir d'intégration dans la communauté québécoise plus large.

Je reste plus que sceptique. À mon avis, il y a là un message contradictoire, qui ne peut que brouiller les pistes. On impose un règlement, la Loi 101, puis on tente de le faire avaler en classe avec le sourire, comme une pilule enrobée de sucre. Ni les enfants, ni les adultes, ne s'y trompent. Nous avons choisi la Loi 101 ; il nous faut accepter et les avantages et les inconvénients qui viennent de la coercition, et cesser d'espérer que les « autres » comme on dit, n'aient rien de plus pressé que de s'assimiler à nous en plus de nous obéir.

Posons autrement la question de l'assimilation. L'objectif de l'enseignement du français aux non-francophones est-il de faire du français la langue première de tous, comme M. Laforge le laisse entendre dans ses dernières pages sur les classes d'accueil ? Si oui, ne nous surprenons pas de la résistance ; elle a les mêmes racines que la nôtre, que celle de mes élèves du plateau Mont-Royal. Elle est instinctive, et nous indique que nous sommes devenus une vraie majorité, ni plus mauvaise que les autres, ni plus ouverte non plus. Comme on dirait à l'Assemblée nationale, de l'autre côté de la rue, nous voilà une « société normale ». Mais habituons-nous à vivre avec nos obstacles psycho-sociologiques et politico-culturels à l'apprentissage du français. L'assimilation, nulle part au monde, ne s'accepte de gaieté de coeur.

Pour ma part, on l'aura compris, je préfère comme objectif la coexistence pacifique : elle a des côtés un peu plus froids, un peu moins exaltants, un peu moins collectifs, mais je la trouve plus conforme à notre temps, à des valeurs plus respectueuses d'autrui. Pour reprendre des distinctions de M. Laforge, elle nous laisse peut-être au niveau d'une simple intégration de « fonctionnement », au mieux de « participation », et très rarement « d'aspiration », mais je ne suis pas convaincue, en bonne francophone en Amérique du Nord, qu'il faille en tout rechercher le degré ultime de l'intégration.

Discussion

1ᵉʳ INTERVENANT : Claude Daoust, enseignant

Pensez-vous qu'on doive conserver l'appellation de « langue seconde » pour parler du français pour les non-francophones au Québec ? Cela m'agace. Pourquoi pas, par exemple, « langue officielle », ou « langue nationale » ?

Lise Bissonnette : Vous savez, ce n'est pas en changeant les termes qu'on change beaucoup les perceptions à mon avis. C'est peut-être agaçant d'appeler le français une langue seconde, mais enfin ! Je pense qu'il faut poser la question aux gens qui sont en didactique.

William F. Mackey : Bien entendu, c'est une question de terminologie, mais je suis d'accord avec l'intervenant qu'il y a derrière ces mots énormément de choses. Quand vous associez une langue à une langue seconde, cela peut donner l'impression que c'est moins important qu'une autre langue. À cet effet, la Loi sur les langues officielles du Nouveau-Brunswick utilise l'appellation « autre langue nationale ». Je crois que ça donne une allure de parité : quand vous avez parité de langue, il faut avoir une terminologie qui reflète la parité.

2ᵉ INTERVENANT : Michel Têtu, Université Laval et Comité international des études françaises

J'ai beaucoup apprécié l'exposé de Lorne Laforge et je tiens à l'en féliciter en particulier pour l'accent qu'il a mis sur les deux aspects de l'enseignement qui me semblent fondamentaux : d'une part la motivation de l'apprenant et celle de l'enseignant et, d'autre part, la nécessité de prendre en compte tous les aspects socio-culturels, même quand ils sont plus ou moins microscopiques au niveau de la langue.

On a fait allusion antérieurement au pessimisme qui a paru planer au-dessus du Congrès, hier, et je crois qu'il est sain et tout à fait serein même de regarder ce qui ne va pas, afin d'en tirer des conclusions et d'améliorer la situation. Cependant, je voudrais demander à Lorne Laforge qui, ce matin, a bien montré ce qui n'allait pas, s'il peut dégager un certain nombre d'éléments positifs au cours des dernières années, puisque manifestement dans les dernières années il y a eu des efforts qui ont été faits tant sur le plan de l'organisation régionale et nationale, qu'au niveau des méthodes et si des études ont été réalisées, comme celle que nous avons entendue hier de la bouche de M. Michel Plourde[1] qui montraient, par l'analyse des différents sondages, l'évolu-

---

1. Voir *Les activités socio-économiques et le français au Québec*, Actes du Congrès Langue et Société au Québec, Vol. 1, Québec, Conseil de la langue française, 1984.

tion qu'il y avait dans certains domaines au niveau de l'éducation et en particulier de l'enseignement du français langue seconde. Et avant que Lorne Laforge ne réponde, je voudrais faire un commentaire sur la coexistence pacifique prônée par madame Bissonnette. Je me demande s'il n'y a pas un moyen terme entre l'assimilation, qui a un aspect coercitif qui nous déplaît à tous bien entendu dans la mesure où on ne peut pas forcer les gens à vivre comme soi-même, et la coexistence pacifique qui signifie que chacun vit de son côté et qu'il n'y a pas de communication entre l'un et l'autre, du moins c'est comme cela que je l'imagine. Au plan politique en tout cas, quand on parle de coexistence pacifique entre deux grands blocs, il n'y a pas beaucoup de communication, alors que ce qu'on souhaiterait ici, au Québec, c'est qu'une partie des non-francophones puissent, tout en gardant leur culture, participer au mouvement général du Québec.

Lorne Laforge : Il y a une certaine quantité d'études qui ont été publiées récemment sur différents aspects de l'enseignement-apprentissage des langues secondes, sur les attitudes des anglophones et des non-francophones vis-à-vis du français ; et certaines montrent des changements positifs. Si j'ai paru pessimiste dans mon analyse, mon pessimisme était plutôt dû aux constats qu'il y avait une certaine réticence, une inquiétude certaine chez les non-francophones, inquiétude que Gary Caldwell a bien signalée hier[2]. Les anglophones en particulier se voient dans une impasse, pour toutes sortes de raisons. Je n'énumérerai pas les événements politiques et sociaux qui se sont déroulés, mais depuis un certain temps, il y a une insécurité chez les non-francophones et cela se reflète parfois au niveau de la classe ; les vieux stéréotypes et les vieilles peurs reviennent à la surface aussitôt que l'appareil social et politique est plus ou moins modifié. Il est évident que dans le domaine de la didactique il y a eu des progrès remarquables. Cependant, comme dans tous les domaines, il y a toujours des remises en question. Les professeurs de langues sont à l'affût de méthodes miracles, de recettes infaillibles et ne trouvent pas toujours ce qu'il souhaitent. On n'a qu'à voir les résultats des congrès de l'ACLA[3] pour se rendre compte que nous sommes impitoyables, nous les didacticiens et les professeurs de langues vis-à-vis de ce que nous faisons. Nous remettons en cause très régulièrement nos propres méthodes parce que nous souhaitons trop atteindre des objectifs qui semblent avoir été posés à un niveau inatteignable. Il faudrait peut-être faire mieux la part des choses et se donner des objectifs beaucoup plus à notre portée et beaucoup plus humainement atteignables.

---

2. Voir *Le Statut culturel du français au Québec*, Actes du congrès Langue et Société au Québec, Vol. II, Québec, Conseil de la langue française, 1984.

3. L'Association canadienne de linguistique appliquée.

ATELIERS

Tour à tour sont présentés dans cette partie du volume IV des Actes du congrès *Langue et Société au Québec*, une soixantaine de textes des exposés qui y ont été faits dans vingt ateliers différents. Dans chacun des ateliers 1,2,8 et 20, une seule conférence avait été sollicitée et a effectivement été prononcée ; dans les autres ateliers, on pourra lire deux, trois, quatre ou même cinq textes par atelier.

L'ensemble de ces textes constitue un niveau de renseignements, de considérations et d'opinions qui se trouvent réunis pour la première fois dans un seul ouvrage. Vingt et un sujets orientés dans la même direction : faire le point sur la situation du français dans l'éducation québécoise. On y lira des exposés sur la lecture, sur l'écriture, sur l'oral, sur les programmes d'enseignement du français, sur les manuels, sur la présence des oeuvres de création québécoise dans l'enseignement, sur l'enseignement professionnel et sur le rattrapage en français, sur les études supérieures en français, sur la manière avec laquelle les universités forment les spécialistes de la langue, sur la place de l'enseignement de l'anglais dans les écoles, sur l'enseignement du français langue seconde et finalement sur le français chez les Amérindiens.

L'apprentissage et la maîtrise de la lecture dans les écoles du Québec

Conférencier : Michel PAGÉ, professeur à l'Université de Montréal

Apprentissage de la lecture et compréhension des textes

Michel PAGÉ

« Les premières années de la scolarité sont destinées à l'apprentissage de la lecture. On prétend que, à la fin de la deuxième année, les enfants doivent savoir déchiffrer des textes simples et, à la fin du primaire, lire couramment des textes adaptés à leur âge. Au secondaire, la lecture ne devrait plus présenter aucun problème sérieux. Comment se décrit la situation réelle dans laquelle se trouvent nos enfants par rapport à ces objectifs ? Quels sont les problèmes auxquels le milieu scolaire doit faire face dans le domaine de la lecture ? Quelles solutions envisager ? »

Le texte cité en exergue, tiré du programme du congrès, ne résume pas la conférence qui va vous être présentée. Il définit le mandat dont cet atelier conférence doit s'acquitter. Par ce texte, le comité thématique du congrès a délimité le thème de l'atelier ainsi que la démarche que nous devons suivre, qui se trouve tracée par les trois questions qui nous sont adressées.

On nous confie le mandat de faire le point sur l'enseignement et l'apprentissage de la lecture dans les écoles du Québec en cette fin de 1982 où les programmes ministériels de 1979 et 1981 sont dans leurs premières années d'implantation, ce qui signifie que nous devons tenter de faire le point d'une situation qui se situe au début d'une période de changement. C'est une tâche intéressante mais sans doute difficile.

Je vous propose de suivre le cheminement suivant. Nous devons d'abord évaluer la validité de la description de la situation que nous propose le comité thématique du congrès, ce qui nous oblige à expliciter les critères d'apprentissage qui y sont implicites. Ensuite, nous devons évaluer si ces critères eux-mêmes conviennent à l'évaluation de la situation de l'apprentissage de la lecture pour la période de changement dans laquelle nous sommes actuellement engagés. Sinon, nous devons considérer quels critères il convient de se donner.

1. Les critères implicites

Le modèle des stades de développement de la lecture de Jeanne Chall (1979) peut nous servir à réaliser la première étape de ce cheminement. Il s'agit de la révision

---

Note: L'atelier était animé par Jacques Tardif, professeur à l'Université de Sherbrooke et c'est Guy Lusignan, professeur à l'Université du Québec à Montréal, qui a fait le premier commentaire.

qu'elle a faite, en 1979, du modèle présenté dans son fameux livre de 1967 : *Learning to Read : The Great Debate*. S'il peut nous servir, ce n'est pas parce que je propose d'adopter tel quel ce modèle. Il présente de grandes qualités, que j'aurai l'occasion de souligner, mais il commande des réserves importantes que je devrai signaler à l'endroit opportun. Mais il peut nous servir parce qu'il peut aider à expliciter les critères implicites sur lesquels est fondée la description de l'état de l'apprentissage de la lecture énoncée dans le texte du comité thématique. Le tableau 1 présente le modèle de Chall et le met en correspondance avec les étapes de l'apprentissage décrites dans le texte du comité. Ce texte délimite deux étapes dans le développement de la lecture : à la fin de la deuxième année du primaire, les élèves doivent savoir déchiffrer des textes simples et, à la fin du primaire, ils doivent savoir lire couramment des textes adaptés à leur âge. La fin de l'apprentissage réel est située quelque part au début du secondaire puisque le texte énonce qu'à ce niveau, la lecture ne devrait pas présenter de problème sérieux. Analysons ces étapes en regard du modèle de Chall.

Pour sa part, le modèle de Chall distingue essentiellement deux grandes étapes au cours primaire. L'élève de 2e ou 3e année qui a réussi la première étape a parcouru deux stades. À la fin du second stade, il connaît les correspondances graphèmes-phonèmes, acquises au stade 1, et il confirme sa capacité de lire couramment des textes familiers, dont il connaît déjà le contenu sémantique. Il ne lit pas encore pour s'informer mais pour consolider ce qu'il a appris en matière de reconnaissance des mots. Il ne lit que des textes familiers dont il connaît déjà le contenu en concentrant toute son attention sur la composition graphique des mots, qui sont le plus souvent des mots familiers. Chall tend à minimiser les efforts de compréhension à cette période ; à son point de vue, l'enfant ne peut réellement lire que des textes dont il connaît déjà le contenu tant que dure le stade 2. Elle définit donc le lecteur de la première étape essentiellement comme un déchiffreur, qui identifie avec de plus en plus d'aisance les mots qu'il connaît dans des phrases à structure familière.

La seconde étape du cours primaire est couverte par le stade 3 de Chall, qui s'étend de la troisième à la sixième année et un peu au-delà. Le lecteur du stade 3 lit pour acquérir de l'information. Il lit principalement des livres qui l'informent dans le domaine des sciences humaines, des sciences de la nature et dans tout autre domaine de son intérêt. Il ne lit plus pour apprendre à lire mais pour acquérir de l'information sur le monde et le livre commence à être une de ses principales sources d'information. Il ne lit plus pour retrouver dans un texte ce qu'il sait déjà d'autre source, il lit pour compléter ce qu'il sait. Il commence à pouvoir reconnaître efficacement l'information nouvelle qu'il cherche dans un paragraphe, un chapitre, un livre même. Les textes qu'il lit ne présentent jamais plus qu'un point de vue sur le réel traité, qui relève surtout du domaine des faits et des façons de faire.

Ces deux étapes, définies par les trois premiers stades de Chall, constituent-elles les critères sous-jacents aux deux étapes distinguées dans le texte du comité thématique ? Plus précisément, « savoir déchiffrer des textes simples » équivaut-il à la définition du stade 2 ? « Savoir lire couramment des textes adaptés à leur âge » correspond-il au troisième stade du modèle de Chall ?

Pour le premier cycle, je considère que l'on peut répondre positivement. Pour le second cycle, il faut discuter. La définition du troisième stade met l'accent sur la capacité de tirer d'un texte l'information qui complète la connaissance du monde. Est-ce là ce que l'on entend implicitement par l'expression « savoir lire couramment des textes adaptés à leur âge » ? Ce n'est pas évident. Lorsqu'on privilégie, comme critère de performance, la capacité de lire oralement un texte avec une prosodie qui est à peu de choses près conforme au sens du texte ou encore la capacité de saisir quelques relations entre concepts qui sont établies dans les phrases, il est plutôt évident que le critère n'est pas le même. Parce que dans ces deux cas, on n'évalue pas si l'élève a tiré du texte l'information qui complète ses connaissances, on vérifie plutôt s'il saisit l'information déposée dans le texte. Comme les procédures d'évaluation des performances fonctionnent le plus souvent ainsi au deuxième cycle, il faut conclure que le stade 3 de Chall définit une performance qui va plus loin que ce que sous-entend l'expression « savoir lire couramment des textes adaptés à leur âge ». Chall insiste en effet sur le fait que le stade 3 constitue une étape nettement distincte de la précédente. Au contraire, le texte du comité thématique décrit plutôt les deux étapes en continuité l'une avec l'autre, la seconde étape se caractérisant par une plus grande maîtrise de la même habileté que celle acquise à l'étape 1. On suggère nettement que l'élève passe du déchiffrage à la lecture courante en continuité. L'habileté décrite par Chall au stade 3 n'est pas prise en compte, parce qu'on suppose que comprendre un texte équivaut à enregistrer l'information déposée dans le texte par l'auteur et à la stocker en mémoire telle qu'elle est donnée dans le texte. On présume que c'est ce que fait le lecteur qui déchiffre moins bien que celui qui lit couramment, mais que dans les deux cas le processus est le même.

Il nous faut donc, à ce moment-ci de notre cheminement, définir le critère implicite de la seconde étape comme suit : avoir suffisamment d'aisance dans la reconnaissance des mots pour arriver à lire couramment et pouvoir enregistrer en mémoire l'information déposée dans le texte. Savoir traiter efficacement l'information n'est pas à inclure dans le critère implicite de la deuxième étape parce qu'en fait, cela n'est pas apprécié par les procédures d'évaluation en usage dans l'évaluation traditionnelle des performances en lecture.

Le texte du comité thématique ajoute, pour le niveau secondaire, que la lecture ne devrait pas poser de problème, ce qui donne à penser qu'en fin du primaire et au début du secondaire, l'apprentissage de la lecture est terminé et qu'il n'y a plus rien à apprendre au-delà de l'objectif défini pour la fin de la seconde étape.

2. La situation réelle décrite selon ces critères

Nous devons maintenant tenter de répondre à la première question qui nous est posée en appliquant les critères que nous venons d'expliciter (« comment se décrit la situation réelle dans laquelle se trouvent nos enfants par rapport à ces objectifs ? »).

Décrire la situation de l'apprentissage de la lecture dans les écoles du Québec en regard de ces critères ne nous apprendra rien de nouveau. Dans les vingt dernières années de nombreuses données ont circulé décrivant le taux de réussite en lecture en fonction de tels critères. Il n'y a plus personne qui ignore que, à la fin de la deuxième année, le pourcentage d'élèves qui ont appris à déchiffrer le code écrit peut varier entre 85 et 98 % selon le milieu. Les écoles de milieux défavorisés et celles qui accueillent un fort groupe d'élèves allophones affichent un taux de réussite variant autour de 85 % et parfois moins. C'est dans les écoles des milieux plus favorisés que l'on observe les plus forts taux de réussite. Ces chiffres sont sensiblement les mêmes à la fin du primaire où s'applique le deuxième critère. À l'école secondaire, où les élèves doivent lire des textes spécialisés pour leur instruction dans les matières scolaires et où, en plus, ils doivent faire leur classe de littérature, la compréhension des textes définie comme l'enregistrement de l'information pose certainement plus de problèmes que ne le suggère le texte du comité thématique. Il est difficile de s'arrêter à un chiffre en particulier, car les estimés varient considérablement selon les textes utilisés comme base d'évaluation et le degré d'exigence dans l'application des critères.

Toutes ces données ne valent que pour les élèves qui fréquentaient les écoles québécoises au cours des vingt dernières années. Le tableau de la situation n'est pas complet si on ne considère pas d'autres données, moins répandues et sans doute plus récentes, sur le taux d'analphabétisme dans la population québécoise. Sur ce point, les chiffres sont toujours approximatifs, à cause de la grande difficulté que comporte l'étude de cette réalité. Et les chiffres varient selon la définition qui est donnée de l'analphabétisme. Le pourcentage le plus souvent avancé pour donner une estimation du nombre de Québécois qui ont des difficultés sérieuses en lecture à l'âge adulte est de 10 %[1].

Si l'on peut conclure, en somme, que la description de la situation faite par le texte que nous commentons vaut pour une majorité de la population, il faut souligner aussi l'importance des problèmes d'apprentissage des élèves et le nombre très élevé de personnes qui, dans notre société, n'atteignent jamais le niveau de maîtrise de la lecture défini par les critères énoncés précédemment.

Ces critères correspondent au programme d'enseignement de la lecture qui a prévalu au Québec jusqu'à récemment. Mais les programmes ministériels de 1979 et de 1981 énoncent des objectifs d'enseignement en regard desquels les critères discutés jusqu'ici ne sont pas valides. La période actuelle que traverse l'enseignement de la langue maternelle au Québec nous amène donc à laisser là l'évaluation de la situation faite selon ces critères, pour amorcer plutôt une réflexion qui doit nous conduire à définir de nouveaux critères conformes aux objectifs d'enseignement des nouveaux programmes.

3. Réflexion sur les critères énoncés

Les critères suggérés par le texte du comité thématique, à partir desquels nous avons décrit la situation des dernières années, sont nettement insuffisants pour évaluer le développement de l'habileté à lire. Ils ramènent la lecture à la reconnaissance des mots d'un texte, en supposant que la compréhension, conçue comme l'enregistrement de l'information telle qu'elle est déposée dans le texte, est automatique et complète quand un lecteur sait reconnaître tous les mots d'un texte et toutes les structures de phrases établissant des relations entre les concepts désignés par ces mots. C'est une conception qui privilégie le décodage dans la définition de lire et qui est dépourvue de toute problématique de la compréhension de textes.

---

1. La revue *Québec français* a consacré son dossier pédagogique de décembre 1982 à l'éducation des adultes.

Le mérite du nouveau modèle de Chall est d'introduire explicitement la compréhension comme un aspect essentiel du développement de l'habileté à lire. Il le fait dès le stade 3, au second cycle du primaire, et il définit par surcroît deux autres stades de développement, un pour le niveau secondaire et un autre pour le post-secondaire, qui sont deux autres niveaux dans le développement de l'habileté à comprendre les textes.

Le stade 4 de Chall se caractérise par l'habileté du lecteur à traiter des textes qui abordent un sujet selon divers points de vue. Pensons à des textes qui traitent d'une réalité en juxtaposant ou en comparant les perspectives de diverses disciplines scientifiques, de différentes cultures ou de différentes orientations de pensée. Le lecteur de ce stade apprend à traiter avec plus d'une série de faits, plus d'une théorie ou plus d'un point de vue sur un sujet donné. Il apprend à reconnaître ces points de vue, à organiser sa compréhension selon des schèmes qui superposent l'information lorsque les points de vue différents s'additionnent ou se complètent, ou qui dissocie bien les points de vue lorsqu'ils sont contradictoires ou opposés. La formation du lecteur à l'époque du second cycle du secondaire porte sur l'acquisition de cette habileté.

Son modèle s'achève sur un cinquième stade, qui définit le plus haut niveau de maturité chez un lecteur. La définition de ce stade nous présente un lecteur hautement efficace, qui sait aller rapidement trouver l'information qu'il cherche, sans être obligé de lire les ouvrages et les articles au complet quand ce n'est pas nécessaire. Certains étudiants du collégial ou de l'université se montrent fort habiles en cette matière. Mais pas tous, loin de là.

Malgré la place importante attribuée à la compréhension dans ce modèle, il provoque des insatisfactions qu'il importe de souligner. On doit d'abord contester que Chall minimise l'éducation de l'habileté à comprendre dans les stades antérieurs au stade 3 en définissant l'objectif des stades 1 et 2 exclusivement en fonction d'un apprentissage des correspondances graphophonétiques. Au stade 2, la compréhension n'intervient en effet que pour faciliter le décodage et elle recommande de minimiser les efforts de compréhension. Au stade 1, la compréhension est réduite à la reconnaissance de mots. Chall est par là fidèle à la position qu'elle a établie en 1967 dans *Learning to Read: The Great Debate* et elle écrit en 1979 n'avoir trouvé aucune évidence devant l'amener à modifier cette position (Chall, 1979). Sa position contraste avec celle de Shank (1982), entre autres, et Frederiksen (1979). Ce dernier définit l'objectif de l'instruction en lecture dans les premiers apprentissages comme suit : rendre les enfants capables de traiter l'information écrite de la même manière que l'information transmise oralement, en y appliquant les mêmes processus inférentiels qu'ils appliquent à traiter l'information transmise oralement (1979 : p. 164).

La conception des premiers apprentissages que présente Chall n'est donc pas partagée par ceux qui abordent l'apprentissage de la lecture dans une problématique de la compréhension mais ils se rejoignent dans la conception des stades ultérieurs. Il convient d'ajouter que cette concordance entre les deux perspectives ne doit pas dissimuler leurs différences fondamentales. Les critères qui découlent d'une théorie cognitiviste de la compréhension, que nous considérons dans les points suivants, permettent de saisir la continuité de l'évolution de l'habileté à comprendre les textes et de cerner avec précision les manifestations de cette habileté. Ils compensent ainsi deux faiblesses importantes du modèle de Chall.

Ce modèle a, en effet, cette rigidité que l'on remarque souvent dans les modèles de développement en stades, lorsque chaque stade est défini par un niveau d'habileté qui peut fonctionner à plein régime. Un tel modèle donne à penser que ce n'est que pendant la période caractérisée par un stade que les sujets peuvent exercer le type d'habileté défini. Un tel modèle ne donne aucune trace des débuts de l'exercice d'un type d'habileté et donne la fausse impression que le type d'habileté propre à un stade apparaît au moment dû, par maturation spontanée. Il est peu probable que les choses se passent ainsi. Le type d'habileté propre à un stade peut et sans doute doit être exercé préalablement à sa pleine manifestation définie dans le modèle. Un modèle en stades, à cet égard, ne fait que décrire la période où le niveau de maîtrise dans un type d'habileté est le plus fort dans la suite des étapes parcourues. Un modèle en stades ne doit donc pas être interprété comme une série distribuée d'objectifs d'enseignement. Chez Chall, cette distinction n'est pas faite de façon évidente.

Ajoutons que le modèle ne définit pas assez précisément l'évolution des habiletés en compréhension de textes. Les définitions des stades sont davantage construites sur l'idée d'un type de textes lus à différentes périodes par les élèves. Ce qui donne une vision statique du développement, où il manque une visée du processus de compréhension.

Malgré ses limites, le modèle de Chall nous aura quand même servi à faire ressortir nettement l'absence d'une prise en compte de la compréhension dans les étapes de l'apprentissage définies par le texte du comité thématique. Les critères servant à délimiter ces étapes se révèlent par là insuffisants en regard des objectifs énoncés dans les programmes du ministère de l'Éducation, qui mettent l'accent sur l'habileté à comprendre le sens des textes. L'évaluation de la situation de l'apprentissage de la lecture dans la période où nous nous situons actuellement et dans l'avenir doit partir de critères édifiés sur une problématique de la compréhension. Pour définir les fondements principaux d'une telle problématique, il faut se tourner du côté des sciences de l'activité cognitive qui s'intéressent essentiellement au processus de la compréhension des textes. De ce côté, les recherches sont en cours et, à défaut de pouvoir considérer des descriptions précises de niveaux de développement du processus de traitement de l'information, nous pouvons à ce moment-ci considérer ce que c'est que lire pour comprendre et quels sont les facteurs qui influencent l'exercice de ce processus et son développement.

4. La compréhension de textes

Il n'y a pas d'explication admise aujourd'hui du processus de compréhension de textes qui puisse soutenir que ce processus se comparerait à un enregistrement intégral de l'information telle qu'elle est donnée par un texte. La lecture est un processus dans lequel le lecteur et le texte entrent en interaction. La compréhension qui résulte de ce processus est une appropriation de l'information par le lecteur. Un critère de compréhension qui est élaboré dans le cadre d'un modèle interactif sert à évaluer le résultat de cette interaction. C'est dire que l'élaboration d'un tel critère doit prendre en compte autant les caractéristiques du lecteur que celles des textes. Aucun des pôles de l'interaction n'est privilégié. On privilégie le pôle lecteur lorsqu'on se refuse à évaluer la compréhension en prétextant que le lecteur est libre de traiter l'information d'un texte à sa guise et que tout ce qu'il produit en situation d'évaluation est déclaré a priori recevable. On privilégie le pôle texte si, à l'opposé, on pose le rappel intégral du texte comme critère, le considérant comme un tout complet et indissociable que le lecteur le plus habile doit être en mesure de se rappeler tel quel.

Dans un modèle interactif, le lecteur reconstruit activement le sens d'un texte à l'intérieur des contraintes que lui impose le texte. Les deux pôles de l'interaction sont pris en compte.

4.1. *L'interaction lecteur/texte*

L'activité du lecteur se déploie à différents niveaux. Nous étudierons chacun de ces niveaux en prenant comme base d'analyse le début d'un texte narratif racontant aux enfants la vie de Hans Christian Andersen, extrait d'un livre pris au hasard dans la bibliothèque d'une fillette de neuf ans. En décrivant l'activité du lecteur qui comprend ce texte, j'espère montrer clairement en quoi lire n'équivaut pas à enregistrer une information toute donnée par le texte.

> « IL ÉTAIT UNE FOIS . . .
>
> il y a bien, bien longtemps, dans la petite ville d'Odense au Danemark, un petit garçon qui s'appelait Hans Christian Andersen.
>
> Hans Christian était un petit garçon pauvre. Plus souvent qu'à l'ordinaire, il courait çà et là dans des vêtements rapiécés et les pieds nus dans des sabots en bois. Pourtant, malgré les pièces à ses vêtements et ses sabots en bois, et bien qu'il se couchât parfois le ventre vide, Hans était heureux. Sa mère l'aimait tendrement et la pauvre petite maison où vivaient les Andersen reluisait de propreté.
>
> Le père de Hans était cordonnier : il travaillait très dur et ne gagnait pas beaucoup d'argent. Mais le soir, tous les soucis de la journée s'envolaient. Il lisait à son fils de merveilleux contes qui parlaient d'elfes, d'empereurs et de belles princesses.
>
> Le cordonnier Andersen fabriquait également des jouets pour Hans. Le plus magnifique était un petit théâtre de marionnettes pour lequel le petit garçon inventait de petites pièces.
>
> Hans était le seul spectateur de ses pièces. Il n'avait pas beaucoup d'amis. Il était toujours si occupé à inventer des histoires fantastiques qu'il n'entendait pas toujours ce qu'on lui disait. »
>
> . . .
>
> *Un bon exemple d'originalité*, Grolier, 1980.

Nous distinguons quatre niveaux dans une analyse de l'activité du lecteur sur ce texte.

1) Au niveau propositionnel, nous décrivons comment le lecteur reconstruit chaque phrase en la découpant en autant de propositions qu'elle lui semble en contenir. Une proposition est constituée d'une paire de concepts reliés par une relation sémantique. Ainsi, la phrase « Hans Christian était un petit garçon pauvre » contient trois propositions. « Garçon » et « Hans Christian » sont en relation d'inclusion catégorielle, « Hans Christian » étant un membre de la classe « garçon ». « Garçon » et « petit » sont en relation attributive, comme aussi « garçon » et « pauvre ». La phrase « Plus souvent qu'à l'ordinaire, il courait çà et là dans des vêtements rapiécés [. . .] » contient sept propositions. Le concept-argument « courir » est en relation avec « il » qui est l'agent de l'action, avec « ça et là » qui en est le résultat et « le plus souvent » qui place l'action dans l'ordre itératif. De même, « vêtements » et « rapiécés » sont en relation attributive, etc.

L'hypothèse cognitiviste à la base de l'analyse propositionnelle est que c'est sous ce mode que l'information du texte est schématisée en mémoire sémantique. Ce travail de schématisation opéré par le lecteur constitue le premier niveau de son activité, dans laquelle il est largement guidé par l'encodage des propositions dans la syntaxe et le lexique des phrases.

Pour réussir, le lecteur doit connaître les concepts désignés par les mots et les relations signalées par la syntaxe. Il doit en plus résoudre les ambiguïtés lexicales dont notre texte offre un bel exemple, par le double emploi du mot « pièce » dans « pièces à ses vêtements » et « inventait de petites pièces ». L'inférence consiste ici à utiliser le contexte pour sélectionner celui, parmi les différents concepts désignés par le mot « pièce », qui s'applique dans chaque cas.

La compréhension de certaines actions peut aussi obliger le lecteur à faire des inférences. Analysons par exemple le cas de « il courait çà et là dans des vêtements[. . .] ». On comprend normalement l'action de courir en fonction d'un but ou d'une cause pour laquelle on court. Il est intéressant de noter qu'ici, le lecteur doit mettre entre parenthèses cette interprétation et ne pas chercher à interpréter l'action en fonction d'un but ou d'une cause. Il doit le comprendre presque comme un verbe désignant un état. Il ne serait pas surprenant d'entendre un jeune lecteur poser, à ce propos, la question suivante : « pourquoi donc il courait Hans ? ». Ce serait déjà une inférence qui l'amènerait à poser la question, puisqu'il aurait cherché dans le texte la mention d'un but ou d'une cause pour laquelle Hans courait et qu'il ne l'a pas trouvée. À défaut de la trouver dans le texte ou de trouver dans sa connaissance du monde une cause ou un but convenant au comportement de Hans, le lecteur doit inférer que le verbe n'est pas employé comme d'habitude. C'est cette inférence que n'aurait pas faite un enfant qui pose cette question.

Enfin, le sens d'une phrase peut n'être accessible que si le lecteur l'interprète par inférence. Une compréhension littérale de la phrase « Hans était le seul spectateur de ses pièces » ne donnerait pas tout le sens de cette phrase. Elle doit être comprise dans un schème constitué de la connaissance de ce que c'est que présenter un spectacle de marionnettes, incluant qu'il faut des spectateurs pour lesquels le spectacle est présenté et, qu'en réalité, on ne peut pas être le spectateur d'une pièce que l'on présente soi-même. Présenter un spectacle sans spectateur cause généralement une déception. Le véritable sens de cette phrase est donc implicite et c'est que Hans était un garçon solitaire, ignoré des autres enfants. Le lecteur est confirmé dans cette compréhension par la suite du paragraphe qui ajoute qu'en effet, « il n'avait pas beaucoup d'amis ».

2) Le second niveau où se déploie l'activité du lecteur est le niveau interpropositionnel. Nous décrivons à ce niveau l'activité par laquelle le lecteur construit l'enchaînement des phrases, ce qui donne la continuité du texte. Les enchaînements sont marqués de diverses façons. Par exemple, par la répétition du nom du garçon d'une phrase à l'autre ou par l'emploi de pronoms anaphoriques. Le lecteur est ainsi partiellement guidé dans sa compréhension du lien qui relie les phrases du second paragraphe. Mais il doit construire des relations de cohérence entre ces phrases. Ainsi, la seconde phrase du deuxième paragraphe, « Plus souvent qu'à l'ordinaire, il courait[. . .] », est une élaboration de la première phrase « Hans était un petit garçon pauvre ». La description des vêtements du garçon élabore le prédicat « pauvre » énoncé dans la première phrase. De même, la dernière phrase qui parle de l'amour de sa mère et de la propreté de la maison élabore aussi le prédicat « heureux » de la phrase précédente. Mais la compréhension des liens d'enchaînement dans ce paragraphe suppose en plus que la pauvreté d'une part et le bonheur d'autre part soient compris dans une relation de parallélisme, que le texte signale par « Pourtant, malgré[. . .]. Les relations que nous venons d'analyser sont en partie signalées par le texte mais elles doivent être construites par le lecteur.

À d'autres endroits du texte, l'enchaînement entre deux phrases n'est pas indiqué explicitement. Dans le troisième paragraphe, la seconde phrase « Mais le soir, tous les soucis de la journée s'envolaient » a une relation avec la première qui doit être inférée sur la base d'une relation sémantique établie par le lecteur entre, d'une part, le fait de ne pas gagner beaucoup d'argent et, d'autre part, les soucis que cela entraîne. Le texte n'indique aucune relation entre les deux phrases ; une telle indication aurait pu être donnée, par exemple, si la deuxième phrase avait été formulée ainsi : « Mais le soir, tous ses soucis[. . .] ». Mais une telle construction se limiterait à indiquer explicitement que le père est le prédicat des deux phrases énonçant comme argument qu'il ne gagne pas beaucoup d'argent et qu'il a des soucis. Le lecteur doit encore construire par lui-même la relation de contiguïté entre ces phrases, ce qu'il fait par une inférence s'appuyant sur sa connaissance du monde.

3) Le troisième niveau où s'exerce l'activité inférentielle du lecteur mène à la compréhension de la structure générale du texte. Ce niveau de compréhension suppose que le lecteur construise un cadre interprétatif lui permettant de saisir la structure de l'ensemble du texte. À ce niveau, le lecteur du texte sur Andersen comprend qu'il lit un épisode de la biographie d'un personnage qui a réellement existé, épisode construit sur la succession causale et temporelle d'événements de sa vie. Les récents développements de la théorie cognitiviste de la compréhension de textes expliquent également la construction d'un tel cadre interprétatif comme une activité inférentielle du lecteur, qui construit le cadre en fonction d'indications données par le texte (Frederiksen, 1982).

4) Jusqu'ici, les inférences analysées visent la reconstruction du sens qui reste proche du texte. Frederiksen (1980) distingue un autre niveau d'inférence, les inférences extensives, dont la fonction est, au contraire, d'étendre le sens d'un texte en le reliant à un autre domaine de connaissances acquises par d'autres lectures ou par expérience personnelle. De telles relations peuvent être établies sur une base analogique, causale ou logique. On peut illustrer ce type d'inférence en imaginant un jeune lecteur qui établirait un lien entre l'histoire de Hans se faisant des spectacles de marionnettes et un spectacle auquel il a assisté récemment ou qui comprendrait la vie de Andersen comme un cas montrant que la pauvreté n'empêche pas l'éclosion du talent. Un sujet qui fait de telles inférences extensives le manifeste habituellement dans son rappel du texte (voir Pagé et Primeau, 1982).

4.2. Facteurs influençant la compréhension de textes

Tout facteur susceptible d'influencer l'interaction du lecteur avec un texte est susceptible d'influencer sa compréhension. On identifie actuellement trois facteurs principaux : la structure des textes, les buts fonctionnels du lecteur et son niveau de développement. Considérons succinctement comment ces trois facteurs peuvent déterminer la compréhension. Ce faisant, nous énonçons des hypothèses découlant d'une théorie interactive de la compréhension, que des recherches actuellement en cours visent à vérifier (Frederiksen, 1982 ; Pagé, 1982 ; Tardif, 1982).

Il y a toujours, dans tout acte de lecture, une interaction entre le texte et le savoir possédé par le lecteur (ce qui n'exclut pas sa sensibilité ni son sens esthétique). Toute explication cognitive de la compréhension de textes s'appuie sur ce postulat. La question essentielle est de savoir si l'interaction est la même, quelle que soit la situation de lecture. Selon Spiro (1977), il y a un premier type d'interaction qui a pour résultat de faciliter au lecteur la tâche de construire une représentation la plus intégrale possible du texte. Ce type d'interaction donne lieu à une compréhension où le texte conserve une haute intégrité parce qu'il est compris comme une entité indépendante du lecteur. Dans cette interaction, le lecteur se limite à une activité inférentielle auxiliaire qui ne fait appel qu'aux schèmes qui sont nécessaires à la compréhension du texte, sans que l'information ne vienne modifier les schèmes qui servent à son intégration.

Les situations de lecture typiques des expériences de laboratoire sont éminemment susceptibles de provoquer ce type d'interaction. Dans de telles situations, les sujets sont conscients que l'information qu'ils lisent ne doit leur être d'aucune utilité hors de la situation expérimentale. Les textes sont typiquement et clairement fictifs. Même si les sujets les perçoivent parfois comme vrais, la vérité de l'information n'a pas d'importance en regard des buts de l'expérience. Mais le plus souvent, l'information n'a aucune valeur de vérité. On minimise ainsi l'interaction du lecteur avec le texte car aucun lecteur ne veut intégrer à sa connaissance du monde « l'information inutile, isolée et probablement fausse que l'on retrouve dans cette prose expérimentale » (Spiro, 1977 : p. 140). On n'est pas sans être frappé par la similitude entre ces situations de lecture de laboratoire décrites par Spiro et nombre de situations de lecture que l'on observe en pédagogie traditionnelle.

Le second type d'interaction cognitive lecteur/texte, au contraire, est déclenché par les situations de lecture où un texte est lu pour enrichir la connaissance du monde du lecteur, pour mettre à jour son savoir sur un sujet donné. Ces situations maximisent l'interaction cognitive à cause du but fonctionnel qui leur est inhérent dans certains cas, à cause d'un rapport privilégié qui existe entre le lecteur et l'auteur dans d'autres cas, ou, aussi, à cause des intérêts spécifiques et des attitudes du lecteur envers le sujet traité. L'interaction est aussi maximisée par une tâche à exécuter qui rend la lecture d'un texte nécessaire ou des consignes spéciales données au lecteur. Dans tous ces cas, l'activité de schématisation du lecteur est susceptible d'être concentrée sur certains points particuliers du texte.

Dans de telles situations, une des raisons principales pour lesquelles un lecteur s'intéresse aux informations d'un texte est assurée : il lit pour puiser dans le texte de l'information qui enrichit sa connaissance d'un sujet donné. Ses intérêts personnels, ses besoins particuliers d'information, etc., sont la base sur laquelle il détermine l'information qui, dans le texte, est importante pour lui. Il ne sélectionne donc pas l'information uniquement en fonction des relations structurales internes du texte, comme dans le premier type de situation. À cause de la maximisation de l'activité sélective du lecteur propre aux situations du second type, l'information tirée du texte ne constitue pas une représentation intégrale du texte, comme dans le premier type de situation.

Ces situations du second type sont les plus habituelles en dehors du laboratoire et c'est justement ce type de situations qui est préconisé comme expérience de lecture pour le développement des habiletés par le programme de français (1979).

Définissons plus précisément les pôles de cette interaction.

4.2.1. La structure des textes

Un texte est le résultat de l'effort d'un scripteur d'encoder de l'information structurée en réseau dans sa mémoire sémantique et logique. Ce qu'on appelle structure du texte, c'est l'utilisation qu'il a faite de différents éléments pour guider l'activité reconstructrice de son lecteur éventuel. Selon Bracewell *et al.* (à paraître), il dispose de cinq types d'éléments. 1) Le lexique et la syntaxe lui servent à encoder les propositions constituant l'information qu'il veut mettre sur papier. 2) Différents outils lui permettent de signaler les relations entre les pièces d'information qu'il est obligé de livrer en phrases successives (par exemple, les renvois anaphoriques et les connecteurs). 3) Il peut signaler, plus ou moins explicitement, les relations de cohérence qu'il établit entre des pièces d'information. Dans l'exemple « Mais le soir, tous les soucis de la journée s'envolaient. Il lisait à son fils de merveilleux contes[. . .] », un lecteur peut établir une relation de causalité entre les deux phrases. Il comprendrait que « les soucis de la journée s'envolaient parce qu'il lisait à son fils de merveilleux contes ». Cette relation n'est pas signalée dans l'exemple analysé. 4) Il structure l'information en la distribuant, phrase après phrase, selon un plan d'organisation topologique. Par exemple, l'auteur révèle successivement que le père est cordonnier, qu'il est pauvre, qu'il aime lire des contes, qu'il est habile à fabriquer toutes sortes de jouets, pour en arriver à la fabrication du théâtre de marionnettes. 5) Enfin, le scripteur dispose de divers moyens pour signaler le genre de texte qu'il écrit. Notre exemple présente trois de ces moyens : il débute par « Il était une fois . . . », la collection à laquelle appartient le livre annonce « de belles histoires vraies » et le texte suit un modèle répandu de biographie où on débute par les épisodes de l'enfance, etc.

Dans le modèle cognitiviste interactif de la compréhension, les genres de textes ne constituent pas un ensemble de catégories bien distinctes, aux frontières nettement tracées. Le cas de l'histoire est fort instructif à cet égard. C'est sans doute le type de texte qui a fait l'objet du plus grand nombre de recherches d'une part et, d'autre part, on pense spontanément qu'il s'agit d'un genre facilement reconnaissable. Les recherches montrent que la conception que les lecteurs se font de ce qu'est une histoire varie de telle sorte qu'ils peuvent ne pas tomber d'accord pour identifier un texte comme une histoire. C'est que les caractéristiques textuelles de l'histoire, comme de tout genre de texte, ne sont pas nettement distinctives ; le texte porte des marques d'un genre auquel il peut appartenir, mais ces marques relèvent d'une grande diversité de procédés. En plus, un texte peut appartenir à différents genres en même temps. Selon la théorie des cadres interprétatifs, le texte signale toujours, d'une certaine façon, le genre dont il relève, mais c'est le lecteur qui construit dans sa compréhension le cadre dans lequel il reçoit l'information du texte. Selon la connaissance qu'il a des indices textuels de genre, selon la diversité de cadres interprétatifs qu'il possède, selon, enfin, les caractéristiques d'un texte donné, la compréhension varie. Elle est influencée par le cadre interprétatif que le lecteur va appliquer dans sa lecture. L'interaction lecteur/texte est ainsi influencée de part et d'autre par les caractéristiques textuelles et l'activité inférentielle du lecteur construisant sur cette base un cadre interprétatif (Frederiksen, 1982).

4.2.2. Le but fonctionnel du lecteur

Le but fonctionnel pour lequel un lecteur lit peut influencer à différents niveaux sa compréhension d'un texte. Pour caractériser un but fonctionnel, il faut d'abord considérer l'intention pour laquelle le texte est lu. Les programmes de 1979 nous ont déjà familiarisés avec un volet de cinq intentions : informative, incitative, expressive, poétique et ludique. Nous pouvons adopter cette typologie pour caractériser l'intentionnalité du lecteur. Mais le but fonctionnel n'est que partiellement caractérisé par l'intention. En plus de l'intention, le lecteur a une perspective de lecture qui influence sa compréhension. Par des consignes ou une tâche, on peut activer des schèmes de compréhension différents qui déterminent de façon significative quelles informations les lecteurs considèrent comme importantes dans la lecture d'un texte. Ainsi, l'intention et la perspective de lecture sont susceptibles de conduire le lecteur à sélectionner l'information particulière qu'il cherche et déterminer ainsi sa compréhension. Deux lecteurs ayant des buts fonctionnels différents n'établiront pas les mêmes liens entre l'information du texte et leur connaissance du monde, ils ne construiront pas de la même façon la cohérence du texte et pourront même le lire selon des cadres interprétatifs différents (Pagé, 1982).

4.2.3. Le niveau de développement du lecteur

Un facteur comme le niveau de développement du lecteur, et il conviendrait d'ajouter son niveau d'instruction, se subdivise en plusieurs facteurs spécifiques en regard de la compréhension de textes.

La dimension du développement langagier est proprement concernée, et elle se subdivise elle-même en habileté à comprendre la syntaxe de la langue, en étendue du vocabulaire et en connaissance des genres de textes.

L'étendue de la connaissance du monde est une autre dimension dont l'importance est largement démontrée. Il faut ajouter à cette dimension la capacité de comprendre les relations sémantiques et logiques entre les concepts et la capacité d'établir par inférence de telles relations (Tardif, 1982).

Ces facteurs de développement sont liés au développement langagier et cognitif général de l'élève. Nous savons que les élèves évoluent jusqu'à l'âge adulte sur ces deux plans. L'étendue de la connaissance du monde, pour sa part, continue à se développer bien au-delà de l'arrivée à l'âge adulte. Mais nous ne savons pas encore l'influence précise que cette évolution générale peut avoir sur l'habileté à comprendre les textes. On peut poser l'hypothèse que cette influence est grande, ce que tendent à confirmer quelques recherches encore trop dispersées. Shank (1982) décrit approximativement l'état de l'équipement cognitif et de la connaissance du monde d'un enfant type de 3-4 ans, que l'on peut considérer comme le niveau minimal du développement pour la compréhension de textes. Son inventaire touche plusieurs aspects : la capacité inférentielle, la capacité d'établir des relations de causalité, de comprendre le plan suivi par quelqu'un, son but, d'établir des relations thématiques, la connaissance de situations stéréotypées, les croyances et les faits bruts que connaît le lecteur. Deux constatations importantes découlent de cette analyse. Dès cet âge, le processus de compréhension peut fonctionner avec tous les moyens requis. Mais ces moyens sont limités, ce qui laisse la place à un long développement.

5. Critères découlant d'un modèle interactif de la compréhension de textes

Il est encore trop tôt pour énoncer des critères précis de performance en compréhension de textes pour les élèves québécois. Les recherches qui établiront de tels critères sont dans leur phase initiale. Mais on peut définir les principales balises guidant l'élaboration de tels critères, déterminer leur nature et s'interroger sur le portrait de la situation réelle de l'apprentissage de la lecture que l'application de tels critères peut donner. Nous terminons sur ces considérations.

Un critère de performance en compréhension de textes fondé sur la théorie qui précède doit décrire la compréhension d'un texte qui a une structure déterminée, lu par un lecteur ayant un niveau caractérisé de développement et lisant le texte selon un but fonctionnel particulier.

C'est donc dire que, pour un niveau scolaire donné, il n'y a pas un seul critère de performance mais plusieurs. Avant que nous ne connaissions mieux les constantes qui peuvent caractériser l'habileté en compréhension à un degré scolaire, nous devons poser, comme hypothèse de recherche, qu'il doit y avoir autant de critères pour un degré scolaire donné qu'il y a de types de textes lus par les enfants de cet âge et de buts fonctionnels différents selon lesquels ces textes sont lus.

Pour élaborer ces critères, il nous faut des données qui décrivent exactement ce que les élèves de chaque degré sont capables de comprendre dans les textes qu'ils lisent. Il nous faut un portrait exact du processus de compréhension tel qu'il s'exerce à tel âge, sur tel type de texte, lu selon un but fonctionnel particulier. Les critères qui conviennent à l'évaluation des apprentissages en lecture tels que les définissent les objectifs des programmes ministériels de 1979 et 1981 doivent être fondés sur ces données de recherche.

Conformément aux objectifs du programme, ces critères s'appliquent dès que les élèves maîtrisent la reconnaissance phonème-graphème assez bien pour lire un court texte continu, c'est-à-dire quelque part vers la fin de la première année et dans plusieurs cas avant. Et ils doivent pouvoir mesurer le développement de l'habileté en compréhension bien au-delà du premier cycle du secondaire. Compte tenu des types de textes qui sont spécialement utilisés au secondaire et au collégial/universitaire, compte tenu aussi des buts fonctionnels particuliers aux lecteurs de ces niveaux, des critères seront élaborés qui donneront une image précise du développement de l'habileté à comprendre les textes à ces niveaux.

Retournons maintenant à notre mandat initial et demandons-nous si l'application de tels critères à l'évaluation des apprentissages donnera un tableau descriptif de la situation qui comporte un plus fort taux de difficultés et d'échecs dans la population scolaire. On évitera de se lancer dans la prédiction à l'aveuglette en répondant à cette question par les considérations suivantes.

Il est possible, par la recherche scientifique, d'élaborer ces critères sur la base d'une description des habiletés en compréhension telles qu'elles sont exercées dans la population réelle des écoles québécoises, en fonction de l'enseignement qui s'y donne. Dans la mesure où l'enseignement vise efficacement le développement de ces habiletés, il n'y a aucune raison théorique selon laquelle on pourrait prédire des échecs sur ce plan.

Quant à la stabilité des apprentissages évalués par de tels critères, on peut formuler l'hypothèse suivante, qui rejoint le modèle d'apprentissage sur lequel les programmes ministériels sont fondés. À chaque degré scolaire, les critères évaluent une performance en lecture qui est l'exercice réel et complet du processus de compréhension. Sans doute, un élève de 9-10 ans ne construira pas la même compréhension d'un texte qu'un élève plus âgé, mais sa compréhension n'en résulte pas moins de l'exercice total du processus de compréhension que nous avons esquissé au point précédent. La seule différence est que ce processus s'exerce avec des moyens moins développés à 10 ans qu'à un âge plus avancé. Ce que les critères mesurent donc est une authentique habileté dont l'apprentissage est certainement plus stable qu'un apprentissage de connaissances instrumentales, qui se perdent quand elles ne sont pas constamment exercées ou intégrées à une habileté.

Tableau I

Comparaison des étapes de l'apprentissage de la lecture

Étapes de l'apprentissage d'après le texte du comité thématique	*Stades de J. Chall (1979)*
	Premier cycle du primaire
	Stade 1. Connaît les correspondances phonèmes-graphèmes.
Première étape : fin de la 2e année. Sait déchiffrer des textes simples.	**Stade 2.** Ne lit pas pour s'informer, mais pour consolider sa connaissance des correspondances phonèmes-graphèmes, en ne lisant que des textes dont il connaît à l'avance le contenu.
	Deuxième cycle du primaire
Deuxième étape : fin du primaire. Sait lire couramment des textes adaptés à son âge. Après cette étape, la lecture ne devrait plus poser de problème sérieux.	**Stade 3.** Lit pour acquérir de l'information, pour enrichir sa connaissance du monde. Limité à des textes qui ne présentent qu'un seul point de vue sur le sujet traité. Apprend à reconnaître l'information nouvelle qui complète sa connaissance du monde, dans un paragraphe, un chapitre, un livre même.
	Secondaire
	Stade 4. Apprend à lire des textes qui présentent différents points de vue sur un sujet, à reconnaître ces points de vue, à les juxtaposer, distinguer ou superposer selon le cas.
	Collégial/universitaire
	Stade 5. Sait utiliser sélectivement les textes en sachant ne lire que ce qu'il faut pour ses besoins.

RÉFÉRENCES

BRACEWELL, R.J., E.H. FREDERIKSEN et J. DONIN FREDERIKSEN, (à paraître), *Cognitive Processes in Composing and Comprehending Discourse*.

CHALL, J. (1967), *Learning to Read : The Great Debate*, New York, McGraw-Hill.

CHALL, J. (1979), « The Great Debate : Ten Years Later, With a modest proposal for reading Stages », dans L.B. Resnick et P.A. Weaver (éd.), *Theory and Practice of Early Reading,* vol. I, Hillsdale, New Jersey, Lawrence Erlbaum Ass.

FREDERIKSEN, C.H. (1979), Discourse Comprehension and Early Reading, dans L.B. Resnick et P.A. Weaver (éd.), *Theory and Practice of Early Reading,* vol. I, Hillsdale, N.J. Lawrence Erlbaum Ass.

FREDERIKSEN, C.H. (1980), « Inference in Preschool Children's Conversations : a Cognitive Perspective », dans J.G. Green et C. Wallet (éd.), *Face to Face : The Analysis of Social Interaction in Children*, Norwood, N.J., Ablex Pub. Co.

FREDERIKSEN, C.H. (1982), *Étude descriptive des habiletés en compréhension de textes dans la population étudiante québécoise. Premier volet : influence de la structure des textes*, projet de recherche soumis à FCAC, octobre 1982.

PAGÉ, M. et G. PRIMEAU (1982), « Critères généraux pour évaluer l'habileté à lire », dans *Québec français*, n° 46, pp. 60-65.

PAGÉ, M. (1982), *Étude descriptive des habiletés en compréhension de textes dans la population étudiante québécoise. Second volet : influence des buts fonctionnels*, projet de recherche soumis à FCAC, octobre 1982.

PICHERT, J. et R.C. ANDERSON (1977), Taking different perspective on a story, dans *Journal of Educational Psychology*, 69, pp. 309-315.

SCHANK, R.C. (1982), *Reading and Understanding*, Hillsdale, N.J., Lawrence Erlbaum Ass.

SPIRO, R.J. (1977), « Remembering Information from Text : the « State of Schema Approach », dans R.C. Anderson, R.J. Spiro et W.E. Montague (éd.), *Schooling and the Acquisition of Knowledge*, Hillsdale, N.J., Lawrence Erlbaum Ass.

TARDIF, J. (1982), *Étude descriptive des habiletés en compréhension de textes dans la population étudiante québécoise. Troisième volet : influence du niveau de développement*, projet de recherche soumis à FCAC, octobre 1982.

L'apprentissage et la maîtrise du français écrit dans les écoles du Québec

Conférencier :   JOSÉE VALIQUETTE, auteur de matériel
                    didactique

Note: L'atelier était animé par Claude Germain, professeur à l'Université de Montréal et le premier
commentaire a été fait par Alain Vézina, auteur de manuels scolaires en français.

L'apprentissage et la maîtrise du français écrit dans les écoles du Québec

Josée VALIQUETTE

L'écrit en état de crise ?

En avril 1975, la journaliste Lysiane Gagnon lançait un cri d'alarme, dans une série d'articles publiés dans le journal *La Presse* sous le titre *Le drame de l'enseignement du français*. Elle y dénonçait avec force « l'ignorance de l'orthographe, de la syntaxe et des règles élémentaires de la grammaire, le manque de rigueur et la confusion mentale, et l'engouement pour le joual » (Gagnon, 1975, p. 7).

Au cours primaire, elle dénonçait les chevauchements d'un degré à l'autre dus à une mauvaise progression des apprentissages. Elle disait observer une aggravation marquée de la situation à partir de la quatrième année, imputable notamment à l'apparition du programme-cadre.

> « C'est l'apprentissage de la grammaire qui y perd le plus, concluait-elle, car au deuxième cycle de l'élémentaire (comme au secondaire . . .), on met l'accent sur l'expression personnelle et sur « la mise en situation de communication ». [. . .] Les cours de français au secondaire ?, poursuivait-elle plus loin. C'est tout et c'est n'importe quoi n'importe comment, on y trouve le meilleur et le plus farfelu et une absence à peu près totale de cohérence et de continuité d'un degré à l'autre. »
>
> (*ibid.*, pp. 16 et 21)

Après avoir qualifié la situation d'« immense fouillis » (p. 26) et désigné, du même souffle, la réforme scolaire, les programmes-cadres, l'absence de matériel didactique, les « pédagogues de pointe » et le ministre de l'Éducation lui-même, responsables d'un tel état de fait, elle concluait : « (le) système (est) malade de partout » (p. 51).

En particulier, Lysiane Gagnon n'était-elle pas tendre pour les programmes-cadres auxquels elle imputait une part importante de responsabilité en ce qui concerne le piètre état de la langue écrite. Cependant, à lire ses propos, on constate que la situation lui semblait alors tout aussi inquiétante à l'université et dans les cégeps que dans les écoles secondaires et primaires. Or, en 1975, seuls les enfants du primaire avaient eu l'occasion de vivre toute leur scolarité sous le règne du programme-cadre. S'il y a eu effectivement détérioration de la situation au fil des années, on doit donc en chercher ailleurs la cause.

Des pratiques pédagogiques révélatrices

Existe-t-il certaines données fiables qui nous permettraient de dépasser le niveau des simples impressions quant à l'état de la langue écrite et de nous faire une idée assez juste de la situation ? À ma connaissance, il n'existe pas d'évaluation comparative systématique des performances des élèves à l'écrit, à différentes époques. Ce que nous possédons, ce sont les résultats de sondages récents menés auprès de groupes d'enseignants sur leurs pratiques pédagogiques en français, de même que ceux d'une vaste enquête sur le français écrit des cégépiens. Voyons ces données d'un peu plus près. Nous nous attarderons d'abord à une enquête sur les premiers apprentissages du français à l'école.

En 1976-1977, une équipe d'agents de développement pédagogique du ministère de l'Éducation demandait à près de 10 000 enseignants du premier cycle du primaire et de la maternelle de répondre à un questionnaire sur leur pédagogie du français. En ce qui concerne l'écrit, il ressort des résultats que 32 % des enseignants de 1re, 2e et 3e années admettent ne jamais faire composer de textes aux élèves, 54 % en font composer « à l'occasion » et 14 % seulement le font souvent (voir Pierre, 1977, pp. 21-22).

Si les enseignants font rarement composer des textes, que proposent-ils donc **régulièrement**, aux enfants comme activités d'écriture ? L'enquête révèle que les activités suivantes sont de loin les plus fréquentes : l'épellation (69 %), les dictées (64 %), la mémorisation de mots (63 %), les exercices d'orthographe d'usage (53 %) et de calligraphie (50 %) (*ibid.*). On peut supposer que si les exercices d'orthographe grammaticale ont moins la faveur des enseignantes (35 % seulement en font régulièrement), cela est sans doute dû au fait que les niveaux scolaires où ils enseignent s'y prêtent moins.

Ces données font conclure à Yvon Patrice dans une analyse des résultats d'une enquête parue dans *Québec français* :

> « Dans les classes des 6-8 ans, l'apprentissage de la langue écrite se réalise essentielle-ment par des activités d'exercisation fondées sur la répétition (et) la mémorisation [. . .] et très peu par des activités [. . .] d'expression et de communication ».
> (Patrice, 1978 : p. 52)

Si les performances à l'écrit laissent à désirer, il ne semble donc pas que cela soit dû tellement, au premier cycle du primaire, à une variation dans les méthodes d'enseignement par rapport aux méthodes traditionnelles.

L'enseignement de la grammaire

Une autre enquête, menée celle-là en 1975-1976, auprès de plus d'une centaine d'enseignants du deuxième cycle du primaire par une agente de développement pédagogique, Rolande Caouette, a porté sur l'enseignement de la grammaire. Elle révèle que le quart des enseignantes interrogées consacre à la grammaire plus de 50 % du temps octroyé au français alors que quarante autres pour cent y consacrent entre 30 % et 50 % de ce temps (Caouette, 1976 : p. 3). Ce qui revient à dire que l'enseignement de la grammaire semble accaparer la part du lion dans l'horaire de la classe de français, au cours des années 70.

L'enquête révèle de plus que le matériel didactique le plus utilisé en grammaire est celui d'Alain De Bray, déjà en usage dans les écoles, rappelons-le, depuis les années 50 (*ibid.*, pp. 9 et 12). Il s'avère que parmi les activités proposées par les enseignants, les exercices d'application de règles de grammaire l'emportent en popularité et que les dictées, la mémorisation des définitions et des règles de grammaire et l'analyse grammaticale se pratiquent encore largement (*ibid.*, pp. 22-23).

Ces résultats, comme ceux de la précédente enquête, donnent à penser que les méthodes pédagogiques, contrairement à ce que certains croient, n'ont guère varié au cours des années 70. Si les performances des élèves à l'écrit laissent à désirer, on doit prendre conscience qu'elles sont pourtant le fruit de ces mêmes méthodes qui semblaient si bien réussir autrefois.

Et la production de textes ?

Qu'en est-il au juste de la situation depuis 1976 ? Pour le savoir, j'ai effectué personnellement de 1980 à 1982 une série de sondages auprès d'environ une centaine d'enseignants de Montréal à Chicoutimi, en passant par Saint-Polycarpe, Châteauguay et Sainte-Thérèse. J'ai tenté de cerner ce qui pose le plus de problèmes aux enseignants en didactique de l'écrit. Un des constats qui se dégagent le plus nettement de ces sondages est que les élèves écrivent fort peu de textes personnels à l'école, et certains pas du tout . . .

Les deux tiers des 24 animateurs du PPMF des régions du Saguenay, du Lac-Saint-Jean et de la Côte-Nord que j'ai également interrogés abondent dans le même sens : la production de textes est la dernière activité en importance, notent-ils, parmi toutes les activités proposées à l'écrit. Ainsi, une des premières constatations qu'on puisse faire, face à la situation de l'écrit, n'est pas tellement que les élèves écrivent *mal*, mais plutôt qu'*ils n'écrivent pas* . . . Il est vrai qu'on leur demande parfois de produire des travaux dits « de recherche », mais ils se contentent alors, le plus souvent, de copier des pages entières dans des livres, ce qui contribue peu évidemment à l'amélioration de l'écrit.

Comment expliquer cette désaffection pour la rédaction de textes dans nos écoles ? Les réponses obtenues lors de mes sondages révèlent que les principales difficultés rencontrées à cet égard par les enseignants, tant au primaire qu'au secondaire, sont les suivantes : 1° on ne sait pas sur quoi faire écrire les élèves ; 2° les élèves ne sont pas motivés par l'écriture (les professeurs non plus d'ailleurs . . .) ; 3° la correction exige un temps considérable et son profit semble plutôt limité ; 4° plusieurs notent aussi qu'on ne sait pas au juste quelles interventions faire à partir des textes produits, parce qu'en dehors de l'orthographe et de la ponctuation, on ignore quelles exigences fixer aux élèves. Comme dit un répondant : « C'est quoi un bon texte ? C'est quoi bien écrire ? » (voir Valiquette, 1981).

Il faut dire que le problème n'est pas propre au Québec. En 1978, l'Américain Donald Graves, au terme d'une recherche subventionnée par la Fondation Ford, produit un rapport-choc intitulé *Balance the Basics : Let Them Write*. Il y fait état d'une véritable « crise de l'écrit » aux États-Unis, aux causes multiples : les gens en général ne se perçoivent pas comme de bons scripteurs ; les professeurs ne font pas exception et ne valorisent donc pas l'écrit. Les enseignants se rabattent sur des exercices parce que c'est plus facile à corriger. Pour la même raison, ils mettent davantage l'accent à l'écrit sur la restitution fidèle des idées d'autrui que sur la formulation d'idées personnelles, ce qui appauvrit beaucoup, selon Graves, les apprentissages poursuivis dans toutes les matières.

On fait si peu écrire les élèves d'ailleurs, selon lui, que les fournisseurs de papier ligné voient leurs ventes aux écoles diminuer ; les éditeurs qui osent mettre sur le marché par exemple un matériel de lecture qui implique de l'écrit de la part des élèves constatent que ce matériel ne se vend pas. Lors d'une enquête réalisée auprès d'un grand nombre d'étudiants de dix-sept ans, Graves découvre ce qui suit : pendant six semaines, 50 % d'entre eux n'ont écrit que deux ou trois pages dans l'ensemble de leurs matières de classe, 12 % n'ont écrit qu'un seul court travail et 13 % n'ont rien eu à écrire . . . Une enquête analogue menée auprès d'élèves de la 2ᵉ à la 6ᵉ année du primaire, dans des régions scolaires réputées pour accorder beaucoup d'importance à l'écrit, révèle que les élèves n'ont produit en moyenne que trois textes en trois mois, dans toutes les matières (Graves, 1978 : pp. 13-14).

Fillion (1979), pour sa part, se livre en 1977-1978 au même genre d'enquête dans trois écoles secondaires de la région de Toronto. Il aboutit à un résultat presque aussi alarmant : le plus souvent, les élèves copient ou alors ils restituent de l'information qu'on leur a transmise ; la production d'un texte personnel apparaît être une denrée des plus rares au secondaire. Je laisse réfléchir aux résultats que produirait semblable enquête au Québec . . .

Pour résumer la situation, les jeunes du primaire et du secondaire apprennent l'orthographe et la ponctuation par les mêmes méthodes qu'avant ; ils produisent par ailleurs très rarement des textes personnels qui exigent un effort de structuration et de formulation. Or, un jour, bon nombre d'entre eux accèdent au cégep. Et pour la première fois peut-être, ils se voient confrontés à la production de projets écrits de longue haleine qui exigent un grand nombre d'habiletés propres à de bons scripteurs. Comment s'en tirent-ils ? Sait-on si leurs performances à l'écrit sont acceptables ?

Le français écrit dans les cégeps

Il existe, heureusement, une recherche systématique qui a tenté d'évaluer le rendement des cégépiens à l'écrit. Il s'agit de l'*Enquête sur le français écrit dans les cégeps* (EFEC), publiée en 1975 par le cégep de Maisonneuve. Les chercheurs Gilles Bibeau, Louis Doucet, Jean-Claude Poirier et Michel Vermette ont demandé à 2 385 étudiants de 21 cégeps différents d'écrire un texte d'environ 250 mots, soit à peu près une page. Ces textes ont été analysés aux points de vue de l'orthographe d'usage et grammaticale, de la syntaxe, de la ponctuation et du lexique. Les résultats ?

> Les étudiants ont fait une moyenne de 13,2 fautes, ce qui signifie une faute tous les 19 mots. On constate que [. . .] plus de 50 % ont fait plus de 10 fautes et que 11 étudiants ont fait plus de 50 fautes.
>
> (Doucet, 1976 : p. 167)

Notons que parmi les erreurs les plus fréquentes, celles relatives à la syntaxe (c'est-à-dire à la structuration de la phrase) comptent pour 30 %. Viennent ensuite les fautes d'orthographe grammaticale avec 23 % et les fautes d'orthographe d'usage avec 19 %. Les erreurs lexicales (les impropriétés de terme notamment) atteignent 17 % et les erreurs de ponctuation à peu près 15 %.

Il est intéressant de signaler que dans cette enquête « les étudiants du secteur général (ont fait) significativement moins de fautes que ceux du secteur profession-nel » et que « plus le père ou la mère d'un étudiant étaient scolarisés, moins ce dernier (avait) tendance à faire de fautes, la scolarité de la mère (semblant) jouer un rôle plus déterminant que celle du père » (*ibid.*, p. 167).

Les résultats de l'enquête EFEC semblent accréditer la thèse selon laquelle l'état de la langue écrite laisse à désirer, surtout en ce qui concerne la structuration de la phrase. Faute de données comparatives, il est cependant impossible de déterminer si la situation est pire qu'avant. Ce que permet toutefois l'enquête EFEC, c'est de tirer deux conclusions importantes. Tout d'abord, les programmes-cadres peuvent difficile-ment être incriminés quand on songe que les 2 385 cégépiens impliqués ont vécu toute leur scolarité primaire avant 1969, soit sous l'ancien programme. De plus, d'après les résultats d'une seconde étude menée par la même équipe de recherche, « l'implantation du programme-cadre (du secondaire) s'est faite avec une lenteur désolante » (*ibid.*, p. 169). On doit donc chercher ailleurs l'origine des maux qui affligent la langue écrite.

Démocratisation et statu quo pédagogique

Ceci nous amène à la seconde conclusion à tirer de cette enquête. Selon toute vraisemblance, la démocratisation de l'enseignement qui s'est réalisée au Québec à partir de 1964 a entraîné une modification profonde du profil de la population étudiante, ce qui pourrait expliquer la baisse de rendement en français écrit. C'est ce que croit pour sa part Louis Doucet :

> « Il semble, écrit-il, que le processus de démocratisation de l'enseignement dans lequel le Québec s'est engagé ne peut, à court terme, qu'abaisser les moyennes en français, compte tenu de l'importance des variables sociales. ».
>
> (Doucet, 1976 : p. 167)

Lysiane Gagnon reconnaît elle aussi dans ses articles qu'on ne peut comparer la minorité favorisée qui fréquentait autrefois l'école à « cette jeune population aujour-d'hui scolarisée à près de 100 p. cent jusqu'à 16 ans ».

> « Aujourd'hui, écrit-elle, l'école et le cégep regroupent plus de gens, parmi lesquels il y a inévitablement davantage de gens qui sont « mauvais » en français ».
>
> (Gagnon, 1975 : p. 40)

Ce qu'elle reproche aux spécialistes de la pédagogie, c'est de n'avoir jamais pu expliquer « quel genre de cours de français devraient être donnés dans les milieux dits ‹ populaires ›, là où se recrutent justement les élèves les plus faibles à l'écrit ». Elle touche là du doigt, à mon sens, un problème crucial. Car, en effet, au-delà des apparences de réforme, ce qu'on peut dire de plus sûr quant au « drame » de l'enseignement de l'écrit, c'est qu'au moment de la démocratisation, les méthodes pédagogiques, loin de changer (sinon très superficiellement et très marginalement), sont restées les mêmes. **Or, elles n'ont plus produit les mêmes résultats qu'avant, c'est-à-dire ceux obtenus autrefois par les populations d'élèves favorisés.**

À cet égard, une recherche menée aux États-Unis par Walter Loban (1976) est éclairante. Pendant treize ans, ce chercheur a analysé les performances langagières de 211 élèves de diverses écoles de la région d'Oakland, en Californie, tout au long de leur scolarité. Au terme de l'étude, il est en mesure d'établir une corrélation entre milieu socio-économique favorisé et succès remarquable en langue maternelle. Il constate même chez les élèves forts au plan langagier une avance de plusieurs années sur les élèves moyens et faibles. Il découvre de plus que les élèves forts sont, en fin de scolarité, ceux-là mêmes qui manifestaient déjà les meilleures habiletés langagières . . . en maternelle, avant d'apprendre à lire et à écrire. Autrement dit, ce n'est pas tant l'école qui les aide à réussir sur le plan langagier, mais c'est plutôt leur milieu social.

Ces élèves forts ne ressemblent-ils pas à cette élite qui avait jadis accès à nos collèges classiques ? Avec la démocratisation de l'enseignement, la population nouvellement scolarisée a apporté massivement à l'école un bagage langagier très différent de celui auquel on était habitué. Or, les enseignants ont continué d'utiliser avec ces nouveaux élèves les mêmes stratégies pédagogiques qu'autrefois. En un sens, la crise de l'écrit était inévitable.

On doit reconnaître que cette situation n'est d'ailleurs pas propre au Québec. Partout, en France, en Angleterre, au Canada anglais, aux États-Unis, on a tenté, aux premiers temps de la démocratisation de l'enseignement, après la Deuxième Guerre mondiale, d'appliquer les anciennes méthodes éprouvées (grammaire, dictée, etc.). Partout on a dû aboutir à un constat d'échec. La confrontation subite des enseignants avec une masse d'incorrections à l'écrit, jointe à l'absence d'un nouveau savoir-faire pédagogique permettant de composer avec la situation, explique pour une bonne part, d'après moi, la désaffection pour l'écrit dans nos écoles. Quant un problème prend des proportions trop vastes et qu'on ne dispose d'aucune solution de rechange adéquate, on est porté à se décourager et à abandonner la partie.

Les nouveaux programmes : une solution ?

Voilà où nous en sommes aujourd'hui. Certes, un peu partout, on est à la recherche de palliatifs. On peut même dire que certaines voies prometteuses se dessinent dans plusieurs pays. Où se situe le Québec dans cet effort ? Les nouveaux programmes de français apportent-ils une réponse satisfaisante à la « crise » de l'enseignement de l'écrit dont je viens de tracer les grandes lignes ? Quels sont les points forts de ces programmes mais aussi les difficultés qu'ils risquent de poser ? Dans la suite de cet exposé, je tenterai de faire le point sur les choix effectués chez nous au Québec, à la lumière de certaines données de recherche disponibles.

Des écrits fréquents et motivés

Dans plusieurs pays, on a senti récemment le besoin de réformer l'enseignement de l'écrit, que ce soit en France (Plan de rénovation, 1970), en Angleterre (Rapport

Bullock, 1975) ou aux États-Unis (avec le *Bay Area Writing Project* qui a vu le jour en 1974 et le *National Writing Project* né en 1978), pour ne citer que ces exemples. Un peu partout alors, on a mis de l'avant la nécessité de faire produire plus de textes aux élèves. Chez nous, dans la foulée des travaux anglais (Britton *et al.*, 1975), nos programmes préconisent, de plus, de faire écrire des textes qui partent d'intentions de communication variées. Cela me semble une voie fort judicieuse, comme j'ai déjà eu l'occasion de le souligner dans un document sur les fonctions de la communication tentant de justifier une telle approche (Valiquette, 1979).

Je crois qu'en mettant l'accent sur le discours signifiant, motivé, de même que sur la nécessité pour le scripteur d'avoir conscience de s'adresser à de véritables interlocuteurs (ce que les Anglais appellent le *sense of audience*), on va plus loin, au Québec, que dans beaucoup d'autres pays. Ailleurs, en effet, on s'en tient encore souvent à des tâches d'écriture traditionnelles, de type « composition », qui n'impliquent ni vraie raison d'écrire, ni vrais interlocuteurs, ce qui est évidemment infiniment moins motivant pour l'élève. C'est sans doute là le point le plus original de la didactique de l'écrit que nous sommes en train d'implanter au Québec. Reste à voir si le discours signifiant saura se frayer un chemin effectif dans nos classes. Nul doute que le matériel didactique aura un rôle déterminant à jouer en ce sens. C'est pour l'instant, une histoire à suivre.

Notons par ailleurs qu'en marge des études sur les fonctions de la communication, il existe présentement tout un courant de recherche tendant à mettre en évidence le rôle de l'écrit en tant qu'outil de développement de la pensée (voir Barnes *et al.*, 1969, Britton, 1970, Olson, 1977, Graves, 1978, Fillion, 1979). Malgré une affirmation de principe à la page 19 du programme du primaire à l'effet que « l'écrit permet la réflexion », cette piste ne me semble pas avoir été retenue dans le corps des programmes du primaire et du secondaire, où la communication avec autrui semble bien davantage valorisée que cette communication avec soi-même, pourtant importante, où l'écrit poursuit un but heuristique. Peut-être serait-il opportun d'approfondir cette question, dans les années qui viennent.

Écrire suffit-il pour apprendre à écrire ?

Si on réussit à faire vivre en classe des situations de communication écrite signifiantes dans chacun des types de discours prescrits (expressif, informatif, incitatif, poétique et ludique), est-ce suffisant pour assurer une amélioration marquée de la qualité de l'écrit ? En d'autres termes, le simple fait de faire écrire les élèves régulièrement est-il une garantie d'apprentissage efficace ?

Sherwin (1969) s'est livré à une revue des principales recherches effectuées aux États-Unis sur cette question. Sa conclusion est la suivante :

> « (Il ressort des données de recherche inventoriées) que le simple fait d'augmenter le nombre de textes à faire produire n'améliore pas la qualité de l'écrit ».
>
> (Sherwin, 1969 : p. 157)

Le texte doit de plus donner lieu à des interventions pédagogiques particulières. Cependant, note-t-il, la seule correction exhaustive, par le professeur, des fautes de chaque texte ne contribue pas non plus à améliorer efficacement la qualité de l'écrit.

En prescrivant la pratique de l'objectivation du discours écrit et le développement de connaissances et de techniques liées à la situation d'écriture, nos programmes évitent donc un écueil important et ouvrent sans conteste une voie intéressante. Mais quels phénomènes de communication faire objectiver ? Quelles connaissances développer ?

Le respect de la maturation de l'écrit

Il existe présentement un courant de recherche qui aide à répondre à cette question. Grâce à lui, nous savons désormais qu'une maturation de l'écrit s'opère entre six et dix-huit ans. Cette maturation semble tributaire de la maturation cognitive, bien que ce point ne soit pas pour l'instant clairement élucidé. Des travaux comme ceux de Hunt (1965), O'Donnell *et al.* (1967), Loban (1976), Simon (1973), Bereiter (1979), Patrice (1979), Dubuisson (à paraître) et Paret (à paraître) permettent de mettre en relief certains indices de cette maturation.

Ainsi, on a pu se rendre compte d'une évolution dans l'habileté à ponctuer un texte, à caractériser les choses dont on parle, à utiliser des structures synthétiques pour condenser l'information fournie, etc. Il y aurait par conséquent des âges plus indiqués que d'autres pour promouvoir le développement de certaines habiletés.

Quand les résultats de ces recherches seront mieux connus chez nous, ils aideront vraisemblablement les enseignants à fixer à leurs élèves des exigences plus réalistes et, par là, à obtenir de meilleurs résultats à l'écrit. La tendance générale actuelle semble être en effet d'en demander trop aux élèves, faute de balises fiables.

Des situations-défis

Par ailleurs, il m'apparaît que les situations de communication écrite qu'on est susceptible de proposer aux élèves ne sont pas toutes aussi pertinentes les unes que les autres. Cela dépend du type d'habiletés langagières que chacune d'elles implique et de l'âge qui paraît idéal pour les développer. En d'autres termes, pour s'assurer qu'il y aura progrès à l'écrit, il n'est pas suffisant de trouver des mises en situation intéressantes (ce qui n'est déjà pas facile). Je crois, à l'instar de certains chercheurs, qu'il faut de plus que les situations imaginées posent de réels défis aux élèves et qu'elles favorisent une progression judicieuse des apprentissages.

Écoutons à ce propos ce que dit Sir Alan Bullock dans son rapport *A Language for Life* :

> « Nous estimons que le type d'approche qui produira le développement langagier que nous jugeons essentiel (. . .) implique la création de situations dans lesquelles, pour réaliser ses propres intentions, **un enfant éprouve le besoin de formes plus élaborées et est ainsi motivé à accroître la complexité du langage qui s'offre à lui**[1] ».
> (Bullock, 1975 : p. 67)

---

1. J'ai effectué personnellement la traduction des citations provenant d'ouvrages anglais. Notons que c'est moi, ici, qui souligne.

Loban abonde dans le même sens, en précisant pour sa part ce qu'on doit entendre par « complexité » en matière de langage :

> « Nous croyons, écrit-il, que les conditions sociales dans lesquelles vivent les sujets démontrant les meilleures performances leur fournissent une pratique (du langage) dans des situations qui exigent d'eux la puissance d'expression et qui la valorisent. Leur vie familiale de même que leur compatibilité avec l'environnement scolaire les incitent à recourir à une plus grande complexité de pensée, à l'usage fonctionnel de l'abstraction, à la distillation de l'expérience dans des mots et à la prévision imaginative des conséquences.
>
> Le besoin qu'ils éprouvent de se servir de nombreux concepts les pousse à utiliser le langage pour catégoriser, comparer, contraster et faire des hypothèses, autant que pour clarifier et communiquer leurs sentiments et leurs émotions.
>
> Il nous apparaît que si tous les enfants avaient des expériences similaires et de semblables raisons de s'exprimer, leur langage, relevant de tels **défis**, démontrerait passablement le même degré de compétence ».
>
> (Loban, 1976 : p. 89)

La proposition de situations-défis dans les classes suppose qu'on connaisse assez bien les étapes de la maturation de l'écrit chez les enfants (ce que des recherches comme celle de Loban nous aident justement à établir). Les quelques balises fournies dans le programme du primaire à cet égard dans les pistes d'objectivation me semblent plutôt minces et parfois sujettes à caution. L'évolution des enfants nous indique-t-elle vraiment, par exemple, que ceux-ci sont capables de prendre d'abord en compte le choix de l'information en 3ᵉ année, puis d'y ajouter l'organisation de l'information en 4ᵉ et 5ᵉ années et enfin les caractéristiques de l'interlocuteur en 6ᵉ année seulement ? L'expérimentation en français écrit à laquelle j'ai participé à la CECM en 1979-1980 me laisse plutôt croire qu'à chaque degré, l'enfant peut et doit être initié **à chacun de ces aspects** mais d'une façon progressivement plus complexe, à déterminer (voir à ce sujet Turp *et al.*, 1981a).

De la même façon, il semble que les types de discours à faire produire ne devraient pas tous être mis sur un pied d'égalité. Bien sûr, on doit faire vivre, à chaque degré, différents types de discours écrit. Cependant, certains d'entre eux impliquent un usage du langage plus familier aux enfants parce que plus proche de leur oral. On devrait donc prendre appui **davantage** sur eux durant les premières années de scolarité, car alors l'enfant commence à composer avec les divers aspects du médium écrit : calligraphie, orthographe, disposition, etc. On pourrait par la suite mettre l'accent sur certains types de discours exigeant des habiletés plus complexes, comme par exemple les discours à caractères poétique et persuasif (voir Coulombe *et al.*, 1980 : p. 58).

Il me semble que le programme du secondaire (que je connais beaucoup moins, je l'avoue) révèle à première vue une plus grande préoccupation d'une progression possible des habiletés langagières à promouvoir. Les étudiants ont peut-être plus de chance d'y trouver des défis à leur mesure.

Bilan provisoire

Le Québec s'oriente présentement vers l'instauration d'une pédagogie de la communication. En ce qui concerne l'écrit, peut-on se permettre d'être optimiste et croire que cette voie nouvelle réussira, là où d'autres approches ont échoué ? Je crois que oui et voici pourquoi. En mettant l'accent sur la pratique effective de la communication écrite et le développement, non plus tant de savoirs, mais plutôt de savoir-faire, nos programmes actuels s'engagent résolument dans la voie d'un enseignement fonctionnel de l'écrit, c'est-à-dire un enseignement pratique qui répond aux vrais besoins du scripteur. Or jusqu'à maintenant, partout où l'on s'est adonné à un enseignement fonctionnel de la langue maternelle, l'expérience paraît s'être révélée concluante.

Cela est particulièrement vrai en ce qui concerne le travail relatif à la structuration de la phrase. (Cet aspect de l'écrit, on s'en souvient, comptait pour 30 % des difficultés des cégépiens dans l'enquête EFEC). Dès 1939, Helen Frogner prouvait déjà qu'un enseignement orienté directement vers la recherche de la clarté d'expression et débarrassé de tout métalangage grammatical (parties et fonctions du discours, etc.) est plus efficace qu'un enseignement qui implique un tel métalangage. Elle mettait de plus en évidence le fait que la supériorité de cette méthode est encore plus marquée chez les étudiants au quotient intellectuel de 105 et moins et, qu'au surplus, elle permet une économie de temps de 20 % (voir Sherwin, pp. 126-128).

O'Hare (1973) aboutit à la même constatation dans un rapport intitulé : *Sentence Combining : Improving Student Writing without Formal Grammar Instruction*. Les élèves faibles sont ceux qui bénéficient le plus d'un tel type d'enseignement, bien qu'il permette à tous d'améliorer leur performance à l'écrit.

Dans le projet en français écrit qui s'est déroulé en milieu défavorisé à la CECM, de 1978 à 1982, on a mis au point une nouvelle approche en orthographe grammaticale qui élimine au maximum toute terminologie grammaticale (parties du discours, temps des verbes, etc.) au profit d'opérations simplifiées sur des discours signifiants. Le résultat ? Une économie de temps considérable, des résultats meilleurs que ceux obtenus auparavant et au moins équivalents à ceux obtenus dans des classes de même milieu social où se donne un enseignement traditionnel (voir Turp *et al.*, 1981, p. 74-75).

Quant au profit d'une pédagogie de la communication sur la qualité générale de l'écrit, les résultats de l'expérience tentée en France à cet égard sont révélateurs. Romian (1981) a comparé les performances d'enfants ayant vécu de 1967 à 1972 dans des classes appliquant l'esprit du Plan de rénovation avec celles d'élèves de classes traditionnelles. Elle conclut que les élèves ayant vécu une pédagogie de la communication obtiennent de meilleurs résultats dans 19 des 20 variables analysées, 11 de ces résultats étant statistiquement significatifs. Elle constate par ailleurs qu'une pédagogie traditionnelle tend plutôt à favoriser les enfants issus de familles de cadres supérieurs, alors qu'une pédagogie de la communication favorise davantage les enfants de foyers ouvriers (Romian, 1981 : p. 26).

À une époque où il devient impérieux d'offrir des solutions nouvelles en réponse à la démocratisation de l'enseignement, de tels résultats de recherche ne sont-ils pas encourageants ? Dans la mesure où les programmes québécois ouvrent la voie à un enseignement fonctionnel de la langue maternelle, ils apparaissent sûrement prometteurs. Moyennant certaines précisions et certains correctifs à apporter ça et là, qui ne remettent d'ailleurs pas en cause leurs orientations fondamentales, ces programmes semblent en mesure d'assurer une amélioration effective de la qualité de l'écrit dans nos écoles.

Reste à voir comment ils seront appliqués. Heureusement, contrairement à ce qui s'est passé avec les programmes-cadres, cette fois les programmes n'arrivent pas seuls : des mesures d'implantation ont été prévues et une politique conséquente en matière de matériel didactique est présentement appliquée. Je crois que si le matériel didactique réussit à rester fidèle à l'esprit des programmes tout en encadrant suffisamment les enseignants, peu habitués à cette nouvelle pédagogie, on assistera bientôt à une amélioration notoire des performances à l'écrit. Du moins, l'optimisme est-il permis.

RÉFÉRENCES

BARNES, D. *et al.* (1969), *Language, the Learner and the School*, Harmondsworth, Penguin Books.

BEREITER, C. (1979), « Development in writing », dans L. Gregg et E. Steinberg, éd., *Cognitive Processes in Writing*, Hillsdale, N.J., Erlbaum.

BIBEAU, G. *et al.* (1975), *Enquête sur le français écrit dans les cégeps*, Montréal, cégep de Maisonneuve.

BRITTON, J. (1970), *Language and Learning*, Harmondsworth, Penguin Books.

BRITTON, J. *et al.* (1975), *The Development of Writing Abilities (11-18)*, Londres, Macmillan Education.

BULLOCK, Sir A. (1975), *A Language for Life*, Committee of Inquiry appointed by the Secretary of State for Education and Science, Londres, HMSO.

CAOUETTE, R. (1976), *Compilation et analyse des données recueillies sur la pratique de l'enseignement de la grammaire dans les classes du deuxième cycle de l'élémentaire*, Québec, ministère de l'Éducation. Document inédit.

COULOMBE, F. *et al.* (1980), *Développement d'approches pédagogiques nouvelles pour l'enseignement du français aux jeunes des milieux socio-économiquement faibles*, rapport d'étape, Montréal, CECM.

DOUCET, L. (1976), « Le problème du français écrit au collégial », dans *Prospectives*, oct. 1976.

DUBUISSON, C. et EMIRKANIAN, L. (à paraître), « Critères de maturation syntaxique au primaire » (titre provisoire), dans *Recherches linguistiques à Montréal*, n° 19.

FILLION, B. (1979), « Language across the curriculum : Examining the place of language in our schools », *McGill Journal of Education*, Winter 1979, XIV, pp. 47-60.

GAGNON, L. (1975), *Le drame de l'enseignement du français*, Montréal, *La Presse*.

GRAVES, D.H. (1978), *Balance the Basics : Let Them Write*, N.Y., Ford Foundation.

HUNT, K.W. (1965), *Grammatical Structures Written at Three Grade Levels*, Champaign, Ill., NCTE.

LOBAN, W. (1976), *Language Development : Kindergarten through Grade Twelve*, Urbana, Ill., NCTE.

O'DONNELL, R. *et al.* (1967), *Syntax of Kindergarten and Elementary School Children : A Transformational Analysis*, Champaign, Ill., NCTE.

O'HARE, F. (1973), *Sentence Combining : Improving Student Writing without Formal Grammar Instruction*, Urbana, Ill., NCTE.

OLSON, D. (1977), « From utterance to text : the bias of language in speech and writing », *Harvard Educational Review*, IIIL, 3, pp. 257-281.

PARET, M.-C. (à paraître), « La maturation syntaxique de l'écrit au secondaire » (titre provisoire), thèse de doctorat, Université de Montréal.

PATRICE, Y. (1978), « L'enquête sur la pédagogie du français au Québec (école primaire, 5-8 ans), II », dans *Québec français*, n° 29, mars 1978, pp. 50-52.

—— (1979), Le développement de la syntaxe et les élèves du secondaire. Montréal, DGDP, Service de recherche et expérimentation pédagogiques, document inédit.

PIERRE, P. (1977), *Rapport d'analyse de l'enquête sur la pédagogie du français au Québec, annexe C*, Québec, ministère de l'Éducation, DGDP.

Plan de rénovation de l'enseignement du français à l'école élémentaire, Paris, INRP.

ROMIAN, H. (1981), *Essai d'évaluation des effets d'une pédagogie du français (2)*, Paris, INRP.

SHERWIN, J.S. (1969), *Four Problems in Teaching English : Critique of Research*, Scranton, Penn : International Textbook Co. for the NCTE.

SIMON, J. (1973), *La langue écrite chez l'enfant*, Paris, PUF.

TURP, L. *et al.* (1981a), *L'enseignement du français écrit au niveau primaire. Une approche pédagogique expérimentée conforme au nouveau programme de français du MEQ, guide pédagogique*, Montréal, CECM.

—— (1981b). Développement d'approches pédagogiques nouvelles pour l'enseignement du français aux jeunes des milieux socio-économiquement faibles, rapport d'étape, Montréal, CECM.

VALIQUETTE, J. (1979), *Les fonctions de la communication, au coeur d'une didactique renouvelée de la langue maternelle*, Québec, ministère de l'Éducation, SREP.

—— (1981), « Faire écrire les enfants au primaire : mission impossible ? » dans *Québec français*, n° 43, octobre 1981, pp. 54-58.

L'apprentissage et la maîtrise du français oral dans les écoles du Québec

Conférenciers :   Elca TARRAB, professeur, Université de Montréal
Robert SARRAZIN, professeur, Université du Québec à Trois-Rivières

Le ministère de l'Éducation du Québec a publié récemment un nouveau programme d'enseignement du français pour les écoles primaires et un pour les écoles secondaires. Ces nouveaux programmes remplaçaient des programmes-cadres antérieurs qui mettaient fortement l'accent sur l'expression orale.

Comme nous l'indiquera Elca Tarrab, le nouveau programme met l'accent non pas seulement sur l'expression orale, mais bien sur la communication orale, sans négliger cette fois la communication écrite. Robert Sarrazin, de son côté, aborde le sujet par le biais méthodologique pour nous parler de la difficulté de saisir la compétence orale et de l'évaluer. La séance était animée par Toussaint Fortin, directeur du P.P.M.F. à l'Université du Québec à Hull ; Jacques Laurin a également fait un exposé lors de cet atelier.

Français oral ou communication orale ?

Elca TARRAB

La définition de la maîtrise de la langue diffère selon que l'on se situe avant ou après la parution du nouveau programme provisoire de français langue maternelle (au primaire).

De façon très schématisée disons qu'avant le N.P., pour assurer la maîtrise de l'oral, le travail devait porter essentiellement à la fois sur l'acquisition et sur la correction de la langue avec une incitation au réemploi. L'attention était centrée sur l'amélioration des structures linguistiques et sur l'augmentation substantielle du stock de vocabulaire dont le dictionnaire devait garantir les lettres de noblesse, et cela, aux dépens du dialecte parlé par l'enfant.

Depuis deux ans, l'accent mis sur l'acquisition de la langue standard commence à se déplacer. Dans les cours d'oral que je donne au PPMF primaire, j'entends de moins en moins cette phrase qui a longtemps obtenu la faveur des enseignants et qu'ils répétaient à satiété : « Ils parlent mal ! ». Aujourd'hui, on pourrait définir la maîtrise de l'oral par la capacité d'adapter le maniement linguistique à des situations de communication variées et à l'intention de communication. L'enseignement de l'oral vise le développement de l'habileté à communiquer, soit à décrire, argumenter, expliquer, exprimer ses sentiments, informer, convaincre, etc., tout en s'adaptant à l'interlocuteur. Notons cependant une différence essentielle dans les exigences posées : alors qu'auparavant, on visait une **maîtrise** de la langue, aujourd'hui on se contente de résultats qui montreraient un **accroissement** de l'habileté à communiquer, sachant très bien combien il serait utopique de croire à une maîtrise de cette habileté.

En même temps que l'objet de l'oral se déplaçait de l'apprentissage de la langue standard à l'apprentissage de l'habileté à utiliser la langue à des fins de communication, le nom de cette discipline se modifiait et effectuait un glissement, passant de **l'apprentissage de l'oral** à **l'apprentissage de la communication orale.**

Par ailleurs, tous les éléments d'apprentissage sont formulés en termes de production de discours expressif, incitatif, informatif, poétique et ludique. Ce qui a pour conséquence de modifier les activités d'apprentissage. C'est ainsi que doivent se soutenir mutuellement et s'entretenir circulairement la pratique de la communication orale et l'analyse de cette pratique par la mise à distance, par la prise de conscience et l'élucidation des problèmes que soulèvent l'expression et la communication, en d'autres termes par l'objectivation.

Les débuts de la mise en application de ce programme d'apprentissage de l'oral me laissent craindre certaines erreurs d'interprétation qu'il serait prudent de signaler, alors qu'il en est encore temps et avant qu'elles ne s'incrustent dans la pratique. Ces erreurs pourraient provenir d'une attitude persistante dans le monde de l'enseignement, très commode quand il s'agit d'introduire des changements, mais qui, à la longue, risque d'en limiter les effets, sinon de les neutraliser. Je veux parler du piège que nous tend notre tendance quasi instinctive sinon maladive à dichotomiser en simplifiant à outrance la réalité, tendance qui vire certaines fois au manichéisme, ce que nous appelons communément, dans le monde de l'enseignement, **le mouvement du pendule.** Pour mieux valoriser un élément, on affirme la supériorité de cet élément en dénigrant (ou dans le meilleur des cas, en le reléguant aux oubliettes) un autre élément de la même catégorie qui, il n'y a pas longtemps, était partie intégrante du credo pédagogique encore à la mode. Ainsi, dans l'enseignement de l'oral, on voit déjà poindre les dichotomies suivantes.

1. Première dichotomie *fond et forme*

Afin de revaloriser le sens en favorisant chez l'enfant-locuteur la production de discours signifiants et surtout en habituant l'enseignant-auditeur à saisir dans leur intégralité les significations attachées au message et donc à se centrer sur le sens plutôt qu'à se fixer sur la forme, on tend à minimiser l'importance de cette dernière. «Ce qui compte, c'est ce que l'enfant veut dire, ce qu'il a à dire», dit-on à l'enseignant. C'est surtout lorsque les moyens linguistiques utilisés sont une entrave à la communication qu'il est nécessaire que l'enfant en prenne conscience et qu'il y remédie.

Il nous semble quelque peu risqué de sauter dans le piège simpliste qui consiste à séparer le fond de la forme. À mon avis, il serait plus rentable, pédagogiquement parlant, de considérer plutôt la forme comme un mécanisme qui sert à traduire une signification, comme un système qui permet de produire et de comprendre du sens, comme le noeud même de la compréhension.

L'enseignement mécanique de la grammaire et l'enseignement cumulatif du vocabulaire au primaire ayant jusqu'ici donné des résultats plus que douteux, il est tentant de mettre carrément entre parenthèses grammaire et vocabulaire. Pourtant, l'enfant doit prendre conscience que la façon dont les mots se combinent dans un énoncé détermine aussi bien le sens de ces mots que le sens de tout l'énoncé. S'il est vrai que l'enfant doit réaliser que la grammaticalité ne garantit pas que tout ce qui est dit a du sens, il est tout aussi vrai qu'il doit réaliser que c'est la grammaire qui permet de générer des énoncés qui ont du sens.

Quant au vocabulaire, s'il est vrai qu'on ne peut pas dégager le sens d'une phrase en additionnant le sens de chacun des mots pris isolément, il est tout aussi vrai qu'il est essentiel que l'enfant apprenne à évaluer la convenance entre les mots et le contexte ainsi que l'impact réel des mots sur l'auditeur sans quoi ils risquent de dépasser sa pensée et de déboucher rapidement sur des surenchères.

L'expression de ses impressions est prise en charge généralement par des interjections, des onomatopées, des cris, des vocalises ou des traits prosodiques originaux. Pour enrichir les formes de son registre personnel, l'école devrait mettre à la disposition de l'enfant des moyens proprement linguistiques qui aideraient à lever l'ambiguïté.

2. Deuxième dichotomie très commode pour l'analyse : la dichotomie *habileté/connaissance* ou *savoir-faire et savoir*

Pendant longtemps, on a considéré les connaissances comme un savoir figé, existant telles quelles à l'état séparé et donc comme susceptibles d'être ingurgitées. On croyait en une vertu formatrice des connaissances par elles-mêmes, que la formation serait le résultat de l'accumulation des connaissances, que la culture était quantitative, qu'une vaste somme de connaissances hétéroclites pouvait être propice à la formation de la pensée. On voyait l'intelligence comme une **énumération de choses sues**.

L'abus fait de la transmission des connaissances comme démarche pédagogique et de l'acquisition des connaissances comme critère de capacités intellectuelles a fini par jeter le discrédit sur les connaissances.

Ainsi en oral,

1) pour mieux répudier l'accumulation et l'emmagasinement des connaissances linguistiques ;
2) pour s'assurer que dorénavant l'accent sera mis sur le développement de l'habileté à utiliser la langue à diverses fins ;
3) pour promouvoir une évaluation de l'habileté à communiquer en fonction de sa qualité d'exécution,

tout ce qui est de l'ordre de la connaissance linguistique commence à être dévalué.

Quant à nous, nous croyons que l'objectif de l'oral devrait être double :

a) Par des mises en situations, par un emploi effectif de la langue dans des situations concrètes, développer l'habileté à adapter le discours à des situations de communications variées, à relativiser la norme selon les situations sociales, les types de discours et les circonstances particulières de leur production. Cet objectif ne devrait pas être le propre de l'enseignement de l'oral, mais devrait être poursuivi par toutes les autres matières scolaires qui utilisent l'oral comme moyen de communication.

b) En offrant aux enfants divers types de maniements de la langue, consolider et étendre les moyens linguistiques qu'ils possédaient déjà en arrivant à l'école et développer une attitude de curiosité passionnée et critique vis-à-vis des ressources de la langue.

Comme exemples de ce 2e objectif l'enfant pourrait apprendre

— à découvrir le fonctionnement des mots que les élèves croient connaître et qu'ils utilisent fréquemment ;
— à reconnaître les limites de la synonymie en découvrant que des termes synonymes interchangeables dans certains emplois ne le sont plus du tout dans d'autres ;
— à étudier les éléments formels tant lexicaux que grammaticaux qui permettent de distinguer une expression de fait d'une expression d'opinion . . .

Au lieu d'être consacrées à l'apprentissage de mots nouveaux, les séances de vocabulaire devraient plutôt apprendre à l'enfant à organiser son lexique de façon à ce qu'il sache, le cas échéant, choisir opportunément les termes exacts qui conviennent à la formulation précise de la pensée, ou lui apprendre à étudier le rendement de tel ou tel emploi. On pourrait explorer les différentes possibilités de la langue en jouant parfois uniquement sur le fonctionnement de la langue, ce qui se traduit par les jeux de mots, les blagues, l'humour, les proverbes, l'utilisation des métaphores, les ambiguïtés, etc.

Progressivement, on pourrait faire passer d'un savoir intériorisé implicite et inconscient à un savoir explicite et formalisé qui deviendrait un moyen de contrôler et d'améliorer sa compétence.

Par ailleurs, l'expression nuancée des sentiments et leurs justifications seront courtes et timides si le bagage linguistique dont l'enfant dispose est insuffisant. C'est ainsi que la recherche du mot qui traduit le plus fidèlement possible une impression personnelle doit se faire de plus en plus exigeante.

L'apprentissage de l'oral nécessite donc un savoir-faire et un savoir, mais aussi un savoir-être, par le développement des capacités sensitives, émotionnelles, affectives, pudiquement mises en veilleuse dans l'enseignement traditionnel.

Ainsi l'expression des sentiments, loin d'être limitée à une habileté particulière, engage normalement la personne tout entière. Apprendre à manifester sa subjectivité, à parler de soi, de ses émotions, de ses sentiments, de ce qui contrarie, de ce qui inquiète ne devrait pas se faire sans développer en même temps le goût de l'authentique, c'est-à-dire le goût d'être soi-même, de ne pas porter de masque, de ne pas jouer de rôle et d'éviter les stéréotypes, cette authenticité étant doublée d'une sensibilité aux rapports langagiers avec autrui. L'enfant doit en même temps être conscient que lorsqu'il manifeste peu d'enthousiasme à parler de ses sentiments, c'est parce que le contexte scolaire est ressenti comme sa vie publique, et que par pudeur, il ne veut pas livrer le secret de sa vie privée, ou parce qu'il y a peu d'intimité entre lui et son interlocuteur ou tout bonnement parce qu'il est du type introverti, peu expansif. L'enfant doit faire reconnaître du même coup sa liberté totale de préserver son domaine affectif contre les intrusions d'autrui et refuser d'exprimer ses sentiments dans ce cas.

L'enfant qui apprend à exprimer ses sentiments doit parallèlement apprendre à évoluer lentement de la soumission à l'affectivité jusqu'à la domination de cette dernière.

3. Troisième dichotomie : *fonction communicative du langage/autres fonctions du langage*

Afin de s'assurer que la langue orale comme moyen de communication va prendre la place qui lui revient, on a tendance actuellement à privilégier cette fonction aux dépens des autres fonctions, en particulier la langue comme support, comme moyen d'élaboration, comme expression et reflet de la pensée. Tout en reconnaissant que les diverses fonctions du langage sont généralement imbriquées et rarement séparées, il nous semble utile quant à nous de viser **explicitement,** dans l'enseignement de l'oral, la formation d'une pensée qui s'affirme et s'affine.

Apprendre à transmettre une information pertinente (ce qui est de l'ordre de la communication) exige que l'enfant apprenne à chercher, à sélectionner, à organiser, à emmagasiner, à évaluer, à choisir (ce qui est de l'ordre de la pensée).

Dans les faits, quand l'enfant raconte un récit, il préfère la description statique à l'explication causale. On assiste généralement à une sorte d'énumération d'événements ou d'actions, l'accent étant mis sur les faits eux-mêmes, laissant dans l'ombre les liaisons causales temporelles ou logiques qui les unissent. Celles-ci sont rarement explicitées verbalement.

Inapte à faire d'un récit ou d'une explication un tout cohérent, il a tendance à nous « garocher » le tout en une suite d'affirmations fragmentaires et souvent incohérentes. C'est le phénomène de « juxtaposition » longuement étudié par Piaget qui nous dit qu'il ne faut pas se leurrer quand on voit l'enfant utiliser fréquemment « parce que », qui d'après lui, ne marque pas une liaison de cause à effet, mais une liaison plus vague, indifférenciée (qu'il appelle « liaison de juxtaposition »).

Enseigner l'oral doit concourir à la formation intellectuelle, à l'expression de notions clefs telles que la notion de cause, de conséquence, de durée de succession, etc. L'enfant doit passer du syncrétisme à la mise en ordre des idées et apprendre à manipuler la justification logique, à expliciter les raisonnements, à exprimer verbalement les liaisons entre les affirmations et enfin à organiser le discours.

Pour communiquer ses idées, l'enfant doit apprendre à les articuler, à les présenter comme un ensemble logique et cohérent en les reliant les unes aux autres de façon explicite.

4. Quatrième dichotomie : *expression* et *écoute*

Il ne s'agit pas ici d'une dévalorisation de l'écoute mais tout simplement d'une sorte de mise à l'écart. En effet, dans le N.P., aucun objectif d'apprentissage n'est formulé explicitement en termes de réception de discours et tous les éléments d'apprentissage visés de la 1re à la 6e année sont formulés en termes de production de discours expressif, incitatif, informatif, poétique et ludique. Pourtant les lignes de force du programme laissaient sous-entendre qu'une place équivalente devrait être réservée aux 2 pôles de la communication orale, l'expression et l'écoute. Contrairement à ce qu'on croit communément :

Écouter c'est bien plus que tirer d'une suite sonore à valeur significative une succession de dires sans importance.

Écouter c'est bien plus qu'un décryptage banal ou qu'une compréhension du sens immédiat des sons émis.

Écouter, c'est bien plus qu'une reconnaissance des éléments linguistiques qui forment un énoncé.

En effet, même si dans un énoncé les mots sont choisis parmi les plus familiers, les plus concrets, même si les mots sont reconnus d'emblée par l'enfant, il se peut que celui-ci n'en saisisse pas toute la portée dans les cas où l'association des mots est nouvelle ou lorsque ceux-ci sont reliés entre eux par des relations quelque peu complexes. Écouter c'est, selon Gilles Bibeau et Michel Pagé, « suivre le raisonnement de l'interlocuteur, se placer à son point de vue, saisir ses allusions, retenir ses arguments, résumer sa pensée ». C'est aussi dégager l'intention du locuteur, apprécier l'effort d'expression et juger de la qualité de cette dernière. Suivre le raisonnement de l'interlocuteur implique que l'enfant est capable d'associer les idées, de les sérier et de les classer. C'est ce que certains auteurs appellent écoute critique (ou évaluation). Celle-ci se manifeste par l'habileté à séparer des éléments ou des parties constituantes d'une communication, de manière à éclaircir la hiérarchie relative des idées et les rapports entre les idées exprimées. Elle consiste à découvrir les relations qui lient les différents éléments du message et à rechercher les principes d'organisation d'un énoncé : c'est ainsi qu'induire, déduire, extrapoler, concevoir des prolongements des informations reçues, analyser, inventorier tous les paramètres d'un énoncé, les grouper, les cataloguer, etc., sont quelques-unes des activités inhérentes à l'écoute critique.

L'écoute, telle qu'on vient de la définir, est essentiellement axée sur une démarche intellectuelle plutôt que sur une mémorisation et sur une reconnaissance des éléments linguistiques. L'écoute se réalise grâce à un certain nombre d'activités mentales telles que la perception, la prévision, l'association, la déduction, l'extrapolation, l'analyse, la synthèse, l'appréciation et le jugement et dont le développement aurait du mal à se faire automatiquement et spontanément sans aucune intervention extérieure.

En un mot, disons que la communication orale n'est pas seulement prise de parole.

Conclusion

Le nouveau programme d'oral au primaire constitue un progrès certain et se présente comme plein de possibilités à la condition que ceux qui interviennent dans sa mise en application (universitaires, conseillers pédagogiques et enseignants) travaillent à identifier ce qui est laissé dans l'ombre et à en combler les lacunes. Mais surtout à condition qu'ils résistent à toute tentation de simplifier de façon excessive la réalité, de s'appuyer sur une conception fonctionnelle du langage qui soit restrictive, de propager de nouveaux dogmes ou d'imposer de nouveaux rites, sous peine de n'en faire qu'une mode à laquelle succédera une nouvelle mode d'autant plus rapidement que le pendule aura été le plus loin possible dans la direction opposée à l'ancienne mode.

L'oral en situation

Robert SARRASIN

Le thème de cet atelier nous convie à une réflexion sur l'évolution de l'enseigne-ment de la langue orale par le biais d'une comparaison de la performance des élèves d'aujourd'hui et des élèves d'il y a dix ans. Cette question renvoie cependant à un problème de fond, dont l'éclaircissement est préalable à toute comparaison, celui de la nature de l'apprentissage de l'oral et son évaluation. C'est sous cet angle, essentiel-lement méthodologique, que j'aborderai le sujet.

Reportons-nous à une situation concrète : en classe, des élèves font tour à tour une narration sur un thème quelconque. Moi, le maître, sur quels aspects de la performance puis-je faire porter mon évaluation, comment puis-je faire cette évalua-tion et pourquoi est-ce que je choisis d'évaluer tel aspect plutôt que tel autre ?

Selon une conception traditionnelle de l'usage du langage, que l'école véhicule depuis très longtemps et qu'elle continue toujours de promouvoir, il existe une, et une seule, bonne façon de s'exprimer. Sur le plan du discours, toute bonne énonciation se caractérise par la variété dans les constructions de phrases et dans l'emploi des mots ainsi que par la complexité syntaxique, un discours étant d'autant mieux articulé que sa syntaxe est plus complexe. Variété et complexité sont ainsi traitées comme des propriétés générales — car elles sont censées identifier tout bon discours, et abstraites — car elles sont considérées comme indépendantes de la situation d'énonciation particulière dans laquelle un discours est émis. Donc, étant donné deux discours, celui où la variété lexicale est la plus grande (ce qu'on mesure par le nombre de mots différents) et la complexité syntaxique la plus haute (ce qu'on mesure par le nombre de propositions subordonnées et de connecteurs logiques entre les phrases : mais, or, cependant, par conséquent, etc.) sera considéré comme ayant une valeur « objective-ment » supérieure. En pratique, les jugements peuvent paraître plus nuancés, mais lorsqu'on examine de près les manuels, les tests, les méthodes pédagogiques en vigueur, on se rend compte que cette conception constitue encore le modèle sous-jacent qui guide l'évaluation scolaire.

Cependant, comme la variété et la complexité se manifestent forcément dans un discours concret qui se déroule en situation, cette conception réductionniste de l'usage ne fait que dissimuler les conditions réelles de l'énonciation. Elle masque le fait que dans le contexte scolaire, ces conditions sont presque toujours des situations de test et des exposés formels selon des modalités peu diversifiées et imposées. Cette conception s'accompagne aussi d'une vision normative de la prononciation et du vocabulaire (l'approche normative consiste à nier, à toutes fins utiles, la légitimité des variations sociolinguistiques, lesquelles se manifestent surtout dans la prononciation et les choix lexicaux : les variations sont conçues comme des défauts à éviter et non comme des phénomènes normaux prenant source dans la diversité des situations).

Certes, il existe des modes d'usage de langue plus élaborés que la communication familière sur de menus sujets et qui, pour cette raison même, requièrent un maniement serré de la syntaxe ainsi qu'une certaine rigueur dans le choix des termes. Tout le monde convient que l'école doit permettre l'apprentissage de ces types d'usage. Mais même en ne considérant que les usages formels et élaborés, il faut bien voir que la pratique scolaire traditionnelle ne suscite vraiment qu'un seul type de situation d'énonciation, celle de la réponse aux questions ou aux consignes du maître, — selon des variantes plus ou moins nombreuses. Qui plus est, même ce type de discours ne donne généralement pas lieu à un enseignement explicite et systématique ; l'élève doit découvrir par essais et erreurs la bonne façon de formuler ses réponses.

La conception qui vient d'être exposée, tout erronée soit-elle, n'en est pas moins influente. Sur le plan pédagogique, son effet le plus pernicieux est de laisser croire que la performance observée dans certaines situations d'énonciation bien spécifiques, donne un aperçu représentatif de l'ensemble de la performance verbale d'un sujet et que toute limitation de performance manifestée dans ces contextes restreints est attribuable à un manque de capacité ou d'aptitude verbale. Cette approche de l'usage se double aussi d'une interprétation psychologique implicite selon laquelle les caractéristiques de ce discours reflètent à peu près littéralement les processus de la pensée. Ainsi, le nombre de mots abstraits — ou présumés tels —, dans un discours, fournirait une mesure directe de la capacité du sujet à penser abstraitement.

Or, non seulement le type de performance verbale varie-t-il avec le type de situation mais la signification d'une mesure donnée change également d'une situation à une autre. Par exemple, si on demande à un élève de résumer une émission de télévision, l'élève qui insère beaucoup de détails dans son résumé aura probablement une plus grande variété lexicale que l'élève qui en donne moins, ne serait-ce qu'en vertu de la relation proportionnelle entre la longueur du discours et le nombre de mots. Donc, l'élève qui a fourni un effort particulier pour produire un résumé concis parce qu'on lui a appris que résumer c'est s'en tenir à l'essentiel, démontrera peut-être à cette occasion une moins grande variété lexicale que le premier. Mais il est évident ici que la variété lexicale n'est significative que par rapport à la façon dont l'élève a compris la consigne. Pour prendre un autre cas similaire, dans le discours oral les éléments qui indiquent les relations logiques et les rapports de subordination (parce que, pour que, avant, après, donc, alors, de sorte que, de façon à, etc.) sont souvent omis. Comparons les deux versions suivantes :

« *Pendant que* Nathalie attendait l'autobus, elle a aperçu son amie Diane *qui* marchait de l'autre côté de la rue *et puis qui* s'en allait au magasin. *Mais* juste *avant qu*'elle entre, Nathalie lui a crié *pi à ce moment-là* Diane s'est retournée. »

« Nathalie attendait l'autobus *et* elle a aperçu son amie Diane de l'autre côté de la rue. Elle se préparait à entrer au magasin *mais* Nathalie lui a crié *pi* Diane s'est retournée. »

Ces deux échantillons de discours transmettent exactement la même information, sauf qu'on constate dans le second une plus grande économie de moyens. Cependant, le premier échantillon contient des marqueurs de subordination (pendant que, avant que, qui) absents dans la deuxième version. À cause de cela, nombre de tests psycho-pédagogiques assigneraient automatiquement à la première version une valeur supérieure sur le plan linguistique, voire sur le plan cognitif. Mais en quel sens la formulation 1 est-elle supérieure à la formulation 2 ?

1. Pendant que Nathalie attendait l'autobus, elle a aperçu son amie Diane qui marchait de l'autre côté de la rue [. . .

2. Nathalie attendait l'autobus et elle a aperçu son amie Diane de l'autre côté de la rue.

Le lien de subordination est exprimé par « pendant que » en 1, par « et » en 2 ; donc, aucune différence conceptuelle ou cognitive. La version 1 énonce que « Diane s'en allait au magasin », en précisant qu'elle « marchait » ; la version 2 ne mentionne pas qu'elle marchait, mais il est dit qu'« elle se préparait à entrer au magasin » : comme d'ordinaire on entre dans un magasin à pied (et non en hélicoptère, en motoneige ou en patins à roulettes), la phrase implique qu'elle marchait, ceci en vertu du principe selon lequel on ne mentionne pas dans le discours l'information que l'auditeur (ou le lecteur) peut déduire de lui-même d'après le contexte. On constate aisément tout ce qu'il y a d'arbitraire à dévaloriser la version 2 par rapport à la version 1. Ce genre d'aberration pédagogique devient pourtant inévitable lorsqu'on prête à certains éléments de la langue des qualités objectives et universelles, sans égard à l'ensemble des caractéristiques linguistiques et à l'interprétation particulière qu'impose la situation d'énonciation. Bref, de même qu'on n'évalue pas la performance en mathématiques avec un seul type de problème, à plus forte raison ne peut-on évaluer une réalité aussi diversifiée que la performance orale à partir d'un seul type de situation d'énonciation.

Avant d'aller plus loin, il est important de faire remarquer que la notion de discours ne se réduit pas au phénomène de la norme. Celle-ci désigne trois types de variation linguistique : les variations liées à la situation sociale spécifique dans laquelle se produit l'énonciation, ce qu'on appelle maintenant les « registres » (au lieu de l'expression ambiguë « niveaux de langue »), les variations dues aux différences d'appartenance socio-économique, et les variations dialectales, qui dépendent de la distribution géographique. Ces variations se manifestent surtout dans la prononciation, dans le choix du vocabulaire et de certains traits morphosyntaxiques. La notion de discours — l'expression « mode d'usage » a été aussi utilisée ici de façon synonymique — correspond à des phénomènes plus globaux : elle réfère à l'organisation générale de l'expression, à la cohérence sémantique de l'ensemble des énoncés, à la capacité d'envisager ce dont on parle d'un certain point de vue, à la capacité de distinguer les exigences de divers types de messages (ces aspects sont repris plus loin).

Donc, le discours oral que l'école valorise traditionnellement relève d'un mode d'usage formel très spécifique et limité, l'usage scolaire justement. Cet usage se reconnaît aux conditions d'énonciation qu'il impose (l'élève n'acquiert le statut officiel de locuteur que lorsqu'il répond à une consigne, toute autre prise de parole étant illégitime), au type de performance verbale qu'il exige (raconter, décrire, expliquer, selon des modèles d'énonciation plus ou moins rigides et qui se confondent avec les modèles de l'écrit) ainsi qu'à l'insistance mise sur l'objectivité du point de vue (cette objectivité étant identifiée à la limite avec une norme de jugement idéal sur la réalité). Les critères d'évaluation pédagogique (par exemple, le nombre de mots différents, le nombre de propositions subordonnées et de connecteurs interphrastiques) s'inspirent d'une vision normative et abstraite des propriétés du langage. Enfin, le discours oral comme tel est rarement enseigné (d'où la prépondérance accordée aux modèles de la langue écrite qui, elle, est enseignée).

Les paramètres de ce modèle de transmission culturelle sont ceux qu'on retrouve dans la pédagogie encyclopédiste. Bien sûr, il existe d'autres pratiques en vigueur, mais force est de constater que le modèle traditionnel prédomine encore largement. Pour étayer cette affirmation, un seul indice ici suffira : ce n'est encore que dans une très petite minorité de classes au primaire et au secondaire que la langue orale fait l'objet d'un enseignement explicite, au même titre que l'écrit. On peut en déduire que si les jeunes Québécois s'expriment plus spontanément et plus librement que leurs aînés ne le faisaient au même âge, il n'est pas certain que l'influence de l'institution scolaire soit la source principale de ce changement ; il est permis de croire que les médias ont pu exercer un rôle prépondérant à cet égard.

D'autre part, tous les élèves ne s'insèrent pas avec un bonheur égal dans le moule pédagogique que nous venons de décrire. Dans la mesure où les caractéristiques du discours scolaire se retrouvent dans d'autres modes d'usage de la langue et dans la mesure où ces autres usages surviennent dans des situations sociales auxquelles les gens des milieux aisés sont plus fréquemment exposés, on s'explique que ce soient les élèves provenant des milieux aisés qui s'approprient le plus facilement le discours scolaire, car leurs antécédents socio-culturels leur permettent de mieux saisir les exigences implicites de ce discours. Cependant, le système scolaire en lui-même constitue aussi un élément déterminant : les normes d'évaluation, du discours oral par exemple, sont imposées par l'école après tout, non par « la société ». S'il est vrai que la culture d'une société se reflète dans les programmes d'enseignement, n'oublions pas que cette culture est médiatisée et interprétée par l'institution scolaire. Bien des échecs d'apprentissage trouvent leur origine dans des pratiques pédagogiques inadéquates, pas ailleurs. (Il faudrait inclure ici comme étant du domaine de l'institution scolaire toute l'activité de conceptualisation et de théorisation menée par l'appareil universitaire : certaines lacunes ou aberrations pédagogiques ne font que reproduire des insuffisances théoriques.)

Mais au fait, en quoi devrait consister l'apprentissage de la langue orale ? La réponse du programme de français est que cet apprentissage consiste dans le développement de l'habileté à communiquer. Étant donné cette optique, il s'agit donc de savoir en quels termes on peut identifier l'habileté à communiquer.

La communication consiste en l'élaboration d'un discours dans une situation d'énonciation. C'est une activité créatrice par laquelle le sujet énonciateur qu'est le locuteur construit des significations à l'aide des outils linguistiques dont il dispose et par laquelle le sujet interprétant qu'est l'auditeur investit de signification, à l'aide des mêmes outils, le message qu'il reçoit. La situation d'énonciation peut alors se définir comme l'ensemble des contraintes discursives, psycholinguistiques, interaction nelles et sociales dont doivent nécessairement tenir compte le locuteur dans l'élaboration de son message et l'auditeur, dans l'interprétation de ce message, pour que l'acte de communication soit réussi. L'habileté à communiquer consite dans la capacité à tenir compte de ces contraintes.

Les contraintes sociales sont les facteurs externes qui induisent dans le discours des variations sociolinguistiques, par exemple, le statut ou l'âge des interlocuteurs, et les circonstances dans lesquelles se déroule la communication. Les variables sociolinguistiques correspondent aux phénomènes associés à la norme. Contrairement à ce qu'on pourrait croire, les contraintes sociales sont très tôt perçues par l'enfant ; diverses recherches montrent que des enfants d'âge préscolaire modifient spontanément leur langage selon l'âge ou le statut de l'interlocuteur. Dans le contexte scolaire, le langage de l'élève varie plus ou moins selon qu'il communique avec le maître, avec ses pairs, avec le directeur ou avec un visiteur.

Les facteurs interactionnels sont aussi de nature sociale mais ils concernent plus particulièrement l'organisation du réseau de communication et les conditions matérielles de l'échange : par exemple, est-ce que l'élève s'adresse à un petit groupe de camarades ou à toute la classe ? L'échange peut-il se poursuivre sans contrainte de temps ou est-il limité à une période donnée ? L'échange se déroule-t-il à deux ou à plusieurs ? Chacune de ces contraintes peut avoir un impact différent sur les paramètres linguistiques du discours, la variété lexicale et la complexité syntaxique, par exemple.

Les facteurs psycholinguistiques définissent le genre de tâche verbale que l'énonciateur accomplit. Ils constituent probablement le type de contrainte linguistique le plus décisif. Les types de discours qui sont identifiés dans le programme de français (informatif, expressif, incitatif, poétique, ludique) relèvent en grande partie de ces facteurs : différents types de discours déterminent des exigences différentes pour un locuteur. Ainsi, un discours à caractère expressif sur un thème libre favorise souvent davantage l'abondance verbale et, par conséquent, la diversité lexicale, qu'un discours à fonction informative sur un sujet technique très précis ; par contre, dans cette seconde situation d'énonciation, l'utilisation de marqueurs syntaxiques et de connecteurs logiques est sans doute plus naturellement justifiée, car l'information à transmettre doit être plus structurée. L'énonciation d'un message est un acte créateur, certes, mais cette création du sens s'accomplit dans des moules cognitifs, pour ainsi dire, qui contraignent la structure linguistique des messages et la nature sémantique de leur contenu : c'est ce qui fait qu'un récit se distingue d'une description ou qu'un compte rendu ne se confond pas avec un commentaire personnel.

Enfin, les contraintes discursives sont celles qui tiennent à la façon dont le discours tout entier est organisé, en tant qu'acte psychosocial. Par exemple, c'est la capacité à tenir compte du point de vue d'autrui dans la manière de présenter l'information ou dans le choix des arguments — habileté fondamentale dans l'art de persuader — ; ce sont les stratégies de prise de parole, les stratégies de présentation d'un argument, les diverses façons d'amener un changement de conversation, les stratégies de l'expression indirecte (dont l'euphémisme est un cas particulier), etc. Ici la frontière entre ce qui relève du langage et ce qui ressort des aptitudes ou des connaissances plus générales n'est pas toujours très facile à tracer. Il reste que ces éléments plus généraux ont tout de même une manifestation linguistique et qu'ils fournissent des indices nombreux dans la démarcation des divers modes d'usage du langage. De tous les aspects de la performance orale, ce sont ces propriétés discursives qui identifient le plus sûrement les atavismes socio-culturels, bien que ce ne soient pas nécessairement celles qui se laissent décrire le plus aisément. Seule l'expérience vécue permet d'appréhender ces stratégies, qui sont le domaine par excellence des codifications sociales implicites ; on ne peut les saisir qu'en y prenant part soi-même, à moins que quelqu'un nous en dévoile l'existence et la signification, l'école par exemple. (Ainsi, il nous est tous arrivé une fois ou l'autre de nous retrouver dans une situation où nous percevions entre les interlocuteurs l'existence d'un code de conversation implicite dont les règles nous échappaient.) Il ne s'agit pas de confondre la classe de français avec l'animation culturelle, mais encore une fois, c'est par le moyen d'une structuration linguistique du message que ces valeurs sociales sont véhiculées, et à ce titre, l'étude des formes discursives fait partie intégrante d'un enseignement fonctionnel de la langue.

Il existe sans doute un nombre indéfini de facteurs susceptibles d'influencer la forme et le contenu de la performance orale, mais le pédagogue s'intéresse à ceux qui peuvent faire l'objet d'un apprentissage. La pratique de l'objectivation, dans ce que j'appellerais une « didactique de la parole », mise sur le fait que les éléments d'une situation d'énonciation sont suffisamment contraignants pour que les interlocuteurs puissent se rendre compte de l'impact de ces éléments sur les caractéristiques linguistiques du discours. S'il en est bien ainsi, ces caractéristiques devraient pouvoir être perceptibles par tous, quelles que soient les pratiques culturelles privilégiées par le milieu social de l'apprenant, ou le degré d'intelligence de celui-ci. Pour illustrer cet aspect, citons un passage de Lawton (1968, p. 138), qui a comparé l'apprentissage de la langue (orale et écrite) chez des adolescents de milieu aisé et de milieu ouvrier :

> « [. . .] dans une situation de discussion libre les garçons de milieu ouvrier ont tendance à s'orienter vers un mode d'usage à dominante concrète, narrative et descriptive ; mais dans une situation structurée qui ne leur laisse pratiquement pas le choix de fournir ou non une réponse abstraite, ils vont satisfaire à la contrainte. Ils ont pu trouver la tâche extrêmement difficile, mais celle-ci n'était tout de même pas impossible pour eux. Ces résultats justifient un certain optimisme quant aux implications éducatives ».

(Dans ce cas-ci, la contrainte est de nature psycholinguistique.)

Autrement dit, une fois qu'on a identifié le genre de contrainte (discursive, psycholinguistique, interactionnelle, sociale) qui fait varier tel aspect linguistique du discours, la prise de conscience de ce rapport peut devenir un objectif d'apprentissage en classe de français. Et, si blocage il y a, d'après ce qui vient d'être dit, on ne saurait l'imputer à de quelconques déficiences cognitives ou culturelles de l'élève. Il faut alors convenir que le problème est d'ordre pédagogique, car une didactique de la parole qui ne s'insère pas dans une pédagogie de la communication est vouée à l'échec. Concrètement, il s'agit de savoir en vertu de quelle démarche d'apprentissage survient telle activité en langue orale. Qui a pris l'initiative de cette verbalisation ? Comment le sujet traité a-t-il été amené ? Est-ce un événement isolé ou un moment dans une activité pédagogique plus vaste ? Dans quel réseau interactionnel cette verbalisation a-t-elle lieu ? Le maître est-il le pivot autour duquel se déroule l'échange ? S'agit-il d'une discussion entre pairs ? L'élève parle-t-il sur un sujet imposé ? S'exprime-t-il par choix ou par suite d'une pression contraignante du maître ? . . .

En termes plus succincts, est-ce que l'approche pédagogique motive (au sens le plus fort et le plus général du terme) l'élève à parler ? Sans cette motivation, on aura beau multiplier les situations et objectiver sur tout ce qu'on voudra, la performance orale n'en demeurera pas moins une activité artificielle, et si les élèves y apprennent quelque chose, ce sera les règles d'un exercice purement scolaire. Sous des apparences de communication, la pratique de l'oral se réduit alors à un conditionnement superficiel, sans effet réel sur le développement des habiletés. C'est cette dimension d'implication personnelle de l'élève que le programme de français évoque lorsqu'il mentionne que les situations de communication doivent présenter un caractère significatif. Et la condition la plus importante pour assurer ce caractère significatif, c'est de donner droit de cité aux préoccupations des élèves. Bien des enseignants souscrivent entièrement à ce principe, mais lorsqu'ils se rendent compte jusqu'à quel point la personnalisation des intérêts appelle une diversification des stratégies pédagogiques et la souplesse dans l'application de ces stratégies, ils se sentent démunis. On touche là, cependant, un problème qui n'est pas spécifique à l'enseignement de l'oral et qui, à la limite, concerne l'organisation du milieu scolaire autant que le fonctionnement des classes individuelles.

En résumé, à partir de la constatation fondamentale que toute communication verbale se déroule dans une situation d'énonciation, et une fois identifiée la façon dont les éléments de la situation d'énonciation déterminent les caractéristiques linguistiques du discours, on peut en tirer comme conséquence didactique

— que l'objet de l'enseignement de la langue orale est l'apprentissage des modalités du discours par la pratique effective de la langue dans des situations de communication significatives ;

— que les objectifs d'apprentissage en langue orale peuvent être identifiés à partir d'une analyse des facteurs discursifs, psycholinguistiques, interactionnels et sociaux qui interviennent dans la construction des types de messages.

Ainsi, l'analyse des situations d'énonciation fournit des points de repère concrets pour la pratique pédagogique, en même temps qu'elle procure un cadre conceptuel à la problématique de l'enseignement de la langue et de l'évaluation.

La didactique de l'oral a toujours été un domaine sous-développé dans l'enseignement de la langue maternelle (constatation qui ne s'applique d'ailleurs pas uniquement au système d'éducation québécois). Les plus grands perdants de cet état de fait sont les élèves des milieux défavorisés, pour qui l'école représente le seul moyen d'acquérir une certaine connaissance des pratiques discursives liées à l'exercice du pouvoir social (en particulier cette forme de pouvoir liée à la manipulation des modes d'énonciation du savoir — le discours de l'enseignant, par exemple).

En dépit de l'importance que lui accordent les programmes de 1969 et 1979, l'oral n'a pas encore conquis sa place dans le *curriculum* de l'école québécoise. Les efforts de clarification conceptuelle entrepris dans le sillage du programme de 1979 contribueront peut-être, un tant soit peu, à changer cette situation.

RÉFÉRENCES

ASHER, Steven R. (1979), « Referential communication », dans *The Functions of Language and Cognition*, G.J. WHITE HURST et B.J. ZIMMERMAN (éd.), New York, Academic Press.

AUTHIER, Jacqueline et André MEUNIER (1977), « Exercices de grammaire et discours rapporté », dans *Langue française*, 33, pp. 41-67.

BAUTHIER-CASTAING, Élisabeth (1980), « Pratiques linguistiques, discursives, pédagogiques ; cause ou conséquence de l'échec scolaire ? », dans *Langages*, nº 59, pp. 9-24.

BEAUDICHON, J., T. SIGURDSSON et C. TRELLES (1978), « Étude chez l'enfant de l'adaptation verbale à l'interlocuteur lors de la communication », dans *Psychologie française*, 23, 3-4, pp. 213-220.

BERNSTEIN, Basil (1975), *Langage et classes sociales*, Paris, Les Éditions de Minuit.

BROSSARD, Michel, « Activités cognitives et conduites verbales », dans *Bulletin de psychologie*, 32, 338, pp. 57-63.

ESPERET, Éric (1982), *Langage et origine sociale des élèves*, 2ᵉ édition ; Berne, Peter Lang.

FRANCIS, Hazel (1974), « Social Class, Reference and Context », dans *Language and Speech*, 17, 2, pp. 193-198.

FRANÇOIS, Frédéric (1979), « Mise en mot, récits, norme(s) », dans *Études de linguistique appliquée*, nº 36, pp. 41-64.

FRANÇOIS, Frédéric (1980), « Analyse linguistique, normes scolaires et différenciations socio-culturelles », dans *Langages*, nº 59, pp. 25-52.

GAGNÉ, Gilles et Michel PAGÉ (dir.) (1981), *Études sur la langue parlée des enfants québécois (1969-1980)*, deuxième partie, Montréal, Les Presses de l'Université de Montréal.

HOHL, Janine (1982), *Les enfants n'aiment pas la pédagogie*, P.P.M.F. — U.Q.A.M. et Les Éditions coopératives Albert Saint-Martin, Montréal, 1982.

JENKINSON, T.K. et A.G. WEYMOUTH (1976), « Pronominal Usage, Cohesion and Explicitness in Working-Class Speech : towards an Evaluative Technique », dans *Language and Speech*, 19, 2, pp. 101-116.

LAWTON, Denis (1968), *Social Class, Language and Education*, Londres, Routledge & Kegan Paul.

SARRASIN, Robert (1982), « L'objectivation et le développement des habiletés langagières », dans *Liaisons*, 6, 3, pp. 13-23.

SARRASIN, Robert, Luc OSTIGUY et Jean CHICOINE (1983), « L'étude linguistique des interactions verbales », dans *Revue de l'Association québécoise de linguistique*, 2, 3.

La démographie linguistique dans les institutions d'enseignement du Québec

Conférenciers :   Albert CÔTÉ, économiste et démographe, Conseil scolaire de l'Île-de-Montréal

Michel AMYOT, directeur des Études et recherches, Conseil de la langue française

La démographie est affaire de chiffres, mais les chiffres doivent être expliqués. C'est ce que font les deux intervenants dans cet atelier. Le premier nous fournit des indications précieuses sur la région de Montréal en balayant du regard la période qui va des années 1960 à 1985, en nous guidant à travers l'évolution rapide de ces années ; le second fait état de données similaires pour le reste de la province. L'animateur de l'atelier était Michel Robillard, directeur des études et du développement au ministère de l'Éducation.

La démographie linguistique dans les écoles publiques de l'Île-de-Montréal entre 1970 et 1981, et estimation jusqu'en 1985

Albert CÔTÉ

A) Regard sur le contexte démographique et socio-culturel montréalais

Depuis le début des années 60, le Québec en général et la région de Montréal en particulier ont connu une période de révolution tranquille qui a transformé en profondeur l'ensemble de la société québécoise. Tous les aspects fondamentaux de son existence en ont subi les contrecoups. Un grand nombre de valeurs traditionnelles considérées jusque-là comme immuables ont été remises en question.

La famille et ses corollaires — le mariage et la procréation — ont été parmi les éléments de base de notre société qui furent contestés en tout premier, notamment dans le milieu montréalais, et ce, dès 1965 et même un peu avant...

Une certaine dénatalité était déjà perceptible vers 1960, mais celle-ci s'est nettement accentuée vers 1965, alors que le nombre de naissances se mit à diminuer de façon rapide et soutenue, année après année. Ainsi, selon Statistique Canada, pour l'ensemble de l'Île-de-Montréal, le nombre de naissances est passé de 39 473 en 1964 à 21 917 en 1974, soit une diminution de 44,5% en 10 ans ou encore une baisse moyenne cumulative de 6% par année. Depuis 1974, le nombre de naissances a remonté à un plateau de quelque 24 000 naissances durant une période de trois ans (1975, 1976 et 1977) pour retomber en deçà du niveau de 1974 en 1978, 1979 et 1980.

Cette chute importante de la natalité montréalaise, entre 1964 et 1974, s'explique par l'incidence simultanée de plusieurs facteurs qui viennent se greffer au climat général de mutation sociale dont il fut fait mention plus tôt. Notons, entre autres:

- un effet de structure de la composition par âge de la population, celle-ci ayant été perturbée par six années de guerre mondiale, ce qui a créé un creux de générations entre 1939 et 1946;
- l'avènement de moyens contraceptifs beaucoup plus efficaces qu'auparavant (allant jusqu'à la stérilisation) et dont la diffusion est devenue très répandue;
- l'acceptation beaucoup plus généralisée de la contraception chez les catholiques alors qu'antérieurement la «limitation des naissances» se pratiquait surtout chez les non-catholiques.

Alors, au moment où débute la période que nous allons étudier, soit vers 1970, il sévit à Montréal une forte dénatalité, particulièrement chez les catholiques qui, de très prolifiques qu'ils étaient, sont devenus, d'une génération à l'autre, des contracepteurs qui compromettent le remplacement de leur propre génération par le peu d'enfants qu'ils génèrent.

Or la forte majorité des catholiques montréalais sont francophones, ce qui explique que ce sont surtout les francophones qui voient le nombre de leurs naissances diminuer rapidement. Cependant, il faut retenir que la plus grande efficacité des moyens contraceptifs et l'acceptation généralisée de ceux-ci par toute la population ont fait diminuer considérablement la fertilité de **tous** les couples, de quelque religion ou langue qu'ils soient.

De plus, un autre phénomène contribua largement à la baisse du nombre de naissances qui se sont produites sur le territoire de l'Île-de-Montréal: le mouvement vers la banlieue montréalaise d'un grand nombre de jeunes couples qui désiraient avoir des enfants mais qui voulaient les éduquer dans un milieu qu'ils jugeaient plus favorable que celui de la grande ville. Cette migration a été cependant partiellement compensée par l'exode rural vers Montréal, la métropole québécoise offrant encore des emplois variés et des services plus abondants que dans leur patelin. Ces mouvements migratoires vers la banlieue ont cependant eu des effets différents sur les deux principaux groupes linguistiques montréalais. Les jeunes anglophones se sont établis presque exclusivement dans la partie ouest de l'Île-de-Montréal (et secondairement dans les régions de Châteauguay, de Hudson, de Chomedey et de Laval-Ouest), où ils retrouvent une forte concentration de leur communauté linguistique. Ils ne quittent donc que minoritairement l'Île-de-Montréal. Pour ce qui est des jeunes francophones, ils se dirigent un peu partout mais s'orientent principalement vers l'est de l'Île, bien sûr, mais surtout vers des développements résidentiels qui se font en périphérie nord, est et sud de l'Île et qui connaissent un essor considérable pendant cette décennie.

Enfin, un bon nombre d'immigrants internationaux viennent s'établir à Montréal. La grande majorité de ceux-ci ont tendance, «intuitivement» je dirais, à s'intégrer au groupe anglophone et à faire éduquer leurs enfants en langue anglaise. Ceci peut s'expliquer par le fait que, dans leur esprit, ils ont immigré EN AMÉRIQUE, où l'anglais est la langue dominante, pour ne pas dire pratiquement exclusive. Ils ont opté de venir AU CANADA, souvent, parce que l'entrée y est plus facile qu'aux États-Unis: la langue de la majorité au Canada est également l'anglais. Ils se sont établis à MONTRÉAL parce que c'est la métropole du Canada (du moins à l'époque...) et qu'elle est reconnue à travers le monde comme une ville internationale et cosmopolite. L'immigrant y est accueilli le plus souvent par des parents, des amis ou une «colonie» nationale qui s'y trouve déjà et qui lui facilite son insertion sociale. Pour ces nouveaux venus, la langue utilitaire est encore, à l'époque, l'anglais car cette dernière leur permet de travailler partout où ils le veulent dans la région de Montréal, tout en leur ouvrant la porte sur tout le Canada et l'Amérique du Nord en entier. Ils apprennent donc l'anglais et inscrivent leurs enfants dans les écoles anglaises, en vue de leur assurer rapidement ce «passeport» nord-américain. À cela s'ajoutait un réflexe ancestral d'autodéfense chez les francophones (mais qui souvent était interprété comme de la xénophobie par les autres) qui les portaient à se méfier des non-catholiques et des non-francophones, par crainte d'être assimilés par la majorité canadienne anglo-protestante: c'était, pour les francophones, un repli traditionnel de «survivance» comme peuple. Ce sentiment des francophones s'est largement estompé dans le contexte de la prise de conscience qu'a été la Révolution tranquille, mais les non-francophones de vieille souche n'en sont pas encore trop convaincus.

C'est dans ce contexte que se situe l'étude démolinguistique que nous allons aborder maintenant.

B) Évolution des inscriptions dans les écoles publiques de l'Île-de-Montréal, entre 1971 et 1981 et estimation de celles-ci jusqu'en 1985

Depuis 1971, les inscriptions globales dans les écoles publiques de l'Île-de-Montréal n'ont jamais cessé de diminuer. Le tableau 1 présente le relevé des inscriptions totales de l'ensemble des commissions scolaires de l'Île, sans distinction de langue ou de religion. Il permet de suivre l'évolution détaillée des inscriptions, pour la période étudiée, année après année et d'un degré à l'autre, à compter du niveau préscolaire jusqu'à la fin du niveau secondaire. Seules les données concernant les classes d'accueil sont exclues de ce tableau, ce secteur étant traité séparément. Les tableaux 2 et 3 sont identiques au tableau 1 sauf qu'ils isolent respectivement les réseaux francophone et anglophone.

Cette série de trois tableaux rend possible l'analyse de l'évolution de chacun des réseaux linguistiques et leur comparaison avec l'ensemble des inscriptions du secteur public de l'Île-de-Montréal. Il en ressort, entre autres, les points suivants:

1) *Inscriptions globales des francophones et des anglophones*

Examinons tout d'abord de plus près les inscriptions globales.

a) Inscriptions globales des francophones et des anglophones (tableau 1):

| Année | Inscriptions | Variations par rapport à 1971 | | |
		absolues	relatives	cumulatives annuelles
1971	395 204	—	—	—
1976	311 513	— 83 691	— 21,2%	— 4,9%/ année
1981	227 416	— 167 788	— 42,5%	— 5,7%/ année
1985 (est.)	198 000	— 197 204	— 49,9%	— 5,1%/ année

b) Inscriptions globales des francophones seulement
(tableau 2) :

1971	248 522	—	—	—
1976	181 876	— 66 646	— 26,8%	— 6,4%/année
1981	142 637	— 105 885	— 42,6%	— 5,7%/année
1985 (est.)	134 400	— 114 122	— 45,9%	— 4,5%/année

c) Inscriptions globales des anglophones seulement
(tableau 3) :

1971	146 682	—	—	—
1976	129 637	— 17 045	— 11,6%	— 2,5%/année
1981	84 779	— 61 903	— 42,2%	— 5,6%/année
1985 (est.)	63 600	— 83 082	— 56,6%	— 6,1%/année

Commentaires

Les inscriptions globales du réseau FRANCOPHONE ont diminué beaucoup plus rapidement (− 6,4%/année) que celles du réseau ANGLOPHONE (− 2,5%/année) entre 1971 et 1976 — soit avant la Loi 101 — mais en 1981, les deux réseaux avaient perdu sensiblement le même pourcentage (respectivement − 5,7%/année et − 5,6%/année) par rapport, toujours, à 1971. En 1985, les estimations faites laissent entrevoir que le réseau anglophone aura perdu en moyenne − 6,1%/année de ses effectifs, encore par rapport à 1971 (− 56,6% en tout) alors que le réseau francophone en aura perdu en moyenne − 4,5%/année (− 45,9%). La Loi 101 n'ayant pas encore affecté, en 1985, tous les degrés (elle sera rendue en 2ᵉ année du secondaire), les effectifs du réseau anglophone continueront encore à diminuer substantiellement au niveau secondaire jusqu'en 1989, alors que l'ensemble du réseau pourrait n'être plus que de quelque 53 000 élèves. Par la suite, ce nombre pourra fluctuer en fonction de l'évolution de la natalité et des mouvements migratoires, puisque la Loi 101 aura été appliquée à tous les degrés: elle n'aura donc plus d'effet déstabilisant.

Un point important est à retenir dans le contexte général de la baisse des inscriptions scolaires dans les écoles du secteur public: la dénatalité et les migrations vers la banlieue de l'Île-de-Montréal auront joué un rôle primordial dans la perte de 50% (49,9%) de ses effectifs, entre 1971 et 1985, soit − 5% par année. La diminution du nombre des naissances entre 1966 et 1980[1] a été de 40% (39,7%), soit − 3,7% par année, alors que la périphérie de Montréal a connu une forte croissance résidentielle. Comme le réseau francophone a sensiblement réduit sa tendance à la baisse depuis 1976, on peut en déduire que la Loi 101 a eu pour effet d'orienter les allophones vers les classes françaises beaucoup plus que de les inciter à quitter le Québec. D'ailleurs,

---

1. Même période de 14 ans mais 5 années plus tôt que dans la comparaison des inscriptions pour tenir compte du décalage entre l'année de naissance et l'entrée en préscolaire 5 ans.

le recensement de 1981 permettra de clarifier quelles sont les proportions de franco-phones, d'anglophones et d'allophones qui ont quitté le Québec entre 1976 et 1981... Ces départs sont le plus souvent d'ordre économique (offre d'emploi alléchante, mutation, meilleur salaire, impôts, etc.) plutôt que linguistique (sauf s'il y a refus d'accepter la co-existence avec l'autre groupe linguistique).

2) *Inscriptions en 1ʳᵉ année du primaire*

Pour vérifier la probabilité de l'affirmation qui vient d'être faite concernant l'effet de la Loi 101 sur le partage entre les deux réseaux linguistiques, il faut examiner les tendances générales de l'inscription au *premier degré où la scolarisation* est obligatoire, soit en 1ʳᵉ année du primaire, et ce, globalement et par réseau linguistique.

a) Inscriptions des francophones et des anglophones (tableau 1) :

| Année | Inscriptions | Variations | |
		absolues	relatives
1971	31 200		
1977*	20 371	— 10 829	— 34,7%
1983 (est.)	16 775	— 3 596	— 17,7%

b) francophones seulement (tableau 2) :

1971	19 488		
1977*	12 425	— 7 063	— 36,2%
1983 (est.)	12 200	— 225	— 1,8%

c) anglophones seulement (tableau 3) :

1971	11 712		
1977*	7 946	— 3 766	— 32,2%
1983 (est.)	4 575	— 3 371	— 42,4%

Commentaires

Les inscriptions en 1ʳᵉ année du primaire ont diminué plus rapidement au réseau francophone (− 36,2%) qu'au réseau anglophone (− 32,2%) entre 1971 et 1977, malgré la présence successive des Lois 63 et 22. De 1977 à 1983 cependant, ces mêmes inscriptions pour le réseau anglophone auront diminué beaucoup plus forte-ment (− 42,4%) que pour le réseau francophone (− 1,8%), à la suite de la Loi 101 qui, entre autres, empêche les allophones de s'inscrire dans les écoles du réseau anglophone et les oriente plutôt vers le réseau francophone.

---

* Dernière année où la Loi 101 n'a pas été appliquée à ce degré.

Il faut bien remarquer pourtant que les deux réseaux auront connu leur niveau d'inscription le plus bas avant 1983 (voir les tableaux 1 et 2 à ce sujet), soit en 1979 pour le réseau francophone et en 1981 pour le réseau anglophone. Cela s'explique par le ralentissement de la dénatalité constatée après 1974 (soit les soubresauts de reprise de natalité en 1975-1978 suivis de fluctuations) et par l'absence d'exode massif hors de la région. Sinon, la baisse globale des deux réseaux linguistiques n'aurait pas pu diminuer au point de n'être que de − 17,7% globalement entre 1977 et 1983 par opposition à − 11,2% pour les naissances entre 1971 et 1977, six années plus tôt: le réseau francophone n'a diminué que de 1,8%.

3) *Les inscriptions en classes d'accueil*

Parallèlement aux tableaux statistiques d'inscriptions scolaires présentés jusqu'à maintenant, un réseau restreint de classes d'accueil (pour l'enseignement du français) s'est graduellement développé, à compter de 1974, avec la Loi 22, puis plus fortement avec la Loi 101. Le tableau 4 rapporte les données de ce réseau, où les élèves allophones sont appelés à faire un stage plus ou moins long pour se familiariser avec la langue française avant d'être intégrés aux classes régulières du réseau francophone. Ce réseau d'accueil a connu une expansion soutenue jusqu'en 1980. En 1981, les classes de préscolaire 4 ans de ce réseau ont été abolies, parallèlement au fait que le ministère exigea que ce service ne soit offert que dans des écoles exclusivement francophones. Les raisons données pour ces changements étaient que certains élèves anglophones s'inscrivaient en classe d'accueil pour apprendre les rudiments du français et profiter d'un service de maternelle 4 ans avec transport, pour se retrouver par la suite dans des écoles du réseau anglophone, au niveau primaire, pour y faire leur cours régulier. Le ministère de l'Éducation a voulu mettre fin à cette pratique coûteuse qui n'atteignait pas le but qu'il visait.

Conclusion

La distribution des inscriptions entre les deux réseaux linguistiques, sur le territoire de l'Île-de-Montréal, ne s'est pas faite de façon stable entre 1971 et 1981. Le tableau 5 illustre les fluctuations qu'a connu le pourcentage des inscriptions globales que représente le réseau anglophone en distinguant le niveau primaire et le niveau secondaire, année après année, entre 1971 et 1981 et en prévoyant cette proportion jusqu'en 1985.

Ce tableau fait ressortir que la proportion recrutée par le réseau anglophone par rapport aux inscriptions globales des deux réseaux linguistiques, tant aux niveaux primaire que secondaire, n'a cessé de s'accroître jusqu'au moment où, en 1977, la Loi 101 a été promulguée. La tendance constatée entre 1971 et 1976, malgré les Lois 63 et 22, laisse voir que le réseau anglophone aurait compté plus d'élèves que le réseau francophone vers 1983... Après 1977, les pourcentages du niveau primaire ont diminué sensiblement jusqu'en 1981, alors qu'ils demeuraient stables pour le niveau secondaire. Il est prévu que les pourcentages du niveau primaire se stabiliseront aux environs de 29 ou 28% vers 1984 ou 1985, pendant que le niveau secondaire continuera à suivre la même tendance que le primaire, avec 5 ans de décalage, pour se stabiliser vers 1989 ou 1990, à un taux semblable à celui du niveau primaire de 1985.

Au recensement de 1976, comme l'indique la note au bas du tableau 6, 21,7% des résidents de la région métropolitaine de Montréal ont déclaré que leur langue maternelle était l'anglais.

La proportion des inscriptions anticipée pour le réseau anglophone semble donc se stabiliser à un niveau qui suppose qu'environ la moitié des 13% des résidents qui ont déclaré, en 1976, avoir une autre langue maternelle que le français ou l'anglais se retrouveraient, vers 1990, dans des écoles du réseau anglophone.

Un des points sur lequel le ministère de l'Éducation du Québec devra se pencher résolument dans les plus brefs délais, si ce n'est déjà fait, c'est de voir à assurer le maintien d'un niveau d'enseignement de premier ordre pour le réseau anglophone, partout où le nombre d'élèves le **requiert** (et non pas strictement où le nombre le justifie car cela risque d'être plus restrictif) suite à la contraction rapide de ses effectifs. Parallèlement, il faudra que l'enseignement de l'anglais, langue seconde, pour le réseau francophone, soit suivi de près et amélioré puisque cette langue qui devient moins utile (voire moins essentielle) au Québec demeure quand même la langue fortement majoritaire de toute l'Amérique du Nord et d'une grande partie du commerce international. Il ne faudrait tout de même pas que la prise de conscience de la francophonie du peuple québécois se solde par un deuxième mouvement de repli sur soi qui risquerait de le paralyser ou de l'étouffer: il faut plutôt nous ouvrir au monde en étant conscient de notre culture distincte, forts de notre respect pour les minorités et de notre maîtrise de deux des langues les plus parlées du globe.

Tableau 1

Relevé de l'inscription des élèves de TOUTES les commissions scolaires de l'Île-de-Montréal, au 30 septembre des années 1971 à 1981 et estimation jusqu'en 1985 — réseaux FRANCOPHONE et ANGLOPHONE — (catholiques et protestantes)

	Degré	1971	1972	1973	1974	1975	1976	1977	1978	1979	1980	1981	1982e	1983e	1984e	1985e
Préscol.	4 ans	735	994	1 114	1 346	1 531	1 497	1 158	1 191	1 135	1 221	1 315	1 350	1 375	1 375	1 375
	5 ans	25 991	24 122	22 816	21 611	20 807	18 480	16 957	15 017	14 468	14 088	14 574	14 975	15 225	15 400	15 525
	Total	**26 726**	**25 116**	**23 930**	**22 957**	**22 338**	**19 977**	**18 115**	**16 208**	**15 603**	**15 309**	**15 889**	**16 325**	**16 600**	**16 775**	**16 900**
Primaire	1re	31 200	28 003	25 464	24 018	23 228	21 904	20 371	17 517	16 383	15 866	16 213	16 350	16 775	17 050	17 250
	2e	31 452	29 577	26 915	24 585	23 289	21 892	20 606	18 824	16 948	15 534	15 521	15 650	15 575	16 175	16 450
	3e	29 837	30 480	28 821	26 283	24 239	22 550	21 086	19 698	18 277	16 289	15 313	15 075	15 200	15 325	15 700
	4e	31 655	29 261	29 769	28 247	25 725	23 635	21 685	20 097	19 012	17 815	16 130	14 975	14 725	14 850	14 975
	5e	32 270	30 528	28 590	28 943	27 543	24 951	22 507	20 499	19 326	18 331	17 407	15 500	14 400	14 150	14 300
	6e	33 272	31 684	29 801	27 923	28 131	26 501	23 670	21 540	19 808	18 651	17 930	16 850	15 000	13 925	13 700
	pré-secondaire*	385	206	165	120	109	62	53	16	—	—	—	—	—	—	—
	enf. inadaptée	5 842	7 105	7 177	7 997	8 093	7 850	7 869	7 892	7 828	7 483	7 260	7 200	6 975	6 925	6 925
	Total	**195 742**	**186 844**	**176 702**	**168 116**	**160 357**	**149 345**	**137 847**	**126 083**	**117 582**	**109 969**	**105 774**	**101 600**	**98 850**	**98 400**	**99 300**
Secondaire	I (7e)	34 943	32 716	31 077	29 124	26 865	26 481	24 803	22 424	20 171	17 940	17 893	16 925	15 875	14 150	13 150
	II (8e)	34 862	33 989	32 062	29 778	27 718	26 001	25 381	23 537	21 041	19 397	18 141	17 475	16 525	15 500	13 800
	III (9e)	30 524	33 003	32 551	30 925	29 144	27 049	24 884	24 798	22 939	20 646	19 103	17 900	17 225	16 300	15 300
	IV (10e)	32 298	28 614	31 142	30 970	29 162	27 960	25 996	23 991	23 922	21 289	20 341	18 775	17 600	16 925	16 000
	V (11e)	30 659	29 046	28 024	31 507	30 328	28 705	28 003	26 286	24 307	24 414	22 908	21 250	19 575	18 325	17 650
	(12e)	7 313	8 499	5 853	—	—	—	—	—	—	—	—	—	—	—	—
	métiers	898	675	506	440	450	450	450	450	450	450	450	450	450	450	450
	enf. inadaptée	1 239	1 564	1 798	2 966	4 804	5 545	6 185	6 434	7 104	7 924	6 917	6 550	6 150	5 800	5 450
	Total	**172 736**	**168 106**	**163 013**	**155 710**	**148 471**	**142 191**	**135 702**	**127 920**	**119 934**	**112 060**	**105 753**	**99 325**	**93 400**	**87 450**	**81 800**
	Total global	**395 204**	**380 066**	**363 645**	**346 783**	**331 166**	**311 513**	**291 664**	**270 211**	**253 119**	**237 338**	**227 416**	**217 250**	**208 850**	**202 625**	**198 000**

* 6e de transition ou 7e primaire (nouveau programme)

Source: relevé officiel de l'inscription au 30 septembre des années 1971 à 1981

Remarques
& renvois:
● Tous les élèves de ces réseaux sont rapportés ici à l'exception des élèves inscrits dans les classes d'accueil.
● L'enfance inadaptée ne comprend pas le dénombrement flottant: les élèves de cette catégorie ont été comptés avec ceux des différents degrés.
● e : estimation
● — : aucun élève
N.B.: Le présent tableau étant un regroupement des données de tous les tableaux qui suivent, il faut tenir compte des renvois que comporte chacun des tableaux impliqués pour obtenir une image précise de la situation.

Tableau 2

Relevé de l'inscription des élèves de TOUTES les commissions scolaires de l'Île-de-Montréal, au 30 septembre des années 1971 à 1981 et estimation jusqu'en 1985 — réseau FRANCOPHONE — (catholiques et protestantes)

	Degré	1971	1972	1973	1974	1975	1976	1977	1978	1979	1980	1981	1982e	1983e	1984e	1985e
Préscol.	4 ans	549	808	858	924	1 131	1 151	851	913	893	1 006	1 070	1 100	1 125	1 125	1 125
	5 ans	16 433	15 189	14 054	13 209	12 359	11 811	10 195	9 640	9 834	10 059	10 544	10 900	11 125	11 275	11 375
	Total	**16 982**	**15 997**	**14 912**	**14 133**	**13 490**	**12 962**	**11 046**	**10 553**	**10 727**	**11 065**	**11 614**	**12 000**	**12 250**	**12 400**	**12 500**
Primaire	1re	19 488	16 980	15 334	14 254	13 671	13 059	12 425	10 974	10 806	10 943	11 682	11 800	12 200	12 450	12 625
	2e	19 768	18 138	15 864	14 519	13 350	12 660	12 019	11 604	10 736	10 231	10 718	11 225	11 325	11 700	11 950
	3e	18 247	18 737	17 278	15 299	14 038	12 818	12 205	11 631	11 299	10 390	10 218	10 450	10 950	11 050	11 400
	4e	19 566	17 772	18 188	16 829	14 867	13 699	12 413	11 745	11 305	11 157	10 390	10 450	10 225	10 725	10 825
	5e	19 849	18 662	16 910	17 425	16 130	14 247	12 968	11 835	11 193	10 962	11 054	10 025	9 675	9 850	10 350
	6e	20 544	19 257	17 801	16 202	16 616	15 327	13 554	12 388	11 378	10 864	10 781	10 675	9 675	9 325	9 500
	pré-secondaire*	385	192	150	120	92	46	15	—	—	—	—	—	—	—	—
	enf. indadaptée	3 995	5 258	5 447	5 381	5 615	5 355	5 095	5 080	5 019	4 929	4 766	4 800	4 750	4 800	4 850
	Total	**121 842**	**114 996**	**106 972**	**100 029**	**94 379**	**87 211**	**80 694**	**75 257**	**71 736**	**69 476**	**69 609**	**69 000**	**68 800**	**69 900b**	**71 500**
Secondaire	I (7e)	21 990	19 595	18 227	16 901	15 167	15 536	14 376	12 763	11 747	10 187	10 523	10 150	10 025	9 100	8 775
	II (8e)	21 209	20 953	18 848	17 270	15 715	14 634	14 673	13 744	11 955	11 374	10 498	10 200	9 850	9 725	8 825
	III (9e)	18 362	20 170	19 971	18 062	16 842	15 548	14 011	14 574	13 447	11 904	11 193	10 350	10 050	9 700	9 600
	IV (10e)	20 378	16 679	18 821	18 562	16 629	15 779	14 759	13 544	13 967	12 052	11 543	10 800	10 000	9 700	9 350
	V (11e)	18 554	17 374	15 950	19 122	18 113	16 324	16 262	15 618	14 222	14 900	13 771	12 550	11 675	10 800	10 500
	(12e)	7 313	8 499	5 853	—	—	—	—	—	—	—	—	—	—	—	—
	métiersa	898	675	506	440	450	450	450	450	450	450	450	450	450	450	450
	enf. inadaptée	994	1 222	1 308	1 852	3 323	3 432	3 633	3 522	3 765	4 082	3 436	3 250	3 100	2 975	2 900
	Total	**109 698**	**105 167**	**99 484**	**92 209**	**86 239**	**81 703**	**78 164**	**74 215**	**69 553**	**64 949**	**61 414**	**57 750**	**55 150**	**52 450**	**50 400**
	Total global	**248 522**	**236 160**	**221 368**	**206 371**	**194 108**	**181 876**	**169 904**	**160 025**	**152 016**	**145 490**	**142 637**	**138 750**	**136 200**	**134 750**	**134 400**

* 6e de transition ou 7e primaire (nouveau programme)

Source: relevé officiel de l'inscription au 30 septembre des années 1971 à 1981

Remarques • Tous les élèves de ce réseau sont rapportés ici à l'exception des élèves inscrits dans les classes d'accueil.
& renvois: • L'enfance inadaptée ne comprend pas le dénombrement flottant: les élèves de cette catégorie ont été comptés avec ceux des différents degrés.
   • e : estimation
   • — : aucun élève
   • a : les métiers de la CECM ont été intégrés dans les degrés. Ceux rapportés ici sont de Jérôme-Le Royer (1970 à 1985) et Sault-Saint-Louis (1971, 1972 et 1973).
b : 1984 — PREMIÈRE ANNÉE où toutes les générations du PRIMAIRE ont subi la Loi 101.
____ : demière génération AVANT l'application de la Loi 101.
----- : génération pour laquelle la Loi 101 fut partiellement appliquée.

Tableau 3

Relevé de l'inscription des élèves de TOUTES les commissions scolaires de l'Île-de-Montréal, au 30 septembre des années 1971 à 1981 et estimation jusqu'en 1985 — réseau ANGLOPHONE — (catholiques et protestantes)

Degré	1971	1972	1973	1974	1975	1976	1977	1978	1979	1980	1981	1982e	1983e	1984e	1985e
Préscol.															
4 ans	186	186	256	422	400	346	307	278	242	215	245	250	250	250	250
5 ans	9 558	8 933	8 762	8 402	8 448	6 669	6 762	5 377	4 634	4 029	4 030	4 075	4 100	4 125	4 150
Total	**9 744**	**9 119**	**9 018**	**8 824**	**8 848**	**7 015**	**7 069**	**5 655**	**4 876**	**4 244**	**4 275**	**4 325**	**4 350**	**4 375**	**4 400**
Primaire															
1re	11 712	11 023	10 130	9 764	9 557	8 845	7 946	6 543	5 577	4 923	4 531	4 550	4 575	4 600	4 625
2e	11 684	11 439	11 051	10 066	9 939	9 232	8 587	7 220	6 212	5 303	4 803	4 425	4 450	4 475	4 500
3e	11 590	11 743	11 543	10 984	10 201	9 732	8 881	8 067	6 978	5 899	5 095	4 625	4 250	4 275	4 300
4e	12 089	11 489	11 581	11 418	10 858	9 936	9 272	8 352	7 707	5 658	5 740	4 950	4 500	4 125	4 150
5e	12 421	11 866	11 680	11 518	11 413	10 704	9 539	8 664	8 133	7 369	6 353	5 475	4 725	4 300	3 950
6e	12 728	12 427	12 000	11 721	11 515	11 174	10 116	9 152	8 430	7 787	7 149	6 175	5 325	4 600	4 200
pré-secondaire*	—	14	15	—	17	16	38	16							
enf. inadaptée	1 676	1 847	1 730	2 616	2 478	2 495	2 774	2 812	2 809	2 554	2 494	2 400	2 225	2 125	2 075
Total	**73 900**	**71 848**	**69 730**	**68 087**	**65 978**	**62 134**	**57 153**	**50 826**	**45 846**	**40 493**	**36 165**	**32 600**	**30 050**	**28 500a**	**27 800**
Secondaire															
I (7e)	12 953	13 121	12 850	12 223	11 698	10 945	10 427	9 661	8 424	7 753	7 370	6 775	5 850	5 050	4 375
II (8e)	13 653	13 036	13 214	12 508	12 003	11 367	10 708	9 793	9 086	8 023	7 643	7 275	6 675	5 775	4 975
III (9e)	12 162	12 833	12 580	12 863	12 302	11 501	10 873	10 224	9 492	8 742	7 910	7 550	7 175	6 600	5 700
IV (10e)	11 920	11 935	12 321	12 408	12 533	12 181	11 237	10 447	9 955	9 237	8 798	7 975	7 600	7 225	6 650
V (11e) (12e)	12 105	11 672	12 074	12 385	12 215	12 381	11 741	10 668	10 085	9 514	9 137	8 700	7 900	7 525	7 150
métiersa	245	342	490	1 114	1 481										
enf. inadaptée						2 113	2 552	2 912	3 339	3 842	3 481	3 300	3 050	2 825	2 550
Total	**63 038**	**62 939**	**63 529**	**63 501**	**62 232**	**60 488**	**57 538**	**53 705**	**50 381**	**47 111**	**44 339**	**41 575**	**38 250**	**35 000**	**31 400**
Total global	**146 682**	**143 906**	**142 277**	**140 412**	**137 058**	**129 637**	**121 760**	**110 186**	**101 103**	**91 848**	**84 779**	**78 500**	**72 650**	**67 875**	**63 600**

* 6e de transition ou 7e primaire (nouveau programme)

Source: relevé officiel de l'inscription au 30 septembre des années 1971 à 1981

Remarques & renvois:
- Tous les élèves de ce réseau sont rapportés ici.
- L'enfance inadaptée ne comprend pas le dénombrement flottant: les élèves de cette catégorie ont été comptés avec ceux des différents degrés.
- e : estimation
- a : 1984 — PREMIÈRE ANNÉE où toutes les générations du PRIMAIRE ont subi la Loi 101.

dernière génération AVANT l'application de la Loi 101.

----- : génération pour laquelle la Loi 101 fut partiellement appliquée.

Tableau 4

Inscriptions des classes d'ACCUEIL* de tout niveau, dans les différentes commissions scolaires de l'île-de-Montréal, entre 1974 et 1981

Commission scolaire	1974	1975	1976	1977	1978	1979	1980	1981[b]
Jérôme-Le Royer	199	290	240	228	278	334	433	153
CECM	1 521	2 584	1 706	1 604[a]	2 008	2 656	2 909	2 127
Sainte-Croix	136	245	257	198	360	342	535	395
Verdun	—	—	—	—	—	—	—	—
Sault-Saint-Louis	75	82	108	121	184	219	226	113
Baldwin-Cartier	46	52	102	216	611	581	916	413
Sous-total (catholique)	**1 977**	**3 253**	**2 413**	**2 367**	**3 441**	**4 132**	**5 019**	**3 201**
CEPGM	—	—	30	23	763	659	1 295	576
Lakeshore	—	—	—	—	92	480	693	196
Sous-total (protestante)	—	—	30	23	855	1 139	1 988	772
Total global	**1 977**	**3 253**	**2 443**	**2 390**	**4 296**	**5 271**	**7 007**	**3 973**

* au réseau francophone

a) plus 172 enfants inscrits directement dans les classes régulières («insertion directe» expérimentale). Ces derniers ont été comptés avec les élèves réguliers.

b) le préscolaire 4 ans fut aboli. De plus, on distingua, à chacun des niveaux ACCUEIL et FRANCISATION: les données de 1981 englobent les 2 catégories.

Tableau 5

Pourcentages des inscriptions du réseau anglophone par rapport aux inscriptions globales des deux réseaux, pour les niveaux primaire et secondaire au cours de la période 1971-1985

Niveau	1971	1972	1973	1974	1975	1976	1977	1978*	1979	1980	1981	1982e	1983e	1984e	1985e
Primaire	37,8	38,5	39,5	40,5	41,1	41,6	41,5	40,3	39,0	36,8	34,2	32,1	30,4	29,0	28,0
Secondaire	36,5	37,4	39,0	40,8	41,9	42,5	42,4	42,0	42,0	42,0	41,9	41,9	41,0	40,0	38,4

Source: Tableaux 2 et 4

*: En 1978, la Loi 101 est appliquée pour la première fois à un degré du primaire

e: estimation

Remarque: 21,7% des résidents de la région métropolitaine de Montréal ont déclaré, au recensement de 1976, que leur langue maternelle était *l'anglais* (65,3% ont déclaré *le français* et 13,0% *une autre langue*).

L'incidence des législations québécoises sur l'évolution des clientèles scolaires des classes anglaises et françaises

Michel AMYOT

Au cours des vingt dernières années, la question linguistique a occupé une place privilégiée sur l'échiquier politique canadien et québécois. Pendant cette période, de nombreux travaux menés entre autres par la Commission royale d'enquête sur le bilinguisme de biculturalisme (Commission Laurendeau-Dunton), la Commission sur la situation de la langue française et sur les droits linguistiques au Québec (Commission Gendron), l'Office de la langue française et de nombreux chercheurs universitaires et gouvernementaux ont mieux fait connaître la situation en traitant de problèmes qui relèvent de ce qu'on appelle aujourd'hui l'aménagement linguistique. Ces travaux faisaient suite à une prise de conscience par les Québécois francophones d'une détérioration sérieuse du statut du français au Québec.

À la fin des années 60, les résultats des travaux démographiques n'étaient pas des plus optimistes. Les conclusions des chercheurs étaient quasi unanimes: à moins que ne surviennent des changements favorables au fait français, la fraction des francophones au Québec en général et à Montréal en particulier, continuerait à diminuer dans les trente prochaines années[1].

En fait, les études démographiques, sociologiques, linguistiques réalisées au début des années 70 s'accordaient à reconnaître que le Québec glissait d'une manière tendancielle vers une anglicisation dont rien ne laissait prévoir le ralentissement. C'est cependant dans le domaine scolaire que cette situation se manifestait avec le plus d'évidence. En effet, à la fin des années 60, le nombre d'enfants qui étudiait en langue française dans les écoles primaires et secondaires publiques était sensiblement égal à celui de langue maternelle française. Par contre, dans les classes anglaises, le nombre d'élèves y dépassait de plus de 30,0 % le nombre d'élèves de langue maternelle anglaise. Plus de 85,0 % des élèves de langue maternelle autre que

---

1. Il faut citer entre autres les travaux suivants: Hubert CHARBONNEAU, Jacques HENRIPIN et Jacques LÉGARÉ, « L'avenir démographique des francophones au Québec et à Montréal en l'absence de politiques adéquates », *Revue de géographie de Montréal*, XXIV, 2 (1970): 199-202, Hubert CHARBONNEAU et Robert MAHEU, *Les aspects démographiques de la question linguistique*, synthèse S3, Commission Gendron, Québec, 1973; Jacques HENRIPIN, *L'immigration et le déséquilibre linguistique*, ministère de la Main-d'oeuvre et de l'Immigration, Ottawa, 1974, 44 pages.

française ou anglaise fréquentaient l'école anglaise[2]. L'importance des enfants d'immigrants à l'école anglaise contraste avec la situation du début des années trente alors qu'à la Commission des écoles catholiques de Montréal 52,0 % des enfants d'immigrants étaient inscrits à l'école française[3]. Quarante ans plus tard on retrouvait 89,0 % des fils et filles d'immigrants inscrits à l'école anglaise. Durant le premier lustre des années soixante-dix, l'école anglaise poursuivait sa progression numérique et accentuait sa force dans le milieu québécois et plus particulièrement à Montréal. Ainsi l'école anglaise dont la force d'attraction sur les allophones qui était en 1969-70 39 fois supérieure à celle de l'école française, attire 47 fois plus en 1972-1973[4]. Le nombre de francophones étudiant en anglais s'est accru de près de 40,0 % entre 1969-1970 et 1975-1976. À la veille de l'entrée en vigueur de la Loi 22, le tiers des élèves qui étudiaient en anglais n'était pas de langue maternelle anglaise. Pendant la période 1969-1970 à 1974-1975, la proportion de la population précollégiale du Québec fréquentant des classes françaises est passée de 84,4 % à 83,5 %[5]. La proportion des allophones inscrits à l'école anglaise avait diminué à 78,6 % (85,1 % en 1969-1970) mais leurs effectifs en nombre absolu augmentaient, dépassant les 50 000 (42 600 en 1969-1970). Également, le pourcentage des élèves inscrits à l'école anglaise non seulement est beaucoup plus élevé que le pourcentage d'élèves de langue maternelle anglaise, mais il est passé de 15,6 % en 1969-1970 à 16,5 % en 1974-1975 pendant que le second diminuait de 12,5 % à 11,8 %[6].

En 1976-1977, deux ans après l'entrée en vigueur de la Loi 22, le nombre de jeunes francophones inscrits à l'école anglaise (26 000) avait diminué de quelques milliers, le nombre d'allophones dépassait toujours les 50 000 et la proportion de ceux-ci se trouvant à l'école anglaise était remontée à 79,5 %; 16,6 % de tous les élèves des écoles primaires et secondaires fréquentaient l'école anglaise alors que seulement 12,2 % des jeunes Québécois étaient de langue maternelle anglaise. Dans l'ensemble du Québec, plus du tiers des enfants inscrits à l'école anglaise étudiait dans une langue autre que leur langue maternelle. À la Commission des écoles catholiques de Montréal, seulement 28,0 % des 41 000 élèves inscrits dans les classes anglaises étaient de langue maternelle anglaise. Cependant, si l'on observe les données des classes maternelles (enfants de 5 ans qui s'inscrivent pour la première fois à l'école) qui sont un bien meilleur indicateur des effets des lois linguistiques puisque celles-ci touchent essentiellement les nouveaux inscrits, on pouvait observer en 1976-1977

---

2. Louis DUCHESNE, *La situation des langues dans les écoles du Québec et de ses régions administratives* (1969-1970 à 1972-1973), ministère de l'Éducation du Québec, Document 9-14, Démographie scolaire, Québec, 1973, 130 pages.

3. *Rapport de la Commission d'enquête sur la situation de la langue française et sur les droits linguistiques au Québec* (Commission Gendron), Québec 1972, Tome 3, tableau A-17, page 492.

4. Louis DUCHESNE, *op. cit.*, p. 34.

5. Claude ST-GERMAIN, *La situation linguistique dans les écoles primaires et secondaires, 1971-1972 à 1978-1979*, Conseil de la langue française, Dossiers n° 3, Québec, 1980, p. 87.

6. Michel PAILLÉ, *The Impact of Language Policies on Enrollment in Public School in Québec*, communication présentée aux « Learned Societies Conference », Dalhousie University, Halifax, 1981, Conseil de la langue française, Québec, p. 6.

une légère amélioration de la situation du français. Ainsi, le nombre de francophones de 4 et 5 ans qui s'inscrivaient à l'école anglaise ne représentaient plus en 1976-1977 que 0,6 % des jeunes francophones de cet âge, alors que ce pourcentage était de 2,4 % trois ans plus tôt. Chez les allophones 57 % des nouveaux inscrits étaient dans les classes anglaises alors que ce pourcentage était de 74,0 % en 1973-1974. Par ailleurs, les prévisions des effectifs scolaires réalisées sur la base de ces données laissaient entrevoir une diminution lente des effectifs des écoles anglaises, diminution qui cependant maintenait toujours l'importance relative de l'école anglaise au-dessus de la proportion des écoliers de langue maternelle anglaise, diminution qui également pouvait être atténuée ou même renversée par un retour à l'école anglaise d'écoliers inscrits à l'école française, les tests linguistiques de la Loi 22 pouvant être repris par ceux les ayant précédemment échoués.

Les effets de la Charte de la langue française

L'un des objectifs de la Charte de la langue française devait être d'intégrer les enfants des nouveaux immigrants à l'école de la majorité francophone du Québec, peu importe leur langue ou leur origine. Il ne faudrait donc pas s'étonner de constater une plus grande baisse des inscriptions à l'école anglaise publique depuis l'adoption de la Charte de la langue française, d'autant plus que ses effets coïncident avec ceux causés par d'autres facteurs dont l'importance a été mesurée, et sur lesquels nous reviendrons plus loin.

Au cours des six premières années d'application de la Charte de la langue française, les effectifs des écoles anglaises ont diminué de plus de 38,0 % alors que ceux des écoles françaises perdaient un peu moins de 15,0 % de leurs clientèles[7]. Cette évolution contraste avec celle qui s'était déroulée durant le premier lustre de la décennie 70 alors que les effectifs des classes anglaises étaient demeurés à peu près stables et que les classes françaises perdaient plus de 3,0 % de leurs effectifs annuellement. On remarque également une augmentation légère des inscriptions aux classes maternelles françaises à la suite d'une légère augmentation du nombre de naissances mais aussi de l'obligation dans laquelle se trouvent tous les nouveaux immigrants d'inscrire leurs enfants à l'école française, ainsi qu'une partie des immigrants arrivés avant la Loi 101, immigrants non-visés par les « modalités transitoires ». En septembre 1982, le poids des classes anglaises se situait sous les 13,0 %. En première année du niveau primaire, le secteur francophone accueillait 91,4 % des écoliers. On note également que malgré une baisse sensible, les modalités transitoires de la Loi 101 permettaient à une majorité de jeunes allophones de s'inscrire à l'école anglaise (51,4 % soit 37 200 sur 72 400); en première année cependant, on ne retrouve que 30,6 % des allophones inscrits à l'école anglaise. Six ans après l'adoption de la Loi 101 on observe que le secteur d'enseignement de langue anglaise compte 34,0 % (28,6 % en première année) de ces effectifs dont la langue maternelle n'est pas l'anglais (8,4 % francophones et 25,6 % allophones); par

---

7. Il s'agit des élèves des écoles primaires et secondaires publiques.

contre le secteur francophone a vu l'importance de ces effectifs de langue maternelle autre que française passer de 2,3 % en 1976-1977 à 5,2 % en 1982-1983 (7,2 % en première année).

Ainsi, depuis l'adoption de la Charte de la langue française, le réseau scolaire anglophone connaît une importante diminution de ces effectifs, conséquence de la conjonction de plusieurs facteurs : la baisse de la fécondité, la migration nette négative, le choix volontaire de l'école française et les critères d'admission à l'école française promulgués par la Loi 101. Une étude du ministère de l'Éducation a démontré que ce dernier facteur ne comptait que pour environ 25,0 % de la diminution des clientèles anglophones, laissant ainsi l'ensemble des autres facteurs responsables aux 3/4 de la baisse[8]. Cependant, il ne faut pas oublier que pour une certaine part, l'émigration des anglophones et le passage à l'école française sont aussi des conséquences indirectes des politiques linguistiques votées dans les années soixante-dix.

Les prévisions de clientèles préparées par le Conseil scolaire de l'Île-de-Montréal laissent entrevoir qu'en 1988-1989, plus de 53 000 élèves étudieront dans le secteur anglophone. Il s'agit d'une baisse importante par rapport au nombre d'élèves de 1982-1983, mais il n'en demeure pas moins que les classes anglaises regroupent alors 27,1 % des effectifs scolaires des niveaux primaires et secondaires de l'Île-de-Montréal. Il va sans dire que ces chiffres pourront être revus à la hausse si l'article 23 de la Charte fédérale des droits et libertés devait s'appliquer en tout ou en partie.

On ne peut terminer un tel exposé, sans s'attarder quelque peu sur la situation qui prévaut dans les cégeps et les universités. Bien que l'importance relative des étudiants allophones inscrits dans les cégeps francophones ait légèrement augmenté depuis 1976-1977, il n'en demeure pas moins qu'en 1982-1983, plus de 80,0 % des étudiants allophones étaient inscrits dans un collège anglophone. Cette situation est tout à fait comparable à celle observée dans les secteurs primaires et secondaires avant l'adoption de la Loi 22, c'est-à-dire au moment du libre choix de la langue d'enseignement. En fait, les données de 1982-1983, nous permettent d'observer qu'à peine 60,0 % des étudiants qui fréquentent les cégeps anglophones sont de langue maternelle anglaise. Tout comme l'école primaire et secondaire au début des années 70, le cégep anglais demeure une voie d'assimilation des allophones à la minorité anglophone. La situation dans les universités n'est pas très différente; en effet, en janvier 1982 plus de 60,0 % des étudiants allophones inscrits dans les universités fréquentaient une des universités anglophones du Québec. Étant donné que la proportion des francophones à étudier dans une université anglophone s'accroît, le bilan des échanges entre les deux principales communautés linguistiques au niveau universitaire est de plus en plus défavorable à la majorité francophone.

---

8. Claude ST-GERMAIN et Robert MAHEU, *Langue maternelle et langue d'enseignement dans les écoles publiques du Québec:* évolution récente, ministère de l'Éducation, Secteur planification, Document 55, Québec, 1981, p. 57.

Conclusion

L'expérience québécoise des dernières années démontre qu'il est possible par des législations de modifier la composition d'une sous-population, en l'occurrence de la clientèle des écoles primaires et secondaires. Ces modifications se sont faites par l'entremise d'une législation et d'une réglementation très précise; elles pourraient cependant être atténuées par la nouvelle constitution canadienne de 1982. Il est trop tôt pour prévoir les conséquences de ces ouvertures à l'inscription à l'école anglaise, mais étant donné la situation observée dans les niveaux collégial et universitaire, il y a tout lieu de croire que l'attraction de l'école anglaise par les populations non francophones continue à être extrêmement importante. L'expérience québécoise étant très englobante, puisqu'il s'agit d'un véritable projet de société, il faudra voir au cours des prochaines années si la francisation de l'ensemble de la société québécoise pourrait être suffisante pour attirer naturellement les immigrants à l'école de la majorité ou s'il faudra maintenir des critères d'admission clairement définis.

L'enseignement des matières scolaires autres que le français

Conférenciers :	Fernand TOUSSAINT, agent de recherche, Conseil supérieur de l'éducation
	Colette BOUCHARD, conseillère pédagogique, Commission scolaire de Sorel
	Aline DESROCHERS-BRAZEAU, conseillère pédagogique, Commission scolaire de Soulanges
	Hector GRAVEL, professeur, Université de Montréal

La question du rôle de l'enseignement des matières scolaires autres que le français dans la formation linguistique des élèves et celle de la responsabilité des enseignants de ces matières ont donné lieu au Québec à différentes positions pédagogiques allant de la négation pure et simple de tout rôle et de toute responsabilité jusqu'à l'affirmation que le français devrait d'abord être enseigné par les enseignants des matières autres que le français, réservant aux enseignants de français l'enseignement grammatical proprement dit. Les institutions d'enseignement ont d'ailleurs souvent émis des politiques relatives à la correction du français en dehors des classes de français. On peut se demander quelle est la situation actuelle et comment peut se traiter cette question.

Fernand Toussaint nous présentera d'abord la problématique générale; Colette Bouchard nous entraînera vers le concept d'intégration des matières en montrant les exigences linguistiques dans l'apprentissage des autres matières; Aline Brazeau mettra l'accent sur les dimensions pédagogiques de l'interdisciplinarité à l'école en développant la notion de thème comme élément pivot; Hector Gravel rendra compte d'un projet de recherche transdisciplinaire. L'atelier était animé par Gaétane Grossinger-Divay, enseignante à la Commission scolaire de Saint-Eustache.

L'enseignement des matières scolaires autres que le français : problématique générale

Fernand TOUSSAINT

Je traiterai brièvement des matières autres que le français dans leur rapport avec l'enseignement du français. En même temps, je me situerai à l'intérieur de la problématique des rôles telle qu'elle est présentée dans le programme officiel de cet atelier mais en m'attardant quelque peu aux implications de l'intégration des matières ou encore de l'interdisciplinarité.

Le programme officiel situe les rôles possibles des enseignants en termes qui s'excluent d'une certaine façon en matière de formation linguistique des élèves. Le tout se résume en deux scénarios : ou bien l'exclusive est laissée aux enseignants de français, les enseignants des autres matières n'ayant à cet égard aucune responsabilité et aucun rôle à assumer ; ou bien les enseignants des autres matières ont un rôle essentiel à jouer dans l'enseignement du français, le rôle des enseignants de français se limitant tout au plus à l'enseignement grammatical.

Ces deux positions extrêmes m'apparaissent toutes les deux à proscrire :

- Dans le cas de l'exclusive laissée aux enseignants de français, on s'exposerait :
  — à une véritable démission, un véritable désintéressement de l'ensemble des autres enseignants face aux problèmes de langue ;
  — à une prédominance indue des spécialistes (ou de ceux qui s'attribuent ce titre) ;
  — à la création d'un facteur de cloisonnement de l'activité éducative ;
  — à la dissociation du français de la vie courante, de la culture vécue à travers d'autres domaines d'apprentissage ;
  — à une division de la visée éducative commune.

- Dans le cas de la prédominance des enseignants des autres matières, on pourrait en arriver à une situation guère plus rassurante :
  — tendance à se sentir responsable de tout et de rien et à s'en remettre finalement aux autres d'une certaine façon ;
  — traitement différent et parfois insuffisant d'un enseignement à l'autre ;
  — traitement insuffisant des matières autres que le français au profit de ce dernier ;

— grande difficulté de coordination et de supervision de l'enseignement du français ;

— frustration des enseignants de français limités à l'aspect grammatical : donc rôle assumé incomplètement à l'égard des objectifs de formation par le français.

D'autres voies me semblent donc à rechercher :

- la voie de l'intégration des matières ou de l'interdisciplinarité (au primaire notamment) ;
- la voie de la concertation entre tous les intervenants.

La voie de la concertation laisse un rôle entier aux enseignants de français mais implique que les autres enseignants dépassent leur matière spécifique et maintiennent constamment quant à la qualité de la langue de leurs élèves. Mais dans une approche davantage centrée sur l'incitation à l'attention constante envers la langue que sur un enseignement systématique.

L'intégration des matières (ou l'interdisciplinarité) — comme mode d'organisation de l'enseignement — m'apparaît, comme pour le Conseil supérieur de l'éducation d'ailleurs, une voie souhaitable comme scénario d'avenir. Un scénario qui s'imposera sans doute de plus en plus par lui-même dans le contexte de l'augmentation du nombre de programmes et des classes à groupes multiples (surtout au primaire).

Une telle perspective pose toutefois un défi sous de multiples aspects :

- Il faudra réussir à concilier les objectifs des diverses matières dans des activités communes, ce qui n'est pas une sinécure.
- Il faudra assurer à chaque matière un traitement spécifique suffisant, qui respecte les objectifs et la démarche propres de chacune (ex. : la démarche scientifique en sciences de la nature, la démarche d'objectivation en français).

  À cet égard, une étude du Conseil supérieur de l'éducation[1] a révélé que les matières dites « secondaires » au primaire sont peu ou mal enseignées présentement, la grande part des énergies allant au français, aux mathématiques et à l'enseignement religieux. Si l'on croit à la valeur formative des arts, des sciences humaines, des sciences de la nature, de l'éducation physique, de la formation personnelle et sociale, on ne peut accepter que ces matières ne servent que de prétexte à l'enseignement du français dans un contexte d'interdisciplinarité.

- Il faudra se méfier d'une apparente intégration des matières où l'une d'elles seulement trouve son profit.

  Ainsi, on pourrait très bien atteindre un objectif d'enseignement du français en partant d'un texte historique sans que l'objectif de formation en histoire y trouve son compte ou vice-versa.

---

1. Conseil supérieur de l'éducation, *Les matières dites « secondaires » au primaire,* avis au ministre de l'Éducation, juin 1982.

- Il faudra, en termes de développement pédagogique, concevoir des moyens nouveaux en rapport avec la présentation intégrée des programmes, le matériel didactique, l'évaluation des apprentissages et la préparation des enseignants.

La langue possède des rapports étroits inévitables avec l'enseignement des autres matières. Véhicule et support de la pensée, elle facilite l'apprentissage des autres matières ; en revanche, elle peut profiter du soin qu'on lui accorde à l'intérieur des autres champs de formation. Ces rapports peuvent être de ceux qui subordonnent une matière à une autre ou de ceux qui ont pour effet de faciliter la réalisation des objectifs de chacune dans une réelle économie de moyens et dans la meilleure concertation entre tous les intervenants.

Ce n'est donc pas en termes d'opposition des matières que réside l'avenir de l'enseignement du français mais dans le sens de la convergence. L'intégration des matières — l'approche interdisciplinaire — fera probablement des pas de géant d'ici dix ans et peut-être en arrivera-t-on même un jour à assurer un bon enseignement du français à partir des autres matières. Mais celles-ci ne devraient pas pour autant être tenues pour secondaires. On devra leur permettre à leur manière de contribuer au meilleur développement des jeunes.

Le français, outil d'intégration

Colette BOUCHARD

On discute avec raison du rôle de l'enseignement des matières scolaires autres que le français dans la formation linguistique des élèves et de la responsabilité des enseignants de ces matières. La présentation de cet atelier fait référence à diverses positions pédagogiques à ce propos. J'apporte ici quelques aspects d'une pédagogie appelée organique c'est-à-dire préoccupée avant tout de la personne qui apprend et de l'intégration qu'elle fait de ses apprentissages.

Voyons d'abord l'importance que nous accordons à l'apprentissage de la langue maternelle pour situer ensuite la relation de cet apprentissage avec celui des autres disciplines, tout particulièrement au primaire, et comment nous traitons la question de l'intégration.

Les mots et les tournures grammaticales de la langue maternelle concentrent la conscience sur un objet ou sur un point précis, ce qui permet d'atteindre un double objectif :

a) ordonner le monde dans lequel on vit ;

b) se situer et s'orienter à l'intérieur de ce monde.

À cet égard, la connaissance de la langue maternelle et son emploi dans tous les domaines de la connaissance et dans toutes les activités d'apprentissage jouent un rôle si fondamental qu'on peut dire qu'ils ont une valeur fondatrice, en particulier chez les enfants et les adolescents. Les mots et les tournures syntaxiques fournissent à la conscience les catégories fondamentales de la pensée.

Pour vérifier cette affirmation, imaginez l'exercice suivant : essayez de communiquer à d'autres des informations ou des impressions sur un point précis sans utiliser le langage. Dans un premier temps à l'aide du dessin (idéogramme) ; puis dans un deuxième temps en n'utilisant ni le langage, ni le dessin (ex. : gestes, démarches, mimes, etc.). Tentez ensuite d'évaluer ce que la communication perd en précision, en clarté, etc.

La conscience de l'élève se développe et se structure par l'emploi progressif des ressources de la langue maternelle.

L'élève apprend les noms des choses qu'il voit ; grâce à cela, il peut fixer sur elles son attention, les identifier, les distinguer des autres choses, les désigner, les évoquer en leur absence, les associer à d'autres choses, former des combinaisons et des groupes, construire des ensembles, etc. Les mots et les tours de syntaxe sont des signes ayant des significations et ces signes se prêtent à toutes sortes d'usage.

La langue maternelle est un instrument à notre disposition, un instrument d'une grande richesse expressive. Le français possède les mots et les tournures pour traduire avec clarté et avec exactitude

— les êtres et les choses ;

— les aspects des êtres et des choses qu'on veut mettre en relief ;

— les relations qui existent entre les êtres et les choses ;

— les mouvements et les changements qui affectent les êtres et les choses.

La connaissance des ressources de la langue maternelle et leur emploi correct forment la pensée ; ils permettent de se comprendre soi-même (c'est-à-dire de mettre de l'ordre et de la clarté dans son monde intérieur) ; puis de se faire comprendre (c'est-à-dire de s'exprimer avec clarté, précision et justesse) ; et enfin de comprendre les autres lorsqu'ils s'expriment. La connaissance de la langue et son emploi soutiennent la compréhension, offrent des formules qui la fixent et lui permettent de progresser, d'aller de l'avant. Il y a des échanges constants dans les deux directions entre langue et conscience et les résultats de ces échanges sont structurants pour la conscience. Plus la connaissance des ressources linguistiques est étendue, précise, fine, plus elle a de la rigueur et de la justesse, plus la conscience prend de l'ampleur, de la justesse et de la rigueur.

La connaissance de la langue maternelle structure le monde autour du sujet. Il en est ainsi parce que la langue possède les moyens qui expriment toutes les catégories de base dont la pensée se sert pour ordonner et comprendre le monde.

— Les noms désignent les êtres, les choses, ce qui existe, ce que l'on voit, entend et touche. Ces êtres et ces choses, tirées de l'expérience sensible, sont déterminés, qualifiés par des adjectifs ; leurs actions et leurs rapports sont exprimés par le verbe.

— Les adjectifs et les adverbes ayant trait à l'espace relient des lieux divers au lieu où se trouve le sujet.

— Les adverbes de temps relient des moments particuliers au présent du sujet. Ainsi en est-il des temps des verbes.

— Les modes des verbes traduisent l'intention du sujet, celle qu'il a de s'exprimer de façon indicative, impérative, optative, exhortative.

— Les voix conjuguent les verbes à l'actif et au passif et font passer le sujet au rôle d'objet et l'objet au rôle de sujet.

— Les conjonctions et les prépositions sont des mots de relation exprimant des rapports de lieu, de temps, de cause, de condition, de concession, d'opposition, etc.

La langue exerce sur la pensée une influence qui la structure à cause de son contenu de pensée. La langue remplit ainsi une fonction de structure qui est étroitement reliée aux opérations de la perception sensible, de l'intuition, de la conception, de la réflexion critique. La langue, instrument d'expression, est intimement reliée aux opérations de l'activité cognitive.

Cette fonction de structuration est plus fondamentale que la fonction de communication. Avant de communiquer et en vue de communiquer de manière adéquate, l'esprit a besoin d'identifier, de nommer, de désigner, de comprendre.

Pour que la langue maternelle remplisse ses fonctions de structuration et de communication chez les jeunes du primaire et du secondaire, il ne suffit pas d'étudier la morphologie, la syntaxe et l'orthographe. Il faut que les jeunes aient l'occasion de pratiquer l'expression, c'est-à-dire de parler et d'écouter, d'écrire et de lire. Il faut que l'expression reflète un contenu qui ait de l'intérêt et de la richesse. Cette matière est fournie par la connaissance progressive de l'environnement de l'élève et par le développement des moyens d'appréhender cette réalité et de vivre davantage en harmonie avec son milieu naturel[1]. C'est ce qu'on retrouve dans les programmes de sciences, la catéchèse et les mathématiques. Il s'établit entre ces disciplines et le français des rapports fonctionnels. D'une part, l'utilisation de la langue dans un but de formation a besoin des autres disciplines ; d'autre part, les autres disciplines ont besoin de l'utilisation de la langue pour réaliser les objectifs que le programme leur assigne.

Pour mieux comprendre de quelle manière l'utilisation de la langue maternelle est reliée à l'étude des disciplines figurant au programme du cours primaire, il suffit, à titre d'exemple, de se reporter aux programmes d'études du ministère de l'Éducation. Prenons le programme d'études des sciences humaines[2]. Ouvrons la brochure et lisons avec soin le chapitre deuxième consacré aux « orientations générales » et les premières pages du chapitre troisième traitant de « l'objectif global ». Au cours du primaire, y lit-on, les sciences humaines ont pour objectif l'étude des interactions de l'homme et de son milieu. Cette étude conduit à s'interroger sur les divers aspects des réalités observées, à découvrir les relations qui les unissent, à s'éveiller peu à peu aux concepts d'espace, de temps et de société, trois concepts qui constituent les axes essentiels de toute étude sur la réalité humaine (pp. 8-9).

Il est clairement affirmé dans le document que cette étude est une initiation. Le programme dit d'abord ce que n'est pas l'initiation. Elle ne consiste pas en « une introduction systématique aux disciplines scientifiques », ni en « une formation axée » sur l'acquisition « d'une compétence disciplinaire » (p. 9) qui serait fondée sur un emploi rigoureux des méthodes spéciales propres aux sciences de l'homme.

En revanche, le programme présente l'initiation comme « une première familiarisation avec quelques éléments, quelques points de repère importants de l'histoire et de la géographie » (p. 9). L'initiation comporte également une première prise de contact avec certains éléments de la méthode scientifique propre à chacune de ces disciplines.

On retrouve les mêmes éléments dans le programme des sciences de la nature[3]. Nous lisons dans les « orientations générales » à la page 2 : « Le présent programme tiendra compte à la fois du sujet, l'élève, et de l'objet, l'environnement, de même que des relations entre eux ». Il s'agit comme dans les sciences humaines des interactions

---

1. Sciences de la nature, p. 1.

2. *Programme d'études, sciences humaines, histoire, géographie, vie économique et culturelle,* ministère de l'Éducation, Direction des programmes, Gouvernement du Québec, 1981.

3. *Programme d'études, sciences de la nature,* ministère de l'Éducation, Direction des programmes, Gouvernement du Québec, 1980.

de l'homme et de son milieu. Car on définit l'environnement de l'homme comme « tout ce qui constitue son cadre de vie : l'ensemble des milieux qui l'influencent et sur lesquels il agit » (p. 2). Et lorsque l'on précise l'objet d'étude des sciences de la nature, le programme distingue « deux grands sous-systèmes » dans l'environnement : « le milieu naturel et le milieu humain, chacun composé d'un ensemble d'éléments en interaction constante » (p. 2). Il limite l'étude de ce programme au ‹ sous-ensemble milieu naturel › en considérant les composantes physique, biologique et technologique ainsi que leurs interrelations ».

Entrons plus avant dans le programme. Le 3ᵉ chapitre intitulé « Description du contenu » précise clairement que le programme « vise à aider l'enfant à construire des connaissances et à se familiariser avec la démarche expérimentale. Cette dernière est un outil qui permet au scientifique d'accéder aux connaissances disponibles dans l'environnement » (p. 5). On pourrait continuer cette lecture du programme qui décrit le processus des opérations. L'élève « construit ses connaissances en observant, en se posant des questions sur des êtres vivants, des objets inanimés, des phénomènes. Si un problème correspond à un besoin, un processus de recherche s'amorce . . . ».

Il en est ainsi dans le programme d'art, de mathématiques, de catéchèse. Ainsi les programmes proposent-ils que l'élève du primaire apprenne à interroger, à observer, à recueillir des données, à les comparer, à les classifier, à les interpréter.

Or toutes ces opérations exigent l'emploi du langage. Le langage est l'instrument par lequel l'élève va formuler ses questions, nommer les données recueillies ; il faut le langage pour distinguer les données, les comparer, les classifier, les interpréter. Toutes ces opérations exigent une expression précise, claire, nuancée et dans la mesure du possible rigoureuse. Ainsi la langue maternelle devient-elle l'instrument privilégié de cette étude initiale, plus encore que les diagrammes, les cartes et les maquettes.

En utilisant de la sorte sa langue maternelle, l'élève apprend à la manier ; mais en même temps, il ouvre sa conscience, il la forme et la structure ; et il développe une vision ordonnée du monde dans lequel il vit.

Le problème de l'interdisciplinarité ne se pose donc pas au niveau des jeunes du primaire et du secondaire, comme d'aucuns le prétendent, car personne n'est encore enfermé dans des disciplines. La question qui se pose est « pré-disciplinaire ». Un enfant ne s'intéresse pas à la géographie ou aux sciences ou à la grammaire, un enfant s'intéresse aux grenouilles, aux fleurs, aux ponts, aux astres, aux nuages, aux animaux. C'est la langue qui permet de différencier, de nuancer, de synthétiser. C'est l'enfant qui est l'artisan de l'intégration avec ses intérêts et la langue est l'instrument principal de l'intégration dans la mesure où l'enfant l'utilise.

Nous avons tenu compte de tous ces éléments dans l'élaboration du projet d'intégration et dans sa mise en oeuvre en classe[4] et nous retrouvons aujourd'hui ces mêmes éléments dans les nouveaux programmes.

---

4. Pierre ANGERS et Colette BOUCHARD, *L'activité éducative, une théorie, une pratique, La mise en oeuvre du projet d'intégration.* CSES Inc., 1981.

Les grandes lignes d'une pédagogie de valorisation des différents domaines de l'apprentissage scolaire

Aline DESROCHERS-BRAZEAU

La pédagogie actuelle veut améliorer le sort des matières dites « secondaires », de ces matières qui visent, comme les matières de base, le développement des habiletés mentales, des aptitudes d'expression et de méthode ; de ces matières qui veulent stimuler les dispositions créatrices de chaque enfant. Peut-on enseigner les matières de base sans faire appel aux autres disciplines scolaires ? Peut-on enseigner les matières secondaires en les intégrant à une pédagogie de la communication authentique ? Les sciences, les arts, les travaux manuels, l'éducation physique font-elles partie intégrante de l'éducation globale ?

Selon les récentes directives du MEQ, toutes les disciplines devraient faire l'objet d'un enseignement de qualité. Dans son dernier bulletin d'information, le Conseil supérieur de l'éducation recommande que les objectifs des divers programmes soient poursuivis dans une perspective d'intégration des matières. Mais comment y arriver ? Comment faut-il s'organiser au primaire pour concilier une démarche pédagogique globale avec la nécessité de ne négliger aucun domaine de l'enseignement ? Comment, dans la pratique quotidienne de la classe, autour d'un projet d'étude commun, les activités éducatives qui relèvent des différents champs du savoir peuvent-elles s'imbriquer étroitement, s'enrichir et se prolonger harmonieusement sans pour cela perdre de vue les aspects spécifiques de chacun de ces domaines de la connaissance ?

Voilà l'un des problèmes majeurs de l'enseignement au primaire ! Tout en voulant répondre aux multiples exigences des divers programmes, beaucoup d'enseignants et enseignantes s'interrogent sur des façons et des modalités pour établir les liens qui s'imposent entre les différents savoirs. Ils veulent s'organiser pour dépasser la notion contraignante de programme et placer leurs élèves dans des situations de communication les plus réalistes et les plus signifiantes possible.

Au cours de cet entretien, nous essayerons de décrire le rôle du maître dans une approche pédagogique qui permet d'intégrer les objectifs généraux et terminaux des divers programmes scolaires autour d'idées générales que nous nommerons « thèmes ».

Un projet d'intégration par thèmes engage directement l'enseignant dans une démarche de recherche-action, c'est-à-dire que celui ou celle qui accepte de vivre un projet thématique doit « simultanément » faire l'analyse critique de ses actes d'enseignement et créer un environnement éducatif riche, souple, polyvalent, propice au développement des multiples langages.

C'est au fur et à mesure de ses expérimentations quotidiennes que l'enseignant en arrivera à prendre de plus en plus conscience de ses responsabilités, à considérer ses difficultés non plus comme des obstacles insurmontables mais comme autant de problèmes à résoudre. L'éducation, tout comme la politique, n'est-elle par l'art du possible, du compromis ?

Chaque enseignant qui veut s'aventurer dans les avenues de l'intégration des contenus d'apprentissage doit accepter de réviser et d'énoncer le plus clairement possible :

— les principes d'action qui guident ses interventions pédagogiques ;
— les raisons qui motivent ses choix d'objectifs de contenu et de formation ;
— les procédures et les modèles qu'il utilise :
  - pour planifier ses activités d'apprentissage et de communication ;
  - pour placer ses écoliers dans des situations signifiantes qui font appel à leurs habiletés de compréhension et de communication.

1. Pourquoi s'interroger sur les principes directeurs d'un projet d'intégration ?

Tout projet de recherche-action provoque chez ceux et celles qui le vivent une remise en question de leurs valeurs ou de leurs croyances pédagogiques. Cette phase de préparation et de réflexion est essentielle à tout projet. Elle amène les personnes engagées à confronter leurs propres valeurs à la réalité de leur milieu, de leur classe et aux directives du MEQ. Il n'est plus seulement question de minutes d'enseignement, d'horaire, de partage d'élèves, de leçons et de devoirs ; il est devenu primordial d'approfondir et d'affermir les véritables raisons de son action pédagogique.

Tous les programmes disciplinaires du MEQ mettent l'accent sur les valeurs et les finalités définies dans l'énoncé de politique et de plan d'action *L'école québécoise*. Ils s'inscrivent dans une perspective de développement des attitudes et aptitudes propres à la société québécoise. Ils suggèrent des possibilités, des démarches qui pourraient faciliter l'intégration des différents champs du savoir.

On affirme, dans tous ces programmes, que l'enfant doit devenir le **principal agent** de son apprentissage, qu'il doit en arriver à une **démarche personnalisée** où il lui faudra **toujours prendre contact avec une réalité** quelle qu'elle soit, pour en percevoir les composantes, en isoler les éléments, les traiter mentalement et en dégager ce qu'on appelle la connaissance.

La reconnaissance de la primauté de l'enfant et de son interaction avec son environnement suscite un nouveau concept de réalité éducative.

L'application de ce principe prend toute sa signification et sa dimension quand il s'agit d'organiser des situations d'apprentissage, d'aménager sa salle de classe en fonction d'une pédagogie de la communication et de définir des modalités d'intervention au niveau du processus d'apprentissage.

Pour l'enseignant engagé dans un projet thématique, planifier son enseignement, c'est vouloir créer un environnement où il lui sera possible d'être un animateur capable :

- **d'accueillir,** chaque matin, des enfants en quête de présence et d'écoute attentive,
- **de partager** avec eux les joies, les peines, les efforts, les expériences d'apprentissage et de communication,
- **de valoriser** chaque geste, chaque tentative, chaque réalisation afin de permettre à tous et à chacun de ces enfants de recréer le monde à leur image et de l'exprimer par les multiples langages.

2. Quels objectifs faut-il choisir ?

Nous remarquons que, dans tous les programmes du primaire, l'accent est mis sur le développement des habiletés et sur les cheminements qui conduisent au développement des connaissances et des stratégies utiles à la communication des expériences tant individuelles que collectives.

Lors de la planification des activités d'apprentissage d'un projet thématique, il s'agit pour le maître de bien distinguer ces deux aspects de la programmation, à savoir les objectifs de formation générale et les objectifs propres à chacune des disciplines scolaires.

En tant qu'enseignants, nous avons la responsabilité de ces deux types d'objectifs lorsque nous mettons les enfants en situation d'apprentissage ou de communication. Les enfants ont le droit d'attendre de notre part un certain nombre d'interventions qui les aideront à cerner, puis à explorer leur objet d'étude, qui les soutiendront tout au long de la réalisation de leurs projets spécifiques.

Dans un premier temps, il s'agit de délimiter très clairement avec les enfants l'objet d'étude et de réaliser la phase préparatoire du projet. Lors d'un questionnement collectif ou d'un échange, les enfants en arrivent à partager leurs expériences du sujet traité, à circonscrire leurs différents champs de recherche et à organiser leurs premières démarches exploratoires : sorties dans le milieu, visites de musées, venue de personnes-ressources, etc.

Quelle que soit la réalité à observer, le questionnement ou l'échange provoque l'expansion et l'extension des structures langagières. Il permet aux enfants de formuler leurs intentions, leurs émotions, leurs sentiments ou leurs opinions. Cette phase de mise en commun amène le maître et les enfants à mieux se comprendre, à se renseigner mutuellement et à discuter de l'aménagement de la classe en fonction des buts qu'ils poursuivent. Pour les enfants, il s'agit d'indications, de questions, de formulations de problèmes qui les aident à cerner globalement la réalité à étudier ; pour le maître, il s'agit d'orientations qui facilitent la formulation des objectifs susceptibles de se réaliser au cours des différentes activités d'apprentissage et de communication. Les matières d'expression favorisent la créativité et permettent à l'enfant de s'actualiser de différentes façons et de développer les multiples facettes de sa personnalité.

Il ne faut toutefois pas concevoir cette formulation d'objectifs comme une démarche finale. Certains objectifs seront reformulés, supprimés, précisés, ajoutés au cours des différentes phases du projet thématique. En phase finale du projet, ils serviront à la fois aux enfants, pour évaluer leurs réalisations, et à l'enseignant pour analyser son enseignement.

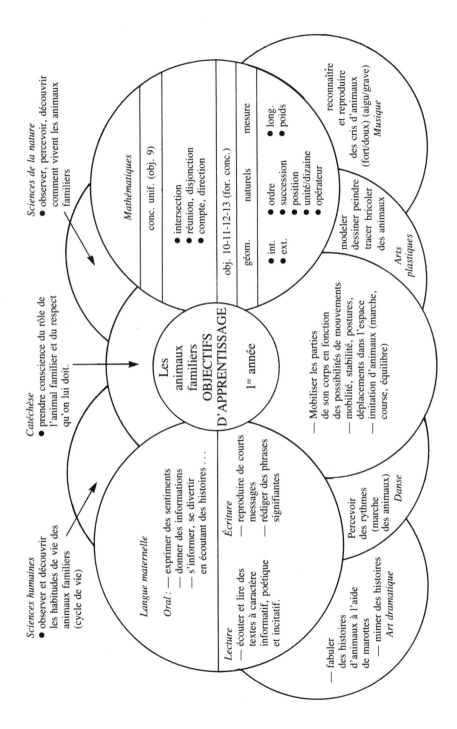

Sciences de la nature
● observer, percevoir, découvrir comment vivent les animaux familiers

Catéchèse
● prendre conscience du rôle de l'animal familier et du respect qu'on lui doit.

Sciences humaines
● observer et découvrir les habitudes de vie des animaux familiers (cycle de vie)

Mathématiques

conc. unif. (obj. 9)
● intersection
● réunion, disjonction
● compte, direction

obj. 10-11-12-13 (for. conc.)

géom.	naturels	mesure
● int.	● ordre	● long.
● ext.	● succession	● poids
	● position	
	● unité/dizaine	
	● opérateur	

Musique
reconnaître et reproduire des cris d'animaux (fort/doux) (aigu/grave)

Arts plastiques
modeler
dessiner peindre
tracer bricoler
des animaux

Les animaux familiers
OBJECTIFS D'APPRENTISSAGE
1re année

— Mobiliser les parties de son corps en fonction des possibilités de mouvements
— mobilité, stabilité, postures, déplacements dans l'espace
— imitation d'animaux (marche, course, équilibre)

Danse
Percevoir des rythmes (marche des animaux)

Langue maternelle

Oral : — exprimer des sentiments
— donner des informations
— s'informer, se divertir en écoutant des histoires …

Écriture
— reproduire de courts messages
— rédiger des phrases signifiantes

Lecture
— écouter et lire des textes à caractère informatif, poétique et incitatif.

Art dramatique
— fabuler des histoires d'animaux à l'aide de marottes
— mimer des histoires

Tout au long de cette étape préparatoire d'un projet, le langage verbal est présent ; il est le lien commun, multiforme, fonctionnel qui favorise la communication entre les enfants et le maître.

Voici un tableau qui présente la plupart des programmes officiels du MEQ pour l'enseignement au primaire. Les sciences servent de point de départ à l'observation, à la manipulation et à l'assimilation des concepts fondamentaux de l'apprentissage. C'est une source intarissable de projets d'étude. Le langage verbal, écrit, mathématique ou culturel sert alors à contrôler, à vérifier les différentes hypothèses et à communiquer les expériences selon différents types de discours.

Dans un deuxième temps, le maître concentre son attention sur ce qu'il souhaite voir apparaître chez ses élèves. Non seulement souhaite-t-il que ceux-ci parviennent à maîtriser des contenus notionnels mais il désire aussi qu'ils en arrivent à développer des habiletés fondamentales, des méthodes de travail, des attitudes positives face à leurs apprentissages scolaires. C'est là, il nous semble, l'essentiel de la tâche du maître. La maîtrise des contenus disciplinaires ne vaut rien si elle ne s'accompagne pas du développement harmonieux des pouvoirs sensoriels, affectifs et cognitifs des enfants.

Ce domaine des objectifs pédagogiques de formation est complexe, mais sans une prise de conscience de l'importance primordiale des multiples facettes de l'apprentissage, l'enseignement tant au primaire qu'au secondaire risque de s'engager dans des avenues sans issue.

Le tableau 2[1] illustre une structure d'organisation pédagogique qui veut conjuguer, intégrer à la fois les objectifs disciplinaires et les objectifs de formation autour d'une idée générale que nous appelons « thème ».

D'une part, il sert à concrétiser un modèle pédagogique d'apprentissage inspiré des récentes recherches de Bucckart, de Gilford, de Williams, et d'autre part, il permet de considérer le développement des talents globaux dont disposent les enfants (capacité d'aborder la réalité sous de multiples aspects : aspects de la logique, de la perspective, de la créativité, de la procédure, de l'évaluation).

3. Comment en arriver à programmer des activités éducatives et à organiser la vie de la classe ?

Ce n'est pas tout de lancer un projet thématique et de s'interroger sur les objectifs de formation et les objectifs de contenu, encore faut-il l'articuler et proposer aux élèves des activités qui soient cohérentes avec les principes et les objectifs retenus.

La programmation des activités est une tâche complexe qui demande un certain temps, une bonne connaissance de la clientèle, une vision globale des matières à enseigner et des différentes méthodes que proposent les divers programmes (méthodes expérimentale et expérientielle).

---

1. Voir le tableau 2.

Dans un premier temps nous pensons que l'étude parallèle de différents modèles d'apprentissage et celle des démarches pédagogiques des divers programmes conduit l'enseignant et l'enseignante à établir les liens qui s'imposent entre des réalités semblables nommées différemment, à réaliser une synthèse personnelle, à définir les différentes étapes de son propre modèle d'organisation pédagogique.

Dans un deuxième temps, le maître organise des activités éducatives ; il crée un environnement et des conditions pour que ses élèves puissent apprendre à apprendre.

Un maître bien organisé, bien structuré peut être, à notre avis, plus permissif, plus conciliant, parce que meilleur observateur, plus dégagé de l'immédiat, plus prêt à accepter les changements qui naîtront sûrement lors de la mise en marche des différentes activités éducatives.

Dans un environnement scolaire organisé en fonction d'un projet commun, l'enseignant est un intervenant à plusieurs niveaux.

L'organisation de la vie scolaire nécessite des discussions, des prises de décision qui permettent aux élèves de gérer en quelque sorte les différents lieux de leurs apprentissages. Ainsi s'organiseront dans la classe les différents ateliers ou aires de travail susceptibles de mieux répondre aux besoins du groupe parce que plus fonctionnels, plus en relation avec les buts qu'ils poursuivent.

À titre d'exemple, voici comment un coin de lecture organisé par les écoliers et pour les écoliers a fonctionné parce que c'était leur réalisation. Durant leurs activités de recherche, les enfants y ont lu davantage parce qu'ils savaient pourquoi ils l'avaient organisé. Ils savaient l'utiliser et ils respectaient les règlements qu'ils s'étaient donnés. Durant les périodes d'évaluation, conscients de leurs possibilités de gestion, ils en évaluaient l'efficacité et s'entendaient pour les modifier dans le sens d'un savoir-faire plus efficace et d'un mieux-être plus valorisant.

Les activités conçues selon le modèle que nous préconisons se situent dans un ordre de réalisation que nous jugeons le plus naturel possible.

Les activités d'exploration permettent à l'enfant d'entrer en contact avec une réalité donnée. Tout au long de cette démarche de découverte, l'enfant est curieux, il observe, interroge, compare, cherche à comprendre, formule des hypothèses et en arrive à une première représentation de l'environnement de son projet d'étude.

Durant toute cette étape d'apprentissage, le maître est sans cesse présent à son groupe. Il aide les enfants à formuler leurs interrogations, à reformuler leurs découvertes, à décrire, à identifier les différentes données de leur cueillette d'informations. Il intervient pour rendre leur communication plus objective, plus informante, plus précise.

Les activités d'exploitation engagent l'enfant dans un processus de découverte du phénomène de l'image. Sans cesse assailli par les images, l'enfant a besoin d'apprendre à les décoder, à saisir leurs multiples sens, à établir des relations.

Le maître aide alors l'enfant à élaborer des messages plus concis, plus descriptifs ou plus narratifs. Il intervient pour faire clarifier les relations que l'enfant vit avec ses camarades et l'environnement éducatif. Il l'aide à satisfaire ses besoins de documentation, d'organisation et de représentation graphique, gestuelle, sonore, écrite ou esthétique.

Les activités d'assimilation ou de sélection des informations permettent aux élèves d'utiliser des méthodes de travail, des procédures pour traiter leurs données. Ils développent leurs habiletés d'interprétation. Ils repèrent, sélectionnent, organisent les informations nécessaires à leurs projets de recherche. Ils consultent la documentation (revues, livres, journaux) que le maître met à leur disposition ou que la classe a recueillie lors de la planification du projet. Ils utilisent les dictionnaires, les encyclopédies, les atlas, les cartes, etc., pour se renseigner, pour pouvoir vérifier, informer, argumenter, etc.

Le maître soutient les enfants dans leur recherche ; il les aide à se servir d'un plan de travail, à comparer les informations provenant de différents textes, à articuler et à défendre leurs points de vue lors de la présentation des travaux. Il leur apprend à reformuler dans leurs propres mots les différentes informations qu'ils repèrent dans les documents de la classe ou de la bibliothèque, à articuler ces informations sous forme de plans, de schémas, de graphiques, voire de murales, de maquettes ou de jeux dramatiques.

Des activités d'accommodation ou d'organisation des informations permettent aux élèves de produire des textes signifiants. Ils apprennent à écrire à partir de véritables intentions de communication. Ils apprennent à préciser leurs idées, à les organiser et à les formuler dans des phrases compréhensibles pour des lecteurs bien identifiés. Ils apprennent à réinvestir continuellement et les connaissances acquises au contact du réel et les connaissances linguistiques nécessaires à la transmission du message.

Au cours de ces multiples activités de production, le maître attire l'attention des écoliers sur l'intelligibilité de leurs messages et fait objectiver les besoins essentiels d'une bonne communication orale ou écrite. C'est à partir des besoins réels d'une communication efficace que le maître planifiera des activités d'apprentissage du code linguistique.

Des activités d'adaptation créatrice ou **d'utilisation personnelle et diversifiée du réel traité** permettent aux écoliers de transformer la réalité et d'explorer leur imaginaire.

Le maître valorise alors l'organisation d'activités artistiques ; jeu dramatique, musique, danse, arts plastiques ; d'activités de diffusion des travaux de la classe par le journal scolaire ou la correspondance scolaire, d'activités récréatives qui offrent des possibilités de présenter leurs réalisations à toute l'école ou aux parents-visiteurs.

Une période d'évaluation doit suivre la réalisation d'un projet thématique. Cette étape permet de faire le lien entre ce que la classe vient de vivre et ce qu'elle projette de vivre en élaborant un nouveau projet thématique.

Ce mode de fonctionnement par thèmes permet d'utiliser l'environnement, de favoriser l'implication des élèves dans des tâches leur permettant d'effectuer des apprentissages significatifs.

Une telle approche facilite aussi le développement du langage dans ses multiples dimensions.

Une telle approche demeure encore une proposition de travail sujette à bien des révisions et à bien des ajustements. Elle vaudra si, dans la continuité de l'action, nous acceptons de transformer nos attitudes et notre gestuelle pédagogique au fur et à mesure de nos découvertes et de notre ouverture à l'expérience.

L'innovation pédagogique vaut le prix du risque. Sans cesse en recherche d'un équilibre, nous apprenons à vaincre nos peurs, à développer nos résistances, à actualiser les valeurs profondes qui sommeillent en nous, à être un peu plus présents au monde.

Tableau 1

**GRILLE DE
PLANIFICATION DES OBJECTIFS
DES DIVERS PROGRAMMES**

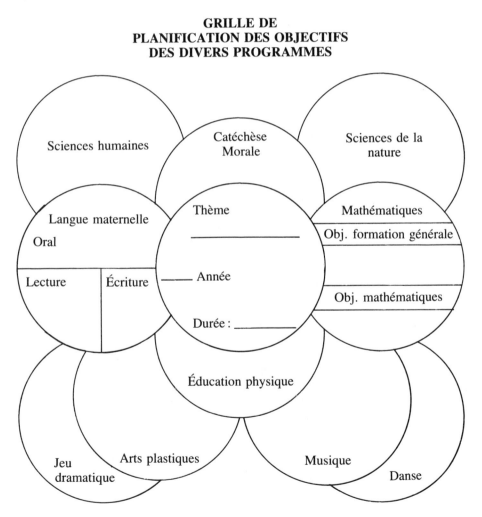

Tableau 2

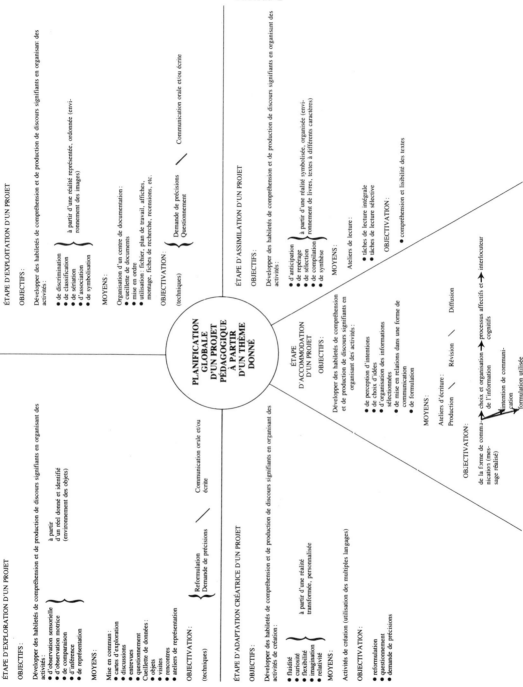

Une recherche axée sur le décloisonnement des disciplines

Hector GRAVEL

Une contestation étudiante, comme celle qu'ont connue plusieurs écoles secondaires du Québec à l'occasion de l'annonce de la hausse de la note de passage de 50 % à 60 %, cache souvent, et fort mal du reste, les vraies raisons de tels débrayages : classes surpeuplées, enseignants parfois désabusés, autorité absente ou démesurément exigeante, manque de chaleur humaine, absence de motivation, enseignement sans lien avec la vie et limité à l'intérieur des quatre murs d'une classe, etc. Il est même étonnant que les réactions des élèves ne soient pas plus fréquentes et tenaces dans certains milieux.

La majorité des enseignants aimeraient bien changer l'école, aller même jusqu'à cesser de l'appeler « école ». Les élèves sont loin d'être en reste dans cette volonté commune de « déscolarisation ». Les équipes qui se succèdent au MEQ souhaitent également des changements du milieu et en proposent chaque année . . . chaque année . . .

Le problème n'est pas d'hier. Des efforts réels ont été faits pour améliorer la situation. On a proposé des solutions pédagogiques valables en vue de stimuler la motivation et l'intérêt : réduction du nombre d'élèves par classe, enseignement par équipe *(team-teaching),* utilisation de moyens audio-visuels, décloisonnement de l'école, promotion par matière, division de l'année scolaire en deux parties autonomes et complètes en soi, utilisation de l'histoire d'une discipline pour l'enseignement de cette discipline, enseignement par contrat, par fiches, enseignement à partir du vécu de l'élève, une meilleure sélection des enseignants qui ne tiendrait pas uniquement compte des diplômes, etc. Une préoccupation commune domine dans cette variété de démarches pédagogiques : une volonté chez les éducateurs d'améliorer l'école à travers les conditions les plus favorables dans lesquelles doit s'exercer la pratique magistrale. Leur inquiétude à cet égard et les tentatives répétées pour découvrir le traitement **approprié** révèlent d'emblée le haut degré de professionnalisme qui les anime.

A. Problématique

Notre recherche sur la **transdisciplinarité** apporterait-elle également un élément de solution ? À partir du vécu de l'élève on entreprend l'étude d'un « programme » où chaque matière prend sa place, entre deux virgules, et est considérée d'égale valeur à chacune des autres, et où la cloison qui les sépare disparaît en rapprochant du même coup les enseignants.

La tradition veut que le professeur, disons le professeur de mathématiques, se consacre à l'enseignement exclusif de sa discipline. Imaginons que je suis ce professeur. Qu'est-ce que cela implique dans le concret de la vie quotidienne ? Cela veut dire que j'ai fait mes études primaires et secondaires dans un système à cloisons ; qu'au collège et à l'université j'ai fait des études spécialisées en mathématiques ; que même là, on avait érigé des cloisons entre les diverses parties des mathématiques : le cours d'algèbre, le cours de géométrie, le cours d'analyse, le cours de logique ... ; qu'aux sciences de l'éducation, le cours de didactique portait sur les mathématiques, que le micro-enseignement et les stages se faisaient dans l'enseignement des mathématiques ; qu'à l'école mon bureau est dans un local réservé aux enseignants de mathématiques ; que mes cours de mathématiques se donnent entre quatre murs et à des heures bien déterminées ; que les journées pédagogiques se passent avec les collègues de mathématiques ; que j'appartiens à des associations de professeurs de mathématiques ; que j'assiste à des congrès de professeurs de mathématiques ; que je lis des revues sur l'enseignement des mathématiques ; que j'ignore presque tout des autres disciplines et des collègues qui les enseignent ...

« J'aimerais bien m'en sortir ! tenter ma chance dans l'enseignement du français, de l'histoire, de l'écologie, de la musique, etc. Mais, cela serait compliqué : mon « champ d'enseignement », ma permanence, mon recyclage dans une autre matière ... à partir du voisinage de zéro, mon insertion dans un nouveau milieu, un nouveau groupe, mes collègues, mon « expérience », mes habitudes, mes notes de cours et d'examens (5-10-20 ans d'accumulation), on ne rit pas, ma bibliothèque, mon ... ma ... mes ... ». Et alors ?

Les circonstances en ont forcé plus d'un cependant à enseigner ... « autre chose » : une tâche à compléter par l'addition d'un cours de catéchèse, ici, ou un cours de géographie, là ! ... Bon gré ou (surtout) mal gré il a fallu accepter. Cela n'était pas toujours à l'avantage de l'élève ? Peut-être ! Pas sûr !

Lors du congrès de l'Association mathématique du Québec et à l'occasion de causeries sur la transdisciplinarité, j'ai souvent entendu des enseignants affirmer en avoir marre d'enseigner les mathématiques depuis plus de 10 ans. Ils auraient bien voulu et voudraient bien encore « goûter » à autre chose. Sortir de la routine de la même matière. Tenter l'expérimentation d'un enseignement décloisonné. Mettre à l'épreuve un enseignement centré sur la vie de l'élève, à partir de lui et allant de lui, sans le quitter. C'est peut-être enfin la voie de demain. Bernard René, professeur à l'Université de Poitiers, écrivait :

> « Le **décloisonnement des disciplines** semble aujourd'hui, à ceux qui tentent de repenser l'école, non point la solution miracle de la quadrature du cercle, mais l'une des conditions qui pourraient contribuer à redonner vie à la vieille machine scolaire sclérosée dans sa multidisciplinarité, voire le premier pas nécessaire pour commencer à changer radicalement l'école et la pédagogie ».

Changer l'école constitue l'objectif fondamental visé par la présente recherche. Cet objectif général de changement est appelé à se concrétiser ultimement sous les quatre aspects suivants : 1) le décloisonnement des disciplines ; 2) le décloisonnement des disciplines jusqu'à l'ouverture sur la vie ; 3) l'organisation d'une élaboration collective du savoir ; 4) l'articulation de la recherche avec le vécu.

1. Le décloisonnement des disciplines

Chaque objet de connaissance, chaque situation est susceptible d'une multitude d'éclairages. Le savoir est quelque chose qui circule, qui se construit et qui vit. Il est le résultat d'une pratique. Personne n'a le monopole du savoir : il peut avoir de multiples sources dont l'enseignant n'est qu'un cas.

2. Le décloisonnement des disciplines jusqu'à l'ouverture sur la vie

On peut toujours rapprocher des disciplines sans sortir de l'école et rester dans le cadre d'un fonctionnement abstrait sans articulation avec le vécu, avec le quotidien, qui est traversé sans être vu ni compris, ou avec le milieu de vie (famille, population, environnement).

Plus l'objet est riche et complexe, plus nombreuses sont les disciplines qui doivent être mobilisées pour le comprendre, l'exploiter, en faire le point de départ d'un enrichissement global et multidimensionnel. Il faudra également puiser davantage à des sources différentes (qui ne sont pas toutes à l'école), saisir comment se construit le savoir, recourir à des méthodes diversifiées, adapter, assimiler, accommoder, être attentif au fonctionnement du groupe, etc.

En ouvrant ainsi l'école sur le milieu (décloisonnement ultime entre le lieu du savoir et le réel) on pourra plus facilement :

— partir d'un vécu collectif ;

— apprendre à sentir, voir, s'interroger, poser des problèmes qui nous concernent de près ;

— découper, délimiter des centres d'intérêt qui nous touchent ;

— organiser la recherche, puiser à toutes les sources de documentation ;

— acquérir des méthodes ;

— évaluer ce que l'on a acquis ;

— apprendre à se servir de l'acquis et proposer des réalisations.

« Éduquer quelqu'un c'est lui permettre de se situer dans un milieu d'une manière **active et critique** » (B. René).

3. L'organisation d'une élaboration collective du savoir

L'utilisation de toutes les sources disponibles permet l'élaboration de représentations collectives, une confrontation des points de vue, la formulation d'hypothèses et leur vérification, l'évaluation des lacunes, la mise à jour de contradictions. Collective, cette démarche passe donc par des travaux de groupe, des séquences en grands et en petits groupes et des séquences de travail individuel. Elle implique un vécu de groupe dont la richesse doit être exploitée : groupe d'enseignants, groupe d'élèves . . .

4. Articulation de la recherche avec le vécu

Le savoir est un outil pour comprendre ce qu'on vit, ce qui nous entoure, pour y agir et pour s'y exprimer.

Il n'y a pas de source privilégiée du savoir : le vécu individuel et collectif, le plaisir, la rencontre, l'observation, etc., ont autant leur place que le livre et l'information orale.

B. Méthode

Pour assurer à la présente recherche un minimum d'uniformité et être ainsi en mesure d'évaluer les résultats sur les plans acquisition de connaissances et attitudes, un certain nombre de thèmes (milieux) ont été choisis par l'équipe de chercheurs après consultation avec des élèves de 12-13 ans et un matériel scolaire a été élaboré pour chacune des disciplines.

1. Le choix des thèmes

Il a été prévu un thème par mois. Un texte a été préparé sur chacun des thèmes suivants : communications, environnement, transports, centres commerciaux, alimentation, livres, loisirs, agriculture. Chaque thème sera abordé et entretenu par des visites dans des milieux correspondants : c'est la pédagogie de l'environnement. Chaque thème est au centre des apprentissages de chacune des matières. Les disciplines scolaires ont donc un point de référence commun : le thème.

2. Le matériel scolaire

La transdisciplinarité sera favorisée, en partie, par le fait que les disciplines seront abordées à l'intérieur d'un même cahier ou journal (un par période de 6 jours) et que leur enseignement sera assuré par une équipe pluridisciplinaire d'enseignants qui accepteront de faire leur enseignement dans plus d'une matière.

Un guide pédagogique correspondant à chacun des 32 journaux assurera aux expérimentateurs un minimum de conseils et de suggestions en plus de fournir les solutions aux exercices.

3. La répartition des tâches

Ainsi le professeur de français assumera également l'enseignement, par exemple, de l'écologie et des arts. Le professeur de mathématiques pourra également enseigner, disons, l'anglais et la géographie, etc. Les expérimentateurs éviteront évidemment le cloisonnement systématique des disciplines dont ils sont responsables. Ils devront être disposés à passer d'une matière à l'autre aux moments opportuns, à déborder même leurs matières pour montrer les liens qu'on peut établir avec les autres disciplines. Le résultat visé est précisément la prise de conscience par les élèves de l'existence des liens qui unissent les diverses matières entre elles. L'organisation du travail scolaire se fera donc, non pas à travers des divisions verticales qui séparent les matières, mais par une quelconque division horizontale de l'apprentissage, par l'étude d'un milieu donné vu sous différents aspects : artistique, mathématique, langagier, géographique, historique . . .

4. Organisation de la classe

Pour une telle expérience, où deux professeurs ou plus seront chargés des mêmes groupes d'élèves, où chacun aura à assumer plusieurs enseignements, où un travail de *team-teaching* sera occasionnellement requis, etc., il est bien évident qu'une préparation de classe en équipe deviendra pratiquement une nécessité. Ainsi, l'équipe d'expérimentateurs sera-t-elle appelée à préparer ensemble l'organisation de l'année scolaire. Une dizaine de classes feront partie de l'expérience. Les scénarios suivants seront préparés :

a) une classe : un professeur (20 heures) et des collègues pour compléter l'horaire (dans deux écoles) ;

b) deux classes réunies : deux professeurs *(team-teaching)* (20 heures chacun) et des collègues pour compléter l'horaire (dans deux écoles) ;

c) deux classes : trois professeurs se partageant l'ensemble des matières (dans deux écoles) ;

d) un quatrième scénario sera peut-être préparé pour une classe ou deux, avec des professeurs spécialistes qui assureront l'enseignement comme cela se fait présentement dans les écoles, où chacun enseigne une matière. Cependant, le matériel utilisé (thèmes et documents pédagogiques) sera le même. Des formes d'intégration seront étudiées ;

e) pour fins de comparaison et d'analyse statistique, à chacune des classes expérimentales nous ferons correspondre une classe contrôle équivalente, où l'enseignement sera traditionnel.

5. Préparation des maîtres

La préparation des maîtres prendra la forme de séminaires, d'études de milieux, de discussions, d'échanges d'informations, de recyclage. Ce séminaire sera offert dans le cadre de la maîtrise en éducation à la Faculté des sciences de l'éducation. Les étudiants qui participeront à ce séminaire devront être enseignants de l'une ou de plusieurs des matières suivantes : français, anglais, mathématiques, géographie, écologie, musique, arts plastiques, expression dramatique, sciences religieuses et éducation physique, de préférence au premier cycle du secondaire. Ces séminaires seront animés par le chercheur principal. Celui-ci verra à s'adjoindre des collègues spécialisés dans des disciplines variées, qui sont intéressés à l'aspect transdisciplinaire de l'enseignement. Il fera également appel à des enseignants qui vivent présentement, dans leurs écoles, des expériences d'intégration des enseignements. En résumé, ces séminaires seront, pour les participants, une préparation de classe éloignée et commune.

C. Évaluation

L'expérience aura lieu de septembre 1983 à mai 1984 et touchera plus de 300 élèves de secondaire I répartis dans une ou deux écoles. Un nombre identique d'élèves constituera le groupe contrôle. Ces deux groupes seront homogènes, dans la mesure du possible.

a) Pré-tests

Un pré-test de connaissances et un pré-test d'attitudes seront administrés aux deux groupes.

On procédera également à un pré-sondage d'attitudes auprès des enseignants concernés.

b) Post-tests

Des post-tests correspondants seront administrés aux mêmes sujets.

c) Fabrication des tests

Les tests seront préparés par l'ensemble des enseignants impliqués, avec l'aide de spécialistes du service pédagogique et de la section Mesure et évaluation, de la Faculté des sciences de l'éducation de l'Université de Montréal.

D. Publication des résultats

Le compte rendu de l'expérimentation et les résultats obtenus dans les divers tests feront l'objet d'une publication.

Conclusion

Dans une perspective pédagogique avant-gardiste, l'étude du milieu et l'interdisciplinarité sont des moyens nouveaux mettant en oeuvre une pédagogie active sollicitant l'intérêt et la participation, permettant de concilier le travail de groupe et le travail individuel, ouvrant sur la possibilité de variations souples dans la relation pédagogique. Bref ce peut être un moyen habile de faire acquérir les mêmes contenus, d'intégrer les mêmes représentations, d'incorporer les mêmes normes.

Les études supérieures en français au Québec

Conférenciers : Jacques GÉLINAS, agent de recherche, l'Office de la langue française

Conrad BUREAU, professeur, Université Laval

Réginald LACROIX, professionnel, Conférence des recteurs et principaux des universités du Québec

La question de la possibilité de faire au Québec des études supérieures uniquement en français a été abordée sous deux axes : la langue des manuels utilisés et la maîtrise de la langue écrite. Jacques Gélinas nous fait part d'une enquête effectuée par l'Office de la langue française sur la langue des manuels d'enseignement utilisés à l'université : il nous y révèle que le français ne domine pas toujours, loin de là. Conrad Bureau a effectué pour sa part une enquête sur la maîtrise du français écrit auprès des étudiants de 1er cycle de l'Université Laval, enquête dont il compare les résultats à ceux d'une enquête précédente faite au niveau collégial. Réginald Lacroix nous apprend que des tests de français ont été préparés pour aider les universités à évaluer la qualité de la langue chez les futurs enseignants. L'atelier était animé par Louis Painchaud, professeur à l'Université de Sherbrooke.

La langue des manuels utilisés dans l'enseignement universitaire

Jacques GÉLINAS

Introduction

Dès 1970, l'État québécois a voté des lois pour provoquer des changements dans la société québécoise et ainsi réserver un meilleur sort à la langue officielle. Nous avons connu la loi sur la langue officielle et nous connaissons maintenant la Charte de la langue française. Comme la loi sur la langue officielle, la Charte tend à augmenter et à répandre l'utilisation d'un français de qualité dans plusieurs secteurs de la vie quotidienne comme, par exemple, celui des manuels d'enseignement dans le secteur post-secondaire.

L'enquête dont je vais vous entretenir* tient compte aussi des pressions exercées par des organismes sur le gouvernement pour l'inciter à une action corrective dans les publications, dans les communications scientifiques et dans les ouvrages techniques. Soulignons ici le travail de sensibilisation effectué par des agences nationales ou internationales comme la Ligue internationale des scientifiques pour l'usage de la langue française (LISULF) du Québec et l'Association nationale des scientifiques pour l'usage de la langue française de Paris (ANSULF), etc.

L'enquête a privilégié le questionnaire comme technique de recherche. Expédié aux professeurs et aux chargés de cours oeuvrant dans l'enseignement universitaire, ce questionnaire devait donc faciliter l'analyse de la situation actuelle de la langue des manuels utilisés à l'université et la connaissance des attitudes des professeurs devant le plan d'amélioration de la condition du français dans leur discipline.

1. Aspects méthodologiques

1.1. Population et cueillette des données

Cette enquête s'adressait à tous les professeurs réguliers et aux chargés de cours dans les universités suivantes : Université de Sherbrooke, Université de Montréal, Université Laval, Université du Québec à Montréal (UQAM), Université du Québec à Trois-Rivières (UQTR), Université du Québec à Chicoutimi (UQAC), Université

---

* L'enquête effectuée par l'Office de la langue française sur la langue des manuels utilisés dans l'enseignement universitaire a été publiée en juin 1982.

du Québec à Rimouski (UQAR), Centre d'études universitaires de l'Ouest québécois (CEUOQ), École polytechnique (POLY), École des hautes études commerciales (HEC), École de technologie supérieure (ETS).

Expédiés en octobre 1980 selon le mode usuel de distribution en vigueur dans les établissements concernés, les questionnaires parvinrent à tous les professeurs et chargés de cours responsables d'un cours pendant le trimestre d'automne 1980. Une fois rempli, ce questionnaire retournait selon la méthode habituelle (par enveloppe déjà adressée) à un responsable nommé par chaque établissement. Ce responsable s'occupait ensuite du retour des questionnaires à l'Office de la langue française.

Plus de 6 000 questionnaires ont été distribués à une population totale de 5 833 professeurs et chargés de cours. Ce dernier chiffre résulte d'une estimation appuyée sur des chiffres transmis par les universités à la Direction générale de l'enseignement et de la recherche universitaire (DGERU) du ministère de l'Éducation du Québec, pour l'année universitaire 1979-1980[1].

Des 2 150 questionnaires remis à l'Office de la langue française, 2 133 constituent notre échantillon final[2] à cause de leur caractère exhaustif. Le taux de participation à cette enquête équivaut à 36,3 %. Ajoutons 36 questionnaires non remplis parvenus à nos bureaux et accompagnés d'une note explicative ou de commentaires en faveur du sujet de l'enquête. Ces questionnaires hors-échantillon venaient de professeurs en année sabbatique ou détachés pour activités administratives ou de recherches.

1.2. Portrait des répondants

Les répondants à cette enquête sont surtout des professeurs (78,3 %) qui ont rempli le questionnaire en rapport avec un cours donné du premier cycle (91 %). Ils ont en moyenne 10 ans ou moins d'expérience (60,1 %) et donnent un cours dans les familles suivantes : sciences pures et appliquées (26,2 %), sciences de la santé (18,4 %), sciences de l'administration (18,2 %), sciences de l'éducation (12,8 %), arts et lettres (6,1 %).

2. L'état actuel de la langue des manuels utilisés dans les universités francophones

2.1. La langue des manuels : description de la situation

Les proportions d'utilisation de la langue des manuels (Q. 8) correspondent à l'un des plus importants résultats de cette enquête : le graphique 2.1 illustre cet aspect pour l'ensemble des universités.

---

1. Notre informateur à la DGERU juge ce chiffre valable et même un peu élevé par rapport aux effectifs en place en 1980-1981, compte tenu des restrictions budgétaires.

2. Compte tenu de la taille de l'échantillon, les résultats pour la population universitaire enseignante peuvent admettre une erreur estimée à ± 2 % dans 19 cas sur 20.

À la première question où l'on voulait savoir s'il existait des traités de langue anglaise consultés (Q. 12), 113 professeurs ont répondu oui et 510 non. Parmi ceux qui prétendaient connaître l'existence d'une version de langue française, 37 enseignent un cours intégré à la famille des sciences de la santé et 34 à celle des sciences pures et appliquées. La première raison invoquée pour l'utilisation d'un traité de langue anglaise au détriment du traité de langue française (Q. 13) souligne le coût trop élevé de ce dernier dans 65,1 % des cas (tableau 2.1). Le coût des traductions ou des adaptations de manuels de langue française à partir de leurs équivalents de langue anglaise fait l'objet de dénonciations de la part des étudiants québécois depuis de nombreuses années.

Tableau 2.1

Raisons d'utilisation d'un traité anglais

Raison d'utilisation	Fréquence	%
Le coût du volume français est trop élevé.	95	65,1
Il est difficile d'obtenir le manuel français.	29	19,9
Votre formation vous incite à utiliser un manuel anglais.	13	8,9
La traduction est mauvaise.	9	6,2
Total	**146**	**100**

2.2.1. La langue des traités et les caractéristiques du cours enseigné

A) La première caractéristique retenue au sujet du cours enseigné est celle de la famille (Q. 2) à laquelle appartient ce cours. Le graphique 2.2 représente la situation actuelle de la langue des traités utilisés dans chacune des familles.

Le plus petit nombre de traités de langue française se trouve, d'après ce graphique, dans les familles des sciences de la santé et des sciences pures et appliquées. Fait à noter, la famille des sciences pures et appliquées a reçu, selon le rapport du Comité des ouvrages scientifiques, le plus de subventions depuis 1979. Voici la répartition de ces subventions : sciences pures et appliquées : 28 ; sciences de l'administration : 23 ; sciences humaines : 21 ; sciences de la santé : 10 ; sciences de l'éducation : 7 ; arts et lettres : 2[3].

---

3. Chiffres tirés du « Rapport du Comité des ouvrages scientifiques sur le financement de demandes de subventions pour l'exercice 1981-1982 », fonds FCAC pour l'avancement et le soutien à la recherche, Québec, avril 1981.

Graphique 2.1

La langue des manuels utilisés

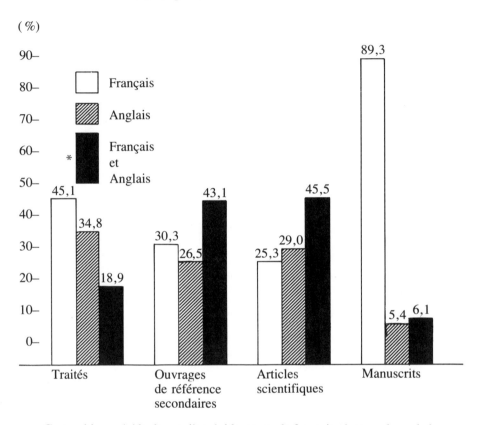

Ce graphique révèle de manière évidente que le français n'est pas la seule langue en vogue dans les manuels universitaires. Le traité de langue française existe uniquement dans 45,1 % des cas, l'ouvrage de référence secondaire de langue française dans 30,3 % des cas et l'article scientifique de langue française dans 25,3 % des cas.

Dans le but de connaître les raisons qui privilégient les traités de langue anglaise, l'enquête a demandé aux répondants enclins parfois à recommander à leurs étudiants des traités en anglais s'il existait une traduction en français des traités suggérés et, si oui, pourquoi accorder la préférence à la version anglaise ?

---

* La catégorie « français et anglais » se définit comme suit : utilisation simultanée de manuel(s) français et de manuel(s) anglais.

Graphique 2.2

La langue des traités selon la famille

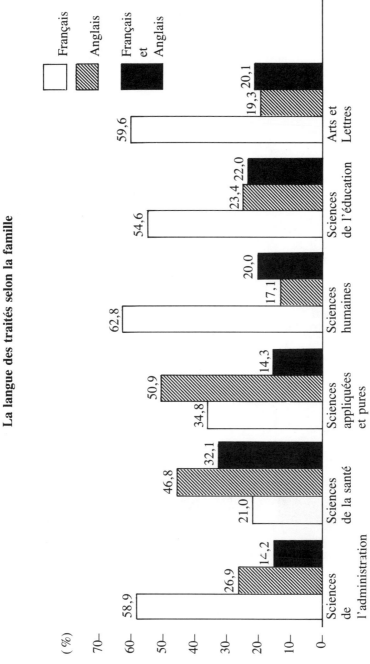

Le niveau de cours (Q. 3) vient comme variable après la famille. Au Québec, la formation universitaire s'étend sur trois cycles. Le premier cycle regroupe le plus grand nombre d'étudiants et devient la première cible de la francisation des manuels universitaires[4].

Le graphique 2.3 résume la situation actuelle de la langue des traités utilisés dans chacun des trois cycles. Il fournit des données éloquentes pour évaluer l'ampleur de la tâche de francisation des manuels universitaires, tâche à soutenir par des subventions à la rédaction et à l'édition d'ouvrages scientifiques de langue française.

Graphique 2.3

La langue des traités selon le niveau du cours

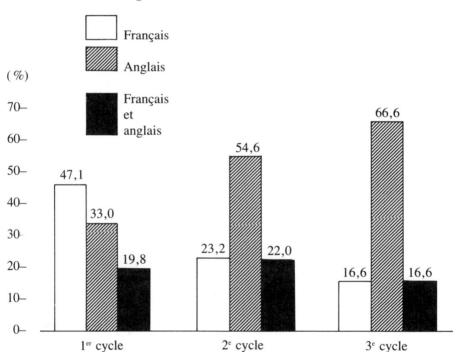

_____

4. À ce sujet, le ministre Jacques-Yvan Morin rappelait en mai 1979 un des mandats prioritaires de son gouvernement : fournir aux étudiants universitaires au moins un manuel de base en français par discipline. Or c'est le premier cycle surtout qui utilise ces manuels de base.

2.2.2. Langue des traités et caractéristiques du professeur

Voici deux variables retenues comme caractéristiques des professeurs : le poste occupé (Q. 4) et le nombre d'années d'enseignement à l'université.

Les résultats obtenus lors du croisement entre ces variables et les traités utilisés figurent dans les deux graphiques suivants :

Graphique 2.4

La langue des traités selon le poste occupé

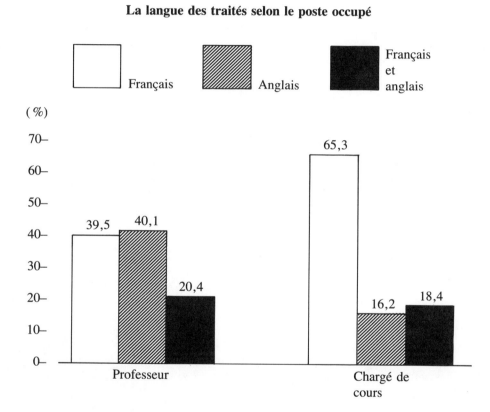

Graphique 2.5

La langue des traités selon l'expérience de l'enseignement universitaire

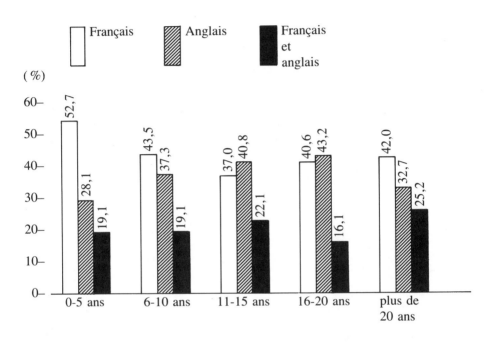

D'après ces deux graphiques, ce sont les chargés de cours et les professeurs ayant 5 ans d'expérience et moins qui utilisent le plus de traités de langue française. Cette constatation appelle, entre autres, les questions suivantes : le nombre d'années d'expérience du professeur déterminerait-il son choix linguistique en matière de traités ? Cette propension des chargés de cours et des « jeunes » professeurs à favoriser le français naît-elle d'une meilleure connaissance des ressources disponibles en français ? S'agit-il d'une prise de position ? Voilà autant de questions dignes d'une recherche ultérieure.

2.4. *Conclusion*

Selon les données, le traité de langue française, principal ouvrage de référence, s'utilise de façon exclusive dans 45,1 % des cas. Le traité de langue française ne jouirait pas d'une plus grande vogue pour deux raisons : l'absence d'équivalents de langue française aux traités de langue anglaise et le coût excessif de l'équivalent de langue française.

Les familles des sciences pures et appliquées (34,8 %) et celle des sciences de la santé (21,0 %) se servent moins que les autres familles des traités de langue française. La situation s'inverse dans les familles où les traités de langue française s'utilisent plus souvent : sciences humaines (62,8 %), arts et lettres (59,6 %), sciences de l'administration (58,9 %), sciences de l'éducation (54,6 %). L'utilisation des traités de langue anglaise équivaut à 66,6 % au troisième cycle, à 54,6 % au deuxième cycle et à 33 % au premier cycle.

Les professeurs de moins de 5 ans d'expérience et les chargés de cours tendent plus à recourir aux volumes en langue française. Ces volumes, pour un cours enseigné, représentent moins de 20 % de la totalité des titres en bibliothèque au jugement de 64,7 % ou 897 des 1 386 répondants à cette question.

3. Les attitudes et les perceptions des enseignants au sujet de la francisation possible des manuels universitaires

Ce chapitre donne un aperçu des attitudes et des perceptions relatives aux manuels universitaires. S'il faut souhaiter un changement ici, la collaboration des professeurs se révèle indispensable.

3.1. *Les attitudes face à la francisation possible des manuels universitaires*

3.1.1. La langue des traités préjudiciable à l'apprentissage

Les professeurs d'université assument la responsabilité de planifier la démarche d'apprentissage de leurs étudiants. Ils deviennent donc aptes à juger de toute cause préjudiciable au cheminement de ceux-ci. Compte tenu de cette réalité, la question suivante s'adressait aux professeurs : Considérez-vous que l'utilisation d'un traité dans une autre langue que la langue maternelle peut être préjudiciable à l'apprentissage des étudiants ? (Q. 20)

1 023 professeurs (50,1 %) ont répondu oui et 833 (40,8 %) non. Fait à noter, par suite du croisement de cette variable avec la famille du cours enseigné, une constatation s'impose : les professeurs les moins portés à croire en la présence, dans un traité, d'un élément linguistique préjudiciable à la qualité d'apprentissage de l'étudiant, se regroupent dans les sciences pures et appliquées.

3.1.2. Disponibilité à la réalisation de traités en français

L'évaluation des attitudes des professeurs vis-à-vis de la francisation éventuelle des manuels universitaires nécessite l'examen de leurs dispositions à ce sujet. Les professeurs ont donc répondu à la question : Seriez-vous intéressé à présenter un projet dans votre domaine (pour pallier l'absence de traités en français) si on vous en offrait la possibilité ?

Des 2 009 répondants, 1 416 (70,5 %) disent oui et 593 (29,5 %) non.

3.1.3. Les difficultés de rédaction des manuscrits

La principale difficulté rencontrée lors de la rédaction de manuscrits en français se résume ainsi : « une diffusion limitée des manuscrits ne motive pas à écrire et à publier étant donné le peu de rentabilité et de rayonnement qui en découle ». Toutefois, s'il faut se fier à la moyenne des résultats obtenus, un autre obstacle important émerge : le manque d'assistants pour l'exécution de la tâche professorale. L'effort de production de manuscrits en français bute donc sur deux obstacles majeurs : la motivation très faible devant cette tâche compte tenu des possibilités de diffusion, et le peu de disponibilité des ressources humaines pour alléger la charge d'enseignement. Ces constatations faites, il importe alors de trouver des solutions réalisables.

3.1.4. Les solutions au problème de l'absence de traités en français

Les principaux moyens pour obtenir des traités en français s'identifient de la façon suivante : « création et rédaction de traités québécois » et « publication de notes de cours ».

3.2. Perception des améliorations possibles du statut du traité scientifique en français

Pour compléter ce tableau de la situation perçue par les professeurs au sujet des traités en langue française, il convient d'analyser leurs sentiments quant à la plausibilité de réformes éventuelles dans le secteur de l'accroissement du nombre de manuels universitaires en français. Dans une proportion de 85,9 % (1 698 sur un total de 1 977), les professeurs jugeaient « réaliste de penser en arriver à des mesures concrètes et efficaces permettant d'améliorer de façon significative la situation du traité écrit en français dans le milieu universitaire » (Q. 23).

De plus, parmi ces 1 977 répondants, 722 précisent leurs réponses : une amélioration sensible de la situation de traités en langue française est réaliste s'il y a :
— augmentation des ressources matérielles (23,0 %) ;
— allègement de la charge d'enseignement (15,5 %) ;
— appui des autorités universitaires et institutionnelles (11,4 %) ;
— collaboration entre les professeurs (10,8 %).

Fait à retenir, deux constatations se dégagent des croisements de cette opinion (Q. 23) et des caractéristiques de l'échantillon : premièrement, les professeurs d'un cours intégré à la famille des sciences pures et appliquées et à celle des sciences de la santé manifestent le moins d'optimisme quant à l'amélioration possible de la situation du traité scientifique en langue française ; deuxièmement, les chargés de cours et les professeurs de moins de 5 ans d'expérience montrent plus d'optimisme dans le même cas.

Les résultats de cette dernière question (Q. 23) confirment ceux de la question 22. En effet, les deux principales mesures favorisées pour améliorer le sort du traité scientifique en langue française se formulent comme suit :

1° — « dégager à court terme le professeur de son enseignement pour lui permettre de consacrer tout son temps à la mise au point du manuscrit » ;

2° — « fournir des services techniques pour seconder le professeur dans la préparation d'un manuscrit ».

3.3. Conclusion

Selon les résultats de cette enquête, 50,1 % des professeurs reconnaissent l'existence d'une relation entre la qualité d'apprentissage d'un étudiant et la langue d'un traité. Ce jugement produit sans doute un impact sur les attitudes des professeurs devant leur engagement dans un projet de francisation des manuels universitaires. Cela expliquerait donc, en partie, pourquoi 70,5 % des répondants se déclarent prêts à soumettre un projet pour combler le manque de traités en langue française.

Malgré cela, plusieurs avouent leur faible motivation à produire des manuscrits en français à cause du peu de rentabilité et de rayonnement d'une telle démarche. De plus, d'autres dénoncent l'insuffisance des ressources humaines disponibles pour alléger la tâche des professeurs. Toutefois, les résultats de l'enquête proposent des correctifs à cette situation : la production de traités scientifiques de langue française et la publication de notes de cours. Ces solutions sembleraient réalistes si on améliorait le sort des professeurs par les mesures identifiées plus haut.

Ces résultats confirment donc la présence chez les professeurs d'attitudes positives face à la francisation éventuelle des manuels universitaires. En conséquence, on peut croire possible l'amélioration du statut du français comme langue des manuels universitaires.

Conclusion

À notre avis, les professeurs manifestent des attitudes positives face à la francisation éventuelle des manuels universitaires. De fait, la plupart des répondants à cette enquête (1 698 répondants ou 80 %) croient « réaliste de penser en arriver à des mesures concrètes et efficaces permettant d'améliorer, de façon significative, la situation du traité en français dans le milieu universitaire » (Q. 23). De plus, 1 416 répondants (67 %) sont intéressés à soumettre un projet pour pallier l'absence de traités en langue française dans leur secteur si la possibilité leur en est offerte. Toutefois, pour ce faire, certaines conditions doivent exister comme l'augmentation des ressources matérielles et le dégagement de courte durée d'un professeur. En

conséquence, voici quelques moyens privilégiés pour augmenter la production de volumes en langue française :
— création et rédaction de traités québécois ;
— publication de notes de cours ;
— traduction de manuels anglais ;
— adoption de traités conçus et utilisés en France.

Recommandations

À n'en pas douter, la situation actuelle du français, langue des manuels universitaires, peut se corriger. Qui plus est, les professeurs eux-mêmes croient en la possibilité d'améliorations souhaitables en ce domaine.

D'après les résultats de cette enquête, nous est-il loisible de juger de la pertinence des recommandations suivantes pour orienter avec succès les mesures à prendre, ainsi :

1. Il serait souhaitable de promouvoir l'utilisation d'au moins un manuel de base en langue française par cours grâce à l'élaboration de traités québécois et à la publication de notes de cours.

2. Il faudrait prendre des mesures en vue d'une action concertée de la part du ministère de l'Éducation du Québec, du fonds F.C.A.C. et des universités pour améliorer les conditions de production des professeurs. Ces mesures devraient tenir compte des améliorations privilégiées par les professeurs eux-mêmes, soit le dégagement de courte durée du professeur et l'augmentation des ressources humaines.

3. Il conviendrait que les organismes bailleurs de fonds continuent de souscrire à toutes les demandes de rédaction ou d'édition recevables ; s'il fallait définir à court terme des priorités, celles-ci devraient s'appliquer aux sciences de la santé et aux sciences pures et appliquées.

4. Il importerait de créer un comité central mandaté pour la mise en place d'un mécanisme de diffusion des titres de volumes de langue française connus et consultés dans chaque discipline pour remédier aux situations inégales vécues dans les différentes universités.

La maîtrise du français écrit au niveau post-secondaire : deux enquêtes

Conrad BUREAU

Dans cet exposé, je traiterai de deux des aspects du sous-thème, soit :

— « Les étudiants (*sic*) qui se présentent à l'université ont-ils une connaissance suffisante du français pour entreprendre leurs études sans difficulté (surtout à l'écrit) ? »

et

— Est-il encore possible de faire des études supérieures uniquement en français au Québec ? À quelles conditions ? À quels niveaux ? Dans quels domaines ?

Tenter de répondre à ces deux questions **en s'appuyant sur des faits** n'est pas facile, car les données objectives sont rares sur ce sujet. Il en existe tout de même.

Connaissance du français

Deux enquêtes nous fourniront des indications précieuses : l'*Enquête sur le français écrit dans les cégeps* (EFEC)[1], réalisée par l'équipe de Gilles Bibeau, Louis Doucet, Jean-Claude Poirier et Michel Vermette et une enquête que j'ai conduite moi-même, en 1975 : l'*Enquête sur la qualité du français écrit des étudiants de la faculté des lettres de l'Université Laval*[2] — que j'appellerai ici EFEL par rapport à EFEC.

Malgré les différences dans les modalités des deux enquêtes, leurs résultats peuvent être mis en parallèle. En effet, toutes deux se fondent sur des textes libres : 2 385 textes dans le cas d'EFEC et 545 dans le cas d'EFEL ; on peut donc parler d'une certaine homogénéité de l'objet d'analyse. De plus, même si les deux grilles de correction utilisées étaient différentes au niveau des sous-catégories, on peut les rapprocher au niveau des grandes catégories, réparties de la façon suivante, de part et d'autre :

---

1. Cégep Maisonneuve, mars 1975, 168 p.
2. Faculté des lettres, Université Laval, février 1976, 90 p.

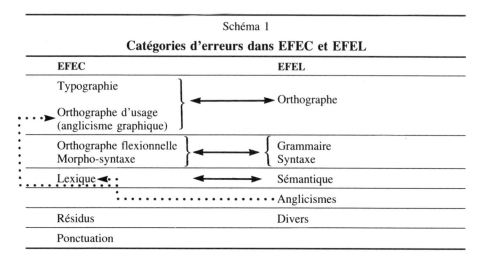

Schéma 1

Catégories d'erreurs dans EFEC et EFEL

EFEC	EFEL
Typographie Orthographe d'usage (anglicisme graphique)	Orthographe
Orthographe flexionnelle Morpho-syntaxe	Grammaire Syntaxe
Lexique	Sémantique
	Anglicismes
Résidus	Divers
Ponctuation	

Cette mise en parallèle permet de dégager, pour les fins de la comparaison, une grille commune à quatre grandes catégories : orthographe, morpho-syntaxe, sémantique et anglicismes.

Une précision supplémentaire s'impose. Comme il s'agit, dans le sous-thème qui nous intéresse aujourd'hui, des connaissances en français écrit de ceux et celles qui **commencent** leurs études universitaires, nous ne retiendrons, parmi les résultats fournis par EFEL, que ceux qui concernent la 1re année du 1er cycle (= 190 textes).

Voyons ce que donne cette comparaison ; le *tableau 1* présente la moyenne d'erreurs par copie :

Tableau 1

Moyenne d'erreurs par copie selon les catégories, d'après EFEC et EFEL

	EFEC	EFEL
Orthographe	2,5	2,5
Sémantique	2,3	0,7
Morpho-syntaxe	5,7	3,8
Anglicismes	0,1 (?)	0,2
Grand total	**7,6**	**3,7**

D'après cette comparaison, le nombre total d'erreurs par copie est, en moyenne, 2 fois et demie plus élevé au cégep considéré globalement qu'au 1er échelon d'université.

Il serait trop facile d'en conclure que **la faute** (!) en est aux professeurs de cégeps et que les professeurs d'universités sont responsables de la différence **positive** observée . . . Rappelons, en effet, que les textes d'EFEL ne provenaient que de la Faculté des lettres (histoire, géographie, arts et civilisations, études françaises, langues et littératures modernes), alors que ceux d'EFEC étaient répartis selon un éventail de concentrations beaucoup plus vaste. On peut faire l'hypothèse que la différence serait moins marquée si l'on pouvait comparer deux groupes du domaine des **sciences humaines**; mais EFEC ne fournit pas de données en ce sens. Notons donc simplement, et avec grande prudence, l'écart entre les deux moyennes d'erreurs par copie.

Il y a une autre comparaison qui est possible et qui me semble, celle-là, plus juste et plus révélatrice : elle se fonde sur le pourcentage total d'erreurs par catégorie. Pour établir cette comparaison, nous avons éliminé la catégorie **ponctuation** et nous avons dû faire de nouveaux calculs[3] qui n'apparaissent pas tels quels dans EFEC ; cela est dû à la différence dans le mode de correction. C'est pour la même raison que l'on trouvera des cases vides dans le *tableau 2*.

Tableau 2

— Pourcentage total d'erreurs dans chaque catégorie, d'après EFEC et EFEL

	EFEC	EFEL
Orthographe	28,6	32,7
Sémantique	19,5	9,7
Morpho-syntaxe	50,6	50,8
Anglicismes	1,2	3,1
Divers	—	3,7
Résidus	0,1	—
Total	**100 %**	**100 %**

Ce qui est frappant dans ce tableau, c'est que, d'après les deux enquêtes, la catégorie **morpho-syntaxe** s'approprie à elle seule la moitié des erreurs rencontrées (50,6% et 50,8%). Cela signifie de 3 à 4 erreurs par copie au niveau du cégep (moyenne = 3,8) et de 1 à 2 erreurs par copie (moyenne = 1,5) en 1ʳᵉ année d'université.

---

3. Pour les fins de la comparaison entre les deux enquêtes, nous ne considérons pas ici la catégorie *ponctuation*; de plus, il faut faire les calculs suivants à partir de données d'EFEC :
  1° regrouper sous *orthographe* les deux catégories
  — Typographie 1 641
  — Orthographe d'usage 6 045
  TOTAL 7 686
  — 16 anglicismes graphiques
  — Orthographe .... = 7 670
  2° — Sémantique .... = 5 525
  — 296 anglicismes
  5 229
  3° — Anglicismes .... = 16
  + 296
  312
Ces calculs sont à la base des % du *tableau 2* pour EFEC

D'autre part, les erreurs d'**orthographe** comptent pour à peu près le tiers du total dans les deux enquêtes (28,6% et 32,7%), soit plus de deux erreurs par copie au cégep (moyenne = 2,2) et une erreur par copie (moyenne = 1,0) en 1ʳᵉ année d'université.

Les pourcentages cumulatifs des deux grandes catégories **orthographe** et **morpho-syntaxe** sont respectivement de 79,2% pour EFEC et de 83,5% pour EFEL. Cela ne signifie pas qu'on fait plus de fautes à l'université, puisqu'il s'agit là de pourcentages établis à partir de nombres absolus différents. Mais comme il s'agit de proportions, la comparaison est valable et elle nous indique clairement que 80% des erreurs relèvent, au cégep comme à l'université, de ce qu'on appelle « la grammaire et l'orthographe » (moyenne de 6 erreurs par copie au cégep et de 2,6 erreurs par copie à l'université pour ces seules catégories). Le moins que l'on puisse dire, c'est que ce pourcentage est élevé et, comme il est confirmé par deux enquêtes, il y a lieu de s'inquiéter. En effet, puisque les erreurs observées se rapportent, quatre fois sur cinq, à des aspects de la langue aussi essentiels que **la grammaire et l'orthographe**, on peut douter que « les étudiants et les étudiantes qui se présentent à l'université aient une connaissance suffisante du français pour entreprendre leurs études **sans difficultés** ».

Certains trouveront que je réponds à cette question du sous-thème sans y répondre . . . C'est que, d'un point de vue objectif, comment affirmer que des moyennes de 7,6 erreurs au total par copie au niveau du cégep et de 3,1 erreurs par copie en 1ʳᵉ année d'université sont des moyennes **trop** élevées ? Trop élevées par rapport à quoi ? Par rapport à l'idéal du **zéro faute** ? Mais qui établira quand cet idéal devrait être atteint ? Comme on le voit, ce n'est que sur la base d'un **jugement de valeur** qu'on peut se prononcer. Et puisque l'échelle des valeurs varie selon les individus, d'aucuns se féliciteront des résultats que nous avons produits alors que d'autres en seront scandalisés.

Je voudrais faire remarquer que ni l'une ni l'autre des enquêtes n'a considéré les aspects suivants : l'organisation logique du texte, l'étendue ou la richesse du vocabulaire et l'élégance de l'expression — aspects beaucoup plus difficiles à évaluer objectivement. Une telle analyse conduirait sans aucun doute à des conclusions et des répartitions plus complètes. S'il faut absolument que je fasse ici un jugement de valeur, j'en ferai un, mais c'est un jugement qui se fonde aussi sur les résultats que je vous ai livrés et sur mon expérience d'enseignant : étant donné le fort pourcentage d'erreurs d'orthographe et de morpho-syntaxe, d'après les deux enquêtes, on peut conclure que la connaissance du français écrit n'est pas suffisante, dans la population étudiée, pour permettre d'entreprendre des études universitaires **sans difficulté**. Faut-il un témoignage supplémentaire ? J'apporterai le suivant. À la suite d'EFEL, nous avons créé, à l'Université Laval, un cours de *techniques de l'expression écrite,* cours non obligatoire, précisons-le. Or, ce cours a dû être contingenté à cause d'une trop forte demande. Ce fait exprime le besoin ressenti par les étudiants eux-mêmes face à leurs difficultés en français écrit : et c'est un fait positif. Les étudiants et les étudiantes ne sont pas les premiers responsables et cela m'intéresse peu de trouver . . . des coupables. L'essentiel, à mes yeux, est que les deux enquêtes ont établi une chose de façon certaine, à savoir : quels aspects du français écrit causent le plus de difficulté aux étudiants et aux étudiantes. Car c'est bien de cela qu'il s'agit : de

difficultés rencontrées, pour parler de façon objective. Une fois le problème identifié, il est beaucoup plus facile de trouver des solutions efficaces puisque l'on peut se fonder sur l'analyse des difficultés réelles des étudiants et des étudiantes. Leurs connaissances en français écrit sont insuffisantes ? C'est à nous de trouver des solutions. Les étudiants et les étudiantes sont capables d'améliorer la qualité de leur français écrit . . . si nous leur en fournissons les moyens !

Fait à signaler, en terminant : les anglicismes ne constituent qu'un pourcentage très minime du nombre total d'erreurs, soit 1,2% au niveau du cégep (dans la mesure où j'ai pu établir ce pourcentage à partir des résultats d'EFEC) et 3,1% en 1re année du 1er cycle universitaire. Il serait très imprudent de parler « d'anglicisation par l'éducation » ; un fait est certain, cependant : le nombre d'ouvrages en anglais qu'il est obligatoire ou suggéré de lire est beaucoup plus important à l'université qu'au cégep. Cela nous amène au deuxième sujet du présent exposé :

« Est-il encore possible de faire des études supérieures uniquement en français au Québec ? À quelles conditions. À quels niveaux ? Dans quels domaines ? »

L'université : lieu de savoir . . . en anglais ou en français ?

À ma connaissance, il n'existe, au Québec, qu'une seule enquête portant sur la proportion d'ouvrages de langue anglaise par rapport aux ouvrages de langue française utilisés dans l'enseignement universitaire. Et encore ! cette enquête rend compte de la situation qui prévaut ou prévalait dans une seule université, l'Université Laval ; elle a été menée en 1975-1976 par un groupe d'étudiants, connu sous le nom de « Comité du livre de langue française à l'Université Laval », animé par MM. Guy Du Pont et Denis Turcotte.

Malgré tous mes efforts, je n'ai pas réussi à me procurer un exemplaire du rapport d'enquête. J'ai pu retracer un article d'André Desmartis, paru en 1976 dans *Au fil des événements* et qui est une synthèse de ce rapport introuvable[4]. Je m'inspirerai abondamment ici de cet article-synthèse intitulé « Bilan de l'anglicisation à l'Université Laval ».

Les résultats auxquels est arrivé ce comité sont dignes d'intérêt et tout à fait pertinents. En effet, le comité a d'abord déterminé la proportion d'ouvrages en français et en anglais proposés comme lectures obligatoires ou facultatives et cela pour 31 disciplines ou champs d'étude. Certes, le bilan n'est pas exhaustif puisque tous les cours n'ont pas été recensés ; il reste que l'échantillon est assez vaste pour fournir des indications plus que valables. C'est cet aspect de l'enquête qui retiendra mon attention ici, même si le comité s'est penché sur d'autres sujets, comme le pourcentage d'ouvrages en anglais et en français : 1° consultés à la bibliothèque générale ; 2° achetés aux PUL.

Voyons d'abord le classement des disciplines (*tableau 3*) « selon l'importance qu'elles accordent aux ouvrages de langue française » (article cité).

---

4. *Au fil des événements*, 8 avril 1976, p. 5

Quelques commentaires à propos du *tableau 3*. L'étudiant ou l'étudiante qui ferait le **minimum** de lectures, c'est-à-dire qui s'en tiendrait aux lectures **obligatoires** :

1° s'en tirera presque sans difficulté dans 11 disciplines (groupe A) dont la moitié appartiennent aux « sciences humaines ». (Notons cependant que la linguistique n'obtiendrait pas 100% dans les autres universités québécoises où la théorie dominante est d'origine américaine. D'heureuses surprises : pharmacie et vivres ont 100% de lectures obligatoires en français ; on s'étonne alors du 29% en médecine et du 0% en médecine dentaire et en agro-économie.) ;

2° devra lire de 25% à 35% d'ouvrages en anglais dans 6 disciplines (groupe B) ;

3° devra lire **autant** d'ouvrages en anglais qu'en français dans 4 disciplines ou champs d'étude (groupe C) ;

4° devra lire **surtout ou presque exclusivement** en anglais dans 6 disciplines (groupe D).

Mais comme il y a aussi les lectures facultatives et qu'on ne voit pas comment on pourrait obtenir un diplôme sans les faire, il faut rapprocher le *tableau 3* du *tableau 4*.

On remarque alors que, pour les lectures facultatives, la proportion est **inversée au profit de l'anglais** d'une façon non équivoque. Il ne reste plus que 6 disciplines où les lectures en français représentent 60% et plus, soit : *français, linguistique, philosophie* et *droit* (groupe A : 90% et +) et *sociologie* et *histoire* (groupe B : 60-70%).

Par contre, sur 31 disciplines ou champs d'étude représentés :

— 25 exigent 40% et plus de lectures en anglais (C et D) ;

— 22 exigent 50% et plus de lectures en anglais (C et D) ;

— 14 exigent 65% et plus de lectures en anglais (D).

Si l'on se rappelle que l'enquête s'est limitée à l'Université Laval, université située dans ce qu'on appelle « la plus française des grandes villes d'Amérique », on imagine facilement quelles sont ou seraient les proportions pour l'ensemble du réseau universitaire québécois ... et au profit de quelle langue !

Pour éclairer davantage l'interprétation des données dont nous disposons, on peut calculer le pourcentage moyen pour l'ensemble des lectures facultatives + obligatoires considérées comme un seul bloc. Le *tableau 5* nous apprend ainsi que sur 31 disciplines ou champs d'études :

— 8 seulement exigent 40% et moins des lectures en anglais (A et B) ;

— 23 exigent 40% et plus des lectures en anglais (C et D), dont :

14 disciplines exigent de 40% à 60% en anglais (C)

et

9 disciplines exigent de 60% à 100% en anglais (D)

En d'autres termes, les trois quarts des disciplines supposent un total des lectures dont 40% et plus sont en anglais ... d'après une enquête de 1975 et restreinte à l'Université Laval ... bien sûr ...

Mais comment et sur quelles bases pourrait-on affirmer que la situation s'est améliorée ?

Cette enquête, malgré ses limites et la prudence qu'elle exige dans l'interprétation des résultats, nous donne des **indications**, valables selon moi . . . des indications à l'effet que, pour trois champs d'étude sur quatre, les étudiants et étudiantes du niveau universitaire québécois devront lire en anglais dans 50% à 100% des cas — grosso modo — pour mener à bien leurs études.

En quelle langue le savoir est-il donc dispensé dans nos universités ? En dehors des cours, et encore ! . . . c'est en anglais que ça se passe, semble-t-il ! Dans de telles conditions, que faut-il améliorer : la qualité du français ou . . . celle de l'anglais ?

Tableau 3

Classement des disciplines d'après l'importance accordée aux ouvrages en français (F) et en anglais (A) pour les lectures obligatoires

Lectures obligatoires			
	F	A	
Linguistique	100	0	
Philosophie	100	0	
Histoire	100	0	
Pharmacie	100	0	
Vivres	100	0	
Français (litt.)	96	4	Groupe A : 80 % et plus = 11
Service social	93	7	
Génie forestier	85	15	
Mesure et évaluation	81	19	
Sociologie	80	20	
Géodésie	80	20	
Génie électrique	76	24	
Génie mécanique	74	26	
Sciences infirmières	73	27	Groupe B : 60 % à 80 % = 6
Administration	70	30	
Éducation physique	67	33	
Sciences politiques	64	36	
Anthropologie	58	42	
Adm. scolaire	58	42	Groupe C : 40 % à 60 % = 4
Économique	46	54	
Génie rural	43	57	
Informatique	35	65	
Médecine	29	71	
Bio-agronomie	20	80	Groupe D : 40 % et moins = 6
Diététique	16	84	
Agro-économie	0	100	
Médecine dentaire	0	100	
Physique	—	—	
Droit	*		
Géologie/génie géol.	*		
Génie civil	*		
Moyenne (sur 27)	64,6	35,4	

* Pas de distinction obligatoires/facultatives

Tableau 4

Classement des disciplines d'après l'importance accordée aux ouvrages en français (F) et en anglais (A) pour les lectures facultatives

Lectures facultatives				
	F	A		
Droit	100	0	*	
Français	98	2		
Linguistique	97	3		Groupe A : 80 % et + = 4
Philosophie	93	17		
Sociologie	67	33		
Histoire	62	35		Groupe B : 60 % à 80 % = 2
Diététique	57	43		
Économique	56	44		
Anthropologie	53	47		
Sciences politiques	49	51		
Géologie/génie géol.	48	52	*	
Agro-économie	46	54		Groupe C : 40 % à 60 % = 11
Vivres	46	54		
Médecine	45	55		
Génie civil	44	56		
Adm. scolaire	42	58		
Éducation physique	41	59		
Pharmacie	35	65		
Informatique	34	66		
Génie rural	33	67		
Bio-agronomie	32	68		
Sciences infirmières	32	68		
Mesure et évaluation	31	69		
Administration	31	69		Groupe D : 40 % et moins = 14
Géodésie	25	75		
Physique	24	76		
Génie électrique	22	78		
Génie forestier	20	80		
Service social	11	89		
Génie mécanique	0	100		
Médecine dentaire	0	0		
Moyenne (sur 31)	44	56		

* Pas de distinction obligatoires/facultatives

Tableau 5

Classement des disciplines d'après l'importance accordée aux ouvrages en français (F) et en anglais (A) pour les lectures obligatoires et facultatives à la fois

	F	A		% F PAR GROUPE		
Droit	100,0	0,0	*			
Linguistique	98,5	1,5				
Français (litt.)	97,0	3,0		A = 80 % et +	=	5
Philosophie	96,5	3,5				
Histoire	81,0	19,0				
Sociologie	73,5	26,5				
Vivres	73,0	27,0		B = 60 % − 80 %	=	3
Pharmacie	67,5	32,5				
Sciences politiques	56,5	43,5				
Mesure et évaluation	56,0	44,0				
Anthropologie	55,5	44,5				
Éducation physique	54,0	46,0				
Génie forestier	52,5	47,5				
Géodésie	52,5	47,5				
Sciences infirmières	52,5	47,5		C = 40 % − 60 %	=	14
Service social	52,0	48,0				
Économique	51,0	49,0				
Administration	50,5	49,5				
Adm. scolaire	50,0	50,0				
Génie électrique	49,0	51,0				
Géologie/génie géol.	48,0	52,0	*			
Génie civil	44,0	56,0	*			
Génie rural	38,0	62,0				
Génie mécanique	37,0	63,0				
Médecine	37,0	63,0				
Diététique	36,5	63,5				
Informatique	34,5	65,5		D = 40 % et moins	=	9
Bio-agronomie	26,0	74,0				
Agro-économie	23,0	77,0				
Physique	12,0	88,0				
Médecine dentaire	0,0	100,0				
Moyenne (sur 31)	53,4	46,6				

* Pas de distinction obligatoires/facultatives

L'évaluation de la qualité de la langue d'enseignement des futurs maîtres

Réginald LACROIX

À la suite de nombreuses plaintes formulées dans les universités et de pressions reçues à propos de la faiblesse relative des étudiants de pédagogie (futurs maîtres) en français, la Conférence des recteurs et principaux des universités du Québec (CRE-PUQ) a mis sur pied une équipe chargée d'élaborer un test pour évaluer la qualité de la langue d'enseignement des futurs maîtres. Le test n'est pas envisagé pour sélectionner ou pour éliminer des programmes des étudiants jugés faibles en français, mais pour aider les institutions qui le voudraient à faciliter aux étudiants l'identification de leurs faiblesses possibles et leur rattrapage éventuel.

En fait, l'équipe a préparé deux tests : un premier appelé test diagnostique de construction de la phrase (TDCP) et un second appelé test diagnostique de morpho-syntaxe (TDMS). À la différence de tests **normatifs** utilisés à des fins de classement, ces tests sont **critériés** et ont été validés sur la base de l'analyse du contenu des connaissances linguistiques à diagnostiquer et non à partir d'une norme de groupe visant à différencier au maximum les résultats des répondants.

Le contenu des tests ne diffère pas, pour l'essentiel, de celui d'un test déjà existant pour le niveau collégial (le test TEFEC), conformément d'ailleurs à l'hypothèse que la réalisation du présent projet devait vérifier, à savoir que les compétences linguistiques de ces deux populations d'étudiants, membres d'une même collectivité et formées au sein d'un même système éducatif, n'ont pu varier au point que des instruments de mesure similaires, dont le spectre s'étend sur un domaine de connaissance relativement étendu, ne leur soient plus également applicables, quelles que puissent être par ailleurs les caractéristiques qui différencient ces populations, notamment l'écart en termes d'années de formation.

La forme et le contenu général

Les éléments ou questions des tests sont du type « objectif, à choix multiples », et ils sont construits selon l'un ou l'autre des deux formats suivants :

Format A

Chaque élément comporte deux phrases. Dans chacune de ces deux phrases, un mot ou un groupe de mots est employé correctement ou non, et il faut déterminer si :

176 L'éducation et le français au Québec

A. Les deux phrases sont correctes.
B. Les deux phrases sont incorrectes.
C. Seule la phrase 1 est correcte.
D. Seule la phrase 2 est correcte.

Format B

Chaque élément comporte quatre phrases, dont une seule est correcte et que le répondant doit identifier.

La répartition des réponses correctes à l'intérieur du test s'est faite à l'aide d'une table de nombres aléatoires.

Une version préliminaire des tests a été expérimentée auprès de la population cible (les étudiants de première année d'un programme de formation des maîtres). À la suite de cette expérimentation et des études statistiques habituelles, un certain nombre d'éléments ont été éliminés. La version finale du TDCP comporte 100 éléments répartis selon les 6 sections suivantes :

Section I :   Le groupe nominal
Section II :   La pronominalisation
Section III :   Le verbe et la concordance des temps
Section IV :   Les conjonctions
Section V :   La coordination
Section VI :   La proposition

La version finale du TDMS comporte 134 éléments répartis selon les huit sections suivantes :

Section I :   L'article
Section II :   Le nom
Section III :   Le pronom
Section IV :   Le verbe
Section V :   La préposition
Section VI :   L'adjectif
Section VII :   La conjonction
Section VIII :   L'adverbe

Les qualités les plus importantes d'un test sont celles de la validité et de la fidélité. Dans le cas des présents tests, l'absence de critère externe n'a pas permis de mesurer la validité de façon empirique. Par contre, la méthodologie d'élaboration de l'instrument visait à obtenir la plus grande « validité de construction » possible. Il n'en demeure pas moins qu'aucun indice de validité élément-critère (extérieur à l'instrument) n'était disponible. Il convient donc de soumettre cette version des tests à des études de validité a posteriori. Habituellement, les instruments de ce type sont revalidés après quelques années d'usage. Une mesure de validité peut alors être inférée indirectement en mettant une nouvelle version des tests en corrélation avec la version initiale.

La fidélité des versions finales mesurées à l'aide du coefficient alpha de Cronbach est de 0,90 pour le TDCP et de 0,89 pour le TDMS, ce qui indique une grande consistance interne.

Dans leur forme actuelle, les tests sont considérés comme des versions de rodage. Les normes qui peuvent en découler sont basées sur les données de la version expérimentale et ne sont pas, de ce fait, précisées. C'est pourquoi il n'était pas souhaitable de fournir des normes par région, université, programme ou autres. De tels renseignements sont utiles, mais doivent être établis à partir des données de la version finale proprement dite. Néanmoins, les tableaux 1 et 2 en appendice présentent les seuils de performance des deux tests et résument l'essentiel de l'information nécessaire à l'établissement de ces seuils. Les seuils ont été arrondis au nombre entier le plus proche ; on notera également que ces seuils découlent de normes de groupes et non de critères linguistiques. Il appartient aux utilisateurs de déterminer si ces normes correspondent aux objectifs pédagogiques retenus dans leurs établissements respectifs, compte tenu de la signification et de la portée de la notion de seuil : en effet, les performances du répondant dont le résultat est égal au seuil équivalent à celles de la moitié environ des répondants du même groupe.

Description linguistique générale des tests

1. Test diagnostique sur la construction de la phrase

Le but du « Test diagnostique sur la construction de la phrase en français » consiste à repérer des difficultés grammaticales qui ont trait, d'une façon générale, soit aux rapports qui s'établissent entre les propositions qui sont combinées entre elles pour former une phrase, c'est-à-dire entre des unités linguistiques qui sont elles-mêmes des noyaux de phrases simples, soit à des mécanismes linguistiques dont le fonctionnement peut avoir des incidences sur la structure de la phrase dans son ensemble, tels que la pronominalisation[1] et la coordination.

Il s'agit donc de phénomènes linguistiques relativement complexes, qu'on pourra subdiviser selon les catégories suivantes :

a) les procédés syntaxiques qui servent à marquer les fonctions de sujet ou de complément d'objet du groupe nominal (section I) ;

b) les mécanismes qui relèvent de la pronominalisation (section II) ;

c) la concordance des temps entre le verbe de la proposition principale et celui de la proposition subordonnée (section III) ;

d) les conditions qui déterminent le choix ou la présence de la conjonction de coordination et de subordination (section IV) ;

e) les mécanismes de la coordination selon la nature des éléments coordonnés et leur fonction dans la phrase (section V) ;

f) la structure de la phrase complexe selon la nature des rapports qui unissent les propositions qu'elle combine (section VI).

Les énoncés ci-dessus ne pourront donner qu'une idée très générale du contenu du test ; ajoutons cependant que son élaboration était dictée par le souci d'identifier les comportements linguistiques qui signalent des problèmes de structuration de la

---

1. Ce terme désigne le processus par lequel une forme pronominale se substitue dans la phrase à une unité linguistique quelconque — nom, adjectif, verbe, proposition, etc.

pensée et que les indices formels qui leur correspondent sont très diversifiés et souvent difficiles à analyser, dans la mesure où ils font intervenir plusieurs phénomènes concomitants. Pour s'en tenir à un cas relativement simple, on pourra citer, par exemple, la phrase incorrecte suivante : « je crois qu'*avec cet argent*, je *l'*économiserai » ; si le sens de cette phrase paraît clair, la nature des relations qui existent entre les éléments soulignés l'est un peu moins. On pourra supposer qu'une telle phrase provient du télescopage de deux structures distinctes, sous l'effet d'un facteur de perturbation quelconque : « je crois qu'*avec cet argent*, je ferai des économies » et « je crois que *cet argent*, je *l'*économiserai », cette dernière étant elle-même dérivée de : « je crois que j'économiserai cet argent ».

C'est à ce type de phénomène que renvoie la formule employée dans le premier paragraphe ci-dessus, au sujet des « incidences sur la structure de la phrase dans son ensemble ». On comprend dès lors que les difficultés grammaticales sont ici d'un autre ordre que celles qui consistent, comme c'est généralement le cas pour le test de morpho-syntaxe, à choisir, par exemple, la préposition qui unit le verbe « nuire » à son complément ou la forme appropriée du pronom relatif dans le contexte : « celui _____ je parle ».

2. *Test diagnostique de morpho-syntaxe*

D'un point de vue général, le « test diagnostique de morpho-syntaxe du français écrit » porte sur des difficultés reliées à l'emploi des catégories grammaticales suivantes : l'article, le nom, le verbe, la préposition, l'adjectif, la conjonction et l'adverbe. Il est destiné à repérer les erreurs qui peuvent être commises, comme son titre l'indique, dans l'application d'un certain nombre de règles propres à la morphologie et à la syntaxe du français, et qui concernent plus particulièrement les phénomènes linguistiques suivants :

— l'emploi de l'article dans des contextes qui diffèrent selon la valeur sémantique de la forme nominale qu'il modifie ou la nature du contexte syntaxique dans lequel cette forme apparaît (section I) ;

— les variations morphologiques que subissent certaines désinences nominales ou verbales (sections II et IV) ;

— l'opposition de genre d'un certain nombre de substantifs d'usage courant (section II) ;

— le choix, la position ou la présence de diverses formes du pronom personnel, indéfini, réfléchi, adverbial, démonstratif ou relatif dans des contextes qui varient selon la fonction de cet élément dans la phrase : sujet, complément direct ou indirect ou complément du nom (section III) ;

— le choix du mode verbal approprié dans plusieurs types de propositions subordonnées (section IV) ;

— l'alternance des formes transitive et intransitive ou active et passive du verbe (section IV) ;

— l'accord du verbe avec son sujet, qu'il s'agisse d'un élément ou d'un groupe nominal ou pronominal (section IV), ou de l'adjectif avec le nom qui le régit (section VI) ;

— le choix de la préposition qui unit un verbe, un nom ou un adjectif à son complément ou qui conditionne l'emploi de certaines locutions (section VI) ;

— la forme, la position ou la présence de quelques conjonctions (section VII) et adverbes (section VIII).

On se fera une idée plus complète du contenu et de la portée du test dans son ensemble et des préoccupations qui en ont orienté l'élaboration, en précisant qu'outre les phénomènes morphologiques au sens strict de ce terme, tels que les variantes du suffixe du pluriel de certains noms, la forme des désinences de temps et de mode dans la conjugaison de certains verbes ou la forme de certaines locutions conjonctives, ainsi que de mécanismes syntaxiques aussi élémentaires que l'accord du verbe avec son sujet, le test visait à identifier diverses difficultés grammaticales associées aux relations fonctionnelles qui unissent les éléments apparaissant à l'intérieur de certaines structures linguistiques ainsi qu'aux incidences de ces relations sur la présence ou le choix de l'article et de diverses formes pronominales, prépositionnelles, verbales, adjectivales, conjonctives et adverbiales. Les structures en question sont des unités plus petites que la phrase, et sont toutes comprises dans l'une des trois catégories suivantes :

a) groupe nominal : déterminant (article ou adjectif) + nom ; nom + complément (nominal ou pronominal) ;

b) groupe verbal : verbe + complément (nominal, pronominal ou verbal) ; verbe + adverbe ;

c) groupe adjectival : adjectif + complément nominal ou pronominal.

Tableau 1

Résumé des résultats et seuils de performance pour l'ensemble du TDCP

	Taille n	Moy. X	Médiane Md	Mode Mo	Biais	Intervalle de confiance à 95 % autour de la moy.	25e rang centile	75e rang centile	Résultat central : seuil (sur 100)
Ensemble des universités	702	56,7	57,9	62	—	(55,7 - 57,7)	48	66	58
université A	235	58,0	57,8	55	0	(56,4 - 59,6)	50	67	58
université B	81	62,9	64,0	62	—	(60,1 - 65,8)	56	71	63
université C	79	54,4	54,7	48	—	(51,7 - 57,1)	45	62	54
université D	13	52,9	50,0	38	+	(46,3 - 59,6)	45	57	50
université E	117	57,0	60,1	63	—	(54,3 - 59,6)	51	66	59
université F	68	48,5	48,5	36	0	(45,3 - 51,6)	39	57	48
université G	69	57,4	59,7	72	—	(54,4 - 60,4)	47	68	59
université H	22	52,3	50,5	35	0	(46,9 - 57,8)	41	63	50
université I*	4	67,0	67,0	67	0	(62,9 - 71,1)	nil	nil	nil

*La taille très réduite de l'échantillon de l'université I ne permet pas d'établir un seuil de performance.

Tableau 2

Résumé des résultats et seuils de performance pour l'ensemble du TDMS

	Taille n	Moy. X	Médiane Md	Mode Mo	Biais	Intervalle de confiance à 95 % autour de la moy.	25e rang centile	75e rang centile	Résultat central : seuil (sur 134)	Résultat central : seuil en %
Ensemble des universités	732	74,7	75,8	69	—	(73,6 - 75,7)	65	86	76	57
université A	200	75,2	76,2	69	—	(73,1 - 77,3)	65	88	76	57
université B	82	81,4	82,0	76	—	(78,4 - 84,4)	72	92	82	61
université C	43	78,4	77,7	81,5	0	(75,1 - 81,6)	71	86	78	57
université D	47	66,5	66,3	74	0	(62,6 - 70,4)	58	75	66	49
université E	174	75,6	76,4	69	—	(72,7 - 76,6)	66	85	76	57
université F	68	68,1	68,5	68	+	(64,9 - 71,4)	59	76	69	51
université G	76	75,0	77,0	76	—	(71,9 - 78,0)	66	85	76	57
université H	29	70,5	71,7	66	—	(65,2 - 75,9)	62	80	71	53
université I	4	91,2	91,5	88	—	(87,3 - 95,2)	nil	nil	nil	nil

* (cf. Tableau 1)

Les manuels d'enseignement et le français au Québec

Conférenciers :   Michel De CELLES, directeur du matériel didactique, ministère de l'Éducation

Raymond CARIGNAN, directeur des Éditions France-Québec

Jean-Claude LESSARD, auteur et conseiller pédagogique

Suzanne FRANCOEUR-BELLAVANCE, conseillère pédagogique à la Commission scolaire de Greenfield Park.

Les manuels sont moins à la mode aujourd'hui qu'il y a dix ou quinze ans : néanmoins, ils sont encore utilisés dans certaines matières et, lorsqu'il n'y a pas de manuel proprement dit, il existe souvent des documents pédagogiques ou des extraits photocopiés de manuels. Les manuels ou documents utilisés sont-ils faits au Québec ? Quelle est la politique ministérielle à ce sujet ? Quelles sont les normes d'approbation du M.E.Q. en ce qui concerne la langue ? Quelle est l'attitude des maisons d'édition et quels sont leurs problèmes ? Les manuels proposés sont-ils adéquats et correspondent-ils aux besoins des enseignants ? Voilà des questions auxquelles les conférenciers ont répondu. Deux d'entre eux sont allés jusqu'à prôner l'élimination pure et simple des manuels, contrairement à l'avis du ministère de l'Éducation qui en voit ressurgir la nécessité.

L'atelier était animé par Louise Malo, enseignante à la Commission scolaire régionale de Lanaudière ; Pierre Achim est également intervenu.

L'action du ministère de l'Éducation au sujet des manuels d'enseignement

Michel de CELLES
et collaborateurs

C'est dans *L'école québécoise, énoncé de politique et plan d'action*, publié en 1979, que le gouvernement a fait connaître de la façon la plus élaborée ses orientations touchant les manuels. Un chapitre entier, le neuvième, est en effet consacré au matériel d'enseignement. Le manuel scolaire y figure de manière essentielle : on parle depuis lors d'une revalorisation de cet outil de base, nécessaire pour les élèves et utile tant aux parents qu'aux enseignants.

Revoyons en effet certaines affirmations du « Livre orange » touchant les manuels scolaires. Explicites ou implicites, elles sont importantes en rapport avec l'objectif du présent congrès. Donc, selon ce document officiel,

— les manuels scolaires doivent occuper une place de premier plan parmi le matériel d'enseignement ;
— ils doivent répondre à des critères connus, parmi lesquels on relève :
  • la conformité avec l'ensemble d'un programme et ses indications didactiques ;
  • la correspondance avec le vécu de l'élève et le milieu québécois ;
  • la rédaction dans une langue correcte ;
— ils sont un facteur dans l'amélioration du français écrit et parlé ;
— ils sont produits par des entreprises spécialisées, les maisons d'édition ;
— ils doivent faire l'objet de mesures de soutien diverses.

Le ministère de l'Éducation base là-dessus ses interventions dans le secteur du préscolaire, du primaire et du secondaire. La Direction du matériel didactique en est chargée. Nous allons les considérer dans quatre domaines en particulier :

— l'action auprès des éditeurs pour la production de manuels de qualité, par la publication de devis ;
— la collaboration avec l'Office de la langue française, dans l'approbation du matériel didactique sur le plan de la qualité linguistique ;
— l'évaluation du matériel didactique de base destiné à l'enseignement du nouveau programme de français, langue maternelle, au primaire ;
— la lisibilité.

1. La publication de devis

Le concept de devis, de même que l'idée d'en faire paraître à l'intention des éditeurs, se trouvent mentionnés dans *L'école québécoise*. À partir de ces rudiments, avec le recul de quelques années de travail à la Direction du matériel didactique (DMD), on peut dire ce qui suit.

Le devis est un document officiel qui correspond à un programme d'études et qui concerne le matériel didactique de base de ce programme. Par matériel didactique de base, on entend celui qui est conçu expressément pour une clientèle en situation d'apprentissage et qui est considéré comme nécessaire à l'enseignement du programme ; en vertu des orientations ministérielles, le matériel didactique de base comprend d'abord, dans la presque totalité des cas, un manuel de l'élève. Le devis n'est pas le plan de ce manuel, ni la description d'un manuel idéal, unique. Le devis comporte plutôt des énoncés sur les caractéristiques attendues du matériel didactique. Certains de ces énoncés ont valeur de prescriptions en rapport avec l'éventuelle approbation de l'ouvrage ; d'autres, valeur d'indications.

En effet, la DMD a voulu s'acquitter de cette partie de son mandat selon une double perspective : (1) il s'agissait, d'une part, de fixer, dans le cas de chacun des nouveaux programmes d'études du primaire et du secondaire, un certain nombre de critères susceptibles de favoriser une meilleure cohérence entre l'orientation d'un programme et le matériel utilisé pour son application. Sous cet aspect, les devis ont un caractère normatif ; (2) il fallait, d'autre part, aider les éditeurs et les auteurs, à qui l'on confiait ce rôle exigeant, à concevoir un matériel de qualité ; pour cela, il paraissait nécessaire de leur rappeler, en les précisant, les orientations majeures d'un programme donné et de leur indiquer les moyens idoines qui leur permettraient de s'y conformer. En ce sens, les devis ont un caractère de soutien.

L'impact de cette opération — nous avons pu le constater — est positif. Les éditeurs, destinataires privilégiés des devis, admettent volontiers et de façon majoritaire que les devis constituent pour eux (et pour les auteurs à leur service) un support de premier ordre en ce qui concerne l'élaboration du matériel didactique. Leurs récriminations — car ils en ont ! — portent surtout sur la quantité des prescriptions auxquelles ils ont à se conformer, et sur la cohérence entre les devis et les grilles d'approbation auxquelles ceux-ci donnent lieu.

Par ailleurs, le but ultime visé, celui de mettre à la disposition des écoliers de toutes les classes du Québec un matériel respectant les orientations des programmes et possédant les meilleurs caractéristiques pédagogiques possible, semble atteint de façon satisfaisante. Les premiers ensembles parus, notamment en français, langue maternelle, au primaire, reflètent tous, même s'ils sont passablement différents les uns des autres selon leur origine, les grandes orientations du programme. Ils permettent, d'une classe à l'autre, de développer les mêmes habiletés et de favoriser l'acquisition des mêmes connaissances et techniques.

L'opération devis pour la formation générale va se terminer pour l'essentiel avec la fin de l'année 1983 : tous les programmes du primaire et du secondaire auront été touchés, à l'exception de quelques programmes dont les orientations ou les objectifs ne justifiaient pas, au même titre que les autres, la rédaction immédiate d'un devis. Entre autres, les programmes non obligatoires.

D'ici là, tout en continuant le travail amorcé, la DMD va s'appliquer à effectuer une synthèse des exigences formulées, dans le but d'en arriver à une liste hiérarchisée de critères qu'il sera plus facile de pondérer lors de l'étape d'approbation. Ce faisant, la DMD souhaite apporter une réponse aux attentes des éditeurs, sans pour autant négliger l'essentiel de sa mission qui est de veiller à ce que chacun des écoliers du primaire et du secondaire ait à sa disposition, pour chacun des programmes d'études, un matériel adéquat et complet.

2. Collaboration avec l'Office de la langue française

Le ministère de l'Éducation et l'Office de la langue française ont signé en octobre 1979 une entente particulière portant sur la qualité linguistique du matériel destiné à l'enseignement primaire et secondaire.

En vertu de cette entente, le ministère de l'Éducation s'engage à veiller à l'application des règlements, normes et usages prescrits par l'Office de la langue française sur le plan de la qualité de la langue dans le matériel didactique soumis à l'approbation pour l'enseignement primaire et secondaire. L'Office de la langue française s'engage de son côté à donner des avis techniques sur la qualité linguistique du matériel didactique, particulièrement dans le domaine de la terminologie, compétence exclusive de l'Office de la langue française.

Dans ce cadre, sont donc soumis à l'examen du Service des linguistes-conseils de l'Office :

— les manuels et le matériel didactique visant l'apprentissage du français comme langue maternelle ou comme langue seconde ;

— les traductions et adaptations d'ouvrages produits dans d'autres langues ;

— tout autre ouvrage pour lequel le Bureau d'approbation requiert un examen linguistique.

Dans le secteur de l'enseignement professionnel au secondaire, l'Office de la langue française s'engage aussi à fournir une aide technique dans la préparation, la traduction et l'adaptation des ouvrages techniques et professionnels.

L'entente a donné lieu en outre à la mise sur pied d'un comité mixte permanent avec le mandat :

— de veiller à la préparation de guides d'évaluation de la qualité de la langue du matériel didactique ;

— de veiller à la mise en oeuvre, par l'Office de la langue française, d'un régime d'agrément des conseillers linguistiques responsables des tâches linguistiques auprès des éditeurs et producteurs de matériel didactique.

Depuis l'application de l'entente, quelque 250 manuels ont été évalués par le Service des linguistes-conseils de l'Office de la langue française. Dans tous les cas, les rapports d'analyse linguistique ont été transmis aux éditeurs pour qu'ils puissent améliorer leur matériel. Les recommandations de l'Office de la langue française ont incité le ministère de l'Éducation à refuser l'approbation de 111 manuels et à exiger des errata pour une soixantaine d'autres.

Le guide d'évaluation de la qualité de la langue a été réalisé et distribué à tous les éditeurs engagés dans la production de matériel didactique.

Enfin, le régime d'agrément des conseillers linguistiques a été mis sur pied en février 1981. Un premier examen a eu lieu en juillet 1981 et le second, au printemps 1982. Ce régime a pour but de fournir aux producteurs de matériel didactique une liste de réviseurs linguistiques reconnus ou agréés par l'Office de la langue française. Par cet agrément, l'Office de la langue française reconnaît les connaissances linguistiques des réviseurs agréés et leur compétence dans la révision linguistique. Au moment d'approuver un manuel, le ministère de l'Éducation tient compte du rôle joué par un tel réviseur au cours de la préparation de l'ouvrage.

Ainsi, le ministère de l'Éducation et l'Office de la langue française ont surtout fourni aux producteurs les outils nécessaires pour qu'ils puissent assumer, de façon de plus en plus autonome, l'amélioration de la qualité linguistique de leurs productions. En effet, ceux-ci ont maintenant accès à :

— une banque de terminologie couvrant un grand nombre de matières ;
— un service de consultation privilégié auprès du Service des linguistes-conseils de l'Office de la langue française ;
— un guide de révision de la qualité linguistique des manuels scolaires, guide produit et diffusé par l'Office de la langue française ;
— une liste de réviseurs agréés par l'Office de la langue française.

Ces moyens visent à agir, dès la conception de l'ouvrage, dans un sens constructif plutôt que punitif ; ils devraient permettre de vraiment faire de tout manuel un facteur d'amélioration du langage.

3. L'évaluation du matériel didactique pour l'enseignement du français au primaire

Le nouveau programme de français, langue maternelle, au primaire s'inscrit par ses éléments fondamentaux dans la foulée du programme-cadre antérieur. Il vient cependant déterminer et expliciter un processus pédagogique qui permet d'atteindre les objectifs visés et qui est en accord avec le principe de base, à savoir partir de la communication réelle.

Par ailleurs, *L'école québécoise* a fait connaître en 1979 la volonté gouvernementale que chaque élève dispose d'un manuel de base pour l'apprentissage des différents programmes.

C'est dans ce contexte que la DMD a été amenée à publier d'abord un devis pour le matériel didactique de base de ce programme, comme on l'a signalé précédemment. Il convenait en effet de s'assurer, tout en restant conscient de la difficulté de l'entreprise, que le matériel créé soit non seulement de bonne qualité mais qu'il respecte les orientations du programme et surtout qu'il facilite son application par les enseignants.

Ceux-ci ne peuvent plus porter seuls la responsabilité de produire les instruments nécessaires et d'en assurer la qualité. Pour la majorité, en effet, le matériel didactique constitue un moyen concret des plus importants pour l'activité pédagogique. L'enseignant doit donc pouvoir trouver du matériel conforme au programme, et suffisamment complet et varié pour couvrir l'essentiel, quitte à l'enrichir par la suite.

Les exigences imposées aux manuels sont à vérifier préalablement à l'approbation prévue par la Loi sur l'instruction publique. Voilà à quoi sert la grille d'évaluation (ou d'approbation) élaborée aussi à la DMD. Instrument d'analyse visant à évaluer la conformité du matériel didactique avec la démarche, les objectifs et les contenus du nouveau programme, la grille est destinée aux évaluateurs externes engagés par le Ministère pour examiner les productions. Elle vise à rendre l'analyse la plus objective possible pour chaque ouvrage et à assurer la constance de l'un à l'autre.

Ainsi, la grille d'évaluation du primaire permet de vérifier si les textes proposés sont suffisamment variés, signifiants et adaptés à la clientèle visée, et si les illustrations sont fonctionnelles. Elle permet aussi de vérifier si les activités d'oral, de lecture et d'écriture sont présentées à l'intérieur de projets de communication cohérents et adaptés aux situations de classe et enfin de voir si les connaissances et les techniques présentées sont vraiment subordonnées aux habiletés à communiquer, de telle sorte que le processus inductif préconisé par le programme soit globalement respecté dans le matériel.

Ces exigences, découlant du devis et lui donnant une interprétation précise, ont provoqué, il faut le reconnaître, des difficultés pour les éditeurs et les auteurs qui avaient déjà entrepris la rédaction de manuels en fonction du programme. De tels aléas, expérience prise de part et d'autre, ont maintenant pratiquement disparu pour le matériel plus récemment soumis.

À l'heure actuelle, six ensembles ont été approuvés parce qu'ils respectent, à des degrés divers, les exigences minimales de qualité et de conformité au programme. Leur diversité permet de conclure que l'intervention réalisée permet d'engendrer des matériels fort variés qui peuvent s'adapter aux besoins des clientèles. Bien sûr, les organismes scolaires ont été informés de ces approbations. Des rapports critiques détaillés ont aussi paru au sujet de chacune dans divers documents d'information.

4. La lisibilité

Dans le but d'améliorer la qualité générale de l'apprentissage du français en particulier, le ministère de l'Éducation, par l'entremise de la DMD, a entrepris de produire des guides sur la lisibilité des manuels scolaires.

Qu'est-ce que la lisibilité ? Il serait vain de tenter de définir la lisibilité à l'aide des dictionnaires. En effet, cette notion a acquis ces dernières années une extension de sens qui déborde largement le contenu de signification exprimé par les dictionnaires. De fait, la lisibilité vise l'étude des facteurs et des conditions nécessaires pour qu'un message soit intelligible pour un lecteur donné. Ces facteurs et ces conditions varient en fonction, d'une part, de l'objet soumis à l'analyse et, d'autre part, du récepteur cible.

Pour les manuels scolaires par exemple, on distingue trois formes de lisibilité :
— la lisibilité linguistique, dans la forme du langage ;
— la lisibilité rédactionnelle, dans l'organisation des contenus ;

— la lisibilité graphique, dans la qualité de l'impression (typographie et illustrations).

Le Ministère a déjà produit deux guides sur la lisibilité linguistique : un pour le primaire, un autre pour le secondaire. (On déterminera sous peu l'opportunité de produire un guide sur la lisibilité graphique et rédactionnelle, vu les nombreux travaux sur le sujet, dont ceux en français de François Richaudeau.)

Ces guides sont d'abord destinés aux maisons d'édition et à leurs auteurs, dans le cadre du soutien que le Ministère entend leur apporter et parce que les manuels scolaires sont un véhicule de base pour les différents apprentissages.

Ainsi, un guide sur la lisibilité linguistique fournit à l'auteur de manuel des indications quant aux facteurs linguistiques susceptibles de jouer sur le niveau de compréhension d'un texte. Il indique également dans quel sens certaines formes linguistiques peuvent être modifiées en faveur d'une compréhension optimale pour le lecteur visé. Le principal objectif du guide est donc de faire correspondre le langage de l'auteur à celui des élèves par le biais de la forme.

L'incontestable avantage de respecter les critères de lisibilité est d'apporter, dans l'enseignement, de la stabilité entre les différents manuels et de la continuité entre les différents niveaux ou cycles scolaires. Quant à l'élève, on lui assure ainsi une connaissance de la langue de base sans laquelle un apprentissage progressif, appuyé sur des bases solides, ne peut être envisagé. Par ailleurs, et tout en répondant à un besoin d'unité et de large compréhension, le concept de lisibilité rejoint, par ses critères, les principes du programme de français dans son approche communicative.

*
**

Que conclure après ce survol de quelques-unes de nos voies d'intervention dans le domaine du matériel didactique ? En tout cas, aux yeux du ministère de l'Éducation, certainement pas que « les manuels sont moins à la mode aujourd'hui qu'il y a dix ou quinze ans », comme on l'écrivait, pour stimuler la discussion peut-être, dans la présentation de cet atelier ! Les ressources que le Ministère y consacre en font foi, aussi bien que le caractère avant tout positif qu'il tente de conférer à son action dans ce secteur.

L'éditeur devant les normes du ministère de l'Éducation

Raymond CARIGNAN

Dans les années 60, il existait au Québec une industrie assez florissante : l'édition de manuels scolaires, chasse gardée des institutions religieuses. La Révolution tranquille a vu l'entreprise privée s'y intéresser et prendre une large part de ce secteur.

On n'a qu'à se rappeler le Centre de psychologie et de pédagogie, le Centre éducatif et culturel, Éducation nouvelle, etc. Dès le début de 1970, le manuel scolaire québécois a supplanté les manuels européens. Cette industrie avait le vent dans les voiles. Elle avait relevé le défi et corrigé ce qu'on lui reprochait, soit que sa production faisait figure d'enfant pauvre vis-à-vis de la production étrangère.

Mais déjà on sentait s'installer un malaise dans les relations entre le MEQ et les éditeurs. Par suite du dépôt du rapport de la Commission d'enquête Bouchard, une paralysie presque totale s'était emparée du Bureau d'approbation des manuels scolaires, paralysie qui est loin d'être guérie aujourd'hui. Puis on côtoyait des fonctionnaires qui favorisaient l'étatisation du manuel scolaire. Déjà la fameuse photocopie prenait de plus en plus d'ampleur. C'était le viol et le vol des créateurs avec la bénédiction du MEQ. Une enquête commandée par le gouvernement du Québec révélait qu'il se faisait dans les maisons d'enseignement à la fin des années 70 pas moins de 360 000 000 de photocopies par années.

Pourtant, ce gouvernement énonçait en 1980 une politique sous le titre : « La juste part des créateurs ». La résultante la plus grave c'est que l'on a fait naître dans l'esprit des jeunes que le livre n'est pas une denrée nécessaire. Et ces jeunes sont conscients que le *prof* pique quelque chose à l'auteur lorsqu'il photocopie des chapitres d'un livre. Et l'on est surpris, aujourd'hui, que les jeunes piquent avec autant de facilité. Puis il y a eu cette philosophie visant à éliminer le manuel scolaire de l'enseignement. Et même si le ministre actuel a déjà déclaré, il y a deux ans, que l'on assistait au retour du manuel de base, il devrait aller voir ce qui se passe exactement dans les commissions scolaires.

Tous ces éléments ont été suffisants pour voir s'écrouler une industrie en quelques années. Il y a eu plusieurs fermetures et des maisons importantes sont passées entre les mains d'étrangers. Pendant ce temps, les multinationales du papier et des photocopieurs font des affaires d'or au Québec. Alors qu'aujourd'hui les tirages pratiqués pour les manuels ne dépassent guère celui d'un roman, voilà que le MEQ innove en soumettant les éditeurs à des devis de production. Mais qui sont-ils ces gens du MEQ pour vouloir diriger le travail de l'éditeur et de l'auteur ?

Pour ma part, le principe de l'approbation des manuels scolaires devrait disparaître complètement. Que l'on implante des programmes que les éditeurs seront obligés de suivre et que l'on fasse confiance aux enseignants qui auraient la liberté de chosir le manuel qui convient aux besoins de leurs élèves. Au cours de 1965, sous un gouvernement de l'Union nationale, le ministre de l'Éducation du temps avait annoncé l'élimination du Bureau d'approbation des manuels scolaires et la mise en place des dispositions visant à subdiviser ce ministère qui était presque devenu un monstre. Il faut absolument en arriver là parce qu'il n'y a plus rien d'humain au complexe G.

En un mot, comme toutes les personnes des différents secteurs qui ont à subir les directives de ce ministère, nous sommes loin d'être satisfaits. Lorsque nous avons à nous asseoir avec les gens du complexe G, nous ressentons de la méfiance chez nos vis-à-vis. Jamais je n'ai perçu une lueur de confiance ou senti un véritable désir de collaboration. Lorsque nous transigeons parallèlement avec le ministère homologue de Toronto, nous éprouvons la tentation de transporter nos pénates là-bas.

Quant aux nouveaux programmes de français du primaire et du secondaire, il m'apparaît qu'il sera assez difficile pour nous de produire des documents pédagogiques puisque les auteurs que nous avons rencontrés jusqu'à maintenant ont refusé de travailler à l'élaboration d'un projet sous le carcan des devis pédagogiques. Malgré l'échec enregistré au Québec au cours des 15 dernières années, on continue à entretenir les mêmes idées : élimination des grammaires, rédaction, par les professeurs, de documents de travail personnels, élaboration, par les jeunes, de leur propre dictionnaire. On repousse encore du revers de la main les méthodes d'enseignement du français en France. Dans les autres provinces du Canada, nous avons la mauvaise réputation de parler un français pauvre et de l'écrire lamentablement. Voilà pourquoi on nous demande si les manuels qu'on veut y présenter sont écrits en *parisian french*.

Le manuel scolaire : un outil périmé

Jean-Claude LESSARD

Je n'apprendrai rien à personne en disant que l'informatique et les médias électroniques ont modifié notre façon de vivre et continuent de la transformer. Les informations sont de plus en plus facilement accessibles et ce sous des formes multiples. Pourtant, dans les écoles, on travaille encore fréquemment avec des outils conçus pour une époque où les programmes d'études étaient résolument centrés sur le développement des connaissances et où le manuel scolaire était souvent le seul livre qui pénétrait dans les foyers. On aurait pu penser que la parution des nouveaux programmes servirait de déclencheur pour la conception de nouveaux types de matériels didactiques mais, contrairement à cette attente, on assiste plutôt à un renouvellement du matériel didactique qu'à un renouveau. Il me semble que nous sommes en train de rater cette occasion en nous satisfaisant d'un simple maquillage des vieux manuels. Je pense qu'il nous faut explorer au plus vite de nouveaux outils de travail plus souples, plus attrayants et mieux adaptés aux besoins des enseignants et des élèves des années 80. On ne peut continuer à concevoir le matériel didactique de la même façon qu'il y a 20, 40 ou 100 ans, c'est-à-dire sous la forme d'un « manuel de base ».

Avant d'examiner avec vous quelques propositions sur les orientations que pourrait prendre le matériel didactique, voyons d'abord pourquoi le manuel est une formule anachronique, néfaste et coûteuse.

La plupart d'entre nous ont bien connu l'âge d'or du manuel. C'était la clef d'un bon enseignement. En le suivant page à page, un enseignant pouvait être certain qu'il avait bien accompli son travail. Le même jour, à la même heure, toutes les classes d'un même degré commençaient la même leçon, faisaient les mêmes exercices. Il ne fallait pas prendre de retard sur la « méthode ». Si par malheur un enseignant n'avançait pas au même rythme qu'une autre classe ou une autre école, les pressions de ses collègues et des parents avaient tôt fait de ramener la brebis égarée au sein du troupeau. Il y avait un programme à voir et l'auteur du manuel avait prévu dans sa progression tout ce qu'il fallait faire pour le couvrir. Quant à l'élève, il devait s'adapter à ce rythme et faire ses apprentissages dans l'ordre établi.

La rigueur des manuels et leur séquence de connaissances contribuaient à maintenir tout le système (enseignants et enfants) dans un état de docilité et de dépendance pédagogique. Et cet asservissement tenait tant à leur contenu qu'à leur forme, mais surtout à cette dernière.

Dans ce contexte, il n'est pas étonnant qu'un bon nombre d'enseignants aient voulu prendre leurs distances et affirmer leur droit de choisir les thèmes et les activités qui conviennent à leur classe. Ils ont laissé les manuels de côté et entrepris de constituer leur propre matériel en utilisant la photocopie souvent au mépris des droits des auteurs et des éditeurs. On ne leur a pas laissé le choix. Après s'être affranchis du manuel, ces enseignants accepteront-ils de retomber à nouveau sous son joug ? J'en doute. Ils continueront de ne choisir que ce qui leur convient. Mais les autres, la majorité, suivront leur manuel et les cahiers d'exercices qui l'accompagnent, leçon après leçon. Non parce qu'ils ne peuvent planifier leur classe à leur façon mais parce que la forme même du manuel les incite trop fortement à en respecter l'ordre.

Rigide et contraignant, le manuel est maintenant un outil de travail périmé. À l'ère des médias électroniques, on est soumis quotidiennement à un bombardement d'informations variées, contradictoires, complémentaires. Personne ne détient le monopole du savoir. Chaque individu sélectionne ses informations. Chacun choisit son journal, ses articles, ses émissions de télévision. Et si ça ne l'intéresse pas, il tourne le bouton. L'avènement de l'informatique ne vient qu'amplifier ce phénomène. Dans un tel contexte, travailler avec un manuel équivaut pratiquement à utiliser un téléviseur qui ne capte qu'un seul poste et dont la programmation est fixée un an à l'avance.

Conscients de cette réalité, certains ont condamné l'utilisation du manuel et proposé que les maîtres tablent exclusivement sur le vécu de leur classe pour élaborer leurs activités. Un tel appel à la créativité ne peut être entendu que par le petit nombre de ceux et celles qui peuvent consacrer de longues heures à la recherche de documents et à la préparation de ceux-ci pour leurs élèves. Pour la majorité, cette proposition relève de l'utopie. L'enseignant (je pense ici à celui du primaire) a en général besoin de matériels variés pour planifier son travail. Mais quel type de matériel didactique lui faut-il ?

D'abord, pourquoi ne pas produire de vrais livres, comme ceux qu'on retrouve sur les rayons des bibliothèques, complets et adaptés aux intérêts et au niveau de lecture des élèves plutôt que des ensembles de textes trafiqués pour les besoins de l'enseignement ou liés entre eux pour des raisons purement didactiques. A-t-on déjà vu un enfant prendre plaisir à lire pour lui-même un recueil de textes choisis ou les textes d'un manuel ? Jamais. Ces livres sont truqués et l'enfant le sait.

Pourquoi aussi faudrait-il que tous les enfants d'une même classe aient en main les mêmes textes, en même temps ? Pourquoi ne pas produire un matériel qui soit différent d'un élève à l'autre ? Est-ce que les enfants ne pourraient pas alors faire part aux autres de ce qu'ils ont lu ou même échanger leurs textes avec eux ? À l'époque où le seul livre de la classe était le manuel, cela était peut-être légitime, mais aujourd'hui, avec l'abondance et la variété des livres à la disposition des enfants cela ne se justifie plus que par des pratiques pédagogiques démodées.

Pourquoi ne pas favoriser l'interdisciplinarité plutôt que d'enfermer chacune des matières dans son matériel ? Sans chercher à les intégrer entièrement, ce qui me semble impossible, on pourrait au moins jeter quelques ponts afin de briser le cloisonnement étanche entre les matières.

Pourquoi ne pas créer un matériel modulaire, à l'exemple de ce que nous propose l'informatique et dont la forme n'entraînerait aucune progression forcée ? Un tel matériel laisserait au maître la responsabilité du choix et de l'organisation des modules pour sa classe. Il ne suffit pas de dire que les maîtres sont des professionnels, il faut aussi les traiter comme tels.

Un matériel modulaire aurait de plus un avantage économique certain. Voilà un aspect à ne pas négliger par les temps qui courent. En tant que produit de consommation, le manuel se démode vite et pour le remplacer il faut mettre l'ancien au rancart alors que plusieurs de ses éléments sont encore très satisfaisants. Le simple remplacement de quelques modules aurait pu suffire et l'argent ainsi économisé aurait pu être affecté à l'achat de livres et de documents qu'on ne peut actuellement se procurer.

Quant aux cahiers d'exercices, aussi coûteux qu'ennuyeux et inefficaces, pourquoi ne seraient-ils pas offerts sous forme de fiches que le maître ferait reproduire au besoin et en quantité voulue. Le coût des cahiers d'exercices oblige le maître à les faire noircir au complet par les enfants qui ne retirent de ces pénibles moments qu'un désintérêt pour la matière étudiée. Comme ces cahiers d'exercices (ou d'activités) sont à renouveler tous les ans, leur achat grève grandement le budget des écoles qui est, vous le savez, de plus en plus réduit.

Mais pour que des changements interviennent il faudra que le MEQ manifeste une grande ouverture d'esprit face à ces nouveaux matériels. Exiger bêtement que chaque enfant ait « un manuel de base » dans chaque matière pourrait bien conduire à tuer dans l'oeuf toute recherche de nouveaux types de matériels plus conformes aux besoins actuels. Le MEQ devrait plutôt se montrer ouvert à ceux-ci et encourager les maisons d'édition à pousser leurs recherches dans ce sens.

Le temps presse. Nous avons déjà pris suffisamment de retard !

Il faut remplacer le manuel scolaire

Suzanne FRANCOEUR-BELLAVANCE

Un manuel de base en français au primaire, tel qu'il est encore conçu actuellement, ne répond plus aux besoins des enfants, aux possibilités nouvelles de la pédagogie de la communication et à la pratique réelle de la langue.

Nous savons tous qu'un manuel scolaire présente un fonds commun d'informations utilisables par tous. Mais à qui s'adresse-t-il vraiment ? À l'enseignant ? À l'enfant ? Aux parents ? Des personnes soucieuses d'une soi-disant démocratisation par un nivellement du savoir vantent les mérites d'un manuel de base. De cette façon, elles disent s'assurer que chaque enfant accédera à ce savoir et, qu'au moins, tout le monde « aura vu la même chose ».

Le manuel est donc un objet qui ne représente qu'un savoir fini et délimité. Il impose à l'enseignant des contenus et des formes d'enseignement. Découpé en leçons selon une articulation et une progression prédéterminées et arbitraires, lié à un niveau précis, destiné à une seule matière, le manuel offre aux enfants une seule voie et leur ferme presque automatiquement les autres possibilités. Il ne favorise ni l'interdisciplinarité, ni la perception des liens dans les connaissances.

Quand le manuel prime dans une classe, on n'a plus besoin de planifier ou de se préoccuper des idées et des émotions de l'enfant : le manuel va régler tous les problèmes dans une démarche rassurante et sécurisante.

Le savoir de toute l'année est présenté au complet à l'enfant dès le début de l'année. L'enseignant est certain que tout le monde verra la même chose en même temps. L'enfant sait d'avance ce qu'il aura à lire ou à faire et se rend bien compte que tout est planifié pour lui et que l'année se déroulera page par page. Jour après jour, le manuel constitue le point de départ de toute activité. Par la suite, l'enfant fait des exercices et des lectures à certains moments, dans un certain ordre et selon certains procédés.

Il n'est pas surprenant que le manuel produise la distinction jeu/travail. Si l'enseignant présente toujours les activités de français dans le manuel comme l'événement sérieux de la journée, il est certain que les enfants interpréteront les écarts comme une détente. « C'était le *fun* aujourd'hui, on n'a pas fait de français » diront-ils, ou « c'est le *fun* faire du français comme ça », après avoir utilisé les journaux quotidiens par exemple. Ils nous disent clairement qu'ils n'aiment pas les manuels et, par conséquent, leur utilisation à outrance.

Au lieu de gémir sur le fait que les jeunes n'aiment pas le français ou ne lisent pas, il est temps de prendre conscience que c'est le résultat inévitable d'une école où le manuel est honoré.

Il faut donc bannir le manuel utilisé comme source unique d'apprentissage et, en même temps, toute cette pédagogie centrée sur des savoirs émiettés.

Il faut bannir le manuel, car il brime l'esprit d'initiative des enfants, les sous-alimente dans les textes et les exercices proposés, annule chez eux toute motivation au niveau des apprentissages.

Il faut bannir le manuel, car il ne fait pas appel aux capacités intellectuelles et imaginatives des enfants.

Il faut de plus interroger fortement la technique du *stencil*, de la photocopie et de la fiche programmée qui ne sont souvent dans une autre forme que des manuels rapaillés.

La publicité ne nous rendra pas la tâche facile. Elle fait toujours mention de la grande liberté qu'a l'enseignant dans l'utilisation du manuel. Aussi, comme l'édition scolaire est friande de cautions officielles, il sera également relevé que tel spécialiste a signé la préface, que le MEQ a approuvé le manuel ou tout simplement que le manuel **est** le programme de français.

Des auteurs vont jusqu'à dire que leur manuel couvre toute l'année et qu'il a été fait pour alléger la tâche de l'enseignant. C'est d'ailleurs devenu une mode de dire que le manuel est fait pour rendre la tâche de l'enseignant plus facile et que l'enseignant, sans manuel, devra travailler davantage.

À tant se préoccuper de l'enseignant on en vient à oublier les enfants. Mais les enfants veulent quelque chose d'intéressant et de signifiant et seront motivés à s'engager s'ils entrevoient une possibilité de réussite.

Au lieu de suivre collectivement et pas à pas la progression d'un manuel, les enfants préfèrent organiser leur travail tantôt individuellement, tantôt en petits groupes, tantôt tous ensemble pour une mise en commun, une présentation des travaux, un débat, etc. Ils aiment que leur travail ait d'autres destinataires que l'enseignant. On n'a qu'à penser à la correspondance scolaire, au journal d'école, etc.

Pour organiser leur travail, n'est-il pas préférable que les enfants se préparent par des lectures véritables, n'est-il pas plus agréable de lire des revues, des livres, des journaux à la recherche de textes et de documents sur un thème choisi par eux ou proposé par l'enseignant plutôt que d'utiliser sans conviction des exercices d'un seul manuel étranger à leur vécu.

Pour mieux utiliser leurs aptitudes à travailler concrètement et à accomplir des tâches qui font davantage appel à une démarche intellectuelle et imaginative, les enfants ont besoin d'une documentation multi-médias dans laquelle ils puisent des informations et d'un matériel qui fera appel à leur imagination et les entraînera dans une démarche créatrice où ils apprendront à mettre en relation des éléments, à poser des questions intéressantes et à construire leur **savoir**.

Pour répondre aux exigences d'une pédagogie plutôt centrée sur les enfants que sur une méthode ou un manuel, il faut offrir un matériel différent à l'enseignant(e), un matériel qui le motivera à effectuer des changements, qui rendra sa tâche plus intéressante, plus stimulante et plus valorisante et qui donnera un sens et un plaisir à sa fonction.

Ce matériel ne devra pas trop l'encadrer et lui laisser plus qu'une liberté surveillée dans son utilisation. C'est l'enseignant avec les enfants qui doivent planifier ... en fonction de certains programmes ministériels bien sûr, mais surtout en fonction du groupe-classe.

Un matériel pédagogique souple, composé de nombreux vrais livres de fiction et de documentation destinés à plusieurs usages et accompagnés d'un guide pédagogique, évitera un cloisonnement stérile et ouvrira les voies à l'interdisciplinarité.

La norme du français
dans les écoles du Québec

Conférencier :   Gilles GAGNÉ, professeur, Université
                     de Montréal

Note: L'atelier était animé par Gilles Bibeau, professeur à l'Université de Montréal et Léandre Bergeron a
fait le premier commentaire après l'exposé de Gilles Gagné.

La norme du français dans les écoles du Québec

Gilles GAGNÉ

On m'a demandé de traiter du problème de la norme du français dans les écoles du Québec. Pour traiter de ce sujet, on m'invite à répondre à des questions qui sont formulées dans le programme du congrès. Permettez-moi de les rappeler :

1. Quels sont les critères, les directives et les exigences que les enseignants utilisent pour faire leur enseignement et exercer les contrôles appropriés ?
2. Quel sort fait-on aux variations linguistiques ?
3. À quelle norme se rapporte-t-on pour classer ces variations et pour les accepter ou les refuser dans la langue des élèves ?

Le problème tel qu'il est soulevé apparaît différent de la façon habituelle avec laquelle il est posé. D'habitude, en effet, on se demande : « quel(s) français doit-on enseigner ? » ou plus récemment : « enseigne-t-on un français de qualité » ? La question posée ici porte sur la description de la réalité de l'enseignement plutôt que sur son orientation ou son évaluation. Il est en effet pertinent d'essayer de décrire la situation actuelle, ce qui permettra de dégager éventuellement les problèmes qui peuvent se poser. La description de la situation constituera la plus importante partie de mon exposé. Dans les autres parties, j'essayerai de clarifier quelques notions et de faire des propositions concernant les contenus linguistiques de l'enseignement du français.

1. La norme du français enseigné au Québec

Pour savoir quelle est la norme du français dans les écoles québécoises, j'ai exploré plusieurs éléments susceptibles de fournir de l'information à ce sujet. Signalons dès le début que j'ai limité le champ exploré aux écoles du niveau primaire et du niveau secondaire, en excluant les niveaux collégial et universitaire. Il apparaît que la norme suivie est celle véhiculée par les enseignants dans chacune de leurs classes. Pour répondre aux questions posées, on comprendra qu'il n'est pas possible d'aller chercher de l'information sur chacune des classes du primaire et du secondaire. On peut cependant recourir à des travaux comme le rapport de l'*Enquête sur la pédagogie du français au Québec* de Paul Pierre (1977). Bien qu'il décrive l'opinion des enseignants et non leurs comportements réels, ce travail n'en fournit pas moins des informations pertinentes quant à la norme que pensent véhiculer les enseignants. De même, un certain nombre de textes officiels qui ont comme fonction d'orienter l'enseignement du français constituent des sources d'information importantes, d'une part, quant à l'évolution historique récente de cette question et, d'autre part, quant à son état actuel. Il s'agit bien sûr des programmes de français, mais aussi des positions de l'Office de la langue française et de celles de l'Association québécoise des professeurs de français de même que des instruments officiels d'évaluation des apprentissages en français.

1.1. Une enquête sur la pédagogie du français au Québec

Cette enquête fut réalisée en décembre 1976 et janvier 1977 grâce à un questionnaire auquel ont répondu 9 929 professeurs de la maternelle et du premier cycle du primaire, soit 86 % de l'ensemble des titulaires de classe de ces niveaux au Québec, ce qui constitue un échantillon plus que remarquable. Le questionnaire a notamment porté sur les pratiques pédagogiques des professeurs. Quelques-unes des questions posées ont trait à nos préoccupations. Les résultats sont présentés dans les tableaux figurant en annexe 1.

Ainsi, par rapport à l'acceptation ou au refus des variations linguistiques, environ 60 % des professeurs sont d'accord avec l'affirmation que « le professeur ne devrait pas tolérer que ses élèves utilisent des expressions empruntées au joual » et 25 % sont en désaccord (voir tableau 1). Une autre question (voir tableau 2) révèle que la même proportion d'enseignants, soit environ 60 %, réagit à l'utilisation d'un français non standard par un élève en le corrigeant par la bonne formulation que ce dernier doit répéter. Devant la même performance non standard, 35 % des enseignants reformulent eux-mêmes le message en français standard sans demander à l'élève de le répéter. Seulement moins de 3 % des enseignants affirment ne pas intervenir. Plus de 95 % des enseignants affirment donc avoir des interventions qui visent plus ou moins à corriger le parler de l'élève.

Curieusement, le pourcentage des enseignants qui répondent que, compte tenu du niveau auquel ils enseignent, l'école doit habiliter l'élève à utiliser la langue de son milieu s'élève à environ 30 % (voir tableau 3). Un pourcentage aussi élevé semble contredire les réponses données aux deux questions antérieures. Cette contradiction, pour laquelle l'auteur de l'étude ne fournit pas d'explication, résulterait peut-être simplement de la formulation de la question. Quoi qu'il en soit, le fait qu'au-delà de 70 % des enseignants répondent à la question dans le sens du français standard confirme la tendance générale révélée par les autres questions.

Les réponses révèlent donc que la grande majorité des titulaires disent que l'école devrait enseigner le français standard, refusent que les élèves utilisent des expressions empruntées au joual et font des corrections directes ou indirectes des éléments non standard utilisés par les enfants. Une telle attitude corrective s'inscrit dans l'optique de la pédagogie traditionnelle qui considérait la langue de l'enfant et de son milieu comme quelque chose à corriger et à redresser (par exemple : le programme d'études de 1953).

Cette pédagogie traditionnelle stimulait la tendance à l'hypercorrection consciente ou non (du type *les rencontres que j'ai-z-eues*) et conduisait au décalage entre la conception normative que les enseignants avaient de la langue et leurs propres réalisations verbales. La scène suivante rapportée par Lorrain dans *La mort de mon joual* (1966, pp. 7-8) témoigne bien de ce décalage :

> — Envoueille, Lorrain ; lis à c't'heure ! disait le frère. Je détachais toutes les syllabes du texte. Une lecture morte. « La dou-ce Vi-er-ge Ma-rie é-cou-te la pri-è-re de l'en-fant o-bé-issant et pur » . . . Je disais les « i », les « a », les « an » . . . comme il fallait. Si j'avais parlé comme ça, on se serait tapé le c . . . par terre.

> — Lui i lit ben ! s'écriait le frère, i'é pâs comme toué, Bartrand en arriére, sapré grand flanc mou ! Si tsu t'sors pâs la tête de darriére ton pupétre, mâ aller t'la sortir, moué ! Pis ça s'râ pâs enne traînerie !

1.2. *Le programme-cadre de 1969*

Même si les choses ont bien changé depuis ces années-là, l'enquête révèle qu'en 1977 la majorité des enseignants continuaient toujours d'avoir des attitudes correctives. De telles attitudes étonnent huit ans après la parution du programme-cadre du primaire de 1969. Ce dernier, en effet, parce qu'il demandait aux enseignants de partir de la langue spontanée des enfants et qu'il accordait une certaine priorité à l'expression, avait été perçu par plusieurs comme non normatif. N'indiquait-il pas que « l'enseignement de la langue maternelle doit amener l'enfant à manier spontanément la langue courante » (p. 7) ? Pourtant, malgré une certaine ambiguïté terminologique, le programme-cadre de 1969 affichait, comme les enseignants, une position très fermée par rapport aux variations linguistiques.

Le programme-cadre est en effet très explicite quant à la norme du français enseigné soit « le français international réputé correct » (p. 6). Il n'admet aucun écart par rapport au français standard quant à la morphologie et à la syntaxe. En langue orale, il propose comme modèle le français parlé sur les ondes de Radio-Canada et n'admet que quelques variations quant à la phonétique et au lexique, sans toutefois mentionner lesquelles. Bien plus, il considère que, sous l'influence de son milieu, l'enfant est « sans cesse incité à utiliser une langue imparfaite (d'où la nécessité d'un enseignement correctif) » (p. 3). Une telle orientation normative et correctrice se retrouve également dans les deux séries télévisuelles d'enseignement du français oral produites par le ministère à la même époque : *Les Oraliens* et *Les 100 tours de Centour*. Cette orientation respecte les « directives » données par l'Office de la langue française ; souvent même, le programme-cadre les reprend textuellement.

1.3. *Les positions de l'Office de la langue française*

La norme à suivre est présentée plus clairement dans les textes de l'Office. Ainsi, l'Office sanctionne-t-elle en 1970 le contenu d'une conférence prononcée en 1951 par Roch Valin, en le publiant sous le titre *Quel français devons-nous enseigner* ? « Ici, y lit-on, nous n'avons pas le choix. Le français à enseigner s'impose à nous : c'est le français que, dans toute l'Europe francophone, aussi bien en Belgique wallonne ou en Suisse romande qu'en France, écrivent et parlent les gens cultivés » (p. 7). Et qu'est-ce que ce français, considéré comme « le français » ? Il s'agit, affirme Valin, du « parler que prennent pour modèle tous les parlers régionaux, c'est-à-dire celui de la bonne société parisienne » (*ibid.*)[1].

---

1. Il est intéressant de remarquer, en passant, qu'une conception aussi archaïque de la norme recevait encore en 1979 la caution de l'Office de la langue française qui assurait la ré-impression du fascicule.

Cette orientation est reprise et présentée de façon plus détaillée en 1965 dans le cahier n° 1 de l'Office, intitulé *Norme du français écrit et parlé au Québec*. C'est ce texte qui a largement inspiré les auteurs du programme-cadre de 1969. Il pèche par un purisme sans équivoque en parlant de « prononciations vicieuses qui exigent un travail de redressement articulatoire » (p. 8). La seule acceptation positive des variations québécoises se situe par rapport au lexique. Les divergences n'y sont acceptées cependant qu'en fonction de certains critères. Ainsi, il faut que les mots soient construits selon la « logique interne du français », qu'ils ne fassent pas double emploi avec des mots existants et qu'ils servent à désigner des réalités nord-américaines pour lesquelles il n'existe pas de mot en français international.

Il a fallu attendre quatre ans pour que cette ouverture et ces critères donnent lieu à la parution d'un autre cahier de l'Office de la langue française sur les *Canadianismes de bon aloi* (1969). L'ouverture y est très minime puisque seulement 62 mots du français québécois y sont acceptés ! Il s'agit de mots comme *achigan, pied, pouce, banc de neige, comté*. La justification des mots comme *traversier* qui font double emploi avec des mots du « français commun » (*ferry*) est très timide et se fait presque à pas de loup tellement l'ouverture paraît audacieuse par rapport à la norme prescriptive et à la dévalorisation du français parlé au Québec. Ainsi, pour justifier l'acceptation de la dizaine de mots d'ici qui font double emploi avec des mots du français commun, un des arguments invoqués a été celui-ci : « [. . .] un alignement aveugle sur le lexique parisien ne risquerait-il pas d'inculquer aux sujets parlants québécois le sentiment d'une infériorité culturelle et linguistique, sur des points où elle ne serait nullement justifiée ». (p. 4) . . . ce qui implique que l'on admet cette infériorité partout ailleurs !

Pour parler net, le programme-cadre de 1969, les textes officiels de l'Office sur lesquels il s'appuie de même que la plupart des enseignants interrogés en 1977 condamnent ou rejettent les particularités du français québécois, ont des exigences qui sont surtout d'ordre linguistique et s'alignent normativement sur un français, appelé parisien d'abord, puis international ensuite, et qui apparaît comme étant, à l'écrit, celui des dictionnaires et des grammaires prescriptives et, à l'oral, le français de Radio-Canada.

1.4. Les positions de l'Association québécoise des professeurs de français

L'année 1977 marque toutefois un virage important. L'Association québécoise des professeurs de français (AQPF) adopte à l'automne une série de résolutions concernant la norme du français à enseigner au Québec. Cette prise de position officielle constitue le point d'aboutissement scolaire de la querelle du « joual » et du débat virulent portant sur la question : quelle langue enseigner ? Il y avait d'un côté les normatifs, défenseurs du français standard ; de l'autre, ceux qui affirmaient que non seulement la langue parlée par les enfants, que ce soit du joual ou non, n'avait pas à être corrigée par les maîtres, mais aussi que cet usage avait droit de cité à l'école.

Ce débat pédagogique devait trouver son aboutissement lorsque l'assemblée générale du congrès de l'AQPF (1977) modifia et approuva une trentaine de résolutions concernant la norme. L'Association québécoise des professeurs de français y prenait position en faveur d'une norme québécoise de l'enseignement du français et allait dans le sens d'une acceptation des variations linguistiques. Le « français standard d'ici » qu'elle propose comme norme y est défini, sans plus de précision, comme « la variété de français socialement valorisée que la majorité des Québécois francophones tendent à utiliser dans les situations de communication formelle ». (*Québec français*, n° 28, p. 11).

1.5. *Les nouveaux programmes de français*

Le nouveau programme de français au primaire, paru en 1979, se situe dans cette orientation. Pour ce qui est de la langue écrite, il propose les exigences d'ordre linguistique habituelles et il les détaille, se rapprochant par là des programmes d'avant 1969. Il a donc des exigences précises quant à la calligraphie, à l'orthographe d'usage, à l'orthographe grammaticale et à la syntaxe. Toutefois, il intègre l'enseignement de ces éléments linguistiques à l'intérieur de la production et de la compréhension de discours écrits signifiants. Aux critères linguistiques s'ajoutent, par conséquent, deux autres sortes de critères : des critères d'ordre discursif qui concernent la réalisation de types de discours différents (informatif, expressif, incitatif et ludique) ; des critères d'ordre pragmatique qui touchent la réalisation de l'intention de communication et la prise en compte des caractéristiques de l'interlocuteur et de ses besoins d'informations. Le programme du secondaire (1980) va dans le même sens en augmentant le niveau des exigences linguistiques, discursives et pragmatiques. Il s'agit d'une pédagogie qui subordonne les éléments linguistiques aux habiletés de communication. Toutefois, comme pour la pédagogie traditionnelle centrée sur le code, il semble que la norme demeure la même à l'écrit ; c'est celle des grammaires et des dictionnaires prescriptifs. Ce sont les mêmes instruments de référence qui permettent d'accepter ou de refuser les formes linguistiques écrites utilisées par les élèves.

La même orientation pédagogique, centrée sur l'utilisation du code, préside à l'enseignement de l'oral. L'objectif principal consiste en effet à accroître l'habileté des enfants à communiquer oralement en respectant des critères d'ordre discursif, pragmatique et linguistique. Sur le plan linguistique, contrairement aux anciens programmes, on accepte les variations et on ne suggère nulle part quelque intervention corrective que ce soit. On mentionne plutôt l'importance de « choisir la variété de langue convenant à la situationn particulière » (*Programme d'étude. Primaire. Français*, p. 16). On indique que « ce choix s'opère en fonction de règles d'usage qui découlent du simple besoin de se faire comprendre et d'employer une langue socialement acceptable » (ibid.). Il s'agit donc du critère de convenance situationnelle. Les éléments d'apprentissage consistent alors dans l'adaptation des discours en fonction des situations de communication.

Par l'objectivation, c'est-à-dire « le processus par lequel l'élève prend du recul vis-à-vis d'un discours » (p. 7), le sien ou celui d'autrui, le programme propose l'étude des différences entre la langue de l'écolier et d'autres variétés, particulièrement le français correct d'ici. Il suggère également l'étude des différentes variétés en rapport avec des facteurs géographiques et culturels. Il demande que l'écolier se rende compte de « l'utilité de connaître plusieurs variétés de langue et surtout de posséder une certaine maîtrise du français correct d'ici » (p. 17). On voudrait que la maîtrise de ce français soit perçue par les écoliers comme le moyen d'élargir le nombre d'interlocuteurs avec lesquels il peut communiquer et de s'adapter à des situations de communication plus contraignantes. Toutefois, il faut souligner qu'aucun objectif minimal terminal n'est proposé pour le français oral dans le programme, que ce soit au niveau pragmatique ou linguistique. Il y a lieu également de constater que le « français correct d'ici » n'est ni défini, ni même illustré à l'aide d'exemples.

Au secondaire, le nouveau programme maintient à l'oral la même orientation pédagogique fonctionnelle centrée sur la communication. Il accepte également les variations linguistiques. Il va plus loin en proposant des objectifs terminaux portant sur des éléments linguistiques précis afin d'atteindre l'objectif général, explicitement formulé cette fois, de la maîtrise du français correct. Surprise cependant, car il ne mentionne pas qu'il s'agit du français correct d'ici, mais du français « dont la communauté francophone fait usage dans les différentes sphères de ses activités » (p. 10). Le programme ne précise pas de quelle communauté francophone il s'agit, celle du Québec, celle du Canada ou celle de l'ensemble de la francophonie, ni de quelles sphères d'activités il veut parler.

1.6. Les instruments d'évaluation

Pour compléter nos informations quant à la norme du français dans les écoles, une dernière source se révèle normalement importante : les objets et les critères d'évaluation sommative et formative utilisés dans les écoles. En effet, ce qu'on évalue témoigne de ce qu'on a enseigné ou de ce que l'on a voulu enseigner. L'enquête de 1977 indique à cet égard que c'est dans une proportion d'au-delà de 96 % que les enseignants du premier cycle du primaire évaluent leurs élèves en langue orale, en lecture et en écriture (voir tableau 4). Les enseignants révèlent aussi qu'ils sont, seuls ou avec des enseignants du même niveau, les responsables habituels des critères d'évaluation dans leur classe (voir tableau 5). Ils souhaitent enfin qu'on leur fournisse des instruments d'évaluation (voir tableau 6). La situation de l'évaluation ne nous permettait pas en 1977 de dégager les critères d'évaluation des apprentissages en français, ni les exigences requises dans l'ensemble des écoles du Québec.

La situation n'est pas très différente aujourd'hui. Le ministère prévoit trois sortes d'instruments d'évaluation : des évaluations pour la certification, des évaluations de fin de cycle et des évaluations formatives. Des deux premiers instruments, on ne sait encore rien. Quant aux instruments d'évaluation formative au primaire, seuls ceux portant sur la lecture ont paru en édition de rodage. Rien encore quant à l'évaluation des productions orales ou écrites.

Par contre, un nouveau *Bulletin descriptif en français*, (s.d.) est en préparation pour le primaire et serait sur le point d'être diffusé par le ministère. On y constate que les performances orales des enfants ne seront notées que par rapport à des aspects pragmatiques et que les aspects linguistiques ne seront aucunement évalués.

Au niveau secondaire, le *Guide pour l'évaluation dans la classe de français langue maternelle*, édition de rodage, 1981, présente des grilles d'évaluation formative et sommative de la production d'un récit écrit et d'un exposé oral.

On peut y constater que les objets et critères d'évaluation de la production écrite portent presque exclusivement sur des éléments discursifs comme le point de départ du récit, les événements, les lieux, les moments, les personnages et l'expression de sentiments. Aucun critère pragmatique ni linguistique dans l'exemple de fiche d'évaluation sommative (pp. 32-35). Pourtant la grille d'accompagnement utilisée par l'élève durant la rédaction de son récit lui propose de « respecter les règles de la syntaxe et de l'orthographe » (p. 29).

Pour l'exposé oral, les grilles d'évaluation formative et sommative contiennent toutefois des éléments d'ordre linguistique. Parmi ceux-ci, mentionnons à titre d'exemple la précision des adjectifs, l'utilisation de compléments du nom, la connaissance des mots utilisés et des éléments prosodiques. Il n'est fait aucune mention des variations linguistiques, ni de la variété de langue ou de registre utilisé.

Comme il s'agit là d'exemples de grilles qui sont d'une part en rodage et d'autre part en nombre limité et qu'il n'y en a pas encore au primaire, on ne peut pour le moment en tirer aucune information concernant les critères et les exigences linguistiques. Tout ce qui peut sembler se dégager c'est que d'abord, conformément au nouveau programme, il y aurait subordination des éléments linguistiques aux éléments discursifs. Et que, deuxièmement, rien ne semble encore très précis ni très structuré concernant les exigences quant à la norme du français parlé et écrit, sauf au primaire où il n'y a pas d'exigences linguistiques concernant le développement de l'oral chez les enfants.

1.7. Le « diagnostic »

Que révèle donc l'ensemble des sources consultées par rapport aux questions de norme posées au début ? L'enquête auprès des enseignants indique qu'il y a cinq ans ces derniers témoignaient d'une attitude normative et corrective de refus des variations linguistiques. Un tel refus chez les enseignants allait de pair avec les prises de position du programme-cadre de 1969 et avec celles de l'Office de la langue française. On peut croire qu'en 1982 un certain nombre d'enseignants continuent d'entretenir ou ont tendance à garder une attitude de refus des variations linguistiques. L'Office de la langue française également. Certains indices, comme les choix normatifs que l'Office a opérés en faveur de mots comme *hambourgeois* et *racinette* (*101 expressions à corriger*, 1981) laissent penser qu'elle s'oriente même vers une hypercorrection que l'on croyait dépassée.

Nous avons vu par contre que le nouveau programme de français, dans le même esprit que les résolutions officielles de l'AQPF, accepte les variations orales de la langue des enfants. Cela ne l'empêche pas de vouloir développer chez ces derniers le sentiment de l'importance d'un français oral correct. Toutefois, au primaire, il ne propose pas d'objectifs explicites de développement ou de maîtrise de ce français oral et, de plus, n'en fait l'objet d'aucune évaluation. Au secondaire, le programme propose des objectifs terminaux concernant des éléments linguistiques, mais il ne précise pas quel est ce français oral correct qu'il veut faire atteindre.

Au niveau des critères et des exigences, le courant plus traditionnel et le nouveau programme semblent s'entendre pour considérer que l'objectif d'ordre linguistique est de maîtriser le français écrit tel qu'il est défini dans les grammaires et les dictionnaires prescriptifs. La différence entre eux vient surtout de ce que la pédagogie de la communication ajoute des critères discursifs et pragmatiques auxquels, par ailleurs, elle semble subordonner les critères linguistiques. Aussi longtemps que le courant actuel n'aura pas défini en quoi il considère que le français écrit correct d'ici est différent du français des dictionnaires et des grammaires prescriptifs, on peut postuler que les critères et les exigences linguistiques sont toujours les mêmes quant à la langue écrite.

Il n'en va pas de même pour l'enseignement de l'oral. D'une part, dans le cas de la pédagogie traditionnelle qui est centrée sur le code et qui prétend ne pas accepter d'autres performances que celles dignes de Radio-Canada, les critères et la norme sont absolutistes et mythiques. D'autre part, dans le cas de la pédagogie centrée sur l'utilisation du code, la relativisation de la norme orale et son remplacement par la notion de convenance situationnelle aboutissent à une imprécision des objectifs linguistiques et à l'absence d'indication concernant la classification des variations admises.

On constate donc que l'enseignement du français dans les écoles du Québec se heurte à des oppositions quant à l'acceptation des variations linguistiques et à des imprécisions ou des lacunes quant à la norme du français oral. Pour essayer de résoudre ces difficultés, je me propose d'abord d'étudier brièvement[2] le concept de la variation linguistique, car c'est l'existence de cette variation qui crée les problèmes de norme.

2. Brèves considérations théoriques

2.1. La notion de variation

Comme chacun le sait, le français présente des différences selon qu'il est parlé ou écrit. Dans l'ensemble, il ne semble pas exister de problème de norme concernant l'enseignement du français écrit dont le code fait l'objet de descriptions détaillées dans les grammaires et les dictionnaires officiels. Toutefois, en français parlé, comme dans beaucoup de langues, les problèmes se posent à cause de l'inexistence d'une norme unique concernant la variation, **c'est-à-dire le fait que plusieurs formes linguistiques différentes véhiculent des messages équivalents.** Notons tout de suite que la variation orale se situe surtout aux niveaux phonétique et lexical de la langue et qu'elle semble dépendre de variables géographiques, sociales et situation-nelles.

On a l'habitude d'appeler dialecte l'ensemble des formes particulières qui caractérisent une population vivant dans une aire géographique donnée ; ainsi les dialectes français et le dialecte québécois.

Une deuxième source de variation est constituée par des facteurs sociaux comme la classe socio-économique, l'âge, l'ethnicité, etc. Certains auteurs ont tendance à considérer que les niveaux de langue sont au moins partiellement définis par les

---

2. Une étude plus substantielle, menée à la lumière des recherches de ces dernières années, a déjà été publiée (Gagné, 1983).

variantes linguistiques utilisées spécifiquement par telle ou telle classe sociale. Cependant, il semble qu'il ne s'agirait pas tant de variantes utilisées exclusivement par une classe donnée et d'autres variantes par une autre classe. Plusieurs recherches descriptives révèlent en effet que les ouvriers et les professionnels utilisent les mêmes variantes, mais dans des proportions différentes.

Le troisième facteur de variation se situe cette fois chez un même individu qui utilise telle ou telle variante en fonction de conditions d'ordre pragmatique comme le sujet dont il parle, l'interlocuteur, la situation de communication, le degré d'attention portée à la forme, etc. Il s'agit dans ce troisième cas de variations dues à des changements de situation de parole d'un même locuteur, de variations souvent qualifiées de « stylistiques ».

La distinction entre variétés sociales et variétés stylistiques permet de mieux définir la notion de registre. Ce terme de registre est préféré à l'expression « niveau de langue » d'une part parce qu'il est plus neutre et d'autre part parce qu'il ne réfère pas à des distinctions de classes sociales. En effet, nous définissons le registre comme l'ensemble des variantes linguistiques qui se retrouveraient probablement le plus fréquemment non pas chez telle catégorie de personnes, mais plutôt dans tel type de situation de communication.

Il n'est pas facile de déterminer ces registres. En effet, une typologie des situations de communication semble pour le moment impossible à réaliser à cause en particulier de la complexité des interrelations entre les composantes de la communication. On ne peut identifier les différents registres que de façon arbitraire, intuitive et théorique. En gros, les auteurs s'entendent pour distinguer à l'oral deux registres : formel et informel, ou en d'autres termes soutenu et courant. À l'écrit, on pourrait dégager les niveaux familier, correct et littéraire. Un exemple serait utile pour illustrer les correspondances de registre entre le code oral et le code écrit. Ainsi, l'omission du *ne* de négation serait courante (informelle) à l'oral mais familière à l'écrit alors que la présence du *ne* serait un indice d'un registre écrit correct, mais d'un registre oral soutenu (formel). Le tableau présenté en annexe 2 suggère quelques exemples de registres québécois (inspiré de Gagné, 1974). Quoique la notion en soit théorique et les classifications encore arbitraires, les registres de langue fournissent un outil utile pour essayer de rendre compte d'une partie de la variation linguistique.

2.2. Pour l'acceptation des variations orales

Il n'en demeure pas moins démontré depuis longtemps qu'il existe en langue parlée plusieurs usages, c'est-à-dire plusieurs normes en quelque sorte anthropologiques, le locuteur utilisant les variantes qui sont connues de ses interlocuteurs et socialement acceptées par eux dans telle ou telle situation de communication. Cette réalité constitue le fondement premier de l'acceptation des variations orales en classe et contribue à justifier les attitudes non-correctives face aux variantes de registre courantes employées en classe. D'autres justifications pour l'acceptation de ces variantes et une critique poussée de la pédagogie corrective se retrouvent dans d'autres ouvrages que j'ai publiés sur le même sujet (Gagné, 1981 et Gagné, 1983).

J'aimerais toutefois souligner brièvement que l'utilisation en classe de la langue parlée par les enfants peut contribuer à faire réaliser des apprentissages scolaires dans les autres matières et aider au développement des fonctions langagières chez l'enfant. Le développement des habiletés de compréhension orale et même de lecture peut se faire en partie sur des discours oraux de registre courant que les enfants maîtrisent mieux. Le postulat sous-jacent est que les habiletés de compréhension sont en partie cognitivement les mêmes, peu importe le registre ou le dialecte utilisé. De même, l'école aurait intérêt à s'appuyer sur les règles grammaticales déjà implicitement maîtrisées à l'oral par les enfants pour en favoriser le transfert à l'écrit.

2.3. *Pour des objectifs d'ordre linguistique à l'oral : vers le registre soutenu*

L'acceptation du registre courant en classe ne doit pas faire oublier un autre aspect important de la variation linguistique. En effet, les recherches sur les attitudes et les variations indiquent qu'il existe aussi une norme culturelle, souvent idéalisée, constituée d'un ensemble de variantes socioculturellement considérées comme meilleures que les autres, particulièrement dans les situations plus formelles de communication. Il s'agit généralement des variantes du registre oral qui correspond à la langue écrite de niveau correct. C'est cette norme socioculturelle qui justifie l'école de privilégier, en termes d'objet d'enseignement, un registre particulier : le registre soutenu. L'école peut y tendre progressivement en tenant compte d'une part des registres déjà maîtrisés par les enfants et d'autre part de critères de choix de variantes à « enseigner » que je préciserai plus loin.

Nous avons constaté que le nouveau programme du primaire ne propose pas d'objectifs spécifiques d'ordre linguistique à l'oral à cause, semble-t-il, « du peu de tradition en enseignement de la langue orale et de l'insuffisance de la recherche dans ce domaine » (p. 16). Le programme n'en propose pas moins une pédagogie de la communication à propos de laquelle on peut constater qu'elle est très nouvelle, qu'elle a fait l'objet de peu de recherche et que ses fondements théoriques ne sont pas toujours très développés. De fait, l'enseignement de la langue maternelle, dans une perspective communicative, éprouve des difficultés à préciser le long du curriculum les objectifs d'ordre linguistique ou même langagier. On parvient mal également à intégrer aux situations de communication des objectifs ou des activités d'ordre linguistique.

Mais la pédagogie de la communication peut difficilement évacuer le problème de la norme orale. En effet, puisque la communication verbale est constituée pour une bonne part d'éléments linguistiques et puisque la compétence linguistique fait partie de la compétence à communiquer, il apparaît clairement que les deux aspects doivent faire l'objet d'objectifs de développement scolaire. Considérer le code linguistique comme un moyen plutôt que comme une fin ne dispense pas l'école de la nécessité de déterminer quel dialecte et quel registre seront objets d'apprentissage. Cette question est antérieure et transcende les discussions de méthodologie et d'approche. L'école ne peut se limiter à reproduire les situations naturelles de communication vécues par l'enfant et se contenter du développement plus ou moins naturel de la langue orale sous peine d'être inutile, d'une part, et de ne pas jouer son rôle de facteur d'égalisation des chances sociales, d'autre part.

Par ailleurs, plusieurs recherches américaines (Palermo et Molfese, 1972) indiquent un développement linguistique important chez l'enfant après l'âge de cinq ans. De même, des recherches québécoises (Gagné, Pagé et coll., 1981) révèlent l'influence de l'âge et de l'école sur l'évolution linguistique orale des enfants et leur acquisition progressive du langage des adultes et des formes « correctes ». De façon plus générale, l'accroissement du répertoire verbal oral de l'enfant augmente ses possibilités de réussir des communications de différents ordres. Ce développement permet aussi de mieux remplir les fonctions du langage, dont celle d'assurer le fonctionnement efficace des communications institutionnalisées, ce qui nécessite la maîtrise des éléments linguistiques non seulement propres au code écrit correct mais aussi caractéristiques d'un français oral courant, sinon soutenu. Enfin, l'école peut ainsi fournir à chaque enfant l'occasion de s'approprier l'usage oral plus formel, celui qui est valorisé par la société à l'intérieur de laquelle il est appelé à s'insérer.

3. Propositions de contenus linguistiques pour l'enseignement de la langue maternelle

Le reste de mon exposé vise à apporter une contribution, si modeste soit-elle, à la détermination des contenus linguistiques et à combler ainsi ce qui m'apparaît comme une lacune dans l'enseignement actuel du français. Une telle opération suppose que l'on distingue les contenus reliés aux activités de compréhension et ceux reliés aux activités de production. Faute de temps[3] et parce que les problèmes de choix s'y posent de façon plus aiguë, je ne traiterai que des activités de production. Par ailleurs, ces contenus s'inscrivent dans la perspective d'objectifs généraux d'enseignement qu'il est indispensable d'esquisser.

Sur le plan linguistique, l'objectif général consiste à augmenter le répertoire linguistique de chaque enfant pour lui donner la possibilité d'utiliser les éléments linguistiques appropriés aux situations de communication les plus diverses et d'assurer le plus efficacement possible les fonctions communautaires et individuelles du langage. Ce développement n'exige pas la suppression des variantes existantes chez les enfants. Il s'accompagne cependant de moyens pour que l'enfant non seulement sache se servir de variantes plus formelles mais encore qu'il ait envie de le faire. Un dernier objectif général consiste à développer des attitudes accueillantes et ouvertes face aux variétés linguistiques.

3.1. Activités de production : principes d'économie, d'utilité et de productivité

Ces objectifs étant posés, trois principes de choix des variantes peuvent être utiles en ce qui regarde les activités de production tant orales qu'écrites. Le principe d'économie demande que l'on ne vise à faire acquérir la maîtrise que d'une variété dialectale et d'un registre de cette variété ; ou, à tout le moins, que l'on s'assure de la maîtrise d'une variété dialectale et d'un registre avant d'en proposer d'autres. Le principe d'utilité implique qu'il faut choisir les éléments dialectaux et de registre les

---

3. Pour une discussion plus complète, voir Gagné (1983).

plus répandus et les plus acceptés pour réaliser les fonctions langagières impliquées. Le principe de productivité « linguistique » signifie que les éléments d'ordre structural — syntaxe, morphologie et phonologie — seraient plus importants que les éléments d'ordre lexical et phonétique.

Par rapport au français écrit, ces principes s'appliquent très bien. Il est en effet facile de constater que le français écrit correct de préférence aux registres familier ou littéraire est le plus répandu et le plus accepté dans l'ensemble de la francophonie et dans chaque communauté nationale et régionale. Cela, je pense, règle par la négative la question de l'enseignement d'une orthographe ou d'une morpho-syntaxe familière ou « joualisante ». De même le registre littéraire, avec par exemple ses passés simples et ses imparfaits et plus-que-parfaits du subjonctif, ne peut constituer un objet d'enseignement premier.

Toutefois, pour des raisons d'économie et d'utilité, il me semble que l'école doive enseigner à écrire les dialectalismes du pays en respectant l'usage orthographique habituel s'il existe ou en créant l'usage dans les rares cas contraires. Il s'agit bien sûr de mots fréquents qui désignent des réalités quotidiennes à propos desquelles les enfants peuvent vouloir plus facilement écrire qu'à propos de thèmes ou de réalités imposés par l'enseignant. Place donc, n'en déplaise aux derniers actes « normatifs » de l'Office de la langue française du Québec (1981), à des mots comme : *hot-dog, hamburger, root beer* et surtout . . . *popsicle* !

3.2. Quelques critères de détermination d'éléments linguistiques oraux à faire acquérir

Par rapport à la production de messages oraux, les problèmes de choix sont plus complexes et plus difficiles à cause en particulier de l'absence de norme prescriptive unique. Il y a d'abord lieu de redire que l'objectif premier n'est pas de remplacer ce registre courant par le registre plus formel, mais de développer la maîtrise de l'usage de ce dernier registre.

Le principe général d'économie présenté plus haut s'applique dans l'opération de détermination des éléments oraux à privilégier. Essentiellement, il signifie ici que l'on n'a pas plus d'un registre à développer à la fois chez les enfants et qu'il y a lieu de penser en termes de priorités. Cela implique qu'il est possible qu'il faille pour le maître varier ses objectifs en fonction de chaque enfant ou de chaque groupe d'enfants puisque les enfants ne sont pas tous au même niveau. Une telle adaptation, on le conçoit, n'est pas aisée et nécessite, d'une part, des outils d'observation qui ne sont pas encore à la disposition du maître et, d'autre part, une pédagogie de la parole, qui est nouvelle pour la plupart des enseignants, mais qui est proposée par le nouveau programme.

3.2.1. Le premier critère serait celui de la **non-marginalisation** de certains enfants par rapport au groupe. Il y a toujours des enfants au début de la scolarisation qui n'ont pas intégré certaines prononciations et qui continuent pour certains éléments à utiliser des formes linguistiques caractéristiques d'enfants plus jeunes. On dit qu'ils continuent à parler comme des « bébés » quand ils utilisent des formes comme [kɔʃɔlɔ] *chocolat*, [pɛstak] *spectacle*, [œ̃zwazo] *un oiseau*, etc. La résolution des difficultés d'ordre individuel constitue un premier niveau d'objectifs à atteindre, d'une façon discrète et personnelle, pour le maître. Il s'agit d'aider ces enfants à utiliser des formes linguistiques qui leur permettent soit d'être compris, soit de ne pas être ridiculisés.

3.2.2. Un deuxième critère peut être cherché en fonction d'une distinction résultant de certaines études sociolinguistiques entre des variantes linguistiques qui sont des *indicators* et d'autres qui sont des *markers* (Chambers et Trudgill, 1980, pp. 83-84)[4] de registre.

Les éléments qu'on pourrait appeler des « indicateurs » sont des variantes qui, même si elles peuvent être en corrélation avec des différences de classes sociales, ne seraient pas impliquées dans les variations systématiques reliées à un registre. Un exemple d'indicateur pourrait être en français québécois l'affrication importante des consonnes /t/ et /d/ devant les voyelles hautes antérieures comme dans [t$_s$y] *tu*, [d$_z$i] *dis*. Cette prononciation se retrouve dans la plupart, sinon dans toutes les situations de communication.

Les éléments qu'on pourrait appeler des « marqueurs » sont définis comme des variantes témoignant de différences d'utilisation marquées selon les registres. Ainsi, en français québécois, la prononciation [pe꞉r] (pére) pour *père*, pourrait être considérée comme un marqueur de registre courant populaire. Elle ne se retrouverait pas ou peu dans des situations formelles de communication.

Une telle distinction peut se révéler productive pour déterminer les éléments linguistiques oraux que l'école pourrait se proposer d'enseigner. Ce serait, de préférence et en priorité, les formes linguistiques qui sont en variation avec des marqueurs de registre plutôt que celles qui sont en variation avec des indicateurs de registre. Ainsi, il vaudrait mieux orienter les efforts pédagogiques vers la forme /ɛ/, comme dans *père*, plutôt que vers les formes non affriquées /t/ et /d/ comme dans *tu* et *dis*. En effet, la variante /ɛ/ est en variation avec une forme qui est un marqueur de registre, alors que les variantes /t/ et /d/ sont en variation avec des formes, [ts] et [dz], qui ne sont que des indicateurs de registre.

Ces notions d'indicateurs et de marqueurs sont malheureusement illustrées par très peu de variantes linguistiques identifiées sur le terrain. Chambers et Trudgill (1981, pp. 84-88) proposent toutefois un certain nombre d'explications théoriques pour rendre compte de l'existence d'un marqueur de registre. Selon eux, les quatre conditions pour qu'une variante joue le rôle de marqueur d'un registre informel sont la condamnation explicite (*overt stigmatisation*), l'évolution linguistique (*linguistic change*), les oppositions phonologiques (*phonological contrast*) et les stéréotypes. Chambers et Trudgill ajoutent que les usagers sont moins conscients de la variante qui est un indicateur que d'une variante qui constitue un marqueur. On peut alors supposer, pour le moment, que les variantes québécoises auxquelles ces explications semblent s'appliquer constitueraient de fait des marqueurs.

---

4. Cette distinction explicite celle faite par Labov (notamment, 1972, pp. 112-113) entre *fine stratification* et *sharp stratification*, distinction retrouvée dans les données de recherches subséquentes menées aux États-Unis et en Grande-Bretagne.

Au Québec, des enfants ou des adultes qui utilisent dans des situations formelles de communication des formes comme [mwe] *môé*, [hYp] *h(j)upe*, [IIt] *lite*, des sacres ou des jurons, [siʒirɛ] *si j'irais, bicycle à gax (motocyclette)*, etc., font en général l'objet d'une appréciation sociale défavorable. De telles formes sont en fait le sujet de commentaires péjoratifs et d'une condamnation explicite de la part de l'ensemble des usagers. [mwe], [twe] constituent des archaïsmes de prononciation et pourraient relever ainsi d'une deuxième explication : celle de l'évolution linguistique. La prononciation de *jupe* avec un [h] constitue peut-être un bon exemple de ce que Chambers et Trudgill appellent un stéréotype dans la mesure où une telle prononciation est en soi collectivement ridiculisée.

Ces éléments linguistiques pourraient donc constituer des exemples de « marqueurs » d'un registre informel, que certains qualifient de populaire. Il y aurait lieu pour l'école de favoriser chez les enfants l'appropriation en compétence active des variantes non-marquées qui leur correspondent : [mwa], [ʒyp], [li], etc.

Par ailleurs, les variations phonétiques bien connues comme l'affrication [p(ə)tˢi] *petit*, la palatalisation [gjɛ :ʀ] *guerre*, l'ouverture des /i/, /y/, /u/ en [I] [Y] [U] en syllabe finale fermée, la diphtongaison [kaœ̃ :ʀ] *coeur*, l'assourdissement ou l'élision de voyelles [yn(i)vɛʀsite] *université* constituent des variantes qui ne seraient pas des marqueurs. Marchal, dans une étude sur le phonétisme québécois et la norme (1980, pp. 156-168), dresse une liste de variantes allophoniques qui, comme celles-là, ne contreviendraient pas à ce qu'il appelle la norme du français québécois et ne gêneraient pas la communication.

Tout autre est le cas des variations d'ordre phonologique qui touchent les traits distinctifs, pertinents par rapport à la communication. Même si la compréhension, comme l'indique Marchal (p. 164) par rapport aux changements vocaliques du type /ɛ/ → /a/ ([ʃātɛ] →]ʃãta] n'est pas toujours réduite, il semble pourtant, comme le soulignent Chambers et Trudgill, que toute neutralisation d'opposition phonologique ou tout changement phonologique de timbre risque de devenir un marqueur de registre courant-populaire.

Ainsi des variantes comme *[meʀ] mère*, [kʀe] *crois*, [fʀɛt] *froid*, [pwɛl] *poil*, [ʒeta] *j'étais*, etc., constitueraient de tels marqueurs. Il en résulterait que l'école, sans vouloir déraciner ces réalisations, aurait à fournir à l'enfant des situations de communication où il s'habituerait à utiliser les variantes non-marquées que sont : [mɛʀ], [kʀwa], [fʀwa], [ʀ et ɛ], etc.

3.2.3. Un troisième critère de détermination des contenus linguistiques oraux à développer réside dans la présence plus ou moins importante dans la communauté de la variante que l'on veut enseigner. Nous retrouvons ici la fonction d'identification ethnique ou communautaire de la langue et la fonction corollaire d'intégration sociale de l'individu. Dans la mesure où l'identification au groupe et la cohésion de ce dernier sont fortes, il sera difficile de promouvoir des variantes linguistiques perçues comme « étrangères » ou « artificielles ». Les objectifs d'appropriation des éléments linguistiques de registre courant ou soutenu auront d'autant plus de chances de réussir que les formes proposées se retrouvent fréquemment dans la société nationale ou la communauté ambiante.

Voilà une des raisons pour lesquelles des termes comme *racinette* pour *root beer, landau* pour *carosse, maïs éclaté* au lieu de *maïs soufflé* ou *popcorn, hambourgeois* au lieu de *hamburger* n'ont presque aucune chance de se répandre. D'autres termes comme *pneu, pomme de terre, voiture*, parce qu'ils sont utilisés à la fois dans l'usage oral courant et dans les médias québécois auront beaucoup plus de chances d'êtres employés. Ils font déjà partie du répertoire passif sinon de tous les enfants, du moins de la très grande majorité d'entre eux et ils font également partie du répertoire actif de plusieurs. Pour des raisons d'économie et d'utilité, l'école devrait travailler davantage sur des éléments comme les derniers plutôt que sur des éléments comme les premiers.

3.2.4. Le dernier critère de détermination des éléments linguistiques oraux à développer chez les enfants est celui de l'usage perçu comme souhaitable par la collectivité concernée. En d'autres termes, le contenu linguistique du développement des habiletés de production des messages oraux est à déterminer par rapport à chaque communauté nationale de la francophonie en fonction de la variété dialectale qu'elle privilégie, c'est-à-dire pour nous, en fonction du français québécois.

Conclusion

Je voudrais, en terminant, suggérer que des recherches et des réflexions se poursuivent afin d'appliquer de tels critères dans les classes pour en vérifier la pertinence et la faisabilité. De façon parallèle, il y aurait lieu que des recherches sociolinguistiques tentent de vérifier, pour le français québécois, l'existence de marqueurs et d'indicateurs et d'en préciser les caractéristiques. Cela pourrait aider à déterminer par des investigations sur le terrain et non par des décisions arbitraires plus ou moins élitistes de l'Office de la langue française de quoi serait fait à l'oral le « français standard d'ici ». Il est d'autant plus utile de définir ce dernier ou à tout le moins d'en dégager les caractéristiques que l'école et les enseignants me semblent en avoir besoin pour les aider à fixer des objectifs de développement du code oral chez les enfants québécois et que de tels objectifs sont malheureusement absents du programme actuel de français et des instruments prévus pour l'évaluation des apprentissages scolaires.

ANNEXE 1

Tableau tirés de : PIERRE, Paul, 1977, *Rapport d'analyse de l'enquête sur la pédagogie du français au Québec.*

Tableau 1 (p. 147)

Le professeur ne devrait pas tolérer que ses élèves utilisent des expressions empruntées au « joual ».

	CECM	Québec sauf CECM
En désaccord	21%	26%
Ni en désaccord, ni en accord	12%	16%
En accord	67%	56%
N	274	9 602

Tableau 2 (p. 94)

Votre réaction à l'utilisation d'un français non standard de la part d'un élève.

	CECM	Québec sauf CECM
1. Je le corrige en lui indiquant la bonne formulation qu'il doit répéter.	64%	59%
2. Je reformule moi-même son message en français standard pour lui demander de le répéter.	33%	39%
3. Je n'interviens pas.	3%	2%
N	272	9 581

Tableau 3 (p. 95)

Compte tenu du niveau auquel vous enseignez, l'école doit-elle habiliter l'élève à utiliser :

	CECM	Québec sauf CECM
1. Le français standard	81%	70%
2. La langue de son milieu	19%	30%
N	272	9 583

Tableau 4 (p. 118)

Évaluez-vous vos élèves en langue orale, en lecture et en écriture ?

	CECM	Québec sauf CECM
1. Oui	96%	97%
2. Non	4%	3%
N	231	7 824

Tableau 5 (p. 118)

Responsables habituels des critères d'évaluation dans votre classe

	CECM	Québec sauf CECM
1. Moi	70%	41%
2. Moi et un groupe de professeurs du même niveau	22%	51%
3. Chaque groupe d'élèves	0%	1%
4. Chaque élève	0%	0%
5. Le principal	0%	1%
6. La commission scolaire	8%	6%
N	270	9 530

Tableau 6 (p. 121)

Importance que l'on vous fournisse des instruments d'évaluation en langue orale, en lecture et en écriture.

	CECM	Québec sauf CECM
1. Oui	81%	82%
2. Non	19%	18%
N	233	8 161

ANNEXE 2
LES REGISTRES DU FRANÇAIS QUÉBÉCOIS: QUELQUES EXEMPLES

| | Langue parlée | | | | Langue écrite | |
| | Courant | | Soutenu | Familier[1] | Correct | Littéraire[2] ou spécialisé |
	Marqueurs	Indicateurs				
Phonologie	[e]	[t̯s], [d̯z], [l], [ʏ], [u]	[pɛr]		père	
	[ʃy]	[ɛ]	[ʒʀsɥi]		je suis	
	[nɥit]	[ʃsɥi]	[ʃrval]		cheval	
		[ʃfal]	[nɥi]		nuit	
		[nɥi]				
Morphologie	omission	... pas	ne ... pas	... pas	passé composé	passé simple
	[syl], [sya],	on	nous	on	ne ... pas	ne ... point
	[sye],	[i]	[il]		nous	les soussignés
	[dã:], [dɛ̃:]	[də]	[syrl(ə)],		il	
	[a] à		[syələ], [syrle]		sur + art. déf.	
			[dãla], [dãle]		dans + art. déf.	
			[də]		(fém. ou plur.)	
					le chapeau de Pierre	
Syntaxe	que ... + prép. prép. + pron.	prép. + pron.	que j'ai parlé avec	avec qui j'ai parlé		
	rel. + ...	rel. + ...		avec lequel j'ai parlé		
	sujet + [i] + verbe	sujet + verbe	L'hiver, il peut venir	L'hiver peut venir	vienne l'hiver	
Lexique	[mek(ə)],	livre	volume	bouquin	livre, volume	ouvrage
	[kãk(ə)]	[kã]	[lɔrsk]		quand, lorsque	
	[kɔs]	[kɛs]	[skə]		ce que	
	[pete]	[kase]	[brize]	pété	cassé, brisé	rompu

1. Le registre familier n'est pas acceptable en général à l'écrit.
2. Les variantes de registre littéraire pourraient en langue parlée constituer le registre recherché, registre exclu du tableau.

RÉFÉRENCES

ASSOCIATION QUÉBÉCOISE DES PROFESSEURS DE FRANÇAIS (1977), « Les résolutions de l'Assemblée générale », dans *Québec français*, déc., n° 28, p. 11.

CHAMBERS, J.K. et Peter TRUDGILL (1980), *Dialectology*, Cambridge Texbooks in Linguistics, Cambridge, Cambridge University Press.

COMITÉ CATHOLIQUE DU CONSEIL DE L'INSTRUCTION PUBLIQUE (1953), *Programme d'études des écoles primaires élémentaires*, Québec.

GAGNÉ, Gilles (1974), *Le système de la langue française, Guide du maître, Français 5ᵉ secondaire*, Montréal, Service général des moyens d'enseignement, ministère de l'Éducation du Québec.

GAGNÉ, Gilles (1981), *Pédagogie de la langue ou pédagogie de la parole ?*, collection Le français à l'école primaire, Montréal, PPMF primaire, Université de Montréal.

GAGNÉ, Gilles (1983), « Norme et enseignement de la langue maternelle », dans : E. Bédard et J. Maurais, *La norme linguistique*, Québec, Conseil de la langue française, et Paris, les Éditions Le Robert.

GAGNÉ, Gilles, Michel PAGÉ et coll. (1981), *Études sur la langue parlée des enfants québécois (1969-1980)*, Montréal, Presses de l'Université de Montréal.

GOUVERNEMENT DU QUÉBEC (1965), *Norme du français écrit et parlé au Québec*, cahier n° 1, Québec, Office de la langue française.

GOUVERNEMENT DU QUÉBEC, 1969, *Les programmes-cadres de français. Programme d'études des écoles élémentaires*, Québec, ministère de l'Éducation, Direction générale de l'enseignement élémentaire et secondaire.

GOUVERNEMENT DU QUÉBEC (1969), *Les Oraliens*, 125 émissions de télévision scolaire, Montréal, ministère de l'Éducation, Service des moyens techniques d'enseignement, et Radio-Québec.

GOUVERNEMENT DU QUÉBEC (1969), *Canadianismes de bon aloi*, cahier n° 4, Office de la langue française.

GOUVERNEMENT DU QUÉBEC (1971), *Les 100 tours de Centour*, 105 émissions de télévision scolaire, Montréal, ministère de l'Éducation, Service des moyens techniques d'enseignement, et Radio-Québec.

GOUVERNEMENT DU QUÉBEC (1979), *Programme d'étude. Primaire. Français*, Québec, ministère de l'Éducation.

GOUVERNEMENT DU QUÉBEC (1981), *Programme d'étude. Français, langue maternelle*, 5 fascicules de la 1ʳᵉ à la 5ᵉ secondaire, Québec, ministère de l'Éducation.

GOUVERNEMENT DU QUÉBEC (1981), *Afficher en français, c'est bien normal. 101 expressions à corriger*, Québec, Office de la langue française.

GOUVERNEMENT DU QUÉBEC (1981), *Guide pour l'évaluation dans la classe de français langue maternelle. Secondaire. Formation générale*, édition de rodage, Québec, ministère de l'Éducation, Direction générale du développement pédagogique.

GOUVERNEMENT DU QUÉBEC (s.d.), *Bulletin descriptif en français*, Québec, ministère de l'Éducation, Direction générale du développement pédagogique.

LABOV, William (1972), *Sociolinguistic Patterns*, Philadelphia, University of Pensylvania Press. Traduit en français par A. Khim sous le titre *Sociolinguistique*, Paris, Éditions de Minuit, 1976.

LORRAIN, Roland (1966), *La mort de mon joual*, Montréal, Les Éditions du Jour.

MARCHAL, Alain (1980), *Les sons et la parole*, collection Langue et société, Montréal, Guérin.

PALERMO, David S. et Dennis L. MOLFESE (1972), « Language acquisition from age five onward », dans *Psychological Bulletin*, LXXVIII/6, pp. 409-428.

PIERRE, Paul (1977), *Rapport d'analyse de l'enquête sur la pédagogie du français au Québec*, (élémentaire 5-8 ans), collection Études et documents, Québec, Direction générale de l'enseignement élémentaire et secondaire, ministère de l'Éducation.

VALIN, Roch (1970), *Quel français devons-nous enseigner?*, cahier n° 7, Québec. Office de la langue française, Gouvernement du Québec, ré-imprimé en 1979. Il s'agit essentiellement du texte d'une conférence prononcée en 1951.

La présence des oeuvres de création québécoises à l'école

Conférenciers :   Lucien CIMON, professeur au CÉGEP de
Rimouski

Jean-Pierre GUAY, écrivain, président de l'Union
des écrivains québécois

Durant de nombreuses années, les principales oeuvres de création inscrites aux programmes de français étaient d'origine européenne. La situation a changé durant les quinze dernières années, mais pas suffisamment au goût de nos deux conférenciers qui dénoncent vertement le fait qu'on doive encore aborder ce sujet de nos jours. Mais là où Lucien Cimon se scandalise et nous dispute, Jean-Pierre Guay nous explique et . . . finit par se scandaliser à son tour.

L'atelier était animé par Michel Thérien, professeur à l'Université de Montréal.

La présence des oeuvres de création québécoises à l'école : quelle question !

Lucien CIMON

J'affirme dès le départ que ce thème ne me suggère que des questions qui me semblent malvenues, inopportunes, des questions auxquelles nous devrions avoir trouvé réponse tout naturellement et depuis longtemps.

Quelle place devrait-on faire aux oeuvres québécoises au primaire, au secondaire, au collégial ? Cette place est-elle suffisante ou trop grande ? En posant la même question d'une façon différente, on arrive à en faire mieux ressortir la bizarrerie. La création québécoise offre-t-elle aux professeurs une matière suffisante en quantité et en qualité, compte tenu de la clientèle étudiante et de son expérience de la lecture, pour initier cette dernière à la littérature et à d'autres domaines d'expression ? De telles questions se posent encore chez nous et, toutes fausses qu'elles soient, elles n'en sont pas moins révélatrices des vieux restes de réflexes de colonisés oubliés au fond de nos mémoires ; elles naissent des mêmes conditionnements qui nous ont amenés à répondre NON à la question référendaire et s'inscrivent très bien dans nos attitudes de casuistes de la bonne conscience qui font de nous des spécialistes de la rationalisation capables de changer n'importe quelle défaite en « victoire morale ».

Les Français se demandent-ils s'ils doivent, dans leurs écoles, accorder une place prépondérante à la littérature française ? Les Anglais réfléchissent-ils long-temps avant de décider qu'ils enseigneront la littérature anglaise ? Et les Américains, qui n'en seraient pas à leur première hybridation, savent très bien que Steinbeck passera avant la traduction du dernier roman de Mishima. Les peuples reconnus se reconnaissent d'abord eux-mêmes dans leur tête. Chez nous, ce sujet alimente d'inépuisables conversations ; il réussit même à se tailler une place dans d'importants congrès sur la langue et la société. Sommes-nous donc encore si loin d'avoir opté pour nous-mêmes ? Quel est donc ce vice caché, cette maladie honteuse qui rend les oeuvres de nos artistes si suspectes qu'il faille constamment ajouter un grand nombre d'oeuvres étrangères pour garantir la valeur de nos cours, pour rassurer tout le monde sur « l'universalité » de la vision ?

Au collège où j'enseigne, dans les cours non spécialisés, ceux où l'on peut indifféremment mettre au programme des oeuvres québécoises ou étrangères, sur 63 oeuvres, on compte 27 oeuvres québécoises et 36 oeuvres étrangères. Je ne crois pas que l'on puisse voir là le portrait type d'un cégep d'une région défavorisée, ou d'un « département » attardé : ce collège est situé dans l'une des rares circonscriptions du pays à avoir dit un OUI majoritaire le 20 mai 1980. Nous sommes plutôt tragiquement représentatifs de nos attitudes fondamentales de méfiance vis-à-vis de nos traits distinctifs, d'aversion devant les images de nous-mêmes qui ne permettent pas l'évasion, et de paresse devant la tâche énorme à accomplir pour aider l'étudiant à dépasser la mystification littéraire pour atteindre le réel concret et quotidien.

Nous avons fait une rapide évolution de façade : la situation a beaucoup changé depuis douze ans, mais nous n'en continuons pas moins de choisir et d'évaluer les productions culturelles québécoises en les comparant à des oeuvres étrangères qui, elles, fixent les canons de la valeur universelle. Il est tout à fait permis à quiconque de comparer une charrue à un corbillard, de noter des différences importantes ; mais il ne viendrait à l'idée de personne qui s'y connaît de reprocher à la charrue de ne pas posséder la sombre et paisible dignité du corbillard.

Il ne nous reste donc plus qu'à évoluer en profondeur derrière notre nouvelle façade. Les signes de cette véritable évolution, nous les aurons quand nous considére-rons les questions du début comme absolument saugrenues, quand nous accepterons de découvrir dans les oeuvres des Tremblay, Miron, Lapointe, Hébert, Perreault, Thériault, Carrier, Robidoux, Savard, Ferron, Saint-Denys Garneau, Grandbois, Nelligan, Vigneault, Lalonde, Dumont, Godbout, Dubé, Brossard, Germain, Roy, Lasnier, Ducharme, Langevin, Gauvreau, Groulx, Guèvremont, Giguère, Paradis, Beaulieu, Chamberland, Leclerc, Ouellet, Rioux, Gouin, Préfontaine, Blais, Godin, Brault, Péloquin, Pilon, Aquin, Loranger, Caron, Morency, Desrochers, Garneau, Gauthier, Hénault, Laberge, Lévesque, pour ne nommer que ceux-là, quand nous accepterons, dis-je, d'y découvrir une image utile de nous-mêmes et notre propre représentation de l'Homme et de la vie. Nous aurons vraiment avancé quand nous saurons que la création d'une collectivité la modèle autant qu'elle la représente, quand nous (et ce nous inclut, en plus des enseignants, un bon nombre de soi-disant créateurs qui ne sont en réalité que des propagateurs de leur propre aliénation et des diffuseurs de la fuite par le vide) cesserons de voir dans les créations étrangères des patrons qu'il faut tenter de reproduire et, dans les nôtres, des images pittoresques d'une civilisation ésotérique peu reluisante ; quand, enfin, nous saurons recevoir de nos voisins des visions différentes et stimulantes plutôt que des parangons castrants.

Les oeuvres de création québécoises devront conquérir leur juste place à l'école, qu'elle soit de niveau primaire, secondaire, collégial ou universitaire, tout comme dans le réseau des bibliothèques centrales de prêts financées en grande partie par les fonds publics. Il est bien évident que nos créateurs offrent aux étudiants de ces niveaux une matière suffisante pour s'initier à la lecture ; il est clair aussi que cette initiation doit provoquer des prises de conscience utiles et aider à l'enracinement ; cet enracinement risque d'être difficile à réaliser à travers des oeuvres étrangères. Mais nos oeuvres de création occuperaient-elles toute la place, que le problème de fond ne serait pas résolu pour autant. Dans ce domaine comme dans tous les autres, c'est la qualité qui compte et c'est l'enseignant qui crée ou détruit la qualité de cette présence auprès de l'élève « non-initié ». Celui qui enferme ses étudiants dans un ghetto culturel ne rend pas un meilleur service aux oeuvres que celui qui les méprise, qui, à travers elles, méprise l'Homme et le réel d'ici. Ces deux comportements comman-dent la méfiance, tous deux témoignent d'un manque de confiance fondamental, d'un manque de foi en notre propre capacité de produire nos propres images, en notre capacité de nous créer une façon de vivre originale et une manière bien à nous de le dire. La première attitude traduit une sorte de masochisme plus ou moins conscient : on veut se punir de n'être pas capable d'être reconnu ; la seconde manifeste ouvertement la conviction que ce qui constitue l'originalité québécoise répond à « une façon tribale de voir les choses » (le mot est de Pierre Elliot-Trudeau).

À force de croire et de dire que les étudiants ne lisent plus et de faire comme s'ils ne pouvaient plus lire, on a fini par créer chez ces derniers une tenace habitude de « non-lecture ». À force de prêcher, par nos attitudes, que les oeuvres québécoises sont des oeuvres de seconde zone, puisqu'elles ne peuvent constituer à elles seules un contenu acceptable, puisqu'il leur faut toujours une caution étrangère-universelle, on a réussi à en convaincre une grande partie de quelques générations d'étudiants. Cette absence de présence qualitative n'est pas sans impact sur la quantité de créations québécoises au programme. La santé économique des créateurs s'en ressent et la santé de la création finit, elle aussi, par s'en ressentir : l'écrivain, s'il veut continuer, se voit contraint de répéter des paroles et des images « agoniques » ou carrément mortes, ou de fuir vers l'avant en s'exilant dans la haute contemplation du « verbe en tant que verbe », fasciné par la « page blanche aux marges éloquentes », au grand plaisir des vendeurs d'aliénation, au désespoir de ceux (les étudiants surtout) qui ne demandaient pas mieux que de croire qu'une langue est un moyen de communication, quel que soit le registre qu'elle emploie, entre les humains d'une même collectivité. À leur désespoir ou à leur satisfaction de trouver une si belle et si objective justification à leur paresse.

La clairvoyance de nos créateurs ne pourra être diffusée, à l'école, que par des enseignants lucides qui assureront une présence de qualité à un nombre suffisant d'oeuvres, des enseignants conscients qu'à force de vouloir paraître universels, on développe une mentalité de colon dépossédé, déraciné. Il est encore des profs qui se sentent avant-gardistes quand ils mettent au programme une pièce ou un roman de Tremblay : heureusement que cet auteur est lu et joué avec succès à Toronto, à New York, à Paris, à Londres, à Stockholm, à Moscou, à Pékin, à Tokyo, à Ouagadougou, . . . sans quoi le petit malaise qu'ils éprouvent tournerait au grand mal.

Comment demander à des étudiants de se chercher et de se connaître dans une imagerie que nous leur apprenons à déconsidérer ? Cette façon d'être, toute québécoise soit-elle, doit cesser de se perpétuer sans quoi c'est la création québécoise et le Québec lui-même qui auront démontré qu'ils n'avaient pas raison d'être et le rêve, que nous aurons fait, de nommer et d'assumer, en ne niant pas nos origines, la réalité de notre partie de l'Amérique du Nord, n'aura été qu'un horrible cauchemar qui finira noyé dans le bilinguisme structurel et mental, en attendant que le dernier « québécanthrope » folklorique ne s'éteigne. Cela peut être long. Cela est déjà douloureux !

Les désarrois de l'écrivain québécois

Jean-Pierre GUAY

Je crois que ce sera toujours avec une certaine humilité qu'il me faudra parler du travail de l'écrivain québécois. Cela tient sans doute en bonne partie à mon tempérament et à la nature de l'oeuvre de création dans laquelle je suis engagé d'une façon tout intimiste. Il m'arrive néanmoins de penser que les conditions générales de vie faites à l'auteur québécois appellent d'elles-mêmes une telle attitude. Et ce sont elles que je voudrais ici évoquer pour vous comme elles me viennent à l'esprit.

Un jour, tout écrivain québécois découvre que la publication de ses livres est subventionnée d'une manière significative par l'État. Il pourra peut-être s'en étonner. Très vite, cependant, il comprendra que sans l'aide gouvernementale l'édition culturelle au Québec, et par voie de conséquence la littérature, seraient les plus vains des rêves.

Au moins deux ordres de considérations peuvent expliquer cette situation. Le premier consisterait à faire le procès de la littérature elle-même. Le second, celui des lois du marché.

Qu'est-ce qu'une littérature nationale, comme il est couramment dit ? Elle est, à mon sens, le produit collectif d'un ensemble d'oeuvres conçues dans une même langue et destinées dans un avenir immédiat à une population parlant cette langue et liée historiquement, politiquement et culturellement à un territoire géographique donné.

Selon cette définition, il apparaîtrait normal que dans chaque pays l'État voie au développement de la littérature comme à celui de toute autre activité socialement partagée par la collectivité. Mais l'État doit-il, pour autant, intervenir directement dans le développement de la littérature elle-même ou, au contraire, indirectement, c'est-à-dire en aidant ceux qui ont librement choisi d'écrire, d'éditer et de vendre des livres ?

Au Québec, les choses se sont passées en trois étapes. Il a d'abord fallu convaincre les gouvernements fédéral et provincial de subventionner l'édition. Une fois ce principe admis, l'aide financière de l'État est devenue conditionnelle à l'évaluation qu'il exigeait pouvoir faire des oeuvres à publier. Enfin, tout dernièrement, on a convenu d'un système de subventions globales aux éditeurs, redonnant ainsi à ces derniers la pleine responsabilité éditoriale de leurs publications.

Au fond, nous sommes du bien bon monde. Car comment ne pas frémir, après coup, à l'idée de ce que serait devenue notre littérature sous un régime totalitaire ? Or il semble bien que, dans l'ensemble, l'intervention de l'État se soit faite dans la plus large ouverture d'esprit possible et souhaitable.

Voyons maintenant quelles sont les lois du marché du livre au Québec, puisqu'elles sont loin d'être étrangères à ce qui vient d'être décrit.

Nous savons maintenant, preuves à l'appui, que les Québécois ne sont pas de moins bons lecteurs que ne le sont les autres populations de la plupart des pays industrialisés. Le livre, donc, qui s'écrit et se publie au Québec est ici aussi raisonnablement acheté et lu que partout ailleurs. Seulement voilà : comparés aux Français, aux Anglais, aux Américains, aux Allemands et à tant d'autres, nous sommes en nombre bien peu de gens. Or, comme par une sorte de miracle, nous avons mis en place une infrastructure économique vouée au livre en tous points comparable à ce qui existe dans de plus grands pays. Nous avons nos maisons d'édition et de distribution, nos librairies et nos bibliothèques publiques et scolaires.

Qui plus est, le prix de nos livres est tout à fait concurrentiel à celui du livre importé. Alors où donc, me direz-vous, se situe le problème ?

Parce qu'il y en a bel et bien un. Prenons un roman québécois qui vient de paraître. Il a du succès. En l'espace de quelques mois il s'en vendra 10 000 exemplaires. Mais, d'une part, ce n'est pas la règle, ce n'est que l'exception. D'autre part, imaginez le même livre paraissant en France et aux États-Unis, imaginez aussi qu'il se vende proportionnellement autant qu'ici, soit à environ 80 000 copies en France et à trois ou quatre cent mille aux États-Unis. Partant de là, vous êtes en mesure de comprendre que pour un investissement identique au Québec et ailleurs, le nôtre nous rapporte à peine de quoi ne pas nous démoraliser tout à fait alors que je vous laisse deviner ce qu'il adviendra pendant ce temps des énormes profits engendrés par la même opération dans de plus grands pays.

Je reviens à l'écrivain québécois qui prend conscience du fonctionnement d'un tel système. Il vient d'apprendre que pour toute oeuvre dite de création l'État doit nécessairement subventionner l'édition. Mais ce n'est pas tout, loin de là : il sait, désormais, qu'il ne vivra jamais de sa production, de ses livres.

Le paradoxe, cependant, s'amplifie d'autres observations. Les éditeurs, malgré tout, et parce qu'ils peuvent répartir le coût déficitaire de leurs livres culturels sur celui, par exemple, des livres utilitaires, se tirent en fin de compte d'affaire. Ils ne sont pas les seuls. Il y a aussi les libraires, les bibliothécaires, les critiques. Il y a enfin les enseignants.

Je ne sais pas si je me fais bien comprendre : mais de tous ceux qui vivent d'une façon ou d'une autre de leur travail, l'écrivain québécois est le seul à ne pas y parvenir avec dignité, c'est-à-dire financièrement puisque tel est le grand paramètre non pas de la réussite, mais simplement d'une insertion normale dans la vie sociale.

Il est vrai qu'aujourd'hui une place est faite aux auteurs québécois dans les écoles. Je me rappelle même que quelques semaines seulement après sa parution l'un de mes romans a été mis à l'étude dans un collège. La chose me parut d'ailleurs assez étrange puisque, je ne sais trop pourquoi, la critique journalistique prolongea cette fois-là ses commentaires sur le livre pendant plus de trois mois. Un peu plus et je me serais dirigé vers une agence de voyages avec l'intention de visiter le Pérou.

Mais que signifie en définitive pour un auteur québécois que ses livres soient mis à l'étude dans les lieux d'enseignement ? D'abord, pourrais-je dire froidement, qu'ils seront photocopiés dans le mépris le plus complet de cc qui s'appelle le droit d'auteur. Ensuite (mais je doute ici que mon système de valeurs corresponde à celui de la plupart d'entre vous) ensuite, donc, qu'on reconnaît aux auteurs québécois autant de qualités littéraires qu'à leurs ancêtres d'origine française qu'ils ont en partie remplacés dans l'esprit des enseignants et des étudiants. À moins, bien sûr, que ce ne soit enfin pour justifier l'emploi des fonds publics à l'édification de notre littérature : l'État paye pour la publication des livres, alors qu'au moins le système d'enseignement, qui appartient aussi à l'État, se serve de ces livres.

Ces réflexions, je l'admets, ont de quoi choquer les honnêtes gens que nous sommes tous en principe. Je voudrais pourtant vous dire qu'elles posent presque quotidiennement à l'écrivain québécois de sérieux problèmes de conscience. Car non seulement ne trouve-t-il pas dans la vente et l'étude qui est faite de ses livres de quoi se nourrir et encore moins se loger, mais, en plus, il lui faut sous une forme ou une autre concéder à l'État la gestion en quelque sorte intellectuelle de son oeuvre.

Voici, de ce point de vue, une brève liste de nos calculs les plus courants et pardonnez-moi, je vous prie, de vous faire partager un instant leur dérision :

1) L'État, une bonne fois, ne pourrait-il pas obliger les libraires à traiter nos livres avec autant de considération que les livres importés ? Après tout c'est lui, l'État, qui agrée les libraires auprès desquels s'alimentent les maisons d'enseignement. Et c'est encore l'État, je l'ai déjà dit, qui subventionne l'édition.

2) L'État, une bonne fois, ne pourrait-il pas payer aux étudiants ceux de nos livres qu'ils étudient ? Après tout c'est à lui, l'État, qu'appartiennent les photocopieuses.

3) L'État, une bonne fois, ne pourrait-il pas obliger les bibliothécaires à acheter nos livres ? Après tout c'est lui, l'État, qui subventionne les bibliothèques scolaires et publiques.

4) L'État, une bonne fois, ne pourrait-il pas verser un salaire à tous les écrivains ? Après tout c'est lui, l'État, qui maintient en vie la littérature québécoise.

Vous êtes peut-être en train de vous demander quels rapports il peut y avoir, s'il y en a, entre les conditions de vie économiques de l'écrivain et le thème du congrès d'une part, ct celui de cet atelier d'autre part ?

À vrai dire je les cherche moi-même depuis une dizaine d'années. Depuis dix ans je me dis : pourquoi, puisque le marché du livre québécois ne m'offre, étant donné sa petitesse, aucun avenir, écrire pour les Québécois ? Pourquoi ne pas gagner la France ? Ou mieux encore, pourquoi ne pas me tourner vers la langue anglaise, vers les États-Unis ? Qu'est-ce qui peut bien me retenir ici, au Québec, contre tout bon sens ? En un mot, qu'est-ce que la littérature québécoise et en quoi m'est-elle indispensable ?

Je me souviens que, dans les années soixante, j'ai modestement, comme étudiant, appelé de tous mes voeux l'enseignement de la littérature québécoise dans les écoles. J'ignorais alors que je choisirais, bien des années plus tard, de me lancer dans l'écriture ou plutôt que j'arriverais un tant soit peu à faire mon chemin dans ce domaine. Autrement dit je n'avais aucune conscience de la portée économique de ce phénomène. Tout bonnement me disais-je ceci : nous vivons à une époque où les humanités classiques ne peuvent plus jeter la lumière sur le développement scientifique et technique de la société. Il faut au contraire que ce soit à partir de nos connaissances actuelles et de notre sensibilité que nous essayions de comprendre par quels chemins nous sommes arrivés là où nous en sommes. Aujourd'hui, je crois encore à ce raisonnement. Or, en ce qui concerne la littérature québécoise, je crois qu'il s'est d'une certaine façon retourné contre moi, contre nous.

Quoique l'enseignement de la littérature et celui de la langue soient deux choses distinctes, il faut bien admettre que l'un ne saurait se concevoir sans l'autre. En ce qui concerne la langue, toutefois, le choix qu'historiquement nous avons fait a été de maintenir puis d'améliorer autant que faire se pouvait l'enseignement du français dans les écoles du Québec. Il y a bien eu, à ce sujet, quelques importants débats qui ont porté aussi bien sur la spécificité nord-américaine de cette langue que sur les diverses méthodologies propres à la rendre plus maîtrisable par le plus grand nombre. Quoi qu'il en fût, cependant, l'objectif fondamental restait clair pour tout le monde à tel point, d'ailleurs, que la question de la langue devint l'un des enjeux fondamentaux de toute la vie politique québécoise.

Concernant l'enseignement de la littérature, les choses devaient cependant être beaucoup moins simples. Il nous faudrait par exemple, et à partir du moment où nous concevions comme souhaitable que l'enseignement de la littérature québécoise occupe une place importante à côté de celui de la littérature française, trouver un équilibre entre ces deux mondes qui puisse nous inculquer à la fois la fierté d'être nous-mêmes et celle d'être les héritiers légitimes de l'une des plus grandes civilisations modernes. Je crois que, dans l'ensemble, nous avons été à la hauteur de nos ambitions.

Cela dit, il n'en demeure pas moins que l'un des aspects les plus problématiques de la littérature québécoise s'est trouvé comme amplifié à l'extrême par la concurrence qu'assez soudainement les auteurs québécois durent assumer avec les auteurs français, modernes et classiques : comment espérer, en effet, qu'une vingtaine d'années d'histoire littéraire québécoise puissent, comme par magie, véritablement contrer ou surpasser les quelques siècles d'histoire littéraire française ?

Nous avons pourtant, me semble-t-il, très bien su tirer notre épingle du jeu. Là où le bât blesse, en revanche, c'est dans la manière dont nous sommes parvenus à ce résultat.

J'ignore si vous vous en êtes jamais rendu compte, mais la plupart des auteurs québécois qui n'en sont encore qu'à leur premier ou deuxième livre tombent la plupart du temps, par le seul fait qu'ils soient étudiés dans les écoles, dans les classiques. Aussi, mesurez bien notre désarroi le jour où cette chose nous arrive. Nous avons 20 ans, 25 ans, 30 ans. Nous commençons à peine notre vie d'adulte et d'écrivain. Or on vous apprend abruptement que quelque part au Québec dans une école, dans un collège et parfois même à l'université on est en train de parler de vous et de votre oeuvre comme si vous étiez déjà mort et comme si votre oeuvre était achevée.

Les écrivains québécois ne peuvent tout de même pas se plaindre d'un tel sort. C'est par dizaines que se comptent maintenant leurs livres qui, mis et maintenus à l'étude sur une période de dix ou quinze ans, atteignent aujourd'hui des tirages de plus de 100 000 exemplaires. Notre système, somme toute, n'est donc pas si bête qu'il pouvait en avoir l'air dans la description que je vous en faisais il y a à peine quelques instants.

L'Union des écrivains québécois a été fondée il y a cinq ans. L'un de ses buts était la défense des droits économiques de ses membres. Consternation à droite et à gauche : existe-t-il des droits économiques ?

Entre les éditeurs et les écrivains, il existe en tout cas des ententes contractuelles. Généralement, elles allouent 10% du prix de vente d'un livre à l'auteur. En 1977, un trop grand nombre de ces contrats n'étaient même pas honorés par des éditeurs québécois. Mais l'eussent-ils été que la plupart des écrivains pris individuellement en auraient retiré à peine de quoi s'acheter du papier pour écrire leur prochain livre.

Comment expliquer, alors, les années de lutte durant lesquelles l'Union des écrivains réussit de peine et de misère, et peut-être même par la seule force de son existence plutôt que par celle de ses arguments, à épauler, si j'ose dire, les gouvernements du Québec et d'Ottawa dans leur volonté de rendre les subventions aux éditeurs conditionnelles au versement des droits d'auteur ?

Il faut admettre que, face à la collectivité, les éditeurs ont été pris les culottes baissées. J'en connais un certain nombre. Tous sans exception n'ont jamais manqué de me faire valoir que la situation dénoncée par les écrivains ne les concernait pas. Tous m'ont dit qu'ils avaient toujours versé aux auteurs ce qui leur était dû. J'ai chaque fois, d'ailleurs, été porté à partager leur sincérité.

Mais entre la sincérité et la saine gestion d'une entreprise, il peut y avoir la même distance qu'entre le rêve et la réalité. Rien, dans le monde de l'édition, n'est clair. Jusqu'à tout récemment, on n'avait jamais su quels étaient les tirages exacts de nos livres. En fait, nous ne nous doutions même pas qu'ils pouvaient être trafiqués à la baisse ou à la hausse selon les interlocuteurs vers lesquels se tournaient les éditeurs et les intérêts financiers qu'ils défendaient. L'Union des écrivains ne cherchera jamais à établir rétrospectivement les pertes monétaires de ses membres dans ce monde hallucinant de doutes et de demi-vérités. Elle se rappellera toujours, cependant, et à l'appui de ses craintes même les plus irrationnelles, que la seule ligne de la Loi 51 garantissant aux auteurs le versement de leurs droits aura été farouchement combattue par une large fraction de ceux qui s'appellent les professionnels du livre.

Mais où est donc passé notre désintéressement, se demanderont certains ? Et par désintéressement j'entends cette indépendance du coeur et de l'esprit sans laquelle aucune oeuvre digne de ce nom ne pourrait voir le jour.

Rassurons-nous. Les écrivains n'ont rien à prouver. Ils ont toujours écrit et écriront toujours de source, c'est-à-dire dans une sorte d'embrassement amoureux de la réalité. Ils le savent d'instinct pour eux-mêmes mais aussi pour ceux qui les lisent. La création est le plus souverain des jeux. Elle témoigne fondamentalement de ce qu'est la liberté. Tous les systèmes économiques et toutes les formes d'oppression ne l'étoufferont jamais.

Mais aussi, et j'en viens à l'objet même de ce congrès, il faut savoir être conséquent avec soi-même. Le Québec peut commencer à s'enorgueillir de sa littérature. Il le pourra davantage dans l'avenir. Mais nous y mettrons une condition.

Pas plus que le Québec ne pourrait se vanter, par sa lointaine histoire, d'être à l'origine de la littérature nord-américaine, pas davantage, nous semble-t-il, il ne pourra dorénavant réclamer la paternité de notre travail s'il ne se crée, entre ce pays et ses écrivains, des rapports civilisés.

Une distinction commence à se faire, même dans le grand public, entre la culture et les industries culturelles. On perçoit de plus en plus que l'une grandit notre dignité d'homme alors que les autres sont essentiellement des occasions de divertissement, des tueuses d'ennui.

Or, il se passe cette chose curieuse que pareille distinction atteint en même temps tous les pays, les plus riches comme les plus pauvres, ceux du Nord et ceux du Sud. L'Union des écrivains québécois a participé, l'été dernier, à la fondation de la Fédération internationale des écrivains de langue française dont le siège social, soit dit en passant, est situé à Montréal. À cette occasion se sont rencontrés des écrivains venus de l'Afrique noire et de l'Afrique blanche, du Luxembourg, de la Belgique, de la Suisse et de la France, de la Louisiane, de l'Acadie et du Québec. Chacun y est allé de son constat et tous d'une manière ou d'une autre ont évoqué le problème : ou bien nous donnons à nos cultures respectives les moyens de se développer normalement, ou bien elles ne constitueront, à plus ou moins court terme, que le vague souvenir d'une époque à jamais révolue.

Ce n'est pas, et je voudrais être très clair sur ce point, qu'il nous faille conspuer la technique de fabrication et de vente des *best-sellers*, pour ne nous en tenir qu'au domaine du livre. Elle permet de rejoindre les lecteurs à une échelle planétaire ; elle est, de ce point de vue, civilisatrice à sa façon.

Le tout serait cependant de savoir si notre monde tend réellement à une uniformité économique et politique, et peut-être même, d'abord, s'il le souhaite vraiment. Mais la réalité serait-elle celle-là que, même alors, il faudrait aussitôt se tourner vers d'autres clivages sociaux qui, eux, semblent devoir être notre lot jusqu'à la fin des temps. Les gouvernements seront toujours les gouvernements des gens qui peuvent se les payer. Qu'une partie plus ou moins importante de citoyens n'aient pas les moyens de s'offrir cette terrestre consolation importe au fond assez peu. Ce qui importe beaucoup, en revanche, n'existerait-il sur cette terre qu'un pauvre, ou qu'un malade, c'est qu'il faudrait alors se persuader que c'est à celui-là que reviendrait au premier chef la libre expression de son malheur ou de sa douleur. En d'autres mots, la culture n'est pas un phénomène de consommation de l'expression d'autrui, mais celui de son émergence depuis la zone de mystère dont chacun d'entre nous, dès le moment de sa conception, puis de sa naissance, se trouve enveloppé.

Il me semble que la chose doit être dite : il n'y a pas, entre les industries culturelles et toutes les autres formes d'industries, de différence de nature. C'est le même travail à la chaîne qui en assure la rentabilité. C'est aussi, dans la plupart des cas, la même exploitation, et des ouvriers, et des artistes ou des créateurs d'idées. Dans un tel monde, l'oeuvre d'un concepteur d'automobiles ou d'un écrivain ne veut plus rien dire. Le rapport personnalisé d'un individu à l'univers qui l'entoure n'existe plus. D'une certaine manière, la description du « meilleur des mondes » faite par Huxley est déjà dépassée. Le pire est advenu, qui est moins la fabrication des bébés-éprouvettes que l'aliénation spirituelle de ce que certains, par lâcheté ou par révolte, n'osent même plus appeler notre âme. Son aliénation, ou ne devrais-je pas plutôt dire : son industrialisation ?

Mais faut-il vraiment, pour vivre aujourd'hui, penser comme tout le monde pense ?

Je n'en suis pas du tout certain.

Reprenons cette question à notre échelle. Il me semble acquis que le Québec, depuis l'avènement de la télévision, a lentement mais sûrement tendu à se doter de réseaux de distribution des produits des industries culturelles. Qu'on songe au disque, au livre, au film importés. Qui plus est, et en raison de notre situation linguistique et géographique, ces produits que nous accueillons sont de provenance aussi bien anglo-saxonne que francophone. Bref, nous n'avons que l'embarras du choix.

Or il est pour le moins étrange de constater en 1982 que nos propres produits culturels ne trouvent que difficilement leur place dans les réseaux de distribution que nous avons mis en place pour les produits importés. L'argument qu'on nous sert le plus souvent et le plus facilement pour expliquer ce phénomène est le suivant : nos produits ne seraient manifestement pas d'une qualité comparable (entendez concurrentielle) à celle des produits venus de l'extérieur.

Je me souviens de la fougue avec laquelle René Lévesque, en 1976, attaquait ceux qui persistaient à entretenir dans l'esprit des Québécois l'opinion que nous n'étions qu'un petit pays, qu'un petit peuple. Si, économiquement, nous percevons mieux aujourd'hui les fondements réels de cette opinion, il en va tout autrement dans le domaine culturel. D'ailleurs, culturellement, il n'y a pas de petits peuples. Ceci pour dire que notre production artistique égale en qualité celle des autres.

Faisons un petit test. Il s'agit simplement d'établir sur le champ vos préférences. Qui, donc, préférez-vous ? Jean-Pierre Lefebvre ou Jean-Luc Godard ? Jean-Marie G. Le Clézio ou Réjean Ducharme ? Johnny Halliday ou Robert Charlebois ? Léonor Fini ou Jean-Paul Lemieux ? Claude Dubois ou Gérard Lenorman ? Michel Tournier ou André Langevin ? Gilbert Bécaud ou Gilles Vigneault ? Victor-Lévy Beaulieu ou Jack Kerouac ? Alain Robbe-Grillet ou Hubert Aquin ? Gaston Miron ou René Char ? Charles Trenet ou Félix Leclerc ?

Nombre de ces associations sont tout à fait absurdes. Mais alors j'aimerais savoir ce qui retient les libraires et les disquaires de garder en stock nos produits culturels de préférence aux produits étrangers. Non, ce n'est pas la qualité de ces produits qui fait obstacle à leur distribution : ce n'est que l'esprit malade d'une société qui n'arrive pas à faire un choix entre sa réalité culturelle et son rêve industriel.

Il est évident que pour une majorité d'étudiants les livres lus dans le cadre d'un cours ne leur donneront aucunement l'envie, et encore moins l'idée, de se précipiter en librairie pour acheter le dernier livre de Marie-Claire Blais ou de Roch Carrier. De ce point de vue, les étudiants québécois ne sont pas plus caves, ou zélés, que leurs consœurs et confrères américains ou français, allemands ou italiens. Le temps de leurs études en est un de formation. L'esprit de consommation, voudraient-ils même financièrement l'entretenir qu'ils ne le pourraient pas, leur est en quelque sorte étranger. Par la nature des choses, leur travail de réflexion porte sur le contenu des oeuvres qu'ils étudient, et non sur ce que j'appellerais leur coefficient de rendement social. La démarche fondamentale d'un étudiant est et sera toujours d'ordre culturel. Les écrivains québécois, encore là, le savent d'instinct. Leur seul grand public est celui des écoles, collèges et universités. Au fond ils en viennent très vite à se foutre complètement de l'indigence des libraires, sachant que pour ceux-ci l'agrément, c'est-à-dire la possibilité de vendre aux maisons d'enseignement, est le seul intérêt qu'ils peuvent trouver à manier le livre québécois. Au Québec il n'y a pas de succès de librairie. Même au plus fort des ventes de *Patience dans l'azur* d'Hubert Reeves, réédité au Québec par Québec Science, il m'a fallu « faire » six librairies pour en trouver un exemplaire, caché derrière un livre de recettes et bien que la préposée à la caisse m'ait auparavant assuré que le livre était épuisé. Et sans doute aurais-je achevé la pauvre femme en essayant de lui faire admettre qu'Hubert Reeves était un auteur québécois, francophone par-dessus le marché.

Tous les libraires ne sont pas des ignorants. J'en connais beaucoup. J'ai, comme avec les éditeurs, du plaisir à leur parler. Chacun me donne toujours l'impression qu'il en connaît plus que n'importe quel écrivain sur la littérature québécoise. Ils sont, eux aussi, sincères. Mais franchement, on se demande si leurs affaires n'iraient pas mieux s'ils faisaient le petit effort de troquer leur sincérité contre un certain réalisme suivant lequel, par exemple, ils pourraient collectivement mettre au pas les maisons de distribution, québécoises ou étrangères, qui leur déversent sur la tête les livres invendus en France des pseudo-grands éditeurs parisiens.

Je vous ai fait part de quelques-uns des désarrois de l'écrivain québécois. Je suis conscient d'avoir, par le fait même, déplacé sensiblement vos préoccupations concernant la place de nos livres à l'école vers quelque chose de passablement plus terre à terre et qui est la situation financière généralement faite à l'écrivain. Mais serions-nous pour autant vraiment aussi loin, dans nos préoccupations respectives, les uns des autres ?

Prenons un exemple. Supposons que dans une semaine les photocopies qui sont faites de nos oeuvres soient concrètement soumises à l'application de la loi sur le droit d'auteur. Quelles seront les réactions des enseignants ? Quelles nouvelles contraintes budgétaires les administrateurs scolaires leur imposeront-ils ? Seront-ils tentés, par nonchalance, ignorance ou mesquinerie, de se rabattre sur les oeuvres d'avant ce siècle qui, elles, ne sont pas soumises au droit d'auteur ? Demandons-nous le franchement : pour des raisons d'ordre strictement économique, les oeuvres québécoises ne risquent-elles pas de sortir des écoles encore plus rapidement qu'elles n'y sont entrées ?

Il y a quelques années, des grévistes d'une station de radio ont sollicité mon appui moral. Leur employeur, de l'avis général, était un exploiteur. Or quelle ne fut pas ma surprise d'apprendre de la bouche de l'un de ces grévistes que l'un des principaux griefs qu'ils entretenaient à l'endroit de leur abominable employeur était que celui-ci les obligeait à noter, aux fins de perception des droits d'auteur, les titres des pièces musicales diffusées sur les ondes. Cette tâche les emmerdait. C'est néanmoins pour l'accomplir qu'ils étaient payés.

En conclusion, et si tant est que les réflexions qui précèdent puissent en raison de leur désordre en appeler une, je voudrais vous exprimer ma conviction que c'est dans la mesure où nos livres continueront d'alimenter la réflexion des étudiants, c'est-à-dire de garder culturellement tout leur sens, que de nouvelles générations d'écrivains pourront donner à notre collectivité de plus en plus d'oeuvres susceptibles de déborder ses frontières et de lui attirer, du même coup, une reconnaissance moins internationale qu'universelle. Si, en revanche, la course à l'industrialisation de notre littérature devait l'emporter, je ne donnerais personnellement pas cher de nos perspectives d'avenir.

Or, et assez paradoxalement, c'est probablement en grande partie en régularisant la situation financière de l'écrivain québécois que nous pourrons éviter l'écueil d'une industrialisation prématurée de notre production littéraire. Cet objectif, me semble-t-il, doit être celui de l'ensemble de la société, et ceci pour une raison bien simple : la littérature québécoise a été financée par la collectivité. Si les choses ne s'étaient pas ainsi passées, veuillez m'excuser de vous le redire, elle n'existerait pas.

Le programme d'enseignement du français au primaire dans les écoles du Québec

Conférenciers :

Gilles PRIMEAU, conseiller pédagogique, Commission des écoles catholiques de Montréal

Micheline SAINT-LAURENT, enseignante, Commission scolaire régionale de Manicouagan

Gilles GAUTHIER, professeur, Université de Montréal

Comme tous les enseignants du primaire le savent, le ministère de l'Éducation du Québec a approuvé, en 1979, un nouveau programme d'enseignement du français au primaire. Ce programme a donné lieu à de nombreuses consultations et à des efforts d'implantation sérieux surtout à cause du fait que les programmes de perfectionnement des maîtres de français offerts par les universités ont mis le nouveau programme à l'étude et ont participé activement à son implantation dans certaines commissions scolaires.

Gilles Primeau, l'un des auteurs du nouveau programme de français, nous parlera de ce programme, nous en fera comprendre les fondements linguistiques et psychologiques et nous indiquera les résultats que le Ministère en attend. Micheline Saint-Laurent nous rendra compte de l'implantation du programme à la Commission scolaire de Manicouagan (sur la Côte Nord du Saint-Laurent) et des effets auprès des enseignants, des élèves et des parents. Quant à Gilles Gauthier, après en avoir souligné les côtés les plus intéressants, il en montre les faiblesses les plus importantes.

L'atelier était animé par Toussaint Fortin, directeur du PPMF de l'Université du Québec à Hull.

Fondements du nouveau programme de français au primaire

Gilles PRIMEAU

Le programme d'étude du français au primaire a été approuvé le 7 mai 1979 par le ministre de l'Éducation. Ce programme venait remplacer le précédent programme officiel paru quelque dix années plus tôt sous la dénomination « programme-cadre ». Sans vouloir reprendre abusivement le procès que l'on a pu faire au programme-cadre, soulignons que ce nouveau programme visait essentiellement à en combler les lacunes et à en préciser les orientations. Nous y reviendrons.

Auparavant, j'aimerais préciser le rôle et la valeur d'un programme, préciser les lignes de force du programme de français et émettre quelques idées sur ce que je crois être le sens profond que l'on peut lui donner. Il est bien entendu que les réflexions que je ferai ne représentent pas nécessairement la position officielle du MEQ. Ce n'est qu'à titre de participant à la conception et à la rédaction de ce programme, de pédagogue qui oeuvre depuis longtemps auprès des maîtres du primaire et à titre de citoyen du Québec qui applique son propre schème de lecture aux phénomènes éducatifs que je livre à la discussion les quelques propos qui suivent.

Mes propos s'articuleront donc autour de quatre grandes rubriques, à savoir,

— ce qu'est un programme : ses forces et ses limites ;

— le changement majeur que propose le programme de français ;

— les résultats attendus ;

— les motifs qui ont commandé sa réalisation.

J'invite les participants à centrer particulièrement leur attention sur le deuxième point qui, il me semble, devrait être au coeur de la réflexion pédagogique autant en ce qui a trait au français qu'aux autres matières et cela, autant à ce congrès qu'en d'autres lieux. Cela vaut d'autant plus que notre attention risque d'être retenue davantage par un grand bouleversement des structures scolaires que par des enjeux pédagogiques fondamentaux.

1. Ce qu'est un programme : ses forces et ses limites

On pourrait définir un programme d'études, du moins dans le contexte québécois, comme étant un discours officiel de l'État qui édicte ce que doivent enseigner les maîtres. Un discours qui fixe ce qui doit s'enseigner dans les classes, qui précise les objectifs que doivent poursuivre les maîtres ou que doivent tenter d'atteindre les écoliers. C'est là la force majeure d'un tel discours. Il est sanctionné par le pouvoir officiel et l'appareil étatique doit agir de façon à ce qu'il soit appliqué.

Nous savons tous que cette définition est large et qu'elle pourrait être nuancée par tous les éléments qui caractérisent diverses catégories que l'on pourrait rattacher au concept large qu'évoque le mot *programme*. On pourrait discuter longuement de ce que doit être et ce que doit contenir un « bon » programme. Là n'est pas notre propos. Qu'il nous suffise pour l'instant de retenir qu'un programme provincial officiel tire sa force première de son « officialisation » même. Cependant, il serait illusoire de croire qu'un discours, si officiel soit-il, peut générer un changement ou être une amélioration s'il ne sert rien ni personne.

Un programme provincial est une pièce maîtresse qui sert de point de référence à de multiples opérations.

- Il sert d'abord de base aux équipes de maîtres, aux conseillers pédagogiques et aux divers agents de développement pédagogique qui ont à en concrétiser les principes et les objectifs en les adaptant à leurs propres réalités institutionnelles. Il y a là nécessairement une première possibilité d'interprétation, avec ce que cela comporte de risques.

  C'est un risque nécessaire, voulu et souhaitable. Ce qui souvent est perdu quant à la conformité est généralement regagné quant à l'intérêt et à la participation de l'usager. Le programme sert de toile de fond, mais il commande des interprétations de la part des enseignants, des rédacteurs de guides, des animateurs, etc.

- Un programme officiel devrait aussi servir à un ensemble d'actions commandées par ce que nous pourrions appeler la « supervision pédagogique » ou mieux la « concertation pédagogique » et qui se résume souvent simplement par ce qui s'appelle « l'évaluation pédagogique ». En somme, un programme officiel oriente directement l'évaluation des écoliers, mais il devrait aussi orienter des actions concertées dans une école, une commission scolaire ou un ministère. Il devrait servir de point de référence à l'organisation d'une classe ou d'une école, à divers projets d'école et à diverses actions de supervision pédagogique dans une commission scolaire. Il devrait aussi s'inscrire comme étant un élément essentiel dans la cohérence nécessaire à l'évolution pédagogique prônée par un ministère. En ce domaine, un programme a ses limites. Il n'est qu'un élément parmi un ensemble de facteurs.

  On ne s'en sert malheureusement trop souvent que pour fabriquer des instruments d'évaluation des écoliers en croyant ainsi mesurer la qualité de l'enseignement.

- Un programme influence ordinairement la formation pratique et le perfectionnement des maîtres. On sait pertinemment que tel est le cas du programme de français. Il est normal cependant que les contenus de formation et de perfectionnement ne soient pas exclusivement centrés sur un programme qui, de toute façon, devra évoluer et changer un jour ou l'autre. La durée d'une carrière d'enseignement est plus longue que la durée d'un programme. C'est une autre des limites d'un programme. Le savoir ou la compétence d'un maître se doit d'être plus large que le contenu d'un programme.

- Dans cette même veine de formation, un programme d'études doit susciter des recherches sur les propositions qu'il fait. En cela aussi, un programme a ses limites. D'une part, même si on peut le déplorer, un programme ne repose jamais sur un ensemble de recherches qui confirmerait chacun de ses énoncés. D'autre part, l'ensemble des recherches propre à une didactique donnée ne saurait se limiter au contenu d'un programme, même s'il est souhaitable qu'une bonne proportion des énergies de la recherche visent à confirmer, nuancer, compléter ou infirmer ce qu'il propose.

- Un programme a aussi une autre limite en ce qu'il n'est pas l'outil quotidien du maître et des écoliers. C'est le matériel pédagogique qui sert, avec l'habileté du maître, de trait d'union entre le programme et les écoliers. En ce domaine donc, le programme a ses limites. Il ne peut que servir d'instrument de référence à ceux qui conçoivent le matériel d'enseignement et de garde-fou à ceux qui approuvent ou achètent du matériel conçu par d'autres.

Ces cinq facteurs — animation pédagogique, évaluation, perfectionnement des maîtres, recherches et matériel didactique — sont des forces qui influencent l'enseignement tout autant que le programme, sinon davantage. Le programme, cependant, sert de lieu de cohérence entre ces facteurs. Il importe de retenir de tout cela qu'un programme peut générer une évolution pédagogique s'il fait des propositions nouvelles, mais que tout doit être mis en place pour que les cinq facteurs énumérés ci-dessus influencent efficacement cette évolution. Oublier l'importance de l'un ou de l'autre de ces facteurs, ce serait se leurrer sur l'évolution pédagogique que peut entraîner un texte, si officiel soit-il. Ce serait se leurrer sur les forces et sur les limites d'un programme.

2. Le changement majeur que propose le programme de français

Traditionnellement, le programme de français visait à transmettre à l'écolier un ensemble de connaissances sur la langue. En bref, on voulait lui faire apprendre du vocabulaire, de la grammaire et de l'orthographe. On voulait aussi, bien sûr, lui apprendre à lire, particulièrement en début du cours primaire. On voulait de plus lui apprendre à écrire, à composer devrait-on dire. Cependant, ces savoir-faire, lire et écrire étaient ou enseignés à l'aide d'un ensemble de notions ou constituaient un prétexte pour faire acquérir des connaissances sur la langue. Reprenons. Pour enseigner à lire, on misait sur la connaissance du système de correspondances grapho-phonétiques. Il s'agissait essentiellement de mettre en place un système de connaissances, sans tenir compte des variations méthodologiques des méthodes utilisées. Pour enseigner à écrire, on misait sur la connaissance du système orthographique et sur la connaissance d'un système dit grammatical. C'était là le point de repère pour proposer des activités de classe. Cela semble caricatural, c'est vrai, mais si l'on pousse l'analyse des activités pratiquées en classe, il y avait toujours, tout compte fait, le souci de faire acquérir d'abord des connaissances sur la langue, même si on plaçait l'écolier en situation de communication. La situation de communication était le plus souvent un procédé méthodologique visant la mise en place de connaissances sur la langue.

Le nouveau programme inverse totalement cette conception de l'apprentissage. Il axe l'ensemble des activités sur le développement, sur l'élargissement des grandes habiletés langagières, à savoir, développer l'habileté à communiquer oralement et développer l'habileté à lire et à écrire, ces habiletés étant essentiellement des savoir-faire qui se développent grâce à ce qu'il est maintenant convenu d'appeler des situations signifiantes de communication.

C'est là le noeud du problème, c'est là l'élément majeur sur lequel il y a lieu de réfléchir et d'en arriver à bien saisir ce qu'implique un tel renversement des choses. Il y a donc lieu de bien distinguer le savoir du savoir-faire et de voir quels liens peuvent s'établir entre les deux dans l'apprentissage de la langue, pour ne pas dire dans l'apprentissage en général.

Savoir et savoir-faire

Un savoir peut se définir, dans le cadre de nos présentes préoccupations, comme étant un système de concepts non-contradictoires qui rend compte de ce qui se passe dans un réel donné. Par exemple, la grammaire se veut un savoir. Le grammairien, le linguiste, tentent d'ériger un système qui décrit de façon cohérente le fonctionnement d'une langue donnée. Ce système de connaissances se veut scientifique : il tire son sens de sa cohérence interne et de son adéquation à la langue qu'il veut décrire.

Dès lors, la question qui se pose au pédagogue est double.

a) Ce savoir ou tout autre savoir organisé en un tout qui se veut cohérent devrait-il être un objet d'enseignement au primaire ? Que ce soit le système des correspondances grapho-phonétiques, que ce soit la grammaire de l'écrit, que ce soit une typologie descriptive des types de discours ou que ce soit l'orthographe française, la question est la même.

b) Les écoliers de 6 à 11 ans peuvent-ils accéder à un savoir scientifique ? Peuvent-ils comprendre un système grammatical, peuvent-ils comprendre le système orthographique de la langue française ?

La première question relève avant tout de ce que je qualifierais d'un choix social. À mon avis, le sens d'un savoir pris en lui-même ne coïncide pas automatiquement avec le sens qu'il prend pour l'ensemble des usagers de ce savoir. Et c'est là une question centrale. L'objectif du primaire est-il de préparer pour le secondaire des enfants que l'on préparera pour le collégial et que l'on sélectionnera pour l'université ou est-il de développer et d'élargir le mieux possible les habiletés des écoliers qui y vivent ? Répondant que l'école vise à développer l'écolier ici et maintenant, j'avance-rais l'idée que les savoirs actualisés dans les pratiques valent moins par leur valeur scientifique que par leur pertinence dans ces pratiques. En d'autres termes, cela signifie que le savoir scientifique, celui qui nous préoccupe ici, vise comme fin de décrire une réalité de façon cohérente, une fin que ne vise pas le savoir pratique. Mis en oeuvre dans une pratique, le savoir joue un rôle instrumental. Il faut dès lors retenir que pour les écoliers, la pertinence d'un savoir utilisé dans une pratique n'est pas reliée directement à son statut de science. Pour un écolier, comme pour n'importe quel usager, un savoir peut être plus pertinent dans sa forme commune, dans une forme recevable que dans sa forme scientifique. Qui plus est, il ne suffit pas qu'un savoir soit dit scientifique pour que ce savoir soit pertinent dans une pratique. Tout le monde connaît l'exemple de Monsieur Jourdain. Il n'est pas suffisant de retenir que la phonétique est une science pour qu'il devienne pertinent de l'enseigner à tous ceux qui parlent. Les Grecs écrivaient avant que l'on fasse une science de l'étude du langage.

Ces quelques trop rapides considérations devraient suffire à avancer que le savoir sur la langue, en soi, n'est pas une finalité, mais un moyen mis au service de la pratique. Du moins, pour les écoliers.

Quant à la deuxième question, à savoir si ces écoliers peuvent en arriver à reconstruire ou à comprendre l'ensemble d'un système organisé scientifiquement, d'analyse en analyse, de déduction en déduction, je pense que l'expérience démontre que cela est voué à l'échec. D'autant plus que la psychologie nous apprend que le primaire n'est pas le lieu de l'apprentissage par déduction. L'écolier du primaire ne possède ni l'expérience ni les informations qui lui permettent d'accéder à la compréhension d'un système complexe par le biais des instructions verbales, par le biais des énoncés. L'écolier peut, tout au mieux, en pressentir et en comprendre partiellement certains éléments et encore, dans de tels cas, la question se pose de savoir si cela est pertinent.

Si, pour différentes considérations semblables, on écarte l'enseignement d'un savoir scientifique, cela ne veut pas dire que ce savoir est inutile. Le savoir intervient dans la pratique. Il intervient de différentes façons dans la maîtrise des habiletés langagières.

- Le savoir sur les facteurs de la communication permet de mieux connaître la situation dans laquelle s'exerce telle ou telle communication.
- Le savoir spécifique sur le code et son fonctionnement permet de mieux maîtriser des actes de parole mis en oeuvre dans une communication.
- Le savoir construit par la réflexion faite sur les pratiques précédentes permet de connaître les effets produits par les actes posés dans une communication.

Il est cependant important de voir que ces divers savoirs sont inséparables l'un de l'autre parce que la pratique est analysée pour déterminer quels seraient les actes de parole les plus judicieux à mettre en oeuvre pour atteindre la fin de la communication. À l'inverse, le choix de certains actes parmi toute la gamme des actes possibles est lié à la connaissance des divers éléments qui composent la situation de communication. Dans la pratique langagière, le savoir devrait porter avant tout sur les possibilités de modifier une situation par la parole pour atteindre une fin. Cela voudrait dire que le savoir porte sur la situation elle-même et sur les actes à mettre en oeuvre pour en assurer la réussite. Cette connaissance des facteurs ou des éléments de la communication et cette connaissance des actes à mettre en oeuvre sont envisagées ici comme étant des moyens et non comme étant une fin. C'est dans cette perspective que l'on peut dire que le savoir tire sa pertinence de la fin visée par la pratique. En termes concrets cela signifie que la double question qu'il faut se poser face au savoir est : « Quelles connaissances sont pertinentes pour aider les écoliers à réussir la pratique qu'ils vivent, et, ces connaissances sont-elles recevables par ces écoliers ? » En bref, on peut retenir que la maîtrise des connaissances les plus scientifiques que l'écolier peut recevoir, c'est-à-dire comprendre, affine la pratique dans la mesure où elle s'intègre à cette pratique, dans la mesure où elle se change en possibilités d'agir. Le savoir, ainsi vu, se présente essentiellement comme un moyen.

La primauté de la pratique

Il paraît important de tenter de voir pourquoi le nouveau programme pose les activités de pratique comme contenu obligatoire et essentiel alors qu'il pose comme contenu incitatif les activités conduisant aux développement des connaissances et des techniques. En d'autres termes, le programme officiel fixe la primauté du savoir-faire sur le savoir.

Dans le présent contexte, on me pardonnera de ne lancer que quelques idées qui pourront être débattues ensuite avec les participants.

1. Les connaissances sur la langue, pensées en elles-mêmes, se présentent sous la forme d'énoncés ou d'instructions verbales à l'école. Parmi l'ensemble de ce qu'on appelle les connaissances, la plupart des connaissances ainsi exprimées sous la forme d'instructions verbales sont le fruit d'une pratique antérieure. Si l'on peut dire telle ou telle chose sur la langue ou sur la communication, c'est parce que la langue ou la communication sont pratiquées dans la réalité. Cette réalité est nécessairement antérieure aux instructions verbales que l'école retient pour en parler, pour la décrire. De plus, toute description de la langue et des phénomènes de la communication se pose comme étant une hypothèse, et une description en ce domaine est nécessairement incomplète. La connaissance de cette description n'assure pas la connaissance de la réalité elle-même. La connaissance de la réalité, même si cette connaissance n'est qu'implicite, ne peut être assurée que par la pratique elle-même. Les connaissances explicitées sous formes d'instructions verbales ne viennent qu'enrichir la connaissance de la réalité, connaissance construite essentiellement par la pratique.

2. Les instructions verbales sur la langue, fournies les unes à la suite des autres, se heurtent chez l'écolier à l'absence de sens des informations qu'elles véhiculent. Parce que l'écolier ne possède pas les informations générales qui lui permettraient de situer les informations spécifiques qui lui sont données, il ne voit pas le sens que prennent ces informations spécifiques. Par exemple, si l'écolier n'a aucune pratique de la lecture et que dès le départ on lui fait apprendre des correspondances grapho-phonétiques, il ne voit pas le sens de cette information spécifique dans l'ensemble des connaissances qu'il doit construire pour apprendre à lire. Qui plus est, l'apprentissage d'un tel système de connaissances dans sa cohérence interne se heurte souvent à ce que l'on peut appeler la circularité de la compréhension. Les connaissances ou les concepts qui composent un système grammatical ont du sens en fonction de leur relation avec les autres connaissances qui composent ce système. Chaque élément n'est donc compris que lorsque le sujet qui apprend a fait le tour du dit système. Par exemple, on comprend ce qu'est un nom dans la mesure où on le distingue des autres parties du discours ; on peut comprendre ce qu'est un conte ou une lettre dans la mesure où on distingue ces types de textes des autres. Chaque concept ainsi défini dans l'abstrait ne peut ainsi être compris que dans la mesure où le

sujet fait le tour du système même globalement. Tous les enseignants savent, pour l'avoir pratiqué un jour ou l'autre, que l'on tente souvent de faire saisir un concept par le biais d'une définition. On peut ainsi donner une définition des concepts principaux qui composent un système. Les enseignants savent aussi combien l'écolier ne comprend pas les définitions données même s'il arrive à les mémoriser. Cela s'explique bien. La définition véhicule un sens qui ne peut être compris que par celui qui connaît l'ensemble du système. En classe, on évite cette difficulté en illustrant les définitions par des exemples. Ainsi, on reporte la compréhension des définitions et du concept défini à des situations et à des pratiques réelles. J'avancerais l'idée que cette façon de procéder permet tout au plus à l'enfant d'entrevoir de quoi parle le maître sans pouvoir accéder à l'articulation systématique du système auquel se rattachent les connaissances qu'il traite.

En d'autres termes, on peut soutenir l'idée que ce qui manque à un apprentissage coupé de la pratique ou à un apprentissage d'un savoir qui précède la pratique c'est la compréhension du sens de ce savoir. L'écolier à qui l'on tente de fournir des connaissances avant qu'il ne soit placé en situation de pratique ne peut comprendre et connaître les problèmes que ces connaissances permettent de régler. L'apprentissage de connaissances ainsi coupées de la pratique ou antérieures à la pratique manque totalement de sens. Le programme de français pose comme principe que la pratique doit précéder la connaissance explicitée. Il émet aussi comme principe que les connaissances sont au service de la pratique en cours. Il émet enfin comme principe découlant des deux précédents que seules sont développées ou traitées les connaissances nécessaires à la réussite de la situation en cause mais toujours dans la mesure où ces connaissances sont recevables par le jeune écolier.

C'est là le changement majeur que propose le nouveau programme de français.

3. Les résultats attendus

Il est bien entendu qu'un État qui accepte de modifier ainsi un programme d'études le fait en fonction de résultats attendus. Cet État le fait parce qu'il n'est pas satisfait des résultats actuels ou parce qu'il veut obtenir des résultats différents de ceux qu'il obtient ou parce que, les conditions sociales ayant changé, il se voit obligé d'ajuster ses attentes à des conditions nouvelles.

Dans le cas du programme de français, l'exercice qui a été fait a surtout été un simple exercice de cohérence. Les résultats attendus et sur lesquels il y a une forme d'unanimité sont le développement de l'habileté des écoliers à communiquer oralement, à comprendre les textes auxquels ils sont confrontés et à construire des textes écrits cohérents. Ces attentes relèvent du savoir-faire, cela va de soi. Nous avons suffisamment insisté sur le lien de cause à effet de la pratique au savoir-faire pour dire que les résultats attendus seront à la mesure du soin que l'on mettra à la préparation des situations de pratique que vivront les écoliers. Cela appelle quelques explications.

Il y a une relation directe de cause à effet entre les modes d'apprentissage utilisés en classe et les résultats obtenus. Comme ces phénomènes sont maintenant relativement bien connus des maîtres du primaire, je me contenterai ici de les rappeler brièvement.

On peut apprendre par la pratique. On peut apprendre en recevant ou en accédant à des instructions verbales. On peut aussi apprendre en observant quelqu'un qui fait ce que l'on veut apprendre à faire. On peut également apprendre en réfléchissant à ce que l'on est en train de faire ou à ce que l'on a fini de faire. La pratique, les instructions verbales, la démonstration et l'objectivation de la pratique sont quatre grands modes d'apprentissage que l'école a toujours plus ou moins utilisés. Ces quatre grands modes d'apprentissage produisent des effets divers.

La pratique développe le savoir-faire et elle seule peut assurer le développement du savoir-faire. Les instructions verbales développent les connaissances en mémoire, les connaissances dans la tête. La démonstration développe également chez le sujet qui observe une certaine connaissance dans sa tête. De même, la réflexion sur la pratique développe chez le sujet des connaissances dans sa tête. Même si ce rappel de données est ici simplifié, il sert à dire : « Dites ce que vous attendez comme résultats et nous ferons en sorte d'y tendre le mieux possible ». Or, il semble bien arrêté que le résultat attendu soit le développement des habiletés langagières. Dès lors, il convient de mettre en place un programme qui fasse des propositions pédagogiques cohérentes en regard des attentes. C'est ce qui n'avait pas été fait dans les programmes précédents et c'est ce qui a été tenté dans le nouveau programme.

Le nouveau programme fait donc de la pratique signifiante, pratique naturelle de communication ou pratique qui recrée les conditions de la pratique naturelle, l'axe central de la classe de français. Il pose la pratique comme élément essentiel pour atteindre la fin visée ; il pose la pratique comme essentielle pour développer et intégrer les connaissances nécessaires acquises par le biais des instructions verbales, de la démonstration et de l'objectivation de la pratique.

De ces principes pédagogiques, les résultats attendus sont que la classe de français continue de se modifier comme elle avait commencé de le faire et que les écoliers en arrivent à une meilleure maîtrise des habiletés langagières. J'ajouterais enfin que les résultats attendus chez les écoliers seront jugés meilleurs dans la mesure où l'on est bien conscient de ce que l'on attend. Si l'on attend que les écoliers développent un savoir-faire, seront jugés meilleurs, non pas ceux qui peuvent parler de la langue, mais ceux qui savent mieux l'utiliser dans les situations où il est normal de l'utiliser et ceux qui savent l'utiliser pour modifier les situations sociales aux-quelles ils sont confrontés puisque la maîtrise de la langue se traduit le plus souvent par un pouvoir d'action.

4. Les motifs qui ont commandé le nouveau programme

On pourrait pérorer longuement sur les motifs qui ont commandé la rédaction et l'implantation d'un nouveau programme de français. On pourrait souligner le fait qu'il est normal qu'il y ait évolution et changement en ce domaine, comme en tout autre domaine, au fur et à mesure que la connaissance évolue. On pourrait de même rappeler que dans la plupart des pays occidentaux avec lesquels il y a des échanges d'idées, les programmes, en tout ou en partie, évoluent dans le même sens que le programme du Québec. Pensons à toute la littérature pédagogique qui circule. C'est, au fond, tout ce mouvement qui a amené le Québec à se doter d'un nouveau programme de français.

D'autres influences relèvent davantage de l'anecdote que de raisons profondes. Je considère comme une anecdote les articles de Lysiane Gagnon, articles qui ont soulevé tout un débat, superficiel somme toute, sur l'enseignement du français au Québec. Je considère aussi comme étant une anecdote le procès fait au programme-cadre puisque le nouveau programme n'en contredit pas les assises. Je considère enfin comme étant une anecdote les jugements populaires portés sur la décadence de la langue écrite et orale chez les jeunes. Il suffit de se rappeler que les crises en ce domaine sont cycliques et que l'on peut prévoir que la prochaine se produira dans une dizaine d'années ! Il faut compter avec l'accélération de l'histoire, n'est-ce pas ?

Outre le mouvement des idées, ce qui a commandé l'élaboration et l'implantation d'un programme qui se veut précis, c'est une volonté politique. Volonté exprimée par les enseignants, les administrateurs scolaires, les parents, le public en général et aussi probablement par quelques éditeurs. Cela est légitime. Il me semble normal qu'un État qui fait de sa langue nationale une condition de vie tienne à se doter d'une politique pédagogique en ce domaine comme il se dote d'une politique linguistique en d'autres domaines. Il me semble normal aussi que tout cela se traduise par un débat ouvert.

L'implantation du nouveau programme de français à la Commission scolaire de Manicouagan

Micheline SAINT-LAURENT

La Commission scolaire de Manicouagan comprend seize écoles sur un territoire de cent cinquante kilomètres avec trois mille élèves et deux cent quatre et demi enseignants.

La commission scolaire utilise, une espèce de « toile de fond » psycho-pédagogique approuvée par tous ses membres qui a pour but de « rendre l'enfant plus capable de faire des choix, de prendre des décisions et de les assumer » en relation et en fonction de ses besoins fondamentaux, à son niveau et à sa mesure. Cette capacité doit tenir compte de certaines contraintes que l'enfant peut changer ou non. Les choix sont faits et les décisions sont prises en tenant compte des conséquences possibles. Nous favorisons dans nos classes une pédagogie où l'enfant et le professeur font une contribution maximale et où chacun trouve sa place.

Après comparaison des principes d'apprentissage impliqués dans le nouveau programme de français et de notre « toile de fond », j'ai constaté que ce programme avait une approche intéressante qui se situe dans la continuité de ce que nous faisions. Nous avons donc décidé de commencer l'implantation du nouveau programme.

J'ai commencé par renseigner deux personnes (un directeur et un enseignant) par école sur le nouveau programme et cela, pendant sept jours. Ces personnes, avec mon aide, avaient à transmettre dans leurs écoles respectives les contenus de nos travaux d'instrumentation.

Durant la même période, j'ai informé les professionnels et la direction des services éducatifs des principes du programme. Après quelques rencontres, nous avons décidé de faire un « mouvement collectif », c'est-à-dire que chaque responsable de dossier s'est engagé à véhiculer ces principes dans sa matière. C'est ainsi que des stages se sont organisés où se côtoyaient des gens de toutes disciplines des niveaux primaire et secondaire.

Les enseignants constataient l'interrelation des programmes du MEQ et acquéraient un vocabulaire commun.

La formation des professeurs s'est faite en 1980-1981. Elle a été donnée durant les journées d'évaluation et de planification, à raison d'une journée à la fois. Chaque titulaire était libre d'y participer mais il devait être prêt pour la date d'application obligatoire fixée par la Commission scolaire de Manicouagan à septembre 1982.

Voici quelques-unes des questions les plus fréquemment posées par les enseignants :

— Avons-nous du matériel de base ?

— Le nouveau programme aidera-t-il les enfants à mieux lire, à mieux écrire ?

— Est-il possible d'appliquer ces principes avec 29 élèves ?

— Quel est le nouveau vocabulaire à apprendre : objectivation, discours incitatif, entrée idéographique, etc. ?

Mais toutes ces questions n'ont pas empêché les enseignants d'essayer . . .

Plusieurs ont expérimenté et c'est ce qui amené l'AQPF régionale en février 1982 à tenir un colloque dont le thème était : « Viens voir ce que j'essaie dans ma classe ».

La libre participation des enseignants aux sessions de formation et l'utilisation des mêmes principes dans tous les programmes ont grandement favorisé l'adhésion massive à des changements pédagogiques importants chez près de 70 % des enseignants, avec leurs effets auprès des élèves.

Chez les enseignants, on peut noter les comportements suivants :

- ils changent leurs attitudes face aux élèves en leur donnant de la place. Tout n'est pas décidé uniquement par l'enseignant. L'élève peut participer à la construction, au choix et à la réalisation des activités ;
- ils pensent à ne pas toujours donner la réponse à l'élève mais suscitent chez celui-ci une réflexion, une recherche de solution ;
- ils permettent aux élèves de se tromper et d'identifier les problèmes rencontrés ;
- ils s'interrogent, se remettent en question, confrontent leurs expériences, ne cherchent plus *une* solution mais plusieurs ;
- ils transmettent des connaissances et des techniques, mais intégrées dans une activité ;
- ils délaissent les cahiers d'exercices conventionnels pour utiliser les activités du milieu et les exploiter ;
- ils veulent comprendre, se concertent, parlent pédagogie ;
- ils pensent à faire une planification de leur année, à « passer » leur programme tout en gardant en tête que l'élève peut modifier cette planification.

Chez les élèves on remarque que :

- ils se sentent plus impliqués et plus intéressés ; ils avancent vite, se sentent écoutés, deviennent responsables ;
- leurs productions sont variées car un modèle type n'est pas proposé. Leurs réalisations deviennent des communications avec d'autres classes, avec des organismes extérieurs à l'école. Les élèves ont un souci plus grand de leur français ;
- les contenus notionnels sont acceptés plus facilement parce qu'ils sont intégrés dans des mises en situation que l'élève a choisies ;

- les nouvelles connaissances de l'élève sont vues en profondeur et réutilisées dans plusieurs activités ;
- ils apprennent à écrire ce qu'ils veulent dire avec les mots qu'ils connaissent.

De leur côté, les parents voient une continuité d'une école à l'autre, car tous les enseignants ont les mêmes objectifs.

Tous ces changements ne sont pas sans présenter de petits inconvénients pour l'enseignant :

1) Cela lui demande du temps : souvent, il doit travailler en dehors des heures régulières.
2) De dispensateur de connaissances, il devient animateur.
3) Il vit des situations insécurisantes car dans une classe de vingt-neuf (29) élèves, chacun parle, demande.
4) Cette approche doit favoriser tous les élèves qu'ils soient de rythme lent ou rapide. L'enseignant doit apporter une diversité de choix de mises en situation.
5) L'enseignant a souvent besoin d'aide, de suivi pour cheminer.

Dans notre démarche d'implantation du nouveau programme de français, nous avons surtout insisté sur les principes et nous croyons que c'est à l'égard de ces principes que les enseignants offrent le plus de résistance. Il faut les seconder, les appuyer dans leurs tentatives, car, laissés à eux-mêmes, ils se découragent et abandonnent.

Il faut comprendre que ce programme humanise l'école. Il faut faire comprendre à l'enseignant que le programme est un outil pouvant l'aider dans sa pédagogie. Il ne sert à rien de bousculer, de presser les enseignants à « embarquer » : il est essentiel qu'ils se sentent prêts à le vivre.

Le programme d'enseignement du français au primaire : analyse critique

Gilles GAUTHIER

L'objet de cette analyse

Le programme d'enseignement du français au primaire est un texte officiel du ministère de l'Éducation paru en 1979[1] et qui est demeuré le même depuis. Mais c'est aussi devenu maintenant un vécu d'enseignants, de conseillers, de formateurs d'enseignants, qui lui est très différent d'une région à une autre, d'une commission scolaire à l'autre et souvent même, d'un individu à un autre.

Le véritable contenu du programme officiel ne se retrouve d'ailleurs plus, aujourd'hui, dans le seul texte de 1979. Bon nombre d'ajustements, de précisions, de retouches ont été apportés dans des guides du ministère[2], dans des articles rédigés par les concepteurs du programme et par d'autres personnes influentes dans le milieu de

---

1. Ministère de l'Éducation du Québec, *Programme d'étude. Primaire. Français*, Direction générale du développement pédagogique, mai 1979.

2. Ministère de l'Éducation du Québec, *Matériel de soutien à l'implantation des programmes du primaire. Français*, Direction générale du développement pédagogique, octobre 1981.
Atelier 1 : Le mode d'apprentissage retenu dans l'élaboration du programme
Atelier 2 : La lecture au cours primaire
Atelier 3 : Le développement de l'habileté à écrire
Atelier 4 : Le développement des connaissances du code orthographique
Atelier 5 : La communication orale au cours primaire
Atelier 6 : La préparation de classe
Ministère de l'Éducation du Québec, *Guide pédagogique. Primaire. Français. Littérature de jeunesse*, Direction générale du développement pédagogique, septembre 1981.
Fascicule 1 : Activités pédagogiques
Fascicule 2 : Littérature québécoise de jeunesse. Bibliographie sélective commentée
Fascicule 3 : Livres de jeunesse francophones publiés à l'étranger. Bibliographie sélective commentée
Fascicule 4 : Les livres documentaires et les textes informatifs (août 1982)
Ministère de l'Éducation du Québec, *Guide pédagogique. Primaire. Français. Première, deuxième, troisième années*, Direction générale du développement pédagogique, mai 1982.
Ministère de l'Éducation du Québec, *Guide pédagogique. Primaire. Français. Quatrième, cinquième, sixième années*, Direction générale du développement pédagogique, octobre 1982.

la pédagogie du français au Québec. Des revues comme *Québec français*[3], *Liaisons*[4] et *Vie pédagogique*[5] en offrent de nombreux exemples. Les publications issues des divers programmes de perfectionnement des maîtres de français au primaire (PPMF)[6] sont venues, elles aussi, donner une « couleur locale » à certains aspects du programme, en développer d'autres et proposer des interprétations plus ou moins divergentes sur bien des points.

Le programme dont il sera par conséquent question dans les pages qui suivent est, bien sûr, le programme officiel du ministère, mais c'est aussi, nécessairement, ce programme tel que je puis le percevoir présentement, à la lumière de mes lectures et de mes expériences de conseiller pédagogique et de formateur d'enseignants.

Les éléments majeurs du programme

Un cadre de référence général commun

L'un des apports les plus importants du programme de 1979 est, à mon avis, d'avoir fourni à l'ensemble des gens qui s'occupent de pédagogie du français au primaire au Québec un cadre de référence général commun où les relations entre les aspects formels et structuraux de la langue (grammaire, orthographe, etc.) et ses aspects fonctionnels sont beaucoup mieux définis qu'auparavant. Ces deux aspects étaient traités dans le programme-cadre qui a précédé, mais de façon plus ou moins parallèle, sans que l'on ait réellement réussi à montrer leur interdépendance.

---

3. Dossier pédagogique : « Le nouveau programme de français », dans *Québec français*, n° 33, mars 1979, pp. 16-66.
   CHAMBERLAND, Pierre (1979), « Pour une méthodologie de l'apprentissage de la lecture en 1ʳᵉ année », dans *Québec français*, n° 34, mai 1979, pp. 14-17.
   DULUDE, Françoise (1979), « L'enseignement de l'oral : le droit à l'apprentissage », dans *Québec français*, n° 34, mai 1979, pp. 44-46.
   Dossier pédagogique : « Situations de communication », dans *Québec français*, n° 35, octobre 1979, pp. 20-38.
   PRIMEAU, Gilles (1979), « Pour préparer une expérience en classe avec le programme de français au primaire », dans *Québec français*, n° 35, octobre 1979, pp. 41-45.
   Dossier pédagogique : « L'objectivation », dans *Québec français*, n° 37, mars 1980, pp. 16-24.
   PRIMEAU, Gilles (1980), « L'orthographe au primaire », dans *Québec français*, n° 40, décembre 1980, pp. 22-28.
   Dossier pédagogique : « Pour des lectures signifiantes », dans *Québec français*, n° 41, mars 1981, pp. 49-73.
   Dossier pédagogique : « Faire écrire à l'école », dans *Québec français*, n° 43, mai 1982, pp. 45-61.
   Dossier pédagogique : « L'évaluation », dans *Québec français*, n° 46, mai 1982, pp. 54-73.
4. Dossier : « L'A B C du nouveau programme », dans *Liaisons*, IV, 6, mai 1980.
   Dossier : « Objectivation, évaluation », dans *Liaisons*, VI, 3, mars 1982, pp. 13-34.
5. Dossier : « La lecture au primaire » (1ʳᵉ partie), dans *Vie pédagogique*, n° 14, octobre 1981, pp. 17-32.
   Dossier : « La lecture au primaire » (2ᵉ partie), dans *Vie pédagogique*, n° 15, novembre 1981, pp. 17-32.
6. Collection « Didactique du français au primaire — Publications PPMF/UQ Hull », éditions Ville-Marie.
   Collection « Enseignement du français au primaire — Publications PPMF/Laval », éditions Ville-Marie.
   Collection « Le français à l'école primaire », Centre de diffusion du PPMF primaire, Faculté des sciences de l'éducation, Université de Montréal.

Grâce à certains emprunts faits à la linguistique d'orientation fonctionnelle ou pragmatique, à la psycholinguistique et à la sociolinguistique, le nouveau programme a réussi à faire du français, objet d'enseignement, un tout beaucoup plus cohérent. En faisant ressortir l'importance dans la communication de facteurs comme l'intention, les caractéristiques des interlocuteurs, de la situation et en montrant l'influence de ces facteurs sur les formes verbales utilisées ou à utiliser, on a changé profondément la perspective de base. Les apprentissages de type orthographique, grammatical, grapho-phonétique, continuent d'avoir leur place, mais ils sont abordés désormais en relation avec tout ce qui constitue une situation de communication. En axant sa pédagogie sur le développement d'un savoir-faire, de ce qu'il nomme « des habiletés langagières », en mettant les « connaissances et techniques » au service de ces habiletés, le nouveau programme a fourni une vision plus large et plus satisfaisante du français.

Une vision plus large du français

On retrouve également cette perspective plus large dans la façon d'aborder les divers domaines du français (oral, lecture, écriture) et, là encore, cette perspective a eu des conséquences heureuses.

Pour ce qui est de l'oral, le changement majeur concerne la place accordée à ce domaine dans l'enseignement du français. Alors que le programme-cadre précédent donnait une certaine priorité à la langue orale sur la langue écrite, le programme de 1979 propose d'accorder la même importance à ces deux modes de communication. Une telle position, en plus d'aller dans le sens des désirs de la majorité de la population, correspond, selon moi, à une analyse plus juste du rôle de l'école sur le plan linguistique.

L'école constitue, pour une large part des enfants, le lieu d'apprentissage privilégié, sinon exclusif, de la communication écrite. Or ce type de communication diffère de la communication orale et exige, pour être maîtrisé, un investissement en temps à très long terme. Pour faire entrer de façon efficace l'ensemble des enfants dans le monde de l'écrit, il fallait d'abord reconnaître les exigences de ce mode de communication et ne plus transformer un point de vue de linguistes en un point de vue de pédagogues. En effet, même si la langue orale précède dans le temps la langue écrite et peut servir de tremplin pour l'écrit, cela ne doit pas conduire à lui accorder dans l'enseignement une quelconque priorité sur l'écrit. C'est ce que les concepteurs du nouveau programme ont compris.

En lecture par ailleurs, on a maintenant dépassé, je crois, la querelle des méthodes qui sévissait depuis fort longtemps. En insistant sur les intentions de lecture et en fournissant une information substantielle sur la littérature de jeunesse, en orientant l'enfant dès le départ vers une lecture silencieuse, en parlant de différentes « entrées » en lecture, en mettant en évidence à la suite de chercheurs comme Goodman, Smith[7], Foucambert[8], l'importance des aspects sémantique, syntaxique,

7. SMITH, Frank (1981), *Comment les enfants apprennent à lire*, traduction et adaptation de Michèle Proulx, Montréal, France-Amérique.

8. FOUCAMBERT, Jean (1976), *La manière d'être lecteur, apprentissage et enseignement de la lecture de la maternelle au CM2,* Paris, OCDL-SERMAP.

idéographique, morphologique en lecture, on a enlevé à l'aspect grapho-phonétique la place centrale qu'on lui accordait souvent et on a situé cet aspect au sein d'un ensemble plus vaste et plus pertinent. Il existe peut-être présentement, dans certains écrits ou matériel didactique récents, une tendance à minimiser un peu trop le rôle des indices grapho-phonétiques en lecture, mais l'expérience passée des enseignants devrait en général faire en sorte que l'on n'aille pas trop loin dans cette direction.

En écriture, la même perspective a permis de faire également un « grand ménage », particulièrement du côté de la grammaire où des termes et des stratégies pédagogiques d'une efficacité douteuse étaient utilisés depuis des siècles. En proposant, comme le faisaient déjà d'autres pédagogues[9], certains outils de la linguistique structurale ou transformationnelle (je pense ici aux transformations basées sur les opérations d'addition, de soustraction, de substitution, de permutation) comme outils d'enseignement, les concepteurs du programme ont fourni à la pédagogie de l'écrit au primaire des pistes de développement intéressantes et ont fait faire un pas important à ce que l'on appelait traditionnellement « l'analyse » (grammaticale ou logique). En suggérant une démarche où l'enfant, aidé par l'enseignant, explicite peu à peu sa grammaire et formule lui-même ses règles à partir de ses propres productions, on a fait d'un apprentissage souvent abstrait et mécanique un apprentissage beaucoup plus signifiant.

Sur un plan encore plus spécifique, soit celui de la calligraphie, les propositions faites vont aussi dans le sens d'une intégration plus grande et devraient atténuer la querelle script-cursive qui faisait rage il n'y a pas si longtemps.

Une place importante accordée à la réflexion sur la pratique

Sur le plan des éléments majeurs du programme, je signalerai également la place importante accordée à la réflexion sur la pratique dans l'apprentissage de la langue. En plus de vivre des situations de communication multiples et variées, l'enfant doit apprendre à faire des retours sur ces situations, à en faire l'analyse pour repérer les facteurs qui expliquent le succès ou l'échec de sa communication. Le concept d'objectivation proposé dans le programme est important. Même si, dans certains cas, il correspond à ce que des enseignants d'expérience faisaient déjà spontanément, par intuition, il permet de mieux circonscrire une phase essentielle de l'enseignement du français et d'en préciser l'objet.

Quelques éléments plus faibles du programme

La formulation et le mode de présentation

Depuis la publication du programme, le concept d'objectivation a malheureusement subi un grand nombre d'interprétations qui ont fini par en faire un concept un peu brouillé et délicat à utiliser. Ces interprétations sont fondées le plus souvent sur diverses utilisations du terme que l'on retrouve dans le programme même et qui ne

---

9. HOPPER, Christophe (1976), *De l'exercice structural à l'analyse du langage*, Université de Montréal.

peuvent pas toujours facilement être mises en rapport avec une réalité unique. Quand se fait l'objectivation ? sur quoi ? comment ? sont encore des questions que bien des enseignants se posent et pour lesquelles une réponse claire et simple n'est pas toujours accessible.

Ce problème d'interprétation d'un des termes essentiels du programme n'est pas un cas isolé. La première grande difficulté pour les enseignants (et pour plusieurs formateurs d'enseignants) qui abordent le programme réside dans sa formulation et dans son mode de présentation. Bien des enseignants trouvent la terminologie utilisée abstraite, complexe, largement empruntée à diverses théories scientifiques qu'ils ne connaissent pas. Même les mots connus ont souvent dans le programme un sens qui n'est pas celui que leur attribuent généralement les enseignants (ex : *discours* à caractère *poétique*). D'autres termes sont peu définis ou paraissent recouvrir une réalité qui fluctue (ex : objectivation, objectif terminal, etc.).

Sur le plan de la présentation, l'absence, dans le programme même, de tableaux synthèse des objectifs et contenus pour chaque domaine et pour chaque degré (de la 1re à la 6e année) a été une entrave importante à une bonne circulation de l'information. Dans bien des milieux, des essais ont été faits pour pallier cette lacune mais les divergences qu'on retrouve dans les divers tableaux créés montrent que le texte de départ n'est pas toujours facile à interpréter et qu'il aurait mieux valu que les concepteurs fournissent eux-mêmes aux lecteurs visés des tableaux conformes à leurs vues. De tels tableaux synthèse représentent en effet dans la pratique un outil essentiel à l'enseignant pour la planification et l'évaluation de son enseignement.

Les informations concernant l'évaluation

En n'étant pas en mesure d'apporter aux enseignants, au moment de la publication du programme, des informations précises sur la façon de procéder pour évaluer les apprentissages dans la nouvelle approche proposée, les créateurs du programme ont également freiné la progression de celui-ci dans le milieu. Bien des enseignants sont très attirés par l'idée de créer des situations de communication plus signifiantes en classe ; mais ils sont, en même temps, très intéressés de savoir comment, à partir de ces situations, ils peuvent faire une évaluation des acquis et la transmettre aux parents et aux administrateurs.

Je comprends très bien, pour ma part, que les concepteurs du programme n'aient pu y inclure de données très précises concernant l'évaluation. Les théories et les outils disponibles à l'heure actuelle dans ce domaine se prêtent mal à une évaluation valable de ce qu'ils appellent les « habiletés langagières » et de nouveaux outils doivent être forgés[10]. Cependant, à court terme, cela constitue un problème sérieux pour les enseignants, qui peut expliquer des réticences chez certains à épouser les orientations proposées et à les intégrer dans leur pratique.

---

10. Exemples d'outils proposés pour l'évaluation de la lecture
    Ministère de l'Éducation du Québec, *Je suis ton nouvel ami, Lecture 1re année, Guide de l'enseignant*, Direction générale du développement pédagogique, 1981.
    Ministère de l'Éducation du Québec, *Je suis ton nouvel ami. Lecture 1re année. Cahier de l'élève*, Direction générale du développement pédagogique, 1981.

La description du domaine de l'oral

Un dernier point à signaler dans les éléments qui m'apparaissent plus faibles dans le programme concerne le domaine de l'oral. Alors qu'en lecture et en écriture le programme fait une distinction entre des « habiletés » d'une part et des « connaissances et techniques » d'autre part, il n'opère pas cette distinction pour l'oral. Or, on peut penser qu'il existe dans ce domaine des connaissances et des techniques auxquelles l'enfant du primaire doit être initié et qui sont parfois même mentionnées dans le programme sans être identifiées comme telles. Je pense, par exemple, à certaines connaissances sur les variétés de langue, sur les formes de discours pouvant être utilisées à l'oral, ou encore à certaines techniques d'animation pouvant être utiles dans des situations de communication de type « discussion », « débat », etc.

On peut se demander également si l'écoute, dans le programme, reçoit suffisamment d'attention ou si elle n'a pas été un peu oubliée comme processus spécifique à développer. Dire que l'écoute et la parole sont des processus interdépendants, est une chose, mais proposer ou ne pas proposer de stratégies précises pour le développement de l'un de ces deux processus est une autre chose.

Deux problèmes connexes importants

J'ai parlé jusqu'ici d'un programme et de ce qui m'apparaît être ses points forts et ses points faibles. Je terminerai maintenant en parlant de deux réalités qui ont un impact direct sur ce que le programme est présentement dans le milieu et sur ce qu'il va devenir.

Le perfectionnement des enseignants

Le nouveau programme de français exige pour la majorité des enseignants des changements majeurs dans leur façon d'enseigner. Une véritable pédagogie de la

---

Ministère de l'Éducation du Québec, *Un bon tour à mes parents. Lecture 2e année. Guide de l'enseignant*, Direction générale du développement pédagogique, 1981.

Ministère de l'Éducation du Québec, *Un bon tour à mes parents. Lecture 2e année. Cahier de l'élève*, Direction générale du développement pédagogique, 1981.

Ministère de l'Éducation du Québec, *La bibliothèque de Biblioville. Lecture 3e année, Guide de l'enseignant*, Direction générale du développement pédagogique, 1981.

Ministère de l'Éducation du Québec, *La bibliothèque de Biblioville. Lecture. 3e année. Cahier de l'élève*, Direction générale du développement pédagogique, 1981.

Ministère de l'Éducation du Québec, *Le système digestif/Le long voyage d'une pomme. Lecture. 4e année. Guide de l'enseignant*, Direction générale du développement pédagogique, 1981.

Ministère de l'Éducation du Québec, *Le système digestif/Le long voyage d'une pomme. Lecture 4e année. Cahier de l'élève*, Direction générale du développement pédagogique, 1981.

Ministère de l'Éducation du Québec, *L'économie d'énergie. Lecture 5e année. Guide de l'enseignant*, Direction générale du développement pédagogique, 1981.

Ministère de l'Éducation du Québec, *L'économie d'énergie. Lecture 5e année. Cahier de l'élève*, Direction générale du développement pédagogique, 1981.

Ministère de l'Éducation du Québec, *Un voyage en Gaspésie. Lecture 6e année. Guide de l'enseignant*, Direction générale du développement pédagogique, 1981.

Ministère de l'Éducation du Québec, *Un voyage en Gaspésie. Lecture 6e année. Cahier de l'élève*, Direction générale du développement pédagogique, 1981.

communication demande une organisation de classe modifiée, une ouverture à la parole, à l'expression, au monde extérieur, une perspective plus large face à l'enseignement. Or, que se passe-t-il présentement ? On coupe chez les conseillers. On inonde les enseignants de « livres bleus » dans toutes les matières sans leur donner le temps d'assimiler quoi que ce soit. Tous ces nouveaux programmes ont chacun leur terminologie, leur façon de présenter différemment des réalités pourtant souvent semblables.

Ce ne sont pas quelques journées pédagogiques sur chacun de ces programmes qui vont aider un enseignant à s'en tirer. Pour ceux qui ont la chance ou le courage de suivre un programme de perfectionnement comme celui du PPMF, les changements nécessaires sont facilités. Mais pour les autres, la majorité[11] ?

Le matériel didactique

Pour ces enseignants, la planche de salut aurait pu être, à mon avis, un matériel didactique adéquat. Comme Freinet l'avait bien compris, un outil adapté, réellement différent, est un excellent soutien pour le perfectionnement et la transformation d'une pédagogie. Pour un très grand nombre d'enseignants, les programmes du ministère restent « sur les tablettes » où ils ont été rapidement déposés. Pour eux, un matériel didactique directement utilisable en classe constitue le seul porte-parole valable d'une théorie. Une théorie doit faire ses preuves, et c'est un matériel didactique concret qui les fournit. Or, dans le cas du français, ce matériel a tardé et tarde encore à venir. Les enseignants de première année commencent à avoir un choix plus adéquat de matériel mais les autres attendent toujours. Après trois ans !

Face à un tel état de fait, on peut se demander pourquoi le ministère de l'Éducation n'a jamais voulu s'engager dans la production directe de matériel écrit. Sans vouloir remplacer l'entreprise privée (ce qui serait impossible sur le plan financier de toute façon), il aurait pu revoir les moyens d'action utilisés jusqu'à présent pour amener des changements chez les enseignants. Pourquoi ne pas partir de la pratique, de petites pratiques suggérées d'abord aux enseignants, pour remonter ensuite à la théorie ? Pourquoi ne pas partir de petits fascicules présentant un matériel didactique précis tout en le situant, pour faire passer peu à peu, sur dix ans s'il le faut, ce que l'on cherche à tout dire présentement, à tout le monde, de la même façon et en un temps record ?

Et ce matériel aurait pu alors être expérimenté avant d'être donné aux enseignants. Et de ces expérimentations, on aurait pu dégager un programme plus sûr, plus mûr, plus facile à assimiler pour les enseignants parce qu'il aurait déjà été, en bonne partie, vécu à travers le matériel et les démarches fournies. Le ministère tend, présentement, à orienter les recherches en enseignement du français qui se font dans les PPMF vers la production de matériel didactique. Peut-être faut-il voir là l'amorce d'un virage dans le sens que je viens d'indiquer.

---

11. HOPPER, Christophe (1981), « Implantation des nouveaux programmes : mission impossible ? » dans *Québec français*, n° 42, mai 1981, pp. 26-27.

Les enseignants ont besoin, pour progresser avec confiance dans leur cheminement, de productions pratiques qui servent de support à leur réflexion. La pédagogie du français a également un besoin essentiel de recherches basées sur des productions où enseignants et chercheurs collaborent, où pratique et théorie s'alimentent mutuellement. Dans un champ comme l'éducation, même les recherches fondamentales peuvent difficilement se dissocier des instruments et des démarches utilisés dans l'enseignement.

Conclusion

Je suis convaincu, pour en avoir connu des exemples concrets, que les approches proposées par le programme québécois d'enseignement du français au primaire conduisent à une amélioration du développement linguistique de l'enfant. Mais ma conviction est conditionnelle dans le sens où ce programme, pour avoir cet effet, doit d'abord être réellement appliqué. Concrètement, cela signifie qu'il est d'abord nécessaire :

— que les enseignants aient une bonne connaissance du contenu de ce programme, ce qui n'est pas si simple, comme j'ai tenté de le montrer ;

— que les enseignants soient outillés convenablement pour appliquer ce programme, ce qui n'est pas le cas à l'heure actuelle ;

— que les enseignants soient soutenus sur une période assez longue dans leur processus de changement, ce qui est loin d'être assuré.

Là où tout cela s'est fait déjà, il y a eu des changements marqués dans la pédagogie du français tant sur le plan de l'intérêt manifesté par les enfants et les enseignants que sur celui des résultats pratiques obtenus. Mais tout cela, à ma connaissance, ne s'est fait que sur une très petite échelle jusqu'à maintenant.

Le programme d'enseignement du français au secondaire

Conférenciers :   Jean-Guy MILOT, conseiller pédagogique,
Commission des écoles catholiques de Montréal

Christiane GAUTHIER, enseignante, Commission
scolaire des Manoirs

Jean-Pierre BÉLAND, professeur, Université
Laval

Tout comme le niveau primaire, le niveau secondaire vit actuellement l'expérience de l'implantation d'un nouveau programme d'enseignement du français. Ce nouveau programme vise certainement à améliorer l'ancien qui datait de 1969. On pourra constater dans les exposés qui suivent que les conférenciers sont plutôt enthousiastes et que le nouveau programme représente pour eux une amélioration sensible, en tout cas, en ce qui touche la théorie du langage qui le soustend et la théorie d'apprentissage à laquelle il s'alimente. Jean-Guy Milot, l'un des auteurs du programme, nous en présente les fondements, nous indique les conditions d'application et termine en commentant le précédent programme. Christiane Gauthier fait ses réflexions d'enseignante sur l'implantation du nouveau programme et nous parle de l'intérêt des élèves. Jean-Pierre Béland s'arrête à la question de l'amélioration de l'enseignement du français, à quelques orientations du nouveau programme et à quelques aspects critiques.

L'atelier était animé par Guy Lusignan, professeur à l'Université du Québec à Montréal.

Le programme de français du secondaire

Jean-Guy MILOT

Ce document comprend trois parties distinctes et chacune d'elles correspond aux questions posées par les organisateurs du congrès *Langue et Société au Québec* (novembre 1982), à savoir :

— Quels sont les éléments majeurs du programme d'enseignement du français au secondaire ?

— Ce programme conduira-t-il à une amélioration du développement linguistique général des enfants et à une plus grande maîtrise de la compréhension et de l'expression orales et écrites ?

— Pourquoi un nouveau programme était-il perçu comme nécessaire ?

La première partie explique sur quoi se fondent les objectifs du programme et pourquoi les contenus d'apprentissage sont des activités et non des objets linguistiques. Elle explique aussi sur quoi portent ces activités.

La deuxième partie traite surtout des conditions susceptibles d'assurer l'application effective du programme, cette application étant une des garanties de l'amélioration des apprentissages.

La troisième partie analyse la réaction au programme-cadre de 1969, celle qui a provoqué la rédaction du nouveau programme et qui formule des hypothèses sur les conséquences découlant du fait que l'État édicte un programme aussi précis.

1. Les éléments majeurs du programme de français du secondaire

Les éléments majeurs du programme de français nous sont donnés quand nous faisons l'analyse de ses objectifs et de ses contenus d'apprentissage.

Les objectifs

Les objectifs du programme ont été formulés à partir des fonctions les plus évidentes de la langue, à partir des comportements que nous devons développer quand nous l'utilisons et, enfin, à partir du rôle que joue une langue maternelle pour la collectivité.

Les fonctions de la langue

Quelles sont les principales fonctions de la langue et des discours ? La réponse est simple et irréfutable : on se sert de la langue pour informer ou s'informer, pour agir ou faire agir, pour s'exprimer ou connaître les goûts, les sentiments, les opinions des autres, pour comprendre, réfléchir, se donner une vision du monde, satisfaire ses besoins d'imaginaire . . . Autrement dit, la langue sert à répondre à nos principaux besoins de communication personnelle et sociale. Les objectifs du programme ont été formulés à partir de ces différentes fonctions. Il suffit de lire les objectifs terminaux de n'importe quel degré pour saisir qu'ils couvrent toutes les fonctions du langage. Les objectifs ont donc comme fondement la raison d'être de la langue.

Les comportements de ses usagers

Les objectifs du programme ont également été formulés à partir des comportements qu'ont développés ceux et celles qui ont appris à maîtriser son utilisation. La liste de ces comportements nous est dictée par le portrait qu'on peut se faire d'un bon lecteur, d'un bon scripteur, d'un très bon auditeur, d'un lecteur critique, etc.

Pour en saisir la pertinence, il suffit que chacun d'entre nous se regarde en tant que lecteur, auditeur, scripteur ou locuteur. Tentons d'illustrer brièvement tout cela. Si vous lisez ce texte avec l'intention de vous informer sur le programme, à la fin de votre lecture[1], vous pourrez vous dire : a) j'ai appris ceci, cela, ou encore je n'ai rien appris de nouveau ; b) je ne suis pas d'accord avec ceci, je doute de cela parce que . . . ; c) l'auteur est un des concepteurs du programme : ce qu'il en dit est . . . ; d) le texte que je lis a été formulé deux ans après la parution du programme pour une communication officielle lors d'un congrès : dois-je m'attendre à ce qu'il ne traite que de certains aspects ? Lesquels ne sont pas abordés ?

Et si vous êtes un lecteur plus critique, vous passerez des réflexions sur le texte lui-même, sur sa structure, sur le choix des mots ou la tournure des phrases, etc.

Si nous reprenons la liste des comportements qui viennent d'être décrits schématiquement, nous pourrions les résumer ainsi : en lisant ce texte, vous aurez tenu compte de votre intention de lecture, du rapport que vous entretenez avec le référent du texte, du rapport qu'il peut y avoir entre le référent et l'émetteur, des circonstances dans lesquelles il a été émis, de son organisation logique et matérielle, etc. En somme, vous aurez lu ce texte en tenant compte des composantes de la situation de communication, du fonctionnement de la langue et du discours. Les objectifs du programme ne proposent rien d'autre que de développer chez les élèves les mêmes comportements, ceux que nous avons quand nous lisons, écoutons, parlons et écrivons.

Il faut souligner ici l'aspect extrêmement libérateur de tels objectifs. En effet, tous les maîtres peuvent se reconnaître dans ces objectifs et constamment se dire : « Mes élèves doivent devenir d'aussi bons lecteurs que moi, d'aussi bons scripteurs

---

1. Même tout en lisant.

que moi, etc. et, pour cela, il faut que je leur apprenne à tenir compte de leur intention de communication, de celui qui parle ou qui écoute, des rapports qu'ils ont avec le sujet, de . . . »

Le rôle d'une langue maternelle pour une collectivité

Nous avons dit au début de cet exposé que les objectifs du programme correspondent aux fonctions les plus évidentes de la langue et aux comportements de ses usagers. À ces deux axes, il faut en ajouter un troisième, à savoir que la langue et les discours véhiculent, au-delà même de leurs fonctions premières, les valeurs socio-culturelles du ou des groupes qui les utilisent. Autrement dit, la langue et les discours, indépendamment du fait qu'ils servent à communiquer entre des individus, constituent l'expression de la façon de voir, de penser et de sentir de la collectivité qui en fait sa langue maternelle. La résistance des peuples à perdre leur langue maternelle s'explique beaucoup plus par cette dimension que par sa dimension utilitaire. Le fait que la langue et les discours véhiculent les valeurs socio-culturelles du groupe qui en fait sa langue maternelle s'est traduit, dans le programme du cours secondaire, par un objectif propre à développer la socialisation des élèves. Pour vous en convaincre, il suffit de lire dans le programme l'objectif général rattaché aux valeurs socio-culturelles et de réfléchir à l'impact que l'atteinte d'un tel objectif peut avoir sur la personne humaine.

Des objectifs en soi non scolaires

Il faut absolument souligner que les objectifs du programme correspondent à des comportements attendus ou souhaités pour tous les individus aptes à s'épanouir comme personnes humaines et comme membres d'une collectivité dotée d'institutions sociales, politiques, économiques et culturelles. En d'autres termes, les objectifs correspondent à des comportements valables hors école, donc non inventés par l'école et pour l'école. En poursuivant de tels objectifs, il est impossible que la classe de français devienne un système auto-suffisant et fermé ; au contraire, la classe de français se trouve tout orientée vers ce que sera l'élève quand il ne sera plus en classe.

2. Les contenus d'apprentissage : traits généraux

Le programme contient des objectifs et des contenus d'apprentissage. Cette division n'est pas arbitraire : il n'est pas question de confondre ce à quoi doit arriver l'élève et ce qu'il faut lui enseigner pour qu'il l'atteigne. Il serait illogique d'enseigner les objectifs d'un programme. Le programme délimite donc clairement objectifs et moyens, les moyens étant les contenus d'apprentissage.

Les contenus : trois types d'activités

Quiconque lit les contenus d'apprentissage du programme observe que ces contenus ne sont pas constitués de l'énumération d'objets à traiter mais plutôt d'activités. Celles-ci sont de trois types : pratique, objectivation de la pratique et acquisition de connaissances. Comment expliquer un tel contenu d'apprentissage ? L'explication réside dans le type d'objectif retenu.

En effet, les objectifs du programme ne sont qu'une explicitation de ce qu'est l'habileté à communiquer : l'habileté à lire, à écouter, à parler et à écrire. Les contenus d'apprentissage devaient donc être l'explicitation des moyens à prendre pour développer une habileté. Cela nous amène à la question-clé : comment se développe une habileté ?

Vous pouvez trouver la réponse en examinant vous-mêmes comment vous êtes devenus de bons conducteurs, de bons skieurs, de très bons joueurs d'échecs . . . Quelle que soit l'habileté que vous analyserez, vous arriverez aux évidences suivantes :

a) une habileté ne se développe que si le sujet fait effectivement une chose pour les raisons pour lesquelles on la fait généralement et dans les conditions dans lesquelles on la fait généralement ;

b) une habileté se développe mieux, plus facilement et plus rapidement si le sujet observe, analyse et évalue son action, particulièrement si quelqu'un l'aide à faire cela ;

c) une habileté se développe mieux, plus facilement et plus rapidement si le sujet se donne des connaissances et s'il s'en sert lors de ses pratiques ou quand il procède à l'analyse de son action.

Appliquée à l'enseignement du français, la première condition se concrétisera quand l'élève sera placé dans des situations où il lira, écoutera, parlera ou écrira pour les raisons pour lesquelles généralement on le fait. C'est la pratique des discours.

La deuxième condition se concrétisera quand l'élève sera amené à examiner comment il lit, comment il écoute, comment il parle et comment il écrit. Elle se concrétisera chaque fois qu'on amènera l'élève à analyser ou à évaluer l'efficacité de son activité langagière. C'est l'objectivation de la pratique.

La troisième condition se concrétisera quand on enseignera à l'élève des connaissances dont il se servira effectivement pour mieux lire, écouter, parler et écrire, ou pour mieux objectiver sa lecture, son écoute, sa parole et son écriture. C'est l'acquisition de connaissances.

Les contenus d'apprentissage du programme correspondent aux moyens qu'il faut prendre pour que l'élève développe une habileté, en l'occurrence l'habileté à communiquer. Les activités de « pratiques », « d'objectivation de la pratique » et « d'acquisition de connaissances » sont les moyens à prendre pour amener l'élève à savoir jouer son rôle d'émetteur et de récepteur, tant à l'oral qu'à l'écrit.

Si les objectifs du programme avaient correspondu à des habiletés cognitives, les contenus d'apprentissage auraient été probablement un ensemble d'activités correspondant, par exemple, à la taxonomie de Bloom. Si les objectifs du programme avaient correspondu au développement d'attitudes et de points de vue, les contenus auraient été probablement traduits en activités de comparaison, d'opposition, d'explicitation de rapports personnels, d'expériences à vivre et à commenter, etc.

Rôle et place des connaissances dans le développement de l'habileté

Ces contenus d'apprentissage du programme, en plus de rappeler le processus commandé par les objectifs poursuivis, mettent en évidence le rôle des connaissances dans le développement des habiletés langagières : les connaissances sont nécessaires mais elles sont « au service » de la pratique et de l'objectivation de la pratique. En d'autres mots, les contenus d'apprentissage du programme soulignent une vérité simple : les connaissances sont insuffisantes et ne peuvent assurer le développement de l'habileté.

Le rôle et la place donnés aux connaissances ont un effet extrêmement positif sur leur acquisition. En effet, par un jeu de réciprocité, la pratique et l'objectivation les rendent significatives : l'élève percevra qu'elles ne sont pas acquises pour elles-mêmes mais parce qu'elles peuvent leur être utiles, parce qu'elles peuvent constituer une solution aux problèmes qu'ils rencontrent dans l'exercice de leur habileté à communiquer. Or il n'est pas à démontrer que lorsqu'on sait pourquoi on apprend quelque chose, on l'apprend mieux et plus facilement.

Conséquences pédagogiques

Les faits de langue ne devront plus être enseignés pour eux-mêmes mais d'abord et avant tout pour que les élèves réussissent mieux leurs pratiques de discours et les activités d'objectivation qui s'y rattachent. Le programme fournit donc un critère-clé pour choisir les connaissances à enseigner et, mieux, pour déterminer exactement ce qu'il faut enseigner.

Illustrons ce qui vient d'être dit par un exemple simple. Soit le fait de langue suivant : le complément d'objet direct. Si on respecte le rôle et la place qu'il faut donner aux connaissances dans le développement de l'habileté à communiquer, on n'enseignera plus aux élèves que le complément d'objet direct est le mot ou le groupe de mots désignant sur quoi passe l'action exprimée par le verbe ou désignant ce qui subit l'action exprimée par le verbe. C'est là une connaissance inutile. Il faudra plutôt apprendre aux élèves que le complément d'objet direct est le mot ou le groupe de mots qui influence l'accord du participe passé. Pourquoi lier la connaissance du complément d'objet direct à l'accord du participe passé ? Parce que, pour l'élève, elle n'a pas d'autre utilité. Il y a belle lurette que l'écolier n'a pas de problème de compréhension avec une phrase comprenant un tel complément, sauf si le complément est pour lui un mot inconnu. Dans un tel cas, ce n'est pas un problème de syntaxe mais de lexique. Ce que nous venons d'illustrer avec le complément d'objet direct, nous pourrions le faire avec presque tous les cas grammaticaux actuellement enseignés.

Le programme invite les enseignants à toujours se poser des questions comme « Quand mes élèves lisent ou écoutent, ont-ils des problèmes de compréhension face aux compléments qu'ils lisent ou entendent ? » ou encore « Quand mes élèves écrivent, ont-ils des problèmes avec le sujet des verbes ? » Si la réponse est négative, cela révèle qu'ils n'ont pas à enseigner le fait de langue en question. Si la réponse est positive, il leur faut la justifier et transformer le contenu de la justification en connaissances à enseigner. Pourquoi enseigner le complément du nom ? Sûrement pas pour des problèmes d'orthographe mais plutôt parce qu'il arrive aux élèves de fournir des informations qui risquent d'être ambiguës pour l'interlocuteur. Conséquence : il faut apprendre aux élèves que le complément du nom permet de rendre univoque un terme auquel un interlocuteur pourrait donner plusieurs sens. L'enseignant peut poursuivre la réflexion en répondant à des questions comme : « Pourquoi l'élève doit-il savoir ce qu'est un sujet ? une conjonction ? une préposition ? un adverbe ? », et en se disant que la réponse est la seule chose à enseigner aux élèves. En somme, le programme invite à exploiter au maximum la fonction discursive des faits de langue plutôt que de se limiter à la description de leur fonctionnement syntaxique ou morphologique.

Si on voulait souligner quelques grands changements que les contenus d'apprentissage amèneront dans la pratique de l'enseignement, nous pourrions d'abord signaler les deux suivants :

— les pratiques de discours ne sont pas là pour motiver les élèves à se donner des connaissances sur la langue, elles sont là d'abord pour développer l'habileté à communiquer ; tant mieux si elles motivent l'acquisition des connaissances ;

— les connaissances enseignées ne correspondent pas nécessairement à la description des faits de langue qu'en donnent les grammairiens ou les linguistes ; elles ont comme contenu ce qui justifie qu'elles soient acquises par l'élève.

Un programme avec et sans objectifs intermédiaires

Plusieurs s'étonnent que le programme ne parle pas d'objectifs intermédiaires et certains s'en étonnent tellement qu'ils se mettent à en trouver partout ! Il y aurait long à dire sur le sujet : nous nous limiterons à un raisonnement assez laconique.

1. Une habileté s'exerce dans et par une dynamique telle que tous les comportements qui l'actualisent sont absolument interdépendants.

Ces divers comportements ne doivent donc pas être transformés en autant d'habiletés distinctes et indépendantes. Il serait en effet ridicule de rendre quelqu'un « habile à tenir compte de son intention de communication », « habile à tenir compte de l'attitude de l'émetteur », « habile à tenir compte du contexte », etc.

L'habileté à communiquer ne s'émiette pas de cette façon : elle s'exerce en mettant en cause toutes les composantes de la situation, toutes les contraintes de la langue et du discours. Si on se permet de l'émietter, ce n'est que pour se donner différents points de vue pour observer, analyser ou évaluer l'exercice de l'habileté.

Il n'est donc pas question de transformer en objectifs distincts des comportements qui, dans les faits, sont foncièrement interdépendants et parfaitement intégrés à une activité plus globale, l'habileté elle-même. On sait trop que la somme des parties n'égale pas le tout. De même, vouloir développer chaque comportement indépendamment des autres ne garantirait absolument pas le développement de l'habileté. C'est en ce sens que le programme ne propose pas d'objectifs intermédiaires.

2. Mais si on entend par « objectifs intermédiaires » non pas la division de l'habileté à communiquer mais l'ensemble des moyens qu'il faut prendre pour développer cette habileté, nous pouvons alors dire que les objectifs intermédiaires du programme sont les pratiques de discours, les activités d'objectivation et d'acquisition de connaissances.

Les points de vue qui précèdent ont des conséquences sur l'évaluation. Si nous sommes rigoureux, nous devrons distinguer clairement l'évaluation des apprentissages de l'évaluation de l'enseignement donné pour assurer les apprentissages. Très concrètement, cela signifie que les « points » attribués aux élèves pour les activités qu'on leur fait faire pour qu'ils atteignent les objectifs visés, ne devront pas être confondus avec les « points » qu'on leur attribuera quand on évaluera dans quelle mesure ils ont développé les comportements énumérés dans les objectifs terminaux. Enfin, à la fin d'une année, si on fait l'évaluation des connaissances acquises par les élèves sur la langue elle-même, il ne faudra la faire que pour avoir des données susceptibles d'expliquer pourquoi certains d'entre eux n'ont pas développé certains comportements attendus.

3. Les contenus d'apprentissage : traits particuliers

Des activités types

Les contenus d'apprentissage du programme, comme nous l'avons dit précédemment, sont constitués d'activités à faire en classe. Plusieurs pourraient craindre une forme de despotisme et objecteraient qu'il appartient au maître de décider des activités à faire en classe. Pour réduire cette crainte et défaire cette objection, il faut dire ceci : les types d'activités à faire en classe sont commandés par les objectifs du programme ; le maître n'est donc pas libre de les faire ou de ne pas les faire. Mais la façon d'actualiser en classe ces activités appartient au maître : chaque enseignant peut procéder comme il l'entend. Le programme ne se présente donc pas comme un manuel. Quand, par exemple, le programme dit « Placer les élèves dans des situations qui leur permettent de lire des articles d'encyclopédie ou de revues avec l'intention de s'informer sur un sujet donné », le programme ne donne que les caractéristiques de l'activité de pratique : l'activité consistera à faire lire des textes informatifs, à les faire lire avec l'intention de s'informer. Le programme ne dit pas quand, comment, avec quel sujet le maître concrétisera en classe l'activité.

Des objets connus et peu connus

Toute activité, quelle qu'elle soit, porte sur quelque chose. Toute activité a son objet direct. Sur quoi portent les activités des contenus d'apprentissage du programme ? Sur des objets connus depuis fort longtemps des maîtres et sur d'autres moins connus ou, mieux, connus des maîtres mais traditionnellement peu exploités en classe.

Parmi les objets connus, il y a le lexique, la morphologie, la syntaxe, l'orthographe, les éléments prosodiques, etc., et plusieurs discours comme l'exposé, le conte, le récit, le poème, etc. Il aurait été aberrant qu'un programme de français ne traite pas de ces objets linguistiques.

D'autres objets sont moins connus ou sont des objets qui, par tradition, trouvaient peu de place en classe. Par exemple, dans certains milieux, la classe de français ne distinguait pas le discours informatif du discours expressif et ignorait entièrement le discours incitatif. Mais, parmi les objets les plus nouveaux, il faut reconnaître les composantes de la situation de communication et les fonctions discursives.

En effet (à moins qu'on fasse la preuve du contraire), la classe de français négligeait des objets extrêmement importants et déterminants dans la compréhension et la production des discours, comme : l'intention de communication, le référent, l'émetteur, le récepteur, le contexte dans lequel un discours est émis et celui dans lequel il est reçu. Nous l'avons dit plus haut, apprendre aux élèves à lire ou à écouter, à parler ou à écrire, c'est leur apprendre non seulement à tenir compte du code mais aussi à tenir compte de toutes ces composantes.

À ce premier ensemble d'objets passablement négligés par la tradition scolaire, il faut en ajouter un deuxième, celui des fonctions discursives. En effet, sauf pour quelques faits de langue, la classe de français permettait peu ou pas aux élèves de réfléchir au rôle et à la valeur que peuvent avoir les différents faits de langue dans un discours. L'accent était plutôt mis sur leur fonctionnement grammatical ou syntaxique. Le programme de français demande qu'on amène les élèves à savoir quand et pourquoi, dans un discours, on peut utiliser un complément du nom, un adjectif, une incise, etc., et comment l'emploi de tels faits de langue est dépendant des composantes de la situation de communication.

Si on résumait ce qui constitue vraiment un contenu nouveau dans l'enseignement du français, on pourrait dire ceci : les textes ne doivent plus être abordés uniquement pour eux-mêmes et comme des objets existant en soi ; les textes doivent aussi être abordés en rapport avec la situation qui les a générés et celle où ils sont lus ou écoutés.

Remarque

Il est impossible, dans l'espace qui nous est donné, d'expliciter toutes les conséquences d'un tel programme sur l'évaluation des apprentissages. Il y a évidemment là beaucoup d'éléments nouveaux. Ceux et celles qui s'intéressent au sujet liront avec intérêt le dossier pédagogique de la revue *Québec français*, nº 46, mai 1982.

4. L'amélioration des performances langagières des élèves

Les organisateurs du congrès « Langue et Société » ont posé la question suivante : « Ce programme conduira-t-il à une amélioration du développement linguistique général des enfants et à une plus grande maîtrise de la compréhension et de l'expression orales et écrites ? » En principe, la réponse ne peut qu'être affirmative : c'est la première fois que l'État québécois propose un programme aussi explicitement axé sur l'habileté à lire, à écrire, à parler et à écouter. C'est une des premières fois où un programme, par ses objectifs (et non seulement par ses finalités) et par ses contenus d'apprentissage dit aussi explicitement ce à quoi les élèves doivent arriver et par quels moyens on peut les y amener. Mais un programme n'est pas une baguette magique : ce n'est qu'un facteur parmi ceux qui déterminent la qualité des apprentissages. L'amélioration des performances des élèves dépend donc de l'application du programme, laquelle application dépend d'une série de conditions. Les paragraphes qui suivent visent justement à analyser ces conditions.

Première condition : l'information

Le programme de français concerne les enseignants qui ont à l'appliquer, les directions d'école qui ont à assurer qu'il soit appliqué, les conseillers pédagogiques qui ont à soutenir les enseignants, les évaluateurs officiels, les éditeurs et les auteurs de manuels, les universités responsables de la formation et du perfectionnement des maîtres. Tous ceux et celles qui assument un rôle dans l'une ou l'autre de ces sphères doivent s'informer ou être informés. Cela signifie environ 10 000 enseignants, 1 500 directeurs d'école, 150 conseillers pédagogiques, une cinquantaine d'universitaires, quelques évaluateurs et auteurs de manuels. En soi, l'information est accessible : le MEQ a publié le programme et le guide.

La très grande majorité des conseillers pédagogiques ont non seulement été informés mais ont également reçu un certain perfectionnement. Quand aux évaluateurs, cela fait partie de leur tâche immédiate. Quant aux auteurs de manuels, ils peuvent disposer non seulement du programme et du guide, mais aussi du devis fait à leur intention. Il reste l'information aux enseignants et aux directions d'école. C'est là une responsabilité de chaque commission scolaire. Est-elle faite ? Ce qui semble certain, c'est qu'à peu près personne de ces deux groupes n'ignore qu'il existe un nouveau programme de français. Ce qu'on sait moins, c'est quelle information ils ont reçue ou recevront. Par exemple, celle qui s'adresse aux directeurs et directrices d'école leur permettra-t-elle de procéder efficacement à la supervision pédagogique ou mieux, à faciliter l'implantation du programme ?

Deuxième condition : le perfectionnement et les conditions d'implantation

Il est probablement inutile de dire que le nouveau programme de français exige un certain perfectionnement des enseignants. En effet, ce programme apporte certes une certaine somme de contenus nouveaux, mais il amène aussi un profond changement dans la dynamique de la classe, et cela à cause de l'application rigoureuse du processus d'apprentissage rattaché au développement de l'habileté. Pour s'approprier ce changement dans la dynamique de la classe et dans la manipulation des contenus nouveaux, l'information livresque ou magistrale est insuffisante : il faut que les enseignants soient soutenus dans leur pratique d'enseignement et qu'ils puissent objectiver cette nouvelle pratique en fonction des propositions du programme. Tout cela fait référence aux moyens mis en place pour implanter le programme.

Officiellement, l'implantation est la responsabilité des commissions scolaires. Il faut cependant souligner que le ministère de l'Éducation a donné un bon coup de pouce : il s'est assuré que les concepteurs du programme et ses agents de développement pédagogiques (encore en place il y a deux ans) élaborent plus d'une demi-douzaine d'ateliers de réflexion, les fassent vivre aux conseillers pédagogiques pour que ceux-ci, en les adaptant ou non, puissent les faire vivre aux enseignants et même parfois aux directions d'école. Ces ateliers constituent actuellement le principal outil d'information et de formation des commissions scolaires. Mais il ne faudrait pas s'illusionner sur le pouvoir de ces ateliers : ils débouchent sur la pratique de l'enseignement, ils ne sont pas la pratique de l'enseignement. Partout, il sera nécessaire d'assurer ce qu'on appelle communément le « suivi » de ces ateliers. On se trompera donc si on croit qu'une fois ces ateliers faits avec les enseignants, le conseiller n'a plus rien à faire.

Outre ces ateliers officiellement mis en place par le MEQ, il faut ajouter ce que les colloques et les congrès de l'AQPF ont permis de faire dans le même sens. Ajoutons également tout ce que la revue *Québec français* a fait et fait encore à partir de ce programme et, enfin, ce que certains PPMF font encore. Est-ce suffisant ? Il faut répondre non. C'est ce qui nous amène à la troisième condition.

Troisième condition : le matériel didactique

Le matériel didactique dont disposeront les enseignants sera sûrement le facteur décisif. Ce sera lui qui concrétisera (qui devrait concrétiser) le mieux l'esprit et les façons d'appliquer le programme. Ce sera également le matériel qui permettra aux enseignants du secondaire, compte tenu du nombre de groupes d'élèves à qui ils enseignent, de « tenir le coup » du changement sans en payer le coût.

Tout laisse croire actuellement que les maisons d'édition sont intéressées à mettre sur le marché un matériel intéressant et « approuvable ». Le système d'approbation mis en place par le MEQ, même si on peut en critiquer la sévérité, devrait contribuer à ce que les enseignants disposent d'instruments conformes au programme.

Quatrième condition : l'évaluation

Tant au niveau de l'école qu'au niveau des commissions scolaires et du ministère, les façons qu'on utilisera pour évaluer les apprentissages conditionneront l'application du programme. Or ces façons d'évaluer ne sont pas encore bien définies. Tout cela est principalement dû au fait que le programme exige qu'on procède effectivement à l'évaluation d'une habileté et non seulement à l'évaluation d'un savoir, et que l'évaluation d'un savoir-faire, particulièrement en langue maternelle, constitue un domaine fort peu exploré.

Plus que jamais, les conditions dans lesquelles se déroulera l'évaluation seront déterminantes pour la validité des résultats. Quand on accepte que pour bien évaluer la maîtrise d'une habileté, il faut observer le sujet dans une situation qui justifie et motive l'exercice de l'habileté, on devine bien qu'un examen en langue maternelle ne peut plus se faire uniquement par la distribution d'un texte et d'un questionnaire. Les examens ne devront plus se limiter à évaluer l'habileté des élèves à répondre à un questionnaire de texte. Si les examens perpétuent cette manie, ils fausseront l'application du programme, et donc le jugement qu'on pourra porter sur l'amélioration des apprentissages.

Cinquième condition : l'organisation scolaire

Le programme n'exige pas qu'on fasse une révolution dans l'organisation scolaire mais son application provoquera nécessairement des initiatives de communication entre classes et même hors école. Les activités d'objectivation des performances orales pourront se concrétiser par l'utilisation des magnétophones, des magnétoscopes ou encore par des regroupements dans un auditorium. Les pratiques de lecture rattachées à des discours liés à l'actualité supposeront l'accessibilité des journaux et des revues : de tels textes pourront difficilement se trouver dans des manuels scolaires. Il faudra sûrement prévoir la diffusion occasionnelle des productions écrites des élèves. Enfin, la bibliothèque de l'école deviendra une source de documentation importante pour les activités de la classe et ne pourra demeurer un lieu où les élèves empruntent des livres pour d'autres motifs que celui d'apprendre. Tout cela, comme nous le disions plus haut, ne constitue pas une révolution mais tout cela appelle la mise en place d'une organisation souple et efficace, une organisation qui n'imposera pas des délais ou des procédures propres à rendre insignifiants les projets que les enseignants et les élèves voudront actualiser.

Mais, de toute l'organisation scolaire, c'est le nombre de groupes et le nombre d'élèves par classe qui risquent de compromettre l'application d'une importante partie du programme, celle qui concerne la production de discours écrits.

On peut le répéter : l'habileté à écrire ne se développera qui si les élèves produisent leurs propres textes et s'ils en produisent souvent. Que signifie « souvent » ? Une fois par quinze jours ?[2] Il faut imaginer chaque maître se retrouvant tous les quinze jours devant une pile de 150 textes d'élèves qui, à certains degrés, pourraient avoir trois ou quatre pages chacun ... Le maître pourra-t-il, tous les quinze jours, « corriger » efficacement 600 ou 700 pages de textes ? La réponse est non.

Pour pallier cette difficulté, il faudra que les enseignants changent leur façon de voir la correction des textes, et qu'ils passent plus de temps à trouver des façons d'amener les élèves à s'évaluer eux-mêmes et moins de temps à le faire pour les élèves.

Soulignons un dernier aspect de l'organisation scolaire qui, au secondaire, ne facilite pas l'application du programme : le cloisonnement des cours.

Tous les sujets traités dans les autres disciplines le sont par des exposés, des discussions, des lectures. Autrement dit, tous les autres cours donnent aux élèves l'occasion de lire ou de produire des textes informatifs, incitatifs et expressifs. Il y a là un nombre incroyable de pratiques de compréhension et de production significatives. L'organisation scolaire au primaire permet d'exploiter ces pratiques : au cours secondaire, c'est très difficile.

---

2. Strictement, cela signifie 18 fois par année si on ne compte pas les semaines consacrées à l'évaluation.

La solution à ce problème de cloisonnement ne consiste pas nécessairement à donner à chaque enseignant de français deux ou trois matières différentes. À mon avis, la solution consisterait davantage à ce que les enseignants des autres disciplines assument le fait que leurs élèves maîtriseraient mieux ce qu'ils leur enseignent s'ils les aidaient à maîtriser les discours dont ils se servent pour enseigner. Ils ne deviendraient pas pour autant des enseignants de français. Il est à souhaiter que la prochaine vague de programmes apporte des propositions dans ce sens.

Sixième condition : l'adhésion au credo pédagogique véhiculé par le programme

La condition la plus déterminante demeure évidemment le degré d'adhésion des divers agents au credo pédagogique que sous-tend le programme. Tous ceux et celles qui n'acceptent pas la place donnée au discours informatif, tous ceux et celles qui regrettent que le programme ne se limite pas aux textes littéraires, tous ceux et celles qui sont heurtés non par la place mais par le rôle donné aux connaissances dans la classe de français, tous ceux-là auront de la difficulté à appliquer le programme en en respectant toute la dynamique, ou auront de la difficulté à en favoriser l'application. En somme, plus le programme heurte le credo pédagogique des enseignants, des directeurs, des conseillers pédagogiques, des évaluateurs, et plus le nombre de ces personnes est grand, plus l'application du programme en est compromise.

Or, personne ne s'est encore employé à identifier le degré de résistance ni le nombre de résistants. Tel qu'il est formulé, le programme laisse peu de prise aux mouvements de masse. Actuellement, il semble y avoir une adhésion tout intellectuelle. Ce n'est probablement que lorsque le programme sera effectivement en application généralisée que nous saurons dans quelle mesure il correspond vraiment au credo pédagogique profond de chaque personne concernée par l'enseignement du français.

Pourquoi faut-il insister sur l'importance du credo pédagogique ? Parce que c'est un facteur déterminant et en même temps celui sur lequel personne n'a vraiment de prise. Nous touchons là l'autonomie de la personne.

Au début de cette deuxième partie de l'exposé, nous avons fait le raisonnement suivant : l'amélioration des performances des élèves dépend de l'application effective du programme, laquelle application dépend d'une série de conditions. L'analyse que nous venons de faire de ces conditions ne permet d'être ni pessimiste ni optimiste. Si les deux premières (l'information et le perfectionnement) semblent être respectées de façon très satisfaisante, les trois suivantes (le matériel, l'évaluation et l'organisation scolaire) appartiennent encore au futur. Quant à la dernière condition (l'adhésion au credo pédagogique véhiculé par le programme), nous sommes encore face à un impondérable.

À tout cela, il faut ajouter ceci : quand on procédera à l'évaluation du programme, on devra d'abord se demander si les conditions d'application ont été respectées de façon satisfaisante. Cela évitera de condamner un programme qui n'aurait pas été effectivement appliqué, comme cela est arrivé pour le programme-cadre.

5. Le nouveau programme était perçu comme nécessaire. Pourquoi ?

Les organisateurs du congrès ont posé la question suivante : « Pourquoi le nouveau programme était-il perçu comme nécessaire ? » Il serait intéressant d'ajouter : Le nouveau programme était-il nécessaire ? Si oui, pourquoi ? Sinon, pourquoi ? La réponse que j'apporterai à toutes ces questions devra être considérée comme une opinion personnelle et rien d'autre.

Le nouveau programme était perçu comme nécessaire. Cette perception s'explique curieusement. Trois ou quatre ans après la parution du fameux programme-cadre, on entendait un peu partout : « C'est un programme vague, imprécis. L'oral y prend trop de place. Les élèves n'apprennent ni à lire ni à écrire. La littérature n'a plus de place ». Il y a tout lieu de croire qu'aucun programme ne fut, dans toute l'histoire de l'enseignement, aussi mal lu que ce programme. On a reproché à un programme-cadre d'être imprécis en oubliant que le propre d'un programme-cadre est de fournir les grandes orientations, en oubliant qu'un programme-cadre, cela ne peut pas s'enseigner. Ce reproche d'imprécision est d'autant plus curieux que les programmes effectivement enseignés étaient les programmes institutionnels, lesquels étaient des programmes précis. Et quand on examine les programmes institutionnels élaborés par les commissions scolaires, il est passablement difficile d'affirmer que l'oral avait trop de place ; dans certains cas, la grammaire et l'orthographe y avaient une place plus que royale.

Quoi qu'il en soit, le programme-cadre a été perçu comme un programme flou et imprécis : on a demandé des programmes précis. Cette demande de programmes précis s'est particulièrement accentuée par le drame de la soeur du frère Untel. Les performances des élèves ont été décriées à partir des performances qu'avaient supposément les enfants d'autrefois. Le mythe de l'âge d'or a joué si fort que même le ministre de l'Éducation d'alors s'y est laissé prendre. Il fallait absolument faire quelque chose : les PPMF sont venus au monde et les écoles ont été inondées de magnétophones. Dans toute cette crise, en plus de faire croire qu'il y eut un âge d'or de l'orthographe, on s'est permis de négliger le fait que l'école secondaire recevait depuis peu une clientèle qui, quelques années avant, laissait l'école en sixième année . . . Le plus amusant a été la critique de performances d'élèves qui n'avaient jamais connu le régime du programme-cadre. Quoi qu'il en soit, on a demandé des programmes précis.

Signalons enfin un dernier élément qui a peut-être contribué à la force de cette demande de programmes précis : le matériel didactique. Les maisons d'édition ont bien mis sur le marché quelques instruments pour les premières années du secondaire, mais elles se sont vite découragées. Cela s'explique peut-être par deux raisons : les écoles et les commissions scolaires se sont mises à produire leur propre matériel, celui qui pouvait répondre à leur programme institutionnel ; ce faisant, le marché de l'édition scolaire se trouvait rétréci d'autant, et suffisamment pour que les éditeurs jugent qu'il n'était pas rentable de produire pour l'enseignement du français.

Or, on le sait, le manuel est et sera encore longtemps non seulement un précieux instrument mais aussi le symbole de l'apprentissage : pas de manuel, pas d'apprentissage. Le symbole est tellement ancré dans nos schèmes culturels que les éditeurs qui avaient mis sur le marché des fascicules (un manuel en pièces détachées !) en ont encore un stock important dans leurs entrepôts. L'absence d'un manuel classique a été expliquée par l'imprécision du programme-cadre. Cela a renforcé la demande de programmes précis.

Je le répète, le phénomène est curieux : on accuse un programme qui ne peut servir au quotidien de l'enseignement et qui n'a pas été fait pour cela alors que l'enseignement quotidien est beaucoup plus déterminé par des programmes institutionnels qui sont précis. Une journaliste pose un jugement négatif sur les performances des élèves et en attribue la cause à un programme qui, dans les faits, n'est pas enseigné. Enfin, le matériel maison et la pénurie de matériel d'édition permettent encore d'accuser un programme qui ne pouvait, de par sa nature, fournir aux auteurs des informations précises pour la production d'instruments.

Si ce que j'avance est vrai, il faut expliquer autrement la demande de programmes précis. Je fais une hypothèse en la formulant par des questions. Les commissions scolaires, qui avaient la responsabilité de concevoir leurs programmes institutionnels, étaient-elles embarrassées par la liberté d'action qui leur était donnée et par le pouvoir qu'elles avaient de se donner des programmes qui correspondaient à leur milieu ? Était-ce une responsabilité sociale trop grande ? Compte tenu de leurs ressources, était-ce une responsabilité professionnelle qu'elles ne pouvaient assumer ? Je dis tout cela parce que personne actuellement ne semble se plaindre du fait que le nouveau programme, par sa précision, enlève à chaque commission scolaire l'extraordinaire autonomie que le programme-cadre leur donnait.

Il ne faut pas se leurrer : le nouveau programme enlève aux commissions scolaires non seulement un lieu important d'autonomie et de responsabilité mais leur enlève également l'occasion de se donner un personnel qui réfléchirait à la didactique du français. Qu'on le veuille ou non, à long terme, c'est tout le Québec qui en souffrira. On aura beau pester contre le programme-cadre de 1969, il n'en reste pas moins que l'intention d'un tel programme (permettre à chaque milieu de se donner ses programmes), a provoqué dans tout le Québec un mouvement de réflexion extraordinaire, réflexion, à mon avis, vitale pour la collectivité que nous sommes.

Cela étant dit, on peut se demander, indépendamment du fait qu'un nouveau programme était perçu comme nécessaire, si un nouveau programme était nécessaire ? Je réponds oui mais en nuançant ma réponse. Il fallait un nouveau programme non parce que les performances des élèves se dégradaient (personne ne peut en fournir une preuve sérieuse) mais parce qu'il faudra toujours que les programmes se renouvellent. Il est impossible qu'un programme soit parfait et cela justifie qu'on le modifie dès qu'on découvre comment l'améliorer. Il est impossible qu'un programme convienne indéfiniment à une collectivité : dès qu'elle modifie ses orientations ou ses valeurs, il est justifié qu'elle modifie également l'orientation de la formation des enfants. Enfin, il est impossible que le monde de l'enseignement ne tienne pas compte des progrès des sciences de l'éducation et du langage : cela appelle des programmes renouvelés.

Le nouveau programme de français était nécessaire parce qu'on avait les données pour améliorer le programme précédent, parce que depuis vingt ans, le Québec précise de plus en plus ses valeurs et son orientation, parce que les sciences du langage et de la psychologie de l'apprentissage ont fait des progrès dont l'école devait profiter. Si d'ici dix ans, il n'y a pas un nouveau programme à l'horizon, il faudra s'inquiéter.

Réflexions sur l'application du nouveau programme de français

Christiane GAUTHIER

Les quelques réflexions que je vous livrerai sont issues, d'une part, des cours et des ateliers que j'ai suivis sur le nouveau programme de français (NPF) mais surtout de l'expérimentation que j'ai pu en faire dans mes classes de secondaire I et II depuis deux ans. Ces réflexions se voudront donc plutôt pratiques.

J'ai conçu mon exposé en tenant compte des trois grandes questions qui nous étaient proposées dans l'énoncé du contenu de la table ronde et en les orientant du point de vue du professeur de français au secondaire qui se verra obligé d'appliquer le NPF d'ici peu.

Pour la première question concernant les éléments majeurs du NPF, j'ai retenu quatre éléments : différence au niveau du processus d'apprentissage, nouveau fonctionnement de la classe de français, contenu structuré différemment et adaptation de la part du professeur de français.

Le processus d'apprentissage visé par le NPF est très différent de celui qui était recherché auparavant dans la majorité des classes de français. Comme on le sait, tout ce processus est basé sur le développement des habiletés langagières, c'est-à-dire des habiletés à lire, à écouter ou à produire un discours. Le processus par lequel le professeur doit amener l'élève à cc développement d'habiletés se veut le même que pour le développement de n'importe quelle habileté, qu'elle soit manuelle, sportive ou autre.

C'est donc dire que tout est basé sur la pratique du discours et sur l'observation de cette pratique (objectivation) pour en venir habituellement aux acquisitions de connaissances.

Ce cheminement était bien souvent fait différemment avant l'avènement du NPF. Les acquisitions de connaissances prenaient, la plupart du temps, trop de place et on se limitait à donner exercice sur exercice en oubliant d'accrocher ces notions à des pratiques signifiantes.

Le professeur de français doit donc changer complètement son attitude vis-à-vis des connaissances qu'il doit faire acquérir à ses élèves et vis-à-vis du processus d'apprentissage qu'il se doit de leur faire vivre. Il doit l'assimiler lui-même pour ensuite le transmettre à ses groupes.

Ce changement d'attitude nécessite obligatoirement un fonctionnement différent dans la classe de français. La pratique doit se greffer le plus souvent possible à une situation de communication réelle ou créée pour le besoin.

L'enseignant doit donc être à l'affût des intentions de communication de ses élèves. On ne fait plus lire ou écrire pour lire ou écrire mais pour répondre à un besoin de communication personnel ou social.

L'élève lira un article de journal pour s'informer ou pour informer ses confrères de classe par la suite. Il écrira une carte de voeux pour l'envoyer à sa petite amie, donc à un destinataire réel qui peut répondre à son désir de communiquer.

Mais ces situations de la vie courante ne sont pas toujours aussi faciles à susciter et demandent au professeur énormément de souplesse et de présence active auprès de ses élèves. Évidemment, si des situations de la vie courante ne se présentent pas, le professeur aura toujours l'occasion de les provoquer.

Il devra alors employer des stratégies pour faire développer chez l'élève une intention de lecture, d'écoute ou d'écriture. Il les mettra en situation avec des réalités de la vie courante comme les modes d'emploi, les règles de jeux . . .

Il est relativement facile d'intéresser un groupe de 30 élèves, en début d'année, à la préparation d'un exposé oral sur un événement qui se serait passé pendant leurs vacances . . .

Là où l'histoire se corse, c'est au moment où les 30 élèves ont besoin soit d'une idée pour améliorer leur exposé, soit d'un mot d'encouragement ou d'un coup de pouce pour terminer leur travail. C'est là que l'enseignant aurait besoin de se multiplier pour arriver à aider chacun au moment voulu.

Les concepteurs me répondront probablement que je dois amener mes élèves à s'aider eux-mêmes mais c'est encore là une nouvelle habileté à développer d'abord chez l'enseignant, qui est habitué à être la ressource de la classe, et ensuite chez l'élève. Avec autant de diversité dans les sujets exploités et dans les types de discours étudiés, l'enseignant est placé devant le fait qu'il est une des ressources disponibles et qu'il doit amener ses élèves à aller chercher les autres qui sont également à sa disposition : ses consoeurs et confrères de classe, les ouvrages de référence, la bibliothèque de l'école ou de la maison, les parents, les journaux, la télévision . . . L'enseignant voit donc son rôle très perturbé et ce dans sa propre classe !

Quant au contenu, il paraît différent surtout par sa répartition. J'avoue avoir passé plusieurs heures à déchiffrer le programme la première fois que j'en ai eu un exemplaire sous la main. De prime abord, la matière est déroutante par sa structure. Mais après l'avoir « apprivoisée » on s'aperçoit que le contenu n'est pas si étranger. On parvient à retrouver assez facilement le lexique, la syntaxe et nos bonnes vieilles règles de grammaire. Cependant l'apport des discours non-littéraires demeure assez nouveau.

Jamais on n'avait fait une place aussi importante aux journaux, aux instructions de toutes sortes, modes d'emploi, recettes, annonces, affiches . . . que maintenant. Ce traitement de textes non littéraires est tout à fait nouveau chez certains enseignants. On se demande où l'on s'en va avec ces textes, tant on était habitué à travailler avec nos bons vieux auteurs. On vit une certaine insécurité et on est moins bien disposé et outillé pour la dompter. Même si l'enseignant est conscient de l'utilité et de la pertinence du non littéraire, il n'en demeure pas moins que cet apport lui demande beaucoup d'adaptation !

En plus de l'adaptation, le NPF exige aussi plus de préparation de la part de l'enseignant puisque c'est nouveau. Beaucoup de souplesse également. Le NPF nécessite aussi un recyclage obligatoire que ce soit sous forme de cours, d'ateliers donnés par les conseillers pédagogiques, de travail d'équipe ou autre. Même si un guide pédagogique a été conçu pour en faciliter la compréhension, le NPF exige quand même de la part du professeur un sérieux effort de réflexion et de lecture personnelles.

Je crois de plus que chaque enseignant doit être très vigilant quant au choix du matériel pédagogique qu'il utilisera. Il doit se rendre capable de juger ces outils et de déterminer celui avec lequel il se sentira le plus à l'aise. Il ne faudrait surtout pas tomber dans le piège du nouveau matériel servi à l'ancienne.

Il faut avoir en tête le processus véhiculé par le NPF et utiliser ces nouveaux outils pédagogiques dans cet esprit !

Ma réponse à la deuxième question se présente en deux parties. Je parlerai d'abord de l'amélioration du développement linguistique des enfants et ensuite de la maîtrise de la compréhension et de l'expression orales et écrites.

Je trouve fort difficile de répondre à la première question, à savoir si le NPF améliorera le développement linguistique des enfants, sans l'avoir expérimenté pendant quelques années. Cependant je peux avancer que les expérimentations d'unités que j'ai faites ont vraiment suscité l'intérêt chez la plupart de mes élèves. Puisqu'on essaie d'avoir recours à des circonstances de la vie quotidienne avec une intention de lecture ou d'écriture précise, il est presque assuré que nos élèves seront aussi plus motivés à améliorer leurs performances linguistiques. La personne qui écrit et qui sait qu'elle sera lue par un destinataire réel a sûrement davantage envie de surveiller son orthographe que celle qui compose sur l'automne, surtout si ce même sujet lui est présenté pour la Xe fois.

Intérêt et motivation sont déjà de bons facteurs de réussite. Puisqu'on présente aux élèves un NPF bien pensé et bien construit et que nous avons le souci de l'appliquer correctement, comment serait-il possible que nos élèves n'améliorent pas leur développement linguistique général ? Laissons le temps faire son oeuvre !

En ce qui a trait à la maîtrise de la compréhension et de l'expression orales et écrites, je le traiterai en deux points : d'abord l'oral et ensuite l'écrit.

Il est certain que le NPF nous fera faire des pas de géant quant à la maîtrise de la compréhension et de l'expression orales. Pour une fois, nous sommes placés devant des objectifs réels à atteindre en expression orale.

L'élève sera donc amené à développer de nouvelles habiletés en travaillant ces discours oraux. Je crois aussi que le fait de donner autant d'importance à l'oral revalorisera l'élève qui se sent médiocre à l'écrit car les productions orales sont maintenant aussi importantes que les autres et seront annotées au même titre.

Encore là, la tâche qui revient au professeur de français n'est pas facile puisque la plupart d'entre nous n'ont pas été vraiment formés pour enseigner l'oral. Avec le programme-cadre, nous nous sommes débattus du mieux possible pour améliorer le « savoir parler » et le « savoir écouter » de nos élèves, mais nous n'étions pas vraiment outillés pour le faire et, par ricochet, un peu mal à l'aise face à ces activités.

Le NPF fournit des grilles d'évaluation formative ou sommative pour aider d'abord le professeur et ensuite l'élève à cheminer.

Ces grilles sont d'un précieux secours pour l'enseignant car elles sont faciles à comprendre et à utiliser. Elles ne renferment, en fait, rien de vraiment nouveau mais structurent les énoncés et nous renseignent sur l'importance qu'il serait souhaitable d'accorder à tel ou tel point. Bref, je suis très optimiste face à l'amélioration de la compréhension et de l'expression orales chez nos élèves d'ici quelques années.

Quant à l'écrit, mon enthousiasme est plus modéré, quoique le changement qui s'opère dans le domaine de la lecture soit déjà de bon aloi. Faire lire les élèves avec de véritables intentions de lecture : varier le matériel de lecture (annonces, affiches, dépliants . . .) les placer devant de vraies lectures à faire à la bibliothèque et surtout accorder à la lecture un traitement différent, c'est-à-dire laisser tomber les éternelles questions en fin de lecture, sont autant de facteurs qui devraient développer le goût de lire dans nos classes.

Il faudra, sans culpabilité de notre part, laisser beaucoup de place à la lecture puisque, lorsqu'ils lisent, nos élèves sont en plein apprentissage. J'ai remarqué dans mes groupes de secondaire II un regain de ferveur pour la lecture l'année dernière, alors que je les orientais vers des récits de science-fiction. Et ce qui est intéressant c'est que les productions réalisées en classe deviennent à leur tour du matériel de lecture.

Cet échange de textes favorise également l'expression écrite. L'élaboration d'un petit recueil de récits d'aventures, de science-fiction ou de textes expressifs motivera aussi l'élève à produire un bon texte sans trop de fautes d'orthographe. Je n'ai pas l'impression que le NPF fera de nos élèves de parfaits scripteurs ; mais au moins lorsqu'ils ont sous le nez les fautes qu'ils ont faites dans leur propre texte, il est toujours plus facile de les amener à s'auto-corriger, à vérifier les règles grammaticales ou à consulter leur dictionnaire que lorsqu'on arrive avec des textes préparés depuis des années qui ne les touchent pas du tout dans leur réel quotidien.

C'est, je crois, en multipliant nos pratiques, qui ne doivent pas toujours être très longues, que nous parviendrons à améliorer les habiletés à lire et à écrire de nos élèves de façon intelligente. Il ne faut pas perdre de vue qu'ils sont en train d'apprendre ou qu'ils essaient d'améliorer leurs habiletés langagières. Donnons-leur le temps !

Pourquoi un nouveau programme était-il nécessaire ?

À cette dernière question, je répondrai brièvement. Je crois que le moment était venu pour nous d'avoir un programme national au point en ce qui regarde la recherche sur l'enseignement des langues.

Conçu par des chercheurs compétents, le programme place l'enseignement du français beaucoup moins à la merci d'options différentes. Il nous reste à l'appliquer au meilleur de notre connaissance.

Un souci d'uniformisation était aussi à la base de cette nécessité. Comme les programmes étaient régionaux, les enseignants vivaient souvent des problèmes avec les élèves qui changeaient de commission scolaire. Ces derniers en souffraient également. Mais ce qui demeure peut-être le plus important pour nous, les enseignants, se situe au niveau de la structure et de la planification de l'enseignement du français. On vivait énormément de disparités entre l'élémentaire et le secondaire.

On aurait dit que chaque enseignant depuis la 3ᵉ ou la 4ᵉ année jusqu'en secondaire V se sentait obligé de tout enseigner à partir des conjugaisons les plus difficiles jusqu'aux règles les plus compliquées. Le NPF est donc venu répartir de façon judicieuse les notions à enseigner en laissant du nouveau pour chaque degré et en permettant aux autres d'approfondir davantage.

Il y avait sûrement d'autres raisons qui nécessitaient un NPF mais celles que j'ai relevées m'apparaissaient les plus importantes.

Le nouveau programme de français : quelques aspects fondamentaux et quelques critiques

Jean-Pierre BÉLAND

Des trois questions formulées à propos de cet atelier, je ne retiendrai ici que la deuxième, celle qui demande aux intervenants de dire si le programme d'études du français au secondaire conduira « à une amélioration du développement linguistique général des enfants et à une plus grande maîtrise de la compréhension et de l'expression orales et écrites[1] ». C'est là, me semble-t-il, une question à la fois pertinente et difficile. Pertinente, parce qu'elle permet déjà de faire une sorte de mise au point un an ou deux seulement après l'implantation de ce programme dans plusieurs commissions scolaires. Mais difficile aussi, car elle nous invite à nous prononcer immédiatement sur le rendement, l'efficacité et la qualité des choix de ce programme d'études, tant en ce qui touche au processus d'apprentissage qu'à la conception même qu'il se donne du langage.

N'étant ni concepteur de ce programme d'études, ni auteur de manuel scolaire, ni enseignant du secondaire, je me vois mal vous proposer de faire cette mise au point, très importante pourtant, qu'exigent ces premières années d'implantation. Je me confinerai donc ici à l'examen — partiel sans doute, mais critique aussi — de quelques-unes de ses orientations. Pour ce faire, j'aimerais toutefois reformuler le problème initial de la manière suivante.

Dans son rapport de mai 1979, la Commission d'étude sur les universités[2] relevait les données établies par le projet ASOPE sur le cheminement des étudiants depuis la fin du secondaire jusqu'à leur entrée à l'université. Ces recherches, déclare la Commission :

> « […] révèlent, entre autres choses, qu'environ 63% des étudiants francophones de secondaire V interrogés en 1972 ont abandonné leurs études avant d'atteindre l'université ou le cégep III au cours des années suivantes [et que] seulement 14% des finissants de secondaire V se sont inscrits à l'université au cours de cette période. » (t. III, p. 11)

---

1. Voir le programme du congrès Langue et Société, p. 24.

2. Commission d'étude sur les universités. *Les étudiants à l'université*, livre troisième, rapport de mai 1979, Gouvernement du Québec.

Pour le secteur anglophone, le même rapport nous apprend que c'est

> «près de 44% des étudiants [...] inscrits au secondaire V en 1972 [qui] ont pu s'inscrire à l'université.» (t. III, p. 12)

Ce sont là, je crois, des chiffres éloquents qui posent le problème de l'efficacité du programme d'études au secondaire dans toute son acuité. Ces données, à elles seules, nous obligent à interroger à la fois les critères d'évaluation de l'institution scolaire (je ne retiendrai ici que le secteur francophone), et le statut réel que les enseignants entendent donner à ce programme dans leur enseignement.

Cette interrogation, je l'articulerai autour de deux points. Le premier sera constitué de l'opposition entre le modèle *neutre*, qu'on retrouve chez ceux qui s'en tiennent à peu près exclusivement à l'enseignement du système de la langue, et le modèle *engagé* que suppose toute communication orale ou écrite, et que propose le programme du secondaire. Le deuxième point portera sur l'interaction, en classe, de deux composantes de la communication.

1. Les modèles

Le modèle neutre, c'est celui que l'on trouve le plus facilement : dans les exercices grammaticaux de la plupart des manuels scolaires, dans les examens officiels et dans le *Bulletin d'information sur les examens* du ministère de l'Éducation. Pour bien voir de quoi il est fait, rien de mieux que de partir de l'objectif relatif aux valeurs socioculturelles.

On se souviendra qu'à ce sujet le programme d'études du secondaire propose le modèle que j'appelle ici, faute de mieux, *engagé* ; en effet, le programme demande expressément d'amener l'élève « à se situer par rapport aux valeurs véhiculées par les discours » (1ʳᵉ secondaire, p. 11). Il est intéressant d'examiner la réaction, à cet énoncé, du comité catholique du Conseil supérieur de l'Éducation. Après avoir exprimé son accord avec « l'intention sous-jacente à cet objectif », le comité catholique en critique la formulation et conclut de la manière suivante :

> « Supposons qu'au cours de français on étudie les fables de La Fontaine ; il serait alors exigé que l'on prête attention à leur composition et à leur style, mais aussi au propos culturel et moral qui inspirait l'auteur en son temps. Mais il ne viendrait à l'esprit de personne qu'au cours de français ‹l'élève se situe personnellement› par rapport aux leçons morales véhiculées dans les fables. En tout cas, on n'en demandait pas tant autrefois ni au sujet des fables, ni au sujet de *Phèdre*, de *Dom Juan*, ou de *Menaud, maître-draveur* . . .[3] ».

La thèse que défend ici le comité catholique est celle du modèle neutre en lecture. Cette thèse présuppose, entre autres choses, que les énoncés et les discours ont un sens en soi et pose que lire, pour un étudiant, consiste précisément à retrouver ce sens en toute objectivité. Bien sûr, les défenseurs de cette manière de penser la lecture en classe oublient généralement de dire que ce sens en soi n'est légitime que dans le cadre étroit de l'idéalisation théorique commandée par les sciences descriptives, et

---

3. Remarque du comité catholique concernant la formulation de l'objectif général relatif aux valeurs socio-culturelles, pp. 2-3, 3 pages polycopiées.

non par les exigences de la communication. Les énoncés et les discours n'étant jamais produits dans la neutralité, pourquoi faudrait-il qu'ils soient compris de cette manière en classe ?

L'acte de langage, écrit Flahault (1978 : p. 111) « n'a plus aucune existence lorsqu'il est réduit à son seul énoncé » ; c'est qu'il est, comme le signe, un rapport social. Pourquoi donc, en classe, faudrait-il nier un des termes de ce rapport, l'étudiant lecteur, et survaloriser l'autre, l'auteur et son « intention » ? S'il me fallait donner un visage à l'idéalisme, en compréhension de discours, ce paragraphe du comité catholique en constituerait certes un des traits dominants !

À quoi mène, dans la pratique de l'enseignement, le refus de demander à l'élève de réagir personnellement ? Pour tester la résistance du modèle neutre, acceptons un instant de parler de textes sur le tabagisme (présentés aux étudiants pendant la semaine des non-fumeurs) au lieu des *Fables*, par exemple ; substituons à *Phèdre* quelques chapitres de *Toilettes pour femmes*, de Marilyn French, et à *Dom Juan*, quelques pages de *L'échappée des discours de l'oeil*, de Madeleine Ouellette-Michalska. À la place de *Menaud*, présentons aux étudiants *Pour prendre publiquement congé de quelques salauds*, de Marcel Rioux. Tentons, maintenant, de ne tenir compte en classe que de la composition et du style de ces textes en y intégrant le « propos culturel et moral » qui « inspire » les auteurs. Imaginons aussi les stratégies didactiques et les questionnaires de textes auxquels conduit le refus d'inviter l'élève à « se situer » par rapport à ces valeurs . . . et nous aurons tracé une bonne partie de l'étroit corridor qui mène à la didactique formaliste ! J'entends par là toute démarche pédagogique, tout matériel d'enseignement, tout exercice scolaire, tout questionnaire de texte dont la validité est entièrement, et en priorité, assujettie à l'enseignement des formes de la langue, quel que soit l'acte de communication dans lequel elles s'inscrivent.

Écrire et lire, c'est communiquer ; et communiquer, c'est toujours « réagir personnellement ». C'est même le point de départ de toute compréhension, de toute production et de la manière même dont l'enfant fait l'apprentissage du langage. Il faut se féliciter, je crois, de retrouver dans le programme cette invitation faite à l'élève de « se situer » par rapport aux valeurs socio-culturelles des discours. Cet énoncé, en tout cas, est à mes yeux une des plus solides garanties de l'efficacité du programme, car c'est par lui qu'on peut se débarrasser, en classe, d'un formalisme trop étroit en production et en compréhension de discours.

Bien sûr, accepter cette formulation suppose une refonte sérieuse et profonde des conceptions du langage et des pratiques de questionnement de l'évaluation somma-tive, telles du moins que les réfléchissent les examens officiels. Refuser le modèle neutre, en effet, équivaut à poser que l'enseignement des formes de la langue est en quelque sorte motivé par celui de leur fonctionnement en discours. Or, ce n'est pas ce qu'on retrouve dans les questionnaires officiels. À preuve, ces quelques questions tirées des *Examens de fin d'études secondaires*, français 532, de février 1981 :

4. Quelque part dans cette même partie du texte, le participe passé d'un verbe est employé en opposition avec ce même verbe à l'infinitif. Trouvez ce participe et cet infinitif.

5. « Je suis maigre... Ton corps est frêle » (par. 3). Identifiez la figure de style présente dans ces affirmations.

(A) L'antithèse	(C) L'euphémisme
(B) La métaphore	(D) La métonymie

7. Au deuxième paragraphe, Fabien compare Édith à une branche de saule.

(A) Vrai	(B) Faux

À cette visée formaliste, il faudrait ajouter aussi toutes les questions qui portent sur l'analyse grammaticale des mots soulignés.

Même l'étude du sens n'échappe pas à la visée formaliste qu'impose le modèle neutre, mais c'est un sens qu'elle idéalise, « synonymise », « aire sémantise » et amenuise tellement que les questions qu'elle pose n'ont plus rien à voir avec le texte. Par exemple, les questions suivantes, tirées du même examen :

10. « Les *rafales* d'hiver » (par. 2) — « la *brise* avait fraîchi » (par. 5). La différence de sens entre ces deux termes repose sur laquelle des caractéristiques suivantes ?

(A) La direction du vent	(C) Les méfaits du vent
(B) L'intensité du vent	

17. Lequel parmi les mots suivants, n'appartient PAS à la même aire sémantique que les autres mots donnés ?

(A) Crevasse	(C) Faille
(B) Lézarde	(D) Vallon

22. Dire autrement : « l'ombre pesante et froide » (par. 6).

Mais il y a pire, car bien observer « l'ombre pesante et froide » du modèle neutre en classe de français permet d'identifier tout ce que la visée formaliste laisse de côté.

Elle ignore, entre autres choses, la notion de *série*, et plus particulièrement la *série idéologique* à laquelle tout texte appartient. Un exemple : dans l'*Examen de fin d'études secondaires*, français 522, de juin 1980, le paragraphe 14 du 2ᵉ texte proposé aux élèves se lit comme suit :

> « Intermédiaire naturel entre le producteur et le consommateur, la publicité veut nous informer. Reste à voir ce que vaut cette information, car il y a la publicité honnête et celle dont l'acheteur fait les frais. » (G. Dejean, « Le droit de choisir », *Vidéo-Presse*, mai 1979).

La seule question posée sur ce paragraphe est la suivante :

44. Pourquoi peut-on considérer la publicité comme « l'intermédiaire naturel entre le producteur et le consommateur » :

dont la réponse attendue est :

44. Parce qu'elle permet au producteur de faire connaître son produit au consommateur.

Pas une seule question sur ce paragraphe qui dirige, l'espace d'un instant, la réflexion de l'étudiant vers les présupposés de la première phrase (se peut-il que la publicité veuille non pas nous faire connaître, mais nous faire faire ?) ; pas une seule question portant sur la fausse opposition contenue dans la deuxième phrase (se peut-il qu'il y ait une publicité honnête dont l'acheteur ferait aussi les frais ? et qu'est-ce qu'une publicité honnête ?). Pas une seule question critique, non plus, sur la nature des intérêts que prétendent servir de tels énoncés. De toute évidence, l'élève n'est pas invité ici à « se situer » par rapport aux valeurs véhiculées par ce discours. En conséquence, le questionnaire du modèle neutre le conduira à une lecture aseptisée, anhistorique . . . et innocente ! L'idéologie fournissant toujours son mode d'emploi, la fonction sociale du modèle neutre n'est autre que celle de le reproduire *ad nauseam* !

Pour un enseignant, accepter d'inviter l'élève à « se situer » par rapport aux valeurs socio-culturelles des discours, c'est, me semble-t-il, faire éclater tout ce dont l'institution scolaire se sert présentement pour dire que la production ou la compréhension d'un élève est tantôt licite et acceptable, tantôt interdite et irrecevable. Car c'est bien ce qu'elle fait ! À chaque fois que, par ses examens officiels, l'institution décide de questionner, non pas le texte, mais *sur* le texte, elle assigne un « ordre » à la compréhension et à la production des élèves. Elle fige, chez eux, des attitudes de lecture et d'écriture pré-déterminées par des objectifs mesurables et autonomes, qui prennent leur source toujours dans la seule description structurale de la langue, jamais dans le « calcul interprétatif » de l'élève (Kerbrat-Orecchioni, 1980 : p. 217).

La conception formaliste de l'enseignement du français, qu'on privilégie dans les examens officiels du ministère de l'Éducation, oriente aussi le choix pédagogique des enseignants, leurs stratégies et leur questionnaire de textes. En un mot, le modèle neutre « contrôle ». Il ne faut pas oublier, en effet, qu'une partie importante de la compétence professionnelle d'un enseignant est définie, justement, par le nombre d'élèves qui réussissent ces examens officiels ! De là à les considérer comme une espèce de modèle à imiter, il n'y a qu'un pas . . . Il est d'ailleurs curieux de constater que le Québec est la seule province à exiger un examen (en 4e et en 5e secondaire) qui soit établi par le ministère de l'Éducation (cf. *L'enseignement secondaire au Canada*).

Inviter l'élève à « se situer » par rapport aux valeurs socio-culturelles des discours, c'est l'amener — cela a déjà été dit — à redéfinir son rapport au langage. Or, un des présupposés fondamentaux du programme d'études est, justement, de modifier sensiblement une certaine conception de ce rapport. Les signes, je crois, en sont clairs.

De simples exercices d'encodage ou de décodage qu'elles étaient trop souvent, la production et la compréhension du français sont présentées, dans ce programme, comme des **pratiques langagières**, et donc comme des actes intégrés dans des situations qui les englobent. Le texte, par exemple, n'est plus considéré du seul point de vue de l'analyse immanente (le texte en lui-même), mais comme **discours**, c'est-à-dire inscrit dans le réseau complexe et multiforme de la communication sociale.

Quand, par exemple, on décrit le discours comme le produit d'une intention, et quand on pose la compréhension et la production de ce discours comme dépendantes, entre autres choses, des connaissances pré-construites de l'élève, on ne fait pas que mettre à l'écart la classique dichotomie **langue/parole** : on réclame implicitement une autre conception du langage aux fins de l'enseignement du français. Il en va de même lorsqu'on met comme condition à la réalisation des objectifs généraux du programme la prise en charge de la situation de communication. On ne fait pas que suggérer d'apporter quelques petites retouches au circuit de la parole de F. de Saussure, au schéma de la communication ou aux fonctions du langage de Jakobson ; on propose d'autres perspectives qu'on inscrit dans une théorie plus large de communication.

Il faut, je crois, rendre explicite, en apprentissage, la nature même du rapport didactique qu'on doit établir entre la langue, définie comme système de signes, et le discours, vu comme manifestation concrète du langage en situation. Cela permet d'articuler ce que le programme désigne par « acquisition de connaissances » et par « objectivation de la pratique ». On pourrait formuler ainsi le présupposé du programme :

> *Les notions de* langue *et de* discours, *bien que distinctes, sont posées en continuité dans l'apprentissage de la production et de la compréhension du langage.*

Le fait de considérer langue et discours en continuité dans les pratiques de l'élève est aussi, à mes yeux, une des plus solides garanties de l'efficacité de ce programme d'études.

Cela permet, en tout cas, d'éviter le piège des approches pédagogiques trop exclusivement formalistes, et de supposer que les composantes d'un discours peuvent être vues en classe une par une, comme si l'étude d'une composante laissait toujours les autres stables et inchangées. Poser la langue et le discours en continuité en classe, c'est au contraire privilégier toute approche didactique qui considère l'interaction de ces composantes. En d'autres mots, s'il est vrai de dire que le discours compris et produit en classe s'inscrit dans le réseau de la communication sociale, alors ce qu'il faut favoriser en apprentissage, c'est, me semble-t-il, l'instauration progressive d'une combinatoire, chez l'élève, cette combinatoire devant s'exercer sur toutes les composantes de la communication.

2. Deux composantes de la communication

Je veux introduire ici quelques commentaires critiques dans ma lecture de ce programme d'études. Je tiens toutefois à bien les situer en précisant qu'ils sont faits dans une perspective de prolongement et d'approfondissement des données du programme, et pas du tout dans le but de déprécier ce qui m'apparaît être l'instrument indispensable, dans l'état actuel des choses, d'une bonne planification des apprentissages du français.

Outre tout ce qui relève du fonctionnement de la langue et des discours, le programme identifie au moins trois autres composantes : la **situation de communication**, **l'intention** et, indirectement par le biais de cette invitation à « se situer » par rapport aux valeurs socio-culturelles, le **rôle social** de l'élève. Je retiendrai ici, aux fins de la discussion, la notion d'*intention*, qui est omniprésente dans le programme mais qu'il n'est pas toujours facile de rendre opératoire en classe, et j'introduirai la notion de **série** qui, elle, n'apparaît pas dans le programme, mais dont on ne peut se débarrasser facilement pourtant en apprentissage de la production et de la compréhension du langage.

a) *L'intention*

Il y a, en enseignement du français au Québec, des problèmes beaucoup plus graves que celui de ne pas savoir écrire l'*Ô Canada* sans fautes d'orthographe ! Ils sont de l'ordre du *pourquoi* il faudrait tout d'abord l'écrire . . . ou le chanter, et relèvent de ce que le programme appelle l'intention de communication.

Il y a d'abord l'intention — minimale — de l'étudiant qui consent à copier l'*Ô Canada* pour faire savoir à un tiers qu'il est capable d'écrire correctement certaines formes vieillies de la langue, telles que les métaphores filées de cet hymne les tricotent. Celui qui se donne cette intention se met d'emblée dans une situation de non-communication : il aliène son intention de signification, et consent au rôle social d'être corrigé, coté et jaugé. Puis, il y a l'intention de l'étudiant qui désire écrire l'*Ô Canada* pour faire connaître à quelqu'un (ou partager avec lui, ou susciter chez lui) une émotion, des valeurs ou un sentiment d'appartenance. Celui qui se donne cette intention se met, bien sûr, dans une situation de communication ; mais il se fait en même temps — et parfois malgré lui — le chantre d'une manière de penser, d'un groupe social, d'un pouvoir et de leurs instances institutionnelles. Car il a pu déjà observer, cet étudiant, qu'il y a des partis politiques qui s'en servent, et d'autres qui aiment mieux pas !

Cette manière de poser le problème fait ressortir au moins deux choses. La première, c'est que l'intention ne traduit pas toujours un acte conscient et volontaire. Si on veut rendre ce concept vraiment opératoire en classe, il est nécessaire de lui ajouter tout ce qui renvoie aux valeurs encyclopédiques et idéologiques plus ou moins dissimulées ou voulues par l'émetteur. Il serait peut-être plus approprié dans ce cas de parler de l'**intentionnalité** des discours plutôt que de l'**intention de l'auteur**, cette dernière expression m'apparaissant relever d'un psychologisme à la fois abusif et réducteur.

La deuxième chose est que l'intention — comme la nomme le programme d'études — n'est pas une variable indépendante, ou un facteur de communication autonome, qu'il serait facile de chosifier, d'isoler, de formuler en objectifs immuables et d'évaluer objectivement, dans le jeu social des échanges langagiers. C'est que l'intentionnalité entretient des rapports étroits avec les croyances, le savoir et les désirs (les « nébuleuses énergétiques ») de ceux qui communiquent, et avec la place qu'ils occupent dans le groupe social. Chercher à savoir ce qu'elle est, dans un discours donné, implique donc la prise en compte du réseau qu'instaurent les composantes du discours.

Le sens de cette critique ne porte pas sur le choix d'un mot, il faut bien se comprendre ici. Ce qui est en cause, ce n'est pas l'intention elle-même mais la survalorisation qu'on lui donne dans le programme.

b) *La série*

Tout discours se rattache, explicitement ou non, à d'autres discours, et appartient de ce fait à une **série** ; c'est même là une de ses caractéristiques essentielles. Pourtant, ce concept est à peu près inexistant dans les classes et dans le programme ; soulignons, toutefois, qu'on le retrouve appliqué dans une des publications récentes d'un manuel d'enseignement pour la 1re secondaire.

L'hypothèse que je pose ici est que la lecture critique de l'élève est fortement conditionnée par l'objet sur lequel elle porte (et cet objet appartient à une série). Soit, à titre d'illustration, l'étude du discours publicitaire que suggère le programme.

On peut imaginer deux séries différentes de discours. La première ne serait constituée que de textes publicitaires, inscrits dans leurs réseaux de communication. À l'intérieur de ce cadre, les élèves peuvent faire toutes les lectures critiques qu'ils désirent et exprimer tous les désaccords qu'ils veulent, il n'en restera pas moins que la confrontation des systèmes de valeurs, si elle a lieu, sera toujours celle qu'impose ce type de discours. La lecture critique des élèves, dans ce cas, sera conditionnée par le fait qu'ils consomment à la fois l'objet publicisé et le discours publicitaire, et peut-être même aussi par le fait qu'ils l'ignorent.

Mais on peut aussi penser à une autre série qui contiendrait non seulement des textes publicitaires, mais encore des textes à caractère analytique, chargés d'exposer la place et de décrire la fonction sociale de ce type de discours. En d'autres mots, des textes qui présentent un discours (analytique) sur d'autres discours (publicitaires). Parmi ces textes à caractère analytique, on en trouvera au moins un qui déclarera que le but de la publicité est de faire connaître (en tout cas, le ministère de l'Éducation l'a fait, lui, dans un de ses examens officiels !), et un autre qui posera, au contraire, qu'il est de faire faire. Il s'en trouvera aussi pour signifier que plus on amène les consommateurs à en parler, plus il favorise la consommation : le discours publicitaire est à consommer comme le produit qu'il est chargé de faire vendre. D'autres textes, enfin, affirmeront que la publicité mène à la surconsommation et au gaspillage des ressources, quand ce n'est pas au pillage écologique et à la domination politique.

On ne peut amener l'élève à définir son rapport au langage, ou l'inviter à « se situer » par rapport aux valeurs socio-culturelles des discours sans faire intervenir la notion de série. La lecture critique de l'élève et les analyses du langage qu'il sera amené à faire en classe prendront des dimensions fort différentes selon la série de discours que l'enseignant choisira de lui présenter.

En conclusion, j'aimerais dire que le grand avantage du programme d'études du secondaire réside, d'après moi, dans tout ce qu'il permet de faire en classe. Refusant de voir la compréhension des discours comme la simple application d'une grille grammaticale ou rhétorique sur des éléments textuels isolés, et la production des élèves comme quelque chose d'idéalisé, en dehors des conditions matérielles et historiques qui la font naître, ce programme oblige en quelque sorte les enseignants à une didactique non pas de la langue, mais du langage. Enseigner la lecture et l'écriture, dans cette perspective, ce sera donc instaurer progressivement chez l'élève une combinatoire appelée à s'exercer sur des réseaux discursifs intégrés.

RÉFÉRENCES

FLAHAULT, François (1978), *La parole intermédiaire*, Paris, Seuil, 236 pages.

KERBRAT-ORECCHIONI, Catherine (1980), *L'énonciation de la subjectivité dans le langage*, Paris, Armand Colin, 290 pages.

L'enseignement secondaire au Canada, Guide de transfert des élèves, Conseil des ministres de l'Éducation (Canada), 1981, 3ᵉ édition, 116 pages.

L'enseignement du français au collégial

Conférenciers :

Augustin VERSTRAELEN, coordonnateur
provincial du français au Collégial, ministère de
l'Éducation

André GERVAIS, professeur au CEGEP de
Thetford-Mines

Françoise Van ROEY-ROUX, professeur du
CEGEP de Maisonneuve

Depuis pratiquement leur création, les cégeps n'ont cessé de discuter du contenu des programmes de français. Le français est une matière obligatoire, mais comme les cégeps possèdent une grande autonomie et des conditions régionales particulières, l'enseignement du français s'est prêté et se prête encore à des variations importantes d'un cégep à l'autre. Augustin Verstraelen nous présente la tentative du Ministère de redéfinir et de normaliser l'enseignement du français et surtout les étapes de consultation des professeurs à ce sujet. André Gervais nous donne l'exemple d'un petit cégep dans une région minière, alors que Françoise Van Roex-Roux nous parle du français dans des cégeps de milieu urbain.

L'atelier était animé par Claude De La Sablonnière, conseiller pédagogique à la Commission scolaire de Verdun.

Vers un nouveau programme de français au collégial

Augustin VERSTRAELEN

La restructuration des cours de français au collégial est une longue et laborieuse épopée qui débuta en 1973 par une enquête de la coordination provinciale auprès des départements de français des collèges en vue de réviser les cours obligatoires de français.

Depuis lors on ne compte plus les documents de travail, les rapports finals, les plans d'études cadres, les projets de toutes sortes qui ont été publiés sur cette question.

Au cours de ces années de remise en question des cours de français on assista à une série d'actions parallèles de la part de la Direction générale de l'enseignement collégial (DGEC) d'abord qui s'immisça dans le travail du comité pédagogique (ou qui le doubla tout simplement par des initiatives unilatérales) et ensuite de la part des départements lorsqu'ils constatèrent que le comité pédagogique n'était plus le lieu privilégié et adéquat pour faire valoir le point de vue des professeurs de français. C'est ce qui explique la naissance du comité de liaison, en 1980, qui regroupait de façon non officielle tous les départements en désaccord avec des programmes parachutés par le ministère de l'Éducation du Québec (MEQ). À certains moments on vit même l'éclosion de séquences locales, tantôt entérinées par la DGEC, tantôt appliquées clandestinement. L'Association québécoise des professeurs de français (AQPF) elle-même a eu l'occasion d'affirmer ses positions sur la question, notamment lors de la parution du dernier document préparé dans les officines du MEQ, *L'enseignement du français au collégial*.

Il n'est pas dans mon intention de reprendre le débat depuis ses débuts mais plutôt de faire le point sur les tout derniers développements de la question. Nous sommes arrivés, il me semble, à un moment décisif dans ce processus de restructuration des cours de français au collégial. À moins de contretemps fâcheux, on peut raisonnablement espérer que le nouveau programme de français paraîtra en septembre 1983.

Le 25 novembre 1981, le MEQ publiait un document intitulé *L'enseignement du français au collégial*. Il s'agit d'un texte officiel qui a fait l'objet d'une décision ministérielle (le Bureau des sous-ministres l'a approuvé) et qui précise l'orientation du français au collégial ainsi que les objectifs généraux des cours obligatoires. Le document se subdivise en deux grandes parties :

I. Les cours obligatoires de français

II. Les mesures de soutien à l'apprentissage du français

C'est la première partie qui nous intéresse le plus (et c'est aussi la plus contestée). On y parle des **objectifs généraux**, qui ne sont pas amendables, sur lesquels les départements n'ont aucun droit de regard. Il est aussi question du **plan d'études cadre.**

A. Les objectifs généraux

Deux objets d'étude sont propres à l'enseignement du français au niveau collégial : la langue et les discours, qu'ils relèvent de la littérature ou de la communication courante. La fréquentation d'oeuvres littéraires et d'écrits de la vie quotidienne constitue l'assise principale de la réalisation des objectifs.

Les cours de français au collégial amèneront l'étudiant à :

— utiliser correctement la langue orale et écrite selon les usages qui caractérisent les diverses situations de communication ;

— analyser et comprendre des discours oraux et écrits multiples et variés (dans leur dimension intellectuelle, affective, esthétique, symbolique et linguistique) ;

— imaginer ou concevoir, organiser et produire des discours oraux et écrits multiples et variés, et en maîtriser les principes d'élaboration (règles formelles de composition ; principes propres aux genres littéraires et aux diverses situations de communication) ;

— apprécier, interpréter et critiquer les valeurs culturelles véhiculées par la langue et les discours (sur le plan du fond et de la forme) ;

— exprimer des valeurs personnelles et culturelles par la langue et les discours (créations littéraires, articles de journaux, tables rondes, débats, lettres, etc.).

Le plan d'études cadre « est l'outil principal qui détermine et oriente les activités d'apprentissage en fonction de l'atteinte des objectifs ».

Les départements sont invités à participer à son élaboration mais un certain nombre de conditions sont toutefois émises : (1) on doit s'assurer à l'intérieur des 4 cours d'un équilibre dans le choix des discours (écrits littéraires et écrits de la vie quotidienne) ; (2) les 4 cours devront s'inscrire dans un cheminement cohérent et progressif ; (3) le(s) cheminement(s) choisi(s) dans chaque collège devra (devront) être clairement identifié(s) pour que, malgré les changements de groupe ou de collège, les étudiant(e)s puissent poursuivre leurs apprentissages dans la continuité.

Le 11 décembre 1982, une réunion du comité pédagogique de la Direction générale des collèges est convoquée à propos du document du MEQ. Les membres sont informés des contraintes qui se rattachent au document ainsi que du type de participation qu'on attend d'eux. Ils refusent de se prononcer sur le texte ainsi que sur leur participation à l'élaboration du plan d'études cadre (parce que les textes ne sont pas discutables, que les déléguées n'ont pas de mandat, qu'on n'a pas d'évaluation du vécu, etc.)

L'assemblée se sépare en se donnant le mandat de consulter les départements sur ces questions. Le 5 mars suivant, une seconde réunion du comité pédagogique fait le bilan de la consultation départementale. La question posée était : « Acceptez-vous de vous engager dans une démarche d'élaboration du plan d'études cadre » ? La réponse a été majoritairement négative (24 non, 16 oui ; 2 abstentions).

Toutefois le comité pédagogique accepterait de reconsidérer sa position si un certain nombre de conditions étaient réalisées :

— qu'il soit possible de discuter et d'amender le texte des objectifs généraux ;

— que le texte général des orientations tienne compte des grands principes départementaux : (1) l'enseignement du français au collégial est d'ordre culturel et son objet principal est la littérature ; (2) la compétence linguistique de l'étudiant doit être inscrite à l'intérieur de l'objet d'étude, la littérature (et non l'inverse) ;

— que l'on parte d'une analyse de la situation actuelle ;

— que l'on rende public le bilan des audiences publiques de février 1981 ;

— que l'on ne définisse que des orientations générales et des objectifs généraux et que l'autonomie départementale soit garantie quant aux objectifs particuliers et aux contenus.

Le coordonnateur et les membres du sous-comité ont par la suite reçu et analysé un certain nombre de documents qui tentaient de répondre aux préoccupations formulées par les départements. Citons notamment :

1. la réponse de la DGEC
   — les orientations générales sont intouchables ;
   — un plan-cadre est nécessaire en français comme ailleurs ;
   — l'enseignement du français peut se faire selon l'axe « littérature » à condition que cet objet ne soit pas exclusif ;
   — on peut partir du vécu mais il faut respecter les échéances (septembre 1983) ;
   — un compte rendu des audiences publiques sera fourni ;
   — si les départements ne participent pas, la DGEC poursuivra seule les travaux.

2. Une lettre du ministre Laurin exposant à l'AQPF l'esprit du nouveau programme. Le ministre y affirme l'importance qu'il accorde à la culture et à la littérature dans l'enseignement du français.

3. Un mandat précis présenté au coordonnateur, par la DGEC, concernant les travaux demandés au Comité pédagogique pour l'an prochain.

4. Les déclarations de certains départements se désolidarisant des positions adoptées en comité pédagogique.

5. Une directive du MEQ en vertu de laquelle on se propose de couper les vivres aux comités pédagogiques qui ne seraient pas en phase d'élaboration de programme pour 1982-1983.

À la lumière de ces éléments, le sous-comité décide d'organiser une consultation par la poste auprès de tous les départements (fin mai). Lors de cette consultation les professeurs sont invités à reconsidérer la position prise au mois de mars.

La question est la même : « Acceptez-vous de vous engager dans une démarche d'élaboration de plan d'études cadre » ? Le résultat sera positif (25 oui ; 18 non).

À la suite de ces résultats le sous-comité se voit autorisé à convoquer une nouvelle réunion du comité pédagogique.

Le 17 septembre de la même année, une nouvelle réunion du comité pédagogique est tenue. Les principaux points discutés et adoptés lors de cette réunion sont les suivants :

1. confirmation du sondage (37 oui ; 13 non) ;
2. adoption du *plan de travail* soumis par le sous-comité ;
3. élection d'un coordonnateur et des membres du sous-comité ;
4. mise sur pied des comités de rédaction.

En ce qui concerne le plan de travail, le comité pédagogique s'est efforcé de préciser le mieux possible un certain nombre de termes souvent employés mais pas toujours bien définis. Trois notions importantes se dégagent de ce plan-cadre :

— orientation
— banque de cours
— séquence

B. La structure d'ensemble du plan-cadre

1. La création de quelques orientations provinciales

1.1. Une orientation est une ligne directrice à partir de laquelle un département choisit de structurer ses cours afin d'en assurer l'unité.

1.2. Ces orientations, choisies par le comité pédagogique, sont au nombre de quatre.

1.3. Les orientations sont les suivantes :
1) langue, littérature et société ;
2) lecture, analyse et production ;
3) langue, langage et communication ;
4) langue et genres littéraires.

1.4. Un département pourra choisir plus d'une orientation.

2. La création d'une banque de cours provinciale

2.1. La banque de cours est l'ensemble des cours définis provincialement dans lequel un département choisit les cours qui lui permettront d'actualiser son orientation.

2.2. La banque de cours, choisie par le comité pédagogique, comportera environ 16 cours décrits selon les règles de publication des *Cahiers de l'enseignement collégial* : titre, code, objectifs, contenu et médiagraphie.

2.3. Les cours de la banque devront être assez diversifiés pour répondre aux besoins de chacune des orientations. De plus, les objectifs et les contenus de chacun des cours devront être suffisamment ouverts pour en permettre une utilisation polyvalente.

3. *L'organisation locale de séquences*

3.1. Une séquence est une succession de quatre cours obligatoires s'inscrivant, pour l'étudiant, dans un cheminement progressif et cohérent.

3.2. La séquence est déterminée par le département et elle implique le choix de l'orientation, le choix des cours, leur ordre et leurs modalités d'implantation et de fonctionnement.

3.3. Le département peut, en fonction de ses besoins et de ses ressources, se donner plus d'une séquence.

Les quatre comités de rédaction se sont mis au travail dès la fin de septembre.

Le comité pédagogique se réunira à nouveau le 10 décembre 1982 et à cette occasion il devra discuter et adopter le texte de description de chacune des 4 orientations, les objectifs de chaque orientation et la liste des cours suggérés (une quinzaine).

Finalement une dernière réunion du comité pédagogique est prévue pour le début d'avril 1983. Il s'agira alors d'adopter l'ensemble du plan-cadre incluant la description de chaque cours avec les objectifs, le contenu et la médiagraphie.

Au moment où ces lignes seront publiées, le projet final aura sans doute été remis et approuvé par la DGEC.

Le cas du français au collège de Thetford-Mines

André GERVAIS

Quelques paragraphes relatifs au département de français du collège de la région de l'amiante à Thetford-Mines.

1. Des chiffres

Le collège est devenu cégep en 1969-1970. Il comptait, cette année-là, 554 étudiants et 4 professeurs de français. En 1971-1972, lorsque je suis engagé pour la première fois, il y a 1 103 étudiants et 7 professeurs de français. En 1982-1983, il y a 1 478 étudiants : 31 % sont au secteur général et 69 % au secteur professionnel. Il y a 11 professeurs (3 femmes, 8 hommes) à temps plein : 2 sont actuellement aux études et 2 autres sont en disponibilité.

Il s'agit donc : 1° d'un petit cégep ; 2° d'un petit cégep de province ; 3° d'un petit cégep de province surtout professionnel. Cela n'étant pas à entendre toujours de manière péjorative, bien sûr.

2. Une séquence

Si l'on regarde les séquences telles qu'elles se présentent actuellement à la Coordination provinciale, il faut dire que nous enseignons la séquence dite tradition-nelle, celle qui conserve en gros la séparation de la matière par genre, mais il faut tout de suite ajouter que nous avons intégré à ce programme, et ce dès l'implantation de la séquence au cégep, des préoccupations appartenant plus particulièrement à d'autres séquences : le rapport entre la langue et la société, le rapport entre la langue et la création. Chez nous, la séquence dite traditionnelle n'est donc pas celle des cahiers de l'enseignement. Elle n'est pas rigoureuse dans son suivi — en ce sens que le deuxième cours ne présuppose pas le premier, et ainsi de suite —, et comporte un train d'objectifs pouvant se rejoindre d'un cours à l'autre.

Cela tient à différents facteurs : l'importance du collège, la quantité des locaux disponibles, les compétences des professeurs qui sont surtout dans le champ des lettres, la difficulté d'investir, quand on est un petit département et qu'il y a peu de flexibilité dans le rapport professeur-matière, tous les champs d'intérêt des profes-seurs dans les contenus des cours, et enfin l'aspect fluctuant des cours de lettres.

Quelques remarques sur ces cours de lettres. Il y en a à chaque année, bien sûr, mais le nombre des étudiants de lettres ayant toujours été petit — une vingtaine en lettres I cette année —, il y a peu de possibilités de développer cette option qui est, on le sait, dans la conjoncture actuelle, l'« option à multiples voies de sortie » (traduction, littérature, journalisme, linguistique, et même . . . coiffure).

3. Des cours

Il y a les cours obligatoires et les cours complémentaires. Chez nous, linguistique et théâtre sont obligatoires en première année, récit et essai en deuxième année. Sont complémentaires, roman québécois, poésie québécoise, théâtre québécois, contes et légendes québécois, littérature/cinéma et création littéraire.

Dans les cours obligatoires, l'insistance est mise
— soit sur le rapport langue société :
  a) en linguistique : on met l'accent sur la sociolinguistique au sens large (langue et colonialisme, langue et religion. langue et condition féminine, par exemple) ;
  b) en essai : on met l'accent sur l'approche idéologique (situation de la femme, traitement de l'information, procédés publicitaires) ;
— soit sur le rapport langue-création :
  a) en théâtre : la production dans tous ses aspects (décor, éclairage, maquillage) d'une pièce de théâtre par chacun des groupes (à chaque semestre, une dizaine de pièces sont ainsi jouées) ;
  b) en récit : la production d'une nouvelle, d'un conte, d'une bande dessinée.

Dans les cours complémentaires, qui sont aussi les cours de l'option lettres, les étudiants sont placés devant l'alternative suivante : ou bien nos étudiants de lettres sont regroupés avec d'autres étudiants dans les cours obligatoires de première année et les cours d'option, ou bien ils sont carrément disséminés dans les cours obligatoires de deuxième année, d'où la difficulté, pour nous et pour eux, de constituer une véritable option. On l'a vu plus haut par la suite des titres de cours, l'accent est mis très fortement sur le fait québécois et sur l'histoire littéraire d'une part, et d'autre part, sur l'analyse de la littérature moderne et sur la création à partir de l'écriture moderne. Cela débouchant, depuis quelques années, sur une publication locale intitulée *Graffiti* et sur quelques événements (soirée de poésie, soirée de folklore, par exemple).

4. La correction de la langue

À ce sujet, nous avons une « politique départementale » depuis au moins 7 ans. Pour répondre au ministère laissant planer l'idée qu'il faut intégrer l'aspect correctif aux cours. Pour répondre à des départements de français d'autres cégeps qui ne donnent plus que des cours de correction de la langue, si l'on peut dire. Pour exposer clairement notre position face à la Direction des services pédagogiques (DSP), face aux autres départements du collège et face aux étudiants, relativement à ce problème d'époque. Parce que cela, bien sûr, ne relève pas exclusivement de notre département. Tous les départements ont été invités d'ailleurs il y a quelques années à soumettre une politique de correction de la langue. Et le croiriez-vous si je vous disais qu'une vingtaine de professeurs d'autres départements ont demandé, cette année, à suivre un cours de français écrit ?

Cette politique dit en gros ceci : la correction de la langue est importante, mais elle doit surtout être assumée par l'étudiant, parallèlement aux objectifs spécifiques de ses cours de français, en tant qu'objectif récurrent de *tous* ses cours, à la limite. D'où le principe de la double correction : si l'étudiant corrige correctement toutes les fautes signalées, il regagne, lors d'une seconde correction qui ne touche qu'à ces fautes-là, tous ses points.

5. Donc

On pose, par le principe et le contenu de la séquence, la spécificité du collégial, spécificité par laquelle les cours de français s'inscrivent dans une optique culturelle, privilégiant, entre autres aspects, l'aspect littérature. La culture alors véhiculée est à facettes multiples, une culture éclatée — *formes autres et autres messages* — anti-culture de masse et anti-culture élitiste, mais aussi anti-dirigisme grammatical et anti-spécialisation à outrance.

Notre cégep a, dit-on, la réputation d'être un collège «où il n'y a pas de troubles», ce qui veut dire que les différentes instances (syndicat et commission pédagogique, par exemple) fonctionnent et fonctionnent même très bien, ce qui veut dire aussi que les professeurs de notre département forment un groupe qui «s'entend assez bien», un groupe ouvert aux différentes approches et au travail collectif — pas de chapelle, donc pas de guerre de clocher —, ce qui veut dire enfin que l'administration a répondu et répond toujours à nos demandes («séquentialité», contenus des cours, groupes hétérogènes ici et homogènes là), au point qu'il est possible de nous sentir vraiment responsables de ce qu'on fait et de ce qu'on représente en tant qu'individus et en tant que groupe.

Le cas du français au collège de Maisonneuve

Françoise Van ROEY-ROUX

Fondé en 1967, à partir d'une institution existante, l'Externat classique Sainte-Croix, le Collège de Maisonneuve fait partie de la première fournée des cégeps. Sa population étudiante s'est accrue au cours des années pour dépasser, en 1982-1983, de quelques dizaines, le chiffre maximum souhaitable de 4 600 que permettent les ressources physiques. Ce chiffre est celui des étudiants réguliers de jour. Comme pour le reste de l'exposé, je ne tiendrai pas compte de l'éducation permanente ni des cours d'été.

Selon le sondage de 1980, 93 % des étudiants proviennent de la région métropolitaine : 62 % vivent dans le voisinage du collège, l'est et le nord-est de Montréal : 30 % viennent des autres quartiers de la ville et de la rive sud. L'accès au collège est fort aisé grâce à la proximité du métro. Ces étudiants sont, à 65 %, des enfants d'ouvriers spécialisés, de cadres moyens . . . (le salaire moyen du père était en 1980 de 20 766 $).

En 1982-1983, 47 % des étudiants sont inscrits dans le secteur général, 53 % au technique qui offre les options suivantes, TAD, TAJ, informatique, électrotechnique, techniques infirmières, techniques diététiques, techniques d'hygiène dentaire, techniques de documentation, techniques de secrétariat. Tout le secteur technique est à la hausse, particulièrement des techniques administratives et l'informatique. Cette population étudiante se compose de 59 % de filles pour 41 % de garçons.

Le corps professoral du département de français s'est accru en même temps que la population étudiante. Composé de huit professeurs en 1967, il est passé à trente-trois personnes en 1982-1983. De ce nombre, trois ou quatre sont des linguistes, les autres étant de formation littéraire. Parce que quelques collègues sont également spécialisés en cinéma, le département assume les cours de cette discipline. La charge moyenne de travail d'un professeur est de quatre groupes par session : ces groupes ayant une moyenne de 34 étudiants : chaque professeur n'a pas plus de deux préparations différentes pas session.

Abordons maintenant le **contenu** de ces cours. Je commencerai par ceux de la **concentration** lettres qui s'adressent à 320 étudiants (180 en collège I, 140 en collège II). En plus de leurs cours obligatoires, ils suivent, en collège I, poésie québécoise (122) et roman québécois (331), en collège II, ils ont le choix entre deux séquences : une série linguistique qui comprend « linguistique et histoire de la langue » (927) suivi de « stylistique » (939) ; ou une série littéraire qui offre « chefs d'oeuvres de la littérature universelle » (929) suivi de « littérature policière, fantastique, SF, etc. » (940). Même si ces cours sont réservés aux étudiants de la concentration, ils sont donnés à une clientèle peu homogène car 80 % de ces étudiants ne se dirigent pas en lettres ; leur choix se porte sur les langues, la traduction, la communication, le journalisme, l'animation culturelle, la formation des maîtres . . .

À l'ouverture du cégep, le département de français, solidement implanté dans le milieu grâce au rôle qu'il jouait déjà dans le collège classique, a largement occupé le champ des **cours complémentaires**. Progressivement les autres départements, en s'appuyant sur la définition du cours complémentaire, ont réclamé une part plus large de ce champ et même l'éviction des disciplines obligatoires (français et philosophie). Le département de français, qui a déjà donné jusqu'à quatre cours différents, en est maintenant réduit à deux : « la bande dessinée » (921) et « la chanson québécoise » (940). La clientèle de ces cours est d'environ cent étudiants par session.

Aux étudiantes de techniques de secrétariat, le département donne aussi le cours de français écrit (911), qui est un cours normatif. À la seconde session ce cours est suivi du cours « français langue des affaires » (924). Ce sont deux cours dits de service qui sont également offerts en complémentaires à quelques rares amateurs.

L'activité la plus importante du département se situe, bien entendu, au niveau des **cours obligatoires**, puisque ces derniers touchent tous les étudiants. C'est à ce niveau que se sont faites pratiquement toutes les recherches et les innovations.

Il y a eu d'abord la série 02 basée sur la division en genres littéraires, chaque cours de 45 heures réservant 15 heures à la linguistique. La première modification consista à regrouper ces 15 heures fois quatre en un cours indépendant de linguistique, le 902, donné dans un local spécialement équipé et imposé à tous en collège I, où il fut accompagné du 402, souvent conçu comme un cours d'initiation à la communication. En collège II, l'étudiant devait choisir deux cours sur une possibilité de trois : poésie, théâtre, roman. À partir de cette grille de cours unique, s'amorça à de Maisonneuve, comme ailleurs dans la province, toute une époque de réflexion et d'expérimentation qui trouva des échos dans les travaux de la Coordination provinciale de français, saisie de divers projets de refonte, le tout aboutissant au rapport remis en 1977.

Voici les différentes étapes qu'a connues le département de français de Maisonneuve. À l'origine du questionnement, on retrouve les voeux suivants : 1) mettre l'accent sur la littérature québécoise et, partant, sur la culture québécoise ; 2) assurer une continuité d'un cours à l'autre, ce que ne permet guère la grille 02 avec son cloisonnement par genres littéraires ; 3) éviter les recoupements qui existent entre les diverses disciplines, notamment dans le secteur des sciences humaines. Ce dernier voeu n'a jamais pu se réaliser de façon durable, une tentative de cours multidisciplinaire ayant échoué.

En 1971 déjà, on tenta une première expérience avec l'introduction d'un cours de **culture québécoise** qui alliait la littérature à l'histoire de l'art. Ce même cours fut remanié, ramené aux domaines linguistique et littéraire et donna naissance à la séquence 04, offerte à titre expérimental en 1972-1973 et qui se termine cette année. Cette séquence se lit comme suit : 904 « langue et société », 104 « littérature du Québec jusqu'en 1960 », 204 « littérature du Québec depuis 1960 », 304 « littératures française et étrangères ». Deux ans plus tard, une seconde séquence vit le jour, qui mettait l'accent sur la création avec les cours suivants : 906 « langue et langages », 106 « théâtre », 206 « écriture I », 306 « écriture II ». L'expérience prolongée de ces deux séquences permet de constater l'effet positif d'une continuité d'un cours à l'autre, continuité encore augmentée lorsqu'il est possible au même professeur de suivre le même groupe durant deux sessions ou davantage.

À la suite de ces expériences, le département a élaboré une nouvelle grille de cours qui s'inspire de la série 04, tout en intégrant les séries 06 et 02. Cette grille est appliquée cette année en collège I et le sera l'an prochain en collège I et II. En collège I, deux cours sont donnés à tous, soit « langue et société », un cours de socio-linguistique (902) et « littérature du Québec jusqu'à il y a dix ans ». En collège II, l'étudiant aura le choix entre trois séquences de deux cours : la séquence A que devrait suivre une majorité d'étudiants et qui offre les deux cours suivants : « littératures française et étrangères » et « littérature du Québec des dix dernières années » : la séquence B offre deux cours de théâtre ; la séquence C, deux cours axés sur la communication et l'essai. Dans ces trois séquences, la méthodologie devrait progres-sivement mener l'étudiant de la lecture et l'analyse à la création.

Il ne fut question jusqu'ici que de contenu de cours. On sait que la **méthodologie** a également beaucoup évolué. Il y a quinze ans, le cours magistral régnait encore en maître ; aujourd'hui il a cédé la place à des formules qui font intervenir davantage l'étudiant, comme l'atelier, la table ronde, le travail d'équipe . . . Quant au tutorat, il est très apprécié de l'étudiant mais se révèle de plus en plus difficile pour le professeur à mesure qu'augmente sa charge d'enseignement.

Il resterait à examiner la question des **objectifs.** L'un d'eux est de faire lire les étudiants pour leur permettre le contact avec leur culture, de tenter de leur donner le goût de la lecture s'ils ne l'ont pas déjà. Pour un bon nombre d'étudiants, la lecture peut représenter un exercice difficile. Leur faire faire un test de compréhension sur un texte qui offre un certain degré d'abstraction réserve fréquemment des surprises. La lecture est ici conçue comme un moyen privilégié d'accès à la culture, prise au sens large ; cet accès étant évidemment un des objectifs importants d'un cours de forma-tion générale. L'objectif le plus souhaité de l'extérieur des départements de français est certes la pratique de la langue. On sait que si les étudiants des collèges classiques ne parlaient guère, les cégépiens eux le font. L'accent mis depuis plusieurs années sur la langue parlée, dans les études secondaires, a produit des fruits. Quant à la langue écrite, c'est un lieu commun que d'en déplorer l'état. Mais avant d'entreprendre quoi que ce soit sur le plan normatif, connaissant le manque d'enthousiasme des étudiants pour les cours de grammaire, on a d'abord voulu se donner des instruments de mesure. D'où l'*Enquête sur le français écrit au collégial* réalisée par l'équipe composée de Gilles Bibeau, de Louis Doucet, de Jean-Claude Poirier et de Michel Vermette, qui a conduit à l'élaboration du test *TEFEC* en 1974 (projet financé par la Direction générale de l'enseignement collégial. Ce test est encore appliqué actuelle-ment. À de Maisonneuve, l'expérience du cours 911 laisse un arrière-goût de scepticisme quant aux résultats concrets que l'on peut attendre de cours normatifs imposés, mais à la suite de pressions venues de toutes parts (la direction du collège, les autres départements, le milieu socio-économique, le tout agrémenté par les articles percutants de la journaliste Lysiane Gagnon dans *La Presse*), une équipe constituée de Louise Desjardins (français) et Michèle Tournier (chimie) reprend le problème à la base et durant deux ans (1978-1980) élabore, soumet et analyse un *Sondage sur la langue écrite des étudiants*. Il ne s'agit pas cette fois de mesurer le contenu de la langue écrite des étudiants (comme dans TEFEC) mais plutôt l'opinion que les diverses instances du collège peuvent avoir sur la langue écrite des étudiants. Le travail de l'équipe (subventionnée par la DGEC) aboutit à un volumineux rapport déposé en mai 1980 et qui se termine sur dix-huit recommandations. Ces recommandations seront entérinées par la commission pédagogique. On retiendra surtout celle qui préconise l'élaboration d'une **politique de la langue** au niveau du cégep, recommandation qui s'appuie sur l'affirmation que la qualité de la langue est la responsabilité de toutes les instances du collège et non du seul département de français. Le département de français a décidé de faire sa part en exigeant davantage de travaux individuels écrits de la part des étudiants : le minimum, pour chaque cours, doit être de 30 % de la note finale. Toutefois le résultat le plus tangible de la politique de la langue fut la mise sur pied d'un Service individuel de ressources en français écrit (SIFE) offert aux étudiants sur une base volontaire. L'étudiant s'y présente une fois par semaine, avec un texte d'une page, de son cru, pour y analyser ses propres difficultés. La rencontre prend en moyenne une demi-heure. L'étudiant s'y voit éventuellement proposer des instruments de référence, des exercices ou encore la consultation d'autres services. Le SIFE a fonctionné durant deux ans (1980-1982) au bout desquels sa responsable, Louise Desjardins, a remis son rapport. Le service est actuellement suspendu faute de ressources financières mais son absence est fortement déplorée.

Pour terminer, je voudrais signaler l'apparition d'un nouveau problème qui est sans doute propre à la région métropolitaine. Il s'agit de la présence, dans les classes régulières, d'étudiants de langue et de culture totalement différentes des nôtres. Si depuis une dizaine d'années, les cégeps reçoivent des étudiants de race noire qui éprouvent des problèmes d'adaptation culturelle (à de Maisonneuve, ils sont 85), depuis deux ou trois ans sont arrivés des Asiatiques (surtout des Vietnamiens ; ils sont 55) qui comprennent peu le français, le parlent encore moins et parfois ne l'écrivent pas du tout. Pour le moment, chaque cas est traité sur une base individuelle, mais le problème est là, réel et urgent. Reste à trouver les moyens de le régler.

Les études françaises dans les universités du Québec

Conférenciers : Jean-Cléo GODIN, professeur, Université
de Montréal

Jacques ALLARD, professeur, Université
du Québec à Montréal

Joseph BONENFANT, professeur, Université
de Sherbrooke

Le comité du programme du congrès *Langue et Société au Québec* s'était interrogé sur la manière selon laquelle nos universités forment nos spécialistes de la littérature. Les questions portaient sur les programmes, sur la part de littérature québécoise dans les programmes et sur la comparaison de ces programmes avec des programmes d'autres universités francophones. Les trois intervenants ont répondu à ces interrogations chacun à sa manière par rapport à l'institution où il enseigne. Gilles Dorion, professeur à l'Université Laval a également pris la parole dans l'atelier et exposé la situation dans son université.

L'atelier était animé par Jean-Claude Gagnon, professeur à l'Université Laval.

Les programmes de formation en littératures française et québécoise au Département d'études françaises de l'Université de Montréal

Jean-Cléo GODIN

La Faculté des lettres de l'Université de Montréal a été créée en 1920. « Lorsque Mgr Émile Chartier entreprit d'élaborer les cadres de la nouvelle Faculté, des traditions déjà vieilles de plusieurs années lui permettaient de tracer à coup sûr une ligne de départ. Les modestes ressources mises à la disposition du premier doyen le contraignaient — il l'expliquera lui-même vingt-cinq ans plus tard — à n'établir d'abord que les cours ‹ essentiels › : langue et littérature grecques et latines, littératures canadiennes, française et anglaise, histoire générale, histoire du Canada, géographie, langues modernes[1]. »

Les lignes qui précèdent, vous vous en doutez bien, ne sont pas de moi. Je les ai trouvées dans un annuaire vieux de trente ans — le plus ancien que j'aie retrouvé. Elles sont signées Guy Frégault, alors secrétaire de la Faculté. Avouez que, pour qui cherche à identifier les priorités actuelles d'un département comme celui auquel j'appartiens, ce retour en arrière fournit des points de repère intéressants. Compte tenu de la structure facultaire de l'époque, on comprend l'importance accordée à l'histoire et à la géographie. Tout le reste du programme de formation — et je rappelle que les « modestes ressources » allouées forçaient le doyen à ne retenir que l'essentiel — est fait de langue et de littérature. Dans cet ensemble, il est évident que les humanités gréco-latines occupent la première place et en constituent la base indiscutable. Après 1960, on en discutera ; depuis lors, on s'est surtout ingénié à gommer toute trace, dans les programmes, de ces enseignements jadis fondamentaux. Reste, soixante-deux ans après la fondation de la faculté, l'enseignement des littératures « canadienne et française », les cours au choix permettant, par ailleurs, un complément de formation en littérature anglaise, en langues modernes — peut-être même, pour les plus curieux, en langue ou littérature grecque ou latine. On peut tout de même considérer que la tradition se maintient. Je note, en tout cas, avec un peu d'étonnement, que la littérature « canadienne » figurait parmi les éléments de base dès 1920, alors que la société québécoise allait continuer pendant les 40 années suivantes à se poser la célèbre question débattue entre Charles ab der Halden et Jules Fournier : « La littérature canadienne existe-t-elle ? »

---

1. *Annuaire* de la Faculté des lettres, Université de Montréal 1952-1953, p. 10.

J'ai sans doute l'air de partir du déluge pour répondre aux questions qui nous sont posées et qui concernent l'enseignement acutel dans les départements de lettres. Mais toute réponse à ces questions suppose un modèle pédagogique fondamental et je n'ai eu recours au passé que pour dégager ce qui m'apparaît comme une sorte de philosophie qui sous-tend nos programmes actuels et toute l'évolution des vingt dernières années, c'est-à-dire depuis la création du Département d'études françaises de l'Université de Montréal. Beaucoup de choses ont changé mais nous persistons à croire que les études littéraires doivent assurer des bases solides et une connaissance large et cohérente des traditions littéraires française et québécoise. Ainsi le latin et le grec ont disparu, mais nous maintenons un enseignement obligatoire de l'ancien français en première année. Les structures départementales, le cloisonnement des disciplines et l'évolution des esprits face aux normes du français parlé et écrit n'ont pas permis de maintenir tous les cours de grammaire et philologie qui se donnaient dans le cadre de ce certificat, créé en 1967, mais nous continuons, dans le cadre des travaux pratiques de première année surtout, à multiplier les exercices d'écriture visant à assurer, pour chaque étudiant, la maîtrise d'une langue correcte. Le corpus littéraire francophone s'élargissant sans cesse, il n'est plus guère possible d'assurer une connaissance exhaustive de ce corpus. Nous avons tout de même conçu notre programme du baccalauréat de manière à assurer à chaque étudiant une connaissance suffisante de chaque période de la littérature française (depuis le moyen âge) et de la littérature québécoise (depuis ses origines) et la liste de lecture que nous maintenons en première année doit permettre à chacun de lire un minimum d'oeuvres jugées représentatives de l'ensemble de ces deux traditions, en même temps qu'elle assure un fonds de connaissance commun à tous les étudiants au moment où ils abordent la deuxième année. En fait, les deux premières années sont conçues plutôt comme un tronc commun, la troisième laissant à chacun une plus grande latitude pour choisir des cours qui conviennent à ses intérêts particuliers. Après le baccalauréat, restent les étapes d'une véritable spécialisation. Mais si ces étapes représentent normalement une focalisation sur un champ de recherche, on estime qu'elles ne doivent pas trop restreindre ce champ — particulièrement au doctorat, où l'on estime qu'il faut assurer de solides assises méthodologiques et, au besoin, combler les lacunes de la formation antérieure.

Voilà donc, dans ses grandes lignes, le programme que nous avons établi et que nous tentons de mettre en pratique. Ce programme est présenté dans l'annuaire 1982-1983 de la FAS de la manière suivante :

> « Le Département offre un ensemble de cours qui permettent à l'étudiant d'approfondir sa connaissance de la langue, d'acquérir une solide connaissance de la littérature française et de la littérature québécoise, enfin de s'initier aux divers modes d'approche du fait littéraire ».

Je refuse (je le dis tout de suite) d'attribuer une note à ce programme et de tenter de dire, en réponse à la dernière question qui nous est posée, comment il se compare avec ceux « des départements analogues dans le reste de la francophonie ». Je soupçonne seulement qu'on nous considère généralement comme l'un des plus conventionnels (ou austères, ou traditionnels) des départements d'études littéraires québécois. Nous savons, en tout cas, que certaines de nos exigences paraissent démodées à certains, mais je crois pouvoir dire que ces reproches ne nous troublent pas outre mesure. Depuis bientôt vingt ans que je fais partie du corps professoral de ce département (après y avoir étudié), j'ai été témoin de plusieurs transformations et modifications et j'ai participé à toutes les discussions qui y ont conduit. Je peux dire que nous avons toujours tenu à maintenir certaines exigences qui nous paraissent fondamentales : maîtrise de la langue et de certaines techniques d'analyse, connaissance assez large qui englobe toute l'histoire des littératures française et québécoise, développement cohérent de la formation.

C'est dans cette perspective qu'il faut juger de la place accordée, dans nos programmes, à la littérature québécoise. En examinant les annuaires des vingt dernières années, on pourrait croire à un certain recul de la littérature québécoise à partir de 1969, après ce sommet représenté par la création du certificat de littérature canadienne quelques années plus tôt (1963-1964). On dirait que sa part diminue au moment même où on commence à la désigner comme québécoise. En fait, si l'on compte les crédits attribués aux cours, la proportion demeure à peu près constante depuis quinze ans, variant du quart au tiers de l'ensemble. Mais il faut aussi dire que nous avons toujours refusé de séparer la littérature québécoise de la littérature française. Ceci implique que, dans la mesure du possible (c'est le cas tout particulièrement des travaux pratiques, des cours d'histoire littéraire et de méthodologie), les deux littératures sont mises en relation, considérées comme un seul corpus[2]. Nous admettons, évidemment, une spécialisation exclusive dans l'une ou l'autre littérature pour la maîtrise ou le doctorat ; mais nous ne sommes pas prêts à l'admettre au baccalauréat.

On se doute bien que pour réaliser, même pour l'essentiel, les objectifs auxquels nous tenons, il faut un grand nombre de cours et il reste peu de place pour « la littérature non écrite », pour la « littérature enfantine » ou pour la « littérature populaire ». Nous avons été plus prompts à proposer des cours de création (en 1968) et de pratique théâtrale (en 1970) qu'à nous préoccuper de paralittérature. La prolifération de ces cours et l'organisation d'un mineur en études théâtrales (créé en 1977) ont sans doute mobilisé des énergies au détriment d'autres domaines. Notons, toutefois, qu'un cours consacré à la littérature orale du Québec est offert chaque année depuis 1973. Un an plus tard, on créait un cours portant sur la critique journalistique, mais c'est depuis 1979 seulement que le département offre un cours sur la paralittérature, c'est-à-dire « la littérature fantastique, la science-fiction, la bande dessinée ou le roman policier ». À ces cours, il convient d'en ajouter d'autres qui ont occasionnellement été offerts selon les intérêts particuliers d'un professeur. Ainsi Réginald Hamel a consacré en 1972-1973 un cours à « l'écriture féminine au Canada », un autre au « roman populaire québécois d'entre les deux guerres ». L'année suivante, Nicole Deschamps créait un cours sur « l'écriture témoin », consacré à la correspondance amoureuse. Ce sont là des initiatives particulières et qui, dans les structures actuelles, trouvent plus difficilement place dans le programme.

---

2. Depuis dix ans, un effort a également été fait (avec succès) pour amener un plus grand nombre de collègues d'origine étrangère à assumer certains enseignements de littérature québécoise.

Dans le contexte politique et économique actuel, toutefois, il me paraît un peu oiseux de se demander quelle devrait être la place, dans les études littéraires, de disciplines jugées plus ou moins marginales. C'est tout le domaine littéraire qui est aujourd'hui marginal, les débouchés sur le marché du travail y étant moins assurés que presque partout ailleurs. Dans une telle conjoncture, je crois que tous les observateurs sont d'accord : il faut d'une part une formation de base qui soit la plus large possible, d'autre part une spécialisation poussée et, si possible, pluridisciplinaire. Cela implique que le premier cycle se préoccupe de culture générale et qu'on y évite toute prétention à la spécialisation. Dans cette perspective, j'estime que les programmes de baccalauréat dits « spécialisés » constituent un leurre auquel, malheureusement, trop de nos étudiants se laissent prendre, au détriment d'un éventail plus large de connaissances dans diverses disciplines. Il importe peu que nous formions des « spécialistes » de l'oeuvre de San Antonio plutôt que de Balzac, de Pierre Saurel plutôt que de Grandbois, alors qu'à peine 10 % de nos diplômés pourront gagner leur vie à parler de littérature. Aux autres, s'ils trouvent du travail, on demandera de s'adapter à une demi-douzaine d'emplois différents où ils seront appelés à analyser des situations diverses en faisant appel à un bagage de connaissances forcément limité ; mais ce bagage sera d'autant plus précieux qu'on y retrouvera, à côté des connaissances littéraires, des bases assez solides en histoire, en science politique, en droit, en mathématiques ou en chimie. L'étudiant qui termine un baccalauréat avec une telle formation peut poursuivre sans problème des études supérieures, s'il désire se spécialiser ; et s'il cesse d'étudier, la polyvalence de sa formation lui sera sans doute plus utile auprès des employeurs éventuels qu'une spécialisation hâtive.

C'est donc au deuxième et au troisième cycles que se pose la question de la spécialisation. Comment forme-t-on, à ce niveau, nos spécialistes de la littérature québécoise ou de la littérature française ? Ma foi, j'avoue avoir toujours eu l'impression que les programmes manquaient de cohérence et qu'ils restaient soumis à trop d'imprévu. La dernière modification importante, chez nous, concerne la maîtrise et remonte à 1980, alors que nous avons adopté le programme de maîtrise sans mémoire, lequel doit normalement permettre une spécialisation soit en littérature française, soit en littérature québécoise. Ce programme est particulièrement destiné à ceux dont le premier cycle présentait une grande diversité. Au troisième cycle, où aucun changement important n'est intervenu récemment, nous tâchons de favoriser la pluridisciplinarité. Mais chacun sait qu'à ce niveau, l'étudiant doit préparer une thèse et c'est lui qui en choisit le sujet. Il faut peut-être en conclure qu'une spécialisation véritable, ça n'est offert par aucun programme : on se la donne soi-même. En un sens, l'observation me paraît valable pour tous les niveaux : les étudiants doivent, plus que jamais, prendre en charge leurs études littéraires.

Le haut savoir ? Tout le savoir

Jacques ALLARD

Les universités ? On sait déjà à quoi s'en tenir. Voyez le projet de programme à partir duquel j'interviens maintenant : l'intitulé de notre atelier se lit ainsi « Les études françaises dans les universités du Québec : le haut savoir ! » Ce qui nous est proposé là, c'est déjà une réponse, à tout le moins une mise en situation : quelqu'un parle déjà sur le sujet avant toute intervention de quiconque d'entre nous. Au fond, il s'agit pour moi, pour nous tous, de nous joindre à un débat déjà en cours. Reste à savoir d'où vient cette voix, où a lieu ce débat. Je peux supposer, imaginer quelque scène, l'arrière-scène peut-être de nos hôtes, quelque basse terre du Conseil de la langue française ou de l'AQPF, quelque part en bas où pourrait se situer, face à ce « haut savoir », le terrain d'une certaine ignorance. Quant à savoir qui parle, j'y renonce, tout en me disant qu'il faut tenir compte de cette mise en place au fur et à mesure que j'aborde chacune des questions qu'on me pose.

La première se lit ainsi : « Comment forme-t-on *nos* spécialistes de la littérature québécoise et française dans les universités du Québec ? » Encore une fois l'énonciateur a laissé ici sa trace, puisqu'il s'agit de « nos » spécialistes. Cette fois, je crois bien entendre la voix de *mon*, de *notre* association (l'AQPF), sorte de gouvernement possible ou appréhendé de tout littéraire-enseignant, gouvernement que je renverse tout de go au nom de tous les cotisants universitaires, en tant que membre en règle depuis les origines, ayant même été de ceux qui ont suscité sa venue ! Autrement dit : s'il faut nous situer, nous les universitaires, dans la distance du « haut savoir », il vaudrait mieux éviter ensuite la familiarité un peu rapide de ce possessif (« nos »). À moins qu'il ne s'agisse, pour notre association, de rappeler à elle tous ceux qui iraient par mégarde s'égarer du côté du « haut savoir » ? Au fond, là est peut-être le message dans cette vieille tarte à la crème : l'université (de la hauteur) ne répond pas aux besoins (du bas !) . . .

Là-dessus, je reconnais comme d'autres que là-haut, à l'université, on résiste toujours à la « professionnalisation » ; et que, même, en ce qui concerne l'enseignement littéraire, on n'a pas réussi à ressusciter l'École normale. En fait, si je prends l'exemple de l'Université du Québec à Montréal, où j'enseigne, il me faut remarquer qu'il n'est écrit nulle part que nous devions former des spécialistes de la littérature québécoise et française. Et pourtant c'est bien à nous, comme aux autres constituantes du réseau, que l'État a confié la mission spéciale de la formation des enseignants.

Voyons cela de plus près. Au premier cycle, le grade que nous décernons est le B.A., comme dans les autres universités. Et pour obtenir ce baccalauréat ès arts, l'étudiant peut (à la rigueur) choisir un programme dit d'études littéraires, mais non de littérature québécoise ou française. Il en va de même pour le M.A. (maître ès arts) du deuxième cycle. Discrétion ? Pudeur institutionnelle ? Discours précis qui dit jusque dans les titres des programmes le choix théorique qui a été fait. Conformément à ce qui se propose depuis une bonne vingtaine d'années en Europe et en Amérique, nos programmes ne sont plus ethnocentriques ; ils seraient plutôt théoricocentriques. Pis encore : j'avais cru jusqu'à récemment qu'il s'agissait là d'une marque propre-ment « uqamienne », la particularité d'une université (la seule) condamnée à l'inno-vation. Mais j'ai constaté que depuis quelques années beaucoup d'autres programmes d'autres universités ressemblent de plus en plus au nôtre. Même notre doctorat en sémiologie peut trouver, dans la plupart des vieilles universités, une couverture accueillante. Or quel domaine peut illustrer mieux que la sémiologie l'évolution de tout le champ dont participent les études littéraires, l'éclatement même de l'objet textuel, le discours littéraire n'étant que l'un des systèmes de signes et de signification dont s'occupe la sémiotique (ou la sémiologie).

S'inquiète-t-on alors des répertoires nationaux ? Ils sont, à l'UQAM, très pré-sents, à tous les cycles. Mais ils n'ont évidemment pas le statut d'objet premier des études qui est réservé à la théorie partagée en trois champs : socio-historique, linguistique, psychanalytique. Ces ensembles québécois et français cohabitent en plus avec un répertoire étranger de dimension variable quoique toujours minoritaire par rapport aux deux principaux. Autre précision qui réduit encore le texte littéraire : nous faisons place aussi au texte cinématographique, scénique ou encore à celui de la bande dessinée, ce qui morcelle davantage le terrain d'analyse.

En résumé, à cette première question je réponds que l'université ne forme plus des spécialistes de la littérature québécoise ou française. Il s'agit plutôt, et de plus en plus, d'analystes du discours littéraire dont les exemples québécois et français sont privilégiés mais non exclusifs. Posée de la sorte, la question est dépassée, tout comme est minée l'expression « littérature » si l'on veut désigner un ensemble de productions textuelles, écrites ou non. Même la désignation de « spécialiste » est souvent sus-pecte : ne l'a-t-on pas supprimée en modifiant l'appellation de nos baccalauréats qui ne sont plus dorénavant « spécialisés » en littérature française ou québécoise ?

Qui peut donc ici réclamer « ses » spécialistes de littérature ? L'AQPF ? Il est un peu tard.

La deuxième question s'énonce ainsi : « Quelle est la place des études québé-coises dans *leurs* programmes ? » Reconnaissez-vous l'énonciateur ? Il est bel et bien là dans la surdétermination du « leurs », dans la distance qu'il donne à lire, dans laquelle il tient les programmes universitaires ; dans ce jeu du haut et du bas, du là-bas et de l'ici. J'y reviendrai.

À l'UQAM, les études québécoises tiennent leur place, toute leur place. L'im-portante focalisation théorique entraîne, il va de soi, un vaste corpus à prédominance française. Mais ce dernier est aussi en partie québécois au fur et à mesure que nos essais s'y insèrent. Et puis ce corpus est aussi fréquemment américain ou canadien-anglais, et même italien, espagnol, etc., prenant son bien là où il le trouve. Cela dit, du côté des ouvrages d'imagination proposés à la lecture et à l'analyse, le label québécois domine encore. Précisons toutefois qu'au troisième cycle, là où les sujets de travail portent indifféremment sur des problèmes théoriques ou sur des applications particulières, toutes les pratiques sémiotiques quelle que soit leur « race » ou « caractère » (même chinois !) sont acceptées.

J'ajoute enfin que l'ensemble de nos programmes est on ne peut plus québécois dans la mesure où ce terme désigne la modernité même de notre expression culturelle contemporaine. Tout cela pour dire que, jusqu'à plus ample informé, il n'y a pas un lieu essentiellement québécois (l'ici de l'énonciateur) d'où l'on puisse interpeller ceux qui sont là-bas, à l'université de l'ailleurs ou de la hauteur. Toutes nos études sont québécoises.

La troisième question s'énonce de façon neutre parce qu'elliptique : « Quelle est la place de la littérature non écrite, de la littérature enfantine et de la littérature populaire ? » et présuppose que ces trois « types » ont droit de cité ou d'existence dans des programmes normés.

Je réponds de façon ponctuelle : oui ces types de textes ont leur place dans nos programmes. Le premier (si on entend par là la « littérature orale ») n'a encore qu'une place théorique, étant donné l'absence de recherches importantes que nous avons laissées à d'autres jusqu'à maintenant. La littérature enfantine, pour sa part, nous est réclamée à chaque session par une centaine d'étudiants et donne lieu à des recherches approfondies. Quant à la « littérature populaire » (entendons : les fictions policières, fantastiques et la science-fiction) elle a, elle aussi, toujours été d'une assez grande importance puisque cet ensemble fait partie du répertoire moderne dont nous nous faisons une spécialité.

Vient enfin une quatrième question : « Comment se comparent *nos* départements d'études françaises avec des départements analogues dans le reste de la francophonie ? » Revoici donc notre énonciateur, inévitable comme la panthère rose : il suppose que tous les départements sont d'études françaises et retrouve sa familiarité possessive.

Si nous sommes de plus en plus nombreux à savoir que nous avons de moins en moins de départements d'études françaises, il est peut-être encore temps de nous mesurer à des analogues. Mais où sont-ils ? Dans la francophonie ? Il faudrait peut-être voir à ce sujet ce que l'Association des universités partiellement ou entièrement de langue française (AUPELF) peut nous apprendre. À défaut d'une étude étoffée, il ne nous reste guère que les intuitions et les impressions. Peut-on trouver des départements analogues chez nos homologues de la francophonie ? J'en doute. Il nous faudrait d'abord aller voir hors de France, aller là où cohabitent deux ensembles référentiels, textuels, nationaux (en Belgique, en Suisse, en Afrique ?) qui renvoient à des rapports identiques de la souche à la branche, de la mère à la fille, sinon du colonisateur au colonisé. Ce serait alors aller vers des sociétés où les effectifs, les programmes et les recherches souvent moins variés que les nôtres répondent à d'autres nécessités nationales. Aller sur le terrain universitaire français ? À chacune de nos réformes scolaires nous nous éloignons de notre modèle original au point où nous nous rejoignons parfois grâce à l'américanisation partielle (l'assouplissement de certaines normes) de certains établissements français.

Notre véritable terrain de comparaison est nord-américain, quoi que l'on pense de nos rapports avec la francophonie. C'est au Canada et aux États-Unis que nous trouverons des modes de gestion et d'organisation comparables. C'est là que notre productivité et l'ensemble de nos qualités sont peut-être déjà comparées par quelque fonctionnaire de Québec.

Veut-on finalement, par cette question, faire ressortir notre vie internationale et l'image que nous en obtenons ? Je ne peux là-dessus que signaler quelques faits. Nos homologues étrangers (européens et américains) se joignent à nous depuis une dizaine d'années dans des programmes conjoints de recherches, d'enseignements et de publications. Comme d'autres universités, la mienne a un programme de coopération internationale assez large. Notre Département d'études littéraires est ainsi associé de façon privilégiée à celui de Paris VIII dans un projet officiellement reconnu par la France et le Québec. C'est toute la modernité québécoise et française contemporaine que nous avons commencé d'étudier, nous livrant à des études comparées ou parallèles de l'innovation propre à chaque collectivité depuis une trentaine d'années. Ces recherches sont menées conjointement avec d'autres dont les plus récentes consistent en l'édition critique des textes d'Hubert Aquin et de Paul-Émile Borduas. Nous avons aussi divers échanges avec d'autres universités d'Europe et d'Amérique.

Au fond, la comparaison est vécue depuis assez longtemps pour que nous percevions une image généralement positive, en dépit de la modestie générale de nos performances. L'important, c'est de continuer à échanger des postes et des publications, à dialoguer d'un continent ou d'une culture à l'autre. Continuer, au moment où les restrictions et les contraintes de l'État risquent de nous ramener au vieux schème provincial dont nous croyions être enfin sortis. C'est sur cette scène internationale que se joue en bonne partie le destin de nos institutions, de notre langue et de notre culture. C'est là que l'aventure intellectuelle québécoise prend tout son sens.

Le haut savoir ? Nous avons droit à tout le savoir, comme tout le monde.

Les études françaises à l'Université de Sherbrooke

Joseph BONENFANT

J'ai centré mon propos sur ce qui se passe dans le domaine des études françaises dans l'Université de Sherbrooke, écartant à regret une problématique plus vaste, comme celle des formations spécialisées et des formations polyvalentes, et leur nécessité complémentaire sinon contradictoire. Mon approche descriptive n'est cependant pas étrangère à cette problématique.

Au Département d'études françaises de l'Université de Sherbrooke, les études québécoises sont omniprésentes, qu'il s'agisse de littérature (roman, poésie, essai, théâtre) ou de culture, et nommément du conte et de la chanson, des anglicismes, de la bande dessinée et particulièrement des écrits des Québécoises. Tous ces courants, toutes ces pratiques, tous ces types d'écrits, ce sont des corpus. Mais tous nos programmes ont une nette tendance à annoncer des disciplines, des genres d'approche plutôt que des corpus. Concrètement, nos sommaires de cours comportent toujours la méthode pratiquée et le corpus visé. Histoire générale, théorie générale, introduction à la sémiologie, introduction à la sémiotique, etc.

Pour saisir les implications de cette présentation pédagogique, il faut brièvement décrire la composition du département. Il comporte cinq champs d'études différents mais complémentaires, c'est-à-dire cinq sections, ou programmes, à la fois spécialisés et intégrés : le baccalauréat en enseignement secondaire, ex-formation des maîtres ; les études théoriques, comprenant deux disciplines : études littéraires et culturelles, ainsi que linguistique ; les études pratiques, comprenant deux champs d'études : rédaction-recherche et théâtre d'animation. La section qui nous intéresse, les études littéraires et culturelles, privilégie trois types d'analyse : la sémiotique, la critique psychanalytique, la critique sociologique. Les littératures québécoise et française sont présentées selon ces trois méthodologies.

Au niveau du premier cycle, ces approches très spécialisées n'excluent pas la préoccupation de la culture générale, et leur sévérité est tempérée par le décloisonnement des sections. Ainsi, au cours du présent trimestre d'automne 1982, nos cours de littérature sont fréquentés par 32 % d'étudiants venant de la section littéraire, 3 % de la section linguistique, 16 % de l'option théâtre, 19 % d'étudiants de la section rédaction-recherche, 13 % du baccalauréat en enseignement secondaire, enfin 17 % d'autres départements de la Faculté des arts. Chez nous, la littérature est donc majoritairement enseignée à des non-littéraires, à des gens qui ne sont pas inscrits dans la section littéraire.

Notre prétention de former des spécialistes en littérature québécoise se doit d'être modeste au niveau du baccalauréat. Au début des années 60, notre département n'était composé que des sections linguistique et littérature. Mais à cette époque, c'était des foules qui fréquentaient nos cours sur Sartre et Camus, Claudel et Saint-Exupéry, les auteurs québécois n'étant pas encore entrés nombreux au panthéon universitaire. Parmi les soubresauts culturels des années 70, la littérature a perdu la prérogative qui faisait d'elle *la* culture ; devant l'audio-visuel, l'écrit s'est rétréci.

Dans notre département, si la littérature québécoise, au bac, rejoint beaucoup de monde, c'est que notre clientèle s'est accrue des étudiants du BES en 1981, et de ceux de rédaction-recherche, section créée en 1977 pour la formation de professionnels en information, en communication et en terminologie. Regardez les chiffres. De 1977 à 1982, la clientèle a varié (mais si peu) de 35 à 42, 46, 35, 39 et 35. Pour la même période, en rédaction-recherche (programme qui doit son succès à son originalité et à son système coopératif), le nombre a varié de 22 à 56, 121, 130, 128 et, en septembre dernier, à 156. Il faut préciser, pour ceux qui ne le connaissent pas, que ce régime offre en alternance des sessions de cours à l'université et des sessions de stages dans le milieu du travail.

L'enseignement de la littérature s'étend donc sur une vaste clientèle, mais comme nous avons cinq sections intégrées dans le même département, il faut dire que nos programmes spécialisés, c'est-à-dire ceux qui conduisent à un majeur (60 crédits ou 2 ans) que les étudiants doivent combiner à un mineur (30 crédits ou une année) pour obtenir un baccalauréat, permettent aux étudiants de s'inscrire ensuite à un 2e cycle ; néanmoins, ces programmes ne touchent entièrement que des groupes restreints. Le nombre de spécialistes en littérature française et en littérature québécoise est donc, chez nous, limité ; en revanche, pour les autres sections, ce qui est perdu en spécialisation littéraire est gagné en intégration, en décloisonnement, en ouverture plus large des créneaux. Au BES, la clientèle spécifique est de 100 % ; en linguistique, de 24 % ; en théâtre, de 72 % et en rédaction-recherche, de 74 %. En études littéraires et culturelles, elle est, comme je l'ai déjà mentionné, de 32 %. Rien de plus éloquent que ces chiffres pour nous permettre d'affirmer que chez nous les *études québécoises* sont, en vérité, prépondérantes : elles sont animation, texte, jeu, intervention et impact populaire avec l'option théâtre ; elles sont savoir-dire, savoir-faire, pédagogie au BES ; elles sont question de langue, de communication et d'information en rédaction-recherche ; elles sont parlers régionaux, lexicologie, syntaxe, statistique et socio-linguistique en linguistique.

La place de la littérature comme telle dans ces études québécoises, je la croirais plutôt restreinte. C'est la socio et la sémio-culture québécoises qui occupent la fonction généralisée ; et cette dernière se diversifie, se démultiplie, en tout cas au Département d'études françaises de l'Université de Sherbrooke, selon les programmes des quatre sections qui avoisinent celle des études littéraires et culturelles. D'ailleurs cette désignation le proclame nettement : peut-on désormais au Québec distinguer fructueusement culture et littérature ? C'est pourquoi il faudrait parler plutôt de spécialistes en langue, en société et en culture québécoises. Cela étant vrai, au premier chef, au baccalauréat.

La perspective change aux études supérieures. À ce niveau, la spécialisation peut s'affranchir de l'intégration. Si je regarde les travaux que j'ai dirigés personnellement à la maîtrise et au doctorat, je constate qu'il y a six mémoires de maîtrise en littérature française, et onze en littérature québécoise, plus deux dits de création, comportant une alternance de fiction et de non-fiction. Au doctorat ès lettres, il y a une thèse en littérature africaine, deux en littérature française, deux en littérature québécoise, deux dites de création, plus expressément centrées sur un roman et une dramatique télé, chaque fiction s'accompagnant d'essais réflexifs. Mémoires et thèses de création appartiennent de toute évidence aux études québécoises. Ce qui donne en chiffres absolus, et en synthèse : littérature française, 9 mémoires et thèses ; littérature québécoise, 17 mémoires, thèses et fictions. La proportion est du simple au double. Il y a quinze ans, c'eût été l'inverse. C'est dire le chemin parcouru. C'est dire la place éminente des études québécoises dans ce département dit d'études françaises.

Quand j'ai été engagé à l'Université de Sherbrooke en 1966, c'était à titre de spécialiste de littérature française, en poésie, et vingtièmiste en plus. Il y eut, avec les années, cette dérive vers notre littérature et notre culture, et ce rétrécissement du premier champ d'intérêt et de recherche. Mes préoccupations d'aujourd'hui convergent sur ce qui s'écrit et se concocte au Québec ; je pressens qu'au seuil de ma retraite, en 1999, je serai devenu un vingtièmiste de la littérature québécoise. Mais alors, à quoi bon ce titre, puisque l'année d'après, tout le monde sera vingt et uniémiste de quelque chose ?

En terminant, je dirais que depuis une quinzaine d'années la dérive constante de notre intérêt, qui nous a fait passer de la littérature française à notre littérature nationale, s'est manifestée dans l'ensemble des départements d'études françaises du Québec. Je n'ai pas de chiffres à l'appui, mais le cas de l'Université de Sherbrooke me semble éclairant. Dans la recherche spécialisée, au niveau des 2e et 3e cycles, est-il possible que le rapport soit aussi du simple au double, à Ottawa, à Montréal, à Laval ? Je ne saurais généraliser mon affirmation.

Pour ce qui est de la profonde pénétration des études québécoises au niveau du 1er cycle, elle ne semble pas faire de doute. Encore faudrait-il savoir combien de diplômés du premier cycle s'engagent dans des études de maîtrise, combien de gens de maîtrise entreprennent et terminent des études de doctorat, jusqu'où, en réalité, joue la spécialisation ? Et ce qu'en définitive elle signifie dans un contexte de chômage croissant.

Je remercie mes collègues Richard Giguère, Jacques Michon et Michel Théoret à qui je dois les chiffres et pourcentages utilisés dans ce texte.

Les études linguistiques dans les universités du Québec

Conférenciers :	André DUGAS, professeur, Université du Québec à Montréal
	John REIGHARD, professeur, Université de Montréal
	André BOUDREAU, professeur, Université Laval

Le topo décrivant l'atelier sur les études linguistiques était fait de trois questions auxquelles ont répondu les trois conférenciers dont les textes suivent. Normand Beauchemin, professeur à l'Université de Sherbrooke a également participé à cet atelier qu'animait Jean-Denis Gendron, directeur du Centre international de recherches sur le bilinguisme à l'Université Laval. Voici les questions :

Comment forme-t-on nos spécialistes de la langue dans les universités du Québec ? Quel est l'apport des départements de linguistique à l'analyse du français québécois, au développement du français au Québec, à la linguistique appliquée, à l'aménagement linguistique, à l'étude des aspects sociolinguistiques de la communauté francophone du Québec, etc. ? Comment se comparent ces départements avec des départements analogues dans le reste de la francophonie ?

Les études linguistiques à l'Université du Québec à Montréal

André DUGAS

La linguistique est une science encore jeune, mais le développement de la recherche linguistique au Québec et au Canada l'est encore plus. Ce n'est en effet qu'en 1947 qu'a été fondé le premier département de linguistique, à l'Université de Montréal.

Une équipe de linguistes sous la direction de Monsieur Jean-Paul Vinay s'est d'abord attachée à l'établissement d'une structure qui allait se détacher de plus en plus des études philologiques proprement dites. C'est ainsi que les premiers travaux de ces chercheurs sont marqués par des études de lexicologie et des études de phonétique générale et même de morphologie dans le cas de langues comme l'inuktitut. Les professeurs et les chercheurs de ce premier département de linguistique avaient été pour la plupart formés à l'école européenne et c'est ainsi que leurs enseignements correspondaient aux paradigmes de recherche européens. Monsieur Vinay fournit une analyse de cette période d'amorce des études linguistiques dans un texte magistral qui va de la préhistoire de la linguistique jusqu'à 1974[1].

L'Université Laval, dès la création de son département de linguistique vers 1950, se consacrait à des études de dialectologie, de lexicologie, de phonétique expérimentale et de bilinguisme. Ces domaines de recherche sont encore plus ou moins l'image de marque de cette université.

Quant à l'Université McGill, dont le département de linguistique a été créé beaucoup plus tard, les recherches en linguistique se sont faites assez sporadiquement et cette université s'est plutôt distinguée par des recherches effectuées par des psychologues ou des sociologues qui ont surtout trait à la nature et aux effets du bilinguisme. On doit à l'Université de Montréal le développement initial des études et des recherches en linguistique théorique et, à un degré moindre, celui des études portant sur le français du Québec.

Le département de linguistique de l'Université du Québec à Montréal est fondé en 1970 et plusieurs de ses chercheurs et professeurs ont été formés à l'Université de

---

1. J.P. VINAY, « L'école de Montréal : un quart de siècle de linguistique », dans RONDEAU, G., G. BIBEAU, G. GAGNÉ et G. TAGGART, (1979) *Vingt-cinq ans de linguistique au Canada : hommage à Jean-Paul Vinay, par ses anciens élèves*, Montréal, Centre éducatif et culturel Inc.
   Dans « L'évolution de la recherche sur le français en Amérique du Nord », à paraître dans la *Revue de l'association québécoise de linguistique*, André Dugas et Henri Wittmann font la liste de quelque 500 publications qui couvrent la période 1970-1980.

Montréal. Dès le départ, ce département de linguistique allait donner le coup d'envoi à des recherches et à des enseignements par rapport à trois vastes domaines de l'étude du langage et en privilégiant les applications au français du Québec[2] :
— la linguistique théorique
— la sociolinguistique
— la psycholinguistique.

Les enseignements

Les études que poursuivent les étudiants au niveau du baccalauréat et de la maîtrise reflètent encore aujourd'hui ces trois volets et ont pour but d'offrir une formation de base en linguistique qui soit à la fois scientifique, générale et polyvalente.

Pour atteindre ces objectifs, les différents programmes de 1er et de 2e cycles initient l'étudiant à la description des langues tant au niveau de leur structure que dans les rapports observés dans les dimensions individuelle, scolaire ou sociale au sens le plus large.

Ces programmes visent également à préparer des intervenants capables d'oeuvrer dans des équipes multidisciplinaires dont l'objet spécifique de recherche est le langage. Ils favorisent enfin une initiation à quelques-uns des champs d'application de la discipline notamment la recherche en psycholinguistique, en phonétique et sur les troubles du langage, la recherche en sociolinguistique, en relation surtout avec le statut des français du Québec, la planification linguistique et son évaluation, la recherche en didactique des langues et la description des langues naturelles.

C'est ainsi qu'au niveau du baccalauréat, l'étudiant est conduit à prendre un tronc commun de cours[3] couvrant les thèmes suivants :

Initiation à l'étude du langage
Syntaxe
Phonétique générale
Introduction à la sociolinguistique
Phonologie
Introduction à la psycholinguistique
Sémantique
Morphologie
Introduction à la linguistique historique
Théories et méthodes descriptives en linguistique
Histoire de la linguistique
Épistémologie des théories linguistiques
L'étudiant doit ensuite choisir des cours dans l'une des options suivantes.

---

2. Que ne peut taire l'ampleur et l'excellence de la recherche sur le français régional de Sherbrooke que conduit Normand Beauchemin à cette université. (Voir à ce sujet : *Le statut culturel du français au Québec. Actes du congrès Langue et Société*, Vol. II, Québec, Conseil de la langue française, 1924.)

3. Cf. Les programmes d'études de l'Université du Québec à Montréal, 1982-1983.

Option langue et individu

Atelier de recherche en langue et individu
Stage
Phonétique instrumentale
Troubles de la parole, de la voix et du langage oral
Acquisition du langage chez l'enfant
Méthodes de recherche en psycholinguistique
Problèmes avancés en psycholinguistique et neurolinguistique
Méthodes quantitatives en linguistique

Option langue et éducation

Atelier de recherche en langue et éducation
Stage
Les fonctions du langage
Apprentissage d'une langue seconde
Le langage en éducation : les manuels scolaires et les tests
Applications et implications de la linguistique en didactique des langues
Acquisition du langage chez l'enfant
Méthodes quantitatives en linguistique

Option langue et société

Atelier de recherche en langue et société
Stage
Lexicologie et lexicographie
Planification linguistique
Méthodes de recherche et d'analyse en sociolinguistique
Langues en contact
Problèmes avancés en sociolinguistique
Méthodes quantitatives en linguistique

Option langue et description

Atelier de recherche en langue et description
Séminaire de recherche
Langues en contact
Analyse avec informateur d'une langue X
Description du français québécois
Histoire interne du français
Description et analyse d'une langue X
Problèmes avancés en théorie linguistique

Cette formation se poursuit d'une façon cohérente au niveau de la maîtrise ès Arts où se donnent des séminaires variés et touchant aux domaines suivants.

Théorie linguistique
Phonologie
Syntaxe
Sémantique
Phonétique
Morphologie et lexique
Théories du changement linguistique
Langues en contact
Séminaire thématique en sociolinguistique
Acquisition du langage
Séminaire thématique en psycholinguistique
Séminaire thématique en didactique des langues secondes
Linguistique et enseignement de la langue maternelle
Description X d'une langue Y

Les recherches

L'enseignement doit s'appuyer sur la recherche. Par rapport aux options du baccalauréat, voici une série de titres d'articles ou d'ouvrages marquants ou récents des professeurs du département de linguistique de l'UQAM.

Dans l'option langue et individu, les travaux de quelques-uns d'entre nous ont porté sur plusieurs dimensions de la recherche théorique, de la recherche en psycholinguistique, en neurolinguistique et en phonétique, comme en témoignent les publications suivantes :

ASSELIN, Claire 1980. *La classification des sons du français* (collection de 5 diaporamas). Montréal, Secas-Adimec.

GELINAS CHEBAT, Claire (à paraître). *Les propriétés acoustiques et les indices perceptuels des traits de lieu d'articulation chez l'auditeur normal et le malentendant.* Thèse de doctorat de 3ᵉ cycle. Aix-en-Provence, Université d'Aix-Marseille I, 397 p.

KELLER, Eric 1978. « Parameters for vowel substitutions in Broca's aphasia ». *Brain and Language* 5, 265-285.

KELLER, Eric et coll. 1982. « Perceptual discrimination of vowels in aphasia ». *Archives of Psychiatry and Neurological Sciences* 231, 339-357.

KELLER, Eric et coll. 1982. *Manuel de psycholinguistique.* Département de linguistique, UQAM.

KELLER, Eric et coll. (sous presse). « Computerized measurement of tongue dorsum movement with pulsed echo ultrasound ». *Journal of the Acoustical Society of America.*

En langue et éducation, le département de linguistique contribue directement ou indirectement à la formation et au perfectionnement des enseignants. En plus d'être lié étroitement à un programme de perfectionnement des maîtres (le PPMF), il participe à plusieurs programmes de formation des maîtres. Les professeurs suivants ont tous contribué par des recherches pertinentes aux enseignements de cette option.

ANDREANI, Pierre et REINWEIN, J. 1978. *Rapport sur l'enseignement des langues tierces*. Gouvernement du Québec, MÉQ.

ANDREANI, Pierre et coll. 1977. *Grammaire pour l'expression. Classe de 5ᵉ*. (et Cahier d'exercices). Paris, Nathan.

ANDREANI, Pierre et coll. 1978. *Grammaire pour l'expression. Classe de 6ᵉ*. (et Cahier d'exercices). Paris, Nathan.

BARBAUD, Philippe et col. 1981. « Remarques sur la langue parlée d'enfants de six-sept ans » dans G. Gagné et M. Pagé (réd.) *Études sur la langue parlée des enfants québécois 1969-1980*. Montréal PUM, 49-70.

BARBAUD, Philippe et coll. 1981. « Les alternances phonologiques du pluriel en français chez les enfants de la maternelle à la sixième année » dans G. Gagné et M. Pagé (réd.) *Études sur la langue parlée des enfants québécois 1979-1980*. Montréal PUM 145-160.

DUBUISSON, Colette et EMIRKANIAN, Louisette 1982. « Complexification syntaxique de l'écrit au primaire ». *Revue de l'Association québécoise de Linguistique I* : 1, 61-74.

DUBUISSON, Colette et EMIRKANIAN, Louisette 1982. « Acquisition des relatives et implications pédagogiques » dans C. Lefebvre (réd.) *La syntaxe comparée du français standard et populaire : approche formelle et fonctionnelle*, Coll. langues et sociétés. Montréal, Office de la langue française.

DUGAS, André et coll. 1973. *Look, Listen and Learn*, (ensemble pédagogique comprenant des cahiers d'exercices, des diapositives et des films). Montréal. Centre éducatif et culturel.

EMIRKANIAN, Louisette et DUBUISSON, Colette 1982. « Coordination et subordination dans des textes écrits d'enfants du primaire ». *Revue de l'Association québécoise de Linguistique I* : 1, 101-114.

LAMOTHE, Jacqueline et coll. 1982. Méthode Orange (niveau 2). Montréal, Centre éducatif et culturel.

MC A'NULTY, Judith et coll. 1979. *Le français international, vol. 6*. Montréal, Centre éducatif et culturel.

NEMNI, Monique et coll. 1976. *Les ensembles* (ensemble pédagogique comprenant un livre, des bandes et un guide). Toronto, Prentice-Hall Canada Inc.

NEMNI, Monique et coll. 1979. *Autour de moi*
    1979. *Parlons du français*
    1980. *À vos marques*
    1982. *Ça tourne*.
(ensembles pédagogiques comprenant des livres, des bandes, et des guides). Toronto, Prentice-Hall Canada Inc.

PELCHAT, Roland 1983. « L'écrit n'est-il qu'une transcription de l'oral ? » *Vie pédagogique* 22, 7-9.

PELCHAT, Roland 1981. « Le rôle de la redondance en lecture ». *Recherches linguistiques à Montréal.*

PUPIER, Paul 1977. « Quelques observations sur l'acquisition de la phonologie par des enfants montréalais de 2 ans ». *Recherches linguistiques à Montréal* 9, 175-203.

PUPIER, Paul et coll. 1982. *L'acquisition simultanée du français et de l'anglais chez des petits enfants de Montréal.* Montréal, Office de la langue française, 239 p.

REINWEIN, Joachim 1978. *L'orthographe grammaticale au secondaire.* Montréal. Pracdix.

REINWEIN, Joachim et coll. 1980-1982. *Les apprentis 1ʳᵉ année* (ensemble pédagogique comprenant des guides didactiques et des cahiers d'exercices). Montréal, Études vivantes.

REINWEIN, Joachim (en préparation) : Les quatres types de discours ou *Discours sur les bonnes intentions et les mauvaises applications.*

SAINT-PIERRE, M. et coll. 1982. « La notion de phrase chez les enfants de 6 à 12 ans : une étude expérimentale ». Paris, Encrages ⁸/₉.

*
* *

L'option langue et société se rattache surtout aux méthodes de recherche et d'analyse en sociolinguistique. Il s'agit d'un domaine dont l'essor dépend fortement de l'innovation des programmes du département de linguistique de l'UQAM. Les professeurs suivants ont tous contribué à ce domaine de recherche.

ASSELIN, Claire et coll. 1981. « Patois ou français ? La langue de la Nouvelle-France au 17ᵉ siècle ». *Langage et Société* nᵒ 17. Paris, Maison des Sciences de l'Homme, 3-57.

BARBAUD, Philippe (sous presse). « La langue de l'État et l'état de la langue », dans *La Norme,* Québec et Paris. Conseil de la langue française, Le Robert.

BARBAUD, Philippe (sous presse). *Le choc des patois en Nouvelle-France. Un traité d'histoire de la francisation.* Montréal. HMH Hurtubise Ltée.

CEDERGREN, Henrietta J. 1973. « On the nature and variable constraints » dans C.-J. Bailey et R. Shuy (réd.) *New Ways of Analyzing Variation in English.*

CEDERGREN, Henrietta J. et coll. 1974. « Variable rules : performance as a statistical reflection of competence ». *Language* 50 :2, 333-355.

CEDERGREN, Henrietta J. et coll. 1979. « Les R de ma mère sont perdus dans l'air » dans P. Thibault (réd.) *Recherches sur le français parlé.* Edmonton, Linguistic Research. 13-28.

CEDERGREN, Henrietta J. (sous presse). « La sociolinguistica », dans H. Lopez-Morales (réd.) *Panorama novisimo de la linguistica.* Ed. Playor.

CEDERGREN, Henrietta J. et LEMIEUX, Monique (à paraître). *Variation et changement en français de Montréal.*

LEFEBVRE, Claire (réd.) 1982. *La syntaxe comparée du français standard et populaire : approches formelle et fonctionnelle* (2 tomes), Collection Langues et sociétés. Montréal, Office de la langue française. 800 p.

LEMIEUX, Monique et coll. 1979. « /tUt/ en français du Québec ». *Les Cahiers de linguistique de l'Université du Québec* 9, PUQ. 73-123.

LEMIEUX, Monique 1982. « M'a /tUt/ vous conter ça » dans C. Lefebvre. *La syntaxe comparée du français standard et populaire : approche formelle et fonctionnelle*. Coll. Langues et société. Montréal, Office de la langue française. 49-73.

PRAIRIE, Michel et CEDERGREN, Henrietta J. (à paraître). « Les fonctions sociales de la norme linguistique ».

PRAIRIE, Michel (à paraître). « Un siècle de standardisation linguistique au Québec ».

*
**

Une récente étude évaluant la recherche effectuée au département de linguistique de l'UQAM a démontré que l'option langue et description (c'est-à-dire la linguistique théorique) était quatre fois plus génératrice de recherche que l'option langue et individu, et deux fois plus que les options langue et éducation ou langue et société. Il n'est donc pas étonnant que presque tous les professeurs aient fourni plusieurs publications à ce titre.

BARBAUD, Philippe et coll. 1982. « D'un usage particulier du genre au canadien-français : la féminisation des noms à initiale vocalique » RCL/CJL 27:2, 103-135.

DI SCIULLO, Anne-Marie 1981. « On strict subcategorization ». *Actes du Xᵉ symposium linguistique sur les langues romanes*. Georgetown University Press.

DI SCIULLO, Anne-Marie 1981. « Les symétries, les structures profondes et les formes logiques ». *Revue québécoise de linguistique* 11:1, 93-117.

DI SCIULLO, Anne-Marie et SAINT-PIERRE, Madeleine 1981. « Les actes de requête dans les énoncés de forme impérative et interrogative en français de Montréal » dans C. Lefebvre (réd.) *La syntaxe comparée du français standard et populaire : approches formelle et fonctionnelle*. Québec, Office de la langue française. 155-177.

DI SCIULLO, Anne-Marie 1981. « Lessico e semantica ». *Società di linguistica italiana*, SLI 17/I, Roma, Bulzoni.

DI SCIULLO, Anne-Marie 1981. « Sottocategorizzazione e forma logica ». *Studi di grammatica italiana publicati dall' Accademia della Cursca*, Firenze.

DI SCIULLO, Anne-Marie 1982. « Opérateurs et liage ». *Revue de l'association québécoise de linguistique*, 11:2, 47-57.

DI SCIULLO, Anne-Marie (à paraître). *Un langage sur le langage — Quelques aspects des grammaires génératives*. Montréal, Guérin.

DRAPEAU, Lynn (sous presse). « L'allomorphie des radicaux *ta* en montagnais ». *Actes du XIVᵉ Congrès des Algonquivistes*, Ottawa.

DRAPEAU, Lynn (à paraître) « Decision making on a Standard Orthography : the Betsiamites Case » dans B. Burnaby. *Implementing native Orthographies in Canada*.

DRAPEAU, Lynn 1981. «T-Palatalization: an incipient Change in Montagnais Phonology». *IJAL* 47:4.

DRAPEAU, Lynn 1982. «L'utilisation adverbiale des adjectifs» dans C. Lefebvre (réd.) *La syntaxe comparée du français standard et populaire: approches formelle et fonctionnelle*, Coll. langues et société. Montréal, Office de la langue française. 17-49.

DUGAS, André et coll. 1973. *Principes d'analyse syntaxique*, PUQ.

DUGAS, André et coll. (sous presse). *Approaches to Syntax*, Amsterdam, Benjamins.

DUMAS, Denis 1978. «La querelle des Abstraits et des Concrets, ses a priori idéologiques et la liaison de pluriel en français contemporain» dans Cornulier, Benoit de, François Dell et coll. (réd.) *Études de phonologie française*, Paris, CNRS, 83-106.

DUMAS, Denis 1981. «Structure de la diphtongaison québécoise» CJL/RCL 26-1:1-61

DUMAS, Denis et coll. 1982. «Les matériaux d'origine des voyelles fermées relâchées du français québécois». *Revue québécoise de linguistique* 11:2, 49-72.

KAYE, Jonathan D. 1978. «Recoverability, abstractness, and phonotactic constraints» dans D. Goyvaerts, (réd.) *Phonology in the 1980's*. Gant, Story-Scientia. 469-481.

KAYE, Jonathan D. et coll. 1978. «Il n'y a pas de règles de troncation, voyons!» dans W. Dressler et W. Meid (réd.) *Proceedings of the Twelfth international congress of linguists*. Innsbruck: IBS. 788-792.

KAYE, Jonathan D. 1981. «La sélection des formes pronominales en vata» *Revue québécoise de linguistique* 11:1, 117-135.

KAYE, Jonathan D. et coll. 1982. «The syntactic bases for French liaison». *Journal of Linguistics*, 18:2, 291-330.

LEFEBVRE, Claire et coll. 1982. *Syntaxe de l'haïtien*. Karoma Press. Ann Arbor, Michigan.

LEFEBVRE, Claire 1981. «Lexical complementizers in Quechua and the Theory of COMP». *Journal of Linguistics Research* Vol. 1:2

LEFEBVRE, Claire et coll. (en préparation) *Nominalizations in Quechua*. Riedel Press. Hollande

LEMIEUX, Monique 1982. «La négation dans la théorie du liage et du gouvernement». *Revue québécoise de linguistique* 12:1.

MC A'NULTY, Judith 1981. «ECP est-il local» *Revue québécoise de linguistique* 1:1, 149-191.

MC A'NULTY, Judith 1980 «Binding without Case», NELS X, *Cahiers linguistiques d'Ottawa* 9.

PUPIER, Paul et coll. 1980. « A linguistic and social Description of final consonant cluster Simplification in Montreal French » dans R.W. Shuy et A. Schnukal (réd.), *Language Use and the Uses of Language*, Georgetown University Press, 12-40.

La présence à l'extérieur du département de linguistique de l'Université du Québec à Montréal

La création du département de linguistique a été suivie de près de celle des Cahiers de linguistique de l'Université du Québec (publication connue maintenant sous le nom de *Revue québécoise de linguistique*). De plus, plusieurs des membres du département collaborent activement à la production d'autres revues comme la *Revue de l'association québécoise de linguistique*, la *Revue canadienne de linguistique* ou la *Revue internationale Linguisticae Investigationes*.

Le département de linguistique a, depuis 1972, signé plusieurs conventions de coopération et d'échange notamment avec les Universités Paris VII et Paris VIII et l'Université d'Abidjan. Plusieurs des professeurs de ce département, malgré leur « jeunesse », occupent des postes prestigieux au sein d'associations scientifiques nationales et internationales.

Le bilan des activités du département fait certes envie quand on le compare avec ceux des universités traditionnelles dont la réputation est acquise et qui profitent plus largement des arcanes du pouvoir. Cet état des choses n'a pas empêché une saine collaboration entre les linguistes de l'UQAM et ceux des autres institutions universitaires.

Les études linguistiques à l'Université de Montréal

John REIGHARD

1. Comment forme-t-on nos spécialistes de la langue dans les universités du Québec ?

Avant de répondre directement à cette question, il serait peut-être souhaitable que je précise un peu la nature du Département de linguistique que je me trouve à représenter à ce colloque.

Sur le plan des structures académiques, le Département de linguistique et philologie de l'Université de Montréal offre trois sortes de programmes : linguistique, terminologie et traduction — aux niveaux du B.A., de la maîtrise et du doctorat. Du point de vue des activités d'enseignement et de recherche du corps professoral, on peut distinguer les linguistes, les philologues (qui oeuvrent à l'intérieur des programmes de linguistique), les terminologues (comprenant linguistes et traducteurs), et les traducteurs proprement dits. Bien entendu, les distinctions ne sont pas toujours très nettes, heureusement pour tous d'ailleurs, et pour l'enseignement comme pour la recherche, les préoccupations des uns et des autres trouvent beaucoup de points en commun.

Par ailleurs, les activités linguistiques à l'Université de Montréal sont loin de se limiter à ce seul département, et les contributions des départements d'anthropologie, de sciences politiques, de sociologie, de psychologie, et de la Faculté des sciences de l'éducation sont également très importantes.

Pour répondre à la question de la formation des spécialistes de la langue, on comprendra qu'elle peut varier beaucoup, selon la spécialisation adoptée. Dans notre département par exemple, un étudiant en linguistique reçoit une formation générale dans laquelle le noyau central est l'apprentissage des méthodes et techniques d'analyse des structures du langage humain. Tout en apprenant à analyser objectivement et scientifiquement cet objet, le langage, il est exposé en même temps à l'étude des rapports entre le langage humain et les humains qui parlent : rapports donc entre langage et société, langage et pensée, langage et développement humain, langage et culture, etc.

L'étudiant-traducteur par contre aura une formation dans laquelle les principaux éléments sont d'une part l'acquisition d'une maîtrise parfaite de sa propre langue et de toutes les ressources que l'on peut y trouver, d'autre part l'apprentissage des techniques concrètes de la traduction, et plus particulièrement des problèmes qui se présentent au traducteur dans les domaines spécialisés : traduction de textes techniques, commerciaux, médicaux, juridiques, littéraires, etc.

L'étudiant-terminologue enfin sera exposé à une formation qui tient à la fois de la linguistique, surtout à l'étude et à l'analyse du vocabulaire — lexicologie, lexicographie, sémantique, syntaxe, stylistique — mais qui tient aussi de la traduction, et avant tout aux techniques de la terminologie et de la traduction spécialisée.

Enfin, au niveau des études supérieures dans un département comme le nôtre il est clair qu'un étudiant peut poursuivre ses recherches dans n'importe laquelle de ces spécialisations.

Mais tout comme la recherche sur la langue ne se limite pas aux départements de linguistique et de traduction, des spécialistes de la langue peuvent provenir également d'autres disciplines. C'est ainsi que des programmes en sciences de l'éducation, en anthropologie, en langues étrangères, en sociologie, en psychologie . . . pourront produire des éducateurs, anthropologues, sociologues ou psychologues, dont la spécialisation est l'apprentissage, la comparaison, la planification ou le traitement du langage humain.

2. Quel est l'apport des départements de linguistique à l'analyse du français québécois ?

Comme j'ai voulu l'indiquer ailleurs[1] les travaux d'analyse et de description du français québécois jouissent d'une assez longue tradition scientifique qui remonte au moins au début du siècle. Mais depuis une vingtaine d'années, on assiste à un développement exponentiel de la recherche sur le français québécois, développement que l'on peut attribuer en très grande partie aux activités des départements de linguistique des universités québécoises.

Comme on sait, la science de la linguistique se donne comme objectif d'analyser, de décrire et de comprendre tous les aspects du langage humain, depuis l'examen des détails microscopiques de la phonétique par exemple jusqu'aux utilisations « macroscopiques » les plus larges et les plus générales du langage dans la société, dans la communication, et dans le monde.

Or, les départements de linguistique des universités québécoises, étant situés dans le contexte particulier du Québec francophone dans une Amérique anglophone, manifestent depuis toujours une grande sensibilité aux problèmes linguistiques du français québécois ; c'est ainsi que se sont réalisés des progrès très considérables dans le domaine de l'analyse et de la description du français québécois. Que ce soit dans les champs traditionnels de la linguistique québécoise, phonétique et lexicologie, ou dans la foule de champs d'enquête nouveaux, l'apport des départements de linguistique a toujours été fondamental.

Dans les domaines traditionnels de recherche linguistique, les grandes contributions passées sont le produit d'universitaires. Les classiques de la description phonétique du français québécois, ainsi que les contributions les plus importantes à la

---

1. Voir *Le statut culturel du français au Québec*. Actes du congrès *Langue et Société du Québec*, tome II, Québec, Conseil de la langue française.

collecte et à l'analyse du vocabulaire québécois, ont été faits avant tout dans le cadre des universités. De la même façon les développements les plus récents dans ces domaines traditionnels sont le produit de départements de linguistique : en phonétique le développement de la radio-cinématographie, de l'analyse et de la synthèse informatique de la parole, de l'électro-palatographie, et de l'analyse minutieuse de la sociophonétique ; en lexicologie la mise sur pied d'observatoires du français contemporain, la collecte de néologismes québécois, de vocabulaire nouveau, de lexiques spécialisés et de dictionnaires étymologiques. Toute cette activité témoigne de la vigueur de la recherche dans les départements de linguistique au Québec.

Et cette activité de recherche n'a pas été moins intense dans les domaines nouveaux en dialectologie, en phonologie, en morphologie, en syntaxe, en histoire de la langue, en ethnolinguistique, en sociolinguistique, en études sur le bilinguisme, sur l'acquisition du langage, en traduction et en traduction automatique, et en terminologie. Ce sont tous des champs d'enquête qui ont contribué énormément au progrès de nos connaissances de cette langue parlée au Québec.

Nous avons bien entendu les travaux de recherche produits par les professeurs du Département mais il ne faut pas oublier les effets secondaires et tertiaires de ces activités : production importante de thèses et de mémoires par les étudiants du Département, exécutés dans le cadre des programmes académiques, et production tout aussi importante de livres, d'articles, de rapports de recherches et de communications faits par les étudiants et chercheurs dans le cadre des nombreux projets de recherche subventionnés.

3. Quel est l'apport au développement du français au Québec ?

Je tiens à préciser tout d'abord que la notion de développement d'une langue doit s'entendre dans le sens de son implantation dans les structures sociales, politiques et judiciaires, et non pas dans le sens d'un quelconque « développement » de ses structures internes. Nous savons que le français québécois, comme toute autre langue humaine, évolue naturellement, selon les besoins de communication de ses locuteurs. Comme il a maintes fois été démontré, le français québécois n'a pas à être « développé » en termes de structures phonétiques, morphologiques, syntaxiques, ou sémantiques.

Cela dit, depuis l'évolution récente des politiques linguistiques au Québec, le français est appelé à occuper de nombreux domaines d'activités qui étaient autrefois réservés à la langue anglaise. Et c'est dans ce sens-là que des beoins de développement se font sentir. La francisation du Québec amène donc des besoins concrets, et là encore l'apport des départements de linguistique a été fondamental.

D'une part l'implantation de programmes académiques visant à assurer la formation de traducteurs a joué un rôle primordial dans l'amélioration progressive de la qualité des traductions à laquelle on assiste depuis dix ans. Alors qu'on peut encore trouver à l'occasion, malheureusement, des exemples de mauvaises traductions, il faut bien admettre qu'ils sont plus rares aujourd'hui qu'il y a dix ou vingt ans, et que de façon générale nous mettons plus de soin dans la production de textes en langue française, comme nous sommes exigeants aussi face aux textes que nous sommes appelés à lire. Quant aux traducteurs eux-mêmes, de plus en plus ils sont le produit des programmes spécialisés de traduction des universités, où ils reçoivent une formation poussée, dans laquelle on met l'accent avant tout sur la qualité de la rédaction, sur des considérations stylistiques, sur la méthodologie de la recherche terminologique, et sur une connaissance approfondie de la langue française.

Parallèlement au développement des écoles de traduction, on a vu l'élaboration de programmes de terminologie, et là encore, les activités d'enseignement et de recherche des départements de linguistique ont été importantes. Fruit d'une collaboration entre lexicologues, lexicographes et traducteurs, la recherche terminologique en langue française est née au Québec, et s'est développée au Québec. Et c'est encore aujourd'hui au Québec que se fait la recherche de pointe dans cette discipline. La recherche terminologique québécoise a donné lieu à la publication de nombreux vocabulaires, glossaires et lexiques spécialisés ; elle a produit les banques de terminologie sur ordinateur ; et elle a permis l'élaboration de toute la recherche dans les langues de spécialisation.

Dans une perspective un peu différente mais tout de même reliée, c'est au Québec que s'est développée la traduction automatique entre l'anglais et le français, et l'application de celle-ci à la traduction des prévisions météorologiques. À une époque où tout se fait par ordinateur, l'importance de ce domaine de recherche est évidente : les traducteurs eux-mêmes font de plus en plus appel à l'informatique, aux banques de terminologie et aux appareils de traitement de textes, et la traduction automatique est maintenant disponible sur le marché commercial à des coûts concurrentiels.

4. Quel est l'apport à la linguistique appliquée ?

Ici encore il faut s'entendre sur les termes. « Linguistique appliquée » s'entend souvent dans le sens de la linguistique appliquée à l'enseignement de la langue, mais je préfère le prendre dans son sens étymologique : les applications de la linguistique. Dans ce sens plus large, on voit l'importance de l'apport de la linguistique dans de nombreux domaines.

À l'Université de Montréal la linguistique est « appliquée » à la traduction, à la traduction automatique, et à la terminologie, champs d'activité dont j'ai voulu donner une idée ci-haut. La linguistique est appliquée aussi à l'étude du bilinguisme, et tout particulièrement à l'étude de l'acquisition du français par de jeunes anglophones en situation d'immersion. La linguistique est appliquée à l'élaboration d'un nouveau type de dictionnaire contextuel.

On trouve une autre application importante de la linguistique dans l'étude de l'aphasie, pour laquelle on a créé récemment à l'Université de Montréal un centre de recherche qui dépend à la fois du Département de linguistique et philologie et de la Faculté de médecine. Ici encore c'est au Québec que se font les recherches les plus importantes en aphasie francophone, et les seules recherches sur les aphasiques bilingues anglais/français.

L'apport du Département de linguistique et philologie de l'Université de Montréal se fait sentir également, de façon un peu moins directe, dans les cours de service de formation de base en linguistique qui sont offerts aux autres départements et facultés (Anthropologie, Études françaises, Études anglaises, départements d'études de langue, Orthophonie et audiologie, etc.)

Enfin, pour ce qui est de la linguistique appliquée à l'enseignement de la langue, soulignons, en plus des activités propres au Département de linguistique et philologie — recherche en apprentissage du français langue maternelle et seconde — l'apport tout particulier de l'enseignement et de la recherche des professeurs et chercheurs de la Faculté des sciences de l'éducation.

5. Quel est l'apport à l'aménagement linguistique ?

Ici on entre dans le domaine politique. Bien sûr, il ne revient pas aux universités, fort heureusement d'ailleurs, de jouer un rôle direct dans la prise de décisions concernant les politiques à suivre dans un domaine ou dans l'autre. Le rôle qui revient à l'université est plutôt un rôle de réflexion, de recherche objective et d'enquête raisonnée et libre. Et idéalement c'est cette recherche universitaire qui devrait alimenter — directement ou indirectement — la prise de décisions au niveau de la planification politique et sociale.

Et je crois que c'est effectivement ce qui se produit, quoique souvent avec une lenteur et un temps de réaction qui peuvent exaspérer les chercheurs impliqués dans la recherche linguistique.

Dans toute décision concernant la langue française, que ce soit au niveau de l'enseignement, de la traduction, de la rédaction, de la diffusion, de la création, ou de l'utilisation, nous sommes appelés à tout moment à faire des choix. Et pour bien choisir, pour choisir avec intelligence, sensibilité et justice, en tenant compte de toutes les variables linguistiques et sociales qui entrent en jeu, nous avons besoin avant tout d'information objective, information concernant la nature même de cet objet, la langue.

À mon avis, c'est précisément dans ce sens-là que la contribution de la recherche fondamentale en linguistique québécoise prend tout son sens.

C'est dans ce sens-là que l'ensemble des recherches sur la description du français québécois, l'étude de tous ses éléments constitutifs, ainsi que la recherche sur sa place géographique, sociale et politique, contribuent progressivement à faire prendre conscience, de façon de plus en plus claire, de ce que c'est que ce français « pas tout à fait comme les autres », qui fait l'objet de tant de préoccupations, de débats, de planification.

Pour ce qui est de la recherche appliquée, en traduction et en terminologie par exemple, les retombées sont beaucoup plus directes. Ce sont les universités qui ont produit les banques de terminologie, et qui continuent à contribuer en grande partie à l'élaboration du vocabulaire spécialisé dont nous avons continuellement besoin. Enfin l'apport des recherches en traduction automatique, en lexicologie, en aphasiologie, en bilinguisme et en didactique ne fait plus de doute : ce sont des champs d'enseignement et de recherche qui fournissent des informations, des outils, des appareils, dont l'application est immédiate, et dont la valeur est certaine.

6. Quel est l'apport à l'étude des aspects sociolinguistiques ?

À l'instar d'autres domaines de la linguistique, la recherche sociolinguistique québécoise est franchement à la pointe des recherches contemporaines. Il s'est produit au Québec, depuis une dizaine d'années, une quantité et une qualité d'études remarquables : sur la description et l'analyse des variantes linguistiques et de leur rôle dans les structures sociales ; sur les effets et implications de la dynamique sociolinguistique québécoise — implications sociales, politiques et éducatives ; sur la nature même des multiples relations existant entre langue et société.

Grâce à cette recherche, nous avons aujourd'hui une idée beaucoup plus claire des aspects sociolinguistiques du français au Québec. Nous savons que la co-existence dans une même société d'une infinité de variétés de langue, allant du français le plus raffiné au joual le plus populaire, n'a rien d'exceptionnel, et correspond exactement à ce qu'on retrouve dans tous les pays industrialisés.

Malheureusement, nous savons aussi que ces différences, voire ces distinctions sociolinguistiques jouent un rôle important dans le maintien de certaines inégalités sociales. Par une mystification du français dit « correct », par une double mystification du français populaire, et par une pédagogie traditionnelle qui, trop souvent, ne fait que transmettre nos mythes collectifs au lieu de faire porter une réflexion sérieuse sur le langage, nous contribuons collectivement au maintien, chez un grand nombre de Québécois, d'un complexe d'infériorité linguistique, voire même d'une aliénation linguistique, simple face à l'anglais, mais double face à notre propre langue.

Encore une fois on voit toute l'importance de la recherche fondamentale. Dans un domaine qui nous concerne si intimement, où la notion de l'acquisition de la langue se confond avec celle de l'acquisition de la pensée, la recherche sociolinguistique québécoise nous fournit une matière à réflexion de la plus haute importance.

7. Comparaison avec les départements de linguistique dans le reste de la francophonie

Comme je l'ai mentionné à plusieurs reprises, les départements de linguistique des universités québécoises se comparent très favorablement au reste de la francophonie. Dans certains domaines de recherche nous pouvons affirmer sans hésitation que les universités québécoises sont à la pointe de la recherche linguistique. Pour ce qui est de la description du français, l'analyse de ses systèmes grammaticaux, la **recherche** théorique fondamentale, la sociolinguistique, et les applications de la linguistique, nous avons vu que les recherches québécoises sont souvent à la pointe de la recherche contemporaine.

Je terminerai cette intervention sur une note que je considère particulièrement importante. Nous avons fait un rattrapage considérable au Québec depuis une vingtaine d'années. Les progrès qui ont été effectués dans le développement des universités québécoises sont considérables et nous en voyons concrètement les résultats dans un domaine particulier comme la linguistique.

D'un autre côté j'ai voulu montrer comment la recherche fondamentale, qui est produite dans ces universités, n'existe pas en vase clos. J'ai essayé de donner une idée de l'importance de la recherche linguistique québécoise et de l'importance de sa contribution à la société québécoise.

Cependant, les compressions budgétaires auxquelles les universités québécoises font face aujourd'hui commencent à avoir des effets catastrophiques. Le rattrapage est loin d'être fait dans l'enseignement supérieur, et il faut à tout prix éviter de laisser se créer de nouveau au Québec le statut de parent pauvre que nous avons connu pendant si longtemps. Il faut maintenir un niveau de financement adéquat pour cette recherche universitaire, si nous voulons éviter de perdre — et rapidement — tout ce que nous avons gagné depuis 20 ans.

Les études linguistiques à l'Université Laval

André BOUDREAU

Le Département de langues et linguistique de l'Université Laval a récemment redéfini ses grandes orientations. Ces orientations s'appuient sur le double aspect de l'étude des langues : d'une part la réflexion sur la théorie et les méthodes en linguistique, abstraction faite des langues étudiées, d'autre part l'étude théorique ou pratique de diverses langues.

Ainsi, conformément à sa première orientation, le Département de langues et linguistique privilégie les activités s'inscrivant dans le cadre des études qui portent sur le français et particulièrement sur le français québécois.

Le français et le français québécois constituent un domaine d'activité privilégié mais non exclusif. C'est pourquoi une part importante des efforts du Département de langues et linguistique va vers l'étude d'autres langues, ce qui constitue sa deuxième orientation. En effet, le Département assume ses responsabilités dans l'analyse linguistique des langues autochtones et des langues étrangères, dans l'enseignement et la didactique de ces langues et dans l'étude des contacts interlinguistiques.

Au niveau de l'enseignement du premier cycle, le Département de langues et linguistique participe à plus de trente programmes de la Faculté des lettres ; il offre notamment des cours dans les programmes suivants :

Baccalauréat spécialisé en :
   linguistique
   études françaises
   traduction
   français pour non-francophones
   études allemandes
   langue et linguistique anglaises
   études hispaniques

Majeur ou diplôme en :
   langue et linguistique françaises
   études allemandes
   langue et linguistique anglaises
   études anglaises
   études hispaniques
   langue et linguistique espagnoles

Mineur ou certificat en :
    langue française
    études françaises et québécoises pour non-francophones
    langue allemande
    langue anglaise
    langue espagnole
    russe

Le Département offre enfin un majeur en études françaises dans le cadre du Baccalauréat d'enseignement secondaire, un majeur en études anglaises dans le cadre du baccalauréat d'enseignement secondaire, un majeur en études allemandes ou en études hispaniques dans le cadre des mêmes programmes et un certificat d'aptitude à l'enseignement spécialisé d'une langue seconde ou étrangère.

Outre ces programmes, le Département participe aux programmes de BEPPO, de baccalauréat général et d'études libres. Il offre enfin sporadiquement des stages pour l'enseignement du français langue seconde par les méthodes structuro-globales audio-visuelles et des stages, des mini-stages, des cours ou des conférences, à la demande de commissions scolaires, du ministère de l'Éducation, et du ministère des Affaires intergouvernementales du Québec.

Il convient de noter que le Département offre des cours dans presque tous les programmes de l'université à titre de cours optionnels ou à des étudiants qu'il accueille dans ses cours de langues.

Au niveau des 2e et 3e cycles, le Département assume la responsabilité d'un programme de maîtrise et de doctorat en linguistique et d'un programme de maîtrise en terminologie et en traduction.

Le programme de maîtrise en linguistique a comme objectifs de permettre à l'étudiant d'approfondir ses connaissances dans un domaine de la linguistique d'une part, d'acquérir la méthode appropriée d'autre part. Le programme de doctorat a pour objectif de permettre à l'étudiant d'entreprendre un travail de recherche original dans un domaine spécialisé de la linguistique.

Les champs et domaines d'études de ces programmes sont les suivants :
    linguistique générale
    grammaire comparée des langues indo-européennes
    histoire de la langue
    bilinguisme
    phonétique
    grammaire
    dialectologie
    lexicologie et sémantique
    stylistique
    sociolinguistique
    linguistique différentielle
    lexicographie
    philologie
    didactique des langues
    terminologie et traduction

En didactique des langues, le Département offre la maîtrise avec thèse et la maîtrise sans thèse de type professionnel. En traduction et en terminologie existe seule la maîtrise sans thèse de type professionnel. Dans les autres domaines, il n'y a que la maîtrise avec thèse.

Au niveau de la recherche, certains professeurs poursuivent leur recherche au CIRB (Centre international de recherche sur le bilinguisme) ou au CELAT (Centre d'étude en langue, arts et traditions populaires des francophones en Amérique du Nord), d'autres travaillent dans le cadre des projets collectifs suivants :

— Le Trésor de la langue française au Québec
— La publication des manuscrits de Gustave Guillaume
— Étude sociolinguistique du français parlé dans la ville de Québec.

Enfin, le Département reconnaît d'autres groupes de recherche auxquels il apporte son appui :

— GRELTA (Groupe de recherche en langue par traitement automatique)
— GREDIL (Groupe de recherche et d'étude en didactique des langues)
— GIRSTERM (Groupe interdisciplinaire de recherche scientifique et appliquée en terminologie).

Les laboratoires de phonétique et de didactique des langues fournissent aux chercheurs et aux étudiants du Département le support technique nécessaire à la poursuite de leurs travaux.

Les membres du Département de langues et linguistique collaborent, à titre divers, à nombre de publications.

À titre d'exemples :

La revue *Langues et linguistique*, qui paraît régulièrement depuis 1975, vise à diffuser les recherches des professeurs et des étudiantes et étudiants gradués du Département.

La collection *Langue française au Québec*, dirigée par Lionel Boisvert et Marcel Juneau, comprend quatre sections :

Monographies linguistiques
Éditions commentées de textes
Lexicologie et lexicographie
Travaux de linguistique québécoise.

Les publications du GIRSTERM s'inscrivent sous trois rubriques :

Travaux de terminologie
Textes choisis de terminologie
Langues de spécialité.

Le CIRB publie plusieurs collections auxquelles participent des professeurs du Département. Les *Cahiers de psychomécanique du langage* sont publiés par le Fonds Gustave Guillaume.

Le Département de langues et linguistique occupe donc à Laval un espace très large grâce à la compétence et à l'initiative de son corps enseignant et à l'intérêt du milieu pour ses travaux et ses enseignements.

La place de l'enseignement de l'anglais dans les écoles francophones du Québec

Conférenciers :   Jean-Marie LAMOTHE, enseignant, Commission scolaire Provencher

Roger TREMBLAY, professeur, Université de Sherbrooke

Hélène BREAULT-CHÂTAIGNIER, responsable de programme, Université de Montréal.

Traditionnellement, l'enseignement de l'anglais langue seconde était réservé au niveau secondaire : depuis une bonne dizaine d'années, il commence de plus en plus au niveau primaire. Les parents font des pressions constantes sur leurs commissions scolaires pour que l'anglais soit enseigné de plus en plus tôt parce qu'ils constatent que leurs enfants ne maîtrisent pas l'anglais au sortir de l'école. Jean-Marie Lamothe insistera sur le problème général de l'enseignement-apprentissage de l'anglais, sur les besoins tels qu'ils sont perçus et sur le contexte sociolinguistique du Québec. Roger Tremblay considérera la position de l'enseignant et lui accordera une place importante dans la motivation et dans l'effort que peuvent faire les élèves. Hélène Breault-Châtaignier tentera de désamorcer cette espèce de tension à propos de l'enseignement de l'anglais et proposera même de le rendre optionnel. Jonathan Munroe Jones, responsable des programmes d'anglais au ministère de l'Éducation a également participé à cet atelier animé par Christophe Hopper, professeur à l'Université de Montréal.

Le point de vue d'un enseignant

Jean-Marie LAMOTHE

Lorsqu'on veut parler de la place qu'occupe ou devrait occuper l'enseignement de l'anglais dans les écoles francophones du Québec, une chanson populaire nous vient tout de suite à l'esprit : « Tout le monde veut aller au ciel, mais personne ne veut mourir ». En effet, les francophones adultes veulent être bilingues sans avoir l'air de capituler devant les anglophones, de céder au contexte nord-américain ou de projeter l'image de fédéralistes rétrogrades ou de nationalistes à rabais. Les étudiants francophones, quant à eux, veulent être bilingues sans efforts, comme si les méthodes du type « apprenez l'anglais sans peine en quinze jours » que les marchands d'illusions ont commercialisées jusqu'à tout récemment, avaient quelque valeur. Le ministère de l'Éducation, enfin, veut se poser en modèle pan-canadien en ce qui concerne les efforts pour l'enseignement de la langue seconde, mais diminue en même temps le temps consacré à cette matière dans toutes les écoles secondaires du Québec.

Je vais faire un survol rapide, et, je l'avoue, un peu échevelé, des circonstances historiques et géographiques qui nous ont conduits où nous en sommes sur le plan de la langue seconde. J'aborderai ensuite la place qu'elle doit avoir et l'attitude des personnes concernées. J'aborderai également l'apport du français dans l'enseignement de la langue seconde.

En Europe, il n'est pas rare que des adolescents maîtrisent deux ou trois langues. La diversité et la proximité des pays, avec chacun sa langue, combinées à la surface relativement réduite et aux facilités de transport, ont rendu la chose tout à fait normale, sinon nécessaire.

Ici, toutefois, des réalités historiques ont provoqué une sorte de clivage entre les deux blocs linguistiques. À l'immensité du territoire nord-américain que se sont partagés les deux peuples dits fondateurs s'ajoutent donc des facteurs historiques qui se nomment : la rivalité entre les mères patries respectives, la Conquête, la tentative avouée d'assimilation, les troubles des patriotes en 1838-1839, Louis Riel, la conscription et, plus récemment encore, l'avènement d'un mouvement indépendantiste et le rapatriement de la Constitution.

L'ouverture à une langue seconde est donc apparue très tôt, contrairement à ce qui s'est produit sur le continent européen, comme une menace à l'intégrité, ou encore une menace à l'identité religieuse, sociale ou culturelle, voire même une trahison. On comprendra facilement que dans un tel contexte, le secteur de l'anglais langue seconde ait été et continue d'être jusqu'ici un parent pauvre dans notre organisation scolaire, et cela en dépit du fait que des analyses récentes sur les besoins langagiers des francophones québécois aient établi hors de tout doute leur désir ferme de maîtriser la langue seconde. Mais qu'en est-il au juste de cette fameuse place que l'enseignement de l'anglais doit occuper chez nous ?

Je me permettrai seulement de souligner un danger. Traditionnellement, les vrais bilingues au Québec étaient des francophones. Les anglophones se contentaient d'être unilingues et de diriger les affaires. Le poids du bilinguisme reposait surtout sur les épaules des francophones. Les changements récents, la Loi 101 en particulier, ont provoqué un virage marquant chez les anglophones, enfin chez ceux qui sont demeurés au Québec. Ils se sont mis sérieusement à l'étude du français en modifiant le régime pédagogique et surtout en multipliant les classes d'immersion. Le danger est donc que le bilinguisme au Québec soit dorénavant l'affaire des anglophones avec les avantages qui en découlent, postes de direction, mobilité et possibilités de promotion. Il faudrait craindre de nous voir privés de nombreuses sources d'information et de divertissement que le bilinguisme mettrait à notre portée.

Ces dangers dont je viens de parler m'amènent à préciser la nature de nos besoins langagiers. Distinguons les besoins utilitaires des besoins culturels, et distinguons aussi les clientèles scolaires selon qu'elles poursuivront ou non des études collégiales ou universitaires.

Notre environnement linguistique étant ce qu'il est en Amérique du Nord, le besoin d'une connaissance de l'anglais comme langue seconde sur le plan culturel saute aux yeux. Songeons ici à la masse d'informations de toutes sortes qui est à la portée des personnes qui peuvent comprendre les médias électroniques et parcourir les journaux et revues anglophones. À cela s'ajoutent toute la littérature et tous les spectacles dans la langue de Shakespeare, sans parler des émissions et des publications à caractère scientifique, social, économique, et j'en passe.

Considérons seulement l'apport que constitue la capacité d'échanger avec des personnes rencontrées à l'occasion de voyages. N'oublions pas que la capacité linguistique de partager leurs préoccupations et leurs aspirations est un moyen privilégié de s'enrichir à leur contact. Sans compter que la lecture de leurs publications locales et l'écoute de leurs émissions constituent une source d'information et de pénétration de leur culture qu'on ne saurait négliger.

L'aspect économique n'est pas non plus à dédaigner. Que ce soit à la radio, à la télévision ou dans les salles de spectacles, la clientèle anglophone étant à peu près cinquante fois plus nombreuse en Amérique du Nord que la clientèle francophone, la loi du marché joue son rôle. De sorte que le francophone bilingue peut profiter de spectacles de grande envergure et de grande qualité dont il ne saurait profiter au même prix en français au Québec. De plus, les publications littéraires anglophones sont beaucoup moins chères dans leur version originale, sans compter la qualité qui se perd dans le processus de la traduction. On le voit, les avantages du bilinguisme sur le plan culturel sont innombrables.

Je disais, il y a un instant, qu'il faut distinguer les clientèles scolaires. Tous les francophones du Québec, quel que soit leur degré de scolarité, voudront voyager et tirer avantage des productions littéraires, scientifiques, sportives ou autres des mass médias anglophones. Mais plus ils seront instruits, plus ils seront mobiles et plus ils seront en contact avec l'autre ethnie. Pour le jeune qui termine un secondaire court ou long et qui travaille dans une petite fabrique de Sainte-Sophie-de-Lévrard ou de Saint-Zéphirin-de-Courval, il conviendrait davantage de parler d'utilité culturelle que de besoin, le mot utile étant ici presque synonyme d'agréable.

Mais pour l'ingénieur en électronique par exemple, où qu'il travaille, il convient de parler d'utilité linguistique, le mot utile étant ici presque synonyme de besoin. Son ascension dans la hiérarchie administrative sera à toutes fins utiles conditionnée à sa maîtrise de la langue seconde.

On peut donc résumer la notion de besoin en ce qui a trait à la langue seconde en disant que le besoin culturel croît généralement avec la scolarité et que ce besoin culturel se double d'un besoin utilitaire ou professionnel dans une mesure directement proportionnelle à la scolarité.

Comme c'est la minorité des élèves de l'élémentaire et du secondaire qui termineront un cours collégial ou universitaire, et que la majorité d'entre eux n'auront pas, à proprement parler, vraiment besoin de connaître l'anglais pour gagner leur vie, il faut surtout faire ressortir les besoins culturels plutôt que les besoins professionnels pour leur vendre l'idée d'apprendre la langue seconde.

Le milieu adulte (professeurs, parents, travailleurs et entrepreneurs) comprend bien à la fois l'utilité culturelle et le besoin professionnel de maîtriser la langue seconde pour les raisons que je viens d'énumérer. Chez les gens âgés cependant, on a conservé un jugement global et peu nuancé d'avant la Révolution tranquille selon lequel toute réussite sociale et professionnelle passe par le bilinguisme ou, pour paraphraser l'autre, « sans anglais, point de salut ». Les plus jeunes, en revanche, semblent avoir une opinion plus nuancée et font les distinctions que j'ai déjà mentionnées sur la scolarisation : la connaissance de l'anglais ne leur apparaît pas comme une nécessité ; mais ils sont conscients que l'unilinguisme compromet les chances d'avancement et restreint l'accès à la richesse de l'autre culture.

Des sondages ont démontré que les étudiants du secondaire ont une attitude positive envers le bilinguisme. Ils savent bien que la connaissance de la langue est un atout pour eux. Mais voilà, ils ne sont pas très nombreux à vouloir travailler pour y parvenir. L'anglais ne se classe pas dans le peloton de tête des matières dites importantes dans la grille des cours, les mathématiques menant la course. L'attitude serait positive, la volonté y est, mais c'est l'effort qui flanche. Autant le désir est fort, autant les efforts sont faibles. On veut l'anglais, oui, mais l'anglais sans peine. Pour reprendre l'idée du début de cet exposé, on veut le ciel du bilinguisme sans se tuer à la tâche.

Je voudrais profiter de l'occasion pour souligner l'importance de la maîtrise de la langue maternelle pour l'apprentissage de la langue seconde. En 17 années d'enseignement, je ne crois pas avoir rencontré un seul élève qui ait eu une faiblesse marquée en français et qui ait réussi à apprendre l'anglais d'une façon convenable. À ce chapitre, je dois dire que nous sommes drôlement dépendants des professeurs de français. Devrais-je dire tristement dépendants, parce que nos élèves sont plutôt faibles en français.

Je crois savoir que le nouveau programme de français est axé sur la communication. Si cette approche sied bien à l'anglais parce que nos élèves voudront, on l'a dit plus tôt, comprendre et lire les anglophones et peut-être aussi échanger avec eux à l'occasion de voyages, je regrette qu'on l'ait retenue pour le français. Feu le programme-cadre avait, si je ne me trompe, plutôt abusé de cette orientation. Avec le résultat que nos étudiants communiquent beaucoup, mais plutôt mal.

Nous avions espéré que le nouveau programme de français viserait à faire comprendre aux élèves les mécanismes qui contrôlent leur langue. Une émission sur le sujet à Radio-Canada, il y a quelques années, avait montré que sans une connaissance suffisante des structures de sa langue, une personne arrive difficilement à exprimer sa pensée ; pis encore le mécanisme même de cette pensée se trouve dangereusement compromis. L'acquisition de toute connaissance passe par une bonne maîtrise des lois qui gouvernent sa langue maternelle. Cela est d'autant plus pertinent lorsqu'il s'agit de l'acquisition d'une langue seconde, étant donné les rapprochements que l'on peut faire entre les deux.

Permettez-moi de vous donner quelques exemples. Un professeur de français qui s'étonnait d'entendre un de ses élèves dire « j'mai trompé » a compris certaines choses lorsqu'il a entendu le père de ce dernier dire « j'mai levé en retard ». Dans *La Presse* on donnait dernièrement un exemple de perle tiré d'un article de programme traduit à Toronto. On dit en anglais : « [. . .] the coach of the highly-successful Rossignol team [. . .] ». Et tenez-vous bien, on a traduit : « [. . .] l'entraîneur d'une équipe de Rossignols hautement qualifiée [. . .] ». Pourquoi pas une équipe de serins tant qu'à y être.

Comment enseigner à l'élève l'usage des propositions subordonnées en anglais lorsqu'il dit par exemple en français « l'homme que je t'ai parlé » plutôt que « l'homme dont je t'ai parlé » sans qu'on arrive à lui faire prendre conscience de l'erreur qu'il commet dans sa langue maternelle. Ou encore quelle signification peut avoir un rapprochement avec le français pour l'étude du conditionnel lorsque l'élève dit « si j'aurais su, j'aurais pas fait ça » ou pire encore « si g'ara su, g'ara pas fait ça ». Je voudrais bien que les professeurs de français retiennent ceci : les professeurs d'anglais souhaitent que les élèves ne soient pas privés de ce tremplin essentiel qu'est une connaissance profonde de leur langue maternelle. Nos tâches ne s'opposent pas, au contraire. Elles sont complémentaires.

En guise de conclusion, j'insisterai sur deux points.

Nous nous trouvons, actuellement, à un tournant. C'est à nous, enseignants qui oeuvrons dans le système d'éducation, qu'il appartient de veiller à ce que le bilinguisme ne devienne pas le champ à peu près exclusif du secteur anglophone, mais qu'au contraire une part de plus en plus grande de ce bilinguisme, avec les nombreux avantages qui s'y rattachent, soit conservée au secteur francophone.

L'attitude des jeunes est positive. Comme je le disais tout à l'heure, ils veulent être bilingues. Oh ! sans efforts peut-être, mais ils le veulent tout de même. Et comme le montrait le docteur Richard Clément dans une recherche récente, il existe un lien étroit entre l'attitude et l'aptitude dans l'apprentissage d'une langue seconde. Il nous faut donc tabler sur cet avantage sans tarder en espérant que les jeunes fourniront l'effort que la société est en droit d'attendre d'eux. Autant nos ancêtres s'étaient repliés sur eux-mêmes dans une sorte d'instinct de conservation, autant la génération montante doit s'ouvrir au continent tout entier par la voie d'un bilinguisme dynamique.

Un regard sur le nouveau régime pédagogique et la place que le ministère de l'Éducation réserve à l'enseignement de la langue seconde nous fait douter qu'il soit arrivé à ces conclusions.

Le point de vue d'un didacticien de l'anglais

Roger TREMBLAY

« Quelle est la place de l'enseignement de l'anglais dans les écoles francophones du Québec ? » Je crois que c'est une question que l'on a non seulement le droit mais l'obligation de se poser. C'est cependant une question complexe qu'il est difficile de traiter convenablement dans une heure. Je m'attaquerai donc uniquement à quelques aspects de la problématique dans l'espoir que mes collègues en aborderont d'autres, mon but étant de susciter la réflexion et le dialogue.

Dans les quelques minutes qu'on m'accorde, je voudrais répondre aux trois questions suivantes :

1. Est-il important aujourd'hui pour un jeune Québécois d'apprendre l'anglais ?
2. Dans l'affirmative, quelle est la place de l'enseignement de l'anglais à l'école française ? Comment doit-on l'enseigner pour refléter au maximum la réalité de l'école et les besoins de l'enfant ?
3. À quel âge doit-on commencer cet apprentissage ?

Importance de l'anglais

Même si le Québec est une province francophone, il reste qu'il y a beaucoup de raisons pour apprendre l'anglais aujourd'hui. Tout d'abord, il faut reconnaître que nous partageons ce territoire avec une minorité anglophone, qu'il faut maintenir avec elle des relations harmonieuses, qu'il faut communiquer entre nous et nous accepter mutuellement. L'exemple de l'Irlande du Nord illustre ce qui peut arriver lorsqu'il n'y a pas de reconnaissance mutuelle.

Certains me demanderont pourquoi il est nécessaire que tout le monde soit bilingue pour atteindre cet objectif. Si les anglophones apprennent notre langue, pourquoi, de notre côté, apprendre l'anglais ? Au strict niveau de la communication, cet argument a une certaine valeur ; mais il faut comprendre que l'étude de la langue seconde a aussi un impact sur l'attitude des élèves. C'est Savignon qui a montré comment l'étude d'une langue seconde sert à diminuer l'ethnocentrisme des élèves, leur permettant ainsi de développer une certaine ouverture au monde et de mieux voir la place qu'y occupe leur culture et leur langue. À mon avis, cette ouverture à l'autre culture est une condition sine qua non d'harmonie et de respect mutuel.

Évidemment, apprendre la langue seconde n'est pas la seule façon de développer cette ouverture au monde. Par exemple, on pourrait le faire en introduisant les élèves à différentes cultures et à plusieurs langues différentes. Gilles Bibeau, de l'Université de Montréal, travaillait à un projet de ce genre il y a quelques années. À mon avis, c'est une excellente idée.

Cela serait peut-être suffisant en soi s'il n'y avait pas d'autres raisons d'apprendre l'anglais. Mais les anglophones du Québec constituent un faible pourcentage d'une masse d'environ 250 millions de parlants anglais en Amérique du Nord. Enseigner la langue anglaise, c'est donner à nos enfants l'occasion d'entrer en contact avec cette réalité, de s'enrichir, de se développer.

À mon avis cependant, l'argument le plus important est celui qui est relié au fait que nous sommes en pleine révolution technologique. Le choc du futur est arrivé. On ne peut plus compter sur les technologies existantes pour maintenir notre niveau de vie. Il faut nous informer de ce qui se fait ailleurs, il faut innover, il faut nous faire connaître. La prospérité, c'est un ballon d'enfant qu'on vient de lancer dans les airs ; tout le monde veut l'attraper. Ceux qui l'auront vivront confortablement, les autres seront à leur service.

Que vient faire l'étude de l'anglais dans cette dynamique ? À mon avis, elle est fondamentale.

> « Une étude de l'UNESCO rapportait dès 1960 que 60 % de la documentation scientifique était rédigée en anglais, le français ne venant qu'en quatrième place avec 9 %, derrière le russe et l'allemand, avec 11 % chacun. » (Giroux (1981), p. 7.)

Yves Giroux rapportait dernièrement que « tout ce qu'il faut aujourd'hui à un scientifique pour assister aux grandes réunions internationales [. . .] c'est un billet d'avion, un passeport, quelques jours et . . . l'anglais. » (p. 7) Une étude de Drapeau en 1979, démontrait que sur 4 000 articles publiés par des francophones québécois, 83 % étaient en anglais. Selon la même étude, sur 800 communications, 65 % étaient rédigées en anglais. C'est la même chose en France ; le phénomène est mondial.

Il me semble donc évident qu'il est plus important que jamais d'étudier l'anglais dans les écoles francophones du Québec. Il y a de nombreuses raisons sociales et économiques pour le faire.

Quelle est sa place à l'école ?

Il y a quelques mois, je ne me serais jamais posé cette question ; mais il se passe actuellement des choses qui commencent à m'inquiéter. À mon avis, il devient de plus en plus urgent de bien formuler la question et d'y trouver une réponse valable. Pour ma part, je n'y suis pas arrivé. Je me contenterai donc de poser la question et de vous l'offrir en guise de matière à réflexion.

Je crois que tout le monde sait que nos nouveaux programmes, dits communicatifs, sont fortement inspirés des travaux de spécialistes européens en la matière. En 1957, la création du Marché commun en Europe a ouvert les frontières entre les pays membres. L'union a permis à ces pays de réaliser un vieux rêve, celui d'abolir les douanes, de diminuer la compétition entre eux et de collaborer au développement d'une certaine force économique. Grâce à cette entente, il devenait alors possible pour des travailleurs d'aller exercer leur métier ou leur profession dans les autres pays membres. Il y avait, cependant, un obstacle majeur à cette migration, celui de la langue. Depuis le début des années 70, le Conseil de l'Europe a cherché à répondre à ce besoin, entre autres par ses travaux sur le niveau seuil.

Depuis quelques années, nous nous inspirons de ces développements européens. Mais adapter ce modèle au contexte québécois n'est pas une tâche facile : les caractéristiques de notre société et de notre culture ainsi que l'histoire de l'enseignement des langues chez nous sont particulières. Tout d'abord, nous nous adressons à des jeunes et non à des adultes comme cela est le cas en Europe ; nous n'enseignons pas l'anglais ou le français en tant que langues étrangères, mais bien à titre de langues secondes ; nos programmes ne s'adressent pas à une clientèle qui a des objectifs précis d'apprentissage mais à un auditoire captif qui, s'il a des besoins d'apprentissage, ne les connaît pas toujours.

À mon avis cependant, la différence la plus importante est celle de l'histoire de la didactique au Québec, notre expérience avec différents modèles d'apprentissage. L'enseignement des langues secondes au Québec, surtout l'enseignement du français, a plus d'un visage : classes d'immersion précoce, classes d'immersion tardive, classes d'accueil, cours intensifs, programmes traditionnels. Chacune de ces formes a son vécu propre. Toutes ne peuvent se vanter du même taux de succès. En Europe, on semble avoir une tradition de réussite dans l'apprentissage des langues ; ici nous obtenons des succès et des échecs connus de tous.

Que nous le voulions ou non, la plupart de nos enseignants d'anglais langue seconde au Québec connaissent les classes d'immersion et ont entendu vanter les mérites de ce modèle d'apprentissage. Ils ne peuvent pas s'empêcher d'éprouver une certaine jalousie face au succès que remporte ce mode de fonctionnement.

Même si tout le monde n'est pas d'accord sur les raisons de ce succès, nombreux sont ceux qui croient qu'il est en grande partie dû au fait que la langue est utilisée comme instrument de communication, plutôt que comme objet d'étude. « Pourquoi, disent-ils, n'enseignerait-on pas l'éducation physique ou les arts en anglais ? Nos résultats seraient certainement meilleurs qu'ils ne le sont actuellement. » Cette perception des choses nous plonge au coeur même de la question de la place de l'enseignement de l'anglais dans les écoles francophones. La place que nous donnerons à l'anglais dans nos écoles découlera-t-elle finalement de la pédagogie des langues ?

Regardons ce qui se passe déjà et le problème s'éclaircira. Tout d'abord, quelques enseignants d'anglais, qui enseignent en plus une ou deux autres matières, ont déjà commencé à enseigner celles-ci en anglais. Les enseignants qui font cela se sentent tout à fait à l'aise, car ils savent que les recherches sur les classes d'immersion ont montré qu'il est possible de le faire sans retarder l'apprentissage du contenu. Évidemment ils ont reçu l'accord de leur commission scolaire et des parents. Aussi enseignent-ils des matières qui sont considérées moins importantes c'est-à-dire l'éducation physique, les arts plastiques, la musique, etc.

Pour ceux qui n'ont pas l'occasion d'enseigner une autre matière, il y a une deuxième formule qui devient de plus en plus populaire : les activités de découverte. En plus d'enseigner les fonctions et les notions du programme, certains enseignants donnent à leurs élèves l'occasion de vivre en anglais des expériences comme la fabrication de marionnettes, la création de volcans miniatures, certaines expériences en science. L'objectif est d'utiliser ce qui est appris dans des activités où la salle de classe devient un milieu de vie.

À quel âge doit-on commencer l'enseignement de l'anglais ?

On retrouve souvent des articles de journaux et de revues qui nous vantent des méthodes miracles pour l'apprentissage d'une langue seconde (p.ex. la méthode Tomatis, la suggestopédie, etc.) ; on voit tous les jours cette publicité qui offre au consommateur d'apprendre une langue en deux ou trois mois ; nous connaissons tous des gens qui prétendent avoir appris une autre langue en quelques mois. Ce sont de belles promesses qui laissent libre cours à l'interprétation et qui me font penser à toute cette publicité sur les régimes miracles. En réalité, il n'y a pas de méthodes miracles : pour la grande majorité des Québécois, il faut beaucoup de temps et de patience pour apprendre l'anglais. Certains de mes collègues diraient que c'est le travail d'une vie.

La question qu'il faut alors nous poser est comment atteindre cet objectif dans un système scolaire qui touche à peu près tout le monde sur une période de 10 à 12 ans. Plusieurs réponses sont possibles selon le modèle éducatif que l'on adopte. Si l'on regarde ce qui se fait du côté du français langue seconde, on a quatre modèles :

— l'immersion précoce
— l'immersion tardive
— le français intensif
— le programme traditionnel

Je crois que tout le monde sait que les trois premiers modèles sont les plus efficaces. Certains disent que l'immersion tardive est supérieure à l'immersion précoce ; d'autres prétendent que la méthode intensive est meilleure que toutes les autres. Tout le monde, cependant, est d'accord pour dire que le programme traditionnel est le moins efficace.

Il n'y a personne qui puisse nous dire avec exactitude pourquoi il en est ainsi. Le professeur Lambert dirait que c'est parce qu'on met l'accent sur la langue plutôt que sur la communication. Les recherches de Lise Billy sur le cours intensif nous permettent de mettre en doute cette affirmation. Personnellement, je crois que Lambert et Billy ont tous deux raison ; étudier la langue elle-même et mettre l'accent sur la communication sont deux modes complémentaires. Je crois aussi que les facteurs temps et intensité jouent un rôle primordial. En effet, les heures d'apprentissage de la langue seconde sont plus nombreuses au cours d'une année d'immersion que pendant toute la durée du programme traditionnel de français ou d'anglais.

Je ne crois pas qu'il serait souhaitable au Québec de promouvoir l'immersion anglaise. Je crois, cependant, qu'il est important d'enseigner l'anglais le mieux possible. Si on décide d'utiliser la méthode intensive, comme cela se fait déjà dans certaines régions du Québec, il est pensable de commencer l'anglais beaucoup plus tard, en sixième année, par exemple. Si on préfère le programme traditionnel, il faut commencer plus tôt. Le programme d'études du secondaire est déjà beaucoup trop chargé pour y introduire plus d'anglais.

Si nous voulons atteindre nos objectifs, si nous voulons que nos enfants aient une bonne base en anglais, il faut investir le temps et l'énergie nécessaires.

RÉFÉRENCE

GIROUX, Yves (1981) « Le français dans les communications scientifiques », dans *Langue et société*, automne 1981.

Le point de vue d'une responsable de programmes pour adultes

Hélène BREAULT-CHÂTAIGNIER

Voilà une semaine, monsieur le juge en chef Jules Deschênes, de la Cour supérieure, faisait remarquer ici même « que l'examen de la situation linguistique au pays, c'est [. . .] un examen de la situation politique ; c'est une étude de l'état des esprits dans chacune des deux collectivités que sépare le mur de la langue ; c'est une constatation que la conquête militaire amène un contrôle économique qui entraîne l'hégémonie linguistique ».

Il m'appartient aujourd'hui de vous faire connaître mon point de vue sur l'enseignement de l'anglais au Québec en cette fin de siècle. Acadienne, éduquée aux États-Unis par des religieuses québécoises, il est donc évident que mon point de vue, renforcé par une longue expérience en tant qu'enseignante et responsable de programmes à l'échelon provincial, pourrait ne pas toujours être partagé par certains de mes collègues. Cependant, à titre de fondatrice avec quelques autres enseignants de la Société pour l'enseignement de l'anglais au Québec, j'ai depuis plus de dix ans été constamment en contact avec les enseignants d'anglais à tous les niveaux, depuis l'élémentaire jusqu'à l'universitaire, en passant par le secteur de l'éducation des adultes.

Malgré mon engagement professionnel, je ne suis pas ici pour défendre nos intérêts corporatifs, mais pour essayer de définir un certain nombre de principes essentiels qui devraient guider notre profession laquelle, ne l'oublions pas, n'est pas seulement constituée de professeurs, mais surtout d'étudiants, de parents, d'administrateurs et même de fonctionnaires. Car la vraie question que nous devons nous poser est de savoir si l'anglais doit vraiment bénéficier d'un statut particulier dans l'enseignement à quelque niveau que ce soit ? Et, j'y répondrai en un mot et en un seul : NON ! L'anglais — ou devrais-je dire « l'anglo-américain » — ne doit pas, dans notre système d'éducation, occuper une place plus importante qu'une autre matière. Car à mon avis, le but de nos institutions est de viser à faire de nos étudiants des êtres humains capables de donner le meilleur d'eux-mêmes dans la société contemporaine et dans le cadre de notre identité linguistique et culturelle. Identité particulière qui nous permet de voir le monde et de l'organiser dans le cadre de notre entendement francophone, enrichissant ainsi d'un apport différent et vivifiant une société nord-américaine qui n'a que trop tendance à donner dans l'uniformité, donc dans la médiocrité, et qui, par le truchement d'un unilinguisme fanatique, n'offre qu'une vision partielle et partiale du système « global » où nous évoluons.

Avant de pouvoir nous prononcer sur la place que doit occuper l'enseignement de l'anglais dans le Québec d'aujourd'hui, il nous est nécessaire d'essayer de définir les limites à l'usage de la langue anglaise dans tout pays non anglophone . . .

Soyons sérieux ! Parler l'anglais n'est pas une question de vie ou de mort. Il n'est pas essentiel que tous soient bilingues . . .

— Sauf s'il s'agit de parler à son « boss » réfractaire à l'usage de notre langue . . .

— Sauf s'il s'agit de bien comprendre les ordres de son contremaître qui, jusqu'à tout récemment était unilingue anglais . . .

— Sauf s'il s'agit de voler dans l'ouest du pays à bord d'un appareil d'Air Canada . . .

— Sauf s'il s'agit d'obtenir un renseignement d'une téléphoniste au Manitoba ou en Colombie-Britannique . . .

— Sauf si l'on veut faire affaire avec Toronto, Chicago, Medicine Hat ou Newcastle . . .

En fait, parler anglais ne sert à rien, sauf si on en a besoin . . . Mais là aussi faut-il bien définir quels sont ces besoins. Contrairement à une croyance trop répandue, et répandue justement par des Anglo-Américains peu enclins à faire l'effort d'apprendre à communiquer dans une autre langue que la leur, seule une fraction d'une société donnée a besoin d'utiliser plus d'une langue, et ce, de façon relativement sporadique.

Étant donné que seulement une infime partie de la société aura besoin de connaître et d'utiliser une langue autre que la sienne, vouloir concentrer ses efforts sur l'enseignement d'une seule langue seconde serait à la fois dangereux, lorsque cette langue est celle qui tend à submerger la nôtre, et de courte vue, car elle priverait notre société des services de ceux qui auraient dû ou pu apprendre d'autres langues. C'est pourquoi nous estimons qu'au Québec, il ne nous faut absolument pas donner plus d'importance à l'enseignement de l'anglais qu'à l'enseignement des autres matières.

Il ne faut cependant pas se méprendre sur le sens de ma pensée . . . je ne suis pas contre l'enseignement de l'anglais, au contraire : mais cet enseignement doit être sélectif et en mesure d'attirer, de motiver les étudiants et de faciliter leur apprentissage.

La seule question qui se pose vraiment est de déterminer les véritables besoins « langagiers » des étudiants. Parler d'enseignement sélectif ce n'est pas prôner une forme d'élitisme qui restreindrait l'usage de l'anglais aux classes dirigeantes. Il nous faut comprendre au contraire que les besoins de la vie contemporaine font qu'une connaissance plus ou moins grande de l'anglais est indispensable à tous ceux qui touchent de près ou de loin à des activités ou à des services comme le tourisme, le commerce international, la diplomatie, etc., et ce encore, dans des régions bien délimitées. Ainsi à quoi pourrait servir, si ce n'est qu'exceptionnellement, de parler parfaitement l'anglais à un notaire de Roberval ou de Quimper-Corentin, à un bûcheron de Notre-Dame-de-la-Doré ou à un pêcheur de Martigues ? Vouloir que tous apprennent l'anglais pourrait être interprété comme un geste de soumission à un hégémonisme économico-linguistique dont l'importance, loin d'être prouvée, comporte néanmoins des risques incalculables d'assimilation totale à plus ou moins brève échéance.

Voyons ce qui s'est passé avec nos ancêtres qui ont émigré aux États-Unis. Non seulement ont-ils perdu leur langue mais encore leur identité culturelle distincte. Ils sont devenus des Américains standard, indiscernables produits du *melting pot*.

Et que l'on ne vienne pas me dire que si le français était mieux enseigné dans les écoles québécoises les Anglo-Canadiens y enverraient leurs enfants comme un seul homme. Il n'y a qu'à se souvenir des discussions que nous avons eues à Montréal avec des « éducateurs » éminents pour comprendre que pour eux, aller à l'école française est un mal pire que de se retrouver dans un hôpital de pestiférés . . . Et si, comme le rapporte *The Gazette*, les Stastny, pratiquant un « racisme » à l'envers, ne sont pas contents de notre système d'éducation, qu'ils aillent donc gagner leur argent ailleurs . . . et communiquer en slovaque à Toronto ou à Los Angeles !

Ce colloque nous demande également de situer l'apprentissage et la place de l'anglais afin de répondre aux besoins culturels de nos étudiants. Ne nous faisons aucune illusion, on apprend l'anglais pour gagner son pain quotidien, pas pour la culture. L'influence nord-américaine crée ici une ambiance, un bain linguistico-culturel qui, des habitudes quotidiennes, depuis les McDonald's jusqu'aux automobiles, depuis les films jusqu'aux émissions de télévision, n'a pas besoin d'apprentissage formel. Des statistiques nous apprennent que des centaines de milliers de Québécois, qui n'entendent rien à l'anglais, sont cependant rivés chaque jour au réseau anglais de leur poste de télévision, pour y voir leurs émissions populaires préférées !

Comment s'en sortir ? Que faire ? Il nous faut tirer des conclusions logiques de nos constatations : Tout d'abord éliminer entièrement l'enseignement de l'anglais dans les écoles élémentaires du Québec avant la cinquième année. Nous ne ferions que suivre l'exemple récent donné par les deux nations mères du Canada, soit l'Angleterre, où après la publication du rapport de Clare Burstal, du ministère de l'Éducation de la Grande-Bretane, l'enseignement du français dans les écoles élémentaires a été progressivement éliminé, et la France, où après quelques expériences catastrophiques notées dans les recherches de Jean Lesage de l'Institut national de la recherche pédagogique à Paris, il a été également décidé de ne plus enseigner l'anglais au niveau primaire. Même si des psycholinguistes comme Lenneberg considéraient avec raison que l'« âge critique » pour l'apprentissage d'une ou de plusieurs langues vivantes se situe avant la puberté, les difficultés pédagogiques rencontrées en Europe ont semblé dépasser les avantages d'un tel enseignement. En effet ces deux expériences tendent à démontrer que l'apprentissage des langues se faisait au détriment des autres sujets. De plus, au Québec, il faut tenir compte des graves conséquences socioculturelles qui pourraient découler d'une telle expérience. En effet, ou bien cet enseignement est peu efficace et c'est du temps et de l'argent gaspillés (denrées rares par les temps qui courent), ou bien il est efficace et nos enfants seront amenés à un bilinguisme pratique et actif, premier pas vers l'assimilation. Comme je l'ai déjà dit lors de la promulgation de la Loi 22 : « vouloir le bilinguisme total au Québec, c'est condamner le français à l'état de folklore » ! Enseigner l'anglais en cinquième année dans les écoles élémentaires représenterait alors une année « expérimentale » ou les élèves seraient mis en contact avec l'apprentissage « formel » de l'anglais et seraient mieux à même de décider de leur choix futur au moment de s'inscrire au secondaire.

Au niveau secondaire, l'apprentissage de l'anglais ne devrait être que facultatif, au même titre que celui des autres langues vivantes. Comme je l'ai signalé plus haut, l'anglais n'est que l'une des langues les plus parlées dans le monde ; elle est loin d'être la plus répandue si l'on considère seulement qu'il y a maintenant plus d'un milliard de Chinois. Le nombre en soi n'est d'ailleurs que très rarement un critère d'importance.

Ainsi au secondaire, il nous semble indispensable non seulement de donner un caractère non obligatoire à l'apprentissage de l'anglais, mais aussi de favoriser l'enseignement d'autres langues dans des conditions à définir quant au choix et à la localisation de cet enseignement. Dès leur jeune âge, à partir de 12 ans en moyenne, nos jeunes auraient la possibilité de reconnaître qu'il y a autre chose sur la terre que le monde anglophone. Ils pourraient ainsi acquérir une ouverture sur le monde qui ne saurait être que profitable à la communauté québécoise. Combien de nos concitoyens anglo-canadiens n'ont-ils pas reproché aux Québécois du temps de la « grande noirceur » de vivre repliés sur eux-mêmes à l'ombre de leur clocher ! Si l'on considère de plus que la pratique de l'anglais n'est indispensable qu'à une infime partie de la population et qu'elle varie grandement d'une profession à l'autre comme d'un lieu à un autre, pourquoi vouloir imposer à nos jeunes étudiants l'étude d'un sujet souvent non indispensable. En fait le choix de l'étude d'une langue fait appel à un pouvoir décisionnel qu'aucun enfant ne possède au niveau élémentaire. Son choix ne pourrait alors que représenter les inclinations de ses parents, eux-mêmes victimes du mythe de « l'Anglais riche qui peut se procurer tout ce qu'il veut grâce à sa langue » ! (qu'ils aillent donc demander aux 20 % de chômeurs de l'État du Michigan si leur anglais leur est utile aujourd'hui !).

Toutefois, au début du secondaire, à l'âge de la puberté, il est raisonnable de penser que nos élèves auront une idée plus précise de leur avenir et de leurs futurs besoins langagiers.

Au niveau secondaire, un enseignement enfin bien structuré, des maîtres bien préparés, des manuels intéressants, des moyens audiovisuels bien utilisés, un nombre restreint d'étudiants par classe ... un enseignement idéal quoi ! auront permis à nos étudiants d'acquérir les bases indispensables à une étude plus approfondie de la langue. Le caractère non prescriptif des cours d'anglais ne pourra que les rendre plus attrayants.

Au niveau collégial, on pourrait offrir non seulement des cours de perfectionnement dans les différentes composantes linguistiques (comprendre, parler, lire, composer) mais surtout des cours de langue de spécialités, autant pour les étudiants du cours général, selon leur choix de carrière, que pour ceux des cours professionnels, en fonction de l'emploi auquel ils se destinent. Ainsi, il devient tout à fait évident que l'Institut d'hôtellerie par exemple, en vertu de sa vocation touristique, offrirait surtout des cours spécialisés d'anglais plutôt que des cours de chinois ou d'arabe !

Je me garderai bien de juger de la place que doit occuper l'enseignement de l'anglais au niveau universitaire. D'autres beaucoup plus qualifiés que moi ont déjà tenté de le faire et ont constaté que les études dites « littéraires » ont de moins en moins d'attrait. Nos collègues professeurs d'université pourraient envisager d'orienter leurs étudiants vers des études supérieures de linguistique avec les applications possibles de cette science dans le domaine des communications.

Enfin, dans le dernier volet de cette courte présentation, je voudrais dire quelques mots sur l'enseignement de l'anglais aux adultes déjà sur le marché du travail. C'est ici que la définition de la place de cet enseignement est des plus avisées, car une clientèle adulte a une vision claire de ses propres besoins et des moyens à prendre pour les satisfaire. Ces besoins divers sont essentiellement déterminés par les activités professionnelles des étudiants :

— apprendre à comprendre et à parler ;
— apprendre à lire des textes scientifiques, techniques, juridiques ou autres ;
— apprendre à rédiger dans ces spécialités et à différents niveaux depuis le mémo jusqu'à la lettre, depuis les instructions détaillées jusqu'aux mémoires professionnels.

Ainsi des cours ultra-spécialisés offerts à des étudiants adultes vont permettre de répondre aux besoins très spéciaux de cette clientèle particulière et nouvelle de nos établissements d'enseignement.

La place de l'enseignement de l'anglais à ce niveau n'est d'ailleurs pas plus problématique que celui d'un choix de spécialité pour un technicien. Les habitudes linguistiques dans la langue maternelle des sujets étant bien ancrées, une assimilation culturelle et une perte d'identité ne sont plus à craindre. Je crois que l'effet le plus désastreux que pourrait avoir ici un bilinguisme de fait si ce n'est de droit serait de priver notre société de sa vraie raison de vivre, celle du droit d'être elle-même !

En résumé

L'enseignement et le système éducatif étant autant au service de la communauté qu'au service du développement harmonieux de la personnalité de ses membres, l'anglais ne doit bénéficier d'aucun statut particulier au Québec, car il n'est qu'une langue parmi tant d'autres, qui jouit chez nous d'un immense prestige dû à un impérialisme tant linguistique que politico-économique. Un statut particulier pour l'anglais aurait deux conséquences graves, soit celle de reconduire le français dans sa position de langue de deuxième classe et de préparer le chemin à une assimilation linguistique (but essentiel que vise la politique anglo-canadienne depuis Lord Durham).

Pour éviter cela il faut :

1. Éliminer complètement l'enseignement de l'anglais dans les écoles élémentaires avant la cinquième année.
2. Réserver à l'apprentissage de l'anglais, au même titre que les autres langues vivantes au niveau secondaire, le statut de cours optionnel, enseigné d'une manière attrayante et efficace.

3. Enseigner dans les cégeps, des cours pratiques d'anglais avancé et des cours d'anglais de spécialité, toujours dans le cadre de cours optionnels.

4. Conserver aux cours d'anglais aux adultes leur caractère d'outil professionnel ou culturel.

Voici donc, je pense, les seules places que nous devons accorder à l'enseignement de l'anglais dans ce Québec de « fin de siècle ».

Les classes d'accueil et le français au Québec

Conférenciers :	Georges LATIF, directeur du Bureau des services aux communautés culturelles, ministère de l'Éducation
	Ghislaine GODBOUT, conseillère pédagogique post-accueil, Commission des écoles catholiques de Montréal
	Lise BILLY, résidente de recherche, Université de Montréal
	Gilles PRIMEAU, conseiller pédagogique, Commission des écoles catholiques de Montréal

On appelle classes d'accueil des classes spéciales formées d'enfants ou de jeunes immigrants d'âge scolaire et destinées à leur servir de moyen d'adaptation linguistique avant leur entrée dans les classes françaises régulières. Les élèves y reçoivent un enseignement intensif du français, une initiation à la vie québécoise et un enseignement de rattrapage dans certaines matières scolaires. Georges Latif nous fera un historique des classes d'accueil et nous indiquera quelques modifications récentes à ce régime pédagogique. Ghislaine Godbout nous exposera les résultats généraux de l'enseignement en classes d'accueil. Lise Billy nous fera une comparaison des systèmes d'accueil scolaire dans différentes provinces canadiennes, aux États-Unis et en Europe. Quant à Gilles Primeau, il nous rendra compte d'un projet d'étude de l'intégration post-accueil dans les classes françaises.

L'atelier était animé par Louis Doucet, directeur des services éducatifs à la Commission scolaire de Greenfield Park.

Les classes d'accueil : aspects historiques

Georges LATIF

Les classes d'accueil existent au Québec depuis déjà une douzaine d'années. C'est en 1969 qu'elles ont vu le jour dans une école de la Commission des écoles catholiques de Montréal (CECM). Deux classes furent constituées à l'intention d'un groupe d'une quarantaine d'élèves n'ayant pas une connaissance suffisante du français pour pouvoir s'intégrer adéquatement au secteur ordinaire.

C'est cette même année que fut promulguée la Loi 63 ; elle offrait aux parents le choix de la langue d'enseignement mais ne prévoyait aucune mesure incitative particulière pour gagner à la cause francophone les enfants d'immigrants dont une majorité écrasante fréquentait alors le réseau anglais. (85 % en 1971-1972).

En 1973, le ministère de l'Éducation du Québec (MEQ) élabore un plan de développement de l'enseignement des langues, (plan DEL) dans le but d'améliorer l'enseignement du français, langue maternelle, ainsi que du français et de l'anglais, langues secondes. Un volet de ce plan vise à faciliter l'intégration des immigrants à la communauté francophone ; pour ce faire, le plan offre diverses mesures particulières dont la création de maternelles d'accueil pour les enfants de 4 et 5 ans, et la possibilité pour toutes les commissions scolaires du territoire de mettre sur pied des classes d'accueil tant au primaire qu'au secondaire selon les besoins. Plutôt que d'user de contrainte, le plan DEL veut encourager les parents à prendre avantage de ces mesures qui leur sont destinées.

En même temps, le MEQ crée, à Montréal, le Bureau de coordination de l'accueil aux enfants d'immigrants (BCAEI). Son rôle consiste, d'une part, à autoriser l'ouverture de classes d'accueil et à conseiller les commissions scolaires dans la mise en oeuvre des mesures d'accueil et, d'autre part, à présider à l'élaboration de programmes appropriés, à assurer l'animation pédagogique des enseignants concernés et à répondre aux besoins des parents des élèves des classes d'accueil en offrant un service d'interprète. Au-delà de 80 % des enfants inscrits aux classes d'accueil en 1973-1974 ont poursuivi par la suite leurs études dans des écoles françaises.

En 1974, le gouvernement québécois a adopté la Loi sur la langue officielle (Loi 22) qui limite l'accès à l'école anglaise aux seuls élèves qui ont une connaissance suffisante de la langue anglaise. Les commissions scolaires sont alors chargées des mécanismes d'admission à l'école anglaise. Elles appliquent cependant la loi avec plus ou moins de rigueur. C'est ainsi que certaines commissions scolaires établissent des critères d'admission particulièrement sévères alors que d'autres font preuve d'un certain laxisme à cet égard.

Pour remédier à cet état de chose, le ministère de l'Éducation décide, en 1975, d'élaborer et d'administrer lui-même des tests qui servent à déterminer l'admissibilité d'un élève à l'école anglaise. Ces tests et leurs modalités d'application ne font pas l'unanimité des milieux concernés. Cette loi n'a pas une influence appréciable sur les effectifs des classes d'accueil.

De 1973 à 1977, les conditions d'admissibilité aux classes d'accueil sont les suivantes : au préscolaire, on admet les enfants dont la langue maternelle ou la langue parlée à la maison est autre que le français et dont l'un des parents est né à l'extérieur du Canada. À l'élémentaire et au secondaire, on admet les enfants dont la langue maternelle ou la langue parlée à la maison est autre que le français et dont les parents sont établis au Québec depuis moins de cinq (5) ans au 1er septembre de l'année scolaire en cours et qui s'inscrivent pour la première fois à l'école française.

En 1977, l'Assemblée nationale promulgue la Charte de la langue française qui fait du français la langue officielle du Québec. Par suite de l'adoption de la Charte, l'État québécois prend en charge l'intégration linguistique de tout élève non francophone ayant besoin de soutien en français. Ainsi tout enfant qui fréquente l'école française pour la première fois et qui ne possède pas une connaissance suffisante de la langue française est admissible à la classe d'accueil. Ce faisant, on permet aux enfants dont la langue maternelle est l'anglais de fréquenter une telle classe. En 1979-1980, une demi-douzaine de commissions scolaires anglophones avaient converti, totalement ou partiellement, une vingtaine de leurs écoles en écoles françaises et cela pour répondre au désir même des parents. Le BCAEI devient alors le Bureau de coordination des classes d'accueil (BCCA).

Jusqu'en 1981, le secteur de l'accueil, comprend

au préscolaire :
- des maternelles pour les 4 ans à temps complet ;
- des maternelles pour les 4 ans à mi-temps (1979-1981) ;
- des maternelles pour les 5 ans à temps complet ;
- des activités d'échange pour les maternelles des 5 ans.

au primaire :
- des classes à temps complet ;
- des mesures spéciales.

au secondaire :
- des classes à temps complet ;
- des mesures spéciales.

Une mesure spéciale d'accueil est octroyée chaque fois que la population scolaire est inférieure à la norme prévue pour l'ouverture d'une classe d'accueil à temps complet, ce qui est fréquent dans les régions éloignées où la concentration ethnique est plus faible que dans les grands centres urbains. L'élève est alors retiré de la classe ordinaire à des moments déterminés de la journée pour recevoir un enseignement intensif du français.

De plus, des activités d'échange se proposent, à raison de cinq demi-journées par semaine, de mettre régulièrement en présence les enfants francophones des maternelles du secteur régulier et ceux des maternelles des 5 ans du secteur de l'accueil afin de stimuler l'apprentissage linguistique et social.

En 1981, l'état général de l'économie et des finances publiques rend inévitable des compressions budgétaires qui mènent à une réévaluation des services offerts et à la modification de structures déjà en place. C'est ainsi que l'on met fin aux maternelles d'accueil pour les 4 ans et aux activités d'échange. En revanche, des classes de francisation et des mesures de soutien linguistique sont mises sur pied dans le cadre de ce réaménagement des structures.

Le secteur de l'accueil comprend désormais :

a) des **classes d'accueil**, réservées aux enfants qui ne sont pas admissibles à l'enseignement en anglais ni assujettis à l'article du « séjour temporaire », et dont les parents sont établis au Québec depuis moins de cinq ans.

b) des **classes de francisation**, destinées aux enfants admissibles à l'enseignement en anglais et aux enfants d'immigrants établis au Québec depuis plus de cinq ans, à condition qu'ils ne possèdent pas une connaissance d'usage du français et qu'ils s'inscrivent pour la première fois à une école de langue française où toutes les activités, tant pédagogiques qu'administratives, se déroulent en français.

Le rapport maître-élèves est identique partout. Les classes de francisation ne se distinguent des classes d'accueil que par le mi-temps au niveau préscolaire (maternelles des 5 ans). Les classes de francisation comme les classes d'accueil sont à temps complet au primaire et au secondaire. En francisation, des mesures particulières de soutien linguistique correspondent aux mesures spéciales d'accueil.

Soulignons quelques caractéristiques du régime pédagogique :

— Cadre d'organisation : La classe d'accueil et la classe de francisation ont une durée normale de dix (10) mois, mais le séjour de l'élève peut varier selon son rythme d'apprentissage.

Le cadre d'organisation de ces classes permet à l'élève de s'y inscrire en cours d'année scolaire ou de quitter la classe d'accueil dès qu'il a atteint un niveau de compétence suffisant pour s'intégrer à une classe ordinaire.

— Nombre d'élèves par classe : Le rapport maître-élèves est le suivant :

1 pour 15 au préscolaire,
1 pour 12 au primaire et
1 pour 10 au secondaire.

La moyenne du nombre d'élèves par groupe est de

15 au préscolaire,
16 au primaire et
16 au secondaire.

Le maximum d'élèves par groupe est de :

18 au préscolaire,
19 au primaire et
19 au secondaire.

Les classes d'accueil et les classes de francisation ainsi que les mesures spéciales d'accueil et de soutien linguistique sont subventionnées par le MEQ selon des normes d'allocation précises qui sont détaillées dans le document annuel des règles budgétaires.

Le nombre d'élèves inscrits au secteur de l'accueil a varié au fil des années. Le morcellement du secteur de l'accueil en classes d'accueil et de francisation et l'abandon des maternelles des 4 ans a eu des conséquences importantes. On aura une idée plus précise de l'évolution de cette population scolaire en consultant le tableau qui suit :

ÉVOLUTION DES EFFECTIFS
des mesures spéciales d'accueil (MSA)
et des mesures de soutien linguistique en français (MSLF)

Années	Nombre de MSA	Nombre d'élèves	Nombre de MSLF	Nombre d'élèves	Nombre total de mesures	Nombre total d'élèves
1978-1979	392	1 324	—	—	392	1 324
1979-1980	771	2 190	—	—	771	2 190
1980-1981	789	2 283	—	—	789	2 283
1981-1982	627	1 514	199	763	826	2 277

Il se dégage à la lecture du tableau comparatif des effectifs, quatre grandes constatations. De 1973 à 1977, la progression des effectifs est lente mais constante. En 1977-1978, le nombre des élèves inscrits au secteur de l'accueil augmente par suite des premières retombées scolaires de la Charte de la langue française. En 1980-1981, l'augmentation des effectifs s'accélère en grande partie en raison de l'inscription massive d'élèves anglophones au préscolaire et de l'arrivée de réfugiés du Sud-Est asiatique. En revanche, en 1981-1982, la diminution brutale des effectifs résulte d'un morcellement du secteur de l'accueil en classes d'accueil et de francisation, mais surtout de l'abandon des maternelles des 4 ans. Il est important de noter que les classes de francisation représentent environ le tiers de la population totale du secteur de l'accueil, et que le niveau préscolaire y prédomine nettement.

En 1981-1982, trente-deux commissions scolaires ont des classes d'accueil ou des classes de francisation. Seules la CECM et la CEPGM offrent les deux types de classes au préscolaire, au primaire et au secondaire. La CECM reçoit 43,4 % de la population totale, la CEPGM 11,9 %, Baldwin-Cartier 8,4 % et Sainte-Croix 8 %. Soulignons que les commissions scolaires protestantes ne représentent plus en 1981-1982, que 18,5 % de la population scolaire totale, contre 29,6 % l'année précédente, c'est-à-dire avant l'abolition des maternelles des 4 ans.

Des 32 commissions scolaires, 8 seulement ont plus de cent élèves et regroupent ainsi 85,3 % de la population scolaire totale, soit 4 179 élèves ; 3 commissions scolaires comptent entre 50 et 100 élèves soit au total 196 élèves (0,4 %) et les 21 commissions scolaires qui restent ont moins de 50 élèves chacune, soit au total 525 élèves (10,7 %).

D'autre part, entre 1976 et 1982, une moyenne de 170 commissions scolaires se sont prévalues chaque année de mesures spéciales d'accueil et, en 1981-1982, de mesures de soutien linguistique en français.

Si l'on considère l'ensemble de la clientèle du secteur de l'accueil soit 7 177 élèves pour 1981-1982, la CECM regroupe 29,63 % de la clientèle, la CÉPGM, 8,13 %, Baldwin-Cartier, 5,73 % et Sainte-Croix, 5,46 %.

De 1973 à 1978, le plan DEL alloue un budget total de 23 millions de dollars pour l'ensemble des mesures du secteur de l'accueil. Par la suite, le budget a oscillé de la façon suivante : de 23,5 millions de dollars qu'il était en 1980-1981, il est passé à 13,5 millions en 1981-1982 et à 16,6 millions en 1982-1983. Le budget détaillé de l'année 1982-1983 se présente comme suit :

Mesure	Montant budgétisé (en millions)
*210 — Classes d'accueil pour élèves inscrits au 30.09.82	7 727
*220 — Classes d'accueil pour élèves inscrits après le 30.09.82	2 070
230 — Mesures spéciales d'accueil	3 552
250 — Classes de francisation	1 372
260 — Mesures particulières de soutien linguistique en français	1 005
TOTAL	15 726

En 1981, en raison de l'expansion du projet d'enseignement des langues d'origine (PELO) et de la création des classes de francisation, le Bureau de coordination des classes d'accueil (BCCA) change une nouvelle fois de nom pour devenir le Bureau des services aux communautés culturelles (BSCC). Ce bureau conserve toutes les fonctions dévolues lors de sa création, c'est-à-dire qu'il assure un support pédagogique et administratif aux directions régionales du ministère de l'Éducation du Québec et à toutes les commissions scolaires du territoire. Tout en conservant ses attributions, le BSCC a amorcé progressivement un programme de déconcentration des mesures administratives vers les directions régionales et les commissions scolaires. Cette déconcentration devrait être terminée en 1983-1984.

---

*Ce montant ne représente que l'écart dû à la différence entre le rapport maître-élèves de l'accueil et celui des classes ordinaires.

ÉVOLUTION DES EFFECTIFS

Classes d'accueil
Classes de francisation

ANNÉES	Pré-maternelle 4 ans mi-temps	Pré-maternelle 4 ans temps complet	Maternelle 5 ans	Primaire	Secondaire	TOTAL
1973-1974	—	666 (42,3%)	264 (16,7%)	354 (22,5%)	290 (18,5%)	1 574 (100%)
1974-1975	—	984 (42,2%)	659 (28,3%)	441 (19,0%)	245 (10,5%)	2 329 (100%)
1975-1976	—	998 (28,7%)	927 (26,7%)	992 (28,5%)	558 (16,1%)	3 475 (100%)
1976-1977	—	933 (26,6%)	822 (23,5%)	1 187 (33,9%)	561 (16,0%)	3 503 (100%)
1977-1978	—	3 162 (62,7%)	893 (17,7%)	659 (13,1%)	330 (6,5%)	5 044 (100%)
1978-1979	—	2 249 (38,8%)	1 759 (30,3%)	1 313 (22,6%)	483 (8,3%)	5 804 (100%)
1979-1980	1 387 (18,1%)	2 143 (28,0%)	2 137 (27,9%)	1 243 (16,2%)	748 (9,8%)	7 658 (100%)
1980-1981	2 302 (22,3%)	2 174 (21,1%)	2 684 (26,0%)	1 870 (18,1%)	1 287 (12,5%)	10 317 (100%)
1981-1982						
Accueil :	—	—	501 (15,4%)	1 577 (48,5%)	1 175 (36,1%)	3 253 (100%)
Francisation :	—	—	1 182 (71,8%)	414 (25,1%)	51 (3,1%)	1 647 (100%)
			1 683 (34,4%)	1 991 (40,6%)	1 226 (25,0%)	4 900 (100%)

Quelques notes sur le rendement des classes d'accueil

Ghislaine GODBOUT

Depuis 1969, les classes d'accueil ont injecté dans le système scolaire français du Québec plus de 20 000 élèves d'origine étrangère, dont 17 000 à la CECM seulement. Pour pouvoir évaluer le rendement des classes d'accueil et mesurer leur efficacité par rapport à ce que l'on attend d'elles, il faut tenir compte de la transformation progressive, depuis les douze dernières années, des attentes du milieu scolaire.

À l'origine, les objectifs pédagogiques poursuivis en classe d'accueil étaient strictement d'ordre linguistique : on visait à faire acquérir le français comme langue de communication orale d'abord pour permettre à l'élève de s'inscrire, l'année suivante, à l'école française de son quartier.

Le modèle qu'on imita alors était celui des centres d'orientation et de formation des immigrants adultes, c'est-à-dire les COFI. Cette aide linguistique nouvelle était perçue avec satisfaction par les enseignants du secteur régulier, habitués qu'ils étaient à récupérer seuls les quelques rares élèves étrangers directement inscrits à l'école française.

Mais il arriva au cours des années suivantes que la population des classes d'accueil, au lieu de se stabiliser, connut une croissance lente et constante. Il fallait bien se rendre à l'évidence : l'aide linguistique ne suffisait plus. L'enseignant, seule ressource du secteur régulier, ne pouvait assurer tout le rattrapage scolaire sans pénaliser l'élève. On décida d'intervenir au niveau de la classe d'accueil et d'ajouter à l'enseignement du français oral, systématique et structuré, celui de la lecture, de l'écriture et des opérations mathématiques de base. L'efficacité de la classe d'accueil ne se mesure alors plus seulement au rendement linguistique.

Au fur et à mesure que les différentes lois linguistiques sont promulguées (Loi 63, Loi 22, Loi 101), et qu'on passe de l'incitation à l'obligation de fréquenter l'école française, le nombre d'élèves d'origine étrangère augmente et aujourd'hui, dans plusieurs écoles françaises de la CECM par exemple, les immigrants sont majoritaires.

Des exemples ?

Saint-Pascal-Baylon	83 %	de la clientèle totale
Barthélémy-Vimont	80 %	"
Sainte-Catherine-de-Sienne	66 %	"
Jean-Jacques-Olier	50 %	"
Lambert-Closse	50 %	"
École secondaire Saint-Luc	50 %	"
Émile-Nelligan	35 %	"
Notre-Dame-de-Grâce	25 %	"
Lucien-Pagé	20 %	"

Les exigences du milieu scolaire face aux classes d'accueil augmentent en conséquence. Pour pouvoir donner à cette clientèle des chances égales de réussir une performance scolaire suffisante et de profiter des avantages du système d'éducation accessible à tous au Québec, on fixe aux classes d'accueil des objectifs de plus en plus ambitieux. On s'attend à ce que l'élève en fin de stage ait une maîtrise suffisante du français oral et écrit pour s'adapter sans difficulté majeure à la classe où il est inscrit. De plus, il doit avoir terminé le rattrapage scolaire des différents niveaux académiques avant d'intégrer le niveau correspondant à son âge. Il est même fréquent d'exiger que l'élève, avant de quitter la classe d'accueil, soit soumis aux tests de rendement scolaire et aux examens de fin d'année du secteur régulier afin d'éviter des classements douteux ou des rétrogradations parfois injustifiées.

Où en sommes-nous maintenant ?

Ces classes ouvertes en grand nombre sur le territoire de Montréal et des villes avoisinantes ainsi qu'à Québec et à Sherbrooke ont-elles produit les résultats attendus ? Quelle est la performance de ces élèves à la fin de leur séjour en classe d'accueil ?

Une étude fort importante de Guy Pelletier et Manuel Crespo de l'Université de Montréal cherche à mesurer la réussite sociale et scolaire de 300 élèves ayant fait un stage dans les classes d'accueil de la CECM entre 1974 et 1977. La CECM accapare à elle seule près de 50 % de la clientèle de toutes les classes d'accueil ; il était donc normal que cette étude soit entreprise sur son territoire. Les conclusions de ce volumineux rapport, qui portent sur un échantillon d'élèves des niveaux primaire et secondaire, sont les suivantes :

1) Le rendement scolaire de l'ensemble de cette clientèle est légèrement supérieur à celui des autres élèves du secteur français durant leur première année d'intégration en classe régulière.

2) La performance scolaire des élèves du niveau secondaire est légèrement supérieure à celle du niveau primaire.

3) Le niveau de rendement scolaire de ces élèves est dans l'ensemble supérieur au cours de l'année qui suit immédiatement leur sortie de la classe d'accueil. Il diminue dès la 2e ou la 3e année de leur insertion dans le secteur régulier et ce, aux deux niveaux primaire et secondaire et en français surtout.

Dans une étude effectuée en 1978-1979 pour le compte de la CEPGM cette fois, Elen Adiv compare des élèves de classes d'accueil et d'immersion du niveau primaire. La conclusion de cette étude révèle aussi une légère supériorité dans les performances scolaires des élèves de l'accueil sur ceux de l'immersion.

À quelles conclusions arriverait-on en 1982, compte tenu de certaines variables nouvelles qui pourraient influencer et modifier les résultats de l'enquête ? D'abord, le profil de l'enseignant de l'accueil a changé depuis 1978. Il n'est plus le spécialiste du français langue seconde qu'il était à l'origine ou qu'il devenait à force de perfectionnement accéléré. Il est ou qualifié en éducation pré-scolaire et élémentaire, ou spécialiste du secondaire. Par suite de la fermeture de classes, et en raison de la préséance de l'ancienneté, il a peut-être changé de niveau, passant de la pré-maternelle à l'enseignement au secondaire ; le spécialiste du secondaire, lui, a peut-être été ramené au niveau primaire de l'accueil comme généraliste. Il y a des dizaines de cas semblables à la CECM. L'expérience et la compétence de l'enseignant de l'accueil a été acquise dans le secteur régulier, face à des classes homogènes ; il est habitué de travailler au sein d'un groupe important. Son changement d'orientation constitue sa dernière chance de conserver son emploi dans l'enseignement. Il n'a pas toujours choisi d'enseigner aux classes d'accueil ; souvent il y est forcé.

Un deuxième facteur pourrait influencer le rendement scolaire des élèves de l'accueil aujourd'hui et c'est la clientèle elle-même qui a changé.

En effet, l'arrivée massive d'Haïtiens peu ou pas scolarisés, venant principalement des zones rurales, et des réfugiés de la mer du Sud-Est asiatique, analphabètes ou accusant de grands retards scolaires, a transformé les classes d'accueil et leur efficacité.

Comme ces élèves ne peuvent intégrer sans aide les classes régulières après leur passage de 10 mois en classe d'accueil, le ministère de l'Éducation a accepté que les commissions scolaires de l'Île-de-Montréal, à titre expérimental toutefois, offrent à cette clientèle une deuxième année dite de « post-accueil ». Un rapport sera remis au ministère de l'Éducation sur la rentabilité du projet avant que l'expérience ne soit généralisée. Près de 400 élèves bénéficient actuellement de ces classes.

En conclusion, il faut garder en mémoire que l'élève qui arrive en classe d'accueil subit deux chocs profonds : l'un sur le plan linguistique, qui exige la mise au rancart de sa langue maternelle, et l'autre sur le plan culturel, les valeurs véhiculées par son système d'éducation étant différentes des nôtres. Cela implique que l'efficacité et le rendement des classes d'accueil sont davantage tributaires de la compétence du personnel enseignant et de la souplesse des approches pédagogiques individualisées que de concepts technocratiques.

La clientèle des classes d'accueil est imprévisible : une guerre au Liban peut amener, du jour au lendemain, 200 enfants arabophones partiellement scolarisés ; une crise à Varsovie ajoutera des dizaines d'élèves polonais déjà préparés au système occidental d'éducation. Il ne faut cependant pas faire comme si ce phénomène était unique au monde. D'autres pays, les États-Unis par exemple, d'autres provinces canadiennes, l'Ontario et la Colombie-Britannique en particulier, font des expériences parallèles qui nous donnent des points de repère utiles dans l'évaluation du rendement de ces classes.

L'originalité du Québec réside dans le fait qu'un groupe linguistique inquiet pour son avenir tente de faire participer à son aventure collective des nouveaux venus totalement étrangers à ce discours et, pour ce faire, met en place une structure d'accueil unique.

Les classes d'accueil : aspects descriptifs et comparatifs[1]

Lise BILLY

Au cours des quinze dernières années, on a publié un bon nombre d'études portant sur l'enseignement de la langue aux enfants immigrants. Il s'agit en gros de savoir le type de compétence linguistique attendue de ces élèves sur le plan scolaire ; puisqu'ils ne sauraient demeurer unilingues (c'est-à-dire ne parlant que leur langue d'origine) ou bilingues et même trilingues mais ne parlant pas la langue du pays d'accueil, il s'agit de savoir si on doit leur offrir des programmes scolaires unilingues dans la langue cible ou des programmes bilingues avec un pourcentage plus ou moins élevé de matières scolaires enseignées dans la langue cible et dans la langue d'origine. De plus, si le choix de l'éducation bilingue prévaut, on peut se demander si celle-ci doit représenter une option transitoire avant que les immigrants ne soient intégrés (certains diront assimilés) au pays d'adoption ou si elle doit assurer un équilibre harmonieux entre la culture de la langue d'origine et celle de la langue cible. On comprend l'étendue de cette question et l'implication culturelle, sociale, politique et économique qu'elle représente dans la société, tout autant pour les immigrants que pour les autochtones.

Je voudrais tout de suite établir une distinction entre le bilinguisme « élitiste », qui serait le privilège des gens issus de la classe moyenne instruite de presque toutes les sociétés et le bilinguisme « populiste » qui serait celui de tout groupe ethnique qui devient bilingue pour des raisons de survie.

Aux USA, les études portant sur l'enseignement aux immigrants parlent d'éducation bilingue, en Europe, d'enseignement bilingue et d'enseignement dans la langue d'origine. En Amérique du Nord, on parle d'immigrants, en Europe de migrants en raison des déplacements des citoyens qui retournent fréquemment dans leur pays après un séjour plus ou moins prolongé en pays étranger.

1. L'auteur tient à remercier le Conseil des ministres de l'Éducation du Canada de même que le haut fonctionnaire du gouvernement fédéral qui a bien voulu prêter une ligne téléphonique gouvernementale pour effectuer cette démarche.

Au Canada[2]

En Colombie-Britannique[3], les enfants immigrants qui ne maîtrisent pas suffisamment l'anglais pour intégrer les classes régulières des réseaux scolaires (primaire et secondaire), sont placés dans des classes d'accueil appelées *reception classes* dans lesquelles on leur enseigne la langue seconde ou étrangère de façon intensive pendant des périodes variant de quelques mois à une année. Subventionnées grâce à des budgets supplémentaires, les classes d'accueil sont intégrées aux écoles publiques et répondent aux besoins du milieu. On considère que la présence des enfants canadiens dans l'école et sur les terrains de jeux facilitent l'intégration harmonieuse de l'enfant immigrant. Le passage de la classe d'accueil à la classe régulière est très souple et varie de quelques heures à une demi-journée. L'élève peut toujours retourner en classe d'accueil selon ses besoins. On distingue quatre niveaux d'apprentissage.

Comme il n'y a pas de programme provincial concernant ce champ pédagogique, chaque conseil scolaire définit ses propres objectifs. Il existe soixante-dix-neuf districts scolaires dans la province et des *learning centers*, centres regroupant dans une même école quelques classes d'accueil.

À titre d'exemple, à Vancouver où on dénombre dans les écoles 35 % d'immigrants (en majorité d'origine chinoise), 17 % de cette population ne maîtrise pas l'anglais et doit recourir à des mesures d'aide. Or, dans cette seule ville, on compte 120 programmes pour immigrants depuis la première année jusqu'à la fin du secondaire. Les programmes varient non seulement d'un conseil scolaire à l'autre, mais aussi d'une école à l'autre et même d'une classe à l'autre à l'intérieur d'une même école.

Dans les écoles de la province, on retrouve surtout des Chinois, des Vietnamiens, des Italiens et des Grecs.

On remet aux enseignants un guide d'information (*resource book*) et on leur offre des stages de formation. Les enseignants sont des spécialistes en anglais langue seconde (ALS) ; leur recrutement semble difficile.

La politique provinciale favorise l'adaptation du matériel didactique existant pour les enfants anglophones plutôt que la création d'un matériel original en langue seconde. Les élèves, croit-on, s'adaptent plus vite aux méthodes et aux manuels scolaires réguliers et sont moins aliénés par rapport aux anglophones.

La majorité des enfants qui arrivent de l'extérieur peuvent entrer directement dans les écoles et les collèges de la province sans passer par la classe de langue. Il s'agit, en pareils cas, d'enfants de la seconde ou de la troisième génération d'immigrants. L'évaluation de la compétence linguistique des élèves revient au milieu concerné et le ministère de l'Éducation n'intervient pas.

---

2. Les renseignements fournis ont été obtenus grâce à la collaboration des fonctionnaires des ministères de l'Éducation de chacune des provinces.
3. Renseignements obtenus verbalement au ministère de l'Éducation de la Colombie-Britannique.

En Alberta[4], sur une population scolaire d'environ 450 000 élèves, quelque 3 000 enfants d'origines linguistiques et culturelles très hétérogènes reçoivent cette année des cours de langue de façon plus ou moins intensive, selon leurs besoins, avant d'intégrer les classes régulières. Il n'y a pas de programme provincial, mais le ministère de l'Éducation fournit, comme pour les autres disciplines, un document renfermant des directives et des suggestions pour l'élaboration et l'implantation des programmes de la première à la douzième année.

On distingue deux types d'élèves[5] : ceux dont la langue d'origine n'est pas l'anglais (*English as a second language [ESL] student*) et ceux dont le dialecte anglais est différent de celui des anglophones canadiens (*second dialect [SD] student*) ; dans ce cas, il s'agit des élèves du pays de Galles, de l'Irlande, de l'Inde, des îles Fiji et des Indes Occidentales (*ibid.*, p. 8).

L'intégration au système régulier se fait lorsque les élèves ont acquis une maîtrise fonctionnelle de la langue anglaise et qu'ils sont sensibilisés à la culture du milieu, ce qui signifie dans les faits lorsqu'ils ont maîtrisé les objectifs des programmes ou des cours *ESL/D* dans une proportion de 70 à 80 % (*ibid.*, p. 35) et lorsqu'ils ont réussi les examens des matières scolaires correspondant à leur niveau d'âge avec une note minimale de passage de 50 % (*ibid.*). De plus, les élèves doivent réussir les tests standardisés de la province en langue seconde ou étrangère ; enfin, ils doivent manifester une capacité d'intégration au milieu et faire la preuve de leur motivation et de leur capacité à fournir des efforts soutenus (*ibid.*). Il est intéressant de noter qu'au secondaire (en 10e, 11e et 12e années), on offre des crédits aux élèves qui ont terminé les cours intensifs afin de « couronner leurs efforts ».

Il existe sept types de programmes pour répondre aux besoins de cette clientèle scolaire :

1) l'enseignement intensif de la langue toute la journée ;
2) l'enseignement intensif pendant une demi-journée suivi de l'enseignement des matières scolaires en anglais pendant la seconde partie de la journée ;
3) les cours spéciaux avec retrait des élèves des salles de classe ;
4) les cours spéciaux donnés par des enseignants itinérants ;
5) les classes de transition ;
6) les programmes d'aide aux enseignants dans leur salle de classe ;
7) les programmes d'éducation bilingue (*ibid.*, p. 41).

On trouvera dans le Tableau 1 des détails sur ces types de programmes.

4. Renseignements obtenus verbalement au ministère de l'Éducation de l'Alberta puis complétés par un document écrit.
5. Voir bibliographie : *English as a Second Language/Dialect (ESL/D)*, Alberta, 1982.

Tableau 1

Program types:

ESL/D programs in Canadian Schools generally have two very important objectives: (1) to teach English, and (2) to provide students with information and support during their adjustment to a new school system and a different cultural environment.

TYPES OF ESL/D PROGRAMS	ESL	ESD
RECEPTION CLASS — Consists entirely of students for whom English is a second language. It is under the direction of an ESL teacher who enrols the students and teaches them for all of the day in school. Initially, a large proportion of time is spent on oral language. The reception class enables students to receive intensive English training from an ESL teacher who knows their needs and knows how to teach a second language.	√	
PARTIAL DAY CLASSES — Students spend part of the day in an ESL designated school and the rest of the day in regular English speaking classes usually within the same or neighbouring schools.	√	
WITHDRAWAL PROGRAMS: ESL/D RESOURCE ROOMS provide a support service for students. Students are withdrawn from regular classes for varying periods of time to attend the ESL/D resource room in groups ranging in size from 2 to 10. In the regular class ESL students are able to take part in subject areas having low language demand (e.g. Physical Education, Music).	√	√
WITHDRAWAL PROGRAMS: ITINERANT TEACHERS — The ESL/D teacher travels from school to school and withdraws those students who need help. Usually the school administration arranges for space where the teacher can work with students, and the teacher brings all the necessary materials. The ESL/D teacher often spends recess and lunchtime travelling to the next school: consequently, little contact with the regular staff and/or with parents exists. An individualized program for each student is designed and follow-up practice exercises are prepared for the student to complete in the regular classroom under the supervision of the regular classroom teacher.	√	√
TRANSITIONAL CLASSES — Generally applies to secondary schools where ESL students are partially integrated into regular programs. The students' English has developed to a stage where they can function within specific content areas, and where the linguistic structures of the content have been modified. Transitional programs are usually planned and taught by a team consisting of subject area teachers and an ESL/D person.	√	√

TYPES OF ESL/D PROGRAMS	ESL	ESD
SUPPORT PROGRAMS WITHIN A REGULAR CLASSROOM — Consultants, teachers and paraprofessionals can do much to help the regular classroom teacher to plan appropriate instruction and select suitable materials for the ESL student. Assistance may include help from ESL consultants, specialists, tutors, teacher aides, interpreters, special education teachers, guidance and counselling personnel.	√	√
BILINGUAL EDUCATION PROGRAMS — To ensure that the required content in the Alberta program is understood, the ESL/D student's native language(s) is used initially, with English introduced gradually as a second language and worked at until a functional level of English language fluency is achieved. Some bilingual programs use the native language of the students during the period of their learning a functional level of English, with the eventual expectation that the students complete their education in English. Other programs aim at maintaining and developing the native language alongside English, with classes offered in both, so that students leave school being fully bilingual.	√	

Dans cette province, les commissions scolaires adoptent le matériel didactique de leur choix et le ministère de l'Éducation n'intervient pas à ce niveau.

La formation des maîtres relève des universités de la province qui offrent des cours en didactique des langues secondes. Les spécialistes (et les titulaires des classes régulières) peuvent suivre des stages correspondant à la culture d'origine des élèves auxquels ils s'adressent. (*id.,* pp. 60-61).

En Saskatchewan[6], il n'y a pas de programme ou de guide pédagogique provincial dans ce domaine. Le ministère de l'Éducation met à la disposition des intéressés des documents concernant l'enseignement de l'anglais langue seconde et des directives et conseils pour l'accueil aux enfants immigrants. Des budgets spéciaux sont accordés aux commissions scolaires qui en font la demande. Il s'agit de programmes ad hoc, conçus en fonction de la clientèle visée et dont chaque milieu est responsable tout comme il l'est de la formation des maîtres et de l'élaboration du matériel didactique requis. Comme dans les deux autres provinces de l'Ouest précédemment mentionnées, on place les enfants qui ne maîtrisent pas suffisamment la langue dans des classes spéciales (*special classes*) jusqu'à ce qu'ils soient prêts à intégrer le secteur régulier ; par ailleurs, certains élèves peuvent intégrer le secteur régulier sans passer par la classe d'accueil ; dans ce cas, il est toujours possible de les retirer de la classe à certains moments afin qu'ils puissent étudier la langue de façon intensive[7].

---

6. Renseignements obtenus verbalement du ministère de l'Éducation de la Saskatchewan.
7. Voir bibliographie : «*So You Have Immigrant Children*», 1982.

Au Manitoba[8], on ouvre des classes d'accueil (*reception classes*) et des classes de transition pour les immigrants qui ne maîtrisent pas la langue suffisamment. À l'élémentaire, l'enfant passe la moitié de son temps en classe d'accueil et l'autre moitié en classe régulière ; au secondaire, la proportion est de 80 % en classe d'accueil et 20 % en classe régulière. Les cours donnés en anglais sont la musique et les arts plastiques ; l'éducation physique se fait également en anglais. Aucune limite de temps n'est fixée pour le séjour des élèves en classe d'accueil ; ils peuvent, après l'avoir quittée, y retourner au besoin.

Le ministère de l'Éducation fournit un guide pédagogique aux enseignants[9] de même que des directives administratives concernant l'accueil de ces élèves. Enfin, des documents portant sur les pays d'origine, conçus spécialement pour le milieu scolaire, sont disponibles[10].

La province offre, elle aussi, des classes bilingues. Les langues sont l'ukrainien, l'allemand, l'hébreu, le cri, le sateaux. Les conditions d'admission dans ces classes sont les mêmes qu'en Alberta, soit que les enfants entrent en première année du primaire, et la proportion des matières scolaires enseignées dans la langue d'origine de l'élève est stable, soit 50 % du temps. Les élèves peuvent en tout temps quitter les classes bilingues et intégrer le secteur anglophone régulier. L'apprentissage de la lecture et de l'écriture se fait dans la langue maternelle de l'élève, contrairement aux classes d'accueil où l'apprentissage se fait en anglais. Aux immigrants récemment arrivés de même qu'à ceux de la deuxième et de la troisième génération on donne des cours dits « d'héritage culturel » et des cours dans leur langue d'origine. En résumé, les responsables du ministère de l'Éducation affirment pouvoir répondre aux besoins de leurs clientèles scolaires : celle des anglophones (les classes régulières), celle des immigrants qui désirent s'intégrer à la majorité anglophone (les classes d'accueil), celle qui veut maintenir son héritage culturel tout en s'intégrant au milieu anglophone (les classes bilingues), et enfin celle qui vise davantage des objectifs politiques (les classes d'immersion française).

L'Ontario[11] décentralise les services offerts aux immigrants ou aux enfants venant des autres provinces et qui ne maîtrisent pas suffisamment l'anglais ou le français pour entrer dans les classes régulières. Comme pour les provinces de l'Ouest, il revient à chaque conseil scolaire d'identifier ses besoins et de définir ses objectifs. Les programmes et le matériel didactique sont issus des milieux respectifs.

Le ministère de l'Éducation a préparé un document[12] dans lequel on retrouve, entre autres, les objectifs généraux de l'enseignement ou de l'apprentissage des langues secondes ou étrangères, les directives concernant l'accueil, l'orientation, les

---

8. Renseignements obtenus verbalement du ministère de l'Éducation du Manitoba et complétés de documents écrits.

9. Voir bibliographie : «*Elementary Language Development Handbook for Students with Limited Proficiency in English*», 1981.

10. Voir bibliographie : Buduhan, C. et Oandason, L., 1981.

11. Renseignements obtenus verbalement du ministère de l'Éducation de l'Ontario et complétés de documents écrits.

12. Voir bibliographie : *English as a Second Language/Dialect*, 1977.

cours et l'intégration de ces élèves. On y retrouve les mêmes définitions de l'élève étranger qu'en Alberta (*ESL/D student*) ; les objectifs se recoupent et là aussi on note une très grande souplesse et une ouverture d'esprit face aux choix théoriques, méthodologiques et pédagogiques à privilégier.

Au Nouveau-Brunswick[13], à l'île-du-Prince-Édouard, à Terre-Neuve et en Nouvelle-Écosse, il n'y a ni programme, ni politique provinciale en matière d'immigration scolaire, le nombre d'étrangers ne le justifiant pas. On répond à des besoins ponctuels, comme ce fut le cas pour les Vietnamiens (*boat-people*). À l'exception de la Nouvelle-Écosse, les cours de langue pour immigrants dans ces provinces s'adressent aux adultes ; les enfants sont dirigés directement vers l'école anglaise et intégrés dans les classes régulières, le milieu fournissant le support d'intégration. Des programmes socioculturels sont offerts pour faciliter l'intégration des nouveaux citoyens au milieu anglo-canadien. En Nouvelle-Écosse, par contre, les cours de langue (lorsqu'ils sont jugés nécessaires) sont donnés aux parents et aux enfants ensemble ; ces derniers sont ensuite dirigés vers les écoles publiques anglophones.

Aux USA

Aux USA, après la promulgation en 1968 du *Bilingual Education Act*, le gouvernement américain a consacré d'importantes sommes aux programmes d'éducation bilingue. Les responsables des études portant sur la question des programmes bilingues et biculturels distinguent ceux de type compensatoire ou transitoire et ceux qui tendent à maintenir la langue d'origine (Tosi, 1982). Dans le premier cas, il s'agit d'enseigner les matières scolaires dans la langue d'origine de l'apprenant jusqu'à ce qu'il maîtrise la langue cible. Le bilinguisme est transitoire et le groupe minoritaire s'assimile à plus ou moins brève échéance. Dans le second cas, celui du maintien de la langue d'origine, les élèves apprennent les matières scolaires dans leur langue jusqu'à ce qu'ils maîtrisent la langue cible ; les programmes sont ensuite bilingues afin de préserver la langue et la culture d'origine des apprenants tout en les intégrant à la société d'accueil.

Il semble que 80 % des programmes bilingues se rapprochent de façon très marquée du modèle assimilateur alors que les autres 20 % seraient modérément axés sur le pluralisme culturel (Kjolseth, 1971). La très grande majorité des projets dans les programmes d'éducation bilingue touchent l'espagnol et l'anglais. Les autres langues (plus de 80 en 1979) sont, dans l'ordre décroissant d'importance numérique, l'italien, l'allemand et le français (Bibeau, 1982).

Nous reproduisons ici le tableau présentant le nombre de projets d'éducation bilingue aux États-Unis de 1967 à 1976 (tiré de Bibeau, p. 61).

---

13. Renseignements obtenus verbalement dans chacune de ces provinces.

Tableau 6

Nombre de projets d'éducation bilingue aux États-Unis de 1967 à 1976

Année	Nombre de projets	Nombre d'écoliers	Nombre de langues	Nombre d'États[3]
1967-1968[1]	56	—	—	5*
1968-1969[1]	76	33 732	14	22*
1969-1970[2]	63	22 802	14	22
1970-1971[2]	137	45 227	16	26*
1971-1972[2]	169	63 324	16	26*
1972-1973[2]	216	100 391	24	30*
1973-1974[2]	211	128 767	30	33
1974-1975[2]	271	147 523	34	35*
1975-1976[2]	406	206 452	47	39

1. Données tirées d'Anderson et Boyer (1970).
2. Les données qui couvrent la période de 1969-1970 à 1975-1976 sont tirées de *DACBE (Dissemination and Assessment Center for Bilingual Education). Directories of Title VII. ESEA Bilingual Education Programs*, 1969-1976 (citées dans Blanco, 1978).
3. Données tirées de différentes sources indirectes ; les astérisques indiquent un nombre approximatif.

Aux USA on compte plus de 2 000 écoles appartenant à des groupes ethniques autres qu'anglo-saxons (Bibeau, p. 29).

Les différents États américains identifient leurs besoins, définissent leurs objectifs et rédigent leurs programmes. L'aide financière provient du gouvernement fédéral qui subventionne également la recherche dans ce domaine. De nombreux écrits et rapports font état des régimes pédagogiques variés adaptés aux besoins des populations concernées. Il m'a été impossible, dans le laps de temps qui m'était accordé, d'entrer en contact avec chacun des États concernés afin d'obtenir des renseignements spécifiques comparables à ceux du Canada en ce qui concerne, par exemple, l'accueil réservé aux enfants.

Les problèmes scolaires engendrés par la scolarisation des enfants dans des langues étrangères (surtout s'ils appartiennent à des groupes linguistiques minoritaires) ont suscité beaucoup d'interrogations quand à l'importance de la langue maternelle dans les premiers stades de l'éducation. Le rapport de l'UNESCO paru en 1953, *The Use of Vernacular Languages in Education*, concluait que la langue maternelle de l'enfant était le meilleur instrument d'enseignement. Ce rapport a eu une très grande influence.

La législation américaine rejoint cette préoccupation et encourage (oblige dans certains États) l'utilisation dans les classes primaires de la langue maternelle des enfants parlant une langue autre que l'anglais (Bibeau, p. 120).

Une des variables importantes en ce qui concerne l'enseignement aux enfants immigrants est, sans contredit, la lecture. Parce que les programmes s'adressent notamment à de jeunes enfants, le rendement en lecture a donc été particulièrement suivi.

Aux USA et dans d'autres pays comme le Mexique, l'Irlande et la Suède par exemple, les résultats des études favorisent l'apprentissage de la lecture dans la langue maternelle (Österberg, 1961 ; MacNamara, 1966 ; Modiano, 1966 ; Flores, 1969 ; Cohen, 1975b ; Ramirez et Politzer, 1975 ; Skutnabb-Kangas et Toukomaa, 1976, 1977, 1979) (cités par Bibeau, *ibid.* p. 120) ; d'autres voient des avantages à l'apprentissage de la lecture dans la langue seconde (Ramos et coll., 1967 ; Treviño, 1969 ; Olesini, 1971 ; Leyba, 1978). Au Canada, les résultats sont en faveur de l'apprentissage de la lecture dans la langue seconde (Lambert et Tucker, 1972 ; Edwards et Casserly, 1976 ; Swain, 1974, 1976 ; Genesee, 1978). Mais il ne faut pas oublier qu'au Canada les études portant sur l'apprentissage de la lecture dans la langue d'origine ou dans la langue « seconde » visent un groupe socio-économique moyen et même aisé et que de plus ce groupe est majoritaire, ce qui n'est pas le cas qui nous occupe lorsque nous parlons d'enfants appartenant à des communautés linguistiques minoritaires.

La grande diversité de ces résultats pourrait s'expliquer grâce à l'hypothèse de McDermott (1977, cité par Bibeau, p. 121) qui veut que les situations socioculturelles aient un impact majeur sur l'apprentissage de la lecture. Il explique que « les conflits culturels issus de systèmes éducatifs imposés par le groupe culturel dominant semblent prédisposer les groupes dominés à apprendre comment ne pas apprendre à lire plutôt que comment apprendre à lire, même si la culture dominante est extrêmement attentive à ce sujet ». (*ibid.*) Il semblerait que les cultures homogènes, celles des Américains blancs, des Japonais, des Écossais, et celles qui contrôlent complètement leur système éducatif comme les Tibétains, les Mongoliens en Chine, les Amish en Pennsylvanie, apprennent mieux et plus rapidement à lire que les groupes minoritaires à l'intérieur d'un pays dominé par la majorité, tels les Indiens d'Amérique, les Noirs, les Lapons de Norvège, les Indiens d'Amérique du Sud, les Irlandais catholiques de l'Irlande du Nord et les Coréens sous la domination japonaise (*ibid.*).

En Europe

En Europe, on considère que l'éducation des enfants des travailleurs migrants est l'un des aspects les plus importants de l'effort de coopération européenne entrepris par le Conseil de l'Europe en raison du nombre d'enfants concernés, soit plus de 2 millions selon le rapport de 1979 (Conseil de l'Europe, 1980).

Grâce à la Résolution 35 du comité des ministres du Conseil de l'Europe sur la scolarisation des enfants des travailleurs migrants, les États membres sont invités à :

— favoriser l'intégration dans le cycle scolaire obligatoire du pays d'accueil ;

— maintenir les liens culturels et linguistiques avec le pays d'origine ;

— faciliter la réintégration scolaire des enfants des travailleurs migrants qui retournent dans leur pays d'origine afin qu'ils ne se sentent pas étrangers dans leur propre pays. (*ibid.*).

Afin de concrétiser ces trois aspects, le Conseil de l'Europe a, depuis 1972, lancé sur le plan opérationnel un programme de « classes expérimentales ». En 1979-1980, on comptait des « classes expérimentales » en Autriche, en Belgique, au Danemark, en Grèce, en Italie, au Portugal et en Espagne. (*ibid.*)

Que veut dire le terme « classes » ? En réalité, ce terme signifie un plein temps pédagogique en relation avec une seule branche d'enseignement (Rey-von Allman, 1979). Les « classes » doivent être intégrées dans le système d'éducation du pays d'accueil et les enfants de ces classes doivent vivre une partie de leur horaire scolaire avec les enfants autochtones ; les classes doivent aussi faciliter l'intégration scolaire des enfants (par l'apprentissage de la langue notamment, par des rattrapages scolaires éventuellement) ; de plus, elles doivent assurer le maintien de la langue maternelle (*ibid.*, p. 6). Pour que soient réalisés les objectifs des classes expérimentales, les autorités scolaires locales s'engagent dans l'expérience et elles établissent elles-mêmes une collaboration avec les autorités du pays d'origine (*ibid.*, pp. 6-7).

Les « classes expérimentales » assument l'éducation scolaire de l'enfant dans son ensemble selon un programme à plein temps organisé en activités variées (*ibid.*, p. 7). Ces classes sont des étapes de transition d'une langue à l'autre, d'une culture à l'autre. La langue cible peut être enseignée de façon intensive et la langue maternelle maintenue. La durée de la « classe expérimentale », si classe il y a, doit être limitée de quelques mois à une année (*ibid.*, p. 8). La situation marginale ne doit pas se prolonger. Par ailleurs, le soutien pédagogique, psychologique et social au sein de la classe ordinaire doit demeurer. Les cours de langue et de culture d'origine doivent trouver leur place tout au long de la scolarité de l'enfant.

Le nombre de quinze élèves par classe paraît idéal (*ibid.*, p. 14). La diversité des âges devrait être limitée (*ibid.*, p. 15) ; plus la classe est hétérogène (âges, rythmes et niveaux d'acquisition), plus il semble qu'elle nécessite un travail individualisé.

Dans les faits, les « classes expérimentales » recouvrent des réalités variées : classes pour étrangers, classes spéciales, préparatoires, d'accueil, d'initiation, d'adaptation : les noms varient selon les régions (*ibid.*, pp. 4-9). On parle de « classes » tantôt pour désigner des élèves regroupés pour l'ensemble des heures scolaires, avec un ou quelques enseignants (au primaire), tantôt pour désigner un groupe d'élèves inscrits à un même programme, à un seul cours avec un même enseignant. (*ibid.*). Selon les expériences, il s'agit :

1) de classes d'accueil assumant l'éducation scolaire selon un programme plein temps organisé en activités variées et s'adressant aux immigrés récents ou ignorant la langue orale ;
2) de classes organisées par les autorités scolaires locales ou par les autorités des pays d'origine ;
3) de cours de soutien pédagogique organisés par les autorités scolaires locales ;
4) de cours complémentaires de langue maternelle organisés par les autorités scolaires du pays d'accueil ou du pays d'origine.

Dans d'autres cas, il s'agit d'activités extra-scolaires, d'une action socio-culturelle ou tout simplement d'une évaluation d'ensemble de la situation des enfants migrants dans une école.

Sauf pour les classes dont l'expérience porte sur l'enseignement de la langue maternelle et qui sont homogènes quant à l'origine des élèves, les classes expérimentales sont très hétérogènes (à de rares exceptions près) quant à l'origine des élèves, leur scolarisation et leurs aptitudes (*ibid.*, pp. 14-15).

On emploie de nombreuses méthodes d'enseignement : celles dites traditionnelles et d'autres axées sur l'utilisation des médias, méthode directe, audio-orale, audiovisuelle, etc. (p. 17). Il est intéressant de noter que les pays d'origine envoient les enseignants dans les pays d'accueil et que l'enseignement de la langue maternelle est pris en charge par le pays d'origine et non par le pays d'adoption.

Outre les « classes expérimentales », on trouve d'autres régimes pédagogiques pour les enfants immigrants en Europe. L'objectif est de tendre vers un enseignement précoce de la langue maternelle et de prévenir ainsi un semilinguisme qui se traduit par une incompétence relative aussi bien dans la langue maternelle que dans la langue du pays d'accueil (Skutnabb-Kangas et Toukomaa, 1976 et 1977 ; Ruoppila, 1976). On tente alors, dans les classes maternelles, de donner une scolarisation pluriculturelle afin de ne pas créer de sections spéciales d'écoles maternelles ; si bien que, dans quelques écoles maternelles, des mères espagnoles ou turques (par exemple) viennent participer à l'animation de la classe dans leur propre langue pour les enfants de migrants (Mariet, 1980).

Mais c'est au niveau de l'enseignement élémentaire que l'école est la plus concernée par le maintien des liens des enfants de migrants, partout en Europe (*ibid.*, p. 8). L'organisation de l'enseignement de la langue maternelle à l'élémentaire se fait :

1) par un enseignement parallèle (c.-à-d. supplémentaire) en dehors de l'horaire normal de la classe ; c'est le cas des enfants turcs en République fédérale d'Allemagne ou en Belgique, des enfants yougoslaves en Suisse, en France, en Autriche ou au Luxembourg, des enfants italiens, espagnols et grecs en Belgique ;

2) par un enseignement « intégré » dans l'horaire scolaire et donné dans les locaux habituels ; c'est le cas des enfants portugais et italiens en France, des Italiens aux Pays-Bas, en République fédérale d'Allemagne, et des migrants en Suisse ;

3) grâce à des classes biculturelles ou bilingues.

Pour ce qui est de l'enseignement de la langue maternelle dans les établissements d'enseignement secondaire, il faut dire que l'accès des enfants de migrants aux écoles secondaires reste exceptionnel partout en Europe malgré les efforts entrepris. La présence des enfants de migrants est plus faible dans l'enseignement général que dans l'enseignement technique et professionnel en partie parce que l'enseignement général accorde une importance plus discriminante aux résultats obtenus dans l'enseignement de la langue nationale (*ibid.*, p. 11).

On offre un grand nombre de cours de langues européennes facultatifs dans l'enseignement secondaire ; mais certaines langues ne sont pas enseignées. Les enfants turcs, yougoslaves ou grecs ne peuvent prendre leur langue comme première langue vivante étrangère en France par exemple (*ibid.*, p. 12).

L'enseignement de la culture du pays d'origine des enfants de migrants est de deux types :

1) un enseignement spécifique, intégré ou supplémentaire et ne s'adressant qu'aux enfants de migrants ; il peut être délivré par un maître du pays d'accueil dans sa langue ou dans la langue du pays d'origine ;

2) un enseignement sur la culture des pays d'émigration donné à tous les enfants autochtones et migrants, dans la langue du pays d'accueil.

On retrouve deux types d'enseignants pour l'enseignement de la langue et de la culture des pays d'émigration : les maîtres du pays d'accueil et les maîtres des pays d'origine (*ibid.*, p. 13). On considère que la présence physique d'enseignants des langues d'origine constitue, aux yeux des enfants et des parents, la preuve de la « valeur » de ces langues (*ibid.*, p. 15).

Ces données sont générales pour l'ensemble de l'Europe. Dans les faits, des variantes subsistent. À titre d'exemple, voyons le cas de la Suède, de l'Allemagne et de la Suisse.

En Suède, depuis 1976-1977, la loi garantit un enseignement bilingue à tous les immigrants qui ne parlent pas le suédois. L'enfant (ou ses parents) peut décider s'il s'intègre à la culture suédoise ou s'il conserve celle de son pays d'origine (Porcher, 1979). (De même au Portugal depuis 1980.) Dans les pays scandinaves (en Suède, en Norvège, au Danemark), on recommande l'enseignement dans la langue maternelle de l'élève (Skutnabb-Kangas, 1980). Depuis 1973, en Suède notamment, il y a trois régimes pédagogiques pour les immigrants (*ibid.*, cité par Tosi, 1982) :

1) le régime de « submersion » dans lequel on trouve des classes supplémentaires de soutien en suédois langue seconde auxquelles s'ajoutent deux heures d'enseignement par semaine dans la langue maternelle (régime assimilateur le plus répandu) ;

2) le régime « mixte » (*compound*) dans lequel la majorité des matières scolaires sont enseignées en suédois et une partie dans la langue maternelle (régime transitoire) ;

3) le régime « bilingue » dans lequel les matières scolaires sont enseignées dans la langue maternelle avec accroissement progressif du suédois (régime bilingue et multiculturel). La Norvège et le Danemark ont suivi ces modèles peu après.

En Allemagne, pendant longtemps, il n'y avait pratiquement pas de maîtres dont la formation les avait préparés à l'enseignement de l'allemand langue seconde ou étrangère ou qui étaient en mesure d'enseigner les autres disciplines en allemand à des élèves étrangers (Reich, 1979). L'école allemande a donc regroupé les enfants étrangers en groupes d'apprentissage particuliers et même en groupes de classes nationales d'apprentissage. Des maîtres étrangers venus des pays d'origine des migrants préparaient à l'enseignement dans les classes régulières allemandes et, selon les objectifs des programmes allemands, ces classes consistent :

1) en classes d'initiation nationales, d'une durée d'environ deux ans (exemple, le cas du Palatinat avec ses 3 500 élèves, celui de Rhénanie-Westphalie avec ses 48 000 élèves) ;

2) en classes formées de groupes nationaux avec des proportions variables d'enseignement en langue maternelle et allemande d'une durée de quatre ans et, quelquefois, de six ans ;

3) en classes où l'enseignement se fait dans la langue maternelle pendant tout le temps de la scolarité obligatoire (9 ans dans certains cas).

Donc, pendant de nombreuses années, et bien que cela fut interdit dans les textes réglementaires, des maîtres étrangers enseignaient aussi l'allemand langue étrangère. Actuellement, peu d'enseignants étrangers enseignent la langue allemande.

En République fédérale d'Allemagne, tous les moyens doivent être mis en oeuvre afin de permettre aux enfants de suivre les mêmes cours que leurs camarades allemands dans les branches où il n'y a pas d'obstacles liés à la langue (Porcher, 1979).

En France, la scolarisation des enfants migrants est envisagée sous l'aspect biculturel, d'où l'apport d'enseignants étrangers. Des centres de formation et d'information pour la scolarisation des enfants de travailleurs migrants (CEFISEM) fonctionnent à Grenoble, Douai, Lyon, Marseille, Paris et Metz entre autres (Scolarisation des enfants de travailleurs migrants, 1979). On vise la compréhension la plus rapide possible de la langue orale et écrite ; au besoin, le milieu peut avoir recours à une disposition d'accueil propre aux enfants étrangers à l'accès à l'enseignement régulier (commun) de l'âge considéré. De plus, en vue d'un retour éventuel au pays, il y a lieu d'aider à maintenir une pratique de la langue maternelle et un contact avec la culture d'origine. Dans cet esprit, on offre à l'élémentaire des classes d'initiation ou des cours de rattrapage ou des heures de soutien pour une partie de l'horaire scolaire à des groupes d'enfants étrangers déjà intégrés dans des classes ordinaires. Dans l'horaire normal, on donne à ces enfants, au chapitre des activités d'éveil, trois heures d'enseignement par semaine dans leur langue et sur leur culture.

Au secondaire ils peuvent apprendre leur langue d'origine comme première langue vivante, si elle est enseignée dans leur milieu scolaire. C'est le cas de l'arabe, du portugais, de l'italien, de l'espagnol. Il s'agit d'ententes entre les autorités françaises et celles des pays d'origine concernés (*ibid.* et Boulot et coll., 1980).

On pourrait continuer. Des pays non européens favorisent aussi le maintien de la langue d'origine afin de maintenir l'identité culturelle des immigrants ou des citoyens dont la langue d'origine n'est pas la langue nationale.

Rappelons qu'au Ghana il existe entre quarante-sept et soixante-deux langues parlées et qu'à l'école la politique est d'utiliser les langues vernaculaires durant les premières années de l'école primaire (Bibeau, pp. 26-27). En URSS, bien que le russe soit la langue officielle, le gouvernement encourage la croissance des cultures nationales et la préservation des langues d'origine. Les enfants sont donc éduqués dans leur langue maternelle durant les premières années du primaire. Cela veut dire que 35 % des enfants sont éduqués dans une langue autre que le russe et qu'au moins cinquante-neuf langues différentes sont utilisées comme langue d'enseignement à travers ce pays.

Conclusion

Ce survol, même modeste, nous permet d'entrevoir l'extrême complexité de la situation. Nous n'avons qu'effleuré la question des régimes pédagogiques, celle des maîtres ; nous n'avons pas parlé des problèmes de tous ordres, économiques, sociaux, linguistiques, psychologiques, pédagogiques, politiques, etc., que pose aux milieux scolaires l'enseignement aux immigrants et dont les rapports d'analyse font état.

Nous constatons, à des degrés divers, la volonté politique des pays de maintenir les liens des étrangers qui immigrent dans un pays avec leur culture d'origine.

Il ressort qu'en Europe et aux USA notamment, on « favorise » dans l'ensemble, au préscolaire et pendant presque toute la durée du primaire, l'enseignement dans la langue d'origine de l'enfant (même si on ne le fait pas toujours) ; on permet, d'autre part (et ce, au Canada également) l'établissement de classes bilingues destinées à maintenir les liens culturels. Il ressort également que la politique des langues face aux immigrants et les résultats obtenus varient selon le statut économique et politique des différents pays.

De nombreuses questions demeurent cependant sans réponse et il semble qu'il en sera ainsi encore longtemps car la recherche progresse lentement.

BIBLIOGRAPHIE

BIBEAU, Gilles (1982), *L'éducation bilingue en Amérique du Nord*, Guérin, Montréal.

BOULOT, S., S. CLÉVY, et D. FRADET (1980), « Les cours intégrés de langue : difficultés, réussites, propositions », dans *Migrants Formation*, nos 38, 39, mars 1980, ministère de l'Éducation, Centre national de D.P., pp. 14-21.

BUDUHAN, C., et L. OANDASON (1981), *Filipino Students in Manitoba Schools*, Manitoba Department of Education.

COHEN, A.D. (1975b). « Bilingual Schooling and Spanish Language Maintenance : An Experimental Analysis », dans *Bilingual Review*, 2.

EDWARDS, H.P. et M.C. CASSERLY (1976), *Research and Evaluation of Second Language (French) Programs*, Toronto, ministère de l'Éducation de l'Ontario.

Elementary Language Development Handbook for Students with Limited Proficiency in English (1981), Province of Manitoba, Department of Education.

« English as a Second Language/Dialect » (1977), Ministry of Education, Ontario.

« English as a Second Language/Dialect (ESL/D) : Guidelines and Suggestions for the Administration and Organization of Programs » (1982), Alberta Education.

FLORES, H. (1969), *The Nature and Effectiveness of Bilingual Education Programs for the Spanish-Speaking Child in the United States*, thèse de doctorat, Ohio State University.

GAARDER, A.B. (1967), Bilingual Education. Report of the Special Sub-Committee on Bilingual Education of the Committee on Labor and Public Welfare, U.S. Senate, Ninetieth Congress, repris dans B. Spolsky (éd.), (1972), pp. 83-93.

GENESEE, F.H. (1978), « Is There an Optimal Age for Starting Second Language Education ? », dans *McGill Journal of Education*, no 2.

KJOLSETH, L. (1972), « Bilingual Education Programs in the United States ; for Assimilation or Pluralism ? », dans Spolsky (1972), pp. 94-121.

Conseil de l'Europe (1980), « L'action du Conseil de l'Europe en faveur des migrants : éducation, développement culturel, sport », Strasbourg, ronéo.

LAMBERT, W.E. et G.R. TUCKER (1972), *Bilingual Education of Children*, Rowley (Mass.), Newbury House Publishers Inc.

LEYBA, C.F. (1978), *Longitudinal Study Title VII Bilingual Program, Santa Fe Public Schools*, Los Angeles, California State University.

MACNAMARA, J. (1966), *Bilingualism and Primary Education*, Edinburgh, Edinburgh University Press.

MARIET, François (1980), « Le maintien des liens des migrants avec la culture du pays d'origine », Conseil de l'Europe, Strasbourg, 38 p.

MCDERMOTT, R.P. (1977), « The Cultural Context of Learning to Read », dans C.A.L., *Issues in Evaluating Reading*, Arlington.

MODIANO, N. (1966), *Reading Comprehension in a National Language : A Comparative Study of Bilingual and All Spanish Approaches to Reading Instruction in Selected Indian Schools in the Highlands of Chiapas*, thèse de doctorat, Université de Mexico, publiée en 1973, New York, Holt Rinehart and Winston.

OLESINI, J. (1971), *The Effect of Bilingual Instruction on the Achievement of Elementary Pupils*, thèse de doctorat, East Texas State University.

ÖSTERBERG, T. (1961), *Bilingualism and the First School Language. An Educational Problem Illustrated by Results from a Swedish Area*, Umea (Sweden), Väasterbottens Tryckerei AB.

PORCHER, L. (1979), « L'éducation des enfants des travailleurs migrants en Europe : l'interculturalisme et la formation des enseignants », Conseil de l'Europe, Strasbourg.

RAMIREZ, A.G. et R.L. POLITZER (1975), « The Acquisition of English and the Maintenance of Spanish in a Bilingual Education Program », dans *TESOL Quarterly*, n° 9.

RAMOS, M., J. AGUILAR et B. SIBATAN (1967), *The Determination and Implementation of Language Policy*, Dobbs Ferry, New York, Oceana Publications.

REICH, Hans (1979), *À propos de l'enseignement des enfants de travailleurs étrangers en Allemagne fédérale : Coopération des maîtres étrangers et allemands*, dans Deuxième séminaire d'enseignants du Conseil de l'Europe sur « L'éducation des enfants de migrants : une pédagogie interculturelle sur le terrain », Conseil de l'Europe, Strasbourg.

REY-von ALLMAN, Micheline (1977), « Rapport sur l'évaluation des méthodes d'organisation et de réalisation des classes expérimentales du Conseil de l'Europe », Conseil de l'Europe, Strasbourg.

RUOPPILA, I. (1979), « Symposium sur l'éducation préscolaire des enfants de travailleurs migrants », Berlin, décembre 1976, dans *Les grandes priorités de l'éducation préscolaire*, Conseil de l'Europe, Strasbourg, p. 132.

Scolarisation des enfants de travailleurs migrants, Centre de formation et d'information pour la scolarisation des enfants de travailleurs migrants (CEFISEM), Metz, 1979, (ronéo).

SKUTNABB-KANGAS, T. et P. TOUKOMAA (1976), *Teaching Migrant Children's Mother Tongue and Learning the Language of the Host Country in the Context of Socio-Cultural Situation of the Migrant Family*, Helsinki, The Finnish National Commission for UNESCO.

SKUTNABB-KANGAS, T. et P. TOUKOMAA (1977), « The Intensive Teaching of the Mother Tongue to Migrant Children at Pre-School Age » dans *Tutkimusia Research Reports*, Tampere, The University of Tampere (UNESCO).

SKUTNABB-KANGAS, T. et P. TOUKOMAA (1979), « Semilingualism and Middle-Class Bias : A Reply to Cora Brent-Palmer », *Travaux de recherches sur le bilinguisme*.

SKUTNABB-KANGAS, T. (1980), « Guest Worker or Immigrant : Different Ways of Reproducing an Underclass », dans *Rolig Papir*, n° 21, Roskilde Universitets Center, Lingvitsgruppen.

« So You Have Immigrant Children in Your School ? », A Short Guide, Saskatchewan Education, 1982.

SWAIN, M. (1974), « French Immersion Programs across Canada : Research Findings », dans *Revue canadienne des langues vivantes*, n° 31.

SWAIN, M. et B. BURNABY (1976), « Personality Characteristics and Second Language Learning in Young Children : A Pilot Study », dans *Travaux de recherches sur le bilinguisme*, n° 11.

TOSI, A. (1982), « Issues in Immigrant Bilingualism, 'Semilingualism' and Education », dans *Bulletin AILA*, n° 1, p. 31.

TREVIÑO, B.A.G. (1969), *An Analysis of the Effectiveness of a Bilingual Program in the Teaching of Mathematics in the Primary Grades*, thèse de doctorat, University of Texas.

UNESCO (1953), *The Use of Vernacular Languages in Education : Monograph on Fundamental Education*, vol. XIII, Paris, UNESCO.

Comment les enfants s'intègrent-ils aux classes régulières à leur sortie des classes d'accueil ?

Gilles PRIMEAU

Deux avertissements s'imposent avant d'aborder le sujet touché par la question à traiter :

- Je ne possède pas de bilan ou d'étude me permettant de répondre objectivement et rigoureusement à cette question. Ne voulant donner ni fausses pistes, ni fausses impressions, je n'y répondrai donc pas directement.
- N'étant ni un spécialiste des classes d'accueil, ni un spécialiste de l'apprentissage d'une langue seconde, je me bornerai ici à faire état de deux opérations pédagogiques dans lesquelles je suis directement engagé à la CECM à titre de conseiller pédagogique.

La première opération se situe dans le cadre de mesures ayant trait à la Loi 101. Elle concerne l'intégration des écoliers qui ont fréquenté le secteur scolaire anglais et qui se sont inscrits en 1981-1982 et en 1982-1983 dans les écoles du secteur français de la CECM.

La seconde porte sur une recherche franco-québécoise concernant les écoles en milieu dit défavorisé et à forte concentration d'enfants d'immigrants. De façon précise, cette recherche-action se déroule actuellement à l'école Lambert-Closse dans le comté Mercier à Montréal.

I. Les écoliers qui fréquentaient les écoles du secteur anglophone et qui se sont inscrits au secteur francophone

Par suite du rapport de Me Aquin concernant les enfants qui fréquentaient les écoles anglophones et qui devaient fréquenter l'école francophone, un certain nombre de ces enfants se sont présentés et se sont inscrits au secteur francophone. Certains de ces enfants, après évaluation, ont été dirigés vers les classes d'accueil alors que d'autres, parce qu'ils faisaient preuve d'une certaine maîtrise du français ou parce que les parents le demandaient, ont été directement intégrés aux classes régulières.

Le rapport de Me Aquin recommandait aux instances scolaires de constituer « un train de mesures », pour reprendre son expression, susceptible de contribuer à l'intégration harmonieuse de ces enfants. Spontanément, dans un tel contexte, on pense à des mesures d'apprentissage ou de rattrapage linguistique. C'est ce qui fut mis en place de diverses façons. Cependant, et c'est là mon propos, force nous fut de constater que le problème ne se situait pas toujours, ou du moins pas uniquement, dans le domaine académique. Nous avons donc tenté de mieux cerner les conditions qui pourraient favoriser l'intégration de l'immigrant en classe régulière.

La première réflexion à retenir c'est qu'il ne faut plus, à mon avis, parler d'intégration mais plutôt d'adaptation mutuelle de la part de la classe et de l'école et de la part de l'enfant immigrant et de sa famille. L'enfant et la collectivité vont s'enrichir dans la mesure où leur adaptation mutuelle ira en progressant. Cette adaptation graduelle se fait à la condition que certains phénomènes soient conscientisés par les parties en cause et que cette prise de conscience débouche sur des actions concrètes.

Les observations que nous avons faites en ce domaine nous ont permis d'élargir notre point de vue sur l'évaluation que l'on doit faire de l'enfant immigrant qui entre et évolue en classe régulière. Je vous en donne les principales facettes.

Outre donc l'évaluation académique, il y a toute une évaluation de la situation qui doit guider sans cesse le maître et l'enfant placés en situation mutuelle d'adaptation. À mon avis cette évaluation, qui prend un caractère formatif et continu, doit amener le maître et l'école, ainsi que l'enfant et sa famille, à voir diverses facettes d'une situation, à juger si les facettes observées sont des facteurs positifs ou négatifs de l'adaptation mutuelle visée et à agir pour en neutraliser ou en modifier les aspects jugés négatifs.

À titre d'exemples de facteurs à observer, à évaluer sans cesse, j'ai retenu les suivants. Ce sont ceux sur lesquels peuvent porter une première analyse d'une situation :

- les préjugés ethniques
- l'intégration sociale de l'écolier
- l'appréhension des parents
- le rôle de l'école dans la vie de l'enfant
- l'organisation de la classe et de l'école

Les préjugés ethniques se manifestent de diverses façons à l'égard d'un enfant d'immigrant. Il faut être attentif à leur manifestation. Elle concerne tout autant la couleur de la peau que la tenue vestimentaire, les habitudes alimentaires, les croyances religieuses, l'accent, etc.

L'intégration sociale de l'enfant se voit à des signes tout aussi tangibles. Est-il anormalement agressif ou soumis ? Se réfugie-t-il dans le mutisme, dans l'isolement ? A-t-il tendance à nier son identité culturelle ? Est-il en conflit avec ses parents ? Ses activités parascolaires se déroulent-elles toujours hors du quartier ? On pourrait ainsi multiplier les questions et les observations à faire sous cette rubrique.

L'appréhension des parents se manifeste souvent par une crainte qui les amène à couver exagérément leurs enfants, à les accompagner à l'école et à ne les laisser qu'une fois que le maître les a pris en charge. Elle se manifeste parfois par une critique négative et inutile de l'école française ou par des absences non motivées aux rencontres parents-maître. Elle peut ainsi se manifester de diverses façons. Cette appréhension touche l'enfant de plein fouet et rend son adaptation difficile.

Le rôle de l'école dans la vie de l'enfant mérite aussi d'être observé. L'enfant s'identifie-t-il à son école ou, au contraire, la subit-il ? Y revient-il quand il s'y déroulent des activités parascolaires ? En exploite-t-il moins que les autres les ressources, la bibliothèque par exemple ? Revient-il jouer dans la cour avec les autres les jours de congé, le soir ou durant le week-end ? En bref, la question centrale est de se demander ce que représente l'école pour l'enfant immigrant. Est-ce *son* école ou *une* école ?

L'organisation de la classe et de l'école sont aussi des facteurs qui doivent retenir l'attention. Où est placé l'écolier immigrant en classe ? La place qu'il occupe signifie-t-elle quelque chose ? Comment l'enfant se familiarise-t-il avec l'organisation de la classe et de l'école ? Qui l'aide ? Quelle aide demande-t-il ? Dans quelles situations ?

Toutes ces questions de même que d'autres du même ordre doivent être posées à l'école. Les manifestations observées doivent être jugées en regard de l'adaptation de l'écolier immigrant, bien sûr, mais aussi en regard de l'adaptation des autres écoliers, du maître et de l'école en général. Une fois que des jugements sont portés par le maître, ou mieux, par le maître et l'enfant ou par le maître, les parents et l'enfant, il y a lieu d'agir.

Je vous fais grâce de l'énumération de l'ensemble des mesures prises ou à prendre dans les écoles à cet égard. Je veux simplement souligner le fait que ces diverses actions, timides ou humbles, comme le dialogue et le soutien quotidien, ou plus spectaculaires comme l'organisation d'une semaine d'étude sur les ethnies, exposition où l'on retrouve divers aspects de la vie des communautés ethniques auxquelles appartiennent des écoliers d'une école, changent progressivement le caractère d'une classe et d'une école. Ce sont ces actions posées après analyse qui contribuent peu à peu à l'adaptation mutuelle de l'enfant immigrant et de l'institution qui en fait un de ses membres.

Il importe de préciser que je ne voulais pas faire état de l'ensemble des mesures prises à cet égard ; je désirais simplement souligner que le travail fait en ce domaine m'amène à conclure que l'intégration des enfants d'immigrants à leur sortie des classes d'accueil ne doit pas être vue exclusivement sous l'angle des performances linguistiques. De même, les mesures à prendre ne devraient pas se limiter uniquement au domaine académique. Une culture évolue et s'enrichit dans la mesure où elle est souple et ouverte, dans la mesure où elle ne vise pas à intégrer « les autres » mais à s'enrichir des expériences qu'ils l'invitent à vivre.

II. Les écoliers qui fréquentent une école à forte concentration d'enfants allophones

L'opération dont nous venons de parler concerne les écoliers qui se présentent dans une classe régulière où la majorité des écoliers sont d'origine francophone. Celle que nous aborderons maintenant concerne une école en particulier, l'école Lambert-Closse où la grande majorité des écoliers est d'origine pluri-ethnique. Bien entendu, tout ce qui a été dit sur les facteurs d'adaptation mutuelle vaut tout autant pour ce type d'école que pour les autres. Cependant, les écoles qui ont coutume d'accueillir une majorité d'enfants d'immigrants ont la plupart du temps, et par la force des choses, développé une attitude positive d'adaptation mutuelle. Il s'agissait dès lors de pousser plus loin le projet pédagogique et de faire une réflexion plus en profondeur pour développer un projet qui tienne compte de cette caractéristique socioculturelle.

Les expériences de rattrapage ou de conditionnement linguistique tentées jusqu'à maintenant n'étant pas jugées satisfaisantes, il fallait trouver autre chose. D'une part, le sens et la portée des nouveaux programmes du MEQ, particulièrement du programme de français qui insiste sur la signifiance des situations de communication, nous traçaient une piste à explorer. D'autre part, les expériences menées notamment en France sur les activités d'éveil — éveil aux sciences de l'homme, aux sciences de la nature, à l'esthétique — semblaient bien démontrer le lien entre le développement des habiletés langagières et l'élargissement de la connaissance du monde chez les écoliers. Il y avait là une autre piste à suivre. Je passe sous silence tous les aspects anecdotiques ou organisationnels qui ont contribué à l'élaboration du projet : échanges avec la France, choix de l'école, discussions avec les instances, les enseignants, les parents, etc.

Le projet expérimenté à Lambert-Closse se veut un projet de décloisonnement du programme de sciences humaines et, éventuellement, des programmes dits d'éveil et du programme de français. Il s'agit essentiellement d'un projet de mise en place d'activités éducatives décloisonnées qui prennent en considération les caractéristiques socioculturelles des écoliers qui vivent à l'école Lambert-Closse.

De façon concrète, il s'agit de tenir compte des caractéristiques socioculturelles des écoliers pour planifier de façon cohérente un ensemble d'activités d'exploration et d'analyse du monde quotidien des enfants, exploration et analyse qui servent à mieux comprendre ce monde, à le comparer dans le temps et dans l'espace à des mondes en partie semblables et en partie différents du leur pour agir sur leur propre situation. C'est à travers ces activités que les écoliers construisent leur interprétation personnelle du monde et qu'ils développent les habiletés langagières qui leur permettent de mieux le connaître et d'y jouer éventuellement un rôle social plus conscient et, peut-être, plus actif.

En cours d'élaboration et d'expérimentation depuis l'année dernière, ce projet nous permet déjà de dégager quelques conclusions qu'il y aura lieu de confirmer, d'affiner et de préciser tant cette année que l'année prochaine :

1. Ce projet amène les maîtres à mieux connaître la réalité quotidienne des écoliers et à en tenir compte. En effet, chaque scénario de classe expérimenté, c'est-à-dire chaque ensemble d'activités portant sur une facette de la réalité, sur un thème, commence par ce qu'il est convenu d'appeler une activité de déballage. Au cours de cette activité, l'écolier dit qui il est, ce qu'il vit et ce qu'il connaît de la réalité étudiée. Cette activité permet au maître de mieux saisir la réalité socioculturelle de l'enfant tout en lui permettant de découvrir l'information que l'enfant possède sur le sujet à l'étude pour mieux l'amener à élargir cette connaissance.

De la même façon, les activités de cueillette d'informations et d'analyse de cette réalité par le moyen d'enquêtes, d'entrevues et de visites permettent au maître de mieux connaître les caractéristiques socioculturelles du milieu desservi par l'école.

2. Les scénarios expérimentés permettent à l'enfant, à travers des activités signifiantes de langage, d'élargir ses habiletés langagières tout en saisissant le sens et la valeur de l'utilisation du langage. En effet, parce que l'écolier élargit sa connaissance du monde, il devient meilleur lecteur et meilleur scripteur. De plus, il apprend que le langage est un moyen à utiliser pour agir sur le monde. Présenter à des pairs, à des adultes ou à des autorités le bilan de l'étude d'une facette de la réalité ainsi qu'un point de vue sur cette réalité est un moyen d'accaparer la langue comme instrument de communication et comme moyen d'action.

3. Finalement, les scénarios vécus permettent à l'enfant et à l'école de s'adapter mutuellement à la réalité qu'ils vivent pour progresser ensemble dans un projet qui se veut éducatif, c'est-à-dire dans un engagement social. De plus, nous constatons que peu à peu les parents prennent une place dans ce cheminement. Leurs connaissances et leurs expériences sont mises à contribution pour aider l'écolier à élaborer sa connaissance du monde. Pour prendre un exemple concret dans un scénario de classe, les expériences des parents recueillies au moyen d'entrevues sont confrontées aux points de vue véhiculés par la documentation municipale sur les avantages et les inconvénients des moyens de transport à Montréal. Ce n'est là qu'un exemple du langage utilisé pour traiter d'un aspect de la réalité.

4. Les connaissances traitées à l'école, qu'il s'agisse de connaissances en sciences humaines ou de connaissances sur la langue, sont directement investies dans des projets et des pratiques signifiantes. Ainsi, l'écolier en saisit la pertinence et les intègre à son habileté à traiter le réel et à ses habiletés langagières. C'est là un des aspects non négligeables du projet.

Conclusion

J'ignore si le fait de faire état des deux opérations dont je viens de parler éclaire les participants sur la façon dont les enfants s'intègrent aux classes régulières à leur sortie des classes d'accueil. Cependant, je crois qu'il y a là des pistes certaines qui méritent d'être explorées, confrontées et critiquées. Autant il me semble y avoir lieu de s'interroger sur la pédagogie en classe d'accueil, autant il est impérieux de chercher des voies pédagogiques nouvelles qui tiennent compte d'une réalité relativement récente dans les classes dites régulières. Pour progresser, la pédagogie doit aussi s'adapter et développer des points de vue nouveaux.

L'enseignement du français langue seconde dans les écoles du Québec

Conférenciers :   Félix MÉLOUL, directeur-adjoint des services de l'enseignement, Commission des écoles protestantes du Grand Montréal

Marie-Claire VOGT, présidente, Association québécoise des enseignants de français langue seconde

Dans cet atelier du congrès animé par Cécile Tardif, agent de développement pédagogique au ministère de l'Éducation, on trouvera deux textes : l'un de Félix Méloul qui se montre très critique sur les positions du Ministère et place son sujet dans une problématique socio-politico-linguistique ; Marie-Claire Vogt nous fait part de sa large expérience de l'enseignement en adoptant le point de vue de l'enseignante.

La législation sur le français et l'enseignement du français langue seconde à la Commission des écoles protestantes du Grand Montréal

Félix MÉLOUL

Le français langue seconde dans les écoles du Québec a toujours souffert des deux maux suivants : sa qualité de frère siamois de l'anglais langue seconde et l'omniprésence de la politique dans ce domaine plus que dans tout autre, exception faite peut être de l'enseignement de l'histoire nationale.

En effet, tous les gouvernements qui ont cru bon de légiférer sur l'avenir linguistique du Québec sont tombés dans le piège qui consiste à mettre l'anglais et le français langues secondes sur le même pied.

Or, au risque de lasser ceux qui parmi nous connaissent bien la question, il nous faut répéter que, contrairement à ce que le titre de cet atelier laisse entendre, le français n'est pas une langue seconde au Québec et ne peut plus l'être même pour ceux qui sont légalement éduqués dans les écoles anglaises du Québec.

De la Loi 63 à la Loi 101, en passant par les Lois 22 et 250, le français au Québec est passé du statut de langue première à celui de langue du travail et, enfin, à celui de langue officielle.

Si le législateur a cru bon de reconnaître, à travers toutes ces lois, les droits de certains Anglo-Québécois à l'éducation anglaise, il ne fait toutefois aucune concession sur le statut du français au Québec et en confie la défense à un ministère, à un Office de la langue française, à un Conseil de la langue française et même à une Commission de surveillance.

Persister après cela dans les hautes sphères du ministère de l'Éducation à calquer les politiques de l'enscignement du français langue seconde au Québec sur celles de l'anglais tient de l'aberration. Proposer dans les régimes pédagogiques une diminution du temps alloué à l'enseignement de cette matière primordiale au Québec tient de l'inconscience pédagogique ou de l'incohérence la plus totale.

La Loi 250, ou code des professions, nous apprend qu'une cinquantaine de professions ne peuvent être pratiquées au Québec sans une connaissance adéquate du français. Voyons les exigences de la Loi 101 au chapitre V sur la langue des organismes parapublics :

Article 35

Les ordres professionnels ne peuvent délivrer de permis au Québec qu'à des personnes ayant de la langue officielle une connaissance appropriée à l'exercice de leur profession.

Cette connaissance doit être prouvée suivant les règlements de l'Office de la langue française, lesquels peuvent pourvoir à la tenue d'examens et à la délivrance d'attestations.

Article 84

Aucun certificat de fin d'études secondaires ne peut être délivré à l'élève qui n'a pas du français, parlé et écrit, la connaissance exigée par les programmes du ministère de l'Éducation.

Or, avec les 250 minutes par semaine actuellement allouées à l'enseignement du français langue seconde au secondaire, les élèves arrivent tout juste à satisfaire aux exigences du ministère de l'Éducation, exigences qui sont loin des objectifs du *Livre vert* et même de ceux du *Livre orange*.

Conscients des changements apportés dans notre province par la Charte de la langue française, ou Loi 101, et réalisant la nécessité pour tout Québécois d'être capable de « fonctionner » en français dans la société québécoise des années 80, nous croyons que l'enseignement au Québec du français langue seconde dans les cours réguliers de base laisse à désirer.

Cette langue, qu'on persiste à appeler langue seconde et qui n'est ni l'espagnol ni le russe, devrait jouir d'un statut privilégié dans les écoles du Québec. Pour cela, il faudrait :

1. Augmenter à tous les niveaux le temps alloué à l'enseignement du français.
2. Enseigner certaines matières en français, en plus des cours de français langue seconde.
3. Réduire le rapport maître-élève dans les classes de français.
4. Généraliser l'emploi de spécialistes à tous les niveaux et prévoir un plan de recyclage pour les enseignants qui n'ont pas eu de formation de spécialiste.
5. Repenser la relation entre le contenu des programmes et le temps alloué à l'enseignement pour trouver des formules autres que celle d'une période par jour.

Ainsi, nous pourrions mettre les chances du côté des élèves de parvenir à une maîtrise fonctionnelle du français, langue officielle, qui consisterait à converser et à écrire aisément en français de manière à être en mesure de travailler dans cette langue.

Quelque douze années de recherche sur les programmes d'immersion française offerts actuellement à un nombre important d'élèves des écoles anglaises du Québec semblent indiquer que leurs résultats se rapprochent le plus possible de cette connaissance fonctionnelle de la langue officielle.

Bien que visant un but différent, les formules pédagogiques des classes de francisation et d'accueil en milieu francophone ne pourront qu'accélérer cette connaissance fonctionnelle de la langue.

Certes, il n'y a pas de solution miracle mais nous pouvons miser sur une douzaine d'années de recherche et d'expérimentation dans ce domaine pour dire que le souci de la compétence linguistique des élèves doit primer sur toute considération politique ou autre. Malheureusement, les gouvernements se succèdent mais l'incohérence persiste entre, d'une part, la volonté de maintenir et de développer la langue française et, d'autre part, les moyens mis à la disposition des enseignants et des élèves.

En effet, alors que la législation sur le français au Québec permet de moins en moins une connaissance insuffisante de cette langue, les politiques proposées par le ministère de l'Éducation manquent de courage pour offrir un statut privilégié à son enseignement dans les écoles anglaises du Québec.

On nous répond à ce sujet que les écoles anglaises ne peuvent pas avoir un avantage quelconque non accordé d'abord aux écoles françaises. Ce à quoi nous aurions le goût de rétorquer que les francophones ne sont pas soumis aux mêmes pressions que leurs concitoyens de langue anglaise.

Si l'on veut que l'enseignement du français langue seconde dans les écoles du Québec soit à la hauteur des exigences de la Charte de la langue française, il faut que le gouvernement ait le courage de lui donner un statut particulier, différent de celui de l'anglais langue seconde, afin que les élèves puissent développer des attitudes positives à l'égard du français et qu'en plus d'acquérir une connaissance fonction-nelle de la langue, ils soient sensibilisés à sa culture.

Ce statut particulier, le ministère de l'Éducation n'a pas hésité à l'imposer aux écoles privées juives, par exemple, où l'enseignement du français langue seconde occupe, depuis quelques années, une quinzaine d'heures de l'emploi du temps hebdomadaire des écoliers du primaire.

Ce tableau ne serait pas complet sans la description du rôle des commissions scolaires dans l'apprentissage du français langue seconde au Québec, nonobstant le manque de *leadership* et d'aide spécifique du ministère de l'Éducation.

Bien avant les Lois 22 et 101, les parents anglophones avaient pris conscience du besoin impératif de donner à leurs enfants une connaissance fonctionnelle du français et avaient pressé les commissions scolaires d'agir dans ce sens. C'est alors que les programmes d'immersion ont commencé à voir le jour aux niveaux primaire et secondaire et sont, depuis, en plein épanouissement.

Le programme **d'immersion primaire** consiste en une scolarité à 100 % en français en maternelle, première et deuxième années suivie de 60 % en troisième année et de 40 % de la quatrième à la sixième année inclusivement. Au secondaire, ces élèves reçoivent 2 périodes quotidiennes sur 6 d'enseignement en français.

Le programme **d'immersion tardive** consiste, lui, à suivre le premier cycle du secondaire totalement en français sauf en ce qui concerne l'enseignement de l'anglais langue première, qui se donne en une période par jour.

Au deuxième cycle du secondaire (secondaire III, IV et V), les élèves venant de l'immersion primaire et tardive suivent des cours réguliers pour élèves francophones de la province sanctionnés par les examens du ministère de l'Éducation du Québec.

Toutefois, en ce qui concerne la reconnaissance officielle des acquis de ces élèves, il a fallu négocier longuement avec le ministère de l'Éducation et l'Office de la langue française.

Après plusieurs interventions auprès du ministère de l'Éducation, nous avons obtenu que ces élèves puissent substituer des crédits de français langue d'enseignement à ceux exigés en français langue seconde pour l'obtention du diplôme d'études secondaires. Les unités accumulées sont en général celles des cours de sciences humaines (histoire du Québec et du Canada 412, géographie du Québec et du Canada 412) et de français (français 422 et 522).

Notre commission scolaire a depuis longtemps instauré un diplôme de bilinguisme que nous décernons aux élèves qui, en plus des exigences pour l'obtention du diplôme de fin d'études secondaires, ont accumulé 4 unités en français langue d'enseignement.

Puisque le ministère de l'Éducation leur accorde les mêmes droits qu'aux élèves francophones en matière de certification, il nous semble tout à fait logique que l'Office de la langue française dispense cette catégorie de nos élèves des tests de connaissance de la langue française imposés à ceux qui n'ont pas suivi une scolarité en français.

Nous sommes toujours en négociations avec l'Office de la langue française afin qu'il puisse considérer le cas des élèves anglophones qui, après avoir suivi une partie de leur scolarité totalement, puis partiellement en français, sont en mesure d'être reçus aux examens du Ministère sanctionnant les études des élèves francophones du Québec. Afin de leur rendre justice, il faudrait que ces élèves, qui détiennent les unités de certification du secondaire IV et V en français langue d'enseignement, soient dispensés des tests linguistiques de l'Office de la langue française.

Non seulement cette mesure serait juste et équitable mais, du même coup, elle inciterait nos élèves à poursuivre leurs études en français afin de pouvoir être reçus au secondaire IV et V aux examens de français langue d'enseignement.

Cette mesure incitative, qui ne coûterait rien au Ministère et dont il garderait tout le contrôle par l'entremise des programmes et des examens provinciaux, fera du français dans les écoles anglophones du Québec une matière prestigieuse et prioritaire. Ainsi, en réparant une injustice, on oeuvrera de surcroît pour la promotion de la langue française dans les écoles anglaises du Québec.

Enfin, une lueur d'espoir pointe à l'horizon. Elle se trouve dans la lettre du 4 novembre 1982, que monsieur René Lévesque écrivait en réponse aux questions soulevées par le président d'Alliance Québec :

> «Par ailleurs, je souscris à votre énoncé sur la responsabilité qui incombe aux ‹ institutions québécoises de doter les étudiants de moyens de fonctionner en français à leur sortie de l'école secondaire ›. Même si les résultats passés n'ont pas toujours correspondu à nos espoirs, nous enregistrons maintenant des progrès substantiels dans ce secteur. Nous espérons donc pouvoir éventuellement abolir les tests linguistiques pour les candidats aux professions qui auront fait leurs études secondaires au Québec ».

Bravo ! Monsieur le Premier ministre. À quand les actes ? Les écoles anglaises du Québec ont fait leur part, au prix de grands sacrifices, pour « doter les étudiants de moyens de fonctionner en français à leur sortie de l'école secondaire ». Il est grand temps que le Ministère prenne aussi ses responsabilités, reconnaisse ces efforts et les sanctionne adéquatement.

Le point de vue de l'enseignante

Marie-Claire VOGT

L'enseignement du français dit « langue seconde » dans les écoles du Québec a quelques décennies d'existence. Bien sûr, il fut un temps où cet enseignement s'adressait à une classe privilégiée de la population. Mais les temps ont bien changé. Le désir du gouvernement de démocratiser l'enseignement des langues secondes afin de procurer à chaque individu la possibilité de travailler en français a ouvert, bon gré mal gré, les portes des écoles anglophones de la province à l'enseignement systématique du français comme langue seconde. En 1982, ce type d'enseignement a son droit de cité dans le système d'enseignement du Québec.

Laissant aux responsables désignés par ce congrès le soin de se prononcer sur les grandes questions administratives et organisationnelles ainsi que sur les projets d'élaboration de nouveaux programmes destinés aux enseignants et aux élèves de français langue seconde, je m'attarderai uniquement à développer le point de vue de l'enseignante qui oeuvre dans le milieu scolaire, là où se joue l'apprentissage authentique de la communication en français. Car si le triangle de toute situation « enseignante » comporte les trois éléments fondamentaux connus, soit l'élève, l'enseignant et la méthode, le premier cité demeure l'élément essentiel, la raison d'être de l'ensemble du système éducatif (Girard, 1972 : p. 11).

Dans le présent exposé, je voudrais décrire l'éventail des situations d'enseignement à travers lesquelles je fus amenée à :

1) inciter l'étudiant, enfant, adolescent et adulte, à prendre conscience du fait français au Québec, lui enseigner la langue et lui faire découvrir les techniques de communication ;

2) utiliser des méthodes bien établies, des programmes maison, des approches nouvelles dites de type communicatif ;

3) animer, informer, encourager les enseignants de français langue seconde oeuvrant dans les petites écoles anglaises de la province ;

4) présider, à l'heure actuelle, l'AQEFLS ou Association québécoise des enseignants de français langue seconde dont l'objectif primordial est de répondre aux besoins pressants des praticiens de la langue seconde.

Ainsi donc, en tant que praticienne de l'enseignement du français langue seconde au Québec, et plus particulièrement à Montréal, j'ai eu le privilège d'inaugurer la première classe de première année d'un projet pilote dit d'immersion, en 1968 (Genesee, 1979 : p. 5).

Grâce à l'enthousiasme et à la volonté des parents de Westmount, le français est entré résolument dans les écoles de la CEPGM comme il s'enracinait dans les classes anglaises de la commission scolaire South Shore Protestant depuis 1965. Le but de ce programme était de promouvoir un bilinguisme fonctionnel en utilisant le français comme langue d'enseignement (Lambert et Tucker, 1972).

Dans ce modèle de classe d'immersion de première année, où l'environnement se veut un bain sonore et visuel intensif (Le Marchand, 1973 : p. 4), les jeunes enfants très réceptifs et malléables captent d'abord la langue comme un jeu. Les activités ludiques forment la base de l'apprentissage motivé de la langue, puis les matières académiques sont assimilées en tant que véhicules de la langue. Les progrès des élèves sont rapides, les résultats de fin d'année surprenants. Les études répétées et les recherches constantes qui ont suivi le projet en font foi (Genesee, *op cit.*). Ce système permet à l'élève qui poursuit ses classes primaires en « immersion », à des degrés différents selon les niveaux, de parvenir à une excellente compréhension orale et écrite de la langue et à une expression orale et écrite très valable. Il est à noter que l'expression orale peut être entachée d'erreurs langagières typiques dues au contact des langues. De nombreux chercheurs et linguistes se sont penchés sur le phénomène de l'erreur, du *pidgin* et de l'interlangue (Selinker, 1975 : pp. 139-152). Parallèlement aux classes d'immersion, l'enseignement du français par périodes de 30 minutes par jour existe encore tel que je l'ai connu et expérimenté. C'est ce que l'on désigne sous le vocable de « cours régulier ». Ce cours est la tâche de la « spécialiste » qui ne se consacre qu'à ce genre d'enseignement et qui voit défiler devant elle de huit à douze groupes d'élèves selon le cas. Je vous assure que les conditions actuelles, les restrictions de temps et de moyens, ressemblent à ce que j'ai vécu. Les résultats des élèves ne sont pas ceux escomptés. L'investissement d'énergie, de temps, de créativité n'est qu'à demi rentable. D'ailleurs, le tableau de l'insuccès et de la performance inopérante d'élèves ayant passé l'équivalent de cinq cents heures d'apprentissage de la langue seconde au primaire et d'environ huit cents heures au secondaire a forcé le ministère de l'Éducation à réorienter les programmes qui doivent respecter les positions de *L'École québécoise*.

Est-ce à dire que les nouveaux programmes « tenant compte des besoins des élèves et des données nouvelles dans le domaine de la didactique des langues » (Gouvernement du Québec, 1982 : p. 5) seront la panacée aux échecs scolaires notoires en langue seconde au cours régulier ?

Si j'ai mentionné l'adolescent dans le libellé du point un, c'est que ma tâche actuelle me fait oeuvrer au sein du niveau secondaire. Une fois encore, j'ai la chance de consacrer mon enseignement à des élèves de « post-immersion » c'est-à-dire à des jeunes qui commencent pour la première fois l'apprentissage intensif de la langue seconde en classe d'immersion et à des élèves qui poursuivent l'immersion commencée en première année. Ce sont les élèves dits « bilingues ». À ce stade de l'apprentissage de la langue, la peur et l'angoisse de s'exprimer sont vaincues. L'apprenant s'exprime, expose ses idées, lit et rédige couramment. Il ne peut se comparer à un francophone qui possède bien sa langue. Cependant les recherches de Adiv prouvent que la performance de ces élèves est satisfaisante (Adiv, 1982 : p. ii).

Les plus doués et les plus bilingues d'entre eux sont en mesure d'assimiler des cours destinés aux élèves francophones de la province. Néanmoins, tous les élèves du niveau secondaire ne prennent pas la « voie royale ». Il y a ceux qui se résignent à étudier le français à raison de cinquante minutes par jour. Ils ne seront jamais bilingues et parviendront péniblement à obtenir les crédits nécessaires à la certification exigée par le Ministère. Pour entrer sur le marché du travail, ils ont autant besoin du français, si ce n'est davantage, que leurs concitoyens ont besoin de l'anglais pour fonctionner dans un environnement nord-américain (Blouin, 1982 : p. 59).

Quant au secteur de l'éducation permanente, j'y ai travaillé pendant de nombreuses années, en cours du soir, à l'époque où le nombre des adultes désireux d'apprendre la langue seconde et de devenir bilingues était florissant.

L'adulte veut apprendre, n'a pas de temps à perdre et est motivé. Quand, après sept à huit heures de travail, il suit un cours de français langue seconde de trois heures, deux fois par semaine, pendant soixante, quatre-vingt-dix, voire cent quatre-vingts heures par session, la volonté d'assimiler la langue est transparente. Évidemment, dans certains cas, la sécurité d'emploi, l'amélioration du statut, les contraintes de la loi forcent l'adulte à apprendre « bien » et rendent également les conditions d'enseignement idéales. Les résultats sont à la mesure de l'individu et de ses capacités et non pas obligatoirement, comme on pourrait le croire, en fonction des stratégies d'intervention privilégiées par l'enseignant.

Parler de stratégies d'intervention, c'est sous-entendre que l'on va décrire les moyens qui facilitent l'enseignement.

En effet, à travers les situations d'enseignement, la méthode, le manuel, le matériel didactique complémentaire gardent une place importante. Même si Debyser prédisait la « mort du manuel » en didactique des langues secondes, l'enseignant le contredira d'une façon ou d'une autre en créant lui-même son matériel ponctuel adapté aux besoins de l'élève. De plus, le ministère de l'Éducation fait mention de manuels de base à l'usage de l'enseignant et de l'élève. Je ne procèderai pas, ici, à l'élaboration d'un cours concernant la petite histoire des méthodes car Landriault s'en charge dans *Québec français* d'octobre 1982 ; j'énumérerai cependant celles qui furent mes instruments quotidiens selon les circonstances.

Il y a quinze ans, la méthode audiovisuelle structuro-globale actualisée par *Bonjour Line, Voix et images de France, Ici on parle français, Le français international* constituaient la panoplie des instruments que tout enseignant averti se devait d'utiliser. Aujourd'hui, on les délaisse en exagérant les imperfections de l'ensemble de leur contenu soit apprentissage trop rigide et mécanique, matière mal adaptée aux besoins authentiques des apprenants, contexte culturel douteux, langue monolithique.

Pour combler le manque d'instruments d'enseignement destinés aux élèves des classes dites d'immersion et bilingues la commission scolaire, par l'entremise des conseillers pédagogiques, a mis sur pied des équipes de travail. Les enseignants ont produit une variété d'instruments toujours en usage dans nos classes. Ce matériel maison représente « des dossiers et modules d'utilisation plus libres » (Pérez, 1979 : p. 8) que les manuels traditionnels conçus pour des francophones.

Mais c'est dans le domaine de l'enseignement aux adultes que j'ai vraiment expérimenté des instruments plus efficaces correspondant aux changements psycholinguistiques, sociolinguistiques et didactiques drainés par les tendances à la mode venant du Conseil de l'Europe. Les PPO, ou programmes par objectifs, marquent une première étape importante. Puis, le courant du « fonctionnel » et du « notionnel » a transformé la didactique des cours aux adultes. Il fallait créer, inventer pour les besoins du moment. L'étudiant devient le centre de l'enseignement, on étudie ses besoins, on élabore des cours en fonction des professions. L'étudiant réalisera alors des opérations langagières significatives.

C'est ainsi qu'en 1982 le monde de l'enseignement des langues ne parle que de « documents authentiques », de « situations d'apprentissage intégré », « d'approche communicative ». J'ai l'impression que l'on assiste à une nouvelle ruée vers l'or. Ce mouvement nous rendra-t-il riche en enseignement ou sera-t-il notre boîte de Pandore ? C'est à voir !

En tant que praticienne de l'enseignement du français langue seconde, il m'a été permis de considérer ma tâche d'une façon différente pendant quatre ans car j'ai joué le rôle d'agent de développement pédagogique pour le compte du ministère de l'Éducation. À ce citre, j'ai eu l'occasion de voyager à travers la province depuis Shawville jusqu'à Gaspé en passant par Sainte-Agathe et Danville pour constater que l'enseignement du français dans les petites écoles anglaises était en voie d'implantation. Mais les enseignants isolés souffraient du manque d'encadrement habituellement offert dans l'enseignement. Pallier cette carence signifiait organiser des journées d'animation, des rencontres de travail, des visites de classe, des productions d'instruments pédagogiques, puis informer, former, encourager, dépanner au besoin. Tâche d'envergure à l'échelle du territoire qui méritait qu'on en oublie les ennuis du déplacement.

Finalement, tout en poursuivant l'enseignement de la langue seconde, j'assume la présidence de l'Association québécoise des enseignants de français langue seconde (AQEFLS), regroupement jeune dont le dynamisme est à toute épreuve. L'Association se charge de répondre aux desiderata de ses membres. À cet effet, elle se doit d'informer, de former, de favoriser les échanges et de recycler. On ne peut songer à une réforme en profondeur de l'enseignement des langues secondes sans envisager au préalable le recyclage et l'information du principal intéressé, en l'occurrence l'ENSEIGNANT.

Par nos rencontres pédagogiques organisées dans le milieu et en fonction des demandes formulées lors de réunions de consultation, je crois que nous participons à la promotion de la langue française au Québec. Car, comme le mentionne Falardeau, il faudrait de la part des secteurs concernés et à tous les niveaux de la population une « concertation », une volonté collective réelle, un effort national de revalorisation de la qualité de la langue (Falardeau, 1979 : p. 27) qui soit un modèle pour les minorités du Québec.

Je vous ai fait une rapide description de l'éventail des situations d'enseignement qui tissent la toile de mon expérience acquise au cours des années dans la didactique des langues secondes; je n'ai certes pas l'intention de renchérir sur le problème, de jauger la situation et d'exposer les difficultés, les ennuis, les tourments qui balisent l'enseignement quotidien de la langue seconde. Je crois que vous, les enseignants, connaissez suffisamment bien les embûches du métier pour que je vous épargne ce genre de lamentations. Il s'agit en fait de règlements internes, de négociations à l'intérieur de l'école même.

Cependant, si l'enseignement du français langue seconde dans les écoles du Québec doit être une réussite tous azimuts, comment interpréter la compression de la grille horaire réservée à l'enseignement de la langue seconde ?

> « Le maître écoute et surveille bien plus qu'il ne parle. Ce sont les grands livres qui parlent et quoi de mieux ? » (Alain, 1967 : p. 74).

BIBLIOGRAPHIE

ADIV, E. (1982), *A Longitudinal Evaluation of Three Immersion Programs. Grades* 7-11, Montreal, Instructional Services Department, Protestant School Board of Greater Montreal, (January).

ALAIN (1967), *Propos sur l'éducation*, Paris, Presses Universitaires de France.

BLOUIN, J. (1982), « Les 500 000 emplois de 1990 » dans *Actualité*, Montréal, Mac Lean Hunter, XVII, 9, septembre.

DEBYSER, F. (1973), « La mort du manuel et le déclin de l'illusion méthodologique », dans *Le français dans le monde*, Paris, Hachette, n° 100, pp. 63-68.

FALARDEAU, J-C. (1979), « La leur ou la nôtre ? », dans *Forces*, n°s 46-47, 1er et 2e trimestres, pp. 19-23.

GENESEE, F. (1979), « Les programmes d'immersion en français du Bureau des écoles protestantes du Grand Montréal », dans *Études et documents*, Québec, ministère de l'Éducation n° 16-0122.

GIRARD, D. (1972), *Linguistique appliquée et didactique des langues*, Paris, Armand Colin-Longman.

LAMBERT, W.E. et TUCKER, C.R. (1972), *Bilingual Education of Children. St-Lambert Experiment*, Rowley, Newbury House.

LANDRIAULT, B. (1982), « Les méthodes d'enseignement du français langue seconde au Québec », dans *Québec français*, n°s 47 et s.

LE MARCHAND, A. (1973), *Dansons la capucine*, Toronto, Clarke Irwin.

MINISTÈRE DE L'ÉDUCATION (1979), *L'École québécoise, énoncé de politique et plan d'action*.

MINISTÈRE DE L'ÉDUCATION (1982), *Programme d'études. Secondaire. Français langue seconde, second cycle*, n° 16-3422, mai.

PÉREZ, M. (1979), *Nouvelles orientations des cours de langue : problèmes soulevés*, Montréal, Collège Vanier.

SELINKER, et coll. (1975), « The Interlanguage Hypothesis Extended to Children », dans *Language Learning*, Ann Harbor, University Hospital of the University of Michigan, n° 25, pp. 139-152.

L'enseignement du français langue seconde aux adultes

Conférenciers :   Jocelyne BERGERON, coordonnatrice du français langue seconde pour adultes à la Commission des écoles catholiques de Montréal

Marcel PEREZ, professeur, CEGEP Vanier

Aline CHARBONNEAU-DAGENAIS, responsable de programmes, Université de Montréal

Mireille VOYER, directrice de l'enseignement des langues, CN/Air Canada

Micheline SAURIOL, conseillère pédagogique au COFI

Anne USHER

Une foule d'écoles privées, de collèges, d'universités enseignent le français langue seconde au Québec. L'industrie dispense également à son personnel des cours de français, des sessions d'immersion, des séjours dans des milieux francophones. Sans nécessairement dresser un inventaire exhaustif de ces diverses situations, cinq des six conférenciers invités ont traité en concertation la plupart des secteurs où il se fait un enseignement du français aux adultes, en fournissant des renseignements sur la clientèle, le statut, l'organisation générale et les programmes auxquels ils ont ajouté des remarques pédagogiques. Anne Usher nous fait part, de son côté, d'une expérience d'enseignement de type communautaire.

L'enseignement du français langue seconde aux adultes dans les commissions scolaires

Jocelyne BERGERON

Je vais tenter, dans le temps qui m'est alloué, de vous donner un bref aperçu des activités de formation en français langue seconde offertes dans les services de l'éducation des adultes (SEA) des commissions scolaires. J'aborderai brièvement les questions suivantes :

— le budget qui y est consacré ;
— les clientèles desservies et leurs caractéristiques ;
— les régimes pédagogiques et leur orientation ;
— le matériel expérimental et les travaux en cours.

Dans un deuxième temps, puisque les institutions engagées dans les cours de langues se retrouvent rarement à la même table, je soulèverai quelques questions qui, je crois, comportent une dimension inter-institutionnelle dans l'enseignement du français langue seconde.

Aperçu des activités de formation en français langue seconde dans les commissions scolaires

1. Budget consacré au français langue seconde dans les commissions scolaires

Les services de l'éducation des adultes des commissions scolaires offrent des cours de langues depuis plus d'une décennie.

Selon les statistiques de 1980-1981, le budget consacré à ces activités atteint 5 millions de dollars. Cette somme provient de diverses sources de financement :

1.1. D'abord, la Direction générale de l'éducation des adultes du ministère de l'Éducation y consacre environ 25 % de son enveloppe globale, soit près de 3 500 000 $.

1.2. Le ministère des Communautés culturelles et de l'Immigration du Québec distribue dans les commissions scolaires un ensemble important d'heures-cours. Ce budget permet d'offrir des activités de formation aux immigrants.

1.3. Un budget spécial ou additionnel, consacré aux cours intensifs, provient du gouvernement fédéral.

1.4. L'autofinancement est une solution à laquelle l'on a recours de plus en plus fréquemment. Par exemple, des cours autofinancés se donnent dans les entreprises tenues de satisfaire aux exigences de la francisation.

1.5. Le ministère de la Main-d'œuvre et de l'Immigration du Canada subventionne un programme à l'intention des migrants, c'est-à-dire des citoyens des autres provinces désireux de s'établir au Québec.

1.6. Ce même ministère subventionne également les cours obligatoires de français à l'intérieur du Programme de formation de la main-d'œuvre du Canada (PFMC). Ce programme se retrouve dans une dizaine de commissions scolaires anglophones.

Pour compléter ce bref survol des activités de formation, mentionnons que la majorité des cours de langues sont offerts dans la région montréalaise, en particulier au service de l'éducation des adultes de la CECM.

2. Les clientèles desservies et leurs caractéristiques

Nos cours de langues s'adressent aux anglophones et aux allophones. Chez la clientèle anglophone, on constate une motivation professionnelle et sociale. Plusieurs étudiants par exemple doivent utiliser le français dans l'exercice de leur profession. D'autres reconnaissent de plus en plus la langue officielle de la société québécoise ; qu'on pense à la documentation gouvernementale et à l'affichage, la francisation se fait sentir. D'autres subissent l'effet de l'entraînement. En effet, on rencontre plus fréquemment des anglophones qui font preuve d'une compétence de communication adéquate dans les situations de la vie courante.

En d'autres termes, apprendre le français ne semble plus une entreprise impossible. Une bonne partie de la clientèle des cours de langues en mesure la nécessité, se met à la tâche et atteint ses objectifs. Toutefois, au sein de cette clientèle, il existe des étudiants qui réagissent différemment. Désireux de se conformer aux exigences de la Loi 101 et ce, plus rapidement possible, ils ne se soucient guère des habiletés de communication à acquérir. Ils se présentent à l'examen de l'Office de la langue française sans préparation suffisante dans l'espoir d'écourter leur période de formation et accumulent ainsi une série d'échecs. De toute évidence, ils ne prévoient pas utiliser le français et ne voient pas l'utilité de s'accorder un temps d'apprentissage raisonnable.

Examinons maintenant les caractéristiques des clientèles des communautés culturelles.

Les immigrants non admissibles aux cours des COFI à cause de leur statut s'inscrivent aux cours des commissions scolaires.

Dans les régions éloignées où il n'y a pas de COFI, les cours de langues sont données dans les commissions scolaires.

Se retrouvent également au sein de cette clientèle les diplômés des COFI conscients de leurs limites et désireux de parfaire leur apprentissage.

Puisque cet apprentissage est nécessaire à sa survie ou à sa mobilité sociale, cette clientèle manifeste en général une forte motivation. Elle connaît, bien entendu, des difficultés d'apprentissage particulières attribuées aux différences culturelles. (Je ne reviendrai pas sur cette question qui sera traitée par Mme Sauriol).

Enfin, à l'intérieur des communautés culturelles, il existe une catégorie de clients dont l'objectif est de dépasser « le stade » ou « l'état » du français langue seconde et d'acquérir une compétence de communication orale et écrite qui permette de travailler en français, de poursuivre des études, de prendre part à des activités communautaires et sociales. Bref, ils souhaitent devenir citoyens du Québec à part entière. Cette motivation non seulement équitable mais souhaitable de la part de Québécois de nouvelle souche ne peut souvent se traduire en actes d'apprentissage faute d'avenues disponibles pour atteindre ces objectifs. En effet, on ne retrouve pas « d'échangeur » entre le français langue seconde, le français langue maternelle et les cours de formation générale dont la langue d'enseignement est le français. Par exemple, un allophone inscrit au diplôme d'études secondaires éprouve des difficultés à suivre les cours du programme et particulièrement les cours de français langue maternelle. Le problème se pose également au niveau collégial et universitaire : il n'existe pas de programmes de mise à niveau linguistique et culturelle, ils sont à créer. La problématique de cette question est à l'étude au ministère de l'Éducation. À cet effet, une recherche-action dans un de nos centres de formation générale devrait proposer des éléments de solution.

3. Les régimes pédagogiques et leur orientation

Les formules de cours

Les formules de cours se présentent sous les formes intensive, semi-intensive et régulière. L'unité administrative des trois formules est généralement de 90 heures. Ainsi, en intensif on offrira 30 h/sem. pendant 3 semaines, en semi-intensif, 15 h/sem. pendant 6 semaines, en formule régulière, 6 h/sem. pendant 15 semaines. En réalité, on retrouve plusieurs combinaisons ; les cours se donnent le jour, le soir, les fins de semaine, dans nos centres, en institution (hôpitaux, centres communautaires), en entreprise. L'unité administrative de 90 heures n'est pas immuable ; elle peut être prolongée ou réduite selon les attentes du client.

Les programmes officiels

Au cours des années 70, le ministère de l'Éducation a mis en place un programme officiel à six niveaux de difficultés, d'une durée de 90 heures chacun. Ce programme comporte un test de classement et des examens qui attestent la réussite de chaque niveau. Les niveaux IV et V correspondent aux exigences d'accréditation des secondaire IV et V. Le niveau de compétence visé par l'ensemble du programme, c'est-à-dire 540 heures de cours, correspond à la connaissance d'usage du français. C'est au cours du dernier niveau de ce programme que les étudiants peuvent se présenter à l'examen de l'Office de la langue française avec de bonnes chances de réussir.

Les orientations pédagogiques du programme

Le programme officiel se situe dans le sillon de l'approche structurale. Il renferme une progression linguistique pré-établie fondée sur une analyse de la langue en tant que système. Au niveau des activités d'apprentissage, il s'utilise conjointement avec des méthodes comme *Le français international (LFI), Dialogue Canada* ou tout autre matériel d'appoint conçu par les professeurs.

Les travaux en cours

La Direction générale de l'éducation des adultes, en collaboration avec les commissions scolaires, s'intéresse à l'implantation d'une approche communicative. Cette approche incarne un renouveau pédagogique qui se répand de plus en plus dans les divers milieux éducatifs (France — Angleterre — États-Unis — Québec : primaire-secondaire — etc.). Elle se fonde sur une étude de la langue en tant qu'instrument de communication où elle est analysée en fonctions et en notions langagières. Sur le plan méthodologique, ce renouveau préconise une attention particulière aux besoins langagiers des apprenants. C'est ainsi que les unités d'apprentissage s'articulent fréquemment autour de situations et de fonctions langagières liées au vécu des apprenants. Par exemple, au sein d'une communauté francophone, il sera utile de savoir prendre rendez-vous, obtenir des renseignements auprès d'un préposé, demander et donner des directives, etc. C'est dans cette veine que le service de l'éducation des adultes de la CECM, en collaboration avec la Direction de l'éducation des adultes, a élaboré un matériel de base intitulé : cours modulaire FIEF (français indispensable, élémentaire et fonctionnel).

Cette banque modulaire, destinée aux débutants, comprend actuellement 32 modules, des cassettes et des cahiers de l'étudiant. Les travaux se poursuivent en vue de produire un matériel à l'intention des niveaux intermédiaires.

Cette approche fait évidemment naître beaucoup d'espoir particulièrement face au développement de la compétence de communication. L'étudiant, pense-t-on, dépassera le stade des connaissances linguistiques pour accéder à celui du savoir-faire langagier. En d'autres termes, communiquer implique à la fois des connaissances linguistiques et des habiletés auxquelles l'individu peut faire appel, selon les circonstances, de manière appropriée. Le volet des habiletés à acquérir, négligé dans les approches antérieures, est mis en évidence dans l'approche communicative.

À cause du manque de temps, je ne peux que signaler l'existence, au sein des commissions scolaires, de recherches et de travaux sur l'alphabétisation, la formation sur mesure et la suggestopédie.

Questions pertinentes dans l'inventaire de l'enseignement du français langue seconde au Québec

1. Les attentes de la société québécoise en matière de compétence de communication chez les non-francophones

Jusqu'à maintenant, on a envisagé un niveau unique de compétence de communication correspondant à la connaissance d'usage du français. Qu'on examine les objectifs généraux des programmes du ministère des Communautés culturelles et de l'Immigration du Québec, du ministère de l'Éducation, les tests de l'Office de la langue française, on constate que la norme visée au Québec s'apparente à une connaissance d'usage du français. Cette norme ou cette compétence de communication visée, si on devait la situer dans un continuum allant de l'absence d'habileté à communiquer à une habileté comparable à celle du locuteur autochtone, se situerait à peu près au point central, c'est-à-dire à un niveau de compétence que l'on pourrait qualifier ainsi : *modest speaker* ou *minimal competence for job requirement* selon les grilles de Clark et de Carroll, auteurs qui ont publié plusieurs recherches en évaluation de la compétence à communiquer.

L'absence d'échelon dans la définition de la norme à atteindre face à la compétence de communication a incité les diverses institutions (secondaires, collégiales, universitaires) à offrir le même type de cours, c'est-à-dire des cours de niveaux de difficultés équivalents. Cette situation contribue à composer un menu bien peu varié pour le consommateur. En effet, comme nous y faisions allusion dans la description de la clientèle immigrante, une catégorie de personnes souhaiterait atteindre un niveau de compétence de communication supérieur. De plus, des sessions d'apprentissage orientées vers les exigences d'une profession présupposeraient, dans un grand nombre de cas, l'atteinte d'une compétence de communication supérieure à celle préconisée actuellement dans les milieux d'éducation. Or, des cours pour accéder à ce niveau de compétence supérieur se trouvent difficilement sur le marché. Il serait donc judicieux d'élargir le spectre des habiletés à développer en langues secondes et d'offrir les cours correspondants. Les tâches et les clientèles à desservir pourraient être réparties au niveau des divers paliers institutionnels (secondaire, collégial, universitaire). Cette question comporte évidemment plusieurs facettes ; je n'en ai effleuré que brièvement certains aspects. Il me semble toutefois qu'elle devrait faire l'objet d'une étude sérieuse dans la mesure où les citoyens anglophones et allophones désirent participer pleinement à la vie sociale d'une communauté francophone et désirent, pour ce faire, acquérir la compétence de communication nécessaire.

2. L'élaboration du matériel didactique

Cette question comporte deux volets. Le premier concerne l'élaboration des programmes et du matériel de base de l'enseignement-apprentissage. À notre avis, trop peu de ressources humaines et financières sont consacrées à cette tâche qui comporte des travaux de recherche importants. Par exemple, à une époque d'innovation selon les principes d'une approche nouvelle, l'approche communicative, on constate avec regret qu'un petit noyau de personnes à divers paliers répètent la même démarche et poursuivent les mêmes travaux sans point de rencontre. Il serait temps d'envisager des structures de travail où des groupes de tâches pourraient travailler à la solution de problèmes communs. Cette manière de faire éviterait le dédoublement des efforts et assurerait une meilleure utilisation des ressources.

Le deuxième volet de cette question a trait au matériel didactique utilisé au Québec. Il existe trop peu de matériel destiné à une clientèle adulte. Dans la plupart des cas, il faut avoir recours au matériel publié pour adolescents ou au matériel publié à l'étranger. Il va sans dire que cette situation ne répond pas adéquatement à nos besoins. Nous devons compter énormément sur l'élaboration de matériel maison et sur la préparation de classe des professeurs. Or, professionnels et professeurs ne peuvent pas toujours s'acquitter convenablement de ces tâches qui demandent un temps considérable. Examinons un moment les causes de cette absence de matériel adéquat sur le marché. Bien entendu, la première soulevée est celle de la rentabilité de telles publications. Je ne vais toutefois pas m'attarder à cette dernière, d'autres l'ont fait avant moi ; je vais plutôt tenter de mettre en lumière une autre cause rarement soulignée. Il s'agit, à mon avis, du manque d'incitation du milieu face à la publication de matériel didactique. En effet, cette attitude du milieu se différencie singulièrement de celle adoptée en France, en Angleterre et ailleurs où les intervenants du monde de l'éducation sont fortement encouragés à publier méthodes, ensembles didactiques, etc. Nos milieux ne manifestent pas le même encouragement, souvent par crainte des conflits d'intérêts qui pourraient se produire. Sans vouloir nier l'importance de cet aspect, il nous semble qu'on tirerait de grands avantages à instaurer des modalités de fonctionnement où des équipes de professionnels et de professeurs pourraient aisément créer des ensembles didactiques mieux adaptés au contexte québécois. Enfin, les problèmes soulevés à cet atelier comportent des aspects complexes qui exigent des études approfondies. Toutefois, l'échange auquel nous avons participé constitue un point de départ face à leur solution.

L'enseignement du français langue seconde au collégial

Marcel PÉREZ

L'enseignement du français langue seconde au collégial s'adresse à deux types de clientèle : d'une part les jeunes adultes, étudiants réguliers inscrits dans les collèges du Québec et, d'autre part, les adultes venus suivre des cours au cégep dans le cadre de l'éducation permanente. Le nouveau mode de financement de ce dernier type de cours instauré par le ministère de l'Éducation a provoqué leur quasi-disparition ; aussi sera-t-il surtout question dans cet exposé des cours dispensés aux étudiants réguliers.

La clientèle

Ces étudiants réguliers sont de jeunes adultes de dix-sept à vingt ans qui ont fait leurs études primaires et secondaires dans les écoles anglaises du Québec et qui entreprennent des études collégiales soit dans le secteur pré-universitaire (langue et littérature, arts plastiques, sciences humaines, sciences pures et appliquées, sciences de la santé, commerce), soit dans le secteur professionnel (techniques administratives, techniques de secrétariat, techniques d'architecture, techniques des sciences naturelles, techniques infirmières, etc.).

Le français n'est plus une matière obligatoire

Il est important de souligner ce point : pour la première fois au cours de leurs études, les étudiants sont libres de s'inscrire aux cours de leur choix : le français langue seconde n'est plus une matière obligatoire. Seules exceptions à cette règle : les étudiants en techniques de secrétariat et en technologie équine, qui doivent avoir atteint le niveau intermédiaire IV pour obtenir leur diplôme. Les étudiants en techniques administratives doivent suivre un cours avancé de français langue seconde (français des affaires) ; ceux qui ne remplissent pas les conditions d'admission à ce cours doivent suivre des cours complémentaires de rattrapage.

Il faut noter que ces exigences du français langue seconde sont la contrepartie de celles de l'anglais langue seconde en vigueur dans les collèges français, les programmes des collèges anglais étant calqués sur ceux des collèges français sans véritable adaptation. Ces exigences reflètent donc un souci de répondre davantage aux besoins des étudiants francophones qu'à ceux des étudiants anglophones.

Les grilles de cours

Les étudiants en langue et littérature, en arts plastiques, en sciences humaines et en commerce peuvent, s'ils le désirent, prendre jusqu'à six cours de français langue seconde au cours des quatre semestres de leurs études (un cours = 45 heures). Les étudiants en sciences pures et appliquées, en sciences de la santé et ceux du secteur professionnel ne peuvent prendre que quatre cours de français qui sont alors appelés « cours complémentaires ».

Aucune étude n'existe qui nous permettrait de connaître exactement la proportion d'étudiants des collèges qui suivent des cours de français pendant un cycle de 2 ans. En effet, au cours d'un cycle, certains en prennent plusieurs, d'autres un seul, et il est impossible de savoir combien d'individus différents y sont inscrits. Nous savons cependant qu'en moyenne (selon une enquête rapide au téléphone) au cours d'un semestre donné, entre 20 et 25 % de la population totale d'un cégep suit des cours de FL2. (Dans certains collèges cependant, cela peut atteindre jusqu'à 35 %, un collège privé en particulier). Nous reviendrons sur ces chiffres plus tard pour parler de leur évolution au cours des dernières années.

Les cours dispensés

Les étudiants qui choisissent de suivre des cours au collégial arrivent du secondaire avec des compétences fort variées. Ils sont inscrits aux cours qui correspondent à leur niveau et qui répondent le mieux à leurs besoins, à leurs intérêts et à leur orientation professionnelle. Ce classement se fait au moyen d'entrevues individuelles avec un professeur de français. Les cours se divisent en trois grandes catégories :

— les cours aux faux débutants, qui visent surtout à développer une compétence de communication minimale (de survie). (Ces cours reçoivent les étudiants de la voie allégée 512 et les plus faibles de la voie régulière 522 du secondaire.)

— les cours intermédiaires, subdivisés en trois sous-catégories :
— ceux qui visent surtout le perfectionnement de l'oral ;
— ceux qui visent surtout le perfectionnement de l'écrit ;
— ceux qui visent à la fois le perfectionnement de l'oral et de l'écrit.
— enfin, les cours avancés où l'on retrouve ces mêmes sous-catégories, et qui sont axés sur la littérature, la civilisation ou une spécialité, par exemple : composition avancée, stylistique comparée, initiation à la traduction, le français des affaires, théâtre vivant, roman contemporain, contes et nouvelles, littérature québécoise, réalités québécoises, beaux-arts et littérature, littérature comparée, etc., ainsi que les variantes mises au point pour répondre aux besoins locaux (français juridique, français de l'administration et du commerce, etc.).

Répartition de la clientèle selon les niveaux

Il est intéressant de noter qu'il y a eu, au cours des dernières années, une amélioration générale du niveau de compétence des étudiants à leur arrivée au cégep. Contrairement à ce qui se passait il y a seulement quelques années, les cours de niveau

« faux débutants » sont très peu nombreux. La majeure partie des étudiants se retrouve au niveau intermédiaire ; le nombre de cours avancés a augmenté sensiblement d'année en année et représente entre 10 et 25 % des cours offerts selon les collèges et selon les semestres.

Notons cependant que la disparition des cours aux faux débutants peut s'expliquer de deux façons suivant que l'on est optimiste ou pessimiste : soit que le secondaire remplit très bien son rôle et forme mieux qu'avant les étudiants, soit que ceux-ci se découragent plus facilement et renoncent à poursuivre leurs études de français.

On remarque un autre changement important, à savoir la demande accrue pour des cours de perfectionnement de l'écrit, ce qui signifie peut-être d'une part que le secondaire forme mieux les étudiants à l'oral qu'il ne le faisait auparavant et, d'autre part, que les étudiants se rendent compte du fait que le français oral en tant qu'outil d'insertion sociale et de promotion n'est pas suffisant.

Contenus

Au cours des huit dernières années un effort considérable a été fait pour contextualiser l'enseignement de façon à ce que les contenus de cours répondent à l'objectif général du programme cadre de FL2 : « amener l'étudiant à un niveau de connaissance de la langue qui lui permette de vivre en français au Québec, quelle que soit son orientation. » Les cours ont pour but d'une part d'amener l'étudiant à une maîtrise du français comme outil de communication et d'insertion sociale et, d'autre part, de lui donner une meilleure connaissance du milieu dans lequel il vit. Cet effort de contextualisation s'étend aussi à l'orientation professionnelle choisie par l'étudiant. Ainsi on a élaboré un certain nombre de cours visant à donner à l'étudiant la possibilité d'évoluer en français dans son futur milieu de travail. (Par exemple, des cours pour les futures secrétaires, les étudiants en administration et commerce, en techniques de sciences naturelles, en architecture et, bien sûr, en techniques infirmières. Notons à ce sujet la réalisation de vingt films par le Collège Vanier destinés à la formation des futures infirmières. Notons aussi que le taux d'échec à l'examen de l'Office de la langue française des infirmières formées au collégial est extrêmement bas.)

Malheureusement, les étudiants du secteur professionnel ne peuvent inclure que quatre cours de FL2 dans leur grille au cours de leurs études collégiales, ce qui nous paraît insuffisant pour atteindre les objectifs généraux du programme. Notons aussi à ce sujet que même les étudiants du secteur général suivent rarement six cours de français (seuls ceux de la concentration langue et littérature semblent le faire vraiment) et que pour que l'objectif général soit atteint, il faudrait inclure dans les grilles de cours de tous les étudiants du collégial la possibilité de s'inscrire à des cours de français. Certains même souhaiteraient qu'on rende le français obligatoire. Au MEQ cependant, on semble penser que c'est le secondaire qui est responsable de la formation de base en langue seconde et que le niveau collégial doit seulement assurer le perfectionnement des étudiants. Nous savons pertinemment qu'il n'en est rien et que nous faisons vraiment de la formation.

Revenons un instant sur ces multiples efforts de contextualisation entrepris par les professeurs du réseau.

L'entreprise n'est pas facile. Le professeur doit tout faire lui-même. Aucun matériel didactique spécifique au niveau collégial n'existe actuellement chez les éditeurs, le marché étant trop restreint nous dit-on. Il faut donc adapter, contextualiser, orienter des méthodes conçues par d'autres, pour d'autres publics. En fait, on assiste de plus en plus à l'élaboration complète de cours faits sur mesure, localement, par des équipes de professeurs, à partir de documents authentiques ou réalistes, sonores ou écrits, reflétant le Québec. Efforts d'autant plus louables qu'aucune subvention à la recherche n'est accordée pour l'élaboration de cours au collégial. (On peut trouver des fonds pour comparer ou expérimenter des méthodes existantes, mais pas pour élaborer de nouvelles méthodes.) C'est là une lacune que l'on devrait combler au plus tôt. Notons tout de même que certains collèges offrent du temps et un peu d'argent à des professeurs pour l'élaboration de matériel didactique (c'est le cas du Collège Vanier).

Il faut regretter aussi le fait que les différentes équipes travaillent en vase clos. Jusqu'en 1980, la structure de coordination provinciale permettait d'assurer une certaine animation pédagogique. Celle-ci a rendu de gros services. Malheureusement, elle a été pratiquement escamotée depuis deux ans et nous le regrettons.

La motivation des étudiants

Un mot au sujet de la motivation des étudiants. Celle-ci fluctue avec le cours des événements politiques. D'après mon enquête rapide, elle semble assez bonne. Bien meilleure qu'en 1970 mais peut-être un peu moins bonne qu'en 1977-1978 juste avant le référendum.

Nos étudiants choisissent de suivre nos cours, cela indique déjà qu'ils sont motivés. Mais cette motivation ne semble pas être de type intégratif. Elle reste la plupart du temps purement instrumentale. Et ce type de motivation est mis à rude épreuve lorsque l'étudiant doit faire face à l'apprentissage ardu de la langue. Malgré tout, le taux d'abandon a diminué considérablement au cours des dix dernières années et le nombre d'étudiants inscrits aux cours de français langue seconde semble avoir augmenté. Dans certains collèges il est plus élevé que jamais. Mais j'ai dit « semble » car cette augmentation n'est peut-être due qu'au retour au collégial d'un grand nombre d'anciens étudiants qui n'ont pu trouver du travail. Cette situation exceptionnelle brouille les cartes ; mais on pourrait se demander si, après la période d'engouement préréférendaire pour le français, on n'est pas entré dans une période de léger fléchissement de la demande. En effet, dans certains collèges où le nombre d'étudiants inscrits en français langue seconde a longtemps été plus élevé que la moyenne (31 % de la population totale), on observe cette année une compétition directe entre le français et des disciplines aussi alléchantes que l'informatique, et une baisse de la demande de 6 %. (Quelle est la langue de l'avenir au Québec ? Le français ? L'anglais ? Le BASIC ? Le FORTRAN ?)

Il faut aussi noter que dans plusieurs collèges on assiste à une augmentation du nombre d'étudiants du secteur professionnel et à une baisse du nombre d'étudiants du secteur général. Et on sait que les étudiants du secteur professionnel ne peuvent prendre qu'un petit nombre de cours de FL2 de par leur grille de cours. Ce facteur contribuera certainement à une baisse de la demande. À mon avis, ces grilles de cours sont à refaire. Elles devraient comporter des cours de langue seconde, au moins pour ceux qui n'ont pas atteint un niveau de compétence qui leur permette de travailler en français au Québec.

Il est clair en tout cas que le français langue seconde au collégial n'est pas une priorité pour le ministère de l'Éducation. Autres preuves à l'appui, les collèges dispensaient jusqu'en 1980 un très grand nombre de cours de FL2 dans le cadre de l'éducation permanente. Le financement de ce type de cours a été modifié. Les cours de français et les cours de langues étrangères ont été placés dans la dernière catégorie des priorités si bien qu'on a assisté à leur quasi-disparition au profit des cours de commerce et d'administration.

On pourrait, en terminant, formuler quelques voeux.

Un gouvernement qui s'est donné pour but de promouvoir le français en tant qu'instrument de communication dans la rue, ainsi que dans la vie professionnelle et culturelle, se devrait de définir une politique globale, claire et précise de l'enseignement-apprentissage du français langue seconde. Au collégial, les exigences en français langue seconde pour les étudiants anglophones ne devraient plus être simplement calquées sur celles de l'anglais langue seconde en vigueur pour les étudiants des collèges du secteur francophone. Elles devraient être redéfinies en fonction des besoins réels des étudiants anglophones. C'est toute la société québécoise qui en bénéficierait.

L'enseignement du français langue seconde dans les universités

Aline CHARBONNEAU-DAGENAIS

Malgré les discussions qui ont cours sur la pertinence de l'enseignement du français langue seconde au niveau universitaire, un bref examen nous permet de constater que, dans les différentes institutions universitaires, l'enseignement du français à des adultes non francophones existe depuis fort longtemps et rejoint une clientèle toujours importante. À l'heure actuelle, à l'exception de l'UQAM, toutes les universités francophones et anglophones offrent des cours de français langue seconde.

Les premiers cours de français remontent au début du siècle et c'est l'Université McGill qui fut la première à offrir des cours de langue et de littérature françaises à des non-francophones. Quelques années plus tard, soit en 1936, à Québec, l'Université Laval offrait, pendant l'été, les premiers cours de langue et de littérature françaises à des professeurs américains. Au cours des années 40, l'Université de Montréal dispensait à son tour, pendant l'été, des cours de langue et de littérature françaises à l'intention des professeurs américains. Depuis, les cours de français langue seconde n'ont cessé de se multiplier et rejoignent chaque année des centaines d'adultes anglophones et allophones.

1. Clientèle

Quelles sont les clientèles qui s'inscrivent aux cours de français, langue seconde, dans les universités ?

D'après les renseignements recueillis auprès des institutions, les cours de français langue seconde s'adressent à deux types de clientèle adulte :

— les jeunes adultes, c'est-à-dire, les étudiants anglophones et allophones admis dans un programme d'études universitaires. On les retrouve dans les différentes facultés des universités anglophones et, dans une université francophone, au programme de baccalauréat pour non-francophones.

— les adultes en formation permanente qui sont déjà sur le marché du travail et qui s'inscrivent à un ou deux cours de français langue seconde.

Composée majoritairement de cadres et de professionnels anglophones il y a une dizaine d'années, cette clientèle présente aujourd'hui un visage différent : les anglophones ne constituent plus le groupe majoritaire, et plusieurs allophones issus de tous les secteurs d'activités s'inscrivent à des cours de français. Ce dernier groupe comprend aussi bien des allophones qui vivent au Québec depuis une vingtaine d'années que des Québécois de nouvelle souche, qui, après avoir suivi des cours de français dans les Centres d'orientation et de formation des immigrants (COFI), viennent à l'université chercher un complément de formation en français écrit.

Outre ces deux types de clientèles, les universités de langue française reçoivent depuis environ deux ou trois ans des groupes de Latino-Américains qui viennent, pendant l'année, effectuer des séjours d'études dits linguistiques.

2. Activités d'enseignement

2.1. Formules de cours

Les cours de français, langue seconde, sont offerts sous deux formules. L'une, intensive, pendant laquelle les étudiants ont de quinze à trente heures de cours par semaine sur des périodes allant de trois à quinze semaines. L'autre, dite extensive, qui permet à des adultes de suivre trois, six ou neuf heures de cours par semaine pendant dix ou quinze semaines durant l'année universitaire. Cette formule est destinée, le jour, aux étudiants de différentes facultés de l'université, et le soir, aux adultes qui suivent des cours de français en dehors des programmes réguliers.

2.2. Structuration des cours

Les cours de langue sont habituellement structurés par niveaux. Dans la plupart des institutions, on en offre six, de débutant à avancé. Certaines institutions établissent d'autres distinctions et répondent à des besoins spécifiques en offrant des cours de français oral et de français écrit et même des cours plus spécialisés comme le français commercial et le français administratif. Les étudiants sont habituellement réunis par groupe de 10 à 25 à la suite d'un test de classement.

2.3. Écoles françaises d'été

Au niveau universitaire, on ne peut parler de l'enseignement du français langue seconde sans souligner le travail des écoles françaises d'été. Fondées dans le but de permettre une meilleure intégration de la langue et de la culture, les écoles françaises d'été offrent à des adultes de tout âge des sessions d'immersion de six semaines en français langue seconde. En plus des cours de langue et de civilisation, les écoles françaises permettent aux apprenants de se familiariser avec les coutumes et les faits culturels des Québécois par des programmes d'activités socioculturelles. Ainsi chaque été depuis plus de cinquante ans, des universités francophones et anglophones accueillent des centaines d'étudiants venant du Canada, des États-Unis et d'Amérique latine qui viennent tenter de « vivre en français » au Québec.

3. Orientations pédagogiques

En général, dans les institutions universitaires, les cours sont plutôt à orientation structurale ou structuro-globale. Les institutions utilisent les méthodes d'enseignement courantes, entre autres, *Dialogue Canada*, *Le français international*, *l'Atelier*, *De vive voix* et du matériel d'appoint élaboré par les professeurs eux-mêmes.

4. Ressources

4.1. Ressources humaines

En milieu universitaire nous avons pu constater, hormis quelques heureuses exceptions, que l'enseignement du français langue seconde est assuré surtout par des professeurs à temps partiel ou à la leçon. On retrouve très peu de professeurs réguliers qui font carrière dans l'enseignement du français langue seconde. Dans quelques institutions, notamment dans les universités anglophones, des professeurs réguliers des départements de français ou de littérature donnent quelques cours de langue et encadrent les enseignants de langue. D'autres universités ont confié à une même personne la gestion des cours de français et l'encadrement des enseignants. Dans les deux cas, les charges de travail dépassent de beaucoup la charge normale d'un professeur d'université.

4.2. Ressources matérielles

Si, au niveau universitaire, les activités d'enseignement sont nombreuses, les ressources matérielles consenties à ces activités sont, au dire des personnes interrogées, plutôt minces. Au cours des années 60, les institutions se sont dotées de laboratoires de langues qui, pensait-on, devaient faciliter l'apprentissage et l'enseignement des langues pour des années à venir. Depuis les années 70, la remise en cause des approches et des méthodes d'enseignement a fait ressortir avec plus d'acuité les limites des laboratoires de langue. Ceux-ci doivent être adaptés et exploités différemment dans le cadre d'une pédagogie de la communication. Si l'enseignement d'une langue peut se passer d'un laboratoire, il nécessite toutefois certains documents pédagogiques. Comment, à la suite d'études de besoins, les institutions universitaires peuvent-elles offrir des cours adaptés à des clientèles spécifiques sans investir dans la sélection et la préparation de documents pédagogiques : c'est le défi que doivent relever en salle de classe nombre de professeurs de français langue seconde oeuvrant au niveau universitaire.

5. Principaux problèmes soulevés

Au niveau universitaire, l'enseignement du français langue seconde doit s'accommoder, entre autres, des problèmes suivants :
- le manque de matériel didactique
- le statut du personnel enseignant
- le manque de lien entre les fonctions d'enseignement et de recherche.

5.1. Le manque de matériel didactique

Les universités disposent d'un matériel de base, soit les méthodes courantes d'enseignement destinées aux adultes. Les laboratoires de langue disposent aussi de cassettes d'exercices de divers types ainsi que des enregistrements de plusieurs chansons. Les professeurs se plaignent toutefois du peu de ressources alloué au renouvellement et à l'enrichissement du matériel existant. Certains d'entre eux transportent, d'une institution à l'autre, des documents qu'ils ont accumulés d'un cours à un autre. Ainsi, malgré le grand nombre d'étudiants adultes inscrits à des cours de français, les départements de français et les sections d'enseignement des langues disposent dans l'ensemble de banques limitées de matériel de base et de matériel d'appoint et comptent trop souvent sur l'ingéniosité des professeurs pour pallier cette lacune. Les professeurs qui dispensent la presque totalité des cours de langues ont-ils un véritable statut universitaire ?

5.2. Le statut du personnel enseignant

Parmi les personnes engagées dans l'enseignement des langues au niveau universitaire on retrouve trois catégories d'intervenants : un très petit nombre d'universitaires de carrière : ce sont surtout des professeurs de littérature oeuvrant dans les départements de français des universités anglophones ; des maîtres de langue, nouvelle catégorie de professeurs embauchés sur une base annuelle, et des chargés de cours à temps partiel. Ces derniers assurent la plus grande partie des cours de langues dispensés dans les universités. Ces chargés de cours sont rémunérés selon un salaire horaire ou selon une base forfaitaire. Leur engagement n'est fait que pour une session et il demeure tributaire du nombre d'étudiants inscrits à chaque session. Les chargés de cours de langue n'ont aucun statut permanent dans les différentes institutions. Comme chargés de cours, ils ne peuvent malheureusement prétendre à une carrière universitaire.

5.3. Le manque de lien entre les fonctions d'enseignement et de recherche

Si l'enseignement est assuré par des intervenants à temps partiel, la recherche dans les diverses disciplines qui participent à l'évolution de la didactique des langues est le fait d'universitaires de carrière qui ont parfois peu de contacts avec les praticiens de l'enseignement. Dans la plupart des universités, il existe un cloisonnement, que ce soit au niveau des facultés ou des départements, entre l'enseignement des langues et les recherches s'y rapportant. À l'intérieur des institutions, il y a peu d'échanges entre les chercheurs et les praticiens par rapport aux options méthodologiques qu'adopte l'institution. Les professeurs de langue sont, somme toute, peu informés des travaux des sociolinguistes, des psycholinguistes et des didacticiens pour ne nommer que ceux-là, de l'institution où ils enseignent.

Conclusion

Un bref inventaire de la situation nous a permis de constater que les institutions universitaires sont présentes dans l'enseignement des langues. Toutefois, il est étonnant de constater que dans l'ensemble, pour des raisons diverses, les universités n'ont pas joué un rôle de premier plan au niveau de l'innovation pédagogique, de la recherche en didactique et même au niveau de la formation des professeurs. À l'exception de quelques initiatives encore trop modestes telle la création de centres de langue dans certaines institutions, les universités ont peu investi dans l'enseignement des langues. Dans ce domaine, il existe aussi très peu d'échanges entre les différentes institutions universitaires. Cependant, l'avenir de l'enseignement des langues au Québec dépend, pour une bonne part, de l'apport des universités. Celles-ci doivent donc conjuguer leurs efforts afin de jouer un rôle de premier plan au niveau de la formation des enseignants, de l'expérimentation pédagogique et de la recherche en didactique. La didactique des langues est interdisciplinaire et doit tenir compte, entre autres, de l'évolution de la sociologie, de l'anthropologie, de la psychologie et de la linguistique appliquée. Ce n'est qu'au prix d'efforts concertés et coordonnés que les institutions universitaires pourront offrir aux adultes un enseignement de langue adapté à leurs besoins et à leurs attentes tant sur le plan du contenu des activités que sur le plan des formules pédagogiques privilégiées.

L'enseignement du français langue seconde aux employés du CN et d'Air Canada

Mireille VOYER

C'est en 1963, un an avant la création du Bureau des langues de la Fonction publique du Canada et six ans avant l'adoption de la Loi sur les langues officielles à Ottawa, que les Chemins de fer nationaux du Canada se dotaient d'un Service d'enseignement des langues dont on célébrera bientôt le vingtième anniversaire.

Le CN n'en était pas à ses premières armes dans ses efforts pour mieux refléter le caractère bilingue et biculturel du pays : en 1956, création d'un bureau de traduction, et francisation de l'affichage et des documents destinés au personnel ; en 1958, création de l'organe d'information des employés francophones intitulé *Au fil du rail* ; en 1961, création de la Région du Saint-Laurent, dont la juridiction recouvre la majeure partie du Québec et une partie de l'Ontario, y compris Ottawa, dans le but d'accélérer la francisation de ce secteur du réseau.

Au début, le programme d'enseignement était réservé aux cadres et aux employés de bureau de Montréal. Mais, deux ans plus tard, on décida d'offrir des cours aux employés appelés à servir le public. On en vint à créer six centres régionaux permanents d'enseignement à Vancouver, Winnipeg, Toronto, Ottawa, Montréal et Moncton, où l'on offrait un programme de quelque 500 heures de cours intensifs cycliques aux chefs de trains, guichetiers, etc.

En 1972, le CN signait une entente avec Air Canada qui devait régir l'exploitation conjointe d'un service de linguistique regroupant les sections Terminologie, Traduction et Enseignement des langues. On créa, progressivement, dix-sept centres d'enseignement des langues pour répondre aux besoins des diverses bases d'Air Canada disséminées dans tout le pays, de même qu'en Europe et aux Caraïbes. À son apogée, l'Enseignement des langues employait neuf coordonnateurs régionaux et une soixantaine de professeurs. En 1981-1982, cinq centres régionaux du CN durent fermer leurs portes par suite de la passation des services voyageurs à la société VIA Rail Canada. Dès janvier 1983, le Canadien National et Air Canada exploiteront deux services de linguistique distincts, la direction du CN ayant manifesté son intention de ne pas reconduire le contrat qui les liait.

Ligne de conduite en matière de langues officielles

Sociétés d'État, les Chemins de fer nationaux du Canada et Air Canada sont assujettis à la Loi sur les langues officielles du gouvernement fédéral. Chaque société a donc dû se donner une ligne de conduite en matière de bilinguisme dans trois domaines principaux : la langue de service et de communication avec le public, la langue de travail des employés et, enfin, le statut des deux langues dans l'entreprise et la participation des deux groupes linguistiques à tous les niveaux d'activités.

On pourrait résumer ces principes directeurs comme suit :

1) Langue de service et de communication avec le public

L'anglais et le français à travers le réseau pour les deux sociétés.

2) Langue de travail des employés

— Au CN, le français dans la région du Saint-Laurent, qui correspond en gros au Québec, et l'anglais, à la direction générale (située à Montréal) et dans toutes les autres régions.

— À Air Canada, le français dans la région Est au Québec ; le français et l'anglais à la direction générale (située à Montréal), dans la région d'Ottawa et à Moncton ; l'anglais, dans toutes les autres régions.

En conséquence, bien qu'elles ne soient pas assujetties à la Loi 101 du Québec, les deux sociétés ont fait des efforts pour en respecter l'esprit dans la province. D'ailleurs, le français y est la langue première de la majorité des employés. En septembre 1981, les employés de la région du Saint-Laurent du CN étaient d'expression française à 79 % ; en 1982, les employés de la région Est d'Air Canada étaient francophones à 75 %.

Dans l'application de leur ligne de conduite respective en matière linguistique, les deux compagnies ont choisi de respecter les droits acquis des employés déjà en poste. On les incite cependant à suivre des cours de langue seconde en leur offrant un programme facultatif de formation dans les locaux des deux compagnies.

On peut diviser le programme en deux sections : cours de français et d'anglais aux cadres et aux employés de bureau au centre-ville de Montréal et à la base de Dorval, et cours aux employés venant en contact direct avec le public, dans les centres régionaux.

Cours aux cadres et aux employés de bureau

Le personnel cadre et administratif de Montréal a la possibilité de suivre un programme de quelque 1 200 heures de cours de niveau débutant, intermédiaire ou avancé. Ayant pour but de développer la compétence linguistique, communicative et culturelle des élèves, le programme est une synthèse des meilleurs moyens didactiques offerts par les maisons d'édition et le Bureau des langues de la Fonction publique du Canada, ou élaborés par la section Enseignement des langues. Il comprend des cours de groupes plus ou moins intensifs, des cours d'auto-apprentissage dirigé, des cours particuliers et des séjours d'immersion au cégep de Jonquière ou dans une petite ville des Laurentides.

Cours aux employés en contact direct avec le public

La première partie du cours de français aux employés en contact direct avec le public est donnée dans les centres d'enseignement régionaux des deux compagnies. Le Canadien National a opté pour des cours de groupes intensifs cycliques tandis qu'Air Canada a retenu des cours d'auto-apprentissage dirigé comportant des rencontres d'une heure sur rendez-vous avec le professeur, suivies de 5 à 8 heures de travail personnel avec cassettes et fascicules.

Pour développer la compétence linguistique des élèves, on a choisi les méthodes *Le français international*, au CN, et *Dialogue Canada programmé*, à Air Canada.

Pour développer leur compétence à communiquer avec le public dans l'exercice de leurs fonctions, on a créé dix cours maison axés sur la langue de travail des diverses catégories d'emploi. Les deux derniers-nés de ces cours s'adressent aux agents de bord et aux agents passagers d'Air Canada et ont été élaborés suivant une approche communicative fonctionnelle-notionnelle qui comprend des documents sonores réalistes.

La deuxième partie du programme de formation des employés en contact avec le public a pour but principal de développer leur compétence culturelle. Ils sont envoyés par groupes de catégorie d'emploi pour un séjour de trois semaines au cégep de Jonquière où ils poursuivent le programme établi par la section Enseignement des langues CN/AC. Les professeurs du cégep ont été formés par notre conseiller pédagogique à l'application de nos cours maison.

Une part très importante de l'apprentissage à Jonquière se fait au sein d'une famille d'accueil canadienne-française chez qui est hébergé l'élève, et à l'occasion d'activités socioculturelles mettant à profit la région du Saguenay — Lac-Saint-Jean.

Contrôle des connaissances

La section Enseignement des langues CN/AC a dû se constituer toute une batterie de tests : tests d'aptitudes, de rendement, de classement, de connaissance de la langue et de performance. Elle a aussi conseillé les deux compagnies dans la définition des normes linguistiques des postes d'Air Canada et de la région du Saint-Laurent du CN.

Français international et français québécois

Il y a vingt ans, aux débuts du Service, les méthodes *Voix et images de France* et *En français*, la première élaborée à l'École normale de Saint-Cloud, la seconde produite par l'ORTF, servaient de base à l'enseignement. Le contenu et le contexte culturel de ces méthodes étaient français, l'accent des enregistrements, celui de la capitale française. On se piquait d'enseigner un français international débarrassé de tout accent régional ! Cependant, pendant les années 60, une nouvelle fierté des

Québécois pour leur culture et leur langue a vu le jour. Petit à petit, gestionnaires et professeurs se sont rendu compte de la nécessité de choisir des méthodes à contexte culturel canadien et de développer chez les élèves la compréhension de l'accent d'ici afin qu'ils profitent le plus tôt possible du renforcement passif, par l'audition, des notions apprises en classe. On multiplie les activités authentiques de communication hors classe : repas en groupes au restaurant, visites de quartiers francophones comportant des entrevues en français de représentants des divers groupes socio-économiques, enquêtes d'opinion auprès de « l'homme de la rue », rencontres avec les employés francophones d'organismes de langue française (municipalités, organismes provinciaux, compagnies, etc.). Le but de ces activités est de développer chez les élèves la confiance en soi et le plaisir d'utiliser, dans la vie réelle, les notions acquises en classe, et surtout de les éveiller au fait français à Montréal afin qu'ils développent le plus tôt possible une autonomie dans leur apprentissage. Il est étonnant, en effet, de constater combien, même en 1982, ils sont encore aveugles et sourds face à la réalité française : ils habitent les quartiers anglais de l'ouest de l'île, travaillent en anglais, lisent les journaux anglais, etc. Nombreux sont ceux à qui nous avons fait traverser la frontière de la rue Saint-Laurent vers l'est pour la première fois ! Il arrivera parfois, par exemple, à un élève de retourner avec son conjoint et ses amis dans tel quartier ou tel restaurant découverts au cours d'une sortie de classe de français.

Français, langue de travail pour les employés québécois

Lorsque la région du Saint-Laurent du CN et la région Est d'Air Canada ont institué le français comme langue de travail, certains cadres anglophones ont dû apprendre le français afin de pouvoir participer à des réunions ou communiquer avec leurs subalternes.

D'autre part, certains cadres canadiens-français, ayant toujours travaillé en anglais, ont eu peu d'occasions d'écrire en français et se trouvent soudain dans l'obligation de se perfectionner dans la maîtrise de la rédaction de leur propre langue. C'est pour eux que la section Enseignement des langues a élaboré et dispense des cours de français écrit et de rédaction de lettres et de rapports.

Anglais, langue seconde pour les employés québécois

Plus récemment, un nouveau problème s'est posé aux employés de bureau francophones de la région du Saint-Laurent du CN. Comme ceux-ci travaillent quotidiennement en français, ils ont de moins en moins la chance d'utiliser l'anglais dans leur travail. Cependant, dès qu'ils atteignent un niveau de responsabilité où ils doivent communiquer avec la direction générale à Montréal, avec une autre région ou avec les clients anglophones, ils doivent pouvoir le faire en anglais. Pour des raisons pratiques, d'ailleurs, une grande partie des documents produits dans la région du Saint-Laurent sont rédigés en anglais, même si la langue officielle y est le français. C'est ainsi qu'entre 1977 et 1980, la demande pour des cours d'anglais oral et écrit a augmenté considérablement.

En contrepartie, dans les régions d'exploitation anglophones et même aux sièges sociaux des deux compagnies à Montréal, nous avons été obligés de créer des cours de « maintien de l'acquis » en français pour permettre aux employés qui ont terminé leur programme de formation en français de conserver une langue qu'ils ont très peu l'occasion de pratiquer pour de multiples raisons : aucune occasion de fréquenter un milieu francophone dans leur vie personnelle ; demandes de service en français trop peu fréquentes et surtout trop peu « insistantes », le client passant trop facilement à l'anglais s'il sent que son interlocuteur ne maîtrise pas bien le français ; contraintes administratives qui empêchent les superviseurs d'affecter les employés bilingues aux postes où ils sont nécessaires ; primauté de l'ancienneté dans le choix des postes imposée par certaines conventions collectives, etc.

Conclusion

L'enseignement du français langue seconde aux anglophones n'est qu'un moyen parmi d'autres de créer, au sein des deux entreprises, un climat propice à l'utilisation du français. Ces autres moyens sont : l'embauche de diplômés d'expression française, la formation en cours d'emploi du personnel francophone dans leur langue, l'encouragement des francophones à utiliser leur langue au travail par la francisation de leurs instruments de travail : imprimés administratifs, méthodes, guides, catalogues, etc., rôle qui revient aux sections Traduction et Terminologie.

L'enseignement du français aux immigrants adultes

Micheline SAURIOL

Un peu d'histoire

C'est au cours des années 60 que le Québec a découvert les problèmes posés par l'assimilation des immigrants au groupe anglophone. Avant la Deuxième Guerre mondiale, l'immigration provenait très majoritairement des pays du Commonwealth et des États-Unis.

Après la guerre, et jusqu'en 1965, l'immigration anglophone continue, mais il s'y ajoute une plus grande proportion d'immigrants de divers pays d'Europe — Italie, Allemagne, France, Grèce — tandis que commence lentement l'immigration en provenance des Antilles et, dans une moindre mesure, d'autres pays du Tiers-Monde[1].

À cette époque, le gouvernement du Québec ne prenait aucune mesure relative à l'adaptation des immigrants ; il laissait l'Église catholique ou des organismes d'aide sociale s'occuper des besoins de cette clientèle.

Au moment de la Révolution tranquille, alors que s'affirmait l'identité québécoise, des démographes ont lancé des cris d'alarme quant à l'avenir de la région montréalaise menacée, par les transferts linguistiques des immigrants vers l'anglais, de devenir majoritairement anglophone à la fin du siècle. Le Québec a alors commencé à s'intéresser à cette question ; c'est cependant dans le cadre de la loi fédérale sur la formation professionnelle des adultes que les premiers cours de langue aux immigrants adultes ont été organisés en 1968. Le Québec a alors créé les COFI (Centres d'orientation et de formation des immigrants) pour dispenser les cours de français financés par le gouvernement fédéral ; depuis 1975, le personnel des COFI est intégré à la Fonction publique du Québec (117 professeurs permanents et 250 occasionnels).

Qui sont les immigrants au Québec ?

Entre 1946 et 1979 le Québec a accueilli en moyenne 26 500 personnes par année. Qui étaient ces immigrants ?

---

1. Mireille BAILLARGEON et coll. (1980), *Éléments de réponse aux 31 questions de Monsieur Martucci*, document inédit, MCCI, octobre 1980.

En plus d'une immigration régulière en provenance de divers pays d'Europe, d'Amérique et d'Asie, il y a eu certaines concentrations correspondant à des situations politiques dans le pays d'origine, ou à des programmes humanitaires du gouvernement. C'est ainsi qu'après les événements de Hongrie en 1956 près de 10 000 Hongrois se sont installés au Québec ; à cette époque cependant les COFI n'existaient pas. À la suite des événements de 1968 en Tchécoslovaquie, 1 300 personnes de ce pays se sont établies au Québec. Après 1970, 60 Tibétains ont été accueillis au Québec dans le cadre d'un programme humanitaire ; après leur expulsion, 700 Ougandais se sont installés au Québec. Il est arrivé du Liban depuis 1976 plus de 4 500 personnes, du Chili, après 1973, en fait en 1974 et 1975 pour la plupart, 1 500 personnes. Après l'indépendance de l'Angola et du Mozambique, il est venu 350 personnes de ces pays ; de l'Asie du Sud-Est, le Québec a accueillli entre 1975 et 1978, 5 160 personnes. Au total, entre 1979 et l'été de 1982, plus de 16 000 personnes. Actuellement, par suite des événements de Pologne, le Québec accueille des réfugiés polonais ; en 1981 nous en avons reçu 600, et en 1982, 600 également.

Les Haïtiens constituent depuis 1970 le groupe le plus important des immigrants, soit plus de 25 000 en 10 ans. Cependant, ils n'ont jamais été inscrits aux COFI jusqu'à la création récente d'un programme spécial à leur intention.

Les diverses formules de cours

Cours à plein temps

Les cours à plein temps comprennent 30 périodes d'enseignement par semaine pendant un maximum de 30 semaines. Les immigrants dits indépendants et les réfugiés ont droit à une allocation de subsistance pendant qu'ils suivent ces cours, allocation versée par le gouvernement fédéral et proportionnelle à leurs charges familiales.

Il y a cinq COFI à Montréal où on donne des cours à plein temps, un à Québec, un à Sherbrooke et un à Hull.

La proportion des immigrants admis dans les COFI est faible par rapport au nombre d'immigrants qui auraient besoin d'apprendre le français : pour la période de 1969 à 1979 par exemple, les COFI n'avaient rejoint qu'environ 27 % des immigrants adultes non francophones admis et restés au Québec pendant cette période[2].

Cours à temps partiel le soir

Tandis que les cours à plein temps s'adressent presque uniquement aux immigrants récemment arrivés, les cours du soir offerts par certains COFI sont accessibles à tous les immigrés sans égard à la date de leur arrivée.

Deux COFI de Montréal offrent ce type de cours à raison de deux soirs par semaine ; les COFI de Québec, Sherbrooke et Hull en offrent également. Les sessions sont de quinze semaines, et les groupes, hétérogènes au point de vue de l'origine ethnique.

---

2. Bernard De JAHAM (1980), *Les COFI : synthèse et projections*, projet d'intervention pour la maîtrise en administration publique, juin 1980, p. 7.

Une formule inédite

Les cours sur mesure

Il s'agit pour des associations ethniques, ou des organismes comme les CLSC, de réunir un ou des groupes d'immigrés désireux d'apprendre le français ; ces groupes définissent leurs besoins quant au type de cours désiré et à l'horaire. Le ministère fournit l'équipement, le matériel pédagogique et les services du professeur et du conseiller pédagogique. Selon le désir du groupe, les cours peuvent avoir lieu le jour ou le soir dans des locaux choisis par eux, ceux de l'association ethnique par exemple, ou encore ceux du COFI.

Cette formule originale répond, à notre sens, à un réel besoin et permet de joindre une clientèle qui ne serait pas touchée par les autres formules de cours : on atteint par exemple de cette façon plusieurs groupes de femmes. Les groupes sont la plupart du temps homogènes en ce qui a trait à l'origine ethnique.

Les cours intensifs

Les cours que nous appelons intensifs sont de quatre périodes d'enseignement par jour, quatre jours par semaine. Les sessions durent quatre semaines, les personnes pouvant se réinscrire pour le mois suivant jusqu'à concurrence de huit mois.

Il s'agit d'une formule inédite qui connaît beaucoup de succès auprès de la clientèle. L'un de ses avantages est qu'elle allie le caractère intensif des cours à une grande souplesse en ce qui concerne l'inscription ; ainsi, certaines personnes suivent trois sessions, quittent parce qu'elles ont trouvé un travail de jour, reviennent deux mois plus tard quand elles ne travaillent plus. Cette formule semble convenir très bien aux adultes sur le marché du travail.

Pour situer la place du ministère québécois des Communautés culturelles et de l'Immigration dans l'ensemble des activités d'enseignement de français langue seconde aux adultes, on peut dire que le ministère donne plus de la moitié du volume des heures-groupes d'enseignement, et dépense aussi plus de la moitié des budgets consacrés dans la province à cette activité.

Les principes directeurs

L'objectif de l'enseignement dispensé par le Ministère, tel qu'il est défini dans le programme-cadre[3], est de faire acquérir la maîtrise du français courant, un français correspondant à l'usage linguistique québécois, et, dans la mesure du possible, la langue des métiers et des professions. La préoccupation principale est donc que l'apprentissage débouche sur la communication avec les Québécois.

Un autre objectif important s'est imposé au cours des années, soit celui de faciliter l'adaptation des immigrants au Québec. Dans les cours s'adressant aux

---

3. Gouvernement du Québec, ministère de l'Immigration, Direction générale de l'adaptation (1973), *Programme-cadre d'enseignement du français aux immigrants*, vol. 1 et 2.

immigrants récemment arrivés, on se rend compte de plus en plus qu'il faut ajouter au contenu linguistique un contenu relié aux besoins d'adaptation de cette clientèle.

Plus les immigrants appartiennent à une culture différente de la nôtre, plus ce contenu thématique doit être important. Ainsi, pour les immigrants ou les réfugiés qui n'ont pas vécu dans un pays occidental, il faut aborder des thèmes d'ordre pratique : comment ouvrir un compte dans une banque ou dans une caisse populaire, encaisser un chèque d'allocation, faire un dépôt ; comment s'orienter dans le quartier et dans la ville et utiliser les transports en commun ; comment se préparer et s'habiller pour l'hiver ; quoi acheter ; où et comment faire ses provisions.

Ce ne sont là que quelques éléments concrets de l'ensemble des connaissances que doit acquérir l'immigrant pour pouvoir se débrouiller dans son nouveau milieu.

C'est cet objectif d'adaptation, lié à l'enseignement de la langue, qui fait la spécificité de l'enseignement dispensé par le Ministère. Il s'agit d'une mission complexe où l'initiation à la vie pratique dans notre société se mêle à la sensibilisation à notre façon de penser en tant que collectivité : conception de la famille, relations hommes-femmes, hiérarchie, travail, etc.

Le matériel d'enseignement

Il n'existe pas de matériel pédagogique qui réunisse les objectifs de langue et les objectifs d'adaptation : la méthode COFI n'est encore qu'un souhait. Les enseignants doivent donc puiser dans les divers matériels existants en tâchant de les adapter et de les compléter à l'aide de documents divers.

Les méthodes les plus couramment employées dans les COFI sont les méthodes structurales courantes : *Dialogue Canada, Le français international, De vive voix*. Un cours fonctionnel, le cours modulaire FIEF, commence à être offert dans certaines classes de COFI.

Il n'y a pas lieu de s'étendre ici sur l'utilisation de ces méthodes qui sont fort connues dans le milieu de l'enseignement du français langue seconde. Il y a lieu cependant de rappeler à quel point, sauf en ce qui concerne le cours FIEF, elles sont inadéquates en raison de leur contenu linguistique éloigné de la réalité de la langue parlée au Québec et d'une matière thématique inappropriée aux besoins de communication éprouvés par des adultes immigrants.

Cependant, certains matériels d'enseignement spécifiques ont été élaborés dans le milieu des COFI par des professeurs ou des conseillers pédagogiques. Le temps manque pour les énumérer ici.

Mentionnons seulement le programme complémentaire *En Québécois* conçu pour sensibiliser aux particularités du français courant parlé au Québec, les cours fonctionnels pour les infirmières et pour les secrétaires, le programme de lecture de survie pour les analphabètes. Enfin, un programme fonctionnel sur l'écrit dans la vie courante de l'immigrant est paru tout récemment.

J'aimerais en terminant souligner quelques problèmes relatifs à l'enseignement du français aux immigrants.

Le financement des cours à plein temps par le programme fédéral de formation professionnelle des adultes pose, entre autres, le problème de la sélection des participants au programme : combien de fois n'avons-nous pas vu les conseillers en main-d'oeuvre refuser le cours à des immigrants qui, selon le Québec, auraient dû être acceptés dans le programme.

La Commission d'étude sur la formation des adultes a recommandé que le Québec récupère les points d'impôt correspondant à ces programmes et finance lui-même les programmes de formation des adultes. Nous ne pouvons que souscrire fortement à cette recommandation.

L'apprentissage de l'écrit constitue également un problème pour les immigrants. Nous avons vu que la mission principale des COFI est l'enseignement du français courant à des fins de communication orale surtout. Les besoins des immigrants concernant l'écrit sont rarement comblés. Ces besoins peuvent se situer soit au niveau de l'alphabétisation, soit au niveau de l'écrit intermédiaire ou avancé ; certains immigrants ont besoin de l'écrit pour exercer leur profession ou leur métier.

À part les secrétaires, pour lesquelles le Ministère a élaboré un cours spécifique qui se donne dans le cadre des cours sur mesure, les immigrants ne savent où se tourner pour poursuivre leurs études en français écrit.

Le manque de matériel pédagogique adéquat est un problème important qui affecte le rendement des cours.

Nous avons mentionné le fait que le contenu linguistique des méthodes employées ne correspond pas à l'usage courant du français au Québec. Le problème se pose également dans d'autres milieux, et il y aurait lieu de susciter des échanges de réflexions et de matériel entre les diverses instances qui doivent y faire face.

Le contenu n'est pas adéquat non plus par rapport aux besoins de communication des adultes immigrants ; il faudrait un matériel plus fonctionnel par rapport aux situations vécues quotidiennement par les adultes au Québec.

Face à ces deux besoins, il n'existe à l'heure actuelle aucune ressource affectée à l'élaboration de matériel au Ministère. Si l'on considère le volume de la clientèle et le nombre d'heures de formation données par le Ministère, cela paraît à tout le moins anormal, et certainement regrettable.

L'enseignement du français langue seconde aux adultes : une approche communautaire

Anne USHER

Il est devenu de plus en plus évident que les femmes non francophones sont très désavantagées sur le marché du travail québécois. Elles se heurtent à de nombreuses contraintes inhérentes à la condition féminine. Parmi les handicaps les plus fréquents, citons le manque d'expérience et de formation préalables, le manque de confiance en soi, la responsabilité des enfants en bas âge, l'absence de services de soins journaliers adéquats et l'incapacité de se trouver un travail vraiment approprié. De plus, au Québec, si une femme ne possède pas suffisamment bien le français, elle se heurte à de sérieux obstacles. Une récente enquête effectuée par SECOR, « *Some aspects of Recruitment Policies and Practices of Firms in Quebec* » (Quelques aspects des politiques et des pratiques d'embauche des entreprises québécoises), de Ian MacKinnon et Roger Miller — montre que cette catégorie de travailleuses a de fortes chances de ne pas trouver d'emploi dans la province.

Une étude intitulée « Les besoins des femmes relatifs à l'emploi », présentée en 1981 à la Commission Jean s'efforçait de déterminer les besoins des femmes anglophones de la région montréalaise. Il en ressortait clairement que l'acquisition d'une bonne connaissance du français était l'une des principales contraintes dont les femmes devaient s'affranchir pour pouvoir trouver du travail au Québec. Les femmes qui ont fait l'objet de cette étude ont signalé qu'elles étaient aussi asservies à des exigences moins conventionnelles que l'acquisition du français. Elles ont fait part de leur besoin de suivre des cours près de chez elles, de bénéficier de soins journaliers afin de pouvoir s'acquitter de leurs tâches ménagères tout en améliorant suffisamment leur compétence professionnelle pour trouver du travail.

Actuellement, les établissements de formation ne leur offrent pas l'indispensable flexibilité d'horaire et d'action lorsqu'il leur faut acquérir les compétences nécessaires à l'obtention d'un emploi au Québec.

Ce genre de situation ne peut manquer de constituer un intéressant défi à ceux d'entre nous chargés de l'élaboration des programmes dans le cadre du conseil communautaire de N.-D.-G. Nous avons appris le français lorsque nous étions déjà adultes, et notre acquisition de cette langue répondait à certains impératifs. Il nous a fallu désigner certaines personnes capables d'enseigner le français, suivre de longs cours intensifs d'été à Jonquière, à l'Université de Montréal ou à l'Université McGill, oeuvrer en collaboration avec des travailleuses sociales francophones ; et tout cela fut bénéfique. Nous avions tous suivi, en tant qu'adultes, à un moment ou à un autre, les cours hebdomadaires traditionnels de deux fois deux heures et nous avons constaté que cela ne servait pas à grand-chose. En fait, l'expérience, par son manque de résultats concrets, avait été extrêmement frustrante.

En cherchant quelles étaient les méthodes existantes pour apprendre le français, nous nous sommes aperçus que celles qui étaient considérées comme les plus efficaces ne pouvaient pas être adoptées par les femmes de notre communauté en raison de leur coût, de leur durée ou des longs trajets qu'elles entraînaient. Nous avons examiné avec attention les points particuliers mis en évidence par Alison d'Anglejean, à savoir que celles qui apprennent le français doivent en même temps se trouver dans un contexte leur permettant de mettre en pratique leurs connaissances fraîchement acquises.

Le fait de reconnaître les besoins urgents des femmes de notre collectivité nous amena à les préparer à joindre les rangs des travailleurs ; aussi avons-nous décidé d'établir un programme de travail (Possibilités d'emploi pour les femmes), et nous y avons rajouté un élément relatif à l'acquisition du français avec la possibilité de le mettre en pratique dans un contexte professionnel.

Recrutement des femmes

Le programme relatif aux possibilités d'emploi pour les femmes a été créé pour toute femme désireuse d'accéder ou de réaccéder au marché du travail dans un proche avenir. Une priorité a été accordée aux femmes qui résident dans la circonscription électorale de N.-D.-G. Pour être admises, les candidates devaient manifester le désir de participer au programme tout entier et avoir le niveau de connaissance du français déterminé par les résultats du test de qualification.

Nous avons lancé une importante campagne publicitaire. Des affiches annonçant notre programme ont été distribuées dans les boutiques du quartier, les bibliothèques et les organisations communautaires. Nous avons envoyé les détails de ce projet à *The Gazette* ainsi qu'aux journaux locaux, *The Monitor* et *The Suburban*. Des communiqués de presse ont été remis aux postes de radio et aux stations de télévision. Après en avoir pris connaissance par la campagne publicitaire, soixante-dix (70) femmes ont demandé des renseignements supplémentaires. Nous avons tenu quatre sessions d'information, auxquelles quarante-cinq (45) femmes étaient présentes, dans le but de présenter notre projet d'une façon plus détaillée. Celles qui avaient ainsi manifesté leur intérêt furent conviées à passer un test de qualification en français et ont dû répondre aux questions de deux membres du personnel. Celles qui ne pouvaient s'engager à suivre la totalité du programme ont rempli un questionnaire afin d'indiquer à quel genre d'atelier elles aimeraient prendre part. Nous avons recommuniqué avec elles au bout de dix semaines lorsque le personnel a été en mesure de leur offrir des ateliers et des cours de français.

Nous avons organisé des entrevues individuelles et des tests initiaux en français pour les trente et une (31) femmes qui désiraient participer au programme. À partir des résultats de ces tests, nous avons pu établir trois niveaux de compétence :

débutantes, intermédiaires et avancées. Nous avons sélectionné celles des niveaux intermédiaire et avancé car nous avons jugé que le programme de dix semaines leur serait plus bénéfique pour la connaissance du français. Les sept (7) femmes appartenant au groupe des débutantes furent orientées vers d'autres institutions mieux équipées pour répondre à leurs besoins. Elles furent aussi placées sur une liste d'attente en vue des cours de français et des ateliers de recherche d'emploi prévus pour le mois de juin.

Une participation de quarante dollars fut demandée afin de défrayer le coût du matériel pédagogique. Les femmes au revenu limité n'eurent pas à payer pour le cours mais durent acheter leurs propres manuels de français.

Atelier sur la recherche d'un emploi

Ces ateliers ont pour but d'aider les participantes à passer en revue leurs champs d'intérêt et les possibilités qui s'offrent dans le cadre du travail, tout en améliorant leur aptitude à se chercher efficacement un emploi.

Au cours de la phase de planification, les membres du personnel étudièrent des programmes aux objectifs similaires et purent assister à trois projets en cours dans la région montréalaise. Après avoir discuté des sujets qui seraient abordés dans le cadre des vingt ateliers, le personnel fit une ébauche préliminaire du contenu de chacune des sessions. Chacun des deux groupes eut à étudier les mêmes sujets bien qu'il fût nécessaire, à l'occasion, d'adapter les sujets et les méthodes aux exigences des participantes de chaque groupe.

Les cinq premières semaines du programme ont été conçues dans le but de permettre aux participantes d'analyser leurs compétences, leurs intérêts et leurs capacités, et de déterminer quel genre d'emploi elles aimeraient plus particulièrement trouver, ce qui fut étudié et analysé en tenant compte des réalités de la conjoncture actuelle du marché du travail.

Pendant la sixième semaine, les participantes remplirent un formulaire d'appréciation et furent interrogées individuellement par le personnel. Cette appréciation avait pour but d'observer les effets des premières semaines du programme et de confirmer les sujets que les participantes aimeraient voir traiter au cours des cinq semaines suivantes.

Ces cinq semaines furent consacrées à l'amélioration des capacités de recherche d'emploi. Les participantes apprirent à rédiger une lettre descriptive et un curriculum vitae, comment se comporter lors d'une entrevue avec la direction et comment se chercher efficacement un emploi. On a utilisé une approche concrète qui permettait aux femmes de mettre ces techniques à exécution au cours de mises en situation, de conversations de groupe et de séances de vérification des connaissances.

Programme d'étude du français

Le cours de français a pour but de permettre aux participantes d'acquérir une compétence suffisante pour profiter des possibilités qu'offre le marché du travail québécois.

Test de qualification

Les femmes désirant participer au stage de 16 semaines ont eu à subir un test de qualification. Ce test consistait en 50 questions orales destinées à mesurer leur compréhension, leurs connaissances grammaticales élémentaires et leur aptitude à utiliser convenablement les temps des verbes. À l'issue de ces tests, il fut possible d'établir trois niveaux distincts de connaissance du français : débutante (connaissance infime ou nulle de la langue) ; intermédiaire, (difficulté à utiliser les bons temps des verbes, expression orale lente et hésitante) ; avancée (bonne connaissance de la grammaire, des verbes et de leur conjugaison, manque de pratique parlée). Étant donné que deux groupes de femmes seulement pouvaient être pris en charge, le personnel opta pour les groupes intermédiaire et avancé avec la conviction que le cours de dix semaines leur serait plus bénéfique dans ce domaine et que ces femmes pourraient améliorer leur connaissance du français suffisamment pour accéder au marché du travail.

Contenu du programme

Au départ, le programme visait à faire la révision des rudiments de grammaire et à vérifier si toutes les participantes étaient bien dans le bon groupe. Une recherche sur les méthodes d'étude les mieux appropriées pour chaque groupe fut menée au cours des premières semaines du stage. Ce stage de français était centré sur l'amélioration des aptitudes de base des participantes, soit par groupes de travail, soit sous forme de dialogue entre deux stagiaires avec la supervision de l'animateur. Lors des sessions, une grande importance fut accordée à l'acquisition, par la stagiaire, du vocabulaire indispensable dans son milieu de travail. On a davantage insisté sur la révision et sur l'étude des notions grammaticales dans les cours du niveau intermédiaire.

Durant les cinq dernières semaines de la première phase, la relation entre les cours de français et les ateliers de recherche d'emploi s'est concrétisée. Les participantes reçurent en français une formation dans les activités suivantes :
1) rédaction d'une lettre descriptive
2) conversation téléphonique
3) comment remplir un formulaire de demande d'emploi
4) comment se présenter lors d'une entrevue.

Stage de qualification sur le terrain

Notre stage de qualification sur le terrain visait à fournir un contexte réaliste dans lequel les femmes pouvaient mettre en pratique et améliorer les notions de français dont l'étude intensive constituait la première phase du programme.

Après que les stagiaires eurent déterminé le genre de contexte professionnel qu'elles préféraient, le personnel entreprit de se mettre en rapport avec divers organismes pour leur exposer les buts du programme et de la qualification sur le terrain. Si un organisme était disposé à prendre une « stagiaire », on s'épargnait une entrevue. Une lettre explicative sur le programme ainsi qu'un contrat en vue de stage étaient dépêchés en même temps que la stagiaire lors de son rendez-vous initial. Le directeur de stage et la stagiaire se mettaient alors d'accord sur les horaires, les jours et la durée du stage, avec l'exigence d'un minimum de trois demi-journées hebdomadaires pendant six semaines. Sur les treize participantes qui entreprirent de se qualifier sur le terrain, neuf accomplirent les six semaines, l'une d'elles travailla à plein temps pendant les trois dernières semaines, et deux autres continuèrent à travailler durant les mois d'été. Les femmes qui ne participèrent pas à la phase de qualification sur le terrain s'adonnèrent à d'autres activités : étude du marché du travail, animation des ateliers sur la recherche d'emploi, mise à jour des curriculum vitae ou encore vérification d'informations concernant une possibilité d'emploi.

Les femmes étaient intégrées dans le milieu de travail et supervisées (de façon permanente) par le personnel de l'organisation.

Ce stage leur aura permis d'acquérir une expérience professionnelle non rémunérée dans un milieu francophone, expérience destinée à servir de transition entre la période de cours et la période de travail rémunéré consécutive au programme. Il offrait aussi l'occasion d'acquérir des compétences additionnelles, ce qui augmentait leurs chances d'embauche pour l'avenir. Les milieux d'expérience incluaient un CLSC, une station de radio communautaire, une bibliothèque municipale et plusieurs institutions gouvernementales.

Les participantes continuaient à se réunir une fois par semaine en compagnie de leur groupe d'étude et des animateurs. Ce genre de réunions leur assurait un contact permanent et un soutien de la part de leurs compagnes en plus de l'occasion de se renseigner sur les conditions de travail et les situations problématiques autres que celles qu'elles pouvaient avoir elles-mêmes connues. Ces réunions hebdomadaires contribuaient à les soulager du sentiment de solitude et de tension que bon nombre d'entre elles éprouvèrent en milieu francophone au début de leur période de transition.

Si l'on analyse ce projet-pilote, il est intéressant de constater que sur 21 femmes qui se sont inscrites à ce programme d'une durée de 16 semaines, 18 sont allées jusqu'au bout de l'expérience. L'approche de groupe aura permis aux étudiantes de bénéficier du soutien du groupe tout au long de l'entreprise. À chacune des étapes, les difficultés étaient exposées au groupe qui s'efforçait de les résoudre. Les étudiantes s'entraidaient afin de réagir convenablement aux besoins d'adaptation engendrés par leur nouveau mode de vie tout en conformant leurs obligations familiales à leurs nouvelles responsabilités d'étudiantes et de stagiaires.

Les progrès en français furent favorisés par le désir des femmes d'accéder au marché du travail, par la priorité donnée à un vocabulaire approprié au stage choisi et par le soutien accordé à l'étudiante par le superviseur de stage. Le vocabulaire acquis semble avoir été parfaitement adapté au contexte dans lequel il était utilisé. Nos expériences ont été fort positives.

L'enseignement technique (professionnel) en français

Conférenciers : Marcelle HARDY-ROCH, agent de recherche, INRS-Éducation
Fernand ROY, agent de recherche, INRS-Éducation
Pierre BOIVIN, conseiller pédagogique, Commission scolaire Jérôme-le-Royer
Reynald BINETTE, professeur, CEGEP de Victoriaville
Jacques GÉLINAS, agent de recherche, Office de la langue française.

Dans un milieu influencé par la présence de l'anglais, surtout dans le travail, il est normal de se demander quelle est la situation du français dans la préparation des enfants à des métiers ou à des professions. Marcelle Hardy-Roch tentera de définir les caractéristiques diverses de la population à qui s'adresse l'enseignement professionnel. Fernand Roy et Pierre Boivin s'intéressent aux élèves du professionnel court, c'est-à-dire à ceux qui se préparent à quitter l'école après le secondaire IV. Reynald Binette témoignera d'une situation particulière, l'École québécoise du meuble et du bois oeuvré. Jacques Gélinas fera le lien entre la Charte de la langue française et l'enseignement technique pour les écoles.

L'atelier est présidé par Lawrence Lord, du ministère de l'Éducation du Québec.

Qui sont les élèves de l'enseignement professionnel à l'école secondaire ?

Marcelle HARDY-ROCH

Avant de discuter de l'enseignement technique en français, ne serait-il pas souhaitable de s'interroger sur l'identité des élèves de l'enseignement professionnel à l'école secondaire et sur les rapports qu'ils entretiennent avec l'école, plus particulièrement en ce qui concerne l'enseignement du français ?

La réponse que je m'apprête à faire à cette question repose sur les résultats de recherche déjà dégagés d'une étude menée à l'INRS-éducation sur le *Secondaire professionnel court*. Cette recherche est en cours depuis novembre 1979. Les premières étapes ont été financées par la Direction de la recherche du secteur de la planification du MEQ et les étapes actuellement en voie de réalisation sont subventionnées par le FCAC et par le CRSH.

Nous avons entrepris cette étude auprès d'une cohorte d'élèves de la commission scolaire régionale de Tilly (CSRT)[1]. C'est-à-dire que nous avons retenu l'ensemble des élèves qui, en septembre 1979, étaient inscrits en 3e secondaire professionnel court et voie pratique plus un nombre équivalent d'élèves de 3e année de l'enseignement général ; en 4e secondaire, une partie de ce dernier groupe d'élèves s'est orientée vers l'enseignement professionnel long pendant que la majorité poursuivait à l'enseignement général. Nous avons ainsi constitué une population de 574 élèves pour lesquels nous avons retracé chacun des bulletins depuis le début des études primaires jusqu'en 4e secondaire. Puis nous avons interviewé 140 élèves dont nous avions déjà analysé le cheminement scolaire. Ces entrevues ont été précédées de deux mois d'observation de groupe auprès d'élèves répartis dans trois écoles, pendant leurs séances d'enseignement de français et leurs séances d'enseignement professionnel.

Les critères qui nous ont conduits à choisir la commission scolaire de Tilly sont : 1- la présence d'un milieu rural et d'un milieu urbain ; 2- la diversité des situations socio-économiques (allant de très favorisée à défavorisée selon l'indice de dévelop-

---

1. Cette commission scolaire régionale dessert les villes de Sillery, Sainte-Foy, Cap-Rouge et Saint-Augustin sur la rive nord du Saint-Laurent et les municipalités de Charny jusqu'à Sainte-Croix-de-Lotbinière sur la rive sud. Nous y retrouvons un milieu urbain et un milieu rural ; de plus, la situation socio-économique de la population varie selon les quartiers ou municipalités de très favorisée à défavorisée (cf. *Les secteurs défavorisés du Québec*, DPP, MEQ, 1977, 111 p.). En septembre 1979, les proportions d'étudiants au professionnel court ou en difficulté d'adaptation et d'apprentissage y étaient respectivement de 3,0% et de 7,8% ; ces proportions sont voisines des moyennes provinciales (3,5% et 7,3%) pour cette même année.

pement socio-économique) et le fait que dans cette commission scolaire les proportions d'élèves inscrits au professionnel court et d'élèves considérés en difficulté d'adaptation et d'apprentissage se rapprochent des moyennes provinciales. À notre avis, cela nous permet de considérer que les caractéristiques dégagées de l'étude auprès des élèves de la CSRT peuvent aider à connaître les élèves des autres commissions scolaires.

Notre démarche de recherche est centrée sur les élèves de l'enseignement professionnel court. Pour nous assurer de les identifier adéquatement, nous nous sommes engagés dans une analyse comparative mettant successivement en évidence les élèves de la voie pratique (adaptation scolaire) et du professionnel court en vue de les comparer avec les élèves de l'enseignement professionnel long et de l'enseignement général. Sans oublier cette démarche comparative, je voudrais vous présenter ici les deux groupes d'élèves officiellement reconnus comme faisant partie de l'enseignement professionnel au secondaire, c'est-à-dire les élèves de l'enseignement professionnel court et de l'enseignement professionnel long. Permettez-moi de vous rappeler que selon les statistiques de la clientèle scolaire de 1979-1980, 21,2 % des élèves de l'enseignement professionnel sont inscrits au professionnel court (20 716 élèves) et 79,8 % au professionnel long (75 915 élèves).

Je tracerai progressivement le portrait des élèves de l'enseignement professionnel au secondaire en présentant d'abord le résumé de quelques-uns des résultats déjà publiés dans notre rapport de première étape[2]. Puis j'esquisserai certains éléments des deux rapports qui paraîtront prochainement ; l'un s'appuie sur l'analyse des entrevues réalisées auprès des élèves, tandis que l'autre repose sur les résultats de l'observation des comportements des élèves pendant leurs cours de français et d'enseignement professionnel théorique et pratique.

1. Étude des dossiers scolaires

L'étude des dossiers scolaires nous a renseignés sur le cheminement scolaire des élèves et sur leurs caractéristiques sociales et culturelles.

Le cheminement scolaire des élèves du *professionnel court* est parsemé d'échecs et de détours qui allongent le parcours scolaire sans l'enrichir. Près de la moitié (43,5 %) de ces jeunes ont pris plus de trois ans pour parcourir le 2e cycle de leurs études primaires ; malgré cela, ils obtiennent de faibles résultats en français aux tests du MEQ (31,5 = position sur l'échelle de rang centile provinciale). Leurs études secondaires sont aussi plus longues, 50,0 % d'entre eux prennent plus de trois ans pour se rendre en 3e secondaire (c'est-à-dire qu'ils doublent la 1re ou la 2e sec.). Sur leurs bulletins, les problèmes de comportement sont fréquents ; au cours des études secondaires, ceux-ci cèdent la place aux problèmes d'absence qui se manifestent dans les matières scolaires (51,6 %) et dans les matières professionnelles (34,1 %).

---

2. Marcelle HARDY-ROCH, Denis RHÉAUME et Marlen CARTER-GAGNÉ (1981), *Caractéristiques des étudiants du professionnel court à partir de l'analyse de leur cheminement scolaire — Rapport de première étape basé sur l'étude des dossiers scolaires*, Direction de la recherche, Secteur de la planification, MEQ, novembre 1981, 218 p.

Les élèves de l'enseignement *professionnel long* ont un cheminement scolaire moins tourmenté que ceux du professionnel court mais apparemment plus accidenté que celui des élèves de l'enseignement général puisque 23,1 % des élèves du professionnel long prennent plus de trois ans pour terminer le deuxième cycle de leurs études primaires, alors que ce n'est le cas que de 11,7 % des élèves de l'enseignement général. Aux tests du MEQ, à la fin du primaire, les élèves du professionnel long se classent légèrement au-dessus de la moyenne provinciale en français (51,3), quelques rangs centiles derrière les élèves de l'enseignement général (60,5). Pendant leurs études secondaires, les élèves du professionnel long ont un dossier scolaire qui ressemble fort à celui des élèves de l'enseignement général, exception faite de leur choix de cours.

Sur le plan scolaire, les élèves de l'enseignement professionnel long ressemblent donc à ceux de l'enseignement général. Sur le plan social, ils rejoignent cependant ceux du professionnel court. En effet, dans les groupes de l'enseignement professionnel court et de l'enseignement professionnel long, nous retrouvons 92,8 % et 89,5 % de fils et de filles d'ouvriers, d'agriculteurs et de propriétaires d'entreprises artisanales, alors qu'il n'y en a que 57,8 % dans l'enseignement général. Les parents des élèves de l'enseignement professionnel court ou long ont un niveau de scolarité qui ne dépasse pas les études primaires dans 49,2 % (PC) et 43,9 % (PL) des cas, alors que seulement 18 % des élèves de l'enseignement général ont des parents ayant une scolarité de niveau primaire.

Dans les classes de professionnel court, les garçons constituent près des trois quarts des effectifs (71,4 % de garçons), mais les groupes du professionnel long sont majoritairement composés de filles (68,9 %).

2. Analyse des entrevues auprès des élèves[3]

Lorsque nous les avons rencontrés en entrevue, les élèves nous ont largement confirmé ce que nous avions déjà observé lors de l'étude de leurs bulletins.

Malgré les détours scolaires qui leur ont été proposés ou imposés à l'occasion d'un redoublement, d'un classement dans une classe spéciale au primaire ou dans une classe de récupération au secondaire ou encore à la suite de l'allongement des études primaires par une sixième terminale ou une septième année, les élèves du *professionnel court* continuent toujours d'éprouver des difficultés en français et en mathématiques. Dans leurs propos, ils expriment leurs difficultés à maîtriser les notions qui sont inscrites à leur programme d'étude tant en français qu'en mathématiques.

« En français . . . j'ai de la misère à comprendre ça . . . Moi j'étais toute perdue dans les verbes . . . ch'tais pas capable de comprend tous les verbes . . . »

La difficulté scolaire et la conscience d'être confrontés à un apprentissage ardu font partie de leur quotidien depuis plusieurs années. Ils résistent ouvertement à

---

3. Marcelle HARDY-ROCH, Louise CLERMONT-LALIBERTÉ, Hélène BERGERON, Marlen CARTER-GAGNÉ et Pierre CÔTÉ (1982), *Les étudiants et étudiantes de l'enseignement secondaire professionnel court : leur origine sociale et leurs rapports à l'école d'après une analyse d'entrevues*, Direction de la recherche, Secteur de la planification, MEQ, décembre 1982, 570 p.

l'égard de l'institution scolaire. Peu motivés par les matières de base qu'ils trouvent difficiles, inutiles et ennuyantes, retenus à l'école d'abord par l'apprentissage d'un métier et aussi par la solidarité vécue à l'intérieur de leur groupe-classe, ces élèves entretiennent des relations conflictuelles avec une partie des enseignants.

Dans leurs relations avec ces derniers, ils insistent sur des relations humaines chaleureuses. Même si, de façon générale, ils éprouvent plus d'attrait pour les matières professionnelles, ils expriment une faible motivation vis-à-vis du travail scolaire. Il leur est difficile d'adhérer spontanément au projet pédagogique proposé par l'école et ils manifestent leur déception vis-à-vis du peu de reconnaissance sociale attribuée au certificat qui leur sera décerné à la fin de leur année scolaire. Ayant dépassé l'âge de la fréquentation scolaire obligatoire, la majorité d'entre eux sont habités par la hâte de quitter l'école régulière.

Les propos des élèves du *professionnel long* s'apparentent à ceux du professionnel court, c'est-à-dire qu'ils n'adhèrent pas spontanément au projet pédagogique proposé par l'école. Ils préfèrent les matières professionnelles aux matières de base, comme le français, qui leur sont difficiles à maîtriser. Leurs difficultés d'apprentissage ne sont pas marquées au sceau de l'échec répété même si plusieurs ont connu des échecs occasionnels. Ils participent volontairement au projet pédagogique proposé et poursuivent leur travail scolaire à la maison parce qu'ils prévoient ainsi s'outiller pour la vie adulte et se qualifier pour entrer sur le marché du travail.

3. Observation des élèves[4]

Comment se comportent les élèves de l'enseignement professionnel court pendant les cours de français ? La concentration y est manifestement très faible et les événements prétextes à la distraction sont nombreux. Les garçons et les filles manifestent leurs difficultés à s'astreindre à la démarche d'apprentissage qui leur est proposée dans le cours de français. S'ils acceptent de réaliser les activités proposées par l'enseignant, le résultat est difficilement conciliable avec les demandes et les attentes de ce dernier.

Les filles observées « se laissent distraire facilement, se raidissent vite devant un effort à fournir et leur persistance au travail est variable et dans quelques cas, elle est très faible ». « C'est de manière très agitée qu'ils (les garçons) réalisent les exercices proposés par l'enseignant et, à un moment, nous avons vu que l'agitation peut prendre le dessus sur la production ». Ces mêmes élèves se concentrent, deviennent consciencieux et même minutieux pendant leurs cours d'atelier professionnel. C'est comme si les difficultés et les échecs antérieurs en français avaient miné les assises de la concentration et de la motivation face à l'acquisition de nouvelles notions en français alors que le désir d'apprendre un métier demeure vif et s'exprime dans les cours d'atelier.

---

4. Louise CLERMONT-LALIBERTÉ, et Marcelle HARDY-ROCH, *Les étudiants et étudiantes de l'enseignement professionnel court : acceptation ou rejet de l'école d'après l'observation dans les classes*, INRS-éducation, à paraître.

Pendant les cours de français, les élèves de l'enseignement *professionnel long* se montrent coopératifs avec l'enseignant ; ils participent activement aux interactions questions-réponses et aux autres activités qui leur sont proposées par l'enseignant. Les relations pédagogiques y sont fonctionnelles. Les comportements observés pendant les cours de français chez les garçons et les filles de l'enseignement professionnel long ressemblent à ceux observés chez les élèves de l'enseignement général ; dans l'un et l'autre groupe, ils sont concentrés sur le travail scolaire à réaliser et manifestent de la persévérance même si quelques signes d'ennui pointent çà et là. « Les rares appels à l'ordre trouvent un écho de soumission et témoignent du peu de fréquence de transgression des règles établies ». Pendant ce temps, les élèves de l'enseignement professionnel court prennent beaucoup plus de liberté et se permettent de contester plus ou moins ouvertement leurs cours de français par des comportements de dissipation et des digressions diverses.

Si je vous ai présenté les élèves de l'enseignement professionnel, c'est que je considère que les problèmes linguistiques associés à l'enseignement professionnel, qu'il s'agisse des manuels ou du vocabulaire, doivent d'abord être considérés en pensant aux élèves inscrits en enseignement professionnel. Ceux-ci sont fils et filles d'ouvriers, d'agriculteurs ou de propriétaires artisans dans près de neuf cas sur dix. Notre recherche est centrée sur les élèves de l'enseignement professionnel court ; ceux-ci éprouvent depuis longtemps des difficultés scolaires. La communication écrite revêt pour eux le costume d'un étranger à l'abord peu accueillant ; mais l'acquisition d'une formation professionnelle valable est un stimulant qui les incite à l'effort. Comment peuvent se concilier, pour eux, la maîtrise du français et la formation professionnelle ? N'est-ce pas ici qu'interviennent les méthodes d'enseignement ?

Avant de pouvoir dégager les implications théoriques qui peuvent être tirées de nos résultats de recherche, nous devons procéder à l'analyse des entrevues enregistrées auprès des enseignants et auprès des professionnels non enseignants et des directeurs d'école engagés professionnellement auprès des étudiants dont je viens de vous parler. D'ici quelques mois ces étapes seront franchies, et nous pourrons peut-être alors distinguer les éléments qui expliquent mieux la situation scolaire du professionnel court et peut être ainsi éclairer un peu l'ensemble de la formation professionnelle à l'école secondaire.

Les élèves de l'enseignement professionnel court : en visite chez le « sacré » Charlemagne ?

Fernand ROY

À mon avis, on passerait, et de loin, à côté des problèmes linguistiques associés à l'enseignement professionnel en français au Québec si on occultait de quelque manière le fait que la langue française doit beaucoup à l'écriture. La question des « manuels » et celle du « vocabulaire technique » ne sont pas des preuves du problème mais bien plutôt des indices : il s'agit, au-delà d'une politique nationale, d'essayer de tenir compte du fait que la notion de « conscience linguistique » implique, dans notre société, la pratique de l'écrit . . . et que cette pratique n'est pas le premier souci des élèves de l'enseignement professionnel, du moins au secondaire. C'est en ces termes que j'ai conçu ma participation au colloque.

Mes propos sont le résultat d'une expérience de recherche visant à caractériser, sur le plan langagier, des élèves de l'enseignement professionnel court. Ce travail a été entrepris il y a plus de deux ans, et il s'effectue très lentement car je ne connais pas de moyens rapides pour arriver à étudier qualitativement des discours d'élèves. Dans un premier temps, je parlerai de la façon dont j'ai travaillé et j'exposerai un peu ma grille de lecture. Cela vous permettra, je l'espère, de bien mesurer le sens qu'il faut donner à l'essai de caractérisation que je ferai ensuite. Je terminerai en prétendant qu'il est possible de penser que la description que je fais constitue un miroir grossissant de la question de l'enseignement technique en français.

D'abord, il est bon de se rafraîchir la mémoire au sujet de l'enseignement « professionnel court » . . . et surtout de savoir de qui je parle quand je parle des élèves du PC. Des statistiques du MEQ pour 1979-1980 disent que, au cours secondaire, les élèves de l'enseignement régulier professionnel constituent moins de 25 % de la population étudiante ; elles nous apprennent aussi que les élèves de l'enseignement professionnel court sont 4 fois moins nombreux que les élèves de l'enseignement professionnel long ; elles nous font comprendre enfin que le nombre des élèves de l'enseignement professionnel court a diminué de 3 % au cours des 3 dernières années alors que l'ensemble de la population des écoles secondaires baissait, elle, de quelque 12 %. Globalement donc, on peut retenir que les élèves de l'enseignement professionnel court constituent presque 5 % de la population des polyvalentes. À noter cependant que pour les fins de ma recherche, j'exclus les élèves de la « voie pratique » et des classes d'adaptation, qui sont deux fois plus nombreux que ceux des classes de professionnel court (39 000 contre 20 000). J'exclus ces élèves pour une raison bien simple : pour arriver à caractériser les élèves, je dois les comparer en fonction des secteurs scolaires qu'ils fréquentent ; si je veux que ma comparaison ait un certain « sens », je dois la faire en partant d'un dénominateur scolaire commun . . . où les élèves du secteur « difficulté d'adaptation et d'apprentissage » sont allés au secondaire sans avoir vraiment réussi leur primaire, alors que les élèves de l'enseignement professionnel court sont des élèves qui n'ont pas, au-delà du primaire, réussi vraiment à prendre le bateau du secondaire. C'est là une nuance qui a son importance : on a jugé, au départ, qu'ils pouvaient faire le cours secondaire « régulier » et ils ont, pendant deux années généralement, fréquenté les classes régulières en langue maternelle. On ne peut donc prétendre qu'ils sont « marginaux » à cause de leurs antécédents scolaires.

J'ai en somme voulu caractériser les élèves du secteur régulier d'enseignement professionnel court en me donnant comme point de comparaison des élèves du secteur régulier d'enseignement général. Et j'ai travaillé sur 60 des entrevues réalisées par le groupe de travail de Marcelle Hardy-Roch. J'ai voulu aussi tenir compte de la variable du milieu d'origine de telle sorte que j'ai fait dactylographier 30 entrevues d'élèves de milieu rural et 30 entrevues d'élèves de milieu urbain. À la longue, j'en suis venu, en moins de 15 minutes d'écoute, le texte sous les yeux, à identifier si l'élève que j'entendais était inscrit en enseignement professionnel court ou en enseignement général ; cela m'a conduit à penser que je pouvais donc, dans un premier essai de synthèse, appliquer une grille d'analyse précise à un nombre plus restreint d'entrevues : soit 8 élèves de l'enseignement général et 8 élèves de l'enseignement professionnel court (les 16 provenant, à part égale, de milieu rural et de milieu urbain). J'ai aussi, bien sûr, dès le départ, essayé de tenir compte de la variable du sexe, mais dans l'immédiat je n'ai pas de conclusions, même provisoires, à suggérer.

Voilà pour les étapes préparatoires de la recherche. Parlons maintenant de la grille d'analyse utilisée de façon informelle au départ et de façon systématique à la fin. Je me permettrai d'insister un peu sur ce point, car c'est là, je crois, la partie « originale » de mon travail. Je me suis inspiré de la thèse de M.A.K. Halliday suivant laquelle il fallait entendre la « restriction » dont a parlé Bernstein au sujet des enfants des milieux populaires dans le sens d'utilisation restreinte de deux fonctions prélangagières précises, soit les fonctions « personnelles » et « heuristiques ». Et j'ai émis l'hypothèse que les élèves de l'enseignement professionnel court seraient moins habiles en situation d'interaction verbale pour les mêmes raisons. Traduites en fonction d'une situation d'entrevue semi-dirigée, ces raisons sont devenues les quatre indices suivants :

1. Plus ou moins grande habileté à reformuler, pour sa gouverne personnelle, le sens d'une question avant d'essayer d'y répondre.

2. Plus ou moins grande habileté à se servir des mots de la question pour formuler une réponse adaptée et précise.

3. Plus ou moins grande habileté à se servir de son expérience personnelle pour formuler une réponse à une question.

4. Plus ou moins grande habileté à se servir de la subjectivité langagière pour trouver une façon de répondre à une question.

Les résultats sont très clairs : aucun des 16 élèves considérés n'a constitué une exception à la règle, à savoir que les élèves de l'enseignement général (tant du milieu rural que du milieu urbain) étaient tous plus habiles en situation d'entrevue.

Je vais donc essayer d'illustrer cette différence par le moyen de deux exemples, de deux réactions d'élèves à un même stimulus. Ce faisant, j'entends démontrer qu'à mon avis les élèves de l'enseignement professionnel court n'ont pas, au-delà de la serre chaude que constitue une « classe » dans l'enseignement primaire, continué à développer les habiletés langagières liées à la pratique de l'écriture qui, au secondaire, conduisent à l'intériorisation du processus d'interaction verbale.

Le stimulus était le suivant : à un moment donné au cours des entrevues, après avoir parlé de la vie hors de l'école et de la vie à l'école secondaire, l'interviewer abordait le thème du passage au secondaire. Dans la moitié des cas, la question a été soulevée indirectement, et de façon moins abstraite, généralement par le biais de l'année que l'élève avait préférée (ou détestée) au cours secondaire ; tous les élèves ont alors donné des réponses à peu près satisfaisantes. Ils ont justifié leurs réponses. Mais quand l'année préférée (ou détestée) n'avait pas été la première année du secondaire, la question était abordée directement, par le biais d'une demande plus générale, qui faisait moins appel à l'affectivité ; dans ce cas, la verbalisation avait le don de « dérouter » certains élèves. Le « Comment t'as vécu ça le passage du primaire au secondaire ? As-tu vu des changements ? » a complètement dérouté les élèves de l'enseignement professionnel court alors que ceux de l'enseignement général ont répondu de façon tout aussi satisfaisante au moins que les élèves de l'enseignement professionnel court dans le cas d'une formulation faisant appel à une énumération de « parce que ». On notera bien sûr ici que je ne dis pas que les réponses des élèves de l'enseignement professionnel ne trahissaient pas de toute façon un certain décrochage, mais je veux en rester ici au seul niveau de l'interaction verbale. Et à ce niveau, afin de l'avoir clairement à l'esprit, il est important de verbaliser cette interaction. La question « Comment as-tu vécu ça ? », et la piste « As-tu vu des changements ? » ne permettaient pas encore une réponse faite d'un « quotidien » : « J'ai aimé le secondaire 1 parce que ça faisait changement . . . ». Il fallait à tout le moins prendre le temps de saisir le sens de la question avant de répondre, et le sens de la question n'était pas lié à une « linéarité » pure.

En pratique, voici une réponse typique d'un élève de l'enseignement professionnel court puis une autre typique d'un élève de l'enseignement général :

— Un peu

— Comme quoi ?

— Ben les les changements c'est e on a changé d'professeur puis des . . . prendre l'autobus

— Hu hum

— C'est tout !

— Ben quand tu sais qu'tu va changer d'école ben là tu, tu sais pas trop comment tu ça va être si tu t'poses des questions, cherches à savoir comment ça va être pis peux te faire des peurs ou hum ça va être plus dur, ça s'rait plus facile . . . c'que l'monde dise aussi c'que l'monde parle.

— Hu hum

— Tu te à part ça tu essaies de savoir comment ça va aller . . .

Comme on le voit, je n'ai pas essayé d'idéaliser les deux types de réponses. Je les ai choisies parce qu'elles rendent bien les quatre critères présentés plus haut.

Le premier critère : une plus ou moins grande habileté à reformuler, pour sa gouverne personnelle, le sens d'une question. On ne saurait évidemment prétendre que le « un peu » puis le « ben les changements » de l'élève de l'enseignement professionnel court indiquent que cet élève a pris le temps de comprendre la question avant de répondre. Et son « c'est tout » marque assez bien que sa réponse se situe sur un registre autre que celui de la question. Au contraire, l'élève de l'enseignement général intègre la piste qui lui est suggérée « quand tu sais qu'tu vas changer d'école » et s'attache, même s'il le fait un peu gauchement, à dire comment il a vécu le passage du primaire au secondaire : il a reformulé à sa façon la question ; mais il l'a *respectée* . . .

Si on en vient au deuxième indice, celui qui concerne l'habileté à se servir des mots d'une question pour « produire » une réponse, on note une chose assez curieuse : au fond, le « ben . . . les changements » de l'élève de l'enseignement professionnel court, loin d'être une utilisation de la piste suggérée pour « produire » une réponse, finit par être un rejet de la « question », un « ben, tu le sais bien du primaire au secondaire, on change de prof, on prend l'autobus . . . » À tout le moins, on doit y voir l'annonce de sa non-compréhension. Par opposition, l'autre élève, lui, tire profit de la piste suggérée : il intègre le changement d'école comme circonstance, et il verbalise . . . à noter qu'il est assez difficile en effet de penser dire en même temps et le changement et la façon dont on l'a vécu.

Le troisième indice se réfère à l'utilisation de l'expérience personnelle pour poser des jalons qui, mis ensemble, vont constituer une réponse. Les jalons posés par le premier élève demeurent à tout le moins « inutilisés » ; le « c'est tout » dit, bien sûr, si on extrapole à partir de ce qu'on peut penser, qu'il n'y a pas dans ces changements de quoi « fouetter un chat », mais cela n'est pas verbalisé, cela reste « implicite ». Au contraire, encore une fois, l'élève de l'enseignement général verbalise les questions qu'il s'est posées dans le cadre de son arrivée prochaine à la polyvalente ; il ne laisse pas à son interlocuteur la tâche de « dire » à sa place. La preuve en est qu'il a mené cet interlocuteur un peu « ailleurs », un peu loin de la réponse attendue. Cela est normal, il y a « prise de parole » de sa part et un message est toujours « inattendu » par définition. Il n'est pas nécessaire d'insister longuement au sujet du quatrième indice : il n'y a rien de « langagièrement » subjectif dans la première réponse alors que le « tu » stylistique utilisé par le second élève (. . .) marque bien sa capacité, son habileté à faire parler les « mots », à leur accorder sinon une valeur heuristique du moins une valeur « expressive ». On peut même noter, à ce niveau, que l'élève de l'enseignement professionnel court utilise difficilement, en général, les mots pour parler du passé ou de l'avenir : aussitôt qu'il a à le faire, tout devient ou impersonnel ou vague.

En résumé, les élèves de l'enseignement professionnel court ne pratiquent pas la langue de la même façon que les élèves de l'enseignement général : en contexte scolaire, ils ont plutôt tendance à être moins personnels sur le plan verbal et surtout, ils ne se servent pas des mots en s'appuyant explicitement sur d'autres mots, les leurs ou ceux des autres. En somme, ils donnent l'impression d'être en « visite » chez le « sacré » Charlemagne : ils continuent, à l'école, de « vivre » les mots comme le prolongement immédiat de l'action, alors que l'école les invite plutôt à vivre les mots en dehors des activités quotidiennes habituelles. De ce décrochage résulte un formidable malentendu : ces élèves sont amenés à nier au langage le fait qu'il fonctionne uniquement si un mot en appelle un autre ; et, une fois sur cette pente, ils donnent l'impression de chercher à s'exprimer sans se dire et ils cherchent à dire sans avoir à se battre avec les mots venus des autres.

Dans ce contexte, sans doute faut-il se demander si le fait de poser la question de l'enseignement technique en français n'est pas un peu artificiel. Je serais en tout cas un peu plus à l'aise si cet atelier arrivait à la conclusion qu'il faut cesser de chercher le secret d'une formation générale en français. Je serais plutôt d'avis qu'il faudrait reconnaître que le général naît du particulier ... et je me demande vraiment si les élèves de professionnel court n'attendent pas, pour prendre la parole, que l'on reconnaisse que de l'enseignement technique peut et doit naître une nouvelle façon de vivre le français à l'école.

Les problèmes du français au professionnel court

Pierre BOIVIN

Un jour, un de mes élèves qui revenait d'un stage dans un garage me lança la phrase suivante : « Monsieur, pourquoi nos professeurs d'atelier s'obstinent-ils à enseigner le vocabulaire français quand cela nous amène des problèmes dans nos stages ? » Le problème était tout simple à énoncer mais difficile à résoudre. L'élève avait constaté que les employés des garages ne connaissaient que le vocabulaire anglais alors que lui et ses compagnons ne connaissaient que le vocabulaire français. Pour résoudre ce problème de communication, mon élève, appuyé unanimement par ses collègues, recommandait d'utiliser en atelier le vocabulaire anglais. Leur position me décevait mais elle m'apprenait que les enseignants de mécanique automobile de mon école se préoccupaient de la langue française. J'allai les féliciter. En visitant les classes de nos polyvalentes, vous constaterez vous aussi que l'enseignement des métiers se fait en français, avec des manuels de langue française. Mais alors, que faut-il répondre à nos élèves ? Quel sort leur réserve-t-on à la fin de leurs études ? Qui s'attaquera à la tâche de franciser les employés actuels des entreprises ? La désormais célèbre expérience de francisation effectuée chez la non moins célèbre SOMA de Saint-Bruno par l'Office de la langue française montre que la chose est possible, mais à quel prix !

Voilà pourquoi je ne viens pas exiger des méthodes « plus françaises » (entre nous qu'entendons-nous par méthodes françaises ?) et je ne veux pas supplier l'Office de la langue française d'accélérer sa production de lexiques des différents métiers dans nos écoles secondaires. Ce message a été livré plusieurs fois et a été entendu. Mais les problèmes linguistiques de nos élèves du professionnel ne seront pas réglés à coup de lexiques ou de manuels rédigés en français.

Nos élèves ne sont pas motivés

Nous savons maintenant que de nombreux élèves du secondaire choisissent le secteur professionnel un peu par dépit. On pourra invoquer que ce choix s'effectue à partir de préjugés sans que cela n'infirme la justesse de notre affirmation. Nous n'ignorons pas que près de 10 000 élèves sont aussi inscrits dans ce cul-de-sac qu'est le cours professionnel court. Nous avançons l'hypothèse que ces élèves sont peu motivés à parfaire le développement de leurs habiletés linguistiques. Leur présence à un cours de français étant « obligatoire », ils assistent sans réellement participer ou faire d'efforts sérieux. D'autres études nous ont démontré que cette démotivation a pu se développer très tôt dans le cheminement scolaire de ces élèves. Ces « victimes d'un système » apprennent très rapidement à ne pas « viser trop haut ». Des phrases lapidaires que ces élèves lancent en désespoir de cause illustrent leur abandon :

— « Quand je parle on me comprend, pourquoi apprendre davantage ? »

— « Je sais lire et écrire, ça me suffit. »

— « Je n'écrirai jamais plus tard et j'aime pas lire . . . »

Nous constatons que ces élèves font littéralement du sur place en termes de développement linguistique. Si l'on veut parler de compétence et de performance, on peut tracer facilement un bilan exact : ils sont faibles. Ils entretiennent en quelque sorte des problèmes linguistiques qu'ils refusent de corriger en se donnant bonne conscience. La refrancisation de ces élèves consisterait donc d'abord à les remotiver, à leur redonner le goût de développer leurs habiletés linguistiques. Pour cela, il faut les convaincre que la maîtrise de la parole est une condition essentielle à leur autonomie personnelle et professionnelle. Le principal écueil qu'il faut craindre semble être le manque d'imagination pédagogique qui consisterait à replonger les élèves dans le même moule pédagogique qui en a fait des échecs scolaires. Il faut réinventer pour eux une pédagogie fonctionnelle qui met de l'avant la maîtrise d'habiletés linguistiques plutôt que la diffusion de connaissances linguistiques.. J'ai l'impression qu'on s'égare en cherchant une pédagogie qui pourrait répondre à ce que d'aucuns appellent leur « intelligence concrète ». Pourquoi ne pas leur offrir un enseignement qui montre que la langue **c'est concret**, leur proposer des situations réelles qu'ils vivent déjà ou qu'ils pourraient vivre ? Une telle approche remet en question les programmes d'enseignement du français actuellement en vigueur au secondaire.

Les programmes ne sont pas adaptés

Une enquête menée par des chercheurs de l'Université Laval auprès des élèves du CPC, de leur maîtres de français et de leurs parents a permis d'identifier les besoins linguistiques des élèves de la clientèle du CPC[1].

À notre avis, l'intérêt principal de cette enquête fut de faire ressortir qu'il y avait bien peu de correspondance entre la situation actuelle et la situation désirée. Par exemple, on identifie une priorité : apprendre à lire et à écouter. Une brève incursion dans la réalité de nos classes révélera pourtant que nos enseignants insistent beaucoup trop sur les objectifs reliés à la syntaxe écrite, à l'orthographe d'usage ou à l'orthographe grammaticale. Cette dichotomie entre les besoins réels des élèves et les besoins définis par les enseignants nous apparaît anormale. Le nouveau programme de français pour les élèves de la formation générale au secondaire apportera certains correctifs mais il faudra quand même l'adapter aux besoins particuliers des élèves du secteur professionnel. Il importe d'abord de démystifier l'idée, solidement ancrée chez beaucoup d'élèves et d'enseignants, qu'un bon cours de français doit proposer des modèles à imiter. Il faut bien constater qu'une telle attitude a été fort peu bénéfique auprès de la clientèle du secteur professionnel. Les programmes devront

---

1. Identification des besoins linguistiques des élèves du cours professionnel court.

proposer le développement d'habiletés linguistiques qui, de l'avis même de l'élève, lui seront utiles dans sa vie personnelle et professionnelle. La définition d'habiletés linguistiques reliées aux rôles de citoyen, de consommateur, de travailleur par exemple, comme on le fait dans certaines recherches américaines, peut ouvrir des voies intéressantes. De même, les travaux entrepris par quelques chercheurs sur la pédagogie de la maîtrise appliquée à l'enseignement du français ont d'ores et déjà donné des fruits prometteurs.

La formation des maîtres de français

Un sous-ministre de l'éducation lançait, il y a à peine deux ans, cette phrase inattendue en pleine opération de refonte des programmes d'études : « Un bon enseignant n'a pas besoin de programme, il comble les besoins des élèves et il sait comment le faire ». Pour certains cette phrase était même saugrenue. C'est pourtant un peu cette idée que Mme Dorice Therrien a avec bonheur appliquée dans son expérience de pédagogie ouverte avec ses élèves du CPC et qu'elle a relatée par la suite dans un rapport diffusé par le MEQ. Il faut dire cependant que bien peu d'enseignants de français seraient prêts à se lancer dans une telle aventure. Il est de notoriété publique que « ce n'est pas un cadeau d'être affecté au secteur profession-nel ». Le Conseil supérieur de l'éducation a déjà dénoncé les problèmes occasionnés par le « mécanisme de la supplantation » (*bumping*). Un de ceux-là est d'amener des maîtres qui n'ont pas été formés pour cela à enseigner le français. Placés dans une telle situation, ils essaient de se rappeler la façon dont leurs maîtres s'y prenaient avec eux une vingtaine d'années plus tôt. Une pédagogie évolue lentement à ce rythme . . . On se sécurise en se rabattant sur l'écrit et sur l'orthographe d'usage. Vous le voyez, le cercle ne peut être que vicieux. Les problèmes linguistiques des élèves du secteur professionnel sont donc très souvent, trop souvent, confiés à des apprentis sorciers. Peut-on s'étonner alors de voir les maux s'aggraver. La voie de redressement passe par une rationalisation des mécanismes d'affectation du personnel enseignant et par des moyens de formation accessibles et adéquats lesquels, hélas, font encore défaut !

S'y retrouver dans les réformes

Jusqu'ici, j'ai volontairement évité de décrire les structures d'encadrement en place dans le secteur professionnel. Ces structures correspondent, grosso modo, à des appellations bien connues : professionnel long, professionnel court, professionnel intensif. Globalement, on peut dire que les élèves suivent des cours dits de formation générale obligatoires (français, mathématiques, etc.) et des cours en ateliers profes-sionnels. On nous annonce une réforme de l'enseignement professionnel qui reléguera après la cinquième année du secondaire l'enseignement des métiers. On peut croire que tous les élèves de la 1re à la 5e année du secondaire seront alors soumis au nouveau programme de français. Il n'y aurait plus alors de ségrégation entre la formation générale et le secteur professionnel. Peut-il y avoir de meilleure façon de régler les problèmes linguistiques des élèves du secteur professionnel au secondaire ? Un conférencier n'en souhaiterait jamais tant.

L'enseignement technique en français à l'École québécoise du meuble et du bois ouvré : méthode et principe

Reynald BINETTE

Les écoles spécialisées ont toujours difficilement intégré l'apprentissage d'une terminologie française à la formation technique. Au fil des ans, cet aspect de l'enseignement spécialisé s'est heurté à de nombreuses barrières : insuffisance d'instruments didactiques en français, manque d'intérêt de la part des maisons d'enseignement, absence de recherches terminologiques. Afin de combler cette lacune, l'École québécoise du meuble et du bois ouvré a établi un programme innovateur afin d'améliorer la qualité du français parlé et écrit, non seulement parmi les élèves, mais aussi chez les professeurs.

L'École québécoise du meuble et du bois ouvré, affiliée au cégep de Victoriaville, est un centre spécialisé dans l'enseignement des techniques de transformation du bois d'oeuvre et de fabrication de meubles. Au-delà de 350 élèves et étudiants y apprennent les techniques de production en série, le rembourrage, la fabrication de gabarits et prototypes ainsi que le dessin.

Dans cette école comme ailleurs, l'apprentissage d'une langue française technique de qualité soulève des difficultés. En effet, la technologie du meuble et du bois est issue en majeure partie des États-Unis. La terminologie des matériaux, de l'équipement et des procédés est à la remorque de l'anglais et est acheminée sous forme de documents techniques ou publicitaires. La traduction de ceux-ci repose entre les mains de professeurs n'ayant peu ou pas de compétence en traduction. De plus, les enseignants proviennent majoritairement de l'industrie, c'est-à-dire d'un milieu où les termes techniques anglais ont toujours prédominé. L'École québécoise du meuble et du bois ouvré se devait donc de résoudre ses problèmes linguistiques et de donner plus de rigueur à ses enseignements par la mise sur pied d'un programme de francisation.

La direction de l'École décida de s'attaquer au problème des documents didactiques. Ainsi, elle libéra des professeurs et leur confia la tâche de rédiger des manuels en collaboration avec le Service général des moyens d'enseignement du ministère de l'Éducation. Un problème apparut aussitôt : comment des professeurs peuvent-ils écrire des manuels scolaires sans même posséder la terminologie française propre à la spécialité ? Aussi, l'École demanda à l'Office de la langue française une subvention lui permettant d'embaucher un terminologue qui travaillerait de concert avec les professeurs-rédacteurs dans la recherche d'une terminologie française.

Voilà deux ans que ce programme de terminologie est en cours. Il consiste à produire des vocabulaires français-anglais pour chacun des domaines reliés à la transformation du bois et à la fabrication de meubles ainsi qu'à monter des fichiers terminologiques destinés à alimenter la Banque de terminologie du Québec. Ces vocabulaires paraissent en premier lieu sous forme d'une édition provisoire qui est distribuée aux étudiants, aux professeurs ainsi que dans diverses industries. Sous l'égide de l'Office de la langue française, une publication révisée et officielle est ensuite diffusée publiquement par l'intermédiaire de l'Éditeur officiel du Québec. Jusqu'à présent, quatre vocabulaires ont été complétés : *le Vocabulaire du rembourrage, le Vocabulaire du ponçage des bois, le Vocabulaire des panneaux dérivés du bois* et *le Vocabulaire du tournage du bois*. Un cinquième vocabulaire traitant de l'ensemble des machines à bois est actuellement en voie de préparation. Chacun de ces ouvrages comporte des entrées françaises, leur équivalent anglais, une définition et, au besoin, des renvois. Rédigés en collaboration avec les professeurs de chaque atelier, ces vocabulaires contiennent les termes et les expressions propres à chaque secteur d'activité. Mais quel est l'impact de ce programme de francisation sur la qualité de l'enseignement technique en français ?

Ce travail dote les professeurs d'un outil de travail leur permettant d'employer les termes français à l'intérieur des cours. Les élèves-étudiants, une fois sur le marché du travail, peuvent à leur tour étendre cet usage du français dans l'industrie du meuble. Ainsi, les travailleurs de l'industrie du meuble bénéficient de cette sensibilisation dont les étudiants ont fait l'objet dans leur centre de formation. Les effets de cette politique se font également sentir dans la qualité de l'enseignement offert à l'École. En effet, comme un terminologue travaille sur le site même de l'École, les professeurs et les étudiants peuvent le consulter afin de résoudre certains problèmes de traduction, de terminologie ou de rédaction. De même, de nombreux industriels profitent de ce centre de consultation terminologique. Ce programme permet donc la rédaction d'ouvrages didactiques et la diffusion d'un français de qualité parmi les élèves-étudiants, les professeurs et les travailleurs de l'industrie.

Ce travail de francisation démontre un souci réel de la qualité de l'enseignement. Il se veut un moyen concret d'implanter le français dans l'industrie du meuble par l'intermédiaire de ses futurs participants : les élèves et étudiants inscrits à l'École québécoise du meuble et du bois ouvré. Celle-ci a su profiter des services gouvernementaux (Office de la langue française, Service général des moyens d'enseignement) pour faire en sorte que l'enseignement des techniques du meuble soit prodigué avec l'apport d'une terminologie française rigoureuse. Les autres centres spécialisés peuvent également adapter ces services à leurs besoins particuliers.

Cette démarche requiert une volonté ferme de la part des professeurs. Ces derniers doivent se sensibiliser au problème de l'implantation d'une terminologie française. La réussite d'un tel programme repose en grande partie sur leur dynamisme et sur leur participation.

L'exemple de l'École québécoise du meuble et du bois ouvré pourra, souhaitons-le, inspirer d'autres écoles techniques soucieuses de se libérer de leur asservissement à l'anglais. Il illustre quelques-uns des outils dont peuvent se prévaloir les enseignants, pour autant que ceux-ci veuillent bien s'en donner la peine. Le jeu en vaut certes la chandelle car la francisation de l'enseignement technique sert de tremplin à l'usage du français dans les entreprises.

La francisation du milieu scolaire, conséquence de la Charte de la langue française

Jacques GÉLINAS

L'Office de la langue française s'occupe de la francisation des entreprises au Québec. Des programmes de francisation s'élaborent dans les petites, moyennes et grandes entreprises. Les progrès de la francisation portent à croire que les travailleurs utilisent le français dans leurs communications écrites et orales. En outre, la Loi 101 oblige les entreprises à se franciser, à adopter des attitudes nouvelles face au fait français au Québec et à choisir le français comme langue de travail. Si le monde du travail subit des transformations importantes et si la prépondérance du français sur les autres langues s'affirme, la Loi 101, soulignons-le, est en partie responsable de ce changement en plus de définir par règlements les étapes de la francisation. En effet, selon l'article 141 de la Loi, les programmes de francisation visent à généraliser l'utilisation du français partout dans l'entreprise. Cette philosophie implique :

a) la connaissance de la langue officielle chez les dirigeants, chez les membres des ordres professionnels et chez les autres membres du personnel ;

b) l'augmentation à tous les niveaux de l'entreprise, y compris au sein du conseil d'administration, du nombre de personnes ayant une bonne connaissance de la langue française de manière à en assurer l'utilisation généralisée ;

c) l'utilisation du français comme langue du travail et des communications internes ;

d) l'utilisation du français dans les documents de travail de l'entreprise, notamment dans les manuels et les catalogues ;

e) l'utilisation du français dans les communications avec la clientèle, les fournisseurs et le public ;

f) l'utilisation d'une terminologie française ;

g) l'utilisation du français dans la publicité ;

h) une politique d'embauche, de promotion et de mutation appropriée[1].

La Charte définit les droits linguistiques fondamentaux et stipule à l'article 6 que :

---

1. Charte de la langue française, 1977, chap. V, art. 141, p. 183, Éditeur officiel du Québec.

« Toute personne admissible à l'enseignement au Québec a droit de recevoir cet enseignement en français[2] ».

Peut-on déduire de cet article que les futurs travailleurs seront éduqués en français et prêts à s'intégrer à un monde du travail désormais francisé par les efforts de la Loi 101 ? Nous pourrions le présumer mais le législateur a quand même oublié d'inclure les cégeps et les universités dans sa compréhension des organismes scolaires :

> c) les organismes scolaires :
>
> Les commissions scolaires régionales, les commissions scolaires et les corporations de syndics régies par la Loi sur l'instruction publique (chapitre I-14), le Conseil scolaire de l'Île-de-Montréal[3].

La vision du législateur ne les exclut pas pour autant, mais les collèges et les universités ne se définissent pas de programme de francisation comme en tracent les entreprises. Fait bizarre, un grand nombre de nos futurs travailleurs, diplômés de nos collèges et de nos universités, ont étudié dans des manuels de langue anglaise ou ont suivi des cours où la terminologie anglaise semblait monnaie courante. Ces futurs travailleurs ont donc peut-être reçu une formation étrangère à la francisation des entreprises. Pour éviter cette anglicisation inexplicable, les enseignants s'imposent maintenant des efforts considérables dans leurs notes de cours et dans les manuels.

Parce que les cégépiens et les universitaires ne disposent pas toujours des instruments de base nécessaires à leur formation et qu'ils sont dépourvus même, dans de nombreux cours, de tout matériel adéquat et obligés de recourir à des manuels en langue anglaise, le ministre de l'Éducation a créé deux comités, le comité de la documentation didactique du côté collégial et le comité des ouvrages scientifiques au secteur universitaire pour remédier à cet état de fait.

Le comité de la documentation didactique au collégial

La carence de matériel de langue française se fait sentir de façon aiguë dans le secteur professionnel de l'enseignement collégial. Dans un grand nombre de cours, nous l'avons signalé plus haut, les étudiants travaillent avec des manuels de langue anglaise.

En conséquence, on imaginera avec peine comment le développement de la technologie passera par le français pour s'adapter à la réalité québécoise et de quelle façon la francisation du monde du travail se réalisera avec une rapidité harmonieuse.

Objectifs et mandats

Le comité de la documentation didactique, né en 1977, poursuit l'objectif suivant, commun à l'Office de la langue française, à la Direction générale de l'enseignement collégial et à la Direction générale des moyens d'enseignement du ministère de l'Éducation :

> « Assurer une documentation didactique de base en langue française pour les étudiants du secteur professionnel, au collégial. »

---

2. Charte de la langue française, 1977, chap. II, art. 6, p. 57.
3. Charte de la langue française, annexe p. 102.

Ce comité doit :
a) identifier les champs affectés d'une déficience majeure en matériel didactique de base en français ;
b) proposer un plan de production conscient des priorités et des ressources disponibles.

Modèles de production

Le comité s'appuie sur deux (2) modèles de production selon l'importance numérique de la clientèle étudiante :
a) Pour les cours suivis par moins de cinq cents (500) étudiants, le comité recourt à un système d'appel de projets dans le réseau collégial.
b) Pour cinq cents (500) étudiants et plus, le comité établit un système d'appel d'offres sur devis auprès des maisons d'édition.

Forme d'aide

La Direction générale des moyens d'enseignement effectue le travail de production des devis et de coordination de la production des manuels. Chaque manuel produit est révisé par les linguistes-conseils de l'OLF aux points de vue linguistique et terminologique.

Bilan

Voici le bilan des réalisations du comité au 1er novembre 1982 :

— manuels déjà parus	16
— manuels à l'étape de la rédaction	45
— manuels à l'étape du devis	55
— manuels à l'étape de l'impression	5
— manuels à l'étape de la traduction	4
	125

Le comité des ouvrages scientifiques du Fonds FCAC pour l'université

Historique

En avril 1979, le ministre de l'Éducation ratifait une nouvelle forme de subvention pour encourager la rédaction et l'édition d'ouvrages scientifiques de langue française à l'usage des étudiants universitaires. La formation des chercheurs et la définition d'une action concertée pour aider et soutenir la recherche balisaient la tâche d'évaluation assignée au Fonds.

Objectifs

Les subventions d'aide à l'édition visent à augmenter le nombre d'ouvrages scientifiques rédigés en français, conçus au Québec si possible et, par ricochet, rendus plus accessibles aux étudiants de nos universités francophones.

Les solutions de rechange admises doivent respecter la spécificité culturelle du Québec. Pensons, à titre d'exemple, à la traduction d'oeuvres rédigées dans une autre langue que le français, à la rédaction et à l'édition partagée avec d'autres communautés francophones.

Le programme tend en premier lieu à répondre aux besoins d'une large clientèle d'étudiants des cours élémentaires du 1er cycle.

Conditions d'admissibilité

Les subventions sont accessibles à toute personne qui bénéficie d'une vaste expérience didactique ; il n'est pas nécessaire que le candidat enseigne dans une université. Quant aux éditeurs, ils doivent être établis au Québec et agréés par le ministère des Affaires culturelles en vertu de la Loi 51 (Loi sur le développement des entreprises québécoises dans le domaine du livre).

Formes de subventions

Le soutien apporté par le Fonds FCAC se présente sous la forme de subventions d'aide à la rédaction et de subventions d'aide à l'édition.

L'aide à la rédaction couvre les dépenses relatives au soutien technique telles que le graphisme, la dactylographie, la photocopie et l'élaboration d'index.

Selon les disponibilités financières, le comité examinera la possibilité d'absorber les coûts de révision linguistique des manuscrits. Une demande d'appui financier peut également être faite pour libérer un auteur d'une partie de sa charge normale de travail.

L'aide à l'édition sert à couvrir une partie des frais d'impression.

L'OLF et le comité

L'appel d'offres de 1982 du comité des ouvrages scientifiques désigne la qualité du français dans ses critères d'évaluation et exige une révision des manuscrits par les linguistes agréés de l'OLF. Seize volumes ont été analysés. Nous pouvons déclarer acceptables la terminologie et le français de l'ensemble des manuels parus et subventionnés par le comité des ouvrages scientifiques.

Depuis 1979, le Fonds FCAC a subventionné 176 ouvrages et accordé en subsides plus d'un million de dollars.

Vision prospective

L'OLF s'est donc associé au ministère de l'Éducation pour favoriser la francisation des manuels de base au cégep et à l'université. Le Service des linguistes-conseils et la Banque de terminologie assument la responsabilité de la révision linguistique et terminologique des ouvrages présentés.

De plus, le Service des linguistes-conseils a préparé un examen d'agrément et le fait passer aux responsables de la qualité du français rattachés aux maisons d'édition et de production de matériel didactique. Soixante et onze préposés ont été reçus à cet examen.

La francisation des manuels marque une étape importante dans la francisation du secteur scolaire et dans l'adaptation de l'étudiant à un monde du travail de plus en plus francisé. Cette hypothèse paraît d'autant plus exacte que la francisation des manuels permettra aux étudiants de mieux comprendre l'ensemble des cours et améliorera leur formation ipso facto.

Équipements techniques

La Charte de la langue française impose à l'entreprise privée de prendre toutes les mesures susceptibles d'assurer au français un usage généralisé. Pour y parvenir, la Charte demande à l'entreprise de franciser ses communications internes, toute documentation reliée à un produit (catalogue, mode d'emploi, etc.) et aussi les instructions apposées sur les équipements techniques.

L'OLF a demandé aux organismes scolaires d'exiger de leurs fournisseurs de publier en français toute la documentation et toutes les instructions rattachées aux produits achetés.

Malheureusement, les besoins ne se limitent pas à cette unique dimension. Avant l'adoption de la Charte, il faut le rappeler, la documentation jointe à de nombreux équipements était unilingue anglaise.

Un comité de francisation des équipements a donc vu le jour. Depuis ce temps, l'OLF, le MEQ et les cégeps collaborent à l'élaboration d'un projet pilote dont les objectifs concernent la francisation de l'étiquetage des équipements techniques dans certains programmes du collégial. Cette expérience s'étendra ensuite aux autres programmes.

La terminologie française ainsi employée dans les manuels et sur les équipements techniques incitera les professeurs et les étudiants à les utiliser.

Apprise et utilisée par la clientèle scolaire, cette terminologie envahira le monde du travail lors du passage de l'école à l'industrie ou à tout autre secteur de l'activité professionnelle et économique. Ainsi, le nouveau travailleur se sentira mieux préparé à s'intégrer à sa nouvelle tâche en voie de francisation grâce à la Charte.

Conclusion

C'est dans le monde du travail que s'est amorcée la francisation du Québec. Les entreprises ont défini leur programme de francisation et devaient atteindre leurs objectifs dès le 31 décembre 1983.

Selon une étude effectuée dans l'univers scolaire par l'Institut québécois d'opinion publique en mars 1982 pour le compte de la Direction générale des moyens d'enseignement du ministère de l'Éducation,

« 67,7 % des ouvrages édités et recommandés par les professeurs sont en français et 32,3 % sont en anglais. De façon générale, on peut affirmer que plus les enseignants ont accumulé de l'expérience dans leur profession, plus ils ont tendance à recommander des ouvrages de langue anglaise. Ainsi, pour un cours spécifique, un enseignant de moins de deux (2) ans d'expérience recommande 26,2 % d'ouvrages de langue anglaise alors que celui de plus de dix (10) ans d'expérience recommande à ses étudiants 40,9 % d'ouvrages anglophones[4] ».

Une recherche sur la langue des manuels utilisés dans l'enseignement universitaire entreprise par l'OLF démontre que les traités ou, si l'on veut, les principaux ouvrages de référence servant de fil conducteur dans la démarche d'apprentissage, sont écrits en français et utilisés par 45,1 % des répondants ou écrits en anglais et utilisés par 34,8 % des répondants. 19,9 % des répondants utilisent des traités dans l'une ou l'autre langue[5].

Ces deux études révèlent une indigence dans le nombre des manuels de base en français et confirment l'urgence d'un travail important à entreprendre à ce niveau. Les enseignants devront prendre conscience que la francisation passera par eux et être appuyés dans leur démarche par le ministère de l'Éducation et par l'OLF.

La Charte renferme une volonté politique de franciser le milieu scolaire et celui-ci est invité à faire sa part et à s'adapter à la Charte.

---

4. *Étude sur l'utilisation, l'appréciation et les attentes des professeurs du secteur professionnel du niveau collégial quant au matériel imprimé de base utilisé aux fins de l'enseignement*, 1001 IQOP mars 1982, tome 1, p. 54.
5. La langue des manuels utilisés dans l'enseignement universitaire, graphique 2.1, p. 22.

Le rattrapage en français au Québec

Conférenciers : Odette LEGENDRE, chargée des relations
publiques pour le cours CAFÉ, Université de
Montréal
Tina CÉLESTIN, responsable du Service de la
consultation, Office de la langue française
André BOUGAÏEFF, professeur, Université du
Québec à Trois-Rivières

Il existe un nombre toujours croissant de cours de rattrapage-perfectionnement-spécialisation en français pour les personnes qui sont déjà sur le marché du travail. Ce sont surtout des cours d'orthographe et de rédaction. On est en train d'assister à la naissance de tels cours dans presque tous les milieux où l'utilisation de la langue joue un certain rôle dans le travail. Tina Célestin s'intéresse à la détermination des besoins d'ordre linguistique à des séances de perfectionnement. André Bougaïeff illustre pour nous les grandeurs et misères du français écrit à l'université et les efforts de rattrapage qu'on doit y faire. Odette Legendre nous donne des renseignements sur la clientèle du cours CAFÉ et sur ses caractéristiques.

L'atelier était animé par Gisèle Painchaud, vice-doyenne à la recherche à l'Université de Montréal.

Les étudiants du CAFÉ

Odette LEGENDRE

Qui sont-ils ces milliers de Québécois qui, à un moment ou à un autre, ont décidé d'améliorer leur français écrit en s'inscrivant au Cours autodidactique de français écrit, le CAFÉ ? Durant les six années d'existence du CAFÉ, divers sondages nous ont permis de le découvrir. Nous avons d'abord recueilli de nombreuses données sur la motivation, les attentes, la persévérance, les habitudes de travail et les réactions à la méthode et au contenu. Par ailleurs, les tests de cheminement (sorte de diagnostic initial) et les examens nous ont fourni régulièrement des statistiques sur le comportement linguistique et les niveaux d'apprentissage. Autant d'éléments qui ont permis à l'équipe du CAFÉ d'apporter en cours de route des modifications pertinentes. Puis, pour compléter le portrait-robot de la personne inscrite au CAFÉ, nous avons ajouté à notre formulaire d'inscription des questions d'ordre sociologique : sexe, niveau d'études, âge, profession ou emploi, langue maternelle, langue d'usage et langue de travail.

Bien que les étudiants des différents départements de l'Université de Montréal s'inscrivent nombreux à ce cours, c'est le grand public que le CAFÉ entend toucher. Dans notre échantillonnage, nous n'avons donc considéré que les étudiants libres, c'est-à-dire les personnes qui ne visent pas un grade universitaire. Nous avons procédé à une coupure et nous n'avons retenu que les étudiants inscrits entre l'été 1981 et l'été 1982 à l'un ou l'autre des trimestres d'été, d'automne ou d'hiver, au total : 10 573 personnes.

Répartition des étudiants en fonction du sexe

Il serait plus juste de parler d'étudiantes que d'étudiants puisque sur les 10 573 personnes inscrites au CAFÉ, 7 927 sont des femmes et 2 646 des hommes ; donc, 75 % de femmes et 25 % d'hommes.

Comment peut-on expliquer cette situation ? On sait qu'au Québec comme partout ailleurs, la population féminine est plus nombreuse et que les cours pour adultes sont surtout fréquentés par des femmes. Mais cela n'explique sûrement pas le très fort pourcentage de femmes inscrites au CAFÉ, pas plus d'ailleurs que l'idée reçue voulant que les femmes soient plus soucieuses de la qualité de leur langue que les hommes. On pourrait toutefois avancer comme hypothèse que les étudiantes du CAFÉ sont soit des femmes au foyer à qui la formule du cours par correspondance convient particulièrement bien, soit des femmes au travail pour qui une bonne connaissance du français écrit est indispensable. Nous verrons plus loin laquelle de ces hypothèses se vérifiera.

Répartition en fonction du niveau d'études

Cours de niveau universitaire ouvert à tous, mais individualisé, le CAFÉ permet à des personnes de formations très diverses de trouver un moyen de perfectionnement à leur mesure. À la question : « Quel niveau d'étude avez-vous complété ? », 1 % n'ont pas répondu et 3 % ont indiqué qu'ils n'avaient complété que des études primaires. On pourrait s'en étonner si l'on ne gardait en mémoire que tout candidat intéressé au CAFÉ reçoit un test de cheminement qui permet d'évaluer ses connaissances. Si la personne intéressée craint que le cours ne soit trop difficile ou qu'elle n'ait pas suffisamment de préparation pour s'y inscrire, elle s'adressera ailleurs pour un cours de rattrapage et ne poursuivra pas plus loin sa démarche d'inscription au CAFÉ. Les 3 % d'étudiants qui n'avaient terminé que leurs études primaires, et qui pourtant se sont inscrits, se considéraient donc aptes à suivre le cours. Peut-être avaient-ils poursuivi d'une manière ou d'une autre, depuis la fin de leurs études, leur apprentissage du français écrit ?

La grande majorité des personnes qui s'inscrivent au CAFÉ (43 %) ont terminé leurs études secondaires. On peut donc croire que nous avons affaire à des personnes qui se sont engagées tôt sur le marché du travail et qui, dans une perspective de perfectionnement professionnel ou personnel, ont voulu améliorer leur français écrit.

Le quart des étudiants inscrits au CAFÉ, 24 % plus précisément, a achevé des études universitaires. Si on ajoute les 29 % qui ont terminé le collégial, nous avons un total de 53 % d'étudiants qui, théoriquement, sont aptes à entreprendre des études universitaires. Le CAFÉ représente donc un cours de perfectionnement susceptible de leur convenir tout à fait.

Répartition en fonction du niveau d'études et du sexe.

Si on se rappelle que la population étudiante inscrite au CAFÉ compte 75 % de femmes et 25 % d'hommes, voyons si en mettant en corrélation le niveau d'études et le sexe, cette proportion reste toujours valable.

Au niveau universitaire, les femmes sont plus nombreuses que les hommes puisqu'elles représentent 62 % ; toutefois, cette proportion est un peu moins élevée que leur pourcentage de représentation par rapport à l'ensemble.

La répartition des hommes et des femmes ayant terminé des études collégiales rejoint la répartition de l'ensemble, soit 75 % de femmes.

Les femmes représentent 81 % des étudiants qui ont terminé le niveau secondaire. Parmi le 1 % d'étudiants ayant fait des études primaires, on compte 67 % de femmes.

Dans l'ensemble, on peut donc dire que les femmes inscrites au CAFÉ, bien qu'elles soient plus nombreuses que les hommes, sont, en revanche, un peu moins scolarisées qu'eux.

Répartition en fonction de l'âge

Les étudiants les plus jeunes, ceux qui ont de 18 à 24 ans, représentent 27 % des personnes inscrites au CAFÉ. Pour plusieurs, c'est la fin des études et pour la majorité, les débuts dans le monde du travail. C'est aussi la période où les cours d'appoint, aussi bien en informatique qu'en français ou dans d'autres matières, permettent de s'ajuster aux besoins du travail. Il n'est pas rare de constater que des personnes de moins de 18 ans s'inscrivent au CAFÉ, mais il s'agit de jeunes particulièrement bien motivés.

C'est dans le groupe d'âge suivant, les 25-34 ans, qu'on retrouve la majorité des étudiants soit 41 %. C'est la période de rattrapage ou de recyclage par excellence au cours de laquelle on souhaite soit consolider sa carrière, soit se réorienter. Maîtriser sa langue écrite est sûrement un atout et le CAFÉ apparaît comme l'outil tout désigné.

Les personnes entre 35 et 44 ans constituent 20 % de la clientèle du CAFÉ. Pour une certaine catégorie de femmes, c'est à cette période que se situe le retour au travail. Pour d'autres personnes qui accèdent à de nouvelles fonctions exigeant d'elles une certaine maîtrise du français, la révision des connaissances s'impose. 9 % des étudiants du CAFÉ ont de 45 à 54 ans et 3 %, de 55 à 79 ans. Pour ces personnes, le CAFÉ peut toujours représenter un moyen de perfectionnement personnel, mais on peut également faire l'hypothèse que ce cours, comme d'autres dans divers domaines, fait partie des loisirs culturels.

Répartition en fonction de l'âge des hommes et des femmes considérés distinctement

Si on fait une lecture comparative de l'ensemble des femmes et de l'ensemble des hommes, les différences ne sont significatives que pour le groupe des 25-34 ans et le groupe des 24 ans et moins. Dans les deux cas, les femmes y sont plus nombreuses. Ressentent-elles plus tôt que les hommes un besoin de perfectionnement de leur langue maternelle ou exige-t-on d'elles de meilleures connaissances ?

Répartition en fonction de la catégorie de profession ou d'emploi.

Quel travail font les étudiants du CAFÉ ? Les données que nous avons recueillies à ce sujet sont extrêment révélatrices et permettent de dégager le profil de l'étudiant type.

Employés de bureau (43 %) : Sous cette rubrique nous retrouvons des personnes se définissant comme secrétaires de direction, secrétaires, préposées à la correspondance, sténo-dactylos, etc. Enfin, des personnes dont une partie importante du travail se fait par écrit.

Professionnel (11 %) : Si on se reporte à un sondage antérieur, on peut penser que parmi ceux-ci se retrouvent bon nombre d'avocats et de traducteurs.

Autres (19 %) : Malheureusement plusieurs étudiants appartenaient à des catégories d'emploi qui n'entraient pas dans notre énumération.

Inconnu (9 %) : Les personnes qui n'ont pas répondu ont peut-être trouvé cette question indiscrète.

Étudiant (7 %) : Ceux-ci ne peuvent être des étudiants réguliers de l'université puisque nous les avions exclus de notre échantillonnage, mais il se peut que ce soient des étudiants appartenant à d'autres institutions (écoles de secrétariat, collèges privés) inscrits à titre personnel.

Enseignant (6 %) : Depuis le début, il y a toujours eu au CAFÉ un certain nombre d'enseignants curieux de connaître cette nouvelle méthode. Ils y trouvent sans doute un moyen de perfectionnement personnel mais aussi un abondant matériel didactique susceptible d'enrichir leur enseignement.

Répartition en fonction de la catégorie de profession ou d'emploi et du sexe

Si nous considérons la catégorie de profession ou d'emploi selon le sexe, nous trouvons déjà des réponses à nos questions antérieures. Sur les 43 % des étudiants du CAFÉ qui sont employés de bureau, 39 % sont des femmes et 4 % des hommes. Les pourcentages pour les autres catégories d'emploi sont très rapprochés mais indiquent toujours un plus grand nombre de femmes, toute proportion gardée.

Contrairement à ce que l'on aurait pu imaginer, il n'y a qu'un très faible pourcentage (4,3 %) de femmes au foyer inscrites au CAFÉ bien que la formule du cours par correspondance semble particulièrement bien leur convenir.

La langue des étudiants du CAFÉ

Dans la publicité du CAFÉ, nous spécifions soigneusement qu'il s'agit d'un cours de perfectionnement en français écrit conçu pour les francophones. Il n'est donc pas étonnant de constater que 90 % des étudiants du CAFÉ sont de langue maternelle française, 5 % de langue maternelle anglaise et que 2 % sont des allophones.

Pour ce qui a trait à langue de travail, 50 % des étudiants ne travaillent qu'en français, 40 % en anglais et en français et 1 % en anglais seulement. C'est là la meilleure illustration de l'état de francisation progressive des entreprises.

En conclusion, les étudiants du CAFÉ sont des femmes dans une proportion de 75 %. Elles ont de 25 à 34 ans et ont terminé des études secondaires. Elles font du travail de bureau, tâche traditionnellement réservée aux femmes, et on peut penser que les responsables de la formation et du perfectionnement du personnel, ou encore les agents de francisation des entreprises, les encouragent fortement à s'inscrire au CAFÉ. Le succès du CAFÉ permet de croire que chacun y trouve un moyen original et efficace d'améliorer son français écrit.

De la détermination de besoins d'ordre linguistique à des « séances de perfectionnement en français »

Tina CÉLESTIN

L'avènement de trois lois linguistiques au Québec en l'espace de dix ans a suscité chez les institutions et les membres de la société québécoise, un besoin accru de **services linguistiques, terminologiques, documentaires et de traduction.** L'Office de la langue française a ainsi été amené à développer des supports linguistiques pour répondre à ce besoin d'assistance en matière de langue, besoin qui s'est vite révélé « illimité ».

Dans le cadre de ce congrès portant sur la langue et la société au Québec et, plus particulièrement, de cet atelier dont le thème traite du rattrapage au Québec, nous limiterons nos propos au **besoin de services linguistiques.** Ce besoin se formalise par des questions variées portant sur la correction et l'enrichissement de la langue française que les usagers posent à l'Office. En effet, il afflue quotidiennement au Service des consultations et aux divers bureaux régionaux des questions d'ordre linguistique reflétant un besoin ponctuel des usagers pour lequel une réponse immédiate est attendue.

Depuis sa création en 1961, l'Office a toujours offert une assistance linguistique ; mais en 1978, devant l'affluence vertigineuse des appels, nous avons jugé nécessaire d'approfondir notre connaissance du profil professionnel de nos usagers et du type de questions qu'ils nous posent, ce qui a mis en lumière certains **éléments** à partir desquels nous avons pu mieux contrôler la demande d'assistance.

Brièvement, nous pourrions les résumer ainsi :

1. Le besoin de consultation linguistique est **réel** : les usagers **travailleurs** éprouvent des difficultés linguistiques, des plus simples, tout au moins pour les linguistes qui ont à les traiter, aux plus complexes, toujours pour les linguistes (cf. annexe 1).

2. Par rapport au nombre de questions, celles dites d'ordre linguistique (phraséologie, grammaire, orthographe, typographie) par opposition aux questions d'ordre terminologique occupent le **deuxième rang.** Toutefois, les questions d'ordre linguistique monopolisent une bonne partie du temps de travail puisque, à chaque consultation, le linguiste est amené à expliquer à un même usager une même règle en fonction d'un contexte différent. Et nous savons

que, dans la situation d'urgence où il se trouve, l'usager adulte est souvent plus intéressé à la réponse qu'à la règle. Or, s'il maîtrisait cette règle, il l'appliquerait ensuite à chaque contexte !

3. L'impact de l'assistance est **restreint** parce qu'elle est individuelle. Lorsque le linguiste dédie un temps donné à **un** usager, il n'est pas disponible pendant ce temps pour desservir **d'autres** usagers : il faut donc être conscients du « coût d'opportunité » sous-jacent, et donc du choix qui en découle d'offrir un service plutôt qu'un autre. Par ailleurs, le fait que les usagers communiquent avec n'importe quelle unité administrative à l'Office à cause de la difficulté qu'ils ont à rejoindre par téléphone le Service des consultations, constitue une preuve quotidienne pour l'Office du service accru que le public réclame en cette matière.

De ces constatations, nous avons conclu, entre autres choses, que nous devions faire attention pour ne pas développer chez certains usagers une **dépendance** linguistique à l'égard de l'Office, certains usagers préférant, nous en avons eu le doute, nous téléphoner plutôt que de faire eux-mêmes une recherche qui leur semble ardue. Nous avons ainsi cherché des solutions pour **redresser** ou **prévenir** cette situation. Aussi, nous avons pour objectif aujourd'hui de vous parler d'une de ces solutions qui s'est traduite par la mise sur pied d'**une** activité que nous appelons les « séances de perfectionnement en français ».

Les visées des séances

Ces séances visent à développer l'**autonomie** des usagers sur le plan linguistique. Elles constituent un des moyens envisagés par l'Office pour améliorer la qualité de la langue écrite en faisant appel à la collaboration des usagers qui, par groupe de quinze personnes, acceptent pendant une journée de participer à une activité linguistique les concernant en tant que **travailleurs** communiquant en français.

Du point de vue administratif, ces séances ne devaient pas provoquer un accroissement de notre aide linguistique ; notre objectif organisationnel était au contraire de *stabiliser* la demande, sinon de la résuire.

En tant que professionnels de la langue, notre activité visait à donner aux usagers des **outils permanents** (ceux-là mêmes que nous utilisons quotidiennement à l'Office) et surtout à poursuivre un but, plus important encore, celui d'enseigner le **mode de consultation** des ouvrages afin de rendre ces outils efficaces et ainsi de s'assurer de l'instauration d'une autonomie linguistique des usagers.

Les objectifs déterminés, nous avons identifié le groupe d'usagers à privilégier, les critères qui devaient guider le choix du contenu des séances, c'est-à-dire les difficultés linguistiques à traiter et, enfin, la méthode pédagogique qui pouvait faciliter la réussite de notre projet.

À qui s'adressent les séances

Les données que nous possédions à propos des **usagers** nous avaient révélé que le personnel de secrétariat constituait, de façon très nette, le premier groupe qui faisait appel à nos services ; suivaient, à un degré beaucoup plus faible, le personnel de direction et les agents d'information (ex. pour trois mois, respectivement 2 638, 287 et 215 des 4 961 demandes reçues, cf. annexe 2).

Pour ce qui est des **types de questions**, même si l'on sait que la typologie est partiellement arbitraire, on peut dire que le personnel de secrétariat et les agents d'information éprouvent plus de difficultés en grammaire alors que le personnel de direction rencontre plus de problèmes en typographie (cf. annexe 2).

Compte tenu de ces informations, nous avons choisi d'intervenir auprès du personnel de secrétariat en tant que **premier groupe cible.** Ce choix s'appuie de plus sur un élément important d'information que les statistiques ne nous révèlent pas mais que nous possédons de par la communication directe que nous avons avec ce groupe d'usagers. Il appert, de façon certaine, que le besoin du personnel de secrétariat reflète également le **besoin de plusieurs autres usagers**, celui des personnes qui lui fournissent le travail. Étant donné le rôle de la secrétaire, si on lui vient en aide, cela ne peut que susciter des retombées positives pour ce qui est de la qualité de la langue française au travail. Ce faisant, nous rejoignons, pour chaque intervention, non pas un individu mais plusieurs individus faisant partie de l'environnement de la secrétaire.

Le contenu et la méthode pédagogique

Nous avons repéré la **documentation la plus pertinente** que notre groupe choisi, le personnel de secrétariat, devrait d'abord **posséder**, et **consulter** par la suite. Un dictionnaire des difficultés de la langue française, un traité de normes épistolaires, un dictionnaire de la langue française et un ouvrage portant sur les anglicismes constituent cette documentation de base à laquelle notre groupe devrait pouvoir avoir accès. Évidemment, au cours de la séance, nous passons en revue le contenu du *Français au bureau,* étant donné qu'il a été préparé justement en fonction des besoins des usagers de l'Office.

Cette identification documentaire a été faite à partir de l'examen des questions d'ordre linguistique les plus fréquentes, et en tenant compte du pourcentage de questions posées selon la catégorie de ces questions. Ainsi, au cours de la séance, approximativement deux sixièmes du temps sont consacrés à des questions concernant la grammaire, alors que les autres quatre sixièmes sont à peu près également partagés entre des cas de typographie, de phraséologie et d'orthographe.

Par ailleurs, nous savons que le fait d'avoir la documentation pertinente sous la main ne signifie pas que la personne qui éprouve des difficultés peut résoudre son problème ; encore faut-il qu'elle sache **s'en servir.** En effet, notre expérience et celle des professionnels de l'éducation nous ont amené à constater la nécessité de développer chez les usagers la **compétence à consulter** les manuels de référence.

La **familiarisation** avec des ouvrages de base par leur **utilisation** sur place, lors de la séance, à partir de questions problèmes, nous a incité à utiliser une méthode de travail où l'**animation** par le linguiste et la **participation** de tous sont essentielles. Ainsi, on résout ensemble un problème en reprenant une règle mais à partir de la difficulté et non de la règle. En fait, par ce cheminement, on veut faire prendre conscience aux participants qu'il est possible, voire même très agréable, de faire la recherche soi-même.

Prenons, par exemple, le cas où un usager qui est en train d'écrire la phrase suivante : « Ce travail est des plus difficiles. » a une hésitation quant à l'accord de l'adjectif qui suit « des plus » en raison du sujet qui, lui, est singulier. Les participants à la séance à qui on soumet cette phrase savent ou prennent conscience que la difficulté survient à la suite de l'expression « des plus ». Ils se demandent à cette étape où aller chercher la réponse : dans une grammaire, dans un dictionnaire ... et, sous quelle rubrique ou sous quel thème ou mot ? Le linguiste guide ainsi la recherche des participants qui découvrent au fur et à mesure la nature et le mode de consultation du *Dictionnaire des difficultés de la langue française*. À l'article « plus » dans ce dictionnaire, on remarque la subdivision des articles en entrée principale et entrées secondaires. « Des plus » est une sous-entrée. En lisant cet article, les participants sont amenés à une meilleure compréhension de la règle générale qui veut que l'adjectif soit mis au pluriel puisque l'expression signifie « parmi les plus ». Le remplacement de « des plus » dans la phrase par « parmi les plus » aurait éliminé la difficulté puisque l'usager n'aurait pas hésité dans ce cas à utiliser le pluriel. Cette nouvelle analyse du problème en raison de sa clarté et de sa simplicité satisfait pleinement. À ce même article, on précise que certains linguistes opposent une autre explication à la précédente disant que l'expression a une valeur de superlatif, subtilité que l'Académie a écartée.

Un autre cas, cette fois-ci relié à l'aspect orthographique des difficultés, formulé ainsi : doit-on mettre un trait d'union entre le préfixe « pré » et le mot « universitaire », ferait découvrir aux participants lequel parmi les ouvrages de base mentionnés est le plus apte à résoudre ce type de problème linguistique. Ainsi, dans le *Dictionnaire des difficultés de la langue française*, à « pré », les participants apprendront en quelques mots que le préfixe se joint au mot sans trait d'union.

Avant de clore cet exposé, je voudrais vous faire part de certaines conclusions que nous avons dégagées et qui portent sur l'évaluation de ce support linguistique et sur les prévisions quant à son orientation.

L'évaluation des séances

Nous ne sommes certes pas en mesure de connaître scientifiquement les causes du besoin d'assistance linguistique manifesté par nos usagers, ou plutôt par ces usagers qui ont réussi à obtenir notre assistance par téléphone ou par écrit. Il est certain toutefois qu'il y a un fossé, c'est-à-dire qu'il existe un écart entre la performance linguistique de l'étudiant et la performance de ce même étudiant une fois qu'il fonctionne dans le milieu du travail !

Les remarques qui nous viennent à l'esprit, lorsqu'on passe à l'évaluation de cette activité, nous paraissent pouvoir être d'un certain intérêt pour les professionnels de l'enseignement. Nous avons constaté que :

1. D'après des relevés qui ont été faits à l'Office par le Service de la promotion du français dans l'Administration et par le Service des consultations, les

ministères et organismes dont le personnel faisait le plus appel aux services linguistiques ont généralement diminué leur demande.

2. Les linguistes, qui traitent directement les demandes des usagers, constatent que les usagers s'efforcent de plus en plus de faire une recherche eux-mêmes avant d'appeler l'Office. De plus, lorsqu'une réponse leur est fournie, ils demandent dans quel ouvrage elle se trouve et posent des questions sur la nature de l'ouvrage.

3. Le succès pédagogique de la formule d'apprentissage, l'intérêt et la motivation suscités par les séances sont clairement exprimés par les participants au moyen d'une grille d'évaluation qu'on leur demande de remplir à la fin de la journée.

Les prévisions

Si on songe maintenant à l'avenir, nous sommes conscients que si nous voulons réussir à atteindre nos objectifs, nous avons besoin **d'associés** qui les partagent et qui y croient. Ainsi, depuis avril 1982, l'Office a donné une nouvelle orientation à cette activité. Nous visons, en effet, à identifier des « formateurs » qui exerceraient cette action dans leur milieu de travail. Nous continuerons sans doute à donner des séances mais nous intégrerons à nos groupes cibles d'aujourd'hui des **collègues** qui seront appelés à redonner ces séances par la suite, intégralement ou avec adaptation, à leurs usagers et ce, au gouvernement, dans le secteur privé et dans le milieu de l'enseignement. Parmi ces associés, les professeurs qui enseignent le français constituent nos **associés privilégiés** dans le sens où la réussite de leur intervention dans le milieu scolaire est à la base des besoins futurs du milieu de travail et, également, dans le sens où le cadre adéquat, les supports nécessaires et les ressources professionnelles appropriées au déroulement d'une séance de perfectionnement en français sont déjà disponibles. À tous ces collègues, nous proposons de prendre contact avec nous afin qu'ils puissent, en tant qu'**observateurs**, constater les besoins de nos usagers et afin qu'ensemble nous réduisions le plus possible les dysfonctions existantes.

Annexe 1

Grammaire

On regroupe sous cette étiquette les questions portant sur la grammaire entendue dans son sens le plus large, c'est-à-dire les consultations qui portent :

1) Sur la morphosyntaxe

Exemples :

le système des parties du discours : la valeur et l'emploi de l'article ; le rôle de la préposition ; la transitivité, le mode, la voix, le temps, le groupe, la conjugaison du verbe ; l'accord, le genre, le nombre du substantif ; la négation ; les fonctions ; la subordination ; le changement de catégorie grammaticale, etc.

Exemples :

— Nous faisons *partie* du même groupe.
Nous désirons expédier *nous-mêmes* cette marchandise.

— Leader — leaders
Symposium — symposiums
(Pluriel du substantif)

— Service *de* développement des marchés d'exportation et non : Service développement des marchés d'exportation. (Emploi de la préposition)

— *Seuls* les gens qui auront acheté leur carte de membre seront admis.
(Accord de l'adjectif antéposé)

— Une partie de l'isolant a été *endommagée*.
(L'auteur de la phrase veut insister sur le fait qu'une partie seulement a été endommagée)

— Une année *des plus* fructueuses.
Un service *des plus* appréciés.
(Accord avec « des plus »)

— *Si j'avais* eu plus de temps, je n'aurais pas agi ainsi.
(Concordance des temps)
S'il s'avère que la formule coopérative est celle qui *correspond* le mieux à nos besoins . . .
(Concordance des temps)

2) Sur la phonétique (étude des sons et de leur combinaison)

Exemples :

questions de prononciation, de liaison, de nasalisation, d'élision, de notation, etc.

Exemples :

— Produit *de* Hollande et non : produit d'Hollande
— *Le* handicapé et non : l'handicapé
  (L'h aspiré empêche l'élision)

3) Sur l'étymologie (origine et évolution du mot)

Exemples :

racine des mots, datation, ancien français, etc.

Exemples :

— Quelle est l'origine du substantif « poubelle » ? Ce terme a été attribué au récipient utilisé pour recueillir les ordures ménagères en l'honneur d'Eugène René Poubelle (1831-1907), préfet de la Seine qui imposa cette mesure au cours de son mandat.
  (Renseignements tirés du *Grand Larousse encyclopédique*)
— Le pluriel du *médium*
— Le pluriel du mot *média*

Orthographe

On retrouve sous cette étiquette les questions portant sur l'orthographe, c'est-à-dire sur le code d'écriture du mot reflétant son origine et son évolution : nous retrouverons ici les problèmes du trait d'union, de la double consonne, de l'hiatus, etc.

Exemples :

— Un usager veut savoir si « rétroprojecteur » s'écrit en un mot ou en deux mots. Le terminologue lui répond que, d'après les ouvrages consultés (*Petit Robert* 1977 et *Petit Larousse* 1979), ce substantif s'écrit en un seul mot.

— Un usager se demande si le toponyme Lac-Saint-Jean prend des traits d'union lorsqu'on désigne l'entité administrative. Le terminologue lui répond par l'affirmative en invoquant les règles proposées par la Commission de toponymie à cet égard.

— Un usager nous demande si le verbe « étiqueter » double la consonne « t » à la première personne du singulier du présent de l'indicatif (cf. j'étiquette). Le terminologue lui répond affirmativement, lui expliquant la règle.

— Un usager veut savoir comment s'écrit le verbe « aller » à la troisième personne du singulier du présent de l'indicatif et à la forme interrogative (cf. Va-t-on au cinéma ?).

— Un usager veut savoir si les termes « vinyle » et « tactile », prennent le « e » final. Le terminologue lui répond affirmativement.

Typographie

On regroupe sous cette étiquette les questions portant sur la typographie, c'est-à-dire :

1) Sur l'emploi de la majuscule

Exemples :

— Les *Q*uébécois et le peuple *q*uébécois

— Le *S*ervice des consultations de la Direction de la terminologie

— Le *g*ouvernement du Québec

2) Sur les abréviations, les symboles et les sigles
   Exemples :
   — tél. : abréviation de « téléphone »
   — p. : abréviation de « page » ou de « pages »
   — av. : abréviation de « avenue »
   — lb : symbole de « livre »
   — QC : symbole de « Québec » (l'État)
   — C.L.S.C. : sigle qui désigne « Centre local de services communautaires »
   — h : symbole de « heure »
3)   Sur la ponctuation et la division des mots
      Exemples :
      — « oser » ne peut se couper car on ne divise jamais après la syllabe initiale composée d'une seule lettre.
      — « prescription » peut se diviser ainsi : pres-crip-tion, selon les règles de l'épellation française.
4) Sur les règles d'écriture des unités de mesure et des chiffres
   Exemples :
   — Un usager veut connaître les règles d'écriture des heures (ex. : 8 h 35 au lieu de 8 :35 hrs ou 8 hrs 35).
   — Un usager veut savoir comment écrire douze mille vingt-quatre (12 024).
   — Le b du terme « bourse » employé dans le domaine de la finance doit-il être écrit en majuscule ?
   — Quelle est l'abréviation de gramme ?
     GRAMME est un terme qui appartient au domaine des UNITÉS DE MESURE.
   — Où met-on les majuscules dans le toponyme « Sainte-Anne-de-la-Pérade » ?
   — Un usager nous demande la signification de R.S.V.P. sur un carton d'invitation. Il s'agit d'un problème typographique dans le domaine de la correspondance.
   — Un usager a besoin de l'abréviation de « Maître » pour indiquer le titre du destinataire dans une adresse.

Annexe 2

Consultations

Avril à juin 1982

CONSULTATIONS	PHRASÉOLOGIE	GRAMMAIRE	ORTHOGRAPHE	TYPOGRAPHIE	TOTAL
Profession					
Personnel de secrétariat	497	1 235	409	497	2 638
Traducteur, terminologue	44	65	15	46	170
Enseignant	24	53	20	30	127
Agent d'inf., journaliste	45	87	33	50	215
Personnel de direction	80	68	39	100	287
Technicien, ingénieur	15	24	11	14	64
Publicitaire, graphiste	26	26	9	25	86
Commerçant, représentant	48	39	13	17	117
Avocat, notaire	17	12	5	17	51
Étudiant	27	39	17	33	116
Autres	206	235	90	136	667
Non identifiée	54	215	80	74	423
Total	**1 083**	**2 098**	**741**	**1 039**	**4 961**

L'aicritur « disco », vou conaissé ? Grandeur et misère du français écrit à l'université

André BOUGAÏEFF

1. La situation

Le terme « écriture disco » a été utilisé pour la première fois par la journaliste Lysiane Gagnon dans un article paru en 1979 dans la revue *l'Actualité*.

Le mot désigne parfaitement un type d'écriture qui a cours chez un nombre grandissant d'étudiants : ignorance des règles de base de l'orthographe compensée par une inventivité redoutable, mépris souverain des lois syntaxiques du français écrit, vocabulaire cantonné dans un à-peu-près prudent, logique dont les mécanismes profonds échappent à la perspicacité de l'enseignant moyen.

En guise d'illustration, je citerai des phrases provenant des travaux d'étudiants inscrits au cours FRA-1001 (français écrit) que j'ai donné à la session d'automne 1981 à l'Université du Québec à Trois-Rivières. Ces étudiants sont pour la plupart du niveau du baccalauréat, en deuxième ou en troisième année. Plusieurs ont même terminé leurs études de premier cycle et pourraient s'inscrire à la maîtrise. Ils sont venus suivre le cours de leur plein gré car ils estiment avoir « quelques problèmes » en français écrit.

« Je vous averti*e* que je viendr*ez* pas demain. »

« Un système de culture *ou* choix et réflexion sont impossibl*e et* le contraire de la définition de la culture. »
(comprendre : Un système de culture *où* choix et réflexion sont impossibl*es est* le contraire . . .)

« La v*ei*lle cours *a* nouveau *et* source de joie. »
(comprendre : La v*iei*lle cour, *à* nouveau, *est* source de joie.)

« Ces activités, qui ne sont *n'y* nécessaire ni obligatoir*e*, mais qui sont très diverses. »
(phrase dont il manque le verbe principal et accompagnée de fautes diverses.)

Un de ces étudiants se destine à l'enseignement et sera probablement professeur de français en 1983, après avoir obtenu son permis d'enseigner. Ces quelques exemples ne sont toutefois qu'une illustration superficielle du phénomène car les problèmes les plus graves se situent surtout dans le raisonnement et l'organisation logique du texte.

Les universités du Québec tentent par divers moyens de remédier aux carences de la communication écrite de l'étudiant, aussi bien au premier cycle qu'au deuxième. L'Université de Montréal a créé depuis plusieurs années le système CAFÉ (Cours autodidactique de français écrit) qui permet une révision des points essentiels de l'orthographe. L'Université du Québec à Montréal a institué un laboratoire de français écrit qui joue le rôle de centre de dépannage en même temps que celui d'organisme de renseignements pour les étudiants en difficulté. L'Université du Québec à Chicoutimi propose deux cours de français écrit à ses étudiants. L'Université Concordia fera bientôt passer des tests de lecture et d'écriture pour dépister les insuffisances des étudiants en lecture et dans la compréhension des textes. Des tests analogues sont administrés aux étudiants dans les Universités de Waterloo, de Toronto, de Colombie-Britannique et de l'Alberta. L'Université de Sherbrooke, dans le cadre de son programme de rédaction-recherche, offre des cours portant strictement sur la norme écrite. À l'Université Laval, selon le professeur Roch Valin, « l'urgence des mesures de redressement à prendre (à propos du français écrit) est un fait généralement reconnu et le seul problème qu'on se posera sera celui des moyens susceptibles de conduire, dans des délais raisonnables et réalistes, à une amélioration progressive de la situation, à tout point de vue alarmante, qui prévaut en ce moment » (Valin, 1976). On y donne des cours de techniques de l'expression qui semblent s'adresser aussi bien aux simples étudiants qu'aux adultes aux prises avec des difficultés dans la communication écrite. Il reste enfin l'Université du Québec à Trois-Rivières, où les mêmes cas d'analphabétisme partiel ont été enregistrés. En 1978, nous avons mené une enquête auprès des professeurs de l'Université du Québec à Trois-Rivières à propos du français écrit de leurs étudiants (Bougaïeff, 1978). Les professeurs se sont dits très heureux de l'initiative car leurs plaintes et leurs récriminations devant les copies des étudiants étaient tombées dans le vide jusqu'à cette date. Les réponses furent nombreuses (60 %) et les commentaires, abondants. Pour l'essentiel, il apparaît que l'on demande de longues rédactions aux étudiants, que les fautes se situent surtout dans le vocabulaire et la logique (l'orthographe et la grammaire font aussi problème), que les professeurs ne tiennent qu'assez peu compte du français écrit dans l'attribution de la note, que les bibliographies sont en grande partie en anglais et que l'on souhaite voir l'université instituer un moyen d'améliorer le français écrit. Chez les professeurs mêmes, beaucoup lisent à peu près uniquement en anglais. Des conversations libres que j'ai tenues avec les professeurs, il ressort que dans certains secteurs (administration, économie) le manque de maîtrise du français écrit peut occasionner un grave handicap dans le monde du travail. En effet, certains étudiants d'administration se trouvent fortement pénalisés car, faute de maîtriser convenablement le vocabulaire de base de leur discipline, il leur est très difficile d'effectuer les exercices d'analyse, de synthèse et d'argumentation qu'exige le maniement des concepts de cette discipline. C'est d'ailleurs à dessein que nous avons employé plus haut le terme d'« analphabétisme partiel » pour désigner la problématique du français écrit à l'université. Il existe en effet toute une population d'étudiants qui ne peut comprendre un texte qu'à 60 % ou qui rédige en ne faisant passer que 75 % (ou moins) de « ce qu'ils voudraient dire ». Il serait bon que des pédagogues et des psycholinguistes examinent de près le cas de ces étudiants situés entre l'analphabétisme total et le non-analphabétisme. Une telle étude révélerait sans doute un paysage très différent de ce que l'on connaît actuellement dans l'apprentissage en milieu scolaire.

Nous ne poursuivrons pas plus loin l'énumération des institutions car nous ne ferions que décrire le même scénario en passant d'une institution ou d'un programme à l'autre.

Bien que l'on ne possède pas de données chiffrées, en nous en tenant aux enquêtes informelles que nous avons pu effectuer parmi nos collègues immédiats et auprès de collègues d'autres universités, nous estimons à au moins 20 % le nombre d'étudiants éprouvant des difficultés de rédaction à des degrés divers. Ce chiffre reste probablement en-dessous de la vérité.

2. Les solutions

La première solution, que nous ne retiendrons pas, est celle, irréaliste, de renvoyer en bloc le problème au cégep en demandant que les professeurs de cégep trouvent un moyen de régler la question de la communication écrite. Cette solution n'est pas réaliste car pour l'étudiant qui parvient à l'université, dûment possesseur de son diplôme d'études collégiales, il est trop tard pour faire machine arrière. On ne peut pas davantage renvoyer les étudiants de l'université au cégep qu'on ne peut renvoyer les étudiants du cégep au secondaire ni les élèves du secondaire au primaire (et ceux du primaire, où ça ?). Les solutions doivent être trouvées au niveau même où se situe l'étudiant au moment de sa scolarisation, du primaire à l'université.

Les vraies solutions résident, selon nous, d'une part dans les activités de soutien que l'on peut fournir à l'étudiant et d'autre part du côté de la réforme d'un code orthographique tout à fait inadapté aux besoins de sociétés qui doivent communiquer de façon abondante et précise, dans des laps de temps de plus en plus réduits.

A. *Les étudiants*

Nous inspirant du programme en 14 points présenté par Fernand Grenier au colloque sur la qualité du français (Grenier, 1980) nous suggérons le programme suivant :

1. *Test* de français *obligatoire* pour tous les *nouveaux* étudiants qui entrent à l'université

Loin d'être une condition d'admission ou une épreuve d'humiliation, ce test ne serait passé qu'à titre indicatif de manière à signaler à l'étudiant le niveau de son français écrit. Nous recommandons la forme de test que nous utilisons à l'UQTR. Le test consiste en une rédaction de 2 à 3 pages sur un sujet se rapportant au domaine d'étude de l'étudiant. Le test est effectué dans une période de temps limité, sans l'aide d'aucun dictionnaire ni d'aucune grammaire. La correction se fait selon un barème où tous les types de fautes reçoivent une cote particulière. L'étudiant est informé du résultat global ainsi que du résultat détaillé du test, de manière à savoir exactement où se situent ses faiblesses. Nous n'avons pas retenu les tests reposant sur des questions à choix multiples comme moyen principal, sinon unique, d'évaluation parce qu'ils ne permettent pas de connaître avec suffisamment de précision les défauts dans l'argumentation et ils restent trop étroitement limités à des sous-ensembles comme l'orthographe grammaticale ou la morphologie verbale.

2. *Cours* de français *obligatoires* pour les étudiants qui échouent au test

Il faudrait prévoir de un à trois cours selon le degré de faiblesse de l'étudiant. Les cours devront être *crédités* et comptés parmi les cours libres que les étudiants peuvent choisir facultativement dans le cadre de leur baccalauréat. Il est en effet très important que ces cours aient le même statut que les autres cours du baccalauréat. À l'heure actuelle, ils sont considérés comme des cours de « rattrapage » ou « d'appoint » et les étudiants y travaillent avec une mentalité de « rattrapage » en n'y consacrant que peu de temps et peu de sérieux, d'où le faible rendement souvent observé. Certaines universités l'ont bien compris et les cours de français écrit sont déjà crédités à l'Université de Montréal, à l'Université Laval, à l'Université de Sherbrooke et à l'Université du Québec à Chicoutimi.

Enfin, l'évaluation de tels cours devrait se faire non sous la forme traditionnelle de lettres (A, B, C, D ou E) mais plutôt par un système de cote indiquant le niveau atteint par l'étudiant à la fin du cours. Ce serait une solution au problème des étudiants trop faibles qui ne peuvent combler toutes leurs lacunes en 45 ou 90 heures de cours, et qui demeurent parfois en-dessous de la moyenne bien qu'ils aient fait des progrès importants.

3. Création de *laboratoires de français écrit* ouverts à toute la population étudiante

Le laboratoire serait un service de consultation permanent animé soit par des personnes spécialement désignées pour cette tâche, soit par des professeurs de lettres ou de linguistique dégagés d'une partie de leurs autres responsabilités.

Le laboratoire aurait pour rôle de répondre aux questions des étudiants et de toute personne en difficulté. L'utilisateur pourrait présenter des textes déjà rédigés et, après lecture par les responsables du service, procéder aux corrections nécessaires. Les responsables du laboratoire n'auraient pas pour tâche de rédiger les textes mais d'indiquer les failles dans le raisonnement, les impropriétés dans le vocabulaire, les diverses fautes d'orthographe.

4. Introduction progressive de systèmes auxiliaires *d'auto-apprentissage par ordinateur*

Nous préconisons aussi la solution informatique car les trois points énumérés précédemment reposent sur une grande disponibilité du corps professoral. Or, quand l'on connaît le peu de temps libre dont dispose le professeur moyen déjà fort occupé par l'enseignement, la recherche et l'administration courante, il semble difficile de répondre efficacement aux besoins d'étudiants dont le nombre s'élève à des centaines, voire des milliers.

L'utilisation d'ordinateurs dans l'enseignement du français semble une voie prometteuse. L'introduction massive de l'ordinateur s'est déjà faite dans une institution comme le collège Algonquin de Nepean (Ontario) où chaque année plusieurs centaines d'étudiants suivent un cours de français complet sous la responsabilité d'un seul professeur (Villeneuve, 1980). L'évolution très rapide de la micro-informatique et des mini-ordinateurs laisse prévoir un très fort développement dans les années à venir. C'est dans ce sens que le groupe de recherche que nous co-dirigeons à l'UQTR avec le professeur André Cossette procède actuellement au dépouillement et à l'analyse d'un certain nombre d'exercices de français pour tous les étudiants du niveau du baccalauréat. Les exercices seront testés progressivement sur mini-ordinateur et micro-ordinateur de manière à déterminer leur intérêt pédagogique et linguistique. Nous espérons par là pouvoir répondre aux besoins de centaines d'étudiants qui sont en difficulté chaque année. L'ordinateur ne supplantera pas le professeur mais le délivrera de l'aspect mécanique et répétitif de sa tâche et lui permettra de se consacrer pleinement au développement des facultés d'analyse et de synthèse de l'étudiant.

B. Le code orthographique

Dans les débats, souvent orageux, qui tournent autour de la question du français écrit à tous les niveaux de l'enseignement, la discussion a fort peu porté sur un aspect fondamental du problème : le code orthographique du français. En 1694, l'Académie française « déclare qu'elle désire suivre l'ancienne orthographe qui distingue les gens de lettres d'avec les ignorants et les simples femmes, et qu'il faut la maintenir partout, hormis dans les mots où un long et constant usage en aura introduit une contraire. » (Burney, 1967). Cette déclaration fixe l'orthographe dans l'état où elle était à l'époque et, mis à part quelques remaniements mineurs, le système d'écriture n'a plus changé jusqu'à maintenant.

À partir de cette date, les débats entre ceux qui défendaient la « pureté » de la langue en se plaignant de la « décadence » du français écrit et ceux qui prônaient une réforme du système orthographique sont allés bon train. Les différents débats ont abouti à des commissions de réforme dont les propositions sont restées lettre morte (Beslais, 1965) devant l'immobilisme des autorités favorables au maintien de l'orthographe telle que nous la connaissons (Catach, 1973). En conséquence, l'ardeur des partisans d'un changement du code orthographique semble refroidie depuis un certain nombre d'années et ne se traduit que par quelques ouvrages isolés où l'on demande soit la réforme complète du système (Blanche-Benveniste et Chervel, 1969), soit un réaménagement partiel (Thimonier, 1967).

Pourtant, il semble que nous soyons parvenus maintenant à une époque qui se prêterait parfaitement à une simplification rationnelle du système orthographique (nous préférons le terme « simplification » à celui de « réforme », qui contient trop de connotations péjoratives, comme nous préférons le terme « cours de perfectionnement » à celui de « cours de rattrapage »). Les élèves et les étudiants de tous les niveaux ne sont plus prêts à accepter les absurdités et les nombreuses incohérences de l'orthographe ni à se plier à des règles qui n'ont pour but que de distinguer les personnes cultivées des gens incultes. Les professeurs dénoncent le temps perdu et l'énergie gaspillée dans l'apprentissage et la mémorisation vide de la multitude des règles orthographiques. Les « nouveaux enseignants » voudraient pouvoir consacrer leur enseignement au développement de facultés comme le raisonnement, la communication, l'aptitude à développer une pensée, au lieu de ressasser mécaniquement des règles qui n'ont souvent qu'un faible rendement linguistique et qui occupent l'essentiel du temps consacré au français. Le nouveau programme de français du ministère de l'Éducation met par ailleurs l'accent sur l'habileté à communiquer. Or, l'habileté à communiquer par écrit ne peut se développer pleinement que si le code même sur lequel elle s'appuie ne constitue pas une entrave. En même temps que l'on perfectionne et que l'on raffine la pédagogie de l'orthographe par des méthodes « adaptées à l'enfant », il serait peut-être bon d'améliorer l'orthographe elle-même en la simplifiant et en la rendant plus rationnelle. Cela éviterait au jeune enfant du primaire de se trouver tiraillé entre deux modèles, l'un, celui du maître, qui tend à montrer le plus possible l'organisation logique et rationnelle du savoir, l'autre, celui de l'orthographe (le code utilisé par le maître) qui repose pour une grande part sur l'absurde et l'arbitraire. On sait à quel point le développement de la pensée formelle fait cruellement défaut chez les étudiants de l'université à qui, précisément, on demande de posséder « une tête bien faite ». En un mot, les témoignages d'enseignants et d'étudiants sont nombreux qui demandent que l'on s'arrête avec sérieux au code orthographique et que l'on y apporte les simplifications nécessaires.

Nous profiterons donc nous aussi du cadre de cet article pour demander que l'on relance d'urgence le débat de la simplification de l'orthographe du français et que cette simplification soit menée dans des délais raisonnablement courts.

L'entreprise n'a rien d'insensé. Nombreux sont les pays qui ont effectué des changements profonds dans leur système d'écriture. La Norvège l'a fait (Haugen, 1968), la Turquie est passée de l'écriture arabe à l'écriture latine, l'italien et l'espagnol utilisent des systèmes quasi phonétiques. Dans le cas de l'orthographe du français, entre les partisans de la réforme totale et ceux du maintien du système actuel, il y a place, il nous semble, pour une planification raisonnable qui tiendrait compte de ce qui est faisable et de ce qui ne l'est pas.

Une écriture, comme une langue parlée, n'a rien d'immuable et doit forcément évoluer avec la société qui l'utilise. Nous employons en 1982 un système orthographique artificiellement figé depuis plus de 400 ans : n'est-il pas grand temps d'adapter ce système à nos besoins ?

RÉFÉRENCES

BESLAIS (1965), *Rapport général sur les modalités d'une simplification éventuelle de l'orthographe française*, Paris, Didier.

BLANCHE-BENVENISTE, Claire et André CHERVEL (1969), *L'orthographe*, Paris, Maspéro..

BOUGAÏEFF, André (1978), *Enquête sur le français écrit des étudiants de l'UQTR*, Université du Québec à Trois-Rivières, 15 pages.

BURNEY, Pierre (1967), *L'orthographe*, Que sais-je?, Paris, Presses universitaires de France, p. 27.

CATACH, Nina (1973), «L'orthographe», dans *Langue française*, n° 20, Paris, Larousse.

GRENIER, Fernand (1979), «La qualité de la langue, responsabilité des universitaires», dans Actes du colloque *La qualité de la langue . . . après la loi 101*, Conseil de la langue française, Québec, pp. 140-143.

HAUGEN, Einar (1968), «*Language Planning in Modern Norway*», dans J. Fishman, éd., *Readings in the Sociology of Language*, Lahaye, Mouton, pp. 673-687.

THIMONNIER, René (1967), *Le système graphique du français (projet de réforme)*, Paris, Plon.

VALIN, Roch (1976), «Mémoire adressé à Monsieur le Directeur du Département de langues et linguistique sur la place du français dans l'enseignement destiné aux étudiants francophones», dans *Travaux du Département de langues et linguistique*, n° 2, Université Laval, Québec, p. 131.

VILLENEUVE, Robert (1980), «Enseignement de la grammaire assisté par ordinateur (EGAPO)», dans *Proceedings of the Third Canadian Symposium on Instructional Technology*, Vancouver, 27 au 29 février, pp. 255-262.

ATELIER 21

Les Amérindiens et les Inuit au Québec

L'atelier sur les Amérindiens et les Inuit au Québec n'a pas donné lieu, comme les autres, à des conférences et à des textes écrits. (Cela est sans doute une attitude significative au plan culturel). On a assisté à la projection du film du cinéaste Arthur Lamothe et on a discuté de la situation et du sort fait à ces premiers habitants connus du Québec, sous la direction de Chantal Deschamps, chargée de cours à l'Université du Québec à Montréal. C'est Murielle De Serres, enseignante à l'école secondaire Villa Maria qui résume ici la discussion. Voici son document :

Le cinéaste Arthur Lamothe présente un film sur les Montagnais qu'il a tourné en mars 1979 avec la collaboration d'Evelyne St-Onge : *Innium Nipakakanu ?* Avant la projection de ce film, les participants dressent un bref tableau de la situation .

Le cinéaste rappelle d'abord deux faits. Depuis des années, le gouvernement fédéral s'est intéressé à l'éducation des Amérindiens et des Inuit mais cette éducation s'est faite en anglais. De son côté, le gouvernement du Québec s'est aussi préoccupé de leur éducation et il a mis au point une structure de francisation et de scolarisation. Comment les Amérindiens et les Inuit du Québec vivent-ils cette situation ?

Le problème pour les Montagnais se présente sous trois aspects : le développement de leur culture, la langue et les difficultés d'ordre scolaire. Le film d'Arthur Lamothe veut nous faire prendre conscience de ces divers problèmes, et nous sensibiliser à la vie et à la perception des Montagnais confrontés à une école blanche. Pour les enfants montagnais, l'histoire enseignée à l'école n'est pas leur histoire, la langue enseignée n'est pas leur langue, la culture véhiculée n'est pas leur culture. Dans *Innium Nipakakanu,* les Montagnais prennent la parole.

Léonard Paul, conseiller pédagogique à la Commission scolaire de Betsiamites, prévient les membres de l'atelier que le film d'Arthur Lamothe est un film dur. Ici l'Indien parle, et c'est choquant car on s'est habitué à l'image de l'Indien docile qui se tait. Depuis 1950, la scolarisation des Indiens s'est poursuivie sans que l'on se pose de questions sur ses conséquences. Le gouvernement fédéral a dit : « on a de l'argent pour normaliser, pour intégrer ». Mais chez les Indiens, on assiste actuellement à une résistance culturelle ; c'est une question de survie. Les Amérindiens veulent créer à partir de leur fonds culturel et vivre de celui-ci. Selon Léonard Paul, ce qui se passe dans le film, les jeunes le disent, et souvent, dans leur coeur. Arthur Lamothe est le premier cinéaste à avoir donné la parole aux Indiens.

Evelyne St-Onge, coordonnatrice du Comité éducatif de Sept-Îles, attire l'attention sur le classement des Montagnais dans les écoles : la moitié, sinon les trois quarts d'entre eux sont considérés comme des inadaptés. S'agit-il d'une question d'éducation ou d'une question monétaire, les frais encourus pour un enfant montagnais en enfance inadaptée étant deux fois plus élevés qu'ils ne le sont pour un enfant en classe régulière ?

Pour Arthur Lamothe, si les Indiens sont jugés débiles, c'est qu'on leur fait passer des tests en français alors qu'ils ne comprennent pas la langue. On retrouve donc dans les écoles des classes homogènes de Blancs d'une part, et d'Indiens d'autre part ; il n'y a pas de Blancs classés parmi les débiles.

À travers les témoignages des Indiens eux-mêmes, le film d'Arthur Lamothe présente de façon concrète et souvent émouvante les problèmes des jeunes à l'école blanche. Le niveau d'intelligence des jeunes Indiens n'est pas évalué dans leur langue. Il arrive souvent qu'ils soient classés comme des enfants inadaptés avant d'être dirigés vers les classes d'initiation au travail ; selon parents et jeunes, ce sont des classes pour « faiseurs de gâteaux ». D'autres cas de discrimination sont rapportés dans le film : des enfants indiens sont assommés, ridiculisés par les professeurs, renvoyés à la maison peu vêtus. (On ne ferait jamais ça à un Blanc mais l'Indien ne parle jamais. Aussitôt que l'enfant indien veut se défendre, il est puni). À l'école blanche, il se sent perdu, il a l'impression de faire face à un mur ; on ne se préoccupe pas de lui. L'Indien n'espère plus beaucoup un changement de situation. C'est aussi l'avis de Céline Bellefleur, agente de développement de programmes de Montagnais à Sept-Îles.

L'Indien ne sait plus chasser, il vit comme un Blanc, il ne peut plus vivre comme un Indien. Mais il est impossible d'exister dans deux sociétés différentes ; on ne peut avoir deux nationalités. « Celui qui a créé le problème doit m'aider à trouver une solution. L'enfant, je ne vois pas son avenir mais j'y pense toujours ».

La chanson d'un jeune Indien, à la fin du film, évoque l'avenir auquel il rêve :
« Je serais heureux
si je pouvais voir ça
l'intérieur de nos terres
nos terres
là où ils chassaient
là où ils tendaient leurs filets . . . »

La qualité de la langue

Camille LAURIN
ministre de l'Éducation

Allocution du ministre de l'Éducation

M. Camille LAURIN

au banquet de clôture du congrès « Langue et Société au Québec »

Je voudrais d'abord féliciter l'Association québécoise des professeurs de français, le Conseil de la langue française et la revue *Québec français*, d'avoir uni leurs efforts et leurs ressources afin de rendre possible la tenue d'un congrès de cette envergure sur l'état et les besoins de la langue française au Québec. Ce congrès a été l'occasion pour ces citoyens de tous les milieux culturels et professionnels de mettre en commun leurs expériences. Et c'était bien là un des buts du congrès que de permettre à des Québécois de milieux différents de prendre le pouls, tous ensemble, en un même lieu et à un même moment, de la relation entre la langue et la société au Québec. Cette relation n'est pas simple, elle ne l'a jamais été. Mais elle est riche et multiforme et le grand nombre de conférences et d'ateliers auxquels vous avez participé illustre bien cette diversité qui est gage d'avenir.

Notre débat linguistique

En raison de son histoire et de sa situation dans le contexte nord-américain, le Québec a toujours vu son économie et ses institutions se frayer un chemin difficile entre l'exigence d'être francophone et la nécessité d'appartenir au monde anglo-américain. C'est au coeur de cette dualité linguistique que se situe notre débat. Ce débat ne cessera sans doute jamais, à moins que ne devienne tout à coup normal, facile et accepté de tous le fait que six millions de francophones, entourés de 250 millions d'anglophones puissent travailler et communiquer en français chaque jour.

Tour à tour depuis cent cinquante ans, nos chefs politiques et nos hommes d'église, soumis aux pressions des circonstances, ont alimenté ce débat linguistique. Ils l'ont fait, soit pour la conquête de nos institutions parlementaires, soit pour la sauvegarde de la foi et de l'éducation chrétienne, soit enfin pour la survivance de la langue et de la vie française en Amérique.

Mais pour la première fois depuis la Révolution tranquille, notre débat linguistique s'est résolument hissé au niveau politique, la langue devenant un projet collectif, une condition de vie quotidienne, inséparable non seulement des questions scolaires et culturelles, mais aussi des facteurs économiques et sociaux.

Depuis la Loi 101, le nouveau statut de la langue française au Québec a quelque chose de dérangeant, pour une certaine partie de la population. Tant que la langue a été un objet de discours et qu'elle a servi à cimenter l'unité ou la foi de la population, elle n'a intéressé que les personnes concernées par ces valeurs. Il en va tout autrement aujourd'hui : la langue française est devenue un droit et un devoir pour tous les Québécois, dans la légitimité, dans le plein respect de soi et des autres. Le droit d'être soi-même, de vivre et de gagner sa vie en français peut être dérangeant, si l'on considère avant tout le Québec comme une partie du grand ensemble anglophone nord-américain.

Rien d'étonnant que des efforts concertés soient entrepris pour tenter de contrer l'un après l'autre les droits prépondérants que le Québec avait accordés à la langue française dans les divers secteurs d'activités. Hier, on s'en prenait à la langue de la législation et des tribunaux ; aujourd'hui, à la langue de l'école ; demain, on peut se demander où porteront les coups. Si nous avions choisi de continuer à vivre dans la léthargie, nous n'aurions couru aucun risque. Mais nous avons choisi de relever la tête, de proclamer notre droit légitime, d'occuper la place prépondérante qui nous appartient. Les contrecoups portés à notre engagement ne pourront nous faire douter de la légitimité de notre démarche.

Le présent congrès démontre bien qu'il est nécessaire de faire le point sur notre situation linguistique, de rappeler les fondements de nos politiques en matière de langue et de dégager les priorités d'avenir. En renouant avec les préoccupations des grands congrès de la langue française de la première moitié du XXᵉ siècle, vous avez mis en lumière les rapports particuliers qu'entretiennent entre elles notre langue et notre société, et vous avez mesuré le chemin parcouru.

Je suis particulièrement heureux ce soir de saluer ici les pionniers du développement et de l'application de nos politiques linguistiques. Quelques-uns d'entre eux nous ont fait le plaisir d'être présents à ce banquet de clôture. Je voudrais, en mon nom et au nom de tous les Québécois, leur présenter nos hommages et nos félicitations les plus sincères. Ils ont donné des orientations à notre avenir et ils ont été des artisans tenaces et réfléchis de l'implantation du français dans l'un ou l'autre des secteurs de notre vie économique et sociale. Ils ont aussi largement contribué au développement terminologique, à l'étude et à l'analyse des situations linguistiques au Québec et à l'amélioration de l'enseignement de notre langue, cette langue qui est non seulement la langue maternelle d'une majorité d'entre nous, mais aussi la langue seconde, ou la langue d'adoption de plusieurs Québécois.

La qualité de la langue : une préoccupation

Comme ministre de l'Éducation, je voudrais réfléchir quelques instants avec vous sur la qualité de la langue française au Québec. Je sais que cette question intéresse non seulement les enseignants, mais aussi les différents intervenants du dossier linguistique ; les agents de la francisation, les parents, les jeunes et les citoyens en général.

Si la Charte de la langue française parle peu de cette question, par contre, elle donne à l'Office de la langue française un mandat de normalisation et de développement terminologique. Elle lui demande aussi d'assister les organismes et les individus en matière de correction et d'enrichissement de la langue française parlée et écrite au Québec. D'autre part, elle demande au Conseil de la langue française d'entendre les observations et les suggestions venant de la population sur le statut et la qualité de la langue française et de communiquer au ministre ses constatations et ses conclusions.

Depuis l'entrée en vigueur de la Charte de la langue française, si l'on excepte le secteur du développement terminologique, c'est une faible partie des ressources qui a été consacrée à la qualité de la langue. La priorité a été donnée plutôt à l'implantation du français et aux études portant sur l'évolution du statut de la langue et de la place qu'elle occupe dans les différents secteurs d'activités.

De plus en plus, la question de la qualité linguistique préoccupe la population en général. Cette préoccupation devrait constituer une de nos priorités pour les cinq prochaines années. Je ne songe pas en premier lieu à des mesures d'ordre législatif. Je crois que la Charte de la langue française contient la plupart des dispositions nécessaires pour apporter le soutien requis au développement ou à la consolidation d'une langue de qualité. Toutefois, il faudra s'engager dans des actions personnelles et collectives pour atteindre les résultats souhaités. Je pense aussi à une action concertée impliquant divers moyens de communications institutionnalisés tels que l'école, les médias et l'administration publique.

Qu'est-ce d'abord que la qualité de la langue ? Il s'agit d'une notion complexe, difficile à cerner. Aux éléments théoriques qui pourraient la définir s'ajoutent des facteurs relatifs qui varient selon les personnes, les époques, les circonstances. Il n'y a peut-être pas *une* qualité de la langue, mais plusieurs. Les linguistes, en tout cas, sont réticents à donner une définition de la qualité de la langue qui la réduirait à la conformité, à un seul modèle préétabli. De plus, en période d'intense évolution linguistique, comme ce fut le cas au Québec au cours des dernières années, les querelles sur la langue parlée créent parfois des tensions peu propices à une réflexion sereine sur la qualité de la langue.

Il faut, je crois, laisser les linguistes poursuivre leurs travaux et nous livrer, le temps venu, leurs conclusions sur ce sujet. Mais cela ne doit pas nous empêcher de poursuivre notre réflexion et peut-être de réaliser des consensus autour de certains objectifs.

La vie de la langue

Je n'ai pas l'intention de vous livrer ce soir un énoncé de politique sur la qualité de la langue, mais de vous faire part de l'état de mes réflexions sur les fondements et l'approche qu'il conviendrait de lui donner, le cas échéant.

Il me semble qu'au point de départ, il faudrait poser deux principes. Réduits à leur plus simple expression, ils pourraient s'exprimer ainsi : notre langue, c'est d'abord nous-mêmes ; notre langue, c'est aussi les autres.

Notre langue française nous appartient : elle ne peut pas constituer un emprunt. Elle n'est pas celle de Paris ou de Dakar : elle a pris racine ici et elle se développe en référence constante à nos réalités historiques et à nos comportements sociaux. La

France n'est plus le seul centre de rayonnement de la langue française : pour garantir son unité et sa qualité, la langue française a aussi besoin du Québec.

Loin d'être une réalité figée ou un musée des perfections, notre langue possède son dynamisme propre : elle se nourrit de chacun de nous, prend des couleurs particulières et se renouvelle à notre souffle. La langue existe parce que nous l'utilisons, et parce que nous la modelons autant qu'elle nous modèle.

Le second principe est complémentaire du premier : notre langue, c'est aussi les autres, ceux qui nous écoutent, avec qui nous communiquons et qui recoivent non seulement notre message, mais notre langue elle-même et l'expression de ce que nous sommes. Par égard pour eux, par fierté pour nous-mêmes, l'échange public que nous faisons de notre langue doit obéir à certains standards qui définissent, très sainement d'ailleurs, notre « bon usage québécois ». Nous partageons le même système linguistique que les autres francophones, avec des réalisations identiques ou très voisines pour l'écrit et des réalisations plus différenciées pour l'oral. Il existe un consensus au sein de la francophonie pour suivre une politique commune quand il est question par exemple de néologismes ou d'emprunts.

Cette nécessité s'explique. Car lorsqu'une même langue sert à l'expression de la réalité vivante de plusieurs groupes, elle tend à diversifier, à cause justement du principe premier que nous avons dit, qui est porteur de liberté personnelle et de création langagière. Elle irait tout droit vers l'éparpillement et l'éclatement si un second principe, unificateur et régulateur celui-là, ne venait en quelque sorte standardiser nos comportements linguistiques, du moins en certaines circonstances. Une communauté linguistique partage obligatoirement un ensemble de contraintes, de règles, qui sont les instruments de notre cohésion et de notre unité. Nous ne perdons pas pour autant la liberté que nous avons de choisir le langage qui nous plaît pour communiquer avec nos proches et nos amis. Mais ce principe régulateur est un atout précieux qui s'ajoute à notre liberté, surtout dans les circonstances de la vie publique : car, pourvu qu'il n'étouffe pas la langue, il concourt essentiellement au maintien des exigences internes nécessaires au fonctionnement du système linguistique et il permet aux peuples francophones de se comprendre entre eux.

Qualité de la langue et enseignement

Ces deux principes posés, il me semble maintenant que nous pourrions en tirer quelques **considérations** relatives à l'approche ou à la méthode qui devrait être la nôtre quand nous cherchons à promouvoir la qualité de la langue, en particulier dans l'enseignement.

Je dirais d'abord que la qualité de la langue commence par la parole elle-même, et qu'il faut amener l'enfant à s'exprimer, à prendre goût à la parole, à expérimenter et à découvrir les mille et une possibilités de la langue et des mots. À cet égard, les enseignants ont fait beaucoup depuis dix ans, surtout en expression orale, et l'on reconnaît généralement aujourd'hui que les jeunes ont confiance en eux-mêmes et s'expriment beaucoup plus spontanément qu'autrefois. Mais peut-être y-a-t-il encore place pour une amélioration de nos attitudes intérieures à ce sujet. La première condition pour apprendre à bien parler, c'est de se faire confiance à soi-même, de s'aimer, de pouvoir parler en toute confiance, et cela demande de la part de l'enseignant une attitude qui marque l'ouverture, l'intérêt, l'enthousiasme et l'encouragement.

Promouvoir la qualité de la langue, ce n'est pas amener tout le monde à s'exprimer « à la française » ; ce n'est pas créer une classe de ceux qui parlent bien aux yeux de ceux qui parlent moins bien. Mais c'est être persuadés avant tout que notre langue québécoise est une langue française efficace, moderne et qui possède en plus une longue tradition d'expressions et de tournures pittoresques dont nous avons raison d'être fiers. C'est savoir que nous avons toujours entretenu au Québec une langue française standard, conforme au code international, que nous pouvons utiliser en toute circonstance publique. C'est être conscients enfin qu'il nous faut apporter encore toutes nos énergies individuelles et collectives à l'amélioration et à la consolidation de cet outil incomparable.

C'est à ce dernier point que je voudrais m'arrêter maintenant, et qui est aussi extrêmement important. Car si la langue est antérieure à toute règle, la règle devrait accompagner la langue constamment, par respect pour nous-mêmes et pour les autres, au moins dans nos communications publiques. J'ai parlé jusqu'ici d'enthousiasme et de spontanéité ; je voudrais maintenant parler de rigueur et d'effort. Mais je m'empresse d'ajouter que cette rigueur et cet effort doivent être portés par le même enthousiasme et le même procédé de valorisation qui doivent caractériser notre approche de l'enseignement de la langue.

La cohérence du discours, la justesse des mots et des expressions, la compétence grammaticale (incluant l'orthographe et la syntaxe), et l'adéquation du message à la situation constituent des éléments primordiaux de la qualité de la langue, dont il faut bien reconnaître qu'on n'a pas suffisamment tenu compte dans notre enseignement au cours des dix dernières années. Plusieurs se plaignent que nos enfants ne connaissent pas le français à la sortie de l'école, et que les cégeps et les universités deviennent anormalement des lieux de rattrapage de connaissances et d'habiletés, qui auraient dû être acquises en grande partie dès la fin de l'école primaire. Invoquer la crise universelle des langues, les complications indues de la langue française ou la baisse générale du sens de l'effort n'ajoute rien à l'affaire, n'explique pas tout et n'excuse personne. Je crois qu'il faut le reconnaître : nous avons failli à une partie de notre tâche et il est temps de nous secouer et de donner le coup de barre qui s'impose.

Cette tâche n'est pas facile. Elle ne possède aucun des attraits d'une entreprise séduisante. L'enseignement et la pratique d'un français de qualité ressemblent plutôt à l'entraînement d'un coureur : la régularité de l'effort et les progrès marqués par l'élève sont directement proportionnels à l'exemple donné par l'entraîneur, à la présence énergique et stimulante de ce dernier, et à sa capacité d'imaginer sans cesse de nouveaux moyens d'entretenir la fierté et l'émulation. La langue est certes le patrimoine de tous les membres de notre communauté linguistique, et chacun en est responsable dans sa pratique langagière quotidienne. Mais ceux qui ont pour tâche d'enseigner constituent, consciemment ou non, des modèles, et ils exercent une influence à la mesure de la responsabilité qui leur incombe.

Disons-le clairement, aucune méthode ne saura dispenser l'enseignement de l'obligation qui est la sienne d'inculquer à l'enfant, dès le primaire, le souci de l'orthographe et la maîtrise des règles de grammaire, dont il doit faire son pain quotidien et qui doivent très tôt devenir chez lui des automatismes qui l'élèveront au-dessus des efforts que leur acquisition lui aura coûtés. Comme il n'existe pas de capsule ingurgitable ni de méthode spontanée pour faire apparaître chez l'enfant ces automatismes indispensables, il ne reste à l'enseignant que la pédagogie des interventions répétées et sa réserve d'énergie quotidienne. Il lui reste surtout à s'en convaincre.

Quelle langue enseigner ?

Quelle langue finalement devons-nous enseigner ? Pour répondre à cette question, il faut savoir que l'école se distingue de la famille, de la rue et du centre de loisirs. Insérer l'école dans une vie communautaire locale, cela ne veut pas dire amener l'école à en épouser tous les us et coutumes. Au contraire, cela peut aussi vouloir dire, amener l'école à avoir sur son entourage une influence bénéfique. De tous les lieux de rencontre, de communication et d'apprentissage, l'école est le seul qui soit voué par définition à un apprentissage systématique ou organisé. Sa mission propre n'est pas de « reproduire en série » mais d'améliorer les habiletés et les connaissances de chacun et de préparer, si possible, le citoyen à une vie meilleure. Elle ne doit pas être décrochée de la société ; de ce fait, elle n'ignore pas la langue qu'on y parle : celle-ci constitue un point de départ qu'elle peut exploiter. Toutefois, elle vise plus haut, son objectif est de donner au futur citoyen un outil de communication qui ne le renferme pas dans son quartier, mais lui permette au contraire de communiquer plus largement avec ses semblables, en toute aisance et fierté, à la fois sur le plan national et sur le plan international.

Si l'école ne remplit pas ce rôle, notre société devra payer le coût énorme du rattrapage à tous les niveaux et du recours, un peu partout, à des correcteurs et à des réviseurs. La langue est une chose qui s'enseigne : elle a ses exigences, tout comme la chimie et les mathématiques. C'est donc le rôle de l'école de rendre possible la performance en une langue comprise de tous et particulièrement lorsque les circonstances l'exigent. Elle doit donc offrir un modèle de langue qui, sans nier la variation linguistique, se rapproche le plus du français commun, tant parlé qu'écrit.

En d'autres termes, l'école n'a pas uniquement pour but de nous donner accès à tous les éléments de la variation linguistique, donc à tous les discours ou à tous les types de « parole ». Elle doit également nous permettre d'acquérir la maîtrise de la variété la plus « correcte » ou la plus « standardisée » qui a cours dans notre communauté linguistique. C'est là un des rôles essentiels de l'école, un rôle qui lui est assigné non seulement au Québec, mais dans toutes les sociétés dignes de ce nom.

On pourrait se demander si, chez nous, l'âge de la « parole » n'a pas mis trop hâtivement aux oubliettes l'apprentissage de la « langue ». Sans nier l'expression ou la spontanéité, cet apprentissage exige beaucoup de rigueur et de précision. Peut-être avons-nous trop laissé de côté cette dimension au cours des dernières années. Je crois qu'il est devenu urgent de nous convaincre de son importance et de nous donner ensemble les moyens d'y travailler. À cet égard, des convictions profondes restent à acquérir, des attitudes quotidiennes à changer, si l'on veut réussir à donner à la qualité de la langue l'importance primordiale qu'elle devrait avoir dans les écoles, les collèges et les universités du Québec. Cette exigence de qualité ne concerne pas que les professeurs de français : elle constitue une responsabilité professionnelle pour tout enseignant, quelle que soit sa discipline.

Il n'y a pas que dans les milieux de l'éducation que surgissent des interrogations sur la qualité de la langue. Au contraire. Les milieux de l'entreprise et des affaires vivent cette préoccupation d'une façon quotidienne et impérative. La francisation qui s'est effectuée au Québec depuis la mise en vigueur de la Loi 101 a nécessité des investissements humains et matériels dont les enseignants sont souvent peu conscients. L'objectif ne consistait pas uniquement à remplacer, à des degrés divers, à tous les niveaux et dans tous les secteurs, l'anglais par le français. Il consistait aussi à utiliser, soit comme langue de travail, soit comme langue technique, un français de qualité. D'ailleurs, il est impossible de franciser les entreprises sans proposer une variété de langue qui fasse l'unanimité, non seulement en théorie, mais en pratique. Les entreprises et les administrations ont compris que la qualité de la langue constitue une marque de commerce et un facteur essentiel de promotion. Il n'est pas question pour elles de brimer les pratiques linguistiques spontanées de leurs employés. Mais il leur faut mettre à la disposition de leurs publics la meilleure langue possible. Et elles demandent à juste titre à leur personnel de se conformer à ce modèle dans toutes leurs pratiques institutionnelles.

Les milieux d'affaires ont à maintes reprises exprimé le voeu que le milieu de l'éducation collabore de façon plus tangible à l'entreprise d'amélioration du statut et de la qualité du français. Et ils ont raison. Car ce sont les carences passées et présentes de notre système d'éducation qui les obligent à donner aux jeunes qui arrivent sur le marché du travail une formation terminologique et linguistique coûteuse, qui ne devrait pas être de leur ressort.

La prolifération de ces phénomènes de rattrapage, dont bien des administrations font les frais, nous démontre bien que ce malaise tend à prendre une ampleur inquiétante.

Ce congrès a eu l'avantage de permettre à des enseignants et à des représentants du secteur socio-économique de se rencontrer, de s'informer mutuellement et de croiser leurs intérêts respectifs. Ce dialogue doit se poursuivre. Il peut aider efficacement les uns et les autres à développer, chez l'étudiant comme chez le travailleur, une conscience linguistique appropriée, c'est-à-dire une juste connaissance de la réalité, de la législation, de l'évolution et des enjeux linguistiques du Québec. Il peut aider aussi à susciter et à entretenir chez les uns et les autres la ferme détermination de travailler à l'implantation, dans toutes les sphères de notre vie collective, d'une langue de qualité. Espérons qu'il déclenchera aussi une recherche active et ingénieuse des moyens à prendre pour y parvenir.

La qualité de la langue résulte d'un ensemble de choix parfois contraignants. Nous nous devons de les assumer, car notre épanouissement, en tant que francophones et en tant que Québécois, passe par cette volonté et par ce choix.

Voilà les quelques réflexions que j'ai voulu partager avec vous ce soir. Ces considérations demandent à être discutées, précisées, complétées. Je ne demande pas mieux que de poursuivre avec vous sur cette lancée. Je souhaite donc recevoir au cours des mois qui suivent les commentaires et les suggestions de tous ceux que préoccupe la qualité de la langue, et en particulier des organisateurs de ce congrès, du Conseil de la langue française et de la revue *Québec français*, sans oublier l'Association québécoise des professeurs de français, qui poursuit depuis quinze ans une admirable tâche d'animation pédagogique auprès de ceux qui sont chargés dans nos écoles de faire connaître et aimer ce que notre patrimoine culturel renferme de plus cher et de plus précieux pour chacun de nous et pour le Québec tout entier.